Richard Lischka-Schmidt
Schule nach Parsons

Die freie Verfügbarkeit der E-Book-Ausgabe dieser Publikation wurde ermöglicht durch die Deutsche Forschungsgemeinschaft, den Fachinformationsdienst Erziehungswissenschaft und Bildungsforschung und ein Netzwerk wissenschaftlicher Bibliotheken zur Förderung von Open Access in den Erziehungs- und Bildungswissenschaften.

Bibliothek der Berufsakademie Sachsen
Bibliothek der Hochschule für Bildende Künste Braunschweig
Bibliothek für Bildungsgeschichtliche Forschung des DIPF Berlin
Bibliotheks- und Informationssystem (BIS) der Carl von Ossietzky Universität Oldenburg
DIPF | Leibniz-Institut für Bildungsforschung und Bildungsinformation
Evangelische Hochschule Dresden
FernUniversität in Hagen – Universitätsbibliothek
Freie Universität Berlin – Universitätsbibliothek
Gottfried Wilhelm Leibniz Bibliothek – Niedersächsische Landesbibliothek Hannover
Hochschulbibliothek der Pädagogischen Hochschule Karlsruhe
Hochschule für Bildende Künste Dresden
Hochschule für Grafik und Buchkunst Leipzig
Hochschule für Musik Dresden
Hochschule für Musik und Theater Leipzig
Hochschule für Technik, Wirtschaft und Kultur Leipzig
Hochschule für Technik und Wirtschaft Dresden
Hochschule Mittweida
Hochschule Zittau / Görlitz
Humboldt-Universität zu Berlin Universitätsbibliothek
Landesbibliothek Oldenburg
Leibniz-Institut für Bildungsmedien | Georg-Eckert-Institut Braunschweig
Medien- und Informationszentrum / Leuphana Universität Lüneburg
Pädagogische Hochschule Freiburg
Pädagogische Hochschule Heidelberg
Palucca-Hochschule für Tanz Dresden
Sächsische Landesbibliothek – Staats- und Universitätsbibliothek Dresden
Staats- und Universitätsbibliothek Hamburg
Technische Informationsbibliothek (TIB) Hannover
Technische Universität Berlin / Universitätsbibliothek
Technische Universität Chemnitz
Technische Universitätsbibliothek Hamburg
Universitätsbibliothek Leipzig
Universitäts- und Landesbibliothek Bonn
Universitäts- und Landesbibliothek Münster
Universitäts- und Stadtbibliothek Köln
Universitätsbibliothek Augsburg
Universitätsbibliothek Bielefeld
Universitätsbibliothek Bochum
Universitätsbibliothek der LMU München
Universitätsbibliothek der Technischen Universität Hamburg
Universitätsbibliothek der TU Bergakademie Freiberg
Universitätsbibliothek Duisburg-Essen
Universitätsbibliothek Erlangen-Nürnberg
Universitätsbibliothek Gießen
Universitätsbibliothek Hildesheim
Universitätsbibliothek Johann Christian Senckenberg / Frankfurt a.M.
Universitätsbibliothek Kassel
Universitätsbibliothek Leipzig
Universitätsbibliothek Mainz
Universitätsbibliothek Mannheim
Universitätsbibliothek Marburg
Universitätsbibliothek Passau
Universitätsbibliothek Potsdam
Universitätsbibliothek Regensburg
Universitätsbibliothek Rostock
Universitätsbibliothek Vechta
Universitätsbibliothek Wuppertal
Universitätsbibliothek Würzburg
Westsächsische Hochschule Zwickau

Richard Lischka-Schmidt

Schule nach Parsons

Auf dem Weg zu einer normativfunktionalistischen Schultheorie

Der Autor

Richard Lischka-Schmidt, Jg. 1991, Dr. phil., ist wissenschaftlicher Mitarbeiter am Institut für Schulpädagogik und Grundschuldidaktik der Martin-Luther-Universität Halle-Wittenberg. Seine Arbeitsschwerpunkte sind Schul-, Unterrichts- und Professionsforschung.

Dissertation zur Erlangung des Doktorgrades der Philosophischen Fakultät III der Martin-Luther-Universität Halle-Wittenberg

Die freie Verfügbarkeit der E-Book-Ausgabe dieser Publikation wurde ermöglicht durch die Deutsche Forschungsgemeinschaft, den Fachinformationsdienst Erziehungswissenschaft und Bildungsforschung und ein Netzwerk wissenschaftlicher Bibliotheken zur Förderung von Open Access in den Erziehungs- und Bildungswissenschaften.

Das Werk einschließlich aller seiner Teile ist urheberrechtlich geschützt. Der Text dieser Publikation wird unter der Lizenz **Creative Commons Namensnennung - Nicht-kommerziell - Weitergabe unter gleichen Bedingungen 4.0 International (CC BY-NC-SA 4.0)** veröffentlicht. Den vollständigen Lizenztext finden Sie unter: https://creativecommons.org/licenses/by-nc-sa/4.0/deed.de. Verwertung, die den Rahmen der **CC BY-NC-SA 4.0 Lizenz** überschreitet, ist ohne Zustimmung des Verlags unzulässig. Die in diesem Werk enthaltenen Bilder und sonstiges Drittmaterial unterliegen ebenfalls der genannten Creative Commons Lizenz, sofern sich aus der Quellenangabe/Abbildungslegende nichts anderes ergibt. Sofern das betreffende Material nicht unter der genannten Creative Commons Lizenz steht und die betreffende Handlung nicht nach gesetzlichen Vorschriften erlaubt ist, ist für die oben aufgeführten Weiterverwendungen des Materials die Einwilligung des jeweiligen Rechteinhabers einzuholen.

Dieses Buch ist erhältlich als:
ISBN 978-3-7799-7608-0 Print
ISBN 978-3-7799-7609-7 E-Book (PDF)

1. Auflage 2024

© 2024 Beltz Juventa
in der Verlagsgruppe Beltz · Weinheim Basel
Werderstraße 10, 69469 Weinheim

Herstellung: Ulrike Poppel
Druck nach Typoskript
Druck und Bindung: Beltz Grafische Betriebe, Bad Langensalza
Beltz Grafische Betriebe ist ein klimaneutrales Unternehmen (ID 15985-2104-100)
Printed in Germany

Weitere Informationen zu unseren Autor:innen und Titeln finden Sie unter: www.beltz.de

Inhaltsverzeichnis

1	**Einleitung**	**9**
2	**Parsons' normativfunktionalistische Handlungssystemtheorie**	**25**
	2.1 Parsons' Werk im Überblick	25
	2.2 Voluntaristische Handlungstheorie	31
	2.3 Handlungssysteme	40
	2.3.1 Persönlichkeitssystem	41
	2.3.2 Sozialsystem	43
	2.3.3 Kultursystem	52
	2.3.4 Interpenetration als ‚Lösung' des Problems der sozialen Ordnung	57
	2.3.5 Kritik	62
	2.3.6 Fazit	68
	2.4 Orientierungsalternativen	71
	2.5 AGIL-Funktionen	84
	2.6 Gesellschaft	94
	2.6.1 Funktionale Differenzierung der Gesellschaft	96
	2.6.2 Normative Kultur der Gesellschaft	103
	2.7 Modernisierung	109
	2.8 System, Funktion, Struktur, Prozess	114
	2.9 Vom Strukturfunktionalismus zum normativen Funktionalismus	121
	2.9.1 Funktionalismus	121
	2.9.2 Strukturfunktionalismus	127
	2.9.3 Normativer Funktionalismus	132
	2.10 Kritik und Anschlüsse	135
3	**Parsons' Bildungssoziologie**	**139**
	3.1 Sozialisation	142
	3.1.1 Begriffsbestimmung	142
	3.1.2 Kritik	148
	3.1.3 Fazit	152
	3.2 Kognitive Rationalität	155

Inhaltsverzeichnis

3.3 Universität 159
   3.3.1 Theoretische Verortung der Universität 159
      3.3.1.1 Treuhandsystem 160
      3.3.1.2 Kognitiver Komplex 162
   3.3.2 Funktionen und Setting der Universität 167
   3.3.3 Allgemeinbildung und *Undergraduate*-Studium 173
      3.3.3.1 Sozialisation 175
      3.3.3.2 Kognitives Lernen und Bildung 179
      3.3.3.3 Setting des *Undergraduate*-Studiums 180
   3.3.4 Kritik 182
      3.3.4.1 Inhaltliche Kritik 182
      3.3.4.2 Kritische Aktualisierung 184
3.4 Schule 188
   3.4.1 Schule als Sozialsystem des Übergangs zwischen Familie und beruflich-gesellschaftlicher Erwachsenenwelt 188
   3.4.2 Schule, Universität, Jugend, Peers und Familie 200
      3.4.2.1 Schule und Universität 200
      3.4.2.2 Schule, Jugend und Peers 203
      3.4.2.3 Schule und Familie 206
   3.4.3 Kritik 209
      3.4.3.1 Inhaltliche Kritik 209
      3.4.3.2 Kritische Aktualisierung 215
3.5 Stratifikation 219
   3.5.1 Begriffsbestimmung 219
   3.5.2 Stratifikation in den Vereinigten Staaten 222
   3.5.3 Bildung und Stratifikation 226
3.6 Professionen 230
   3.6.1 Begriffsbestimmung 230
   3.6.2 Universität und Professionen 237
   3.6.3 Lehrer*innenprofession 240
   3.6.4 Kritik 247
3.7 Modernisierung und Bildungsrevolution 250
3.8 Fazit 259
   3.8.1 Kognitive Rationalität als Kern von Parsons' Bildungssoziologie 259
   3.8.2 Kritik 262

4 Schultheorie   **269**
4.1 Problemaufriss 269

4.2	Theorie		273
4.3	Schule		284
4.4	Schultheorie		288
	4.4.1	Klärung und Abgrenzung des Begriffs	288
	4.4.2	Illustrierung der Abgrenzung, Beispiele und Parallelen	291
	4.4.3	Fazit	298
	4.4.4	Übersicht über Schultheorien	300

5 (Struktur-)Funktionalistische Schultheorie — **305**

5.1	Dreeben		306
	5.1.1	*On What Is Learned in School*	306
	5.1.2	Kritik	316
	5.1.3	Dreeben im Verhältnis zu Parsons und der (struktur-)funktionalistischen Schultheorie	318
5.2	Der heimliche Lehrplan		319
	5.2.1	Jackson	320
	5.2.2	Begriff und Anliegen des heimlichen Lehrplans	322
	5.2.3	Kritik	328
	5.2.4	Der heimliche Lehrplan im Verhältnis zu Parsons, Dreeben und der (struktur-)funktionalistischen Schultheorie	329
5.3	Fend		332
	5.3.1	Fends *Theorie der Schule* von 1980/1981	332
	5.3.2	Fends *Neue Theorie der Schule* von 2006/2008	337
	5.3.3	Fends Funktionen der Schule	341
	5.3.4	Fend im Verhältnis zu Parsons, Dreeben, dem heimlichen Lehrplan und der (struktur-)funktionalistischen Schultheorie	348
	5.3.5	Kritik	358
5.4	Funktionen der Schule		363
	5.4.1	Systematisierung bestehender Begriffsverständnisse	363
	5.4.2	Übersicht über die Funktionen der Schule	368
5.5	(Struktur-)Funktionalistische Schultheorie?		372
	5.5.1	Systematisierung bestehender Begriffsverständnisse	373
	5.5.2	Strukturfunktionalismus, Bestands- oder Erfordernisfunktionalismus und normativer Funktionalismus als Spielarten funktionalistischer Schultheorie	378

Inhaltsverzeichnis

6 Normativfunktionalistische Schultheorie   **387**
6.1   Vorschlag einer normativfunktionalistischen Schultheorie . . . 387
     6.1.1   Normativer Funktionalismus und das Programm der normativfunktionalistischen Schultheorie 389
     6.1.2   Schule als System in der gesellschaftlich-kulturellen Umwelt 390
     6.1.3   Schule als Teil des Treuhandsystems und ihre *Latent-Pattern-Maintenance*-Funktion der Sozialisation und Bildung   394
     6.1.4   Normative In- und Outputs der Schule 396
     6.1.5   Schule als Sozialsystem 401
     6.1.6   Die Werte der Schule 406
         6.1.6.1   Pädagogisierte kognitive Rationalität 407
         6.1.6.2   Leistung und pädagogisierter Universalismus . 417
         6.1.6.3   Heteronome Autonomie und kollektiver Individualismus 422
6.2   Potenziale und Grenzen 429
     6.2.1   Diskussion mit Blick auf die Anforderungen an Schultheorie 431
     6.2.2   Alte und neue Perspektiven: Einordnung in den schultheoretischen Diskussionsstand 438

7 Fazit   **451**
7.1   Zentrale Erkenntnisse 451
7.2   Ausblick 455

Literaturverzeichnis   **459**

Tabellenverzeichnis   **515**

Abbildungsverzeichnis   **517**

1 Einleitung

„Who Now Reads Parsons?"

Mit dieser Frage betitelt Christopher G. A. Bryant (1983) einen Aufsatz, in dem er drei Studien über Parsons rezensiert. Dabei bezieht er sich auf Parsons selbst, der in *The Structure of Social Action* dieselbe Frage in Bezug auf Herbert Spencer zitiert und hierauf die lakonische Antwort gibt: „Spencer is dead" (Parsons 1949b: 3). Oder etwas genauer: „It is his social theory as a total structure that is dead" (ebd.). Bei Bryant (1983: 346) fällt die Antwort nicht ganz so drastisch aus: „Who now reads Parsons? Very few, I suspect, specialists and the occasional graduate student apart".

Talcott Parsons' Relevanz war demnach schon vor vierzig Jahren fraglich. Und auch heute ist sein Werk weder in der Soziologie noch der Bildungssoziologie und ebenso wenig der Schulpädagogik und Schultheorie Gegenstand intensiver Auseinandersetzung, obgleich er in den verschiedenen Disziplinen als Klassiker gilt und Einführungen oder Lehrbücher ebenso wie Forschungsliteratur durchaus weiterhin auf ihn verweisen. Parsons' Theorie scheint tot und doch wieder nicht.

Parsons steht in der vorliegenden Arbeit nicht für sich, sondern wird als Vertreter und Ursprung einer Schultheorie bzw. eines schultheoretischen Strangs aufgefasst. Denn häufig werden die schultheoretischen Ansätze von Parsons, Robert Dreeben und Helmut Fend zu einem als (struktur-)funktionalistisch bezeichneten Strang der Schultheorie zusammengefasst (vgl. Terhart 2013: 37; Fingerle 1993: v. a. 55), dessen Status ebenso ambivalent ist wie Parsons' Theorie insgesamt. *Einerseits* wird dem Strang bzw. den drei genannten Autoren innerhalb der Schultheorie eine hohe Bedeutung zugesprochen. Fend habe innerhalb der Schultheorie „große Wirksamkeit" (Reh & Drope 2012b: 165) erfahren und dementsprechend „beinahe eine Monopolstellung" (Idel & Stelmaszyk 2015: 52). Parsons' Beitrag wird ebenso als „schmal, aber eminent wirkungsvoll" (Gerstner & Wetz 2008: 71) bezeichnet. Die (struktur-)funktionalistische Schultheorie insgesamt gilt als „aktuell weitreichendste Theorie zu den Außenbeziehungen der Schule" (Blömeke, Herzig & Tulodziecki 2007: 59). Ihr wird eine „Dominanz" innerhalb der „soziologische[n] Tradition der Bestimmung von Unterricht" (Breidenstein 2010: 871) attestiert. *Andererseits* und paradoxerweise, da im Missverhältnis zu dieser hohen Bedeutung stehend, lässt sich aktuell und überwiegend auch in

1 Einleitung

der Vergangenheit innerhalb der Schulpädagogik und der Schultheorie keine detaillierte Auseinandersetzung mit den drei Autoren erkennen – „[e]ine zusammenfassende Darstellung und Kritik des schultheoretischen Funktionalismus steht [...] noch aus", fasst Duncker (1992: 18) zusammen und markiert damit auch heute noch ein Desiderat.

Dies gilt insbesondere für Parsons, wie Hellmann (2015: 530) in Bezug auf dessen Aufsatz *The School Class as a Social System* (Parsons 1959c) festhält: „[Es] lässt sich eine eingehendere Befassung mit Parsons nur für die ersten Jahre nach der Veröffentlichung beobachten; danach wird der Text zumeist nur noch referiert, aber nicht mehr diskutiert". Untermauert wird dieser Befund dadurch, dass inhaltlich relevante Schriften von Parsons, wie seine Analysen des US-amerikanischen Hochschulsystems, im schultheoretischen Diskurs bislang keine Rolle spielen – hieran hat sich seit der entsprechenden Feststellung von Fingerle (1993: 47) nichts geändert, wie im Lauf der vorliegenden Arbeit deutlich wird –, so wie allgemein sein Spätwerk in der (Bildungs-)Soziologie geringe Aufmerksamkeit erfahren hat (s. S. 26). Stattdessen gründet sich die Auseinandersetzung mit Parsons häufig vor allem auf einen Text, den bereits erwähnten Aufsatz *The School Class as a Social System*.[1] Dieser ist zweifellos ein wichtiger Baustein für Parsons' Schultheorie und einer seiner wenigen explizit auf Schule bezogenen Texte. Doch wie die vorliegende Arbeit zeigen wird, wäre es verkürzt, Parsons' Schultheorie allein auf Basis dieses Texts reformulieren zu wollen. Der Aufsatz ist ein notwendiger, aber kein hinreichender Teil von Parsons' Schultheorie. Eine wesentliche Begründung und ein wesentlicher Anlass für diese Arbeit ist demnach, diese Leerstelle zu füllen und Parsons' Werk systematisch auf schultheoretisch relevante Einsichten hin zu befragen.

Im Zusammenhang mit dieser Leerstelle steht eine andere Einsicht, die sich ebenfalls als Begründung und Anlass für die Arbeit formulieren lässt. Es herrscht teilweise ein bestimmtes, durchaus eher kritisches Bild von Parsons, das Terhart (2013: 37–38) wie folgt zusammenfasst:

---

[1] Explizit heißt es daher bei Meyer (1997: 235): „Eine der bekanntesten *soziologischen* Schultheorien ist die ,*strukturell-funktionale Schultheorie*' [...]. Sie ist im Rückgriff auf Talcott Parsons' ,funktionalistische Soziologie' entwickelt worden und stützt sich wesentlich auf den kurzen Text von Parsons: ,The class-room [sic!] as a social system'" (H. i. O.). Tenorth (2016: 140) formuliert analog: „Besonders einflussreich bis heute wurden drei soziologische Impulse zur Theorie der Schule, zwei davon aus der amerikanischen Soziologie, die dritte aus Frankreich. Der erste Impuls findet sich in einem Text von Talcott Parsons über ,die Schulklasse als soziales System'". Im Literaturverzeichnis finden sich dementsprechend fünf Titel von Bourdieu, aber nur dieser eine von Parsons. Ähnliches zeigt sich bei Nerowski (2015b: 40) sowie Leschinsky und Roeder (1983: 439). Blackledge und Hunt (1985: 67) wiederum, als Beispiel aus der englischsprachigen Literatur, behaupten, „Parsons's account of education is mainly to be found in two places: in a chapter of the slim volume *The System of Modern Societies* and in the essay ,The School Class as a Social System'" (H. i. O.).

1 Einleitung

> „Natürlich steht der Funktionalismus immer in Gefahr, bei naiven Lesern ein übersozialisiertes Bild des Menschen bzw. ein allzu mechanisch-perfektionistisches Bild des Funktionierens von Institutionen zu vermitteln. [...] Besonders fatal war, dass etwa zu Beginn der 1970er Jahre sich ein naiv verstandener Hyperfunktionalismus mit einer gesellschaftskritischen Haltung verband und auf diese Weise das schaurig-schöne Bild von Schule als perfektem Unterdrückungs- und Sortiermechanismus entstand, der keinen Ausweg aus den Strategien kapitalkonformer Selektion und Qualifikationsproduktion mehr erlaubt."

Allerdings, so deutet es sich bereits im Zitat an, enthält dieses Bild von Parsons Verkürzungen und Vereinseitigungen, wie sich am Beispiel seiner Sozialisationstheorie zeigt:

> „Es ist jedoch ein überraschendes Erlebnis, sich zunächst den *Parsons*-Kritikern und anschließend den *Parsons*-Texten zu widmen. Häufig zweifelt man bei der Lektüre der *Parsons*-Schriften an deren Authentizität, da sie nicht so recht den vorher gefaßten (Vor-)Urteilen entsprechen wollen. Ab und zu entsteht der Eindruck, als habe *Parsons* inzwischen den Status eines Klassikers erreicht, den man nach einem Bonmot eines französischen Schriftstellers daran erkennt, daß alle Welt behauptet, ihn zu kennen, doch sich niemand mehr die Mühe macht, ihn zu lesen." (R. Geißler 1979: 268, H. i. O.)

Ein weiterer Anlass der vorliegenden Arbeit ist daher, dieses Bild von Parsons mit den entsprechenden Verkürzungen auf den Prüfstand zu stellen.

Wird also danach gefragt, warum innerhalb der Schultheorie gerade Parsons zum Gegenstand der Arbeit gemacht wird, lautet die Antwort: Weil Schulpädagogik und Schultheorie von seiner Schultheorie zu wenig wissen und weil sie von einer systematisch und fundiert herausgearbeiteten Parsons'schen Schultheorie inhaltlich profitieren können. Die beiden bisher genannten Begründungen der Arbeit – Parsons' Schultheorie als Leerstelle und Verkürzungen in der Rezeption von Parsons –, die eher auf die Stellung von Parsons' Werk in der Schultheorie ausgerichtet sind, führen damit zu einer dritten Begründung, die auf die inhaltliche Aussagekraft seiner bzw. der (struktur-)funktionalistischen Schultheorie bezogen ist.

Dieser schultheoretische Strang besteht, wenn Parsons' Aufsatz *The School Class as a Social System* von 1959 zum Ausgangspunkt genommen wird, bereits seit mehr als 60 Jahren. Besonders an den Funktionsbestimmungen von Schule wird deutlich, dass bestimmte Kernaussagen dieses schultheoretischen Strangs im Wesentlichen gleich geblieben sind. Dies ist zumindest deshalb erstaunlich, weil sich die Schulrealität Deutschlands in den letzten Jahrzehnten verändert hat, was eventuell auch Kernmerkmale oder Funktionen von Schule verändert haben könnte. Neben Ganztagsschulen, Vergleichsstudien und Bildungsmonitoring, Output-

1 Einleitung

und Kompetenz-Orientierung, der Stärkung der Autonomie der Einzelschule, Veränderungen in der Schulstruktur mit einem Trend zur Zweigliedrigkeit oder der zunehmenden Verbreitung alternativer Schul- und Unterrichtsformen zählen dazu vor allem Inklusion und Digitalisierung (vgl. z. B. Helsper 2016b: 222–224; Ackeren, Klemm & S. M. Kühn 2015: 59–67). Es lässt sich daher fragen, ob die postulierten Funktionen und allgemeiner die Parsons'sche bzw. (struktur-)funktionalistische Schultheorie ihren veränderten Gegenstand (noch) angemessen beschreiben bzw. inwiefern die theoretischen Annahmen verändert oder verworfen werden müssen. Sich mit diesem schultheoretischen Ansatz zu befassen, erscheint also gerechtfertigt oder notwendig, um dessen gegenwärtige Aussagekraft einer kritischen Prüfung zu unterziehen.

Aus den insgesamt drei vorstehenden Begründungen ergeben sich die beiden zentralen Untersuchungsfragen der vorliegenden Arbeit, die im Folgenden mit Bezug auf die einzelnen Kapitel der Arbeit erläutert werden:

a) *Worin besteht Parsons' Schultheorie, wie sie sich aus seinem Werk und seiner Theorie rekonstruieren und im Sinn einer kritischen Aktualisierung reformulieren lässt?*
Ausgehend von der Einsicht, dass diese Schultheorie bisher nicht im Detail und in Gänze vorliegt und Parsons selbst eine solche nicht ausgearbeitet hat,[2] wird in der vorliegenden Arbeit Parsons' Werk systematisch und kritisch aufgearbeitet sowie entsprechende Sekundärliteratur gesichtet, um diese Leerstelle zu füllen. Dabei stehen vor allem Parsons' bildungssoziologische Schriften im Fokus, weil sie, wie sich zeigen wird, die Grundlage für seine Schultheorie bilden. Das Ziel ist demnach die Rekonstruktion[3] einer auf Parsons basierenden, fundierten – d. h. Parsons' Werk so breit wie nötig berücksichtigenden – und konsistenten Schultheorie, die – wenn nötig – weiterentwickelt, revidiert und aktualisiert wird und damit in einer Reformulierung der Parsons'schen Schultheorie mündet.

b) *Inwiefern handelt es sich bei Parsons' Schultheorie um eine Theorie der Schule, die also den Anforderungen an eine Schultheorie genügt, Schule angemessen beschreibt und erklärt sowie mit Blick auf den schulpädagogischen und schultheoretischen Diskussionsstand relevante Einsichten liefert?*
Nachdem Parsons' Schultheorie im Sinn von a) formuliert ist, stellt sich die Frage, inwiefern es sich tatsächlich um eine Schul*theorie* handelt, inwiefern sie also das leistet, was Schultheorie leisten soll. Inhaltlich gesehen ist dabei

---

[2] Eine umfassende und konsistente Schultheorie von Parsons gibt es demnach bisher nicht. Wenn hier im Text allerdings von Parsons' Schultheorie die Rede ist, sind einerseits die bei ihm (implizit wie explizit) vorhandenen schultheoretischen Fragmente gemeint und andererseits die darauf basierende, in der vorliegenden Arbeit zu rekonstruierende und zu reformulierende Schultheorie.
[3] Dieser Begriff wird im hinteren Teil der vorliegenden Einleitung genauer umrissen.

zu klären, inwiefern die formulierte Schultheorie für die aktuelle Schulrealität in Deutschland sinnvolle Aussagen liefert. Eine Antwort lässt sich nicht nur dadurch finden, dass die Schulrealität selbst in den Blick genommen wird, sondern auch indem Parsons' Schultheorie ins Verhältnis zu aktueller Forschung und dem gegenwärtigen Diskussionsstand der Schultheorie und Schulpädagogik gesetzt wird.

Diese beiden Fragen sind in der Arbeit miteinander verbunden. Das heißt, es wird nicht eine Original-Schultheorie von Parsons vorgelegt, wie sie sich allein aus seinem Werk ergibt, die dann mit Bezug auf die Anforderungen an eine Schultheorie diskutiert wird und in eine weiterentwickelte Schultheorie mündet. Stattdessen wird in *Kap.* 6 eine auf Parsons gründende Schultheorie vorgelegt, die Ergebnis eines Arbeitsprozesses ist, in dem die Auseinandersetzung mit den Schriften von Parsons, der Kritik an Parsons, den Anforderungen an eine Schultheorie sowie aktuellen empirischen Befunden und anschlussfähigen Diskursen miteinander verwoben waren. Daraus folgt, dass die vorliegende Frage nach der aktuellen Tragfähigkeit von Parsons' Schultheorie zwar offen formuliert ist, die damit verbundenen Anforderungen an eine Schultheorie aber bereits in den Arbeitsprozess eingeflossen sind. Daher wird die Antwort auf die Frage *b)* lauten, dass Parsons' Schultheorie in der Tat als Schultheorie angesehen werden kann.

Mit der Fragestellung *a)* sind zunächst zwei weitere Untersuchungsfragen unvermeidlich:

c) *Was sind die Kernaussagen und -begriffe Parsons' allgemeiner Theorie, die für das Verständnis seiner Schultheorie und Bildungssoziologie relevant sind?*
Parsons war kein Schulpädagoge, der eine dezidierte Schultheorie verfasst hat. Als Soziologe hat er eine Handlungs- und Systemtheorie entworfen, die alle Aspekte menschlichen Handelns erklären sollte. Es gibt demnach einerseits in Parsons' Werk Aspekte, die eine schultheoretische oder bildungssoziologische Relevanz haben, andererseits eine allgemeinere soziologische Theorie. Die Kenntnis dieser allgemeineren soziologischen Theorie ist für das vollumfängliche Verständnis von Parsons' Schultheorie und seiner Bildungssoziologie unerlässlich:

> „Another form of criticism of Parsons which also produces a mere patchwork is to grapple with specific „substantive" issues in Parsons' sociology without relating these to an overall perspective on his work. [...] This piece-meal approach to Parsons' sociology typically lacks a general perspective on his work as a whole and, as a result, each substantive area is torn from its location within the Parsonian framework. By contrast, I have in the chapter on Parsons' medical sociology [d. h. in einem anderen Beitrag des Sammelbands, R. L.-S.] attempted to show that a competent

1 Einleitung

understanding of Parsons' sick-role concept cannot be achieved without an understanding of his work as a whole." (B. S. Turner 1986: 187)[4]

Die Triftigkeit dieser Behauptung kann erst im Lauf der Arbeit, bei der Auseinandersetzung mit Parsons und seiner Schultheorie, belegt werden. Sie lässt sich aber mit einem kurzen Blick allein auf den Titel des in der Rezeption zentralen Aufsatzes *The School Class as a Social System: Some of Its Functions in American Society* plausibilisieren. Was ein Sozialsystem, eine Funktion oder eine Gesellschaft ist bzw. wie Parsons diese Begriffe jeweils versteht, erschließt sich erst vor dem Hintergrund seiner allgemeinen Theorie. Ohne diesen Hintergrund zu kennen, besteht die Gefahr, Parsons misszuverstehen oder unangemessen zu verkürzen.

In diesem Sinn sind die Sekundärliteratur und die Rezeption von Parsons, wie angesprochen, zum Teil problematisch, weil sie sein Werk einseitig, verzerrt oder verkürzt darstellen. Eine Reformulierung von Parsons' Schultheorie kommt daher nicht darum herum, sich Parsons im Original zu nähern, um diese Schultheorie auf eine fundierte Schriftbasis zu stellen und um die Rezeption kritisch sondieren zu können. Beide hier angesprochenen Gründe für eine umfangreiche Aufarbeitung von Parsons' allgemeiner Theorie durch Sichtung von Primärliteratur – die Verflechtung seiner Schultheorie (und allgemeiner: Bildungssoziologie) mit der allgemeinen Theorie und die (evtl. daraus resultierende) problematische Rezeption – werden am Beispiel der Sozialisationstheorie nachvollziehbar:

> „Die Sozialisationstheorie Parsons [sic!] sperrt sich in ihrer Verflechtung mit der Gesamttheorie einer leichten Rezeption und dürfte nicht zuletzt deshalb Opfer einer problematischen Rezeptionsgeschichte geworden sein [...]. [...] Das Konzept der Sozialisation ist ein integraler Bestandteil der Parsonsschen Systemtheorie und nur in diesem Kontext angemessen zu rekonstruieren." (H.-J. Schulze & Künzler 1991: 125)

> „Woran liegt es, daß *Parsons* so einseitig und z. T. falsch rezipiert worden ist? Die falsche *Parsons*-Interpretation beruht im wesentlichen darauf, daß man seine Sozialisationstheorie an seinem engen Begriff der ‚Sozialisation' festmacht und darüber hinaus den methodologischen Stellenwert dieses Begriffs falsch einschätzt. Ein Konzept, das in idealtypisch übersteigerter Form lediglich einen Aspekt der Auseinandersetzung von Individuum und soziokultureller Umwelt erfaßt, wird erstens so behandelt, als erschöpften sich darin die Aussagen *Parsons'* zur ‚Sozialisation' in einem weiteren moderneren Sinne, und wird zweitens reifiziert. Eine angemessene *Parsons*-Interpretation muß alle seine Aussagen zum Zusam-

---

[4] Auch bei Luhmann (1988: 128) heißt es: „Die Theorie ist zu gut gearbeitet, als das [sic!] mit einem Herausbrechen von Teilstücken [...] viel zu gewinnen wäre".

menhang von Persönlichkeit und Gesellschaft berücksichtigen und eben nicht nur solche, die er selbst mit seinem Etikett ‚Sozialisation' versieht, dessen Bedeutung aus heutiger Sicht zu einseitig und zu eng gefaßt ist." (R. Geißler 1979: 278, H. i. O.)

Ziel des *Kap. 2* ist demnach, die Teile, Aussagen, Begriffe, Konzepte usw. von Parsons' allgemeiner Theorie fundiert herauszuarbeiten, die für das Verständnis seiner Schultheorie bzw. seiner Bildungssoziologie notwendig sind. Es handelt sich also um eine Annäherung an Parsons' Theorie im Sinn der formulierten Untersuchungsfragen. Primär- und Sekundärliteratur sind diesem Ziel gemäß nicht erschöpfend aufgearbeitet, was allein schon aufgrund der Quantität von Parsons' Werk kaum möglich ist. Das heißt, die vorliegende Arbeit stellt keine Einführung in Parsons' gesamtes Werk, seine gesamte Theorie dar und ebenso wenig eine kritische Aufarbeitung dieser, die unzählige Einzelaspekte zu diskutieren und eine Fülle weiterer Primär- und Sekundärliteratur aufzuarbeiten hätte.[5]

Der Umfang des Kapitels zeigt aber, dass eine ganze Reihe von Aspekten von Parsons' allgemeiner Theorie auch für seine Bildungssoziologie und Schultheorie sowie für eine adäquate Sondierung der entsprechenden Rezeption und Kritik relevant sind. Das dürfte vor allem damit zusammenhängen – und das macht seine Theorie schwer zugänglich –, dass Parsons' Theorie axiomatisch aufgebaut ist, dass also ein bestimmter Aspekt auf anderen, grundsätzlicheren Aspekten beruht. Aufgrund dieser Komplexität und Verschachtelung ist Parsons' allgemeine Theorie konzentriert in einem Kapitel aufgearbeitet, anstatt entsprechende Exkurse an den Stellen zu unternehmen, an denen Aspekte der allgemeinen Theorie für Parsons' Bildungssoziologie oder Schultheorie relevant werden.

Angestrebt ist demnach eine stringente Darstellung zentraler, für das Verständnis seiner Schultheorie und seiner Bildungssoziologie relevanter Aspekte von Parsons' allgemeiner Theorie. Solche Darstellungen im Sinn von Einführungen und Zusammenfassungen seiner Theorie gibt es freilich bereits. Wie sich allerdings im Lauf der Arbeit zeigt, kann es aufgrund der Vielzahl

---

[5] Explizit ausgelassen oder nur marginal berührt werden zum Beispiel die Theorie der Interaktionsmedien und der *human condition* oder Parsons' erste große Studie *The Structure of Social Action*. Naturgemäß werden auch viele spezielle Themen und Anwendungen von Parsons' Theorie übergangen, zum Beispiel zur Analyse von Wirtschaft oder Religion.

Dies führt zur Frage, ob von Parsons' Theorie im Singular gesprochen werden kann, wie es hier im Text geschieht. Zwar umfasst diese Theorie eine Vielzahl einzelner (Teil-)Theorien oder Anwendungen und Ausdifferenzierungen, wie Handlungs-, Professions- oder Schultheorie, doch stehen diese einzelnen Theorien immer in Verbindung mit der allgemeinen (Handlungs- und System-)Theorie, sodass sich insgesamt von Parsons' Theorie im Singular sprechen lässt, die all dies umfasst.

1 Einleitung

der Werke und der verschiedenen Ausarbeitungsstufen und Entwicklungsstadien in Parsons' Theorie nicht ‚die eine' (und ‚richtige') Darstellung von Parsons' Theorie geben. Jede Darstellung ist bereits eine Interpretation, setzt Schwerpunkte, zieht bestimmte Lesarten und Begriffsbestimmungen anderen vor. Es muss demnach eine eigene Darstellung entwickelt werden, um einen unverstellten Blick auf Parsons zu erhalten, der zudem zum eigenen Unternehmen, das auf Parsons' Theorie aufbauen soll, passförmig ist.

d) *Worin besteht Parsons' Bildungssoziologie und inwiefern lässt sich mit ihr seine Schultheorie weiterentwickeln?*
Bei der Auseinandersetzung mit Parsons zeigt sich nicht nur im Sinn von Frage c), dass seine Schultheorie eng mit seiner allgemeinen Theorie verbunden ist, sondern auch mit weiteren Teilen seines Werks, die insgesamt als bildungssoziologisch bezeichnet werden können. Parsons' Schultheorie lässt sich dann als ein Aspekt seiner Bildungssoziologie auffassen. Diese ebenfalls zu sichten, ist für die Reformulierung seiner Schultheorie auch deshalb unumgänglich, weil die konkret auf Schule bezogenen Schriften nicht sehr umfangreich sind, aber Parsons' bildungssoziologisches Werk Potenziale für eine breitere Fundierung, eine detailliertere Ausarbeitung und eine Ergänzung seiner Analysen zu Schule bieten. Daher liegt das Ziel des *Kap. 3* darin, die mit Schule zusammenhängenden bildungssoziologischen Schriften zu sichten, zu systematisieren und auf schultheoretische Einsichten und Anschlüsse hin zu befragen.

Dieses Anliegen ist deshalb nicht einfach zu realisieren, weil die verschiedenen Teile des Werks, die eine bildungssoziologische Relevanz haben, nicht systematisch aufeinander bezogen sind. Insofern wird in der Arbeit zwar vorrangig danach gefragt, wie sich Parsons' Schultheorie mit anderen bildungssoziologischen Schriften ausbauen lässt, weswegen deren Sichtung eigentlich nur Mittel zum Zweck ist. Dies ist aber nur möglich, wenn diese Schriften zunächst in einen konsistenten Zusammenhang gebracht werden, in den sich schließlich auch die Schultheorie einfügt. Dadurch entfaltet das Kapitel einen Selbstzweck und leistet einen allgemeineren Beitrag zur Aufarbeitung von Parsons' Bildungssoziologie. Dementsprechend ist das Vorgehen weniger selektiv als zur Beantwortung von c). Es werden nahezu alle Schriften, die eine bildungssoziologische Relevanz haben, gesichtet, kritisch sondiert, systematisiert und in Zusammenhang mit aktueller Literatur gebracht, auch wenn nicht alle Details von Parsons' Analysen hier in dieser Arbeit aufgenommen sind, wie sich am Beispiel von Parsons' Studien zum Hochschulsystem nachvollziehen lässt.

1 Einleitung

Die Beantwortung dieser Fragen wird zur Beantwortung einer weiteren Frage führen, die bereits mehrfach anklang:

e) *Welche Verkürzungen zeigen sich in der Rezeption von Parsons' (Schul-)Theorie?*
Die Arbeit setzt sich notwendigerweise mit der schulpädagogischen und schultheoretischen Sekundärliteratur zu Parsons auseinander. Dass diese Sekundärliteratur, die Rezeption von sowie die Kritik an Parsons zum Teil verkürzt und verzerrt ist, war Anlass für die fundierte werkbasierte Auseinandersetzung mit Parsons im Sinn der Fragen *c)* und *d)*, aber auch für die Auseinandersetzung mit Parsons' Schultheorie im Sinn der Frage *a)*. Dies kann nun im Detail geprüft werden. Es wird also gefragt, wie sich die Rezeption, wie sich konkrete Aussagen, Begriffsbestimmungen usw. zu dem verhalten, was in der systematischen Analyse der Parsons'schen Primärliteratur herausgearbeitet wird.[6] Der Fokus liegt dabei, wie bereits angedeutet wurde und später im Detail begründet wird, auf schultheoretisch relevanten Defiziten der Rezeption. Es wird also zwar keine systematische Analyse der Rezeption von Parsons in der Schulpädagogik vorgenommen, die Rezeption von und die Kritik an Parsons werden aber dort sondiert, wo es relevant ist. Diesem Stellenwert der Frage für die Arbeit entsprechend, ist ihr kein separates Kapitel gewidmet. Stattdessen wird die Rezeption eines bestimmten inhaltlichen Aspekts dort in den Blick genommen, wo dieser Aspekt in der Logik der Arbeit relevant wird. Eine Ausnahme hiervon stellt das Kap. 5.3.4 dar, in dem Fends Rezeption von Parsons diskutiert wird.

Die bisherigen Begründungen und Untersuchungsfragen der Arbeit bezogen sich vor allem auf Parsons' (Schul-)Theorie und die damit zusammenhängende (struktur-)funktionalistische Schultheorie. Unerwähnt blieb der grundlegendere Gegenstand der Schultheorie, der zwingenderweise Teil der Arbeit ist. Auch hier lässt sich fragen, warum Schultheorie überhaupt Gegenstand der vorliegenden Arbeit sein sollte.

Grundsätzlich ist festzustellen: Parallel zur wenig intensiven Auseinandersetzung mit Parsons' und der (struktur-)funktionalistischen Schultheorie im Speziellen besitzt auch die Schultheorie im Allgemeinen eine eher geringe Relevanz im schulpädagogischen Diskurs der Gegenwart (und z. T. auch der Vergangenheit), wiewohl Schultheorie trotzdem präsent ist. Abgesehen von einer „bescheidene[n], kurzfristige[n] Konjunktur" (Baumgart & Lange 2006: 16) in den 1970er und 1980er Jahren war die Schultheorie „eher ein randständiges Thema der Erziehungswissenschaft" (ebd.), das stärker von verwandten Disziplinen bearbeitet

---
[6] Ein solches Ansinnen ist wiederum selbst anfällig für Verzerrungen, sofern eine grundsätzlich Parsons-freundliche Haltung eingenommen wird und Argumente zugunsten von Parsons und gegen die kritische Rezeption gesucht werden.

1 Einleitung

wurde; es „hat die Schulpädagogen in den vergangenen Jahren nicht mehr sonderlich interessiert" (Gruschka 1993: 454; kritisch zu dieser Feststellung Bönsch 1994). Ähnliche Einschätzungen gelten auch noch 20 Jahre später. So konstatieren Idel und Stelmaszyk (2015: 52) eine „*geringe theoretische Innovation des schultheoretischen Diskurses*: Monographische Beiträge, die dann auch die vielfältigen Befunde der empirischen Schul- und Bildungsforschung theoretisch integrieren könnten, sind Mangelware" (H. i. O.). Und Terhart (2017: 34) fasst zusammen:

> „‚Theorie der Schule' ist ein Klassiker der erziehungswissenschaftlichen Diskussion. Als Stichwort taucht ‚Theorie der Schule' in Lehrplänen, Veranstaltungsverzeichnissen, in sehr vielen Lehrbüchern und auch einzelnen Lehrstuhlbezeichnungen auf, seltener im Kontext erziehungswissenschaftlicher Forschungsschwerpunkte oder einzelner Forschungsprojekte. Insofern wird ständig darüber diskutiert, vor allem werden ständig Lehrbücher produziert; im eigentlichen und engeren Sinne geforscht wird zum Thema demgegenüber weniger."

Die vorliegende Arbeit stellt demnach die Ausnahme dar, Schultheorie „im eigentlichen und engeren Sinne" zu beforschen. Der Schwerpunkt liegt dabei zwar auf der Auseinandersetzung mit Parsons' Theorie und auf der Entwicklung einer darauf gründenden konsistenten Schultheorie, also auf ‚reiner' Theorie, dennoch werden im Sinn von Idel und Stelmaszyk empirische Befunde einbezogen.

Wie bei Parsons genügt auch im Fall der Schultheorie die Tatsache allein, dass beides nicht im Fokus der Forschung steht, nicht als Begründung, diese zum Gegenstand der vorliegenden Arbeit zu machen. Denn möglicherweise sind Parsons' Schultheorie und Schultheorie insgesamt schlichtweg keine sinnvollen Zugänge zum Phänomen Schule mehr und deren geringe Relevanz ist inhaltlich berechtigt. Mit Blick auf eine grundsätzliche schultheoretische Frage gilt dies in jedem Fall nicht: Wenn sich Schultheorie und auch Schulpädagogik mit Schule befassen, dann befassen sie sich mit einem Phänomen, das über mehr als ein Jahrzehnt das Leben der meisten Menschen in Deutschland prägt: „Keine andere gesellschaftliche Einrichtung dürfte derartig massiv in menschliches Leben eingreifen, wie dies durch Schule geschieht" (E. E. Geißler 1984: 23; vgl. auch Budde 2020: 222). Die sich daraus ergebende Frage, warum es solch eine Institution gibt, wozu Schulen also da sind, was dort gelernt wird oder gelernt werden soll, warum es gerechtfertigt ist, über Jahre einen wesentlichen Teil des Tags in ihr zu verbringen, ist eine zentrale Frage der Schultheorie, die fundamental ist, solange es Schulen gibt. Damit ist Schultheorie also auch heute noch relevant bzw. sollte relevanter sein, als sie es den obigen Feststellungen zufolge ist.

Die Bedeutung von Schultheorie kann allerdings nicht nur inhaltlich begründet werden, sondern auch mit Bezug auf die Disziplin der Schulpädagogik und ihre (empirische) Forschung. Schultheorie erscheint unter diesem Gesichtspunkt als Ausgangs- und Referenzpunkt für empirische Forschung und zugleich als Ziel empirischer Forschung, wenn sie einzelne empirische Befunde in einem konsistenten, umfassenden Aussagesystem bündelt (vgl. Tillmann 1993a: 410–411).

Im Anschluss an die beiden zentralen Untersuchungsfragen zur Rekonstruktion und zur Reformulierung von Parsons' Schultheorie folgen somit zwei weitere Untersuchungsfragen zur Schultheorie allgemein wie zu anderen Schultheorien. Diese sind wie die Untersuchungsfragen c) bis e) vor allem Mittel zum Zweck der Beantwortung der beiden zentralen Untersuchungsfragen a) und b), führen jedoch zugleich an vielen Stellen zu für sich stehenden, selbstzweckhaften Beiträgen.

f) *Was ist Schultheorie?*
Um die Frage b) zu klären, ob Parsons' Schultheorie eine Schultheorie ist, muss geklärt werden, was eine solche ist, d. h., welche Anforderungen sie erfüllen muss, um als Schultheorie zu gelten. Diese Frage wird in *Kap. 4* vor allem beantwortet, indem vorliegende Begriffsbestimmungen gesichtet, kritisch sondiert und systematisiert werden, um im Ergebnis eine begründete, für diese Arbeit leitende Begriffsfassung vorlegen zu können. Das heißt, in der Arbeit werden keine Schultheorien in ihren inhaltlichen Aussagen analysiert, sondern vor allem Aussagen *über* Schultheorie insgesamt. Die eben angesprochene Frage nach der Relevanz von Schultheorie für die Schulpädagogik und für das Nachdenken über Schule wird ebenfalls thematisiert, sowohl explizit in Kap. 4 als auch implizit in Kap. 6, wenn gezeigt wird, wie sich empirische Befunde mit Parsons' Schultheorie perspektivieren lassen, und in Kap. 7, wenn Forschungsperspektiven formuliert werden, die sich aus Parsons' Schultheorie ergeben.

g) *Welche weiteren Schultheorien, die Parsons' Schultheorie nahestehen, hängen mit dieser sowie untereinander wie zusammen und inwiefern lassen sie sich als (struktur-)funktionalistische Schultheorie(n) bezeichnen?*
Wenn im Sinn von a) Parsons' Schultheorie formuliert ist, stellen sich die Fragen, wie sich diese Schultheorie zu anderen Schultheorien verhält, worin sie sich unterscheiden und ob es einen gemeinsamen Kern gibt. Diesen Fragen wird in *Kap. 5* nachgegangen. Hierbei wird vor allem danach gefragt, wie sich Parsons' Schultheorie zu jenen von Dreeben und Fend verhält, weil diese beiden Autoren häufig im Zusammenhang mit Parsons genannt werden. Konkreter geht es darum, inwiefern sich diese drei Schultheorien tatsächlich als (struktur-)funktionalistisch bezeichnen lassen und worin der gemeinsame Kern (struktur-)funktionalistischer Schultheorie(n) besteht.

Die breitestmögliche Frage wäre demgegenüber die nach dem Zusammenhang von Parsons' Schultheorie mit allen anderen Schultheorien. Dies kann

1 Einleitung

in der vorliegenden Arbeit nicht geleistet werden, vor allem aufgrund der Einsicht, dass es bereits eine Herausforderung ist, Parsons' Schultheorie fundiert herauszuarbeiten. Für eine Diskussion aller Schultheorien im Vergleich müsste in gleichem Maß der Anspruch verwirklicht werden, die entsprechenden Theorien in Gänze, im Detail und auf Basis einer Auseinandersetzung mit Primärliteratur zu durchdringen.

An einer Stelle wird die auf Fend und Dreeben verengte Frage jedoch in der vorliegenden Arbeit erweitert, insofern auch die Schultheorie des heimlichen Lehrplans im Verhältnis zu Parsons, Dreeben und Fend betrachtet wird, weil sich zeigt, dass einige Parallelen zu diesen drei anderen Autoren bestehen.[7] Da sich unter dem Schlagwort des heimlichen Lehrplans allerdings eine ganze Reihe konkreter Autor*innen und Studien aus Vergangenheit und Gegenwart findet, wird der Ansatz nur selektiv aufgearbeitet. Einerseits wird eine Fokussierung auf einen der zentralen und ersten Autoren vorgenommen, Philip Jackson, andererseits wird vor allem Literatur aufgearbeitet, die das Konzept des heimlichen Lehrplans insgesamt, d. h. auf einer Meta-Ebene, in den Blick nimmt. Die Arbeit ist also auf einzelne ausgewählte Schultheorien ausgerichtet und bezieht sich nicht auf alle denkbaren Schultheorien.

Mit den insgesamt zwei zentralen und fünf weiteren Untersuchungsfragen, die in Abb. 1.1 zusammengefasst sind, sind die Gegenstände, Ziele und der Aufbau der Arbeit ebenso erläutert wie das, was *nicht* angestrebt wird. Zusammengefasst zielt die Arbeit auf die Rekonstruktion und Reformulierung von Parsons' Schultheorie, wozu einerseits Parsons' allgemeine soziologische Theorie sowie seine Bildungssoziologie aufgearbeitet und andererseits Begriff und Anforderungen der Schultheorie formuliert sowie das Verhältnis von Parsons' Schultheorie zu anderen, ihr nahestehenden Schultheorien geklärt werden; *en passant* wird die Rezeption von Parsons mit Blick auf Unklarheiten, Verkürzungen und Vereinseitigungen kritisch sondiert.

Der Struktur dieser Fragen entspricht der Aufbau der Arbeit. In einem ersten Strang, in Kap. 2 und 3, werden Parsons' normativfunktionalistische Handlungssystemtheorie und seine Bildungssoziologie aufgearbeitet, in einem zweiten Strang, in Kap. 4 und 5, stehen Schultheorie und (struktur-)funktionalistische Schultheorien im Fokus. Beide Stränge werden in Kap. 6 zusammengeführt, um eine konsistente, werkgesättigte, mit Parsons' Theorie und seiner Bildungssoziologie nachvollziehbar verbundene, begrifflich geschärfte, kritisch weiterentwickelte, in den aktuellen Forschungsstand der Schulpädagogik und Schultheorie

---

[7] Dies könnte auch für weitere Schultheorien zutreffen, was jedoch in dieser Arbeit, wie eben verdeutlicht, nicht systematisch und umfassend geprüft werden kann.

1 Einleitung

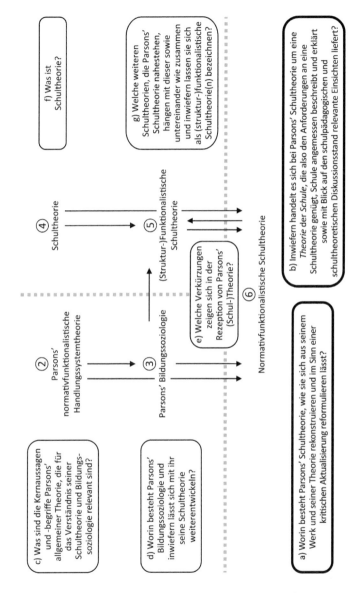

Abbildung 1.1: *Fragestellungen und Aufbau der Arbeit*
(eigene Darstellung)

1 Einleitung

eingebettete, zu anderen Schultheorien klar relationierte *normativfunktionalistische* Schultheorie zu entwerfen.

Nachdem nun Fragen, Ziele und Aufbau der Arbeit bestimmt sind, sollen einige Bemerkungen zur Vorgehensweise die Einleitung abschließen. Grundsätzlich handelt es sich bei der vorliegenden Untersuchung um eine theoretische, keine empirische Studie, um auf eine typische, aber für den Stellenwert theoretischer Forschung bemerkenswerte Abgrenzung zurückzugreifen (vgl. Bellmann 2020: 788; Bellmann & Ricken 2020: 783, 785).

Werden mit Tenorth (2013: 91–98) verschiedene Typen des Arbeitens an Theorien unterschieden – Kritik, Analyse und Konstruktion mit jeweils weiteren Untertypen –, so lässt sich die Vorgehensweise der vorliegenden Arbeit grundsätzlich als Rekonstruktion beschreiben, die bei Tenorth als Spielart der Analyse gilt:

> „*Rekonstruktion* bedeutet dabei in der Grundidee, dass eine Theorie oder ein Wissensbestand in ihrem ursprünglichen Gehalt, ihrer Entwicklung und ihrem theoretischem [sic!] Anspruch für die aktuelle Diskussion wiederhergestellt werden, und zwar vor dem Hintergrund der einschlägigen Forschung." (ebd.: 95, H. i. O.)

In der Arbeit wird demnach Parsons' Schultheorie rekonstruiert, indem ihr „ursprüngliche[r] Gehalt" im Kontext von Parsons' gesamter Theorie herausgearbeitet, ihre Entwicklung bezüglich der weiteren (struktur-)funktionalistischen Schultheorien und Schultheorie allgemein in den Blick genommen, sie in Beziehung zu aktuellen empirischen Studien sowie dem aktuellen schultheoretischen Forschungsstand gesetzt und sie kritisch in ihrem Status als (Schul-)Theorie diskutiert wird. Um die Aspekte der Weiterentwicklung und Aktualisierung deutlicher zu akzentuieren, als es der Begriff der Rekonstruktion im wörtlichen Sinn einer Wieder-Errichtung nahelegt, wird der Modus der Arbeit als Rekonstruktion und Reformulierung zusammengefasst.

Dieses Vorgehen umfasst allerdings auch weitere Arten der Theoriearbeit nach Tenorth, zunächst zwei Untertypen von Kritik. Parsons' (Schul-)Theorie und Bildungssoziologie wie auch die anderen funktionalistischen Schultheorien werden erstens zum Gegenstand „*begriffliche[r] und wissenschaftslogische[r]*" (ebd.: 92, H. i. O.) Kritik gemacht, wobei diese auf die Konsistenz der Theorien, ihre begriffliche Klarheit und ihre Prüfbarkeit zielt. In abgeschwächter Form zielt die Arbeit zweitens auf Kritik im Sinn einer Diskussion der empirischen Haltbarkeit der Theorien, wenn danach gefragt wird, ob Parsons' Schultheorie die Schulrealität heute angemessen beschreibt.

Weiterhin ist das Vorgehen der Arbeit durch Tenorths Typus der Konstruktion gekennzeichnet, insofern es der Arbeit um „die Entdeckung des Neuen" (ebd.: 96) geht. Mit Blick sowohl auf den bisherigen Rezeptions- und Diskussionsstand von Parsons in der Schultheorie und der Bildungssoziologie als auch auf Schultheorie allgemein und andere Schultheorien wird unter dem Schlagwort einer *normativfunktionalistischen* Schultheorie eine neue Perspektivierung von Parsons und von Schultheorie vorgeschlagen. Es handelt sich hierbei zwar nicht um etwas Neues im eigentlichen Sinn, weil eine normativfunktionalistische Perspektive auf Schule bei Parsons selbst vorhanden ist und in der Schultheorie an verschiedenen Stellen bemüht wird, aber um die Explikation einer neuen Akzentsetzung für Schultheorie und Parsons' Schultheorie. Mit Blick auf Tenorths Unterteilung des Typus der Konstruktion wäre daher von einer „*Innovation durch [...] Umgewichtung*" (ebd.: 97, H. i. O.) zu sprechen, insofern Aussagen und Begriffe aus Parsons' Schultheorie und allgemeiner Theorie gegenüber dem bisherigen Rezeptions- und Diskussionsstand umgewichtet werden.

Voraussetzung für alle genannten und in der vorliegenden Monographie realisierten Formen der Theoriearbeit ist die (kritische und systematisierende) Auseinandersetzung mit Parsons' Primärliteratur. Dies repräsentiert eine vierte, nicht näher ausgeführte Art der Theoriearbeit nach Tenorth (ebd.: 91), die Exegese, in der „ein für gültig gehaltenes Theorie-System oder eine Erziehungs- oder Sozialphilosophie immer neu ausgelegt" wird.

Deren Ergebnis, wie es hier in der Arbeit formuliert ist, enthält zwingendermaßen reproduktive Momente, insofern zusammengefasst wird, was Parsons formuliert. In der Arbeit steht aber nicht die bloße Wiedergabe anderer Texte im Fokus, sondern sie dokumentiert Erkenntnisse auf einer abstrakteren Ebene zu diesen Texten. In Kap. 2 beispielsweise müssen die verschiedenen Fassungen von Parsons' Theorie oder verschiedene Begriffsbestimmungen sondiert und begründet zu einer konsistenten Darstellung gebracht werden. In Kap. 3 sind die bei Parsons selbst in loser Verbindung stehenden Teile seiner Bildungssoziologie aufeinander zu beziehen und ebenfalls in einer konsistenten Darstellung zu bündeln. In beiden Kapiteln muss geprüft werden, an welchen Stellen Kritik in der Sekundärliteratur triftig ist oder an welchen Stellen sie sich mit Parsons selbst entkräften lässt. In Kap. 4 werden Begriffsbestimmungen von Theorie, Schule und Schultheorie aufgearbeitet, systematisiert und kritisch eingeordnet, um zu eigenen begründeten Begriffsbildungen zu kommen. In Kap. 5 werden zwar zunächst jeweils Kernaussagen verschiedener (struktur-)funktionalistischer Schultheorien wiedergegeben, auf eine höhere Erkenntnisstufe wird dies gehoben, wenn nach ihrem gemeinsamen Kern gefragt wird und wenn diskutiert wird, inwiefern sie durch verschiedene Charakterisierungen wie Funktionalismus und Strukturfunktionalismus stimmig erfasst werden. Hier zeigt sich auch die weitere Eigenleistung der Arbeit, die in der Schultheorie bemühten soziologischen Grundlagen – in diesem Fall den Begriff ‚(Struktur-)Funktionalismus' – aufzu-

1 Einleitung

arbeiten, um damit den schultheoretischen Diskussionsstand einer kritischen Prüfung zu unterziehen.

Relationierungen, die auf eine genaue, breite Aufarbeitung zweier ins Verhältnis zu setzender Aspekte folgen, sind demnach ein zentraler Modus und eine zentrale Eigenleistung der Arbeit. Dies betrifft Relationierungen zwischen Parsons' allgemeiner Theorie, seiner Bildungssoziologie und seiner Schultheorie, zwischen Parsons' Schultheorie und anderen Schultheorien, zwischen Parsons' Schultheorie, seiner allgemeinen Theorie, entsprechenden soziologischen Grundlagen und der bisherigen Rezeption von Parsons, zwischen Parsons' Schultheorie und allgemeinen Bestimmungen von Schultheorie, zwischen Parsons' Schultheorie und aktueller Empirie sowie schließlich innerhalb von Parsons' allgemeiner Theorie und innerhalb seiner Bildungssoziologie zwischen verschiedenen Werken und Schriften, in denen die gleichen Begriffe und Konzepte (meist nicht ganz identisch) bemüht werden.[8]

---

[8] Um Missverständnisse zu vermeiden, seien hier vor Beginn des ersten inhaltlichen Kapitels einige Bemerkungen zur Zitierweise und den Querverweisen eingeschoben: Wie üblich werden bei direkten Zitaten doppelte Anführungszeichen des Originals hier im Text mit einfachen Anführungszeichen wiedergegeben. Umgekehrt werden einfache Anführungszeichen des Originals mit doppelten Anführungszeichen kenntlich gemacht. Sind in einem direkten Zitat Wörter ursprünglich durch Unterstreichung oder Fettdruck hervorgehoben, wird die Hervorhebung kursiv wiedergegeben. Formatierungseigenarten, etwa der Geviertstrich als Gedankenstrich im Englischen, werden aus dem Original übernommen. Die Angabe ‚ebd.' in Fußnoten bezieht sich auf den vorhergehenden Beleg im Fußnotenapparat (d. h. ggf. in der vorherigen Fußnote), nicht im Text. Da einige der zitierten Autor*innen den gleichen Nachnamen haben, steht an diesen Stellen zur besseren Orientierung der abgekürzte Vorname. Belege werden grundsätzlich in chronologischer Reihenfolge angegeben. Primärquellen etwa von Parsons, Dreeben oder Fend werden jedoch an erster Stelle genannt und hierbei zunächst alphabetisch, dann chronologisch geordnet; mitunter werden auch sonst wichtigere Belege zuerst und damit außerhalb der chronologischen Reihung angeführt. Bei Querverweisen in der vorliegenden Arbeit ist in der Regel die Seite angegeben, auf der die Ausführungen beginnen, auf die sich der Verweis bezieht. Gegebenenfalls sind also auch folgende Seiten gemeint.

2 Parsons' normativfunktionalistische Handlungssystemtheorie

2.1 Parsons' Werk im Überblick

Talcott Parsons war einer der einflussreichsten Soziologen des 20. Jahrhunderts, in den 1950er und 1960er Jahre sicherlich der einflussreichste (vgl. Schäfers 2016: 106; Schluchter 2015: 331; Joas & Knöbl 2011: 42; Lidz 2011: 511; Delanty 2009: 33; Alexander 1987: 111; W. Mitchell 1967: 1). Der Grund für diese hohe Bedeutung liegt in Parsons' neuartigem und komplexem Ziel, was auf drei Ebenen zu verorten ist. *Erstens* geht es Parsons *inhaltlich* während seines ganzen Schaffens um die Frage, wie soziale bzw. gesellschaftliche Ordnung möglich ist (vgl. Parsons 1970d: 869; B. S. Turner 1986: 201; Luhmann 1980: 15; Jensen 1976: 24; Rüschemeyer 1964: 18). Der Begriff ‚Ordnung' bezieht sich dabei auf die Frage, ob es Regelmäßigkeiten in den Interaktionen einer sozialen Einheit, zum Beispiel der Gesellschaft, und damit gegenseitige, stabile Interaktionserwartungen gibt (vgl. Münch 2004: 55).

Bedeutsamer als diese inhaltliche Frage ist jedoch *zweitens* Parsons' Vorgehen zur Beantwortung dieser Frage, sein *methodisch-begriffliches* Instrumentarium (vgl. Luhmann 2002: 20). Er entwickelt ein System an Begriffen, Konzepten und Schemata, das zur Analyse der Realität genutzt werden kann, wobei Letzteres für Parsons nicht im Vordergrund steht. Es ist nicht „die Absicht von Parsons [...], etwas Neuartiges über die Realität mitzuteilen. [...] Parsons' Intentionen liegen im wesentlichen auf der Ebene der *Kodifikation* theoretischer und empirischer Einsichten" (Jensen 1976: 11, H. i. O.; vgl. auch Parsons 1959a: 644–645; Haller 2000: 222). Treffenderweise charakterisiert sich Parsons daher in der Widmung von *The Social System* als „INCURABLE THEORIST" (Parsons 1964c: v, H. i. O.).[1]

---

[1] Wobei dies nicht bedeutet, dass er Empirie geringschätzte. In *The System of Modern Societies* gibt er zum Beispiel „the *match* between the theoretical scheme employed in the study [...] and the statements of empirical fact that have been selected to validate theoretical interpretation" (Parsons 1971d: 138, H. i. O.) als Ziel aus (vgl. auch Lidz & Staubmann 2016: 31; Holmwood 2005: 98; B. S. Turner 1999a: 7; Fox 1997: 398–399; W. Mitchell 1967: 5).

2 Parsons' normativfunktionalistische Handlungssystemtheorie

Das von Parsons entwickelte begriffliche Instrumentarium ist *drittens* wiederum mit einem *inhaltlichen* Ziel verknüpft: „Parsons's main concern was to develop a coherent conceptual scheme for sociology that addresses all aspects of human social organization, applies in all times and places" (Lidz 2011: 511; vgl. auch Parsons 1959a: 702–703; Schroer 2017: 107; B. S. Turner 1999a: 3, 21; Bryant 1983: 338; W. Mitchell 1967: 4–5).[2]

Parsons' Theorie erfuhr viel Kritik (s. Kap. 2.10) und verlor dann ab den späten 1960er Jahren an Bedeutung (vgl. Joas & Knöbl 2011: 42). Er wurde nunmehr „wie ein toter Hund behandelt" (Schluchter 2015: 333); die starke Kritik schlug schließlich in Nichtbeachtung um (vgl. Sciortino 2016b: 9). Aus diesem Grund ist Parsons' spätes Schaffen, zum Beispiel die für diese Arbeit relevanten Schriften zur Universität, kaum in den Blick geraten (vgl. Vanderstraeten 2015: 308; Multrus 2004: 159; B. S. Turner 1993: 5; Burkart 1982: 445, 463; Joas 1980: 236). Erschwerend kommt hinzu, dass durch diese Nichtbeachtung Veränderungen oder Ausdifferenzierungen in Parsons' Theorie unberücksichtigt bleiben, sodass „the public image of his work is somewhat frozen in the mid-1960s" (Sciortino 2016a: 194):[3] „Parsons's general work has suffered badly from an excess of critical zeal in which the complexity and development of his thought has been obscured in an overall lambasting of functionalism" (Dingwall 1983: 1).

Damit ist das bereits in der Einleitung thematisierte Problem der fragwürdigen Rezeption von Parsons angesprochen:

> „[D]as Bild von Parsons [ist] immer noch eher durch weit verbreitete Fehleinschätzungen und vorurteilsbeladene Behauptungen vergangener Tage geprägt […], statt von intensiver Kenntnis seiner tatsächlichen Aussagen, die der Mühe der Lektüre immer noch wert sind." (Schroer 2017: 137)

Solch eine Lektüre bringt „a theorist very different from the stereotypes" (Sciortino 2016b: 13) zum Vorschein. Speziell für die Medizinsoziologie spricht auch Gerhardt (1991: 163) von „unvertretbaren Verkürzungen oder Verzerrungen in der Sekundärliteratur": „Bei genauer Prüfung mancher Vorbehalte gegen Parsons' Ansatz stellt sich heraus, daß oft Mängel gerügt werden, die das Originalwerk nicht aufweist" (ebd.).

Solche sich in der Rezeption einstellenden „Trivialisierungen" (Nolte 1987: 581) finden sich freilich auch bei anderen (soziologischen) Theorien ebenso wie

---

[2] Dem Ziel entsprechend lauten auch die Titel einiger Veröffentlichungen, zum Beispiel: *Toward a General Theory of Action*.

[3] Bezeichnend ist in diesem Zusammenhang die Feststellung von Popp (1998: 265): „Parsons, ein amerikanischer Soziologe, dessen Arbeiten aus den vierziger und fünfziger Jahren dieses Jahrhunderts stammen, ist der Begründer der strukturell-funktionalen Theorie". Spätere (und frühere) Arbeiten bleiben unerwähnt.

2.1 Parsons' Werk im Überblick

generell „an ebb and flow in the prominence and popularity of various general theories" (J. H. Turner & D. E. Mitchell 1997: 21). In der Schulpädagogik werden zum Beispiel auch für Dewey (vgl. F. Bohnsack 1964: 250) oder Luhmann (vgl. R. Arnold 1995: 599) Rezeptionsschwierigkeiten beklagt. Allgemeiner hält Tenorth (2013: 96) daher fest, dass Theorien aus anderen Disziplinen „meist sehr selektiv, vielleicht sogar ‚falsch', das sagen jedenfalls die Hüter der jeweiligen Theorien, also offenbar nach eigenen Selektionsregeln", in die Erziehungswissenschaft eingeführt werden.

Trotz aller Kritik, Nichtbeachtung und Rezeptionsproblematik: Parsons' Werk setzte „für alle spätere Theoriearbeit ein[en] Maßstab" (Joas & Knöbl 2011: 142). Es ist ein Werk „von imponierender und vielleicht seither nie wieder erreichter theoretischer Komplexität" (Joas & Knöbl 2011: 139; vgl. auch Nolte 1987: 580). Parsons gilt demnach heute als ein Klassiker der Soziologie, wie seine Thematisierung in Lehrbüchern und Einführungen deutlich macht (vgl. z. B. Endreß 2018; Schroer 2017; Staubmann 2015; Vester 2009; W. L. Schneider 2008; Münch 2007; englischsprachig z. B. Lidz 2011; Holmwood 2005).

Diese hohe inhaltliche Komplexität ist, wie bereits in der Einleitung dargelegt, eine wesentliche Schwierigkeit bei der Auseinandersetzung mit Parsons und ein Grund für die in dieser Arbeit vorgelegte selektive Einführung (so auch Ebert 2003: 8) sowie die Rezeptionsschwierigkeiten (ähnlich bei Luhmann, vgl. R. Arnold 1995: 611). Weil die Originallektüre so schwierig ist (vgl. Münch 1988: 20), wird eher auf Sekundärliteratur zurückgegriffen, die jedoch ein verzerrtes Bild des Originals liefern kann (vgl. Jensen 1976: 9). Parsons selbst jedenfalls weist seine Leser*innen auf die Schwierigkeit der Lektüre hin, zum Beispiel in *Economy and Society*, wenn es heißt: „It will not be easy reading" (Parsons & Smelser 1956: 46; vgl. auch Sciortino 2016b: 9; Holmwood 2005: 107).

Zur inhaltlichen Komplexität tritt eine Komplexität hinsichtlich Parsons' Sprache und Stil hinzu (vgl. Schroer 2017: 111; Münch 1988: 19–20). Bezeichnend ist, dass an der Studie *The American University* Jackson Toby als Verantwortlicher „for improving the clarity and readability of what was notoriously known as „Parsonian prose[]"" (Vanderstraeten 2015: 309) mitwirkte (vgl. auch Platt 1981: 157). Coleman (1963: 82) folgert daher, dass für eine*n Leser*in von Parsons die Gefahr besteht, dass „he must accept it all because he cannot understand it well enough to refute it, or reject it all because he cannot understand it well enough to use it". Ähnlich formuliert Luhmann (1980: 5): Selbst wenn Parsons' Theorie „ein grandioser Irrtum war: Man wird dann nicht einmal wissen weshalb".

Konkret vermisst Coleman (1963: 80–82) klare Definitionen von Begriffen sowie Beispiele dafür und kritisiert die Verwendung eines Begriffs in mehreren Bedeutungen (vgl. für ähnliche Kritik am Beispiel des Begriffs der Interpene-

2 Parsons' normativfunktionalistische Handlungssystemtheorie

tration Luhmann 1977: 62; allgemein Jensen in Parsons 1976b: 157). In ähnlicher Weise stellt Jensen (1976: 13) fest, Parsons habe seine Begriffe unzureichend geordnet, weil Grundbegriffe nicht benannt und nicht als Grundlage zur Herleitung anderer Begriffe genutzt würden. Dieses Problem vergrößert sich, da die Begriffe im Verlauf von Parsons' Schaffen „zunehmend spezifischer und komplexer" (Rüschemeyer 1964: 18) werden. Abgesehen davon verändert, erweitert und reformuliert Parsons sein Gedankengebäude immer wieder, was es schwer macht, es zu fassen (vgl. Parsons 1959a: 701; Lidz 2011: 512; für den Kulturbegriff Langer 2000: 262), und zudem ungeklärte Widersprüche produziert (vgl. W. Mitchell 1967: 3). Diese Feststellungen lassen sich wohl für nahezu alle Begriffe bei Parsons verallgemeinern, sie zeigen sich im Folgenden zum Beispiel bei den Begriffen der Handlung, der Sozialisation, der Struktur und der Funktion. Insgesamt lässt sich somit feststellen: „Parsons ist oft widersprüchlich, unklar, unbefriedigend" (Nolte 1987: 589).

Neben der Komplexität von Sprache und Inhalt erschwert die bloße Quantität von Parsons' Veröffentlichungen eine erschöpfende Auseinandersetzung mit seinem Werk (vgl. B. S. Turner 1999a: 3, 1986: 181; Jensen 1980b: 5, 1978: 119, 1976: 9). Die Bibliographie des von Turner herausgegebenen *Talcott Parsons Reader* (B. S. Turner 1999b) umfasst fünfzehn Seiten; Lidz (2011: 511) zählt zehn Bücher, sieben Aufsatzsammlungen, drei herausgegebene Bücher und etwa 100 Aufsätze. Angesichts dieses Werkumfangs stellt Jensen (1976: 9) fest: „Man könnte freilich – überspitzt – sagen, daß kaum jemand Parsons wirklich kennt".

Parsons' Veröffentlichungen umfassen sowohl rein theoretische wie auch angewandte Arbeiten – der Titel der Aufsatzsammlung von Parsons (1949a) lautet dementsprechend: *Essays in Sociological Theory. Pure and Applied* (vgl. Lidz 2011: 543; Ebert 2003: 116; Barber 1989: 623; Münch 1988: 167) – und decken ein großes Themenspektrum ab (vgl. Heckscher 2009: 608; Ebert 2003: 4; W. Mitchell 1967: 3). Parsons äußert sich beispielsweise zu Wirtschaft, Bildung, Professionen, Jugend, Verwandtschaft, Religion und Christentum, Sozialstruktur, Krankheit und Medizin, Psychoanalyse, Organisationen, Kultur, Wahlen, sozialem Wandel, Tod, Rationalität, gesellschaftlicher Modernisierung, Nationalsozialismus in Deutschland oder Macht.

Mit Jensen (1980b: 7) lassen sich die bisherigen Ausführungen zum heutigen Stellenwert von Parsons, zu seinem Bedeutungsverlust und der Komplexität des Werks wie folgt zusammenfassen: „Parsons' Werk ist ein Labyrinth; ein Colosseum von Begriffen und Konzepten, das vermutlich dazu verurteilt ist, als gigantische Geistesruine am Wege der Geschichte zurückzubleiben".

Bevor Parsons' Theorie systematisch entfaltet wird, sei kurz auf seine Biographie eingegangen (vgl. für die folgenden Ausführungen Parsons 1970d; Lidz

2011; Münch 2004: 41–42; Barber 1949). Parsons wurde 1902 im US-Bundesstaat Colorado geboren. Er studierte bis 1924 am *Amherst College* im Bundesstaat Massachusetts Biologie, besuchte aber auch Veranstaltungen in Philosophie, Literatur und vor allem Wirtschaftswissenschaft. Letztere beschäftigte ihn während seines Aufenthaltes an der *School of Economics* in London 1924/25 weiter. Im Anschluss daran ging er nach Heidelberg, kam mit dem Werk Webers in Kontakt und begann dort seine Dissertation über den Kapitalismusbegriff bei Weber und Sombart, die er 1927 einreichte. Nach einer einjährigen Lehrtätigkeit in der Wirtschaftswissenschaft in Amherst ging er 1927 nach Harvard. Hier war er ebenfalls als *instructor* im *Department of Economics* tätig, wechselte jedoch nach vier Jahren ins neu entstandene *Department of Sociology*. In Harvard wurde er *assistant, associate* und schließlich 1944 *full professor*. Dort blieb er bis zum Ende seines Berufslebens 1973, an das sich noch eine dreijährige Gastprofessur an der *University of Pennsylvania* anschloss. Parsons starb am 8. Mai 1979 in München, wo er ein Seminar und eine Vorlesung gab, nachdem er zuvor in Heidelberg den 50. Jahrestag seiner Promotion gefeiert hatte.

Joas und Knöbl (2011: 40) halten Parsons' Biographie zwar für „nicht sonderlich spannend"; was sie jedoch „spannend" macht, sind die verschiedenen Disziplinen, mit denen sich Parsons befasste und die die Vielfalt der Themen in seinen Veröffentlichungen begründen (vgl. Fox 1997: 396; Barber 1989: 623; Platt 1981: 157–158; W. Mitchell 1967: 6). Während seines Studiums wurde er „converted to social science" (Parsons 1970d: 826). Später erkannte er, dass er „not want to be primarily an economist" (ebd.: 834) und „a relatively complete formal break with economics" (ebd.) nötig war. Schließlich wurde die Entdeckung des Werks von Freud „one of the few crucial intellectual experiences of my life" (ebd.: 835); Parsons absolvierte auch eine psychoanalytische Ausbildung. Bei alldem bestanden seine biologischen Interessen weiterhin (vgl. Fox 1997: 407; Jensen 1980b: 6).

Um sich eine Übersicht über Parsons' Werk zu verschaffen, bietet sich eine Werkeinteilung an. Neben der Unterscheidung theoretischer und angewandter Schriften wird häufig eine Einteilung in drei Phasen seines Schaffens vorgenommen (vgl. zur Übersicht über Einteilungen von Parsons' Werk Multrus 2004: 147–150; kritisch zum Sinn solcher Einteilungen Hein 2009: 16–17). Wenzel (1991: 22–26) unterscheidet ähnlich wie Schluchter (2015: 334) folgendermaßen (andere Akzentuierung der drei Phasen bei Jensen 1980b: 11):

- bis 1937: *voluntaristische Handlungstheorie*
  Diese Phase bezieht sich vor allem auf die Studie *The Structure of Social Action*, in der Parsons die These entfaltet, dass das Problem sozialer Ordnung von verschiedenen Theoretikern in ähnlicher Weise gelöst wird, und zwar durch geteilte Werte (sog. Konvergenzthese).

2 Parsons' normativfunktionalistische Handlungssystemtheorie

– *1937–1953:*[4] *Strukturfunktionalismus*
  In dieser Phase wird die voluntaristische Handlungstheorie durch den Fokus auf Handlungssysteme weiterentwickelt. Außerdem werden die *pattern variables* eingeführt sowie Sozial-, Persönlichkeits- und Kultursystem bzw. Werte als ordnungserhaltende Elemente analysiert. Die beiden Werke *The Social System* und *Toward a General Theory of Action* prägen diese Phase (vgl. auch Parsons 1970d: 842).[5]
– *ab 1953: Systemfunktionalismus*
  Die dritte Phase beginnt (spätestens) mit den *Working Papers in the Theory of Action*, in denen das AGIL-Schema der vier Funktionen entwickelt wird.[6] Dieses Schema bleibt im Folgenden zentraler Bezugspunkt für Parsons' Schaffen, wird in verschiedenen Bereichen angewandt, beispielsweise um gesellschaftliche Modernisierung zu beschreiben, und wird um die Theorie der Austauschmedien ergänzt.

Die Aufarbeitung von Parsons' allgemeiner Theorie in dieser Arbeit folgt zunächst dieser Werkeinteilung. Nach Handlungstheorie (Kap. 2.2) und Handlungssystemtheorie (Kap. 2.3) werden die *pattern variables* (Kap. 2.4) und das AGIL-Schema (Kap. 2.5) dargestellt. Auf dieser Basis werden Parsons' Konzepte der Gesellschaft (Kap. 2.6) und der Modernisierung (Kap. 2.7) erläutert. Kapitel 2.8 zu den Begriffen ‚System', ‚Funktion', ‚Struktur' und ‚Prozess' sowie Kap. 2.9 zu den Begriffen ‚Funktionalismus', ‚Strukturfunktionalismus' und ‚normativer Funktionalismus' stellen eine zusammenfassende Querperspektive auf Parsons' Theorie dar, insofern diese Begriffe verschiedene der bis hierhin aufgearbeiteten einzelnen Teile seiner Theorie berühren bzw. diese in ihrer Eignung zur Charakterisierung der gesamten Theorie diskutiert werden. Im abschließenden Kap. 2.10 werden zentrale Kritikpunkte und Anschlüsse an Parsons knapp zusammengetragen.

---

[4] Zum Teil wird die Phase als bereits 1951 beendet angesehen, was von der Zuordnung der *Working Papers in the Theory of Action* abhängt, die den Übergang zwischen beiden Phasen bilden (vgl. Schluchter 2015: 409).
[5] Im Widerspruch dazu stehen die Ausführungen bei Vester (2009: 190–193), der unter der Überschrift Strukturfunktionalismus das AGIL-Schema zum Zentralthema macht, das Wenzel nicht zu der so bezeichneten Phase rechnet.
[6] Das Schema ist nach den Anfangsbuchstaben dieser Funktionen benannt: *adaptation*, *goal-attainment*, *integration*, *latent pattern-maintenance*. Diese einzelnen Funktionen können folglich als A-, G-, I- und L-Funktion abgekürzt werden.

2.2 Voluntaristische Handlungstheorie

Ausgangspunkt von Parsons' Theoriegebäude ist eine Theorie des Handelns,[7] die im Folgenden auf Basis von *Toward a General Theory of Action* skizziert wird.[8,9] Handeln wird als ein Verhalten[10] definiert, das bestimmte Merkmale aufweist (vgl. Jensen 1976: 21): Es ist am Erreichen von Zielen orientiert, findet in Situationen statt, ist durch Normen mitgeprägt und auf Motivation angewiesen (vgl. Parsons & Shils 1962b: 53). Durch die Zielorientierung beinhaltet Handeln Intentionalität und Subjektivität (vgl. Bourricaud 1981: 23); zugleich wird eine zeitliche Dimension eingeführt, weil zwischen Jetzt- und Ziel-Zustand unterschieden wird (vgl. Daheim 1993: 36; Geulen 1989: 153).[11] Die Theorie des Handelns ist damit nicht an physiologischen Aspekten menschlichen Tuns interessiert (darauf bezieht sich der Begriff ‚Verhalten'), sondern an den Schemata, Mustern oder Strukturen, die es beeinflussen (vgl. Parsons 1976b: 121; Parsons & Shils 1962b: 62–63):

> „Am besten stellt man sich ‚Handeln' wie ein ‚Programm' vor; eine normative Struktur, die in einer Folge von Schritten das konkrete – physische – Verhalten steuert. In dieser Fassung wird also Verhalten ganz eindeutig mit einem physischen Vorgang, Handeln dagegen mit einem abstrakten Schema der Kontrolle [...] assoziiert." (Jensen 1980b: 92–93)

---

[7] Der Begriff ‚action' bedeutet sowohl Handlung als auch Handeln. Hier zeigt sich erstmals das Problem der Übersetzung von Parsons' Begriffen (weitere Beispiele bei Dahrendorf 1955: 519).

[8] Da es sich bei der dort entfalteten Handlungstheorie um eine überarbeitete und erweiterte Fassung aus *The Structure of Social Action* handelt (vgl. Parsons & Shils 1962b: 53) und sich zwischen beiden nur geringe Unterschiede finden (vgl. Joas & Knöbl 2011: 96; Geulen 1989: 144, 151–152; Münch 1988: 64–66; Luhmann 1980: 7), wird auf dieses Werk nicht weiter eingegangen (vgl. zu diesem Werk z. B. Gerhardt 2016; Schluchter 2015: 349–374; Joas & Knöbl 2011: 43–71).

[9] Das Werk von Parsons umfasst sowohl alleinige Veröffentlichungen als auch solche mit verschiedenen Ko-Autor*innen. Daher stellt sich die Frage, inwiefern mit Blick auf letztere von *Parsons'* Theorie gesprochen werden kann. Auch wenn dies nicht originärer Gegenstand der vorliegenden Arbeit ist, deutet sich zumindest an, dass es keine systematischen theoretischen Unterschiede zwischen diesen beiden Gruppen von Veröffentlichungen gibt bzw. Brüche und Widersprüche in Parsons' Werk nicht damit in Zusammenhang stehen. Es wird hier also davon ausgegangen, dass auch Schriften mit Ko-Autor*innen als Teil von Parsons' Theorie aufgefasst werden können. Für die mit Platt verfasste Studie *The American University* kommt Vanderstraeten (2015: 310) sogar zu dem Schluss: „It is apt to speak of *Parsons's* monograph; Parsons is its principal author" (H. i. O.).

[10] Es ist also explizit zwischen Handeln und Verhalten zu unterscheiden (vgl. Parsons 1976b: 121), was Parsons jedoch nicht immer durchhält: „[F]or present purposes the two terms may be regarded as synonymous" (Parsons 1958a: 282; ähnlich Parsons 1970e: 81, 1959a: 613).

[11] Etwas anders die Definition in *The American University*; dort wird Handeln als symbolisch ausgerichtetes Verhalten definiert (vgl. Parsons & Platt 1973: 8; auch Parsons 1977a: 167, 1977b: 230, 1976b: 142, 1968e: 14). Bei Parsons (1961: 963) wiederum wird Handeln an den Begriff ‚meaning' gebunden, der an den Begriff der Orientierung angelehnt ist. Hier wird exemplarisch deutlich, wie Begriffe im Lauf von Parsons' Schaffen unterschiedlich definiert oder verwendet werden.

2 Parsons' normativfunktionalistische Handlungssystemtheorie

Für die Handlungstheorie geht es somit um die Frage, warum und mit welchem Ziel Handelnde sich für eine Handlungsoption entscheiden; Selektionen sind ihr zentrales Thema: „choice is the essence of action" (Bourricaud 1981: 249; vgl. Parsons & Shils 1962b: 63; Parsons & White 2016: 53, 1970: 186; Joas & Knöbl 2011: 96; Jensen 1980b: 117). Mit anderen Worten: *Action* ist das „Ergebnis von ‚Entscheidungen'"[12] (Parsons 1986: 73), daher „immer eine *Wahl* zwischen zwei oder mehreren alternativen Verläufen" (ebd.: 73, H. i. O.). Eine Theorie des Verhaltens fragt demgegenüber nur implizit nach Selektionen, da es vor allem darum geht, welche Selektion Handelnde vornehmen *müssen* (um zu überleben).

Die Frage nach Selektionen ist für menschliches Handeln deshalb besonders relevant, weil der Mensch als „‚organische[s] Mängelwesen'" (Jensen 1980b: 107) nicht automatisch (im Sinn von Instinkten u. Ä.) auf die Umwelt reagiert. Die fehlenden biologischen Selektionsmechanismen bedingen die Notwendigkeit anderer Selektionsmechanismen, bei denen es sich, wie sich noch zeigen wird, hauptsächlich um normativ-kulturelle Orientierungsmuster (v. a. Werte und Normen) handelt (vgl. Staubmann 2015: 202; Jensen 1976: 35). Anders formuliert:

> „Wenn die Handelnden in einer Situation sowohl im Hinblick auf die Zielsetzungen als auch im Hinblick auf die Mittelwahl freie Wahlmöglichkeiten haben und darüber hinaus Handlungen weder vom Zufall noch ausschließlich vom Nutzenkalkül der Zweck-Mittel-Relation abhängig sind, dann muß es für die zu treffenden Optionen normative Bezugspunkte geben, die das Spektrum dessen, was im konkreten Falle wünschenswert ist, eingrenzen." (Veith 1996: 414)

Werte und Normen, allgemeiner: normative Kultur, sind damit der zentrale Bezugspunkt für Parsons' Handlungstheorie (vgl. Joas & Knöbl 2011: 60–66). Denn in der kritischen Auseinandersetzung mit positivistischen, hier vor allem utilitaristischen, und idealistischen Handlungstheorien (vgl. Schroer 2017: 111–113; Holmwood 2005: 93; Staubmann 2005: 170–171; Geulen 1989: 141–143; Bourricaud 1981: 25–33; Hofmann 1981: 34–35) gelangt Parsons zu dem Schluss, dass eine stabile soziale Ordnung erst durch gemeinsame Werte und Normen möglich ist (vgl. Münch 2007: 28–29, 1988: 37–38; Nolte 1987: 586–587; Spates 1983: 27; Lockwood 1956: 136–137).

Konkret stellt dies vor allem eine alternative Lösung des Ordnungsproblems im Vergleich zur Lösung von Hobbes dar. Letztere besteht darin, dass die Menschen ihre Macht an eine übergeordnete Machtinstanz abgeben und sich an

---

[12] Grundsätzlich bezieht sich die vorliegende Arbeit auf Parsons' Texte im englischen Original. Davon ausgenommen sind die deutschen Übersetzungen von Jensen (d. h. die Texte der Aufsatzsammlung Parsons 1976e) und Texte, die im Original auf Deutsch publiziert wurden (Parsons 1986, 1964a). Auf zwei andere deutsche Übersetzungen (Parsons 2009; Parsons & Platt 1990) wird im Lauf der Arbeit lediglich verwiesen, um die Schwierigkeit der Übersetzung bestimmter Begriffe deutlich zu machen.

2.2 Voluntaristische Handlungstheorie

gemeinsame Regeln halten, weil Verstöße durch die übergeordnete Machtinstanz sanktioniert werden. Hiergegen wendet Parsons ein, dass eine solche, allein auf äußeren Zwang und Macht errichtete Ordnung nicht stabil sein kann (vgl. Joas & Knöbl 2011: 50–64; Lidz 2011: 518; Holmwood 2005: 94–96; Münch 1988: 33–38). Nur eine geteilte normative Kultur, die das Handeln, die Handlungsmittel und -ziele der Einzelnen vorstrukturiert, ermöglicht eine stabile soziale Ordnung.

Handeln ist jedoch trotz entsprechend hoher Relevanz bei Parsons nicht allein von Werten und Normen abhängig:[13]

> „They [Parsons und White, R. L.-S.] insisted that social action results from a value-added process that *combines* evaluative with other components. Practical and material interests, situational and environmental conditions, relational ties, normative rules, holdings of wealth, power and other resources, and a variety of additional components all play their part in shaping social action." (Lidz 1989: 571, H. i. O.)

Werte und Normen in Parsons' Handlungstheorie bringen außerdem „den freien Willen des Menschen, seine *Handlungsfähigkeit* nicht zum Verschwinden" (Joas & Knöbl 2011: 65, H. i. O.), weil die Einzelnen den Werten und Normen nicht automatisch unterworfen sind, sondern sich von ihnen distanzieren können. Während die Handelnden in der positivistischen Handlungstheorie durch die empirischen Gegebenheiten der Situation bestimmt sind und in der idealistischen Handlungstheorie von übergeordneten Normen und somit quasi zu blinden Reaktoren auf Stimuli oder Exekutoren der Normen werden, treffen die Handelnden bei Parsons unter empirischen und normativen Gegebenheiten eine Wahl (vgl. Veith 1996: 412, 415). Sie sind keine Roboter.

Soziale Ordnung entsteht dann durch einen Konsens der Akteur*innen über Normen und Werte und nicht dadurch, dass die Akteur*innen Werten und Normen unterworfen werden (vgl. Münch 2004: 54, 172). Münch (1988: 61) spricht hier von einer „Koexistenz von individueller Handlungsautonomie und sozialer Ordnung". Dies ist mit *voluntaristischer* Handlungstheorie gemeint, einer Handlungstheorie also, die die aktive Wahlfreiheit der Einzelnen betont (vgl. Gerhardt 2016: 134; Heckscher 2009: 608; Gerhardt 1998: 285; Daheim 1993: 35; Alexander 1987: 24–28; W. Mitchell 1967: 23): „Contrary to conventional wisdom, Parsons's work shows a remarkable consistency in taking seriously the autonomy and freedom of individual actors" (Sciortino 2009: 112). Gleichwohl handelt es sich nicht

---

[13] Das zeigt sich besonders deutlich in der Konzeption von *action* bei Parsons (1949b: 44–45), die *means* und *conditions* umfasst: Eine Handlung besteht dort aus einem*r Akteur*in, der*die bestimmte *ends* verfolgt und in einer Situation handelt, die aus Elementen besteht, über die er*sie Kontrolle hat (*means*) und über die er*sie keine Kontrolle hat (*conditions*), wobei die Wahl zwischen alternativen *means* schließlich *norms* impliziert (vgl. auch Joas & Knöbl 2011: 64–65; Lidz 2011: 517; Bourricaud 1981: 22–23).

2 Parsons' normativfunktionalistische Handlungssystemtheorie

um einen absoluten freien Willen, der in einen asozialen Atomismus münden und keine soziale Ordnung ermöglichen würde, wie auch der Wert des institutionalisierten Individualismus (s. S. 66 und 106) deutlich macht: „Empirical individuals *do* exercise free will, or agency, though they do so within great social constraints" (Alexander 1987: 32, H. i. O.; vgl. auch Parsons & White 2016: 135; Schluchter 2015: 361–362; Nolte 1987: 585).

Nach dieser groben Bestimmung des Handlungsbegriffs und seiner Abgrenzung vom Verhaltensbegriff soll nun genauer nachgezeichnet werden, welche Elemente Handeln nach Parsons konstituieren (vgl. Geulen 1989: 144–146). Die entsprechenden Konzepte und Begriffe werden zusammenfassend als „*frame of reference of the theory of action*" (Parsons et al. 1962: 4, H. i. O.) bezeichnet.[14]

Der *frame of reference* beinhaltet drei zentrale Elemente: eine*n *Akteur*in*, eine *Situation*, die aus Objekten besteht, und eine *Orientierung* des*r Akteurs*in hinsichtlich dieser Situation, d. h. Beziehungen zu den Objekten (vgl. Parsons 1964c: 4; Parsons & Shils 1962b: 56). Aus diesen drei Begriffen „entwickelt [Parsons, R. L.-S.] sein Handlungsmodell fast axiomatisch-deduktiv" (Staubmann 2015: 203). Bei einem*r *Akteur*in kann es sich um eine*n individuelle*n oder kollektive*n Akteur*in handeln. Die *Situation* kann aus sozialen Objekten (wiederum Individuen oder Kollektive) und nicht-sozialen Objekten bestehen. Letztere werden in physikalische[15] und kulturelle Objekte unterteilt. Die *Orientierung* des*r Akteurs*in hinsichtlich der Situation zerfällt in zwei Orientierungsmodi, eine mo-

---

[14] An anderer Stelle ist von „conceptual scheme" (Parsons & Shils 1962b: 53) die Rede. Hier wird, wie an vielen anderen Stellen auch – vor allem mit Blick auf den System-Begriff (s. S. 115) –, Parsons' konstruktivistische Methodologie deutlich, die als analytischer Realismus bezeichnet wird (vgl. Schluchter 2015: 343–347, 357–359; Luhmann 2002: 20; Daheim 1993: 34; Münch 1988: 45–46). Die Wirklichkeit wird dabei erst durch die entsprechenden Begriffe, Konzepte usw. konstruiert, mit denen sie erschlossen wird (vgl. Ackerman & Parsons 1976: 69–72; Jensen 1976: 12–18). Demnach ist zu unterscheiden zwischen der konkreten, empirischen Wirklichkeit – konkreten Einheiten – und den abstrakten, analytischen Begriffen, Konzepten usw. – analytischen Elementen; in der vorliegenden Arbeit ist dementsprechend zum Beispiel von Elementen des Kultursystems oder Einheiten der Gesellschaft die Rede. Durch diese Unterscheidung lassen sich konkrete Phänomene der Realität in analytische Elemente dekomponieren, die keine eindeutige konkrete Entsprechung mehr haben (vgl. Schluchter 2015: 358; Wenzel 1986: 13–15; daher auch die Bezeichnung ‚analytischer Realismus', vgl. Luhmann 1980: 8). Im Fall der Handlungstheorie bedeutet dies zum Beispiel, dass eine einzelne Handlung die kleinste konkrete Einheit ist, aber analytisch in weitere Elemente zerlegt werden kann, welche dann wiederum nicht als konkret-empirisch zu verstehen sind (vgl. Schluchter 2015: 360; Luhmann 1980: 6). Das heißt, die im *frame of reference* vorgenommenen Unterscheidungen sind analytischer Natur, im Handeln selber fallen sie jedoch zusammen. Bei alldem besteht jedoch die als „,fallacy of misplaced concreteness[]'" (Whitehead 1925: 75, zit. n. Parsons 1949b: 29; vgl. auch Schluchter 2015: 359; Lidz 2011: 519; Parsons 1976d: 309–310) bezeichnete Gefahr, die konkrete und die analytische Ebene zu verwechseln.

[15] Zum Teil wird der englische Begriff ‚*physical*' statt mit „physikalisch[]" (Jensen 1980b: 115) auch mit „physisch[]" (Wenzel 1991: 23) übersetzt.

2.2 Voluntaristische Handlungstheorie

tivationale und eine Wertorientierung. Die beiden Orientierungsmodi lassen sich noch einmal untergliedern, wobei sich diese Untergliederung der Wertorientierung parallel zu einer ebenfalls vorgenommenen Untergliederung der kulturellen Objekte der Situation verhält. Im Ergebnis wird *action* somit „als *Relation* eingeführt" (Luhmann 1980: 6, H. i. O.), als Relation zwischen Akteur*in und Situation, „*also nicht etwa als Ereignis*" (Luhmann 1980: 6, H. i. O.; vgl. auch Lidz 1981: 11).

Im Folgenden werden die einzelnen Komponenten des *frame of reference* erläutert. Sie sind darüber hinaus in Abb. 2.1 auf S. 36 zusammengefasst (vgl. für ähnliche Abbildungen Staubmann 2015: 204; Wenzel 1991: 391).[16] Ausführlich auf diesen *frame of reference* einzugehen, ist deshalb notwendig, weil er wichtige Grundlagen für die weitere Theorie enthält, beispielsweise die *pattern variables* begründet, zu zentralen Begriffen wie dem der Rolle führt und Voraussetzung für ein angemessenes Verständnis der Handlungssysteme ist.

Der*die *Akteur*in* kann ein*e individuelle*r oder kollektive*r Akteur*in sein. Ein Kollektiv besteht aus den für das Kollektiv relevanten Ausschnitten des Handelns jener Akteur*innen, die Teil des Kollektivs sind; ein Kollektiv umfasst also nicht die Gesamtheit allen Handelns aller Akteur*innen (vgl. Parsons & Shils 1962b: 61). Umgekehrt sind individuelle Akteur*innen in der Regel Teil mehrerer Kollektive (vgl. ebd.: 101). Die bereits angesprochene Individualität und Wahlfreiheit in Parsons' Handlungstheorie wird mit der Einführung von Akteur*innen als eigenständige Komponente im Handlungsakt unterstrichen:

> „Im Kontext normativer Orientierung steht der Aktor als aktiver Agent in Beziehung zur Situation. [...] Er treibt nicht einfach den Strom sich ereignender Situationen entlang, sondern stellt um, verändert, unterbindet und selektiert in Relation zu situativen Prozessen." (Parsons 1986: 73–74)

Ein*e Akteur*in handelt in einer *Situation*, die aus verschiedenen Objekten besteht. Hierbei bezieht sich der Begriff ‚Situation' nicht auf alle (beliebigen) Faktoren, die Außenstehende wahrnehmen, sondern er bezieht sich als subjektiver Begriff auf jene Faktoren, die für den*die Akteur*in im Handeln eine Bedeutung haben (vgl. Parsons 1959a: 628; Staubmann 2015: 204; W. Mitchell 1967: 45), über die er*sie zugleich aber keine Kontrolle hat (vgl. Alexander 1987: 24).

Die Situation besteht aus sozialen und nicht-sozialen Objekten. Der Unterschied liegt darin, dass erstere interagieren, d. h. Erwartungen an den*die Akteur*in haben (vgl. Parsons & Shils 1962b: 65).[17] Die nicht-sozialen Objekte werden

---

[16] Die Abbildung enthält über den Handlungsakt hinausgehend bereits Handlungssysteme und Interpenetrationen, die an dieser Stelle jedoch noch keine Rolle spielen.

[17] Wie auch die späteren Handlungssysteme deutlich machen, betrachtet Parsons vorwiegend soziales Handeln, sodass soziale Objekte oder Sozialsysteme wesentlich sind: „[A]ction in a completely nonsocial situation [...] is a special limiting case" (Parsons 1959a: 630).

2 Parsons' normativfunktionalistische Handlungssystemtheorie

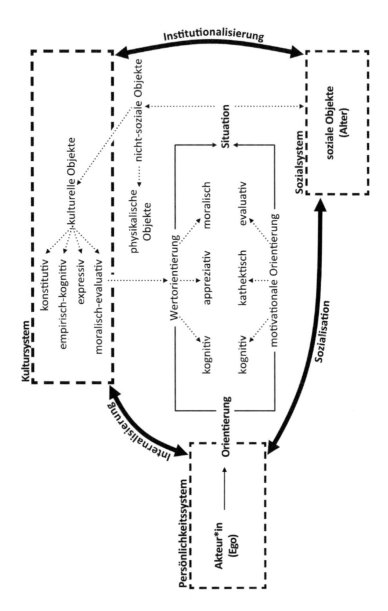

Abbildung 2.1: *Handlungsakt, Handlungssysteme und Interpenetration bei Parsons*
(eigene Darstellung)

2.2 Voluntaristische Handlungstheorie

in physikalische und kulturelle Objekte unterteilt. Hier liegt der Unterschied darin, dass kulturelle Objekte internalisiert und zwischen Akteur*innen übertragen werden können. Die kulturellen Objekte werden unterteilt in kognitive, kathektische und evaluative Objekte (vgl. Parsons & Shils 1962b: 58). Physikalische Objekte können nicht internalisiert werden; sie können nur besessen werden und nur dieser Besitz kann übertragen werden (vgl. ebd.: 66). Zu den physikalischen Objekten gehört auch der Organismus des*r Akteurs*in.[18] Das heißt, der*die Akteur*in wird analytisch in einen Subjekt- und einen Objektteil getrennt (vgl. Parsons 1977a: 167, 171–172; Parsons & Shils 1962b: 100).[19]

Der*die Akteur*in hat zu den Objekten, die die Situation bilden, bestimmte Beziehungen, die als Orientierungen bezeichnet werden. Eine *Orientierung* ist eine Vorstellung oder ein Konzept davon, wie der*die Akteur*in das Objekt bzw. die Situation sieht oder interpretiert, was die Situation mit Blick auf seine*ihre Ziele bedeutet (Wünsche) und wie er*sie mit der Situation umgeht (Pläne), um die eigenen Ziele zu erreichen (vgl. Parsons & Shils 1962b: 58; Stock 2005a: 277) – Orientierungen könnten auch knapp als Handlungsentwürfe bezeichnet werden.[20] Durch den Aufbau einer Orientierung erhält das Objekt für den*die Akteur*in eine Bedeutung (*meaning*, vgl. Parsons 1959a: 629). Kennzeichnend für eine Orientierung ist, dass sie eine Auswahl zwischen Alternativen bedeutet und dass sie sich sowohl auf die Situation der Gegenwart als auch auf die zukünftige Situation bezieht (vgl. Parsons & Shils 1962b: 67–68).

Die Orientierung des*r Akteurs*in bezogen auf die Situation lässt sich in *motivationale* und *Wertorientierung* unterteilen (vgl. Wenzel 1991: 384; Geulen 1989: 145–146). Mit *motivationaler Orientierung* sind jene Aspekte der Orientierung gemeint, in denen die Befriedigung von Bedürfnisdispositionen des*r Akteurs*in im Fokus steht (vgl. Parsons & Shils 1962b: 58). Die *Wertorientierung* beschreibt jene Aspekte der Orientierung, in denen es um die Bindung an Werte oder andere Selektionskriterien geht (vgl. ebd.: 59).[21]

---

[18] Später mit dem AGIL-Schema (s. Kap. 2.5) gerinnt der Organismus als physikalisches Objekt zum Verhaltenssystem. Dieses wird im Folgenden überwiegend abgeblendet, da mit ihm keine wesentlichen Einsichten für das Anliegen dieser Arbeit verbunden sind (ähnlich Parsons 1959a: 619; Brock & Mälzer 2012: 6; Geulen 1989: 72).

[19] Mit dem später eingeführten Sozialsystem, dem hier eingeführten Persönlichkeitssystem und dem angedeuteten Verhaltenssystem ergibt sich „eine Dekompensation [Dekomposition?, R. L.-S.] der Einheit des Menschen, der sichtbaren, wahrnehmbaren Einheit des Menschen, in drei Komponenten" (Luhmann 2002: 31). Ein*e Akteur*in kann ferner für andere Akteur*innen in anderen Situationen zu einem (sozialen) Objekt werden.

[20] Damit wird unterstrichen, dass Handeln für Parsons subjektive Anteile enthält (vgl. Geulen 1989: 153–154). Eine Situation ist interpretierte Realität.

[21] Um einen Ausblick auf spätere Fragen der Handlungssysteme, der Interpenetration und Sozialisation zu geben: Die der Wertorientierung zugrunde liegenden internen Wertstandards können

Die *drei Modi der motivationalen Orientierung* sind *kognitiver, kathektischer* und *evaluativer Modus* (vgl. Parsons & Shils 1962b: 59; Staubmann 2015: 203; Ebert 2003: 21–23).[22] Der *kognitive Modus* umfasst Prozesse, durch die der*die Akteur*in Objekte unterscheidet, ihnen Eigenschaften zuschreibt, sie klassifiziert. Es geht darum, dass Objekte „im Hinblick auf ihre sachliche Relevanz für das Handeln erfasst, beurteilt und selektiert werden" (Stock 2005a: 277).

Der *kathektische Modus* umfasst Prozesse, durch die der*die Akteur*in ein Objekt mit Affekten besetzt, und zwar mit Blick darauf, ob sie der Bedürfnisbefriedigung dienen oder nicht (vgl. zum Begriff ‚Kathexis' Jensen 1976: 60). Zusammengefasst: „The discrimination of objects is the cognitive mode of motivational orientation. The having of interest in an object is the cathectic mode of motivational orientation" (Parsons & Shils 1962b: 68). Wie bereits erwähnt, handelt es sich um eine analytische Unterscheidung. Beide Modi greifen ineinander, denn „there can be no *orientation* to the cathectic or gratificatory significance of objects without discrimination [...]. Nor can there be cognition without an associated cathexis" (ebd.: 69, H. i. O.). Kathexis ist also nur im Vergleich von Objekten möglich und jedes Objekt ist immer in irgendeiner Weise affektiv besetzt.

Der *evaluative Modus* wird dann relevant, wenn der*die Akteur*in gezwungen ist zu selektieren, wenn er*sie also zwischen (verschiedenen) Objekten mit Blick auf (verschiedene) Bedürfnisdispositionen unterscheiden muss (vgl. ebd.: 59, 70–71). Beispielsweise kann es sein, dass mit einem Objekt zwei verschiedene Bedürfnisse befriedigt werden können, aber nicht beide zugleich, sodass es einer Selektion bedarf. Der*die Akteur*in muss damit entscheiden, wie er*sie eine möglichst optimale Bedürfnisbefriedigung erreichen kann. Daher berücksichtigt der evaluative Modus – anders als der kognitive Modus – nicht einzelne Objekte oder Bedürfnisse, sondern die Gesamtheit aller und somit auch die Folgen der Befriedigung eines bestimmten Bedürfnisses (vgl. ebd.: 71). Im Konzept des evaluativen Modus kulminiert das Problem der Selektion, das für die Handlungstheorie zentral ist. Der evaluative Modus führt Selektionskriterien in den Handlungsakt ein, die dann das Handeln beeinflussen (vgl. ebd.: 70), und greift dabei auf jene Wertstandards zurück, die die Modi der Wertorientierung verkörpern.

Die *drei Modi der Wertorientierung* sind *kognitiver, appreziativer (wertschätzender)* und *moralischer Modus* (vgl. Parsons 1964c: 13; Parsons & Shils 1962b: 60; Stock 2005a: 277; Ebert 2003: 24). Der *kognitive Modus* umfasst die Bindung an Wert-

---

zum einen als Teil des Persönlichkeitssystems aufgefasst werden, insofern sie in Bedürfnisdispositionen enthalten sind. Zum anderen sind die Wertstandards auch Teil des Kultursystems. Die Aneignung bestimmter Wertstandards in dem Sinn, dass sie Teil des Persönlichkeitssystems werden, ist Gegenstand von Interpenetration, von Sozialisation bzw. Internalisierung (vgl. Geulen 1989: 145–146).

[22] Anderswo spricht Parsons (1959a: 629) von „[c]athectic", „cognitive" und „evaluative meaning".

standards, durch die kognitive Aussagen validiert werden, d. h. „Kriterien der Wahrheit, logischen Schlüssigkeit etc." (Stock 2005a: 277). Der *wertschätzende Modus* umfasst die Bindung an Wertstandards, durch die bewertet wird, ob die Aufladung eines Objekts mit Affekt angemessen ist. Als Beispiel führen Parsons und Shils (1962b: 60) „standards of taste in music" an: Je nachdem, welcher Musikgeschmack für eine Person oder in einer Gruppe als Standard gilt, erscheint eine emotionale Aufladung als (nicht) angemessen. Der *moralische Modus* umfasst die Bindung an Wertstandards, durch die die Auswirkungen von Handlungen bewertet werden. Dazu zählt insbesondere die Berücksichtigung von Konsequenzen hinsichtlich der Kohärenz des Persönlichkeitssystems und bezüglich des Sozialsystems.

Das Verhältnis zwischen den Modi der Wertorientierung und dem evaluativen Modus der motivationalen Orientierung lässt sich wie folgt präzisieren (vgl. Parsons 1964c: 13–14; Parsons & Shils 1962b: 71–72): Der evaluative Modus beschreibt einen Prozess, mit Bezug auf Bedürfnisdispositionen Entscheidungen zwischen Alternativen zu treffen. Als Entscheidungsgrundlage in diesem Prozess fungieren die Wertstandards der Modi der Wertorientierung, die als „rules und recipes" (Parsons & Shils 1962b: 72) verstanden werden können und somit bestimmte Handlungsoptionen ausschließen, empfehlen usw. Die Modi der Wertorientierung rekurrieren auf (von den Akteur*innen unabhängige) Wertstandards; diese sind Bestandteil des später zu betrachtenden Kultursystems.[23] Sind Selektionen oder Entscheidungen nötig, entspricht jedem Modus der motivationalen Orientierung ein Modus der Wertorientierung, der Lösungsmöglichkeiten für die Entscheidung anbietet. Geht es beispielsweise um eine Entscheidung hinsichtlich kognitiver Aspekte, bietet der kognitive Modus der Wertorientierung „standards by which the validity of cognitive judgments is assessed" (Parsons 1964c: 13). Allgemeiner:

> „The classification of the modes of motivational orientation provides essentially a framework for analyzing the ‚problems' in which the actor has an ‚interest.' Value-orientation, on the other hand, provides the standards of what constitute satisfactory ‚solutions' of these problems." (ebd.: 14)

Soweit Parsons' Verständnis von Handeln, das wie folgt zusammengefasst werden kann: „Handeln wird als Orientierung eines Aktors an einer Situation verstanden" (Wenzel 1991: 384).

An den *action frame of reference* lassen sich diverse kritische Anfragen stellen (vgl. Joas & Knöbl 2011: 82–86; Alexander 1987: 29–34). So wäre zu fragen, ob Parsons

---

[23] Die Dreiteilung der Modi der Wertorientierung bzw. der kulturellen Objekte spiegelt sich daher in der Klassifizierung der Elemente des Kultursystems wider (s. Tab. 2.1 auf S. 55).

in seiner Konzeption wirklich alles Handeln umfasst oder ob es nicht Arten des Handelns gibt (z. B. expressives, routinisiertes, selbstzweckhaftes Handeln), die er damit nicht zu erfassen vermag. Insbesondere erscheint das Handeln auf ziel- oder aufgabenorientiertes Handeln reduziert (vgl. Lidz 1981: 34; Swanson 1953: 126), wobei solch ein Fokus auf intentionales, bewusst gesteuertes Handeln durch die Abgrenzung vom Begriff des Verhaltens und durch die Zentralsetzung von Selektionen naheliegt. Ebenso lässt sich fragen, inwiefern Bedürfnisbefriedigung nicht zu deutlich zum Ankerpunkt des Handelns gemacht wird.

Nicht unproblematisch ist auch der Fokus auf eine einzelne Handlung *(unit act)*, weil Folgen des einzelnen Akts für nachfolgendes Handeln, insbesondere für die Akteur*innen selbst, unterbelichtet zu bleiben drohen. In diesem Zusammenhang wird außerdem deutlich, dass Parsons' Handlungsmodell zwar die handelnden Akteur*innen zentral setzt, dabei allerdings andere Akteur*innen eher unterkomplex einbezieht. Diese erscheinen als soziale Objekte, insofern sie Erwartungen haben, spielen jedoch im Modell des *unit act* selbst keine Rolle. Damit ist es ein Modell der Aktion, nicht der Interaktion – anders als später das Konzept des Sozialsystems (s. Kap. 2.3.2). Ferner ist anzumerken, dass der Handlungsakt als relativ, nicht als absolut anzusehen ist: Ob eine Handlung eher Zwischen-Handlung in einer komplexeren Handlung ist oder umgekehrt mehrere einzelne Handlungen enthält, ist eine nicht objektiv beantwortbare Frage (vgl. Schluchter 2015: 373). Parsons' Handlungstheorie wird ferner eine fehlende Individualität vorgeworfen (vgl. Geulen 1989: 155–156), was jedoch, wie die vorstehenden Ausführungen deutlich gemacht haben, nicht nachvollziehbar erscheint.

2.3 Handlungssysteme

Nach Luhmann (2002: 18) kann Parsons' gesamtes Werk auf die Formel „‚Action is system'" gebracht werden (vgl. auch S. Fuchs 2016). Parsons (1959a: 613) selbst formuliert ebenso knapp: „Action constitutes systems" (ähnlich Parsons 1964c: 7). In *Toward a General Theory of Action* ist dieser Gedanke ausführlicher festgehalten:

> „That statement sets forth a conceptual scheme concerning the nature of action. It holds that the elements of action can be organized into three different interdependent and interpenetrating, but not mutually reducible, kinds of systems." (Parsons & Shils 1962b: 47)

> „Actions are not empirically discrete but occur in constellations which we call systems. We are concerned with three systems, three modes of organization of the elements of action; these elements are organized as social systems, as personalities, and as cultural systems." (ebd.: 54)

2.3 Handlungssysteme

Mit ‚System' ist ein zentraler Begriff von Parsons' Theorie eingeführt, der sich vorläufig wie folgt bestimmen lässt: „The word *system* is used in the sense that determinate relations of interdependence exist within the complex of empirical phenomena" (Parsons et al. 1962: 5, H. i. O.; ähnlich Parsons & Shils 1962b: 107). Ein System ist demnach die nicht-zufällige Interdependenz von Elementen, während die Elemente außerhalb dieses Systems die Umwelt darstellen.

Handlungen, so die These, bilden solche nicht-zufälligen Zusammenhänge und können daher in Form dreier[24] Systeme konzeptualisiert werden. Damit steht nicht mehr der einzelne Handlungsakt im Vordergrund, sondern Handlungssysteme, die sich durch eine Vielzahl von Handelnden und Handlungen herausbilden (vgl. Parsons 1949b: 77–78; Schluchter 2015: 363; Lidz 1981: 11–12). Im Folgenden (Kap. 2.3.1 bis 2.3.3) werden die drei genannten Handlungssysteme näher erläutert, die bereits in Abb. 2.1 auf S. 36 aufgenommen waren. Im Anschluss daran werden die drei Systeme auf Basis des Konzepts der Interpenetration (Kap. 2.3.4) in ihrem Zusammenhang betrachtet, bevor Interpenetration und Handlungssystemtheorie kritisch sondiert (Kap. 2.3.5) und zusammengefasst (Kap. 2.3.6) werden.

2.3.1 Persönlichkeitssystem

Zentrales Element im *frame of reference* sind die Orientierungen des*r Akteurs*in bezogen auf die Situation bzw. die Objekte, die die Situation bilden (s. S. 37). Diese Orientierungen „become organized in a stable way" (Parsons et al. 1962: 11), wenn mehr als ein Handlungsakt betrachtet wird, und bilden somit ein System von Orientierungen. Das Handeln einer Person ist also nicht zufällig, es weist über die Zeit hinweg eine gewisse Regelhaftigkeit oder Konsistenz auf (vgl. Joas & Knöbl 2011: 97; Bourricaud 1981: 57). Dieses System von Orientierungen ist dann konstitutiv für das[25] Persönlichkeitssystem, welches wie folgt eingeführt wird:

> „[T]he orientation of action of *any one* given actor and its attendant motivational processes becomes a differentiated and integrated system. This system will be

---

[24] Parsons ergänzt später das Verhaltenssystem als viertes Subsystem des Handlungssystems (vgl. Parsons 1977b: 244, 1959a: 613, 623; s. S. 91).

[25] Was Jensen (1976: 63) in Bezug auf das Sozialsystem formuliert, gilt für alle Handlungssysteme: Die Bezeichnung ‚*das* Persönlichkeitssystem' im Singular meint eine so bezeichnete analytische Klasse. Es gibt also *viele* Persönlichkeitssysteme, die Teil dieser Klasse sind.

Das Persönlichkeitssystem ist ferner, wie die übrigen Handlungssysteme, eine analytische Einheit (vgl. Kroeber & Parsons 1958: 582; Parsons & Platt 1973: 15; Junge 2010: 109; Alexander 1987: 39). Das heißt vor allem: Das Persönlichkeitssystem ist nicht zu verwechseln mit einer konkreten Person (vgl. Jensen 1976: 30). Es umfasst lediglich die individuellen Orientierungsmuster einer konkreten Person.

called the *personality*, and we will define it as the organized system of the orientation and motivation of action of one individual *actor*." (Parsons et al. 1962: 7, H. i. O.)

‚Motivation' ist hierbei ein Oberbegriff für die Begriffe ‚drive', ‚drives' und ‚need-dispositions' bzw. ‚Bedürfnisdispositionen' (vgl. Parsons & Shils 1962b: 111). Mit ‚drive' ist die Energie gemeint, mit der eine Handlung vollzogen werden kann. Die beiden Begriffe ‚drives' und ‚need-dispositions' bezeichnen „a set of tendencies on the part of the organism to acquire certain goal objects (or really, certain relationships to goal objects)" (ebd.). Sie implizieren also eine bestimmte Art und Weise der Orientierung des*r Akteurs*in bezogen auf Objekte. *Drives* und *need-dispositions* sind demnach Orientierungstendenzen („tendencies to orient" (ebd.: 114)) oder -muster („patterns of orientation" (ebd.: 128)). Drives sind solche Orientierungstendenzen, die angeboren sind, *need-dispositions* sind die, die anderweitig erlangt werden (vgl. auch Schluchter 2015: 413; Geulen 1989: 72–73). Letzteres bedeutet speziell auch, dass die Bedürfnisdispositionen durch in Kap. 2.3.4 noch näher zu erläuternde Prozesse von anderen Personen, gesellschaftlichen Erwartungen und Rollen (also durch das Sozialsystem über Sozialisation) oder kulturellen Werten (also durch das Kultursystem über Internalisierung) mitbestimmt sind (vgl. Parsons 1964c: 42; Parsons & Shils 1962b: 148). Um den Unterschied zwischen *drives* und *need-dispositions* an einem Beispiel zu illustrieren (vgl. Jensen 1980b: 101): Die Nahrungsaufnahme ist zunächst ein rein biologischer Trieb. Der Akt der Nahrungsaufnahme wird jedoch durch eine Reihe erlernter, zum Teil kulturell bedingter Aspekte gesteuert, zum Beispiel was den Zeitpunkt der Nahrungsaufnahme anbelangt: Manche Personen essen nicht, wenn sie Hunger haben, sondern wenn die relevante Gruppe oder eine andere Instanz (Familie, Kolleg*innen, festgeschriebene Pausenzeit) dies vorgeben. Weil davon ausgegangen wird, dass *drives* in Bedürfnisdispositionen aufgehen, sind Letztere für das Persönlichkeitssystem der zentrale Bezugspunkt (vgl. Parsons & Shils 1962b: 113).

Bedürfnisdispositionen sind dann als die im Persönlichkeitssystem bestehende Folie zu verstehen, vor der sich die konkrete Orientierung in einer Handlungssituation herausbildet. Das heißt:

> „The referent of a need-disposition is, in a sense, a set of concrete orientations. That is, a need-disposition is an inferred entity; it is inferred on the basis of a certain consistency of choosing and cathecting in a wide variety of orientations." (ebd.: 92)

Bedürfnisdispositionen legen Akteur*innen nahe, Objekte danach zu unterscheiden, ob sie die Bedürfnisdispositionen erfüllen oder nicht (vgl. Parsons et al. 1962: 9); sie können daher als Wahrnehmungs- und Deutungsschemata angesehen werden. Damit geht die These einher, dass Akteur*innen nach Befriedigung ihrer

2.3 Handlungssysteme

Bedürfnisdispositionen streben: „To the actor, all problems may be generalized in terms of the aim to obtain *an optimum of gratification*" (Parsons & Shils 1962b: 121, H. i. O.; ähnlich ebd.: 68, 113; Parsons 1964c: 5, 59, 496–497; vgl. auch Geulen 1989: 145; W. Mitchell 1967: 28–29). Auch über verschiedene Handlungen hinweg streben Akteur*innen eine bestmögliche Befriedigung ihrer Bedürfnisdispositionen an, was ggf. beinhaltet, mehrere Bedürfnisdispositionen auszubalancieren (vgl. Parsons & Shils 1962b: 121, 127–128; Parsons et al. 1962: 18–19).

Das Persönlichkeitssystem ist somit einerseits ein Komplex aus Bedürfnisdispositionen – „[p]ersonality systems are primarily systems of need-dispositions" (Parsons & Shils 1962b: 97) –, die bestimmte Orientierungsmuster verkörpern, und strukturiert das Handeln. Andererseits entsteht und besteht das Persönlichkeitssystem aus den „interconnections of the actions of an individual actor" (ebd.: 55), wird also vom Handeln beeinflusst.

Die hohe Bedeutung von Bedürfnisdispositionen für das Persönlichkeitssystem und damit für das Handeln, insbesondere die zugrunde liegende These des Strebens nach Bedürfnisbefriedigung, implizieren, ähnlich wie es im *frame of reference* schon angesprochen wurde (s. S. 39), einen starken Fokus auf bestimmte Arten von Handeln. Alles Handeln, so scheint es, erfolgt unter der zweckgerichteten Maxime der Bedürfnisse und die Wahl zwischen Handlungsalternativen ist vom Streben nach optimaler Bedürfnisbefriedigung beeinflusst. Kritisch ist daher gegen Parsons' Konzept des Persönlichkeitssystems eingewandt worden, dass es eine auf Bedürfnisdispositionen verkürzte Sichtweise darstellt (vgl. Geulen 1989: 77–78). Erklären lässt sich dieser Fokus auf Bedürfnisdispositionen aus der Gesamtanlage von Parsons' Theorie, für die soziale Ordnung durch geteilte (und erlernte) Werte der zentrale Bezugspunkt ist. Ein anderer Kritikpunkt bezieht sich darauf, dass Parsons das Persönlichkeitssystem als eine Einheit auffasst und damit der Vielgestaltigkeit des postmodernen Selbst nicht gerecht wird (vgl. Junge 2010: 117–18).

2.3.2 Sozialsystem

Das Sozialsystem entsteht durch die Interaktion mehrerer Akteur*innen (vgl. Kroeber & Parsons 1958: 583; Parsons & Shils 1962b: 55; Parsons & Smelser 1956: 8; Parsons et al. 1962: 7). Dieses Handeln mehrerer Akteur*innen, so die gleich näher zu plausibilisierende Annahme, hat ähnlich wie das individuelle Handeln bzw. das Persönlichkeitssystem einen überzufälligen Charakter, sodass es als System aufgefasst werden kann (vgl. Parsons & Shils 1962b: 195).

Um dies zu erklären und näher auf die begrifflichen Konzepte einzugehen, die im Kontext des Sozialsystems entwickelt werden, wird im Folgenden erläutert, wie zwei Akteur*innen interagieren und dadurch ein Sozialsystem hervorbringen. Die Interaktion zweier Akteur*innen kann als Prototyp oder Minimalbeispiel eines Sozialsystems gelten (vgl. Parsons & Shils 1962b: 105), das Parsons an diversen Stellen bemüht (vgl. Parsons & Shils 1962b: 105–107; Parsons et al. 1962: 15–16).

Es werden also zwei Akteur*innen betrachtet, Ego und Alter. In einer konkreten Handlung ist Ego Akteur*in und Alter Teil der Situation, zu der Ego eine Orientierung aufbaut. Alter ist ein soziales Objekt, da es, im Gegensatz zu nichtsozialen Objekten, Erwartungen an Ego hat. Alter hat also Erwartungen an die Auswahl von Handlungsoptionen durch Ego. Gleiches gilt umgekehrt für Ego. Wenn Ego Erwartungen an Alter hat und weiß, dass umgekehrt Alter Erwartungen an Ego hat, dann beeinflussen die gegenseitigen Erwartungen bzw. Erwartungserwartungen das Handeln von Ego und Alter. Die Handlungen von Ego und Alter sind dann in Bezug auf die Erwartungen von Alter bzw. Ego konform oder nicht konform.

Diese Beeinflussung des Handelns durch gegenseitige Erwartungen wird deutlicher, wenn Bedürfnisdispositionen und ihre Befriedigung in diese prototypische Interaktion einbezogen werden (vgl. W. Mitchell 1967: 28–29). Die dafür zentrale Prämisse schließt daran an, dass Akteur*innen danach streben, ihre Bedürfnisdispositionen zu befriedigen, weswegen sie im kathektischen Orientierungsmodus Objekte nach ihrem Potenzial hinsichtlich *gratification* oder *deprivation* der Bedürfnisdispositionen unterscheiden. Alter als soziales Objekt hat nun auf zweierlei Art das Potenzial, Einfluss auf die Erfüllung der Bedürfnisdispositionen von Ego zu nehmen (vgl. Parsons et al. 1962: 15–16). Erstens kann Alter allgemein die Befriedigung bestimmter Bedürfnisdispositionen beeinflussen (z. B. Egos Schokolade verstecken). Zweitens haben Akteur*innen soziale Bedürfnisdispositionen („social-relational needs" (ebd.: 16)), die Alter direkt beeinflusst (vgl. Parsons & Shils 1962b: 116; Schluchter 2015: 413); Alter kann Ego zum Beispiel ignorieren oder loben. Alter wird somit zu einer zusätzlichen Variable beim Streben nach *gratification*.

Das Potenzial für *gratification* hängt demnach zum einen von Egos eigener Handlung ab, von Egos Selektionsentscheidung. Zum anderen hängt es von der Handlung bzw. von der Reaktion Alters ab, die wiederum von der Handlung Egos abhängt. Ego wird daher die potenzielle Reaktion von Alter mitbedenken, d. h., Alter beeinflusst gleichsam vorab Egos Handeln (vgl. Parsons 1964c: 5). Dieses Phänomen, dass *gratification* doppelt abhängig ist, und zwar von Egos Handlung als solcher und Alters Handlung (und damit: von Egos Handlung als Grundlage für Alters Reaktion), wird als *doppelte Kontingenz* („double contingency" (Parsons et al. 1962: 16)) bezeichnet (vgl. auch Parsons 1977a: 167, 1959a: 652–653; Bachmann 2017: 112–114; Schluchter 2015: 383; Münch 2004: 57; Hofmann 1981: 50; Jensen

1978: 118). Die Reaktionen von Alter auf eine Handlung Egos heißen Sanktionen (*sanctions*), wobei dieser Begriff positive wie negative Reaktionen von Alter umfasst (vgl. Parsons & Shils 1962b: 191). Reaktionen Alters, die zu Egos *gratification* oder Zielerreichung beitragen, heißen *rewards*; solche, die es nicht tun, bezeichnet Parsons als *punishments*.

Erwartungen und Erwartungserwartungen auf der Basis der gegenseitigen Möglichkeit zur Befriedigung der Bedürfnisdispositionen gerinnen sodann idealtypisch zu einem geteiltem Komplex an Normen (vgl. ebd.: 106). Ego und Alter sind bereit, bestimmte Erwartungen von Alter bzw. Ego zu akzeptieren und zu erfüllen, weil die jeweils andere Person die eigenen Erwartungen (und Bedürfnisdispositionen) erfüllen kann (kritisch zur Kopplung von Rollenhandeln und Bedürfnisbefriedigung Krappmann 2016: 110) – überspitzt formuliert entsprechen die Bedürfnisse der einen den Erwartungen der anderen Person.[26] Konformität mit den geteilten Normen (Erwartungen) wird von der*dem jeweils anderen in Form von *rewards* belohnt, Abweichung in Form von *punishments* bestraft, sodass eine Tendenz zur Konformität und damit Verfestigung der gemeinsam geteilten Normen und Erwartungen besteht.[27] Diese postulierte Tendenz wird als *Theorem der Erwartungskomplementarität* bezeichnet (vgl. Parsons et al. 1962: 15; Schluchter 2015: 400; Münch 2004: 57; Ebert 2003: 69; Alexander 1987: 47; Hofmann 1981: 50). Durch diese Herausbildung gemeinsamer Erwartungen und Normen erlangt die Interaktion zwischen Ego und Alter eine gewisse Regelmäßigkeit und einen überzufälligen Charakter, weshalb sie sich nun als Sozial*system* auffassen lässt.[28]

Solch eine (idealtypische) Konstellation löst das Problem der Ordnung zwischen Ego und Alter (vgl. Schluchter 2015: 383): Die Interaktion zwischen Ego und

---

[26] ‚Überspitzt' deshalb, weil die gegenseitigen Erwartungen nicht als „identical" (Parsons et al. 1962: 15) gesehen werden, sondern dies in dem Sinn zu verstehen ist, „that the action of each is oriented to the expectations of the other" (Parsons et al. 1962: 15; vgl. auch Parsons 1964c: 214; Schluchter 2015: 400). Abstrakter formuliert: „It must be recognized that no social system is ever completely integrated just as none is ever completely disintegrated" (Parsons et al. 1962: 26; vgl. auch Schluchter 2015: 402; B. S. Turner 1999a: 8).

[27] Bei aller Bedeutung von Bedürfnisbefriedigung: „Eine solche Konzeption des Interaktionshandelns ist scharf abzugrenzen von der Auffassung, daß Interaktion nichts als ein abstraktes Geben und Empfangen von Gratifikationen sei, die oft als triebreduzierende Reinforcements in dem nichtintentionalen Sinne der behavioristischen Lernpsychologie angesehen werden – Auffassungen, die vom Standpunkt der Parsonsschen Konzeption als Rückfall in einen individualistischen Utilitarismus mit mehr oder weniger biologischen Akzenten beurteilt werden müssen" (Geulen 1989: 154).

[28] Dies impliziert, dass Sozialsysteme, wie letztlich alle Systeme, einen selektiven Charakter haben. Dadurch dass zwischen System und Umwelt unterschieden wird, findet eine Selektion dessen statt, was zum System gehört. In Bezug auf das Sozialsystem heißt das, dass bestimmte Regeln, Erwartungen usw. Teil des Sozialsystems sind (sodass Konformität mit ihnen belohnt wird) und andere nicht (die jedoch in anderen Sozialsystemen maßgeblich sein können).

2 Parsons' normativfunktionalistische Handlungssystemtheorie

Alter ist stabil und lässt sich als Sozialsystem auffassen, wenn und weil sie sich gegenseitig an ihren Erwartungen orientieren, was bedeutet, dass es „a shared basis of normative order" (Parsons 1977a: 168, H. i. O.) bzw. „gemeinsame Muster normativer Kultur" (Parsons 1976c: 179; vgl. auch W. Mitchell 1967: 29; Lockwood 1956: 135) gibt.[29]

Der Prototyp des Sozialsystems, das sich durch die Interaktion der beiden Akteur*innen Ego und Alter bildet, dient vor allem der Illustration von Parsons' Begrifflichkeiten und seiner Grundidee davon, wie ein Sozialsystem zustande kommt und was es zu einem Sozialsystem macht. Nicht zuletzt da gemeinsame normative Kultur kaum ‚aus dem Nichts' entsteht, so wie in diesem Prototyp, weil es immer schon normative Kultur (anderer Sozialsysteme) gibt, auf die sich Ego und Alter beziehen, trägt dieses Modell weniger zur Erklärung komplexerer Interaktionen und Sozialsysteme bei. Und wie schon in Parsons' *unit act* erscheint die Interaktion in diesem Prototyp – das Eingehen und Voraussehen der Erwartungen – als ein sehr bewusster Vorgang.

Für das weitere Verständnis des Sozialsystems ist ein Vorgriff auf das Kultursystem nötig. Das Kultursystem ist in zweierlei Hinsicht für das Sozialsystem relevant (vgl. Parsons 1964c: 34). *Zum einen* liefert es, wie sich bereits andeutete, *inhaltlich* bestimmte Orientierungen, Erwartungen, Normen oder Werte (zusammengefasst: normative Kultur),[30] auf die sich das koordinierte Handeln von Ego und Alter gründen kann (beispielsweise: sich ausreden lassen, sich keine Gewalt antun). Geteilte (normative) Kultur ermöglicht auf diese Weise stabile Interaktion, weil sie gemeinsame Leitlinien für das Handeln festlegt (vgl. Parsons 1977a: 168–169). Noch viel allgemeiner jedoch liefert Kultur Sinnstiftung. Die sich in einer Interaktion stellende Frage, wer oder was Alter für Ego eigentlich ist, kann nur vor dem Hintergrund beantwortet werden, was Alter eigentlich sein *könnte* (vgl. Parsons 1970h: 22). Es bedarf einer kulturellen Hintergrundfolie: „Neither what the human object *is*, in the most significant respects, nor what it *means* emo-

---

[29] Obwohl oder gerade weil dieses Modell von Interaktion und Rollenhandeln bei Parsons einen Idealfall verkörpert, ist es kritisiert worden (vgl. Krappmann 2016: 108–114). Habermas (1973: 127) fasst beispielsweise zusammen, das Modell repräsentiere „einen Normalfall eingespielter Interaktion, der in Wahrheit ein pathologischer Grenzfall ist", weil es die Unterdrückung von Konflikt und Individualität bedingt. Ausgeblendet werden auch Unterbestimmtheiten und Uneindeutigkeiten von Rollen sowie die Frage der unterschiedlichen Interpretation von Rollen (vgl. Krappmann 2016: 102–104, 107–108; Habermas 1973: 125–126).

[30] Werte und Normen werden auf S. 103 genauer abgegrenzt. Hier in dieser Arbeit wird normative Kultur als Oberbegriff für alle normativen Elemente gesehen, die ursprünglich im Kultursystem, genauer im moralisch-evaluativen Kultursubsystem der Werte, wurzeln. Dazu zählen neben Werten auch Normen sowie Rollen, weil jeweils auf einen normativ-kulturellen Gehalt verwiesen wird, auch wenn der Begriff der Rolle vor allem in Bezug auf das Sozialsystem genutzt wird (siehe die entsprechenden Bemerkungen zu Sozialisation auf S. 144).

tionally, can be understood as given independently of the nature of the interactive process itself" (ebd.: 23, H. i. O.).

Zum anderen stellt Kultur das *formale* Medium dar, durch das Ego und Alter kommunizieren (vgl. Parsons 1972: 254, 1970h: 21, 1964c: 5, 11, 327, 1961b: 971, 1959a: 629–630; Parsons & Shils 1962b: 105–106; Schluchter 2015: 387; Geulen 1989: 148; Bourricaud 1981: 58). Voraussetzung für sinnhafte Interaktion ist, dass den Akteur*innen die Bedeutung von Handlungen, Sprechakten, Gesten usw. klar ist und diese für die Akteur*innen die möglichst gleiche Bedeutung haben. Dies gerinnt zu einem Komplex von Kommunikationssymbolen („set of symbols of communication" (Parsons & Shils 1962b: 106)) oder einer gemeinsamen Sprache. Es bedarf also einer Abstrahierung und Generalisierung der je individuellen Bedeutungen von Ego und Alter, sodass ein gegenseitiges Verständnis möglich wird (vgl. Parsons 1959a: 617; Wenzel 1991: 415–417) – was eine Anforderung an Ego und Alter impliziert, mit dieser Abstrahierung und Generalisierung umgehen zu können.[31]

Vor allem der erste für das Sozialsystem relevante Aspekt des Kultursystems plausibilisiert die auf S. 32 formulierte Feststellung, dass Menschen nicht-biologische Selektionsmechanismen benötigen. Einmal mehr wird daher die fundamentale Bedeutung normativer Kultur deutlich. „[A]ction is […] ‚normatively oriented[]'" (Parsons 1964c: 36): „Without culture neither human personalities nor human social systems would be possible" (Parsons et al. 1962: 16; vgl. auch Staubmann 2005: 173). Etwas ausführlicher formuliert:

> „Acting units, however, are always involved in cultural systems, which express, symbolize, order, and control human orientations through patterned meaning systems consisting of both codes of meaning and specific combinations of symbols in particular contexts." (Parsons 1977a: 163)

Alle bisherigen Ausführungen und Bestimmungen zum Sozialsystem kulminieren im Begriff der *Rolle*, der daher das konstitutive Element des Sozialsystems ist (vgl. Parsons & Shils 1962b: 190): „A social system is primarily a system of roles" (Parsons & Shils 1962b: 97; vgl. auch Ackerman & Parsons 1976: 36; Parsons

---

[31] Der formale und der inhaltliche Aspekt des Kultursystems sind so verschieden, dass sich fragen lässt, ob beide über den Begriff des Kultursystems verbunden werden können (eine z. T. ähnliche Anfrage bei Geulen 1989: 166–168). Denn Kultur im Sinn geteilter Kommunikationssymbole beinhaltet keine direkte inhaltliche Orientierung, anders als normative Kultur im Sinn von Werten. Andererseits hat auch Sprache (ähnlich wie Wissen) eine normative Dimension, weil es um richtigen oder falschen Gebrauch der Sprache (oder um die dem Wissen innewohnenden normativen Standards von Validität) geht (vgl. Parsons 1972: 256, 1964c: 328, 1961b: 972). In diesem Sinn stellt Parsons (1964c: 386) heraus, dass alle Kultur (in den späteren Begrifflichkeiten: alle Kultursubsysteme und alle Typen kultureller Elemente) sowohl eine normative als auch eine kommunikative, sinnstiftende Dimension hat.

2 Parsons' normativfunktionalistische Handlungssystemtheorie

1954c: 230). Eine Rolle ist zunächst ein Ausschnitt aus dem gesamten Komplex an Orientierungen einer*s einzelnen Akteurs*in, jener Ausschnitt, mit dem der*die Akteur*in am Sozialsystem partizipiert (vgl. Parsons & Shils 1962b: 60; Parsons & Smelser 1956: 8).[32] Auf der anderen Seite kann ein*e Akteur*in auch[33] als Figuration aller Rollen betrachtet werden, die er*sie (in verschiedenen Sozialsystemen) einnimmt. So lässt sich von der Rolle als Besucher*in in einem Museum sprechen, als Arbeitnehmer*in oder als Elternteil und insgesamt von Rollen-Pluralismus (vgl. Parsons 1977a: 170).

Im Sozialsystem ist damit nicht das gesamte Handeln eines*r Akteurs*in relevant. Ebenso sind nicht alle (potenziellen) Orientierungen von Bedeutung, die ein*e Akteur*in in verschiedenen Situationen aufbauen könnte, sondern nur Ausschnitte davon (vgl. Parsons 1977a: 170; Krappmann 2016: 88–89):[34]

> „Das Sozialsystem ist keine ‚menschliche Gruppe'; das Sozialsystem ist auch kein Aggregat von Persönlichkeiten. ‚Im' Sozialsystem sind nur *Aspekte* von Menschen und ihren Persönlichkeiten. Menschen sind nur in dem Maß und in der Weise ‚im' Sozialsystem, wie Schauspieler ‚in' einem Schauspiel sind – durch die Übernahme einer Rolle." (Ackerman & Parsons 1976: 80, H. i. O.)

Ein Sozialsystem besteht also weder aus der Gesamtheit der beteiligten Persönlichkeitssysteme noch aus den konkret beteiligten Akteur*innen (vgl. Parsons & Platt 1973: 9; Parsons et al. 1962: 7) – so wie ein Persönlichkeitssystem nicht einfach aus der Gesamtheit aller Rollen eines*r Akteurs*in besteht.[35] Daraus folgt, dass ein Sozialsystem das ‚gleiche' System bleiben kann, auch wenn die beteiligten Akteur*innen wechseln (vgl. Parsons 1964c: 497, 1959a: 614).

Eine nähere Bestimmung des Begriffs der Rolle erfolgt über den Begriff der *Rollenerwartung* („role-expectation" (Parsons & Shils 1962b: 190)), der „[t]he primary ingredient" (ebd.) der Rolle darstellt. Rollenerwartungen sind definiert als Erwartungen an Egos Handeln in einer bestimmten Situation. Beispielsweise hat

---

[32] Diese Bestimmung des Begriffs der Rolle ist etwas irreführend, weil die Rolle wie ein Teil des Persönlichkeitssystems erscheint. Es wird also davon ausgegangen, dass Rollen zum Teil das Persönlichkeitssystem prägen (was Parsons tatsächlich annimmt, wie Kap. 2.3.4 zeigt), sodass Rollen Ausschnitte der entsprechenden Orientierungen oder auch Bedürfnisdispositionen sind. Zu dieser Unklarheit kommt es nicht, wenn die Rolle über den Begriff der Rollenerwartung definiert wird, wie es im Folgenden geschieht.

[33] Das heißt, ein*e Akteur*in wird nicht ausschließlich durch Rollen konstituiert.

[34] Diese Frage, welche Ausschnitte von Akteur*innen bzw. sozialen Objekten für andere Akteur*innen Bezugspunkt sind, wird später (s. S. 78) in ähnlicher Weise bei der Orientierungsalternative ‚Spezifität–Diffusität' relevant.

[35] Allerdings gilt im Fall einer ‚perfekten' Sozialisation: „[I]t is not so nearly correct to say that a role is something an actor ‚has' or ‚plays' as that it is something that he *is*" (Parsons & Bales 1955: 107, H. i. O.).

2.3 Handlungssysteme

ein*e Verkäufer*in als Alter an eine*n Käufer*in als Ego die Erwartung, dass Ego ihm*r die Ware bezahlt (und im Gegenzug Ego von ihm*r die Ware erhält). Um nun auf Basis des Begriffs der Rollenerwartung den Begriff der Rolle zu klären, ist der Begriff der *Institutionalisierung (institutionalization)* notwendig:

> „By institutionalization we mean the integration of the complementary role-expectation and sanction patterns with a generalized value system *common* to the members of the more inclusive collectivity, of which the system of complementary role-actions may be a part." (ebd.: 191, H. i. O.)

Institutionalisierung setzt also die Existenz eines Kollektivs voraus.[36] Dieses Kollektiv hat ein Wertsystem, in das der Erwartungskomplex der konkreten Interaktion zwischen Ego und Alter integriert ist. Auf dieser Basis werden nun die Definition der Rolle und ihre Abgrenzung zur Rollenerwartung möglich:

> „The pattern of expectations of many alters, often generalized to include all of those in the status of ego, constitutes in a social system the institutionalized definition of ego's roles in specified interactive situations." (Parsons et al. 1962: 20)

Rollen sind somit abstrahierte, generalisierte Rollenerwartungen. Bei einem Einkauf besteht nicht nur seitens *eines*r Verkäufers*in als Alter die Erwartung an Ego als Käufer*in, dem*r Verkäufer*in die Ware zu bezahlen; diese Erwartungen hinsichtlich Austausch von Ware und Geld gründen sich vielmehr im Handel überhaupt.

Etwas einfacher stellen sich die Begriffe dar, wenn der Prototyp eines Sozialsystems zugrunde gelegt wird, das aus nur einem Kollektiv besteht. Eine Schiffscrew beispielsweise lässt sich als solch ein Minimalbeispiel ansehen (vgl. Smelser 1973: 391). In diesem Fall lässt sich die Rolle definieren als ein Set an Erwartungen für bestimmte Interaktionssituationen, das im Sozialsystem bzw. Kollektiv der Schiffscrew und seiner normativen Kultur verankert (institutionalisiert) ist.

Für Parsons' Sozialsystem ist weiterhin der Begriff der *Institution* relevant (vgl. Parsons 1954c: 231; Bourricaud 1981: 50, 59–60; Jensen 1976: 41; Levy 1968: 27):

---

[36] Ein Kollektiv ist ein Sozialsystem, das drei Eigenschaften erfüllt (vgl. Parsons & Shils 1962b: 192; Parsons & Smelser 1956: 15): Erstens hat es gemeinsame Ziele *(collective goals)*, die dadurch gemeinsame Ziele werden, dass sie für mehrere Akteur*innen des Kollektivs *gratification* versprechen. Zweitens verfolgen mehrere Akteur*innen des Kollektivs dieses gemeinsame Ziel gleichzeitig *(shared collective goals)*. Und drittens wird ein Kollektiv, weil es ein Sozialsystem ist, durch Rollen konstituiert, weswegen die Grenzen eines Kollektivs durch das Innehaben dieser Rollen definiert sind. Das heißt, Akteur*innen, die die Rollen des Kollektivs innehaben, sind über diese Rollen Teil des Kollektivs. Beispielsweise lassen sich Baby und Mutter (vgl. Parsons 1970e: 91) oder Arzt*Ärztin und Patient*in (vgl. Parsons 1970g: 338) als ein Kollektiv auffassen. Weniger eng ist das Verständnis des Begriffs ‚Kollektiv' im *frame of reference*, s. S. 35.

2 Parsons' normativfunktionalistische Handlungssystemtheorie

> „An *institution* will be said to be a complex of institutionalized role integrates which is of strategic structural significance in the social system in question. The institution should be considered to be a higher order unit of social structure than the role, and indeed it is made up of a plurality of interdependent role-patterns or components of them." (Parsons 1964c: 39, H. i. O.)[37]

Beispiele für Institutionen sind Vertrag, Eigentum, Ehe, Elternschaft, akademische Freiheit oder Beschäftigung (vgl. Parsons 1976d: 289, 1971a: 234, 1964c: 39-40; Parsons & Platt 1968b: I-26). Während Institutionen ein dauerhaftes, von konkreten Akteur*innen und Interaktionen unabhängiges Bündel an Rollen (allgemeiner: normativer Kultur) repräsentieren, ist ein Kollektiv ein konkretes (so konkret wie für ein Sozialsystem möglich) Bündel an Rollen und an Interaktionen, die auf diese Rollen bezogen sind, wobei Rollen durch Institutionen geprägt sein können (vgl. Parsons 1964c: 39-40). Ein Kollektiv ist ein Sozialsystem, eine Institution nicht. Beispiel für ein Kollektiv ist eine bestimmte Familie, für die dann die Institutionen der Ehe oder der Elternschaft relevant sind. Ähnlich wie Rollen und im Sozialsystem institutionalisierte normative Kultur determinieren Institutionen das Handeln der Akteur*innen nicht völlig, sondern offerieren Handlungsrahmen, -spielräume oder -modelle (vgl. Bourricaud 1981: 251-252).

Ein weiterer relevanter Begriff ist der der *Organisation* (ausführlicher Lischka-Schmidt 2022: 439-440). Organisationen betrachtet Parsons (1956a: 63, 81) als einen speziellen Typus von Kollektiven und damit als einen speziellen Typus von Sozialsystemen (vgl. auch Parsons 1968a: 3, 1956b: 238; Parsons & Smelser 1956: 15). Sie zeichnen sich im Unterschied zu bzw. als Konkretisierung von Sozialsystemen und Kollektiven allgemein zum einen dadurch aus, dass sie auf die Erreichung eines bestimmten Ziels ausgerichtet sind (vgl. auch Matiaske 2015: 524) – im Sinn des AGIL-Schemas (s. Kap. 2.5) heißt das, dass die G-Funktion systemintern einen Primat innehat – und zum anderen dadurch, dass sie ein konkretes Produkt hervorbringen, das das Ziel repräsentiert (vgl. Parsons 1956a: 63-67).[38],[39] Organisationen, die selbst als Systeme aufgefasst werden, sind, zumindest im theoretischen Idealfall, in ein übergeordnetes System eingebettet, zum Beispiel in die Gesellschaft. Daher wird das Ziel, das zu erreichen Anliegen der Organisation ist, als Beitrag zur Erfüllung der Funktionen dieses übergeordneten Systems verstanden (vgl. Parsons 1968a: 3, 1958b: 44, 1956b: 228). Dem-

---

[37] Bei Parsons (1972: 258) werden Institutionen als „complexes of norms regulating behavior in certain functional areas of the nexus of social relationships" definiert.

[38] Auch Kollektive sind durch gemeinsame Zielerreichung gekennzeichnet (s. S. 49), sodass die Abgrenzung zu Organisationen im zweiten Kriterium, der Hervorbringung eines Produkts, zu sehen sein muss.

[39] Etwas anders wiederum stellt sich die Bestimmung einer *formal organization* bei Parsons (1968a: 3) dar, wo Nicht-Askription und Formalisierung als Charakteristika herausgestellt werden.

2.3 Handlungssysteme

entsprechend unterscheidet Parsons (1956b: 228–229) Organisationen danach, auf welche der AGIL-Funktionen in Bezug auf die Gesellschaft das Ziel der Organisation vorrangig gerichtet ist (vgl. auch Matiaske 2015: 525). Parsons nennt Unternehmen, Krankenhäuser, Kirchen, aber auch Schulen und Universitäten als Beispiel für Organisationen. Für Letztere, oder allgemeiner Bildungsorganisationen (ausführlicher Lischka-Schmidt 2022: 440–442), die sich auf die L-Funktion der Gesellschaft beziehen (vgl. Parsons 1956b: 228–229), gibt Parsons (1956a: 65) „‚trained capacity'" als Ziel bzw. Produkt an, wobei dies durch „the change in the character, knowledge, and skill levels of *individual* pupils" (Parsons 1958b: 55, H. i. O.) erreicht wird. Aus Sicht der Gesellschaft tragen Bildungsorganisationen demnach dazu bei, dass es qualifizierte Gesellschaftsmitglieder gibt, die zu ihrem Fortbestand notwendig sind („general level of performance capacity in the community" (ebd.)).

Für die in der Literatur (s. S. 286) zum Teil vorgenommene Abgrenzung zwischen Organisation und Institution lässt sich mit Parsons' Begrifflichkeiten ähnlich wie schon bei der Unterscheidung von Kollektiv und Institution feststellen:[40] Organisationen sind konkrete, handelnde Sozialsysteme, Institutionen sind abstrakte Rollen- oder Normenbündel. Allerdings können sich Organisationen (oder Sozialsysteme und Kollektive allgemein) auf Institutionen beziehen, etwa wenn die Institution des Vertrags für Unternehmen, Schulen usw. bei der Einstellung und Bindung ihres Personal relevant ist (vgl. Parsons 1956a: 81–85). Werden die Schulpflicht bzw. das Recht von Kindern und Jugendlichen auf Schulbesuch und die Pflicht des Staats, dies zu ermöglichen, als Institution aufgefasst, beeinflusst diese Institution Schule bzw. eine konkrete einzelne Schule als Sozialsystem oder Organisation.

Nachdem nun die grundlegenden Begriffe und Konzepte in Bezug auf das Persönlichkeits- und das Sozialsystem erläutert sind, soll kurz angedeutet werden, wie sich diese beiden Systeme zueinander und zum Handlungsakt verhalten (weitere Ausführungen zum Sozialsystem, dann zur Gesellschaft als Sozialsystem, finden sich in Kap. 2.6). Bedürfnisdispositionen und Rollen als die beiden zentralen Elemente des Persönlichkeits- bzw. Sozialsystems lassen sich jeweils auch als Orientierungen auffassen. Dabei gilt der Zusammenhang zwischen Orientierung (als Teil des Handlungsakts) und Bedürfnisdispositionen von S. 42 parallel für den Zusammenhang von Orientierung und Rolle: „The referent of a role, like that of a need-disposition, is a set of concrete orientations; the role or role-expectation is an inferred entity in exactly the same fashion as is the need-disposition" (Parsons & Shils 1962b: 92). Die Rolle ist somit „an inferred entity" des Sozialsystems.

---

[40] Allerdings nutzt Parsons die Begriffe nicht immer im Sinn dieser Unterscheidung, sondern spricht beispielsweise auch von „[e]ducational and charitable institutions" (ebd.: 5).

Rollen(-Erwartungen) können ferner in Bedürfnisdispositionen transformiert werden, was andersherum bedeutet:

> „A system of role-expectations is a system of need-dispositions in various personalities which controls a system of concrete mutual orientations and interactions aimed by each actor at gaining certain relationships with other social objects, and functioning for the collectivity in which it is institutionalized to bring about integrated interaction." (Parsons & Shils 1962b: 159–160)

2.3.3 Kultursystem

Das Kultursystem wird definiert als „system[] of symbolic patterns" (Parsons & Shils 1962b: 54; vgl. auch Parsons 1964c: 327), als „system which defines and maintains patterns of the *meanings* of actions" (Parsons 1959a: 614, H. i. O.; vgl. auch Parsons & White 2016: 260) bzw. als System, das „by the organization of the values, norms, and symbols which guide the choices made by actors and which limit the types of interaction which may occur among actors" (Parsons & Shils 1962b: 55) konstituiert wird. An anderer Stelle heißt es, Kultur[41] sei „transmitted and created content and patterns of values, ideas, and other symbolic-meaningful systems as factors in the shaping of human behavior[42] and the artifacts produced through behavior" (Kroeber & Parsons 1958: 583). Diese *symbolic patterns, symbols, norms, values* und *ideas* gehen auf handelnde Akteur*innen zurück, denn „culture is constituted by ‚ways of orienting and acting,' these ways being ‚embodied in' meaningful symbols" (Parsons & Shils 1962b: 159). Auch das Kultursystem ist damit eine Verkörperung von Orientierungsmustern, wie das Persönlichkeits- und das Sozialsystem, allerdings handelt es sich um von diesen beiden Systemen bzw. den entsprechenden Orientierungsmustern losgelöste, externalisierte, abstrahierte oder materialisierte Orientierungsmuster.

Eine wesentliche Eigenschaft des Kultursystems besteht somit darin, dass es, obwohl es auf Akteur*innen und ihr Handeln zurückgeht, zugleich gewissermaßen unabhängig davon existiert (vgl. Parsons & Shils 1962b: 159–161; Lidz & Staubmann 2016: 38–39; Bourricaud 1981: 49; anders Parsons 1961b: 964). Dies hängt vor allem damit zusammen, „dass dieses System im Unterschied zu den beiden anderen nicht aus Interaktionen und Handlungen besteht, sondern vielmehr eine Art Abstraktion dieser Elemente ist" (Langer 2000: 264; vgl. auch ebd.: 265–266). Die Kultur des antiken Griechenlands, so ein Beispiel bei Parsons und Platt

---

[41] Parsons verwendet Kultur und Kultursystem synonym. Auch *personality* und *personality system* sind als synonym anzusehen.

[42] Hier nutzt Parsons den Begriff ‚*behavior*' statt ‚*action*', obgleich letzterer im vorliegenden Zusammenhang seiner eigenen Abgrenzung nach (s. S. 31) treffender wäre.

2.3 Handlungssysteme

(1973: 9), bestand auch nach dem Untergang der entsprechenden Gesellschaft noch fort.

Für das genauere Verständnis dieser Eigenschaft muss der Begriff des *Symbols* (*symbol*) erläutert werden, der in Analogie zu Bedürfnisdispositionen und Rollen das zentrale Element des Kultursystems ist und es strukturiert. Ein Symbol ist, wie im vorletzten Absatz bereits anklang, ein Orientierungsmuster („,ways or patterns of orienting and acting" (Parsons & Shils 1962b: 161)), das in ein physikalisches Objekt eingelassen ist (vgl. Parsons 1961b: 975–976; Parsons & Shils 1962b: 162). Symbole sind also materialisierte Orientierungsmuster.[43] Sie sind damit zwar auf das Handeln konkreter Akteur*innen bezogen, weil sie ihre Orientierungen beeinflussen, aber nicht auf Handeln angewiesen. Kulturelle Elemente können in Form von Symbolen (eine gewisse Zeit) existieren, ohne dass sie im Handeln verkörpert werden. Münch (2004: 58–59) nennt Bücher, Kunstwerke, Lebensstile oder wissenschaftliche Erkenntnisse als Beispiele für Aspekte des Kultursystems; an ihnen lässt sich diese Eigenschaft nachvollziehen.

Die Elemente des Kultursystems lassen sich systematisieren. Korrespondierend zu den drei Modi der motivationalen Orientierung (s. S. 37) werden drei Typen kultureller Elemente bzw. drei Typen kultureller Objekte innerhalb des *unit acts* unterschieden (vgl. Chriss 2016: 57–58; Langer 2000: 263), die dann in der weiteren Theorie-Ausarbeitung von Parsons auch als Subsysteme des Kultursystems aufgefasst und um ein viertes erweitert werden. Es handelt sich um das empirisch-kognitive, das expressive und das moralisch-evaluative Subsystem sowie später das konstitutive[44] Subsystem (vgl. Parsons 1972: 256, 1968e: 20, 1961b: 964–971, 982–983; Parsons & Platt 1973: 17, 22; Parsons & White 2016: 260;

---

[43] Wenn Symbole immer „objectifiable" (Parsons & Shils 1962b: 160) sind und sie das Kultursystem strukturieren, muss kritisch gefragt werden, inwiefern dies auf alle Elemente des Kultursystems zutrifft, inwiefern also so definierte Symbole das zentrale Element des Kultursystems sein können. Es müsste auch für *values*, *ideas*, *norms* u. Ä. gelten, die ebenfalls Teil des Kultursystems sind, was nicht unmittelbar nachvollziehbar ist. Sinnvoll wäre es stattdessen, davon auszugehen, dass alle Elemente des Kultursystems Orientierungsmuster repräsentieren und dabei zum Teil gegenständlich sind, zum Teil aber auch als nicht-gegenständliche Bedeutungen, Ideen, Sinne oder Codes existieren (vgl. Staubmann 2016: 4).

Lidz (1981: 75–76) lehnt den Begriff des Symbolsystems für das Kultursystem aus einem anderen Grund ab. Symbole seien zentral für alle Handlungssysteme, daher nicht spezifisch für Kultursysteme. Zu erinnern ist hier an die entsprechende Definition von Handeln als symbolisch ausgerichtetem Verhalten (s. S. 31); auch die Frage, inwiefern normative (inhaltliche) Kultur von der Kultur, die Kommunikation überhaupt ermöglicht, unterschieden werden müsste (s. S. 47), weist in eine ähnliche Richtung. In diesem Fall würden nicht Symbole, sondern Werte das zentrale strukturierende Element des Kultursystems bilden.

[44] Dieses Subsystem umfasst vor allem Religion und ähnliche „most general world-views or definitions of the human condition" (Parsons 1961b: 970; vgl. auch Spates 1983: 32). Es ergibt sich aus der Einteilung des *belief systems*, das zunächst Wissenschaft, Philosophie, Religion und Ideologie als vier Untertypen umfasst (vgl. Parsons 1964c: 328–332). Wissenschaft und Ideologie bilden im spä-

Staubmann 2016: 4; Stock 2005a: 317; Langer 2000: 266). Der moralisch-evaluative Typus wird noch einmal unterteilt – so wie im *frame of reference* drei Modi der Wertorientierung unterschieden wurden (s. S. 38). Es ergibt sich die in Tab. 2.1 dargestellte Klassifizierung.[45]

Staubmann (2015: 205) fasst den Sinn dieser drei Kultursubsysteme (ohne das konstitutive) und ihr Verhältnis zum *frame of reference* in engem Anschluss an Parsons et al. (1962: 21) bzw. S. 39 folgendermaßen zusammen:

> „Jeder dieser Typen von Kulturmustern kann als eine Lösungsmöglichkeit eines bestimmten Orientierungsproblems angesehen werden – Ideen-Systeme (Theorien, Mythen, Ideologien etc.) bieten Lösungen kognitiver Probleme, Systeme expressiver Symbole stellen Lösungen des Problems dar, wie man in ‚angemessener' Weise Gefühle ausdrückt bzw. eine Situation gefühlsmäßig wahrnimmt (erlebt), und Systeme der Wertorientierung sind Lösungsmuster für Probleme der Bewertung im Sinn der Abschätzung von Handlungskonsequenzen, sowohl für einzelne Persönlichkeiten als auch für soziale Systeme."

Für das moralisch-evaluative Kultursubsystem wird, wie bereits erwähnt, eine weitere Einteilung vorgenommen. Werden die dazugehörigen kulturellen Elemente als „ways of evaluating" (Parsons & Shils 1962b: 163) verstanden, dann lassen sie sich als „criteria of selection" (Parsons & Shils 1962b: 56; vgl. auch Langer 2000: 263; Bourricaud 1981: 59) und damit als Werte oder Wertstandards verstehen. Dies korrespondiert mit der Feststellung innerhalb des *frame of reference* (s. S. 38), dass der evaluative Modus der motivationalen Orientierung dann

---

teren Stadium der Theorie-Ausarbeitung das empirisch-kognitive Kultursubsystem, Philosophie und Religion das konstitutive.

Ideologie erklärt Parsons (1964c: 349) wie folgt: „An ideology, then, is a system of beliefs, held in common by the members of a collectivity, [...] a system of ideas which is oriented to the evaluative integration of the collectivity, by interpretation of the empirical nature of the collectivity and of the situation in which it is placed". Ideologien umfassen auch empirisch-kognitive Aspekte: „To constitute an ideology there must exist the additional feature that there is some level of evaluative commitment to the belief as an aspect of membership in the collectivity, subscription to the belief system is institutionalized as part of the role of collectivity membership. [...] But as distinguished from a primarily cognitive interest in ideas, in the case of an ideology, there must be an obligation to accept its tenets as the basis of action. [...] What we are here calling an ideology has its central focus in the empirical aspects of the interpretation of the nature and situation of the collectivity. But it is in the nature of the case that these empirical elements should be combined with and shade off into non-empirical elements at the points where justification of the ultimate goals and values of collective action become involved" (ebd.: 349–350). Später, auf S. 393, wird Pädagogik als Ideologie bezeichnet, um, im Unterschied zur Erziehungswissenschaft, gerade diese nichtempirischen, evaluativen Anteile zu betonen, die Parsons für den Begriff in Anschlag bringt. Gemeint sind demnach pädagogische Programme, Konzepte oder Ideale.

[45] Die Bezeichnung der einzelnen Typen bzw. Kultursubsysteme variiert; in der Tabelle sind einige Varianten gesammelt (vgl. Parsons 1964c: 48, 327; Parsons & Shils 1962b: 55, 66, 162–164; Parsons et al. 1962: 8, 21).

2.3 Handlungssysteme

Tabelle 2.1: Modi der Orientierung und Kultursubsysteme

Modi der motivationalen Orientierung	Kultursubsystem	Subtyp des moralisch-evaluativen Systems	Modi der Wertorientierung
kognitiv	konstitutiv und empirisch-kognitiv *(belief systems, systems of ideas, systems of cognitive symbols)*		
kathektisch	expressiv *(systems of expressive symbols)*		
evaluativ	moralisch-evaluativ *(systems of value-orientation, value systems, moral-evaluative symbolization)*	*cognitive standards*	kognitiv
		appreciative standards	appreziativ
		moral standards	moralisch

notwendig wird, wenn zwischen verschiedenen Objekten und/oder Bedürfnissen Konflikte bestehen und selektiert werden muss. Auf Basis der Frage, ob es sich um kognitive, kathektische oder ausschließlich evaluative Konflikte handelt (d. h. wiederum entlang der drei Modi der motivationalen Orientierung), werden kognitive, appreziative und moralische Standards als drei Untertypen von Werten bzw. der evaluativen Symbole unterschieden (vgl. Parsons 1961b: 969; Parsons & Shils 1962b: 163). Kognitive Standards dienen also der Lösung oder fungieren als Entscheidungsgrundlage, wenn ein kognitiver Konflikt besteht. Ob dann ein bestimmtes kulturelles Element allein Teil zum Beispiel der kognitiven Symbole ist oder zugleich auch Teil der kognitiven Standards, muss unterschieden werden:

> „For example, a single belief may be a part of a system of cognitive symbols, but it is not necessarily part of a system of cognitive standards. A criterion of truth, on the other hand, on the basis of which the belief may be judged true or false, is a *cognitive standard* (and thus an evaluative symbol)." (Parsons & Shils 1962b: 163, H. i. O.)

Sofern Elemente des Kultursystems, die zunächst nicht Teil des moralisch-evaluativen Kultursubsystems sind, zu einem Standard für Selektionen werden, können sie einen evaluativen Charakter annehmen und zu Werten bzw. zu einem Teil des moralisch-evaluativen Kultursubsystems werden – so ergeben sich aus dem Christentum (das sich zunächst als Teil des konstitutiven Kultursubsystems auffassen lässt) christliche Werte. In diesem Sinn bilden die anderen kulturellen

Elemente (der anderen Kultursubsysteme jenseits des moralisch-evaluativen) die Basis, vor deren Hintergrund sich korrespondierende Werte herausbilden (vgl. Parsons 1964c: 351, 379–380).

Aufbauend auf die bisherigen Ausführungen lassen sich Werte wie folgt als Selektionsstandards definieren (vgl. zur Abgrenzung von Werten und Haltungen *(attitudes)* Spates 1983: 30): „An element of a shared symbolic system which serves as a criterion or standard for selection among the alternatives of orientation which are intrinsically open in a situation may be called a value" (Parsons 1964c: 12; vgl. auch Parsons & White 2016: 261). Dies impliziert, dass ein Wert als „‚pattern of orientation[]'" (Parsons & Platt 1973: 37; vgl. auch Parsons 2016: 141; Parsons & White 2016: 261) aufzufassen ist (und nicht als pures Objekt, vgl. Parsons 1968b: 135–136) und damit wiederum eine Beziehung zwischen Akteur*in und Objekten bzw. Situation bezeichnet (vgl. Parsons 1959a: 623).

An anderen Stellen bemüht Parsons eine Definition von Kluckhohn, die Werte ebenfalls auf Selektionen bezieht (vgl. Parsons 1989: 577, 1968b: 136; Parsons & Platt 1973: 36–37; Parsons & White 2016: 53, 1970: 194; Lidz & Staubmann 2016: 37–38): *„A value is a conception, explicit or implicit, distinctive of an individual or characteristic of a group, of the desirable which influences the selection from available modes, means, and ends of action"* (Kluckhohn 1962: 395, H. i. O.). Je nach Bezugssystem ergeben sich daraus sozial-gesellschaftliche („desirable social system" (Parsons & White 1970: 195), „desirable society" (Parsons & White 2016: 263)) oder persönliche („desriable type of personality" (Parsons & White 1970: 195)) Werte. Die einzelnen Bestandteile dieser Definition machen darauf aufmerksam, dass ein Wert sowohl affektiv als auch kognitiv besetzt ist, sich durch eine gewisse Abstraktheit und Allgemeinheit auszeichnet und insbesondere, im Gegensatz zur bloßen Vorliebe oder zu Wünschen, Gegenstand rationaler Rechtfertigung ist. Die Definition verdeutlicht außerdem, dass Werte, selbst wenn sie im Persönlichkeitssystem verinnerlicht oder in einem Sozialsystem institutionalisiert sind, nie ein vollkommenes Sein beschreiben müssen, sondern immer einen Rest an Sollen beinhalten können.

Das moralisch-evaluative Kultursubsystem der Werte stellt das Subsystem dar, das für das Sozialsystem (und mittelbar für das Persönlichkeitssystem) am relevantesten ist (vgl. Parsons 1961b: 977, 990, 992); es liefert „rights and obligations and more concretely expectations in the relations of social interaction itself on the part of those who constitute a social system" (Parsons 1972: 256). Daraus folgt, dass die Elemente des Kultursystems, die sich als Orientierungsmuster verstehen lassen, das Potenzial haben, das Sozialsystem (und auch das Persönlichkeitssystem) zu beeinflussen, sodass sie zu einem Teil der sozialen bzw. individuellen Orientierungsmuster werden, also in die Bedürfnisdispositionen bzw. Rollen ein-

2.3 Handlungssysteme

gehen (vgl. Langer 2000: 262). Die verschiedenen Rückverweise auf den *frame of reference* aus Kap. 2.2 – vor allem hinsichtlich der Modi der Wertorientierung, die als Wertstandards Grundlage für Entscheidungen im evaluativen motivationalen Orientierungsmodus sind – implizieren, dass die Modi der Wertorientierung bzw. die entsprechenden Wertstandards eines*r Akteurs*in zugleich Teil des Kultursystems sind:

> „On a cultural level we view the organized set of rules or standards as such, abstracted, so to speak, from the actor who is committed to them by his own valueorientations and in whom they exist as need-dispositions to observe these rules. Thus a culture includes a set of *standards*. An individual's value-orientation is his commitment to these standards." (Parsons & Shils 1962b: 59–60, H. i. O.).

Elemente des Kultursystems begegnen dem*r Akteur*in im Handlungsakt also in mehrfacher, miteinander verwobener Hinsicht (vgl. Parsons 1977a: 168–169; Parsons & Shils 1962b: 66; Parsons et al. 1962: 8; Staubmann 2015: 200, 206; Langer 2000: 264): erstens als verinnerlichte Bedürfnisdispositionen, zweitens als kulturelle Objekte sowie drittens in Form der Modi der Wertorientierung bzw. des evaluativen motivationalen Orientierungsmodus in einer konkreten Situation des Handelns, viertens abstrakt und situationsunabhängig im Kultursystem und fünftens indirekt in Rollen und Rollenerwartungen in Bezug auf soziale Objekte.

2.3.4 Interpenetration als ‚Lösung' des Problems der sozialen Ordnung

In den Ausführungen zu den Handlungssystemen ging es bereits mehrfach um deren Zusammenhänge untereinander. So deutete sich zum Beispiel auf S. 42, 52 oder 56 an, dass Elemente des Kultursystems sowie Rollen von Akteur*innen zu Bedürfnisdispositionen transformiert (d. h. verinnerlicht) werden können oder Elemente des Kultursystems zur Definition von Rollen beitragen. Das heißt, Elemente des Kultursystems können zugleich Elemente des Persönlichkeits- bzw. des Sozialsystems sein oder werden. Ist dies der Fall, strukturiert oder beeinflusst das Kultursystem diese somit zu einem gewissen Teil.

Zentral für die Analyse des Zusammenhangs der Handlungssysteme ist der Begriff der *Interpenetration*. Werden die vielen Stellen betrachtet, an denen Parsons diesen Begriff bemüht (vgl. die Zusammenstellung bei Jensen 1978), so ergibt sich zunächst, dass Interpenetration schlicht als „enge Verflechtung und wechselseitige Durchdringung" (Parsons 1976b: 124; ähnlich Parsons 1976c: 166, 1976d: 279) verstanden werden kann – dementsprechend die Übersetzung von *interpenetration* mit „gegenseitiger Durchdringung" (Parsons 2009: 14) – und damit eine besondere Art der Verbundenheit und Abhängigkeit meint.

2 Parsons' normativfunktionalistische Handlungssystemtheorie

Interpenetration führt dazu, dass „zones of ‚overlap'" (Parsons & Platt 1973: 36) entstehen und sich die beiden interpenetrierenden Systeme gegenseitig beeinflussen.[46] Institutionalisierte Werte beispielsweise lassen sich in der Interpenetrationszone zwischen Sozial- und Kultursystem verorten (vgl. Parsons 1972: 261; Parsons & White 2016: 260); daher wird das Treuhandsystem (s. S. 97 und 161) als Interpenetrationszone aufgefasst. Interpenetration findet jedoch nicht nur zwischen (Sub-)Systemen statt, sondern im Fall von Handlungssystemen als offenen Systemen (s. S. 116) auch zwischen einzelnen Systemen und ihren Umwelten (vgl. Ackerman & Parsons 1976: 73; Münch 1988: 111–112).

Interpenetration bedeutet allerdings mehr als bloße Abhängigkeit und Durchdringung. Denn Handlungssysteme „are not only interdependent, but *interpenetrate*" (Parsons & Bales 1955: 107, H. i. O.; ähnlich Parsons 1961b: 990, 1958a: 290; vgl. auch Smelser 1973: 391).[47] Die Abhängigkeit im Sinn von Interpenetration ist so fundamental, dass interpenetrierende Systeme nicht ohne das System, mit dem sie interpenetrieren, bestehen können. Daher gilt zum Beispiel, dass „no personality system can exist without *participation* in a social system" (Parsons & Shils 1962b: 109, II. i. O.; vgl. auch Parsons 1964c: 6, 1959a: 649).

Interpenetration in dieser Weise als existenzielle gegenseitige Abhängigkeit zu verstehen, folgt der Anlage der Theorie der Handlungssysteme (vgl. Münch 1988: 66–67). Die drei, später vier Handlungssubsysteme sind analytisch unterschiedene Systeme, die im konkreten empirischen Handeln zusammenfallen. Daraus folgt das Verständnis von Interpenetration: „Where it is necessary to speak of two or more analytically distinguishable relational systems as *both* constituting partial determinants of process in a concrete empirical system, we speak of the systems as *interpenetrating*" (Parsons 1959a: 649, H. i. O.; ähnlich Parsons 1958a: 290; Parsons & Bales 1955: 107). Interpenetration führt somit die analytisch getrennten Elemente wieder zusammen (vgl. Jensen 1978: 122).

Bei Anwendung des Begriffs der Interpenetration auf die drei – Kultur-, Sozial- und Persönlichkeitssystem – bzw. – mit dem Verhaltenssystem – vier Handlungssubsysteme ergeben sich kombinatorisch drei bzw. sechs Interpenetrationen zwischen je zwei Systemen. Parsons hält dementsprechend für die einzelnen Interpenetrationen spezifische Begriffe bereit (vgl. Jensen 1978: 122; Luhmann 1977: 63). Problematisch hierbei ist allerdings, dass er selbst (vgl. Münch 2004: 59) wie auch die Sekundärliteratur für die einzelnen Interpenetrationen

---

[46] Unklar bleibt hierbei allerdings, wie genau solch eine Zone zu verstehen ist und wie sich solche Zonen von (Sub-)Systemen unterscheiden bzw. als solche aufzufassen sind (vgl. H.-J. Schulze & Künzler 1991: 126; Luhmann 1978a: 299).

[47] An anderen Stellen wiederum wird die Differenz zwischen Interdependenz und Interpenetration (noch) nicht betont (vgl. Parsons 1964c: 6; zu den verschiedenen Auffassungen des Begriffs der Interpenetration auch H.-J. Schulze & Künzler 1991: 126).

2.3 Handlungssysteme

teils unterschiedliche Begriffe verwenden und andersherum mit einen Begriff verschiedene Interpenetrationen kennzeichnen.[48]

In der vorliegenden Arbeit wird Münch (ebd.) gefolgt, sodass die einzelnen Interpenetrationen, die auch in Abb. 2.1 auf S. 36 aufgenommen sind, wie folgt bezeichnet werden (so auch Junge 2010: 113):

- zwischen Kultur- und Sozialsystem: Institutionalisierung
- zwischen Kultur- und Persönlichkeitssystem: Internalisierung
- zwischen Sozial- und Persönlichkeitssystem: Sozialisation

Im Folgenden werden Internalisierung und Institutionalisierung erläutert, während Sozialisation in Kap. 3.1 ausführlich betrachtet wird. Erstere erläutert Parsons (1977a: 169) damit, dass „[t]he phenomenon that cultural norms are internalized to personalities and institutionalized in collectivities is a case of the *interpenetration* of subsystems of action, in this case social system, cultural system, and personality" (H. i. O.). Hier wird Interpenetration als ein eher einseitiger Prozess betrachtet. Internalisierung bedeutet Integration von Elementen des Kultursystems[49] in das Persönlichkeitssystem, Institutionalisierung meint die Integration in das Sozialsystem[50] (vgl. Parsons 1976c: 165, 1970h: 29, 1967: 7–8,

---

[48] Dies sei exemplarisch angedeutet: Häufig bezeichnet Parsons die Interpenetration zwischen Persönlichkeits- und Kultursystem als Internalisierung, jene zwischen Sozial- und Kultursystem als Institutionalisierung (vgl. Parsons 1989: 579). Zum Teil handhabt Parsons es jedoch anders. Institutionalisierung wird durch Internalisierung erklärt (vgl. Parsons & Shils 1962b: 203) oder Internalisierung bezeichnet sowohl die Interpenetration zwischen Kultur- und Persönlichkeits- als auch zwischen Sozial- und Persönlichkeitssystem (anstelle von Sozialisation, vgl. Parsons 1971d: 6, 1959a: 654–658) oder sowohl zwischen Kultur- und Persönlichkeitssystem als auch zwischen Kultur- und Sozialsystem (anstelle von Institutionalisierung, vgl. Parsons et al. 1962: 22).

Auch für die Sekundärliteratur lässt sich dies exemplarisch zeigen: Die Interpenetration zwischen Sozial- und Persönlichkeitssystem bezeichnen Luhmann (1977: 63) wie auch Jensen (1978: 122), H.-J. Schulze und Künzler (1991: 127) oder Hofmann (1981: 30) als Internalisierung. Münch (2004: 59) wiederum, der nur die Interpenetration zwischen Kultur-, Sozial- und Persönlichkeitssystem betrachtet, also das Verhaltenssystem im Gegensatz zu Luhmann und Jensen außen vor lässt, bezeichnet diese Interpenetration als Sozialisation und kennzeichnet mit Internalisierung die Interpenetration zwischen Kultur- und Persönlichkeitssystem, die an den genannten Stellen nicht spezifisch bezeichnet, aber später bei Luhmann (2002: 39) und bei Sciortino (2009: 114) als Sozialisation definiert wird. Als Institutionalisierung wird durchweg die Interpenetration zwischen Kultur- und Sozialsystem bezeichnet.

[49] Im Fokus stehen hierbei die Elemente des moralisch-evaluativen Kultursubsystems, also normative Kultur wie Werte. Sie, verstanden als Orientierungsmuster, sind folglich zentraler Inhalt der Interpenetration zwischen den drei Handlungssystemen. In Grenzfällen, in denen nichtnormative kulturelle Elemente Gegenstand der Interpenetration sein könnten, dürfte weniger das kulturelle Element als solches, sondern eher der normative Gehalt bzw. die damit verbundene Orientierung relevant für die Interpenetration sein. Das gleich folgende Beispiel der Sprache illustriert diesen Gedanken.

[50] Die Institutionalisierung, die bei den Ausführungen zum Sozialsystem relevant ist (s. S. 49), beschreibt einen ähnlichen Sachverhalt, nur aus Sicht des Sozialsystems und in anderer Rich-

2 Parsons' normativfunktionalistische Handlungssystemtheorie

1964c: 34, 1958a: 288–290, 1953: 622; Parsons & Bales 1955: 32; Parsons & Platt 1973: 33; Parsons & Shils 1962b: 56; Parsons et al. 1962: 8; Opielka 2006: 269–270; Lidz 1981: 16; W. Mitchell 1967: 8–9; Rüschemeyer 1964: 20–21). In beiden Prozessen geht es darum, wie (normativ-)kulturelle Orientierungsmuster Teil der beiden anderen Systeme werden, sodass sich Rollen und Bedürfnisdispositionen als spezialisierte (normative) Kultur auffassen lassen (vgl. Joas & Knöbl 2011: 99). Im Ergebnis dieser Prozesse entstehen dann institutionalisierte bzw. internalisierte Werte in Form von „social and personal systems of values" (Parsons & Shils 1962b: 180; vgl. auch Parsons 1972: 257, 1959a: 659).

Beide Typen von Interpenetration sind allerdings keine einseitigen Prozesse (vgl. Parsons 1961b: 978–979; Münch 2007: 34–35; Staubmann 2005: 173). Vielmehr erfahren die abstrakten[51] kulturellen Elemente im Sozial- und Persönlichkeitssystem je eine Spezialisierung oder Interpretation (vgl. Brock & Mälzer 2012: 6–7; Junge 2010: 113–114; Münch 2004: 59–61; H.-J. Schulze & Künzler 1991: 128; Compes 1990: 113; ähnlich auch Smelser 1973: 391–392). Rollen beispielsweise sind spezifizierte Werte (vgl. Joas & Knöbl 2011: 104). In einem (hinreichend differenzierten) Sozialsystem gibt es dementsprechend Subsysteme, „deren Funktion die *Respezifikation* der generalisierten Normen ist" (Ackerman & Parsons 1976: 82, H. i. O.). Die Notwendigkeit der Spezialisierung ergibt sich daraus, dass die hochgeneralisierten Werte keine endgültigen Bestimmungen des Handelns liefern (s. S. 64).

Als Beispiel kann Gleichheit herangezogen werden, die als Wert Teil des Kultursystems ist. Dieser Wert kann internalisiert und institutionalisiert werden. Dabei erfährt der allgemeine, abstrakte Wert je eine Spezifikation, zum Beispiel dahingehend, wie umfassend oder in welchen Kontexten Gleichheit im Handeln relevant ist. Der Wert als solcher bestimmt jedenfalls nicht abschließend, wie in einer bestimmten Situation zu handeln ist. Gleiches lässt sich (obgleich es sich nicht um einen Wert handelt) für Sprache skizzieren, wobei je spezifische Sprachen oder Sprachkonventionen zum Beispiel in einer Gesellschaft institutionalisiert und in Persönlichkeitssystemen internalisiert werden. Die Spezifikation wird hier sehr anschaulich, wenn bedacht wird, wie einzelne Persönlichkeitssysteme bzw. Personen Sprache individuell gebrauchen, zum Beispiel bestimmte Wörter oder Formulierungen besonders häufig oder selten verwenden. Ein drittes Beispiel ist Religion oder spezieller eine bestimmte Religion wie das Christentum. Auch diese kulturellen Elemente sind in verschiedener Weise institutionali-

---

tung (Integration der Rollenerwartungen in das Kultursystem und sodann in ein Kollektiv statt Integration kultureller Elemente in ein Kollektiv bzw. Sozialsystem).

[51] Das bezieht sich auf den externen Charakter des Kultursystems, wonach es unabhängig vom Sozial- und Persönlichkeitssystem existiert.

2.3 Handlungssysteme

siert und internalisiert. In Abhängigkeit davon prägt das spezifizierte kulturelle Element Christentum das Handeln von Gesellschaften, Kirchen, Gemeinden, Freundschaften, Familien und einzelnen Personen.

Über Internalisierung und Institutionalisierung entfaltet das Kultursystem also eine Wirkung in den beiden anderen Systemen, sodass ihr Handeln von ihm geprägt wird (vgl. Parsons & Shils 1962b: 56). Kulturelle Elemente „become a set of standards or guides for the individual in shaping his actions with others" (W. Mitchell 1967: 30). Die Funktion von Internalisierung und Institutionalisierung liegt somit darin, „dauerhafte Handlungsmodelle zu definieren bzw. Einschränkungen für Handlungsmöglichkeiten aufzustellen" (Lidz 1981: 30); dass sie dabei Selektionen vorzeichnen, lässt sich als Vereinfachung des Handelns der Akteur*innen verstehen.

Insgesamt gerät Interpenetration zum „Schlüsselbegriff" (Münch 1988: 23) von Parsons' Theorie, weil es zum Problem der sozialen Ordnung zurückführt (vgl. auch Jensen 1978: 118, 126–128), wie es sich auf S. 45 beim Theorem der Erwartungskomplementarität angedeutet hatte:

> „[P]ersonalities and social systems interpenetrate with respect to cultural pattern-content [...]. But this common culture is in fact constitutive of the structural framework of *both* orders of system, particularly in the form of patterns of value-orientation." (Parsons & Bales 1955: 32, H. i. O.)
>
> „The most fundamental theorem of the theory of action seems to me to be that the *structure* of systems of action *consists* in institutionalized [...] and/or internalized [...] patterns of cultural meaning." (Parsons 1961c: 342, H. i. O.)
>
> „Our point of departure is the conception that the structure of action systems consists in normative culture, internalized in organisms and personalities, institutionalized in societies and cultural systems." (Parsons 1977b: 245)[52],[53]

---

[52] Hierbei handelt es sich um ein weiteres Beispiel für die begrifflichen Uneindeutigkeiten hinsichtlich der einzelnen Interpenetrationen.

[53] Werden Parsons' eigene Bestimmungen des Begriffs ‚Struktur' (s. S. 118) ernst genommen, ist dieser Begriff in den beiden vorstehenden Zitaten unzutreffend. Denn eine Struktur bezeichnet etwas *relativ*, im Rahmen einer Analyse, Konstantes. Hier wäre der Begriff des Musters treffender, der gewissermaßen *absolut* Konstantes bezeichnet (s. ausführlicher S. 103).
 Dass Parsons normative Kultur über Interpenetration als Struktur bzw. Muster aller Handlungssysteme ansieht, impliziert noch eine wichtige Einsicht in Bezug auf die Handlungstheorie: Letztlich wird davon ausgegangen, dass ein Handlungsakt kaum ohne den evaluativen motivationalen Orientierungsmodus auskommen kann. Dass nur die beiden anderen Orientierungsmodi relevant werden (s. S. 38), ist demnach ein theoretischer Grenzfall. So gewinnt der evaluative motivationale Orientierungsmodus einen Primat gegenüber den beiden anderen, der sich in der Handlungssystemtheorie darin spiegelt, dass normative Kultur Struktur bzw. Muster aller Handlungssysteme ist und Handeln grundsätzlich (auch) normativ ist.

2 Parsons' normativfunktionalistische Handlungssystemtheorie

Parsons' grundlegende Frage in seinem Schaffen ist, wie soziale Ordnung möglich ist, wodurch es einigermaßen stabile Gesellschaften gibt (s. S. 25). Die Antwort lautet: Durch Interpenetration von Persönlichkeits-, Sozial- und Kultursystem – Brock und Mälzer (2012: 7) sprechen von „‚Gesamtinterpenetration'" (so auch Junge 2010: 114) –, die zu geteilter normativer Kultur und damit zu geteilten Orientierungsmustern führt (vgl. Parsons 1977a: 168–169; Joas & Knöbl 2011: 102; Sciortino 2009: 113; Daheim 1993: 58; Burkitt 1991: 16; Dahrendorf 1955: 505). Gemeinsame Werte sind demnach „the *sine qua non* of society" (Spates 1983: 31, H. i. O.). Interpenetration lässt sich in diesem Sinn insgesamt als „Prozeß der Bildung von homologen Mustern in Handlungssystemen" (Jensen 1978: 127) verstehen.

Die ‚maximale' normativ-kulturelle Interpenetration, d. h. Integration,[54] der drei Systeme liegt vor, wenn Bedürfnisdispositionen, Rollen und Werte einander entsprechen. Alle tun, was andere erwarten und wie es sich aus der gemeinsamen Kultur ergibt; alle ‚wollen' so handeln, wie sie gemäß Rollen und (institutionalisierten) Werten handeln ‚sollen'. Solch eine Integration der drei Systeme ist ein theoretischer Grenz- oder Idealfall, ein abstraktes Modell, ein theoretischer Bezugspunkt, ein prototypischer Zustand des Gleichgewichts, von dem aus sich fragen lässt, wie es zustande kommt, was es stärkt und was es schwächt, von dem aus auch Phänomene wie Anomie, Devianz und Konflikt ergründet werden können – was Parsons in gewissem Maß tut (vgl. Parsons 1961b: 978; Sciortino 2009: 115; Gerhardt 1998: v. a. 308; Daheim 1993: 64–65; Alexander 1987: 46–48; Rüschemeyer 1964: 21–25).[55] Trotzdem ist die zentrale These von Parsons' Theorie, dass normativ-kulturelle Interpenetration sowohl die grundlegende Voraussetzung für Handeln überhaupt (gemeinsame Bedeutungen, die Interaktion erst ermöglichen) als auch die ‚Lösung' des Problems der sozialen Ordnung darstellt: „*Ordnung ist durch Werte gewährleistet*. Nichts anderes bedeutet die *Interpenetrationsthese*" (Wenzel 1991: 394, H. i. O.).

2.3.5 Kritik

Parsons' Überlegungen zum Zusammenhang der drei Systeme, zur Interpenetration und zum Modell der vollkommenen Integration sind Gegenstand kritischer Auseinandersetzungen. Im Folgenden sind zwei Kritikpunkte von Interesse, wobei der erste aufgrund seiner zentralen Bedeutung ausführlicher sondiert und der zweite nur kurz erwähnt wird.

---

[54] Hier und zuvor wird der Begriff nicht im Sinn der entsprechenden AGIL-Funktion (s. Kap. 2.5) verwendet (vgl. hierzu Bachmann 2017: 97).

[55] Devianz gehört für Parsons zu modernen, demokratischen Gesellschaften. Er nimmt an, „daß deviante Subkulturen geradezu in modernen Gesellschaften bevorzugt entstehen, gerade weil diese nicht durch Zwang integriert werden" (Gerhardt 1998: 292).

2.3 Handlungssysteme

Die *erste Kritik* fragt, inwiefern in Parsons' Überlegungen die Individualität vernachlässigt wird, inwiefern Konflikt und Abweichung zugunsten von Integration und Reproduktion ausgeblendet werden, inwiefern Menschen zu bloßen sozialen oder „cultural puppets" (Staubmann 2005: 173) oder „Marionetten von Werten oder übergeordneten Institutionen" (Schroer 2017: 113) werden, sie also in ihrem Handeln determiniert werden (vgl. Gerhardt 1998: 281–283; in der Schulpädagogik Wiater 2016: 64–65; Kramp 1973: 201–202).[56] Diese Kritik ist speziell in Bezug auf Parsons' Sozialisationstheorie geäußert worden, was später in Kap. 3.1.2 aufgegriffen wird. Im Folgenden geht es um die allgemeine Sondierung und vor allem die Relativierung der Kritik[57] ohne speziellen Fokus auf Sozialisation.

Erstens ist noch einmal zu unterstreichen, dass es sich bei Parsons' ‚Lösung' des Problems der Ordnung um ein ideales Modell handelt. Es bedeutet nicht, dass eine Integration der drei Systeme real gegeben sein *muss* oder gegeben sein *sollte*: „The attainment of some degree of peace, of order, […] is in the Parsonian analysis […] not an empicial fact" (W. Mitchell 1967: 10, H. i. O.; vgl. auch ebd.: 28; Hofmann 1981: 39; Luhmann 1977: 64). Bourricaud (1981: 98) spricht hier von „the legend of the functionalist Frankenstein" mit „a vision of a one-dimensional, fully integrated society". Die Tatsache, dass Parsons Sozial-, Persönlichkeits- und Kultursystem überhaupt unterscheidet, verweist darauf, dass sie grundsätzlich nicht identisch sind, da sonst die Unterscheidung der Systeme obsolet wäre. Es handelt sich um drei eigenlogische, nicht-identische Systeme (vgl. Staubmann 2016: 3). Die gegenseitige Durchdringung kultureller Orientierungsmuster ist auch nicht mit einem Wunsch nach Harmonie zu verwechseln:[58] „[T]otally harmonious social

---

[56] Um einige Beispiele der Kritik in der Schulpädagogik auszuführen: Popp (1998: 268) formuliert: „Im Gegensatz zu Parsons verweist Fend darauf, daß der schulische Bildungsprozeß von zwei Seiten her zu sehen ist: einerseits als Reproduktion der Gesellschaft, andererseits aber als die aktive Aneignung von Fähigkeiten durch die Subjekte. Bei Fend geht es demnach nicht nur um eine Anpassung und eine Wiederherstellung der bestehenden Ordnung, sondern um das Erlernen von aktiver Handlungsfähigkeit, die mit einer kritischen Distanz gegenüber herrschenden Wertmustern verbunden sein kann". Duncker (2007: 42) kritisiert, dass strukturfunktionalistische Ansätze den Bildungsbegriff zu wenig einbeziehen, der „auch die Fähigkeit zu selbständigem Handeln, zur Kritik und zur Übernahme von Verantwortung einschließt". In eine ähnliche Richtung geht die Kritik von Harant (2020: 170), der dem Strukturfunktionalismus eine pädagogische Beschreibung bzw. Theorie der Schule entgegensetzt und dabei zum Beispiel auf eine Selbstzweckhaftigkeit von Lernprozessen, die Anbahnung von Urteils- und Handlungsfähigkeit oder die „Vermittlung von Freiheit […] menschlicher Handlungspraxen" rekurriert.

[57] Dezidiert steht hier, wie auch in anderen Kapiteln, die sich mit Kritik auseinandersetzen, nicht die Darstellung der Kritik im Fokus. Denn während dies ohne Weiteres mit der Literatur erschlossen werden kann, sind ausführlichere, textnahe kritische Diskussionen der Kritik in der Literatur weniger verbreitet.

[58] Jensen (1978: 120) bemerkt dazu lakonisch: „Wird jemand den Begriff der ‚Integration' erneut mißverstehen: als ‚gesellschaftliche Harmonielehre' oder dergleichen? Sicherlich – ein Narr wird

action" stellt wiederum nur „the ideal case" (Spates 1983: 31; vgl. auch Hofmann 1981: 39) dar.

In diesem idealen Modell stehen – *zweitens* – tatsächlich Konstellationen der Identität, Übereinstimmung, Integration und damit der Reproduktion im Fokus. Dies erklärt sich mit jener Ausgangsfrage von Parsons nach sozialer Ordnung. Er fragt nicht, was Gesellschaften spaltet oder wie es zu gesellschaftlichem Konflikt kommt, sondern er fragt, was Gesellschaften zusammenhält.

Zu erinnern ist in diesem Zusammenhang *drittens* daran, dass es Parsons vielfach vor allem um die Entwicklung eines Begriffsapparats geht (s. S. 25). Diesen erarbeitet er überwiegend an solchen Idealkonstellationen, um gleichzeitig aber darauf hinzuweisen, dass dieser gleichfalls für andere Konstellationen nutzbar ist (kritisch hierzu Lockwood 1956: 138):

> „The validity of the conceptual scheme which we used in analyzing the articulation of highly integrated personality and social systems is thus not affected by cases in which the integration is far from perfect. In fact, the imperfections of integration can be described only by careful observance of the same conceptual scheme which analyzes the positive integration." (Parsons & Shils 1962b: 151)

Viertens gilt selbst im abstrakten Modell vollkommener Integration, dass diese niemals dazu führt, das Handeln der Einzelnen bis ins Kleinste zu determinieren. Das hängt vor allem damit zusammen, dass Werte – und in ähnlicher Weise Rollen – viel zu allgemein sind. Akteur*innen müssen sie je nach konkreter Situation oder Rolle ausdeuten und spezifizieren, widerstreitende Werte in Einklang bringen, Leerstellen füllen, festlegen, welche Werte überhaupt maßgebend sind usw. (vgl. Parsons & Platt 1968b: I-24; Parsons & White 1970: 198–199; Platt & Parsons 1970: 138; Wenzel 1991: 390; Münch 1988: 68; Alexander 1987: 40, 1983: 125; Bourricaud 1981: 13; Lidz 1981: 62).[59] Hierbei sind Werte nur *ein* determinierender Faktor von Handeln neben anderen (vgl. Parsons 1968b: 136, 147; s. S. 33 und 69). Hinzu kommt, dass es immer eine Diskrepanz zwischen dem Soll-Zustand, den Werte implizieren, und dem tatsächlichen Sein gibt, Werte also niemals vollkommen institutionalisiert und implementiert sind (vgl. Parsons & White 2016: 54, 137) – dies ist „a limiting case" (ebd.: 271). Daraus folgt: „Institutionalized values [...] establish a certain broad direction for the orientation of members of a society, but they do not determine concrete action" (Parsons 1961a: 273; vgl. auch Parsons 1989: 579; Parsons & Platt 1973: 34; H.-J. Schulze & Künzler 1991: 128).

---

sich dafür immer finden. Aber der Vorwurf der ‚Harmonielehre' ist den Theorien TALCOTT PARSONS' gegenüber genauso komisch wie er es gegenüber der mathematischen Integralrechnung wäre" (H. i. O.).

[59] Darauf weist auch die Unterscheidung zwischen Wertmuster und (situationsspezifischem) Wertinhalt hin (vgl. Parsons & White 2016: 54–56).

Fünftens: Parsons sieht sicherlich einen deutlichen sozialen und kulturellen Einfluss auf die Persönlichkeit (vgl. Parsons 1970e: 80, 82, 108–109, 1970h: 18, 1968e: 13, 1959a: 619): „The *main* structure of the human personality may well be organized about the internalized social object systems as residues of the socialization process" (Parsons 1959a: 655, H. i. O.). Ähnlich: „Every individual […] is the ‚child' of his culture and of his society" (Parsons 1968e: 21). Zugleich wird aber die (Unumgänglichkeit von) Individualität des Persönlichkeitssystems betont, das nicht vollkommen kulturell oder sozial determiniert ist (vgl. Parsons 1976b: 123; Parsons & Shils 1962b: 151, 198; Parsons et al. 1962: 20, 24; Moore 1978: 349; andere Interpretation bzw. kritisch Junge 2010: 111–112; Geulen 1989: 75–77):

> „Internalization constitutes the primary link between personalities and the imperatives of social systems. But it is never a perfect link and never stands alone. The personality is a genuinely independent system by virtue of its involvement with the specific biological organism, of the uniqueness of its own life history, and of the lack of exact correspondence between its combination of situational exigencies and social roles and those to which any other individual is exposed. There is always a certain tension between personality and the expectations to which it is exposed in social interaction […]. Moreover, the value system internalized is never wholly ‚the' common value system; it is always specialized and individualized, and it may be distorted to varying degrees and in various ways." (Parsons 1958a: 290)
>
> „[T]hough in a fundamental sense personality is a function of the institutionally organized role-expectations of the social system in which ego is involved, in an equally fundamental sense, it cannot be even approximately fully determined by this aspect of its structure." (Parsons & Shils 1962b: 156)
>
> „We do not mean, moreover, to imply that a person's values are entirely ‚internalized culture' or mere adherence to rules and laws. The person makes creative modifications as he internalizes culture […]." (ebd.: 72)
>
> „[T]he personality […] is not a mere epiphenomenon of the structure of the society." (Parsons 1970e: 82)

Real existiert demnach keine völlige Übereinstimmung zwischen Sozialsystem bzw. Rollen einerseits und Persönlichkeitssystem bzw. Bedürfnisdispositionen andererseits. Das Persönlichkeitssystem wird nicht allein durch Rollen oder Werte konstituiert und Rollen sind in unterschiedlichem Grad institutionalisiert (vgl. Parsons 1964c: 370–371; Parsons & Shils 1962b: 155; Schluchter 2015: 402; Gerhardt 1998: 304).

Für die Individualität des Persönlichkeitssystems gibt es mehrere Gründe. Aufgrund von „individual characteristics of the actor" (Parsons & Shils 1962b: 156) füllen Akteur*innen Rollen unterschiedlich aus. Somit fließen Rollen immer in einer bestimmten Variation, spezifiziert und individualisiert, in Bedürfnisdispositionen des Persönlichkeitssystems ein. Hinzu kommt, dass ein*e Akteur*in mit diversen Rollen konfrontiert (und Teil diverser Kollektive) ist und sich die Gesamtheit dieser Rollen zwischen den Akteur*innen unterscheidet (vgl. Parsons 1977a: 170–171, 1976d: 301, 1968e: 21; kritisch zu dieser Begründung Krappmann 2016: 17): „Jede individuelle Persönlichkeit ist natürlich durch eine einzigartige Kombination internalisierter Rollen charakterisiert" (Lidz 1981: 26). Da der*die Akteur*in vor der Aufgabe steht, seine*ihre Rollen in einen kohärenten Zusammenhang zu bringen, bewirkt dies ebenfalls, dass die einzelne Rolle (im Kontext anderer Rollen) tendenziell unterschiedlich ausgefüllt wird.

Im Ergebnis gibt es damit „[a] range of freedom" (Parsons et al. 1962: 24), einen „Spielraum für persönliche Kreativität" (Parsons 1976d: 300; vgl. auch Parsons 1954c: 233), „freedom of choice" (Bourricaud 1981: 191), „an essential element of spontaneity or autonomy in response to the actions of alter" (Parsons 1970e: 92) oder „a certain range of variability" (Parsons et al. 1962: 24) in Bezug auf Rollen (vgl. ebd.: 20).

Dennoch bestehen „‚pressures' on individual actors" (ebd.: 24), sich rollenkonform zu verhalten. Das wird bereits in der Grundanlage von Parsons' voluntaristischer Handlungstheorie deutlich (s. S. 33): „Action is accordingly both constrained and free: constrained, insofar as the situation determines the conditions under which action takes place, and free, insofar as those conditions take the form of choices between alternatives" (Bourricaud 1981: 56). Diese Ambivalenz stellt Sozialsysteme vor

> „a very fundamental dilemma. On the one hand they can only live by a system of institutionalized values, to which the members must be seriously committed and to which they must adhere in their actions. On the other hand, they must be able to accept compromises and accommodations, tolerating many actions which from the point of view of their own dominant values are wrong." (Parsons & Shils 1962b: 179)

Die Ambivalenz von Freiheit und Individualität einerseits und Gebundenheit an Rollen und Werte in Form sozialer Ordnung und Kollektivismus andererseits (vgl. Schroer 2017: 113; Münch 1988: 191–193) zeigt sich – *sechstens* – ebenso in Parsons' Wert des institutionalisierten Individualismus (s. S. 106). Individualität ist demnach erst durch eine bestimmte Konfiguration von Werten und Rollen denkbar: „[I]ndividualism is itself the result of social processes which no single individual can control. [...] The institutionalization of individuality, Parsons believes, also creates certain obligations" (Alexander 1987: 80; vgl. auch ebd.: 39; Sciortino 2009: 114–115; W. Mitchell 1967: 63–64). Demokratie etwa, die eng an den Wert des institutionalisierten Individualismus anschließt, ist dementsprechend zugleich

2.3 Handlungssysteme

Ordnung und – darüber – institutionalisierte Freiheit (vgl. Nolte 1987: 582–583). Im Wert des institutionalisierten Individualismus sind Freiheit der Entscheidung und soziale Ordnung, die diese Freiheit einschränkt, somit zusammengedacht (vgl. Bourricaud 1981: 14–15). Ganz explizit weist Parsons zudem zurück, dass eine völlige Integration erstrebenswert ist:

> „Conversely, the complete absorption of personality, or of subgroup interest into the larger collectivity, would involve a rigidity of social control incompatible with the functional conditions of a society as well as with the inevitable need of human beings for some expressive spontaneity." (Parsons & Shils 1962b: 176)

Insgesamt, so lässt sich die Sondierung des ersten Kritikpunkts zusammenfassen, finden sich auf verschiedenen Ebenen valide Hinweise darauf, dass die formulierte Kritik so pauschal nicht zutrifft. Klar ist aber auch, dass sich aus Parsons' grundlegender Frage nach sozialer Ordnung eine bestimmte Analyserichtung ergibt, die Phänomenen der Integration u. Ä. eine höhere Relevanz zuschreibt als Phänomenen der Individualität oder Subjektivität, die eher den Status eines Nebenschauplatzes oder einer Residualkategorie einnehmen, und dass Parsons Interpenetration (bzw. eine gewisse Integration) als Voraussetzung für soziale Ordnung ansieht.

Wie zu Beginn dieses Kap. 2.3.5 angekündigt, soll abschließend noch ein *zweiter Kritikpunkt* an Parsons' Konstrukt der Interpenetration und dessen Bezug auf soziale Ordnung erwähnt werden. Demnach wird nicht ganz klar, wie genau die Werte und Normen entstehen, die dann durch Interpenetration soziale Ordnung hervorbringen (vgl. Joas & Knöbl 2011: 86; kritisch zur Kritik Münch 1988: 42–44). Wenn Parsons sich vorstellt, dass Ego und Alter im Lauf ihrer Interaktion eine soziale Ordnung und gemeinsame Werte und Normen stiften, führt dies gewissermaßen zu einem Henne-Ei-Problem, weil

> „some form of social action is seen as necessary prior to the normative order and which creates it, while this order is in turn regarded as the necessary *precondition* for social action. On the one hand, social order is reduced to the acts of originally isolated individuals, while on the other, individual acts are reduced to the norms of the social order." (Burkitt 1991: 16–17, H. i. O.)

Diese Kritik ist an sich triftig. Allerdings dürfte es sich eher um ein theoretisches Problem handeln, weil in der Analyse der sozialen Realität ein völlig a-normativer Urzustand sozialer Interaktion nicht anzutreffen ist. Vielmehr ist hier eine gewisse Vorgängigkeit von Werten und Normen anzunehmen, sodass sich auch neue Sozialsysteme auf die bestehenden Werte und Normen (aus anderen, ggf. übergeordneten Sozialsystemen bzw. der Umwelt) beziehen können (s. S. 46).

2.3.6 Fazit

Nachdem die drei Handlungssysteme und ihr Zusammenhang im Detail betrachtet worden sind, werden sie im Folgenden noch einmal vergleichend zusammengefasst (s. Tab. 2.2).

Tabelle 2.2: Persönlichkeits-, Sozial- und Kultursystem in der Übersicht

	Persönlichkeitssystem	Sozialsystem	Kultursystem
... bringen Handeln hervor (beeinflussen es) und werden durch Handeln hervorgebracht			
... drei Dimensionen des Handelns			
... drei Systeme in Form von (konsistenten) Mustern von Orientierungen			
Fokus des Handelns	Handeln eines*r einzelnen Akteurs*in	Interaktion mehrerer Akteur*innen	Bezugspunkt für individuelles oder kollektives Handeln
Orientierungsmuster	intern individuell (persönlich)	intern kollektiv (sozial)	extern kulturell
zentrales Element	Bedürfnisdisposition	Rolle	Symbol

Die drei Systeme stellen „configurations" (Parsons et al. 1962: 7; vgl. auch Staubmann 2016: 3), „reference points" (Parsons 1959a: 613) oder „modes of organization of the elements of action" (Parsons & Shils 1962b: 54) dar. Die Unterscheidung der drei bzw. – mit dem Verhaltenssystem – vier Handlungssysteme ist analytischer Natur, sie ist „un [...] procédé heuristique" (Bélanger & Rocher 1975: 24) oder „une méthode d'analyse, un point de vue sur la réalité; ce n'est pas la réalité elle-même" (ebd.). Daher wirken die drei Systeme im Handeln zusammen (vgl. Parsons 1977b: 245; Schluchter 2015: 417; Junge 2010: 110):

> „*All concrete systems of action, at the same time, have a system of culture and are a set of personalities* (or sectors of them) *and a social system or subsystem. Yet all three are conceptually independent organizations of the elements of action.*" (Parsons et al. 1962: 22, H. i. O.)

Anders formuliert: „[C]oncrètement, l'action humaine est une totalité qui se situe en même temps dans tous les systèmes à la fois" (Bélanger & Rocher 1975: 24). Im Handeln fallen also alle drei bzw. vier analytischen Systeme zusammen; es gibt „vier Komponenten [...], die zusammenwirken müssen, damit eine Handlung entsteht" (Luhmann 2002: 22; vgl. auch Wenzel 1991: 32). Die Systeme stellen

2.3 Handlungssysteme

verschiedene „Dimensionen" (Stock 2005a: 277) von Handeln dar. Jensen (1976: 33) beschreibt dies mit der Metapher eines Tetraeders:

> „Es ist, als drehe man einen Würfel (oder genauer: einen Tetraeder [...]) und betrachte jeweils eine neue Fläche dieses Körpers, um andere Aspekte seiner Gestalt zu erkennen. Handeln umfaßt immer *alle* Aspekte: organische *und* psychische, soziale *und* kulturelle – wir thematisieren sie nur immer von anderen Standpunkten aus." (H. i. O.)

Heruntergebrochen auf die drei Systeme heißt das,

> „that we can and must view *any* system of action from three different perspectives. The most familiar of these to American common sense is that action ‚consists' of human personalities, interacting with each other. The second, somewhat less familiar, one is that it is or involves one or more social systems, i.e., systems *constituted by interactive relationships* (not personalities) and the third, that in both respects any action system is a process which is ‚normatively' regulated, its common culture is *in one respect* a system of norms." (Parsons 1953: 624, H. i. O.)

All dies macht auf die Tatsache aufmerksam, dass keines der drei Systeme eine Vorrangstellung für das Handeln genießt bzw. es eine Verkürzung wäre, Handeln mit einem Fokus auf *einem* der drei Systeme zu betrachten (vgl. Bourricaud 1981: 55). Das heißt zum Beispiel, dass Handeln nicht allein mit normativer Kultur zu erklären ist, weil – im Zusammenhang mit den drei anderen Systemen – individuelle wie soziale Ressourcen, Macht, politische, ökologische oder ökonomische Faktoren usw. für Handeln ebenso relevant sind (vgl. Parsons & White 2016: 53). Parsons ist demnach kein Kulturdeterminist (vgl. Lidz & Staubmann 2016: 36–37, 43; Lidz 1989: 572; Bourricaud 1981: 13, 40).

Bei alldem bestehen alle Handlungssysteme aus dem gleichen „‚stuff'" (Parsons 1964c: 18), aus „the same concrete phenomena" (Parsons 1954c: 229): *action*. Daher lassen sich die Handlungssysteme als „wesensmäßig identisch" (Geulen 1989: 157, der diese Auffassung der wesensmäßigen Identität, bezogen auf Motive und Normen, eher zurückweist) ansehen. Allerdings ist der *stuff* jeweils anders organisiert; die Systeme stellen jeweils verschiedene Konfigurationen (relativ stabiler, dauerhafter, überzufälliger) Muster des Handelns dar, genauer: Muster von Orientierungen des Handelns. Die Orientierungsmuster treten also in drei Konfigurationen auf: im Handeln des*r individuellen Akteurs*in, strukturiert durch Bedürfnisdispositionen; in den Interaktionen mehrerer Akteur*innen, strukturiert durch Rollen; im Handeln individueller oder kollektiver Akteur*innen, strukturiert durch Symbole. Alle drei Zentralelemente sind also (persönliche, soziale oder kulturelle) Orientierungsmuster (vgl. Parsons & Shils 1962b: 160). Alle drei Systeme lassen sich daher als Orientierungssysteme verstehen. Zurückbezogen auf den Begriff der Orientierung heißt das, dass alle drei Systeme aus

2 Parsons' normativfunktionalistische Handlungssystemtheorie

Beziehungen zwischen Akteur*in und Situation bestehen (vgl. Parsons 1959a: 614): „[A] system of action was held to be a system of relations between actor and situation" (Parsons & Smelser 1956: 36).

Der zentrale Begriff der Orientierung bildet damit das Scharnier zwischen dem *frame of reference* der Handlungstheorie und den drei Handlungssystemen (vgl. Joas & Knöbl 2011: 96). Ersterer beschreibt Handeln in einer konkreten, einzelnen Situation, also den einzelnen *unit act*; Teil dieses Handelns sind die Orientierungen der Handelnden zur Situation. Letztere entstehen aus diversen dieser Situationen; hier gerinnen Orientierungen zu stabilen Mustern von Orientierungen und damit zu Systemen von Orientierungen innerhalb der Person, zwischen Personen und abstrahiert von Personen als Kultur. Die drei Handlungssysteme korrespondieren somit mit den Elementen aus dem *frame of reference* (vgl. Holmwood 2005: 96), was in Abb. 2.1 auf S. 36 visualisiert ist. Die zu drei Systemen geronnenen (d. h. stabilen) Orientierungen, d. h. die als System aufgefassten Orientierungsmuster, beeinflussen dann die sich im *unit act* entwickelnde konkrete (oder: einmalige) Orientierung des*r Akteurs*in bezüglich einer Situation:

> „Each orientation, according to postulate, is a joint function of a role (which partly controls it), a need-disposition (which also partly controls it), and [...] of the value standards which partly control it. Furthermore, each orientation is certainly partly a function of the present object situation." (Parsons & Shils 1962b: 92; vgl. auch Münch 2004: 56)

Der Begriff der Orientierung als Scharnier zwischen Handlungsakt und Handlungssystem führt zum Doppelcharakter der Handlungssysteme als (durch Handeln entstehendes) Produkt und als (das Handeln beeinflussender) Bedingungsfaktor (vgl. ähnlich in Bezug auf Institutionen Parsons 1954c: 231), wie es für das Persönlichkeitssystem auf S. 43 beschrieben wurde. Persönlichkeits-, Sozial- und Kultursystem bilden sich also einerseits durch Handeln („systems made up of human actions or the components of human action" (Parsons et al. 1962: 7)), sie sind ein Produkt des Handelns oder, was Staubmann (2005: 172) in Bezug auf das Kultursystem diskutiert, (auch) „accumulations of action", die dabei jedoch *actions* transzendieren und sich daher als eigene Systeme auffassen lassen. Andererseits ist an mehreren Stellen deutlich geworden, dass die Systeme jeweils das Handeln beeinflussen („shaping of human behavior" (Kroeber & Parsons 1958: 583; vgl. auch Parsons & Shils 1962b: 55)): Symbole, Rollen und Bedürfnisdispositionen beeinflussen die Orientierungen handelnder Akteur*innen. So expliziert Parsons (1964c: 15) für das Kultursystem: „Culture, that is, is on the one hand the product of, on the other hand a determinant of, systems of human social interaction" (vgl. auch Parsons et al. 1962: 7; Holmwood 2005: 96; W. Mitchell 1967: 28).

Dieser Doppelcharakter spiegelt sich in der Unterscheidung von Handlungssystem und Handlungs*sub*system wider. Letzteres akzentuiert, dass drei bzw. vier Handlungssubsysteme zusammen das Handeln (oder, v. a. später im Kontext des AGIL-Schemas, *das* Handlungssystem) hervorbringen (oder es beeinflussen). ‚Handlungssystem' hat eine doppelte Bedeutung: *Zum einen* legt der Begriff den Fokus auf die drei bzw. vier Systeme, die durch oder im Handeln entstehen; es sind Handlungssysteme im Sinn von Systemen (oder auch: Systematisierungen) des Handelns. Dies gilt zwar auch für das Kultursystem, in gewisser Weise gilt es aber, wie auf S. 52 erläutert, für das Kultursystem zugleich nicht, weil Persönlichkeits- und Sozialsystem tatsächlich durch (Inter-)Aktion entstehen und aus ihnen bestehen, das Kultursystem aber unabhängig von, gleichsam ‚vor' jeglicher (Inter-)Aktion vorhanden ist oder sein muss (vgl. Parsons & Shils 1962b: 55). Damit lässt sich das Kultursystem eher insofern als Handlungssystem verstehen, als „Handlungen hauptsächlich auf kulturelle Objekte ausgerichtet sind", weil „jedes Interaktionssystem (soziales System) Kultur impliziert" (Langer 2000: 262). Daran anschließend wird der Begriff ‚Handlungssystem' *zum anderen* dezidiert nur für das Persönlichkeits- und Sozialsystem genutzt, weil sie handelnde Systeme oder Akteur*innen sein können (vgl. Parsons & Shils 1962b: 54–55, 76; Lidz & Staubmann 2016: 38); später sieht Parsons dies jedoch anders (vgl. Joas & Knöbl 2011: 128; Langer 2000: 267).

Der Kern von Parsons' Handlungssystemtheorie besteht insgesamt darin, dass erstens Handeln zu Systembildung führt (vgl. Parsons & Shils 1962b: 47; Parsons et al. 1962: 7) und dass zweitens Handeln grundsätzlich als normativ anzusehen ist (hier könnte von minimal notwendiger Interpenetration zwischen den drei bzw. vier Systemen gesprochen werden). Daraus folgt drittens die Antwort auf die Frage nach der sozialen Ordnung: Stabile soziale Ordnung ist durch normativ-kulturelle Interpenetration möglich, in deren Ergebnis alle Handlungssysteme bis zu einem gewissen Grad an die gleiche normative Kultur gebunden sind (maximale Interpenetration im Sinn von Integration als theoretischer Idealfall).

2.4 Orientierungsalternativen

Die Orientierungsalternativen bzw. *pattern variables*[60] sind ein zentraler Bestandteil des Parsons'schen Theoriegebäudes, der, wie schon auf S. 29 angedeutet, seine

---

[60] Dieser Begriff wie auch die einzelnen *pattern variables* werden unterschiedlich übersetzt (oder auch unübersetzt gelassen). Sie heißen „Pattern-Variablen" bei Jensen (1980b: 57), „Mustervariablen" bei Wenzel (1991: 24), Joas und Knöbl (2011: 108) und Staubmann (2015: 206), „Struktur- bzw. Mustervariablen" bei Schroer (2017: 114, H. i. O.) sowie „Orientierungsalternativen" bei Münch (2004: 63) und Rüschemeyer (1964: 26). Im Folgenden wird von Orientierungsalternativen gespro-

Theorieentwicklung in der Phase von 1937 bis 1951 prägte. Obwohl Parsons die Orientierungsalternativen danach in das AGIL-Schema (s. Kap. 2.5) zu integrieren versuchte und sie von da an kaum mehr direkt verwendete (vgl. Schluchter 2015: 410; Stock 2005a: 267; Wernet 2003: 58; Jensen 1976: 61), sind sie in der Rezeption sehr wichtig geblieben (vgl. Münch 2007: 37; für die Schulpädagogik Wernet 2003; für die Medizinsoziologie Ebert 2003: 118), nicht zuletzt weil die Integration in das AGIL-Schema überwiegend als nicht überzeugend angesehen wird (s. S. 84).

Nach eigener Aussage (vgl. Parsons 1970d: 842–843, 1960: 467, 1959a: 691, 1953: 626; Parsons & Shils 1962b: 48–49; Parsons & Smelser 1956: 33–34) handelt es sich bei den Orientierungsalternativen ursprünglich um ein Schema zur Analyse sozialer Rollen (Rollen von Berufstätigen, v. a. Professionellen, z. B. Ärzt*innen, und ihren Klient*innen, z. B. Patient*innen) und entstand aus der Unzulänglichkeit von Tönnies' Unterscheidung von Gemeinschaft und Gesellschaft (vgl. auch Lidz 2011: 525; Stock 2005a: 272–276; Ebert 2003: 13–14; Jensen 1980b: 59). Es zeigte sich dann jedoch, dass das Schema nicht nur für Analysen des Sozialsystems, sondern auch des Persönlichkeitssystems und vor allem des Kultursystems geeignet ist, was auch die folgenden Ausführungen deutlich machen. Diese Erweiterung wird in *Values, Motives, and Systems of Action* dargestellt, weshalb diese Studie in der vorliegenden Arbeit der zentrale Bezugspunkt ist.

Die Orientierungsalternativen werden als „classificatory system" (Parsons & Shils 1962b: 76) bzw. als „conceptual scheme" (Parsons 1960: 467) eingeführt, das sich gleichsam automatisch aus dem *frame of reference* ergibt (vgl. Parsons, Bales & Shils 1953: 67). Das heißt, dass „the unit act as its building block" (Parsons 1960: 467) fungiert. Nachdem Parsons und Shils also den *frame of reference* dargelegt und dabei bereits implizit die einzelnen Orientierungsalternativen eingeführt haben, stellen sie in einem Rückblick fest, „that an actor in a situation is confronted by a series of major dilemmas of orientation, a series of choices that the actor must make before the situation has a determinate meaning for him" (Parsons & Shils 1962b: 76). Der Grund dafür, dass ein*e Akteur*in diesen Orientierungsdilemmata ausgesetzt ist, liegt darin, dass die Situation bzw. die Objekte der Situation eine gewisse Offenheit hinsichtlich ihrer Bedeutung für den*die Akteur*in haben, diese also nicht automatisch festgelegt ist (vgl. ebd.).

Mit dem Begriff *pattern variables* soll deutlich gemacht werden, dass „any specific orientation (and consequently any action) is characterized by a pattern of the five choices" (ebd.). Fünf Variablen, die je zwei Ausprägungen annehmen können, von denen eine gewählt werden muss, bilden ein Muster, das die Orientierung des Handelns kennzeichnet. Dabei liegt – so die These – eine *vollständige* Liste der

---

chen, weil diese Bezeichnung, obgleich sie sich vom englischen Original entfernt, inhaltlich den begrifflichen Kern am klarsten trifft, wie mit den folgenden Ausführungen deutlich wird.

2.4 Orientierungsalternativen

Selektionsentscheidungen vor, die Akteur*innen treffen müssen (vgl. Parsons & Shils 1962b: 77; Lidz 2011: 525; kritisch Swanson 1953: 132–133).

Da es im Kontext *einer* Handlung um „*binäre Entscheidungsprobleme*" (Jensen 1976: 34, H. i. O.) bzw. „dichotomous choices" (Parsons & Shils 1962b: 76) geht, sind Entscheidungen im Sinn eines Entweder-Oder zu treffen. Es handelt sich nicht um ein Kontinuum, sondern um eine Wahl zwischen zwei Polen (vgl. Parsons 1953: 624; Parsons & Shils 1962b: 91; Schluchter 2015: 386).[61]

Einmal mehr wird in diesen einführenden Bemerkungen (und der gewählten Übersetzung des englischen Originals) deutlich, wie zentral der Begriff der Orientierung in Parsons' Theorie ist, weil die *pattern variables* eine „Systematisierung derjenigen Orientierungsalternativen darstellen, auf die sich ein Aktor zunächst festlegen muß, ehe eine Situation für ihn eine definitive Bedeutung für sein Erleben und Handeln gewinnt" (Jensen 1980b: 145; vgl. auch Münch 2004: 63) – oder in Worten von Parsons (1953: 622): Die *pattern variables* „define *alternative directions* in which the orientation of action can go" (H. i. O.) bzw. „can be defined as polar alternatives of possible orientation-selection" (Parsons 1964c: 59). In den drei Handlungssystemen zeigte sich demnach bisher, *dass* jedes der drei Systeme als Muster von Orientierungen verstanden werden kann. Mit den Orientierungsalternativen wird nun konkretisiert, *welche* (allgemeinen) Muster von Orientierungen beim Handeln relevant werden, worin genau solch ein Muster besteht, welchen Inhalt Orientierungen also haben können (vgl. Joas & Knöbl 2011: 108; Geulen 1989: 146).

Bisher wurden die *pattern variables* als Alternativen der Orientierung beschrieben, zwischen denen allein *ein*e* Akteur*in in *einer* konkreten Situation wählen muss. Die Orientierungsalternativen werden jedoch auf insgesamt vier Ebenen für das Handeln relevant (vgl. Parsons & Shils 1962b: 78; Staubmann 2015: 207):

- *erste Ebene:* Grundsätzlich sind sie, wie gerade ausgeführt, fundamentale Entscheidungen eines*r Akteurs*in hinsichtlich Objekten in einer Situation und der eigenen Orientierung in einer Situation.
- *zweite Ebene:* Weiterhin entwickelt der*die Akteur*in bei diesen Entscheidungen Tendenzen oder Gewohnheiten, sich in ähnlicher Weise für bestimmte Alternativen der Dilemmata zu entscheiden. Diese „habits of choice" (Parsons

---

[61] Anders jedoch Parsons (1939: 462): „Like all such analytical distinctions it does not preclude that both elements may be involved in the same concrete situation. But nevertheless their relative predominance is a matter of the greatest importance". Es lassen sich dementsprechend leicht Beispiele konstruieren, die dafür sprechen, dass es sinnvoll ist, auch hinsichtlich einer einzelnen Orientierung von einem Kontinuum auszugehen. Wenn bei der Abgabe einer Hausarbeit beispielsweise grundsätzlich für alle der gleiche Abgabetermin gilt, aber allen nach allgemeinen Kriterien (z. B. im Fall einer Krankheit) Verlängerungen eingeräumt werden, wird es weniger sinnvoll, von reinem Universalismus zu sprechen (und auch nicht von reinem Partikularismus).

& Shils 1962b: 78) werden dann zu einem Teil des individuellen Orientierungs- und damit des Persönlichkeitssystems. Stock (2005a: 281) spricht von „habitualisierte[n] normengeleitete[n] Disposition[en]".
- *dritte Ebene*: Außerdem charakterisieren die Orientierungsalternativen auf der Ebene des Sozialsystems Rollen. Eine bestimmte Rolle beinhaltet also die Orientierungsalternativen, sodass von Rolleninhaber*innen erwartet wird, ihr Handeln an jenen Polen der fünf Alternativen auszurichten, die die Rolle charakterisieren.
- *vierte Ebene*: Schließlich sind sie auf Ebene des Kultursystems Eigenschaften von Werten, d. h. „patterns of value-orientation" (Parsons & Shils 1962b: 49).

Die *pattern variables* beschreiben also Orientierungsentscheidungen auf vier Ebenen, wobei sie auf den drei letzten Ebenen ein Muster normativer Kultur (im Sinn von Werten u. Ä.) beschreiben und daher als Dispositions-, Rollen- und kulturelle Orientierungsmuster (vgl. Münch 1988: 78) zu verstehen sind. Die Orientierungsalternativen sind somit vorrangig Elemente des Kultursystems, aber als verinnerlichte und institutionalisierte Werte auch Teil des Persönlichkeits- und Sozialsystems (vgl. Parsons & Shils 1962b: 78–79; Geulen 1989: 147; Jensen 1976: 63) und geben als solche „the direction of selection in defined situations" (Parsons & Shils 1962b: 79; vgl. auch W. Mitchell 1967: 31) vor. Damit wird deutlich, dass die Orientierungsalternativen quer zu den drei Handlungssystemen bzw. den für sie zentralen Elementen liegen (vgl. Parsons & Shils 1962b: 104–105; Wernet 2003: 61). Die einzelnen Bedürfnisdispositionen, Rollen oder Werte können jeweils mit einem Pol oder durch eine Kombination der Pole der fünf Alternativen beschrieben werden: „In principle, therefore, *every* concrete need-disposition of personality, or every role-expectation of social structure, involves a combination of values of the five pattern variables" (Parsons & Shils 1962b: 93, H. i. O.).

Wie ausgeführt sind die Orientierungsalternativen auf der ersten Ebene als Dichotomien zu verstehen. Auf den drei übrigen Ebenen hingegen bilden die einzelnen fünf Dilemmata ein Kontinuum: „In a series of concrete actions, a person may be partly ‚affective' and partly ‚neutral.' But this series would be composed of dichotomous choices; no specific choice can be half affective, half neutral" (ebd.: 91).

Stock (2005a: 280) macht darauf aufmerksam, dass Parsons' und Shils' Einführung der Orientierungsalternativen als fünf Wahlentscheidungen, die Akteur*innen in einer Situation treffen müssen (d. h. auf der ersten Ebene), vor allem der besseren Darstellung dient und insofern zu relativieren ist. Denn mit Blick auf die drei anderen Ebenen und das Konzept der Interpenetration wird klar, dass „die Selektionsentscheidungen eines Aktors schon immer in einem kulturell durch institutionalisierte Wertorientierungen definierten Kontext" (ebd.) statt-

2.4 Orientierungsalternativen

finden. Akteur*innen müssen also nicht tatsächlich in jeder Situation alle fünf Entscheidungen aktiv treffen, da „jede Selektion kulturell bestimmt" (ebd.), d. h. vorstrukturiert ist oder unbewusst verläuft (vgl. Joas & Knöbl 2011: 111; bezogen auf affektive Neutralität Münch 2004: 67). Dennoch handelt es sich grundsätzlich um Entscheidungen, die, selbst wenn sie vorstrukturiert sind, potenziell zu bewussten Entscheidungen werden können. Daraus folgt, dass den Orientierungsalternativen die Überzeugung zugrunde liegt, dass ein*e Akteur*in „in der Regel die Freiheit hat, den Charakter des jeweiligen Handelns selbst zu bestimmen" (Münch 2004: 64; vgl. auch Wenzel 1991: 400; Münch 1988: 77, 191; Bourricaud 1981: 62).

Im Folgenden werden die einzelnen Entscheidungspaare definiert und mit Beispielen verbunden (vgl. Parsons & Shils 1962b: 48, 80–84, 172; zu den einzelnen Orientierungsalternativen außerdem Parsons, Bales & Shils 1953: 66, 81–82; Parsons & Smelser 1956: 34–35; für eine Definition auf Ebene des Sozialsystems Parsons 1964c: 58–67; ferner Joas & Knöbl 2011: 108–110; Lidz 2011: 525; Hein 2009: 102–109; Stock 2005a: 279; Münch 2004: 65–68; Ebert 2003: 25–29; Wernet 2003: 64–66; Geulen 1989: 146–147; Münch 1988: 78–79; Wenzel 1986: 53–54; Rüschemeyer 1964: 27–28).[62]

a) *Affektivität – affektive Neutralität (Affectivity – Affective neutrality)*: „*The dilemma of gratification of impulse versus discipline*" (*Parsons & Shils 1962b: 80, H. i. O.*)

Affektivität bedeutet, das Objekt, das in der Situation gegeben ist und die Entscheidung erforderlich macht, zur sofortigen *gratification* zu nutzen. Affektive Neutralität bedeutet, das Verlangen nach sofortiger *gratification* zu suspendieren, stattdessen die Folgen sofortiger *gratification* zu bedenken und erst nach einer solchen Evaluation zu handeln. Mit Bezug auf den *frame of reference* geht es um die Entscheidung, ob im evaluativen Modus der motivationalen Orientierung Abwägungen hinsichtlich der Konsequenzen sofortiger *gratification* vorgenommen werden oder überhaupt keine Evaluation stattfindet. Nur im ersten Fall werden – auf der Ebene eines Handlungsakts – die übrigen Orientierungsalternativen relevant (vgl. Schluchter 2015: 384).

Ein*e Akteur*in kann beispielsweise eine verfügbare Tafel Schokolade sofort verzehren und damit sein*ihr Bedürfnis nach Süßigkeiten befriedigen, den Appetit stillen o. Ä. Er*Sie könnte alternativ überlegen, was der sofortige Verzehr für Folgen hätte: Übergewicht, Karies usw. Vielleicht wäre es daher besser, die Schokolade nicht zu essen oder sie mit jemandem zu teilen.

---

[62] Die Darstellung beschränkt sich auf das vollständige Schema mit fünf Paaren, wie es 1951 vorliegt (vgl. zur genaueren, vor 1951 abgelaufenen Entwicklung des Schemas und insbesondere der Hinzufügung und Aussonderung von Paaren Parsons 1959a: 637; Parsons & Smelser 1956: 35–36; Stock 2005a: 266–267, 283; Wenzel 1991: 401, 1986: 54; Jensen 1980b: 61).

Die Orientierungsalternative wird teils auch anders definiert. Demnach meint Affektivität eine emotionale (positive wie negative) Gestaltung der Beziehung zum Objekt, Neutralität eine emotionslose (,kühle') Beziehung zum Objekt (vgl. Parsons & Smelser 1956: 35; Joas & Knöbl 2011: 108–109; Veith 1996: 433; Jensen 1980b: 60).[63]

b) *Selbstorientierung – Kollektivorientierung (Self-orientation – Collectivity-orientation)*: *„The dilemma of private versus collective interests"* (Parsons & Shils 1962b: 80, H. i. O.)

Selbstorientierung bedeutet, sich im Handeln vorrangig an den eigenen Interessen, Zielen und Werten zu orientieren, unabhängig davon, wie sich dies zu den Interessen, Zielen und Werten des übergeordneten Kollektivs oder Sozialsystems bzw. anderer Mitglieder dieses Kollektivs oder Sozialsystems verhält. Kollektivorientierung bedeutet, sich im Handeln vorrangig an kollektiven Interessen, Zielen und Werten zu orientieren, die der*die Akteur*in mit anderen teilt, die also im Kollektiv bzw. Sozialsystem verankert sind, dessen Teil der*die Akteur*in ist. Dabei werden die eigenen Interessen, Ziele und Werte den kollektiven ggf. untergeordnet. Mit Bezug auf den *frame of reference* geht es um die Entscheidung, sich im evaluativen Modus der motivationalen Orientierung entweder an den moralischen Standards des Sozialsystems zu orientieren oder diesen Standards nicht zu folgen.

Als Teil eines Fußballteams zum Beispiel ist das Ziel dieses Teams in der Regel auch ausschlaggebend für das individuelle Handeln. Dementsprechend kollektiv-orientiert handelt ein Torjäger, der, obwohl er Torschützenkönig werden möchte, doch lieber einen aussichtsreichen Pass auf den Mitstürmer spielt, als den Weg zum Tor alleine in einem aussichtslosen Zweikampf zu suchen. In dieser Situation könnte er sich jedoch auch selbst-orientiert verhalten und auf den Pass verzichten.

c) *Universalismus – Partikularismus (Universalism – Particularism)*: *„The dilemma of transcendence versus immanence"* (ebd.: 81, H. i. O.)

Universalismus bedeutet, ein Objekt als Teil einer Klasse zu betrachten, die weitere Objekte enthält, und eine Orientierung in Bezug auf dieses Objekt zu entwickeln, die auf allgemeinen Regeln basiert, die für alle Objekte dieser Klasse gleichermaßen gültig sind, unabhängig davon, ob der*die Akteur*in zu bestimmten Objekten dieser Klasse eine besondere Beziehung hat. „,Universell' sind also Objekte immer dann, wenn sie als austauschbare, beliebige

---

[63] Für eine Verbindung dieser beiden nicht unmittelbar zusammenhängenden Definitionen, die in der für diese Arbeit gesichteten Literatur nicht näher erklärt wird (andeutungsweise Ebert 2003: 25), weil entweder nur die eine oder nur die andere Definition genutzt wird, wäre zu erörtern, ob eine emotionslose Beziehung immer Bedürfnisaufschub bedeutet und eine emotionale Beziehung immer Bedürfnisbefriedigung.

Elemente einer Menge angesehen werden" (Jensen 1980b: 68). Partikularismus bedeutet, ein Objekt in besonderer Beziehung zu sich als Akteur*in zu sehen, sodass die Orientierung hinsichtlich dieses Objekts unabhängig von anderen Objekten der Klasse und allgemeinen Regeln[64] ist. Das Objekt ist damit für den*die Akteur*in in seiner Klasse, also unter den vergleichbaren Objekten, etwas Besonderes, für das besondere Regeln gelten (vgl. Lidz 2011: 525; Jensen 1980b: 68). Mit Bezug auf den *frame of reference* geht es um die Entscheidung, sich entweder vorrangig an kognitiven oder an wertschätzenden Standards zu orientieren. Ein Vorrang wertschätzender Standards bedeutet, das Objekt in Beziehung zu sich selbst als Akteur*in zu setzen. Ein Vorrang kognitiver Standards bedeutet, das Objekt in einen allgemeinen Bezugsrahmen zu stellen, unabhängig von sich selbst als Akteur*in (vgl. Parsons 1964c: 61–62; Parsons & Shils 1962b: 85).

Als Beispiel lässt sich ein*e behandlungsbedürftige*r Patient*in nennen, die ärztlichen Rat benötigt. Innerhalb der Klasse ‚(fach-)ärztliches Personal' gibt es diverse Ärzt*innen. In der Regel ist es der*m Patientin*en egal, welche*r konkrete*r Arzt*Ärztin sie*ihn behandelt, sie*er betrachtet alle Ärzt*innen im Hinblick auf die Fähigkeit, sie*ihn behandeln zu können, unter dem gleichen Gesichtspunkt (vgl. Jensen 1980b: 60). Solch eine (berufliche oder geschäftliche) Beziehung ist also universalistisch.[65] Verwandtschafts-, Freundschafts- oder Liebesbeziehungen sind hingegen partikularistisch. Die Klasse der Kinder enthält diverse Kinder und es können potenziell alle mit Nahrung und emotionaler Zuwendung versorgt werden. In der Regel wird dies jedoch nicht für alle Kinder getan, sondern nur für spezielle, die eigenen, weil zu diesen eine besondere Beziehung besteht.

d) *Zuschreibung – Leistung (Ascription – Achievement)*:[66] „*The dilemma of object modalities*" *(Parsons & Shils 1962b: 82, H. i. O.)*

Zuschreibung bedeutet, ein Objekt unter dem Gesichtspunkt zu betrachten, was es *ist*, welche (unveränderlichen) Eigenschaften es besitzt, welche Merkmale ihm zugeschrieben werden. Denn: „All objects have attributes, they not only *do* this or that, but they *are* such and such" (Parsons 1964c: 64). Leistung bedeutet, ein Objekt unter dem Gesichtspunkt zu betrachten, was es *tut*, was es leistet, welche Ergebnisse es durch sein Handeln erzeugt, erzeugt

---

[64] Trotzdem können, wie Parsons (1964c: 62–63) erläutert, partikularistische Beziehungen durch allgemeine Regeln normiert sein: Die Regel ‚Du sollst deinen Vater und deine Mutter ehren.' gilt allgemein, ist aber nur für jene Väter und Mütter gültig, mit denen eine Person in einer partikularistischen Beziehung steht.
[65] Für eine Relativierung dieser idealtypischen Sicht auf Professionen s. S. 232.
[66] Dieses Paar wird später umbenannt und mit der Begrifflichkeit ‚Qualität – Performanz *(quality – performance)*' bezeichnet (vgl. Parsons, Bales & Shils 1953: 66; Parsons & Smelser 1956: 35).

hat oder erzeugen wird, welche Merkmale es also erworben hat. Das Unterscheidungskriterium ist hier, ob ein Ereignis oder eine Handlung einem*r Akteur*in „als *intentionaler Akt* zugerechnet werden kann oder nicht" (Jensen 1980b: 70, H. i. O.; vgl. auch Parsons, Bales & Shils 1953: 81). Die Differenz von Sein und Tun verweist darauf, dass *achievement*, anders als *ascription*, mit Aktivität einhergehen muss.

Personen beispielsweise, die sich auf eine Stelle bewerben, werden in der Regel nach ihrer Qualifikation ausgewählt, also nach ihrer Leistung und dem, was sie tun (vgl. Lidz 2011: 525). Eltern lassen ihre Kinder hingegen in der Regel in ihrer Wohnung wohnen, weil sie ihre Kinder *sind*, unabhängig davon, ob sie etwas zur Miete beitragen oder besonders gut Gemüse schneiden können.

e) *Spezifität – Diffusität (Specificity – Diffuseness)*: „*The dilemma of the scope of significance of the object*" *(Parsons & Shils 1962b: 83)*[67]

Spezifität bedeutet, dass die Orientierung bezogen auf ein Objekt auf bestimmten, eng definierten Aspekten des Objekts beruht. Die Beziehung zum Objekt, das Interesse am Objekt, die Rechte und Pflichten des Objekts in Bezug auf den*die Akteur*in sind auf bestimmte Aspekte oder Merkmale des Objekts begrenzt und umgekehrt. Das heißt, der*die Akteur*in ist nicht an allen Merkmalen des sozialen Objekts interessiert, sondern nur an bestimmten (vgl. Jensen 1980b: 68). Diffusität bedeutet, dass die Orientierung hinsichtlich eines Objekts auf vielen, nicht näher bestimmten und unbegrenzten Aspekten des Objekts beruht. Die Orientierung bezieht sich auf „a total object" (Parsons, Bales & Shils 1953: 66). Die Beziehung zum Objekt, das Interesse am Objekt, die Rechte und Pflichten des Objekts in Bezug auf den*die Akteur*in sind nicht auf bestimmte Aspekte des Objekts begrenzt und umgekehrt.[68] Zur Unterscheidung der beiden Alternativen lässt sich nach der Beweislast fragen

---

[67] Diese Orientierungsalternative ist nach Parsons und Shils (1962b: 248, Fig. 2) genau wie die zuvor genannte nur für soziale Objekte relevant, während die übrigen drei für soziale wie nicht-soziale Objekte gleichermaßen relevant sein sollen. Hier sind jedoch Beispiele vorstellbar, in denen die beiden Orientierungsalternativen für nicht-soziale Objekte ebenso sinnvoll sind. So kann ein nicht-soziales Objekt zwar nicht aktiv sein und in diesem Sinn eine Leistung erbringen, aber es gibt Gegenstände, die in einem funktionstüchtigen Zustand etwas leisten, wenn sie jedoch kaputt sind, nicht mehr. Eine kaputte Uhr wird teils dennoch aufbewahrt oder getragen, zum Beispiel weil mit ihr besondere Erinnerungen verbunden werden, weil sie also die eigene, lang getragene Uhr ist, an der eine Person hängt, obwohl sie nichts mehr leistet. Gegenstände können im Handeln außerdem sowohl spezifisch als auch diffus relevant werden. Manche schätzen an einem Stuhl rein spezifisch, dass er eine Sitzgelegenheit bietet. Es sind jedoch weitere, d. h. diffuse Bezüge denkbar: Er wird nicht nur zum Sitzen, sondern auch als Ablageort genutzt, seine Form oder sein Material wird geschätzt oder er dient als Leiter.

[68] Für Oevermann (2016: 110) hingegen kann eine Rolle nicht von Diffusität geprägt sein (vgl. auch R. Bohnsack 2020: 26–27; Kolbe et al. 2009: 154; Twardella 2004: 65): „Im Unterschied zu Parsons fasse ich diffuse Sozialbeziehungen nicht als Rollenbeziehungen, sondern als nicht-rollenförmige

2.4 Orientierungsalternativen

(vgl. Parsons 1964c: 65–66; Parsons & Shils 1962b: 87). Im Fall von Spezifität ist die Person, die behauptet, etwas (nicht klar Zuordenbares) sei Teil der spezifischen Beziehung, verpflichtet zu erklären, warum es Teil der spezifischen Beziehung sein sollte. Im Fall von Diffusität ist die Person, die behauptet, etwas sei nicht Teil der diffusen Beziehung, in der Erklärungspflicht, weil Diffusität dadurch gekennzeichnet ist, dass grundsätzlich alles Teil einer entsprechenden Beziehung sein kann.

Der*die schon einmal bemühte behandlungsbedürftige Patient*in lässt sich hier als Beispiel anführen. Er*Sie ist an seiner*m bzw. ihrer*m Arzt*Ärztin als Arzt*Ärztin interessiert. Es interessiert ihn*sie zum Beispiel nicht, ob er*sie auch gut musizieren kann. Und (jenseits des Smalltalks) interessiert die*den Patientin*en nicht, ob der Hund der*s Ärztin*Arztes gerade gestorben ist und die*den Ärztin*Arzt interessiert es (sofern es nicht für das Krankheitsbild wichtig ist) nicht, dass die drei Kinder der*s Patient*en nicht mehr zu Hause wohnen und sie*er nicht mehr weiß, was sie*er mit sich und ihrem*r

---

Sozialbeziehungen zwischen ganzen Personen auf. Diffusität und Rollenförmigkeit schließen sich strukturell gegenseitig aus".

Für Parsons' Konzept der Rolle und der hier infrage stehenden Orientierungsalternative ergibt solch eine Position wenig Sinn. In jeder Interaktion finden sich Rollenerwartungen und damit Bezüge zu Rollen. Dies lässt sich ganz unproblematisch auch für diffus orientierte Sozialsysteme denken: Die Rollen der Ehefrau, des Vaters oder der*s Freundin*es zeichnen sich genau dadurch aus, dass Diffusität ein sie kennzeichnendes Merkmal ist. Während also bei Oevermann Rollen nicht diffus sein können, erscheint die Rolle bei Parsons als ein Oberbegriff für Diffusität und Spezifität.

Bemerkenswert ist jedoch: Oevermann legt eine bestimmte eigene, von Parsons divergierende Definition von Diffusität (diffuse Sozialbeziehungen sind „beendet, wenn eine der sie konstituierenden Personen abhanden kommt bzw. nicht mehr existiert" (Oevermann 2016: 110); Beweislast trägt die Person, die Themen ausschließen will – Letzteres meint auch bei Parsons Diffusität; Ersteres, die Beendigung der Beziehung infolge eines Wegfalls der Person, hat nichts mit Parsons' Diffusität zu tun, charakterisiert eher den Begriff der Rolle, die sich so kennzeichnen lässt, dass sie von den konkreten Beziehungen abstrahiert, also für austauschbares Personal gilt), Rolle und Rollenförmigkeit (charakterisiert Sozialbeziehungen, „die ihre strukturelle Identität auch dann beibehalten, wenn das Personal wechselt" (ebd.); sie sind außerdem „durch aufeinander bezogene Rollendefinitionen gekennzeichnet, in denen die möglichen Themen dieser Beziehungen bindend festgelegt sind" (ebd.) – Letzteres meint bei Parsons Spezifität, nicht Rollenförmigkeit) zugrunde, bei der der Begriff der Diffusität auf eine dem Begriff der Rolle gleichrangige Ebene gehoben und dann mit ‚Nicht-Rolle(nförmigkeit)' identifiziert wird, um auf Basis dieser Begriffskonstruktion festzustellen, dass „fast die gesamte familiensoziologische Theoriebildung von einem folgenreichen Kategorienfehler behaftet" (ebd.: 111) ist. Das ist insofern eine fragwürdige Art der Kritik, als hier fremde Aussagen unter Verwendung eigener, divergierender Begriffsverständnisse kritisiert werden. Natürlich schließen sich auch bei Parsons Diffusität und Spezifität (was aber bei Oevermann mit Rollenförmigkeit gleichgesetzt wird) aus. Oevermanns Konstruktion überzeugt jedoch inhaltlich nicht: Es gibt (Oevermann'sche) Rollen (wechselndes Personal), die von (Parsons'scher und Oevermann'scher) Diffusität (im Sinn von: über alles sprechen) geprägt sind – Beichtgespräche mit Pfarrer*innen sind hierfür ein Beispiel.

Partner*in anfangen soll. Das Interesse beschränkt sich jeweils auf einen bestimmten Ausschnitt, die Gesundheit (vgl. Parsons & Smelser 1956: 34). Will der*die Patient*in über etwas anderes sprechen, muss er*sie (als Träger*in der Beweislast) deutlich machen, warum es Teil der spezifischen Beziehung zum*r Arzt*Ärztin sein sollte. Anders bei einer diffusen Freundschaftsbeziehung: Wenn eine Person nichts von den Eheproblemen ihrer*s Freundin*es wissen will, muss sie als Trägerin der Beweislast begründen, warum dies nicht Teil ihrer diffusen Sozialbeziehung ist.

Auf Basis der einzeln definierten fünf Entscheidungsalternativen sind einige weitere Aspekte zu den Orientierungsalternativen insgesamt anzumerken. Dies betrifft vor allem die Frage der Kombinierbarkeit, insbesondere der idealtypischen Kombination, womit die Orientierungsalternativen als Klassifizierungsinstrument thematisiert werden.

Zunächst grundsätzlich zur Nutzung der Orientierungsalternativen als Klassifizierungsinstrument (vgl. Parsons 1964c: 101; Parsons, Bales & Shils 1953: 65; Parsons & Shils 1962b: 91–94): Die Orientierungsalternativen definieren Orientierungsmuster mit genau fünf Variablen, die je zwei Ausprägungen annehmen können. Es ergeben sich also 32 Kombinationsmöglichkeiten bzw. Orientierungsmuster, die eine Klassifizierung von Werten, Bedürfnisdispositionen und Rollen ermöglichen (vgl. Parsons 1964c: 66; Parsons & Shils 1962b: 93; Schluchter 2015: 386–387; W. Mitchell 1967: 71). Bei einer solch logisch-mathematischen Konstruktion von 32 Orientierungsmustern bleibt offen, welche der Muster empirisch-real eine Relevanz haben. Dahingehend stellen Parsons und Shils (1962b: 93) grundsätzlich fest: Nicht alle Muster „are likely to be of equal empirical significance" (vgl. auch Schluchter 2015: 380; Bourricaud 1981: 74). Es wird also zwischen der logischen Möglichkeit der Kombination und der empirischen Möglichkeit oder Bestätigung der Kombination unterschieden.

Bei aller potenziellen Kombinierbarkeit lassen sich allerdings zwei idealtypische Kombinationen der Orientierungsalternativen feststellen: einerseits ein durch affektive Neutralität, Universalismus, Leistung und Spezifität definiertes Orientierungsmuster, andererseits ein durch Affektivität, Partikularismus, Zuschreibung und Diffusität bestimmtes Orientierungsmuster.[69] Diese beiden Idealtypen korrespondieren wieder mit der Differenz von Gemeinschaft (erstgenannte Alternativen) und Gesellschaft (zweitgenannte Alternativen, vgl. Lidz 2011: 526; Bourricaud 1981: 74; Rüschemeyer 1964: 28). Die Orientierungsalternativen, eigentlich als Kritik an der Dichotomie ‚Gemeinschaft – Gesellschaft' entstanden,

---

[69] Das Paar der Selbst- vs. Kollektivorientierung wird von Parsons später nicht weiter genutzt (vgl. Parsons, Bales & Shils 1953: 67; Stock 2005a: 283; Ebert 2003: 30; Wenzel 1986: 54).

führen also wieder zu ihnen zurück und entwickeln sie weiter (vgl. Joas & Knöbl 2011: 112–113). Beiden Idealtypen lassen sich konkrete Rollen bzw. Kollektive zuordnen: Familie oder Verwandtschaft bzw. familiale oder verwandtschaftliche Rollen sind durch Affektivität, Partikularismus, Zuschreibung und Diffusität bestimmt, die Berufswelt oder berufliche Rollen durch affektive Neutralität, Universalismus, Leistung und Spezifität (vgl. Parsons & Shils 1962b: 174; Parsons & Smelser 1956: 34–35; Stock 2005a: 285).

Bei der Klassifizierung bestimmter Phänomene (z. B. von Rollen[70] oder Werten) mit Hilfe der Orientierungsalternativen lassen sich zwei Analysefokusse ausmachen. *Erstens* ergibt sich die Möglichkeit, Seins- und Sollens-Zustände zu unterscheiden. Einerseits sind also normative oder ideale Klassifizierungen möglich. Hier wird gefragt, wie Rollen und Werte aus einer bestimmten Perspektive heraus ausgestaltet sein *sollten*. Andererseits sind empirische Klassifizierungen möglich. Hier geht es darum, inwiefern konkretes Handeln mit Werten und Rollen übereinstimmt oder nicht. Diese beiden Anwendungsfelder der Orientierungsalternativen machen noch einmal deutlich, dass keine permanente und/oder völlige Übereinstimmung zwischen Bedürfnisdispositionen im Persönlichkeitssystem, Rollen im Sozialsystem und Werten im Kultursystem angenommen wird, sondern „ein theoretisches Instrument zur Analyse der *Vermittlungen* zwischen Kultur, Wertorientierungen, Rollenerwartungen und Handeln" (Stock 2005a: 281, H. i. O.) vorliegt, mit dem sich Übereinstimmung wie Abweichung (z. B. eines Handelns mit Rollen) gleichermaßen erfassen lassen.

Zweitens können die Orientierungsalternativen als Instrument der temporal und lokal vergleichenden Analyse genutzt werden (vgl. ebd.: 284). Es lassen sich also Rollen, zum Beispiel berufliche Rollen, in verschiedenen Gesellschaften und zu verschiedenen Zeiten vergleichen. Hinsichtlich der zeitlichen Dimension wird die Institutionalisierung von affektiver Neutralität, Universalismus, Leistung und Spezifität (also der zum Idealtypus der Gesellschaft gehörigen Ausprägungen) als kennzeichnend für die Modernisierung angesehen und als gesellschaftliche Rationalisierung bezeichnet. Allerdings nimmt Parsons keine bruchlose Verkörperung der Gemeinschafts- und Gesellschaftsorientierungen in traditionellen bzw. modernen Gesellschaften an; vielmehr kommt erst mit den Orientierungsalternativen genauer in den Blick, in welchen Sozialsystemen der Gesellschaft beispielsweise andere Werte institutionalisiert sind (vgl. Schluchter 2015: 378; Brock & Mälzer 2012: 14; Joas & Knöbl 2011: 113–115).

Soweit die grundsätzlichen Bemerkungen zum Nutzen der Orientierungsalternativen als Klassifizierungsinstrument auf Basis ihrer Kombinierbarkeit. Im

---

[70] Schluchter (2015: 381) unterscheidet mit den Orientierungsalternativen vier Typen sozialer Beziehungen.

2 Parsons' normativfunktionalistische Handlungssystemtheorie

Folgenden wird die Frage der Kombinierbarkeit im Anschluss an Wernet (2003: 66–74) diskutiert. Wernet argumentiert anhand von Beispielen konkreter (logisch-kombinatorisch) gewonnener Orientierungsmuster, „dass die Unterstellung einer freien Kombinatorik der Variablenpaare nicht aufrecht erhalten werden kann. Die begriffstechnisch möglichen Kombinationen sind empirisch nicht erhellend, sondern empirisch irreführend" (Wernet 2003: 66; vgl. auch Wenzl 2014: 88–89; Rademacher 2009: 123).[71] Der Großteil der Kombinationen würde „keine empirische Evidenz besitzen" (Wernet 2003: 68, H. i. O.). Stattdessen würden die Orientierungsalternativen die beiden idealtypischen Orientierungsmuster hervorbringen, die im letzten Absatz erläutert wurden (vgl. ebd.: 74). Darüber hinausgehende Kombinationsmöglichkeiten seien „spezifische, empirisch zu konkretisierende *Abweichungen* [...], die erst auf der Folie der idealtypischen Konstruktion sichtbar werden und insofern dieser nachgeordnet sind" (ebd.: 86, H. i. O.).

An Wernets Kritik lassen sich einige kritische Rückfragen stellen. Die beiden Idealtypen, die auch Wernet sieht, sind zwar unbestritten. Aber Wernets Einschätzung der übrigen Kombinationen an Orientierungsmustern ist diskutabel.

Erstens ist es nicht nachvollziehbar, den nicht-idealtypischen Orientierungsmustern die „empirische Evidenz" pauschal abzusprechen. Es lassen sich durchaus entsprechende Interaktionen aus dem Alltagsleben finden, die für eine empirische Evidenz sprechen. Es gibt affektiv-spezifische Orientierungsmuster im Handeln (z. B. Prostitution). Ebenso gibt es universalistisch-askriptive Orientierungsmuster im Handeln, wenn allen Personen einer Klasse bestimmte Haltungen entgegengebracht werden: Alle Kinder werden normalerweise, weil sie Kinder *sind*, anders behandelt als Erwachsene. Allen Schwangeren oder älteren Personen wird häufig, weil sie schwanger oder älter *sind*, ein Sitzplatz in öffentlichen Verkehrsmitteln angeboten.

Zweitens soll, so wie Wernet exemplarisch vorgeht, ein Beispiel von Wernet aufgegriffen werden, um zu zeigen, dass seine Kritik zwar nachvollziehbar ist, aber nur dann als stichhaltig gelten kann, wenn Parsons an den von Wernet zitierten Stellen ‚beim Wort genommen' wird, was eine Vorgehensweise ist, über die sich kontrovers diskutieren lässt (s. S. 213).

Wernet befasst sich mit den Orientierungsmustern, die sich ergeben, wenn zu den Orientierungsalternativen Affektivität und Diffusität alle weiteren Alternativen hinzukombiniert werden (vgl. ebd.: 68–70). Er kritisiert, dass bei Hinzunahme der Alternative Universalismus ein Widerspruch zur an Personen gebundenen Liebe entsteht, mit dem Parsons das Muster ‚Affektivität – Diffusität' bezeichnet.

---

[71] Was „empirisch irreführend" meint, wird nicht ganz klar. Denn Parsons' Schema kann kaum zu ‚falschen' empirischen Erkenntnissen führen. Es würde sich, wenn nach der Existenz bestimmter Kombinationen gesucht wird, lediglich herausstellen, dass diese nicht auftreten.

2.4 Orientierungsalternativen

Liebe liege dann eher zur Objektklasse oder der Klassenzugehörigkeit vor als zu den Personen, die zur Klasse gehören. Damit widerspreche sich Parsons, weil er das Muster ‚Affektivität – Diffusität – Universalismus – Zuschreibung' als „[d]isposition to love and be loved by any person belonging to a class defined by specified qualities" (Parsons 1964c: 109) definiert, also Liebe an Personen bindet.

Soweit kann zugestimmt werden. Wernets Kritik verkennt allerdings, dass die von ihm identifizierten Widersprüche nur aufgrund von Parsons' Begrifflichkeit und Definition dieses Musters entstehen, nicht aus der Anlage der Orientierungsalternativen und ihren Definitionen an sich. Es wäre zunächst Parsons' Bezeichnung des Musters ‚Affektivität – Diffusität' mit dem Begriff ‚Liebe' zu kritisieren und seine entsprechende Definition des Musters („love and be loved"). Denn die Kombination Affektivität – Diffusität beschreibt lediglich eine emotional gefärbte Orientierung hinsichtlich eines Objekts in all seinen Facetten. Dies ist nicht nur bei Liebe der Fall, was Parsons suggeriert. Wie angedeutet (s. S. 78), lässt sich dies auch für nicht-soziale Objekte denken (‚Ich liebe alles an IKEA: die Möbel, das Essen, ...!', ‚Ich hasse alles an der Schule.'). Insofern ergibt die Kombination durchaus Sinn, nur nicht wenn das Muster mit an Personen gebundener Liebe gleichgesetzt wird. Vorstellbar sind auch Haltungen, gegenüber einem Kind in all seinen Facetten sehr positiv emotional zu agieren, bei Hinzunahme von Universalismus auch gegenüber allen Kindern in all ihren Facetten (‚Ich mag Kinder einfach! Ihre Neugierde, ihr Gebrabbel, ihre Niedlichkeit, ...'). Damit relativiert sich der Einwand, dass im Fall von Universalismus die Orientierung des Musters ‚Affektivität – Diffusität' von Personen auf Abstraktes (die Klasse) übergeht. Im Fall der Zuneigung zu Kindern bleibt es bei einer Zuneigung zu all den konkreten Personen, die Teil dieser Klasse sind. Es wird aber kaum eindeutig zu entscheiden sein, ob die Klasse oder alle konkreten Objekte dieser Klasse oder beides mit Affektivität besetzt sind.

In jedem Fall folgt insgesamt: Die Kritik sollte sich eher gegen Parsons' Interpretation des Musters ‚Affektivität – Diffusität', die Begrifflichkeit und Definition von ‚Liebe' richten (und andere durchaus widersprüchliche Formulierungen, die Wernet aufdeckt), weniger auf die Widersprüche, die infolge von Parsons' eigener Interpretation entstehen. Ohne Parsons' Einlassungen zu Liebe ist die Kombination ‚Affektivität – Diffusität – Universalismus' nicht widersprüchlich.

Schließlich und *drittens* ist darauf aufmerksam zu machen, dass Wernet den empirischen Vorbehalt von Parsons und Shils übersieht. Wenn Wernet (2003: 68) formuliert: „Im Prinzip denkt Parsons also alle Elemente der *pattern variables* als frei kombinierbar" (H. i. O.), so bedürfte es der Präzisierung, dass Parsons und Shils nur von logisch-kombinatorisch freier Kombinierbarkeit sprechen und, wie gesagt, deren empirische Relevanz zunächst ausblenden. Trotzdem fehlt

2 Parsons' normativfunktionalistische Handlungssystemtheorie

eine detaillierte Untersuchung eben dieser empirischen Relevanz, die Wernet nachliefert.

Wie schon zu Beginn angedeutet, wird in den *Working Papers in the Theory of Action* und weiteren Schriften der Versuch unternommen, die Orientierungsalternativen und das AGIL-Schema zu verbinden (vgl. Parsons 1959a: 637, 1959b: 7; Münch 1988: 81–92). Es liegt außerhalb des Interessenbereichs dieser Arbeit, diese Versuche und die Bewertung bzw. Kritik dieser Versuche nachzuzeichnen. Es genügt die Feststellung, dass die Übersetzung nicht vollends überzeugt (vgl. Joas & Knöbl 2011: 116, 119; Opielka 2006: 274; Wenzel 1991: 25, 418–419).

Abschließend sei angemerkt, dass die bisherigen Ausführungen deutlich gemacht haben, dass ein tiefgreifendes Verständnis der Orientierungsalternativen nur im Kontext von Parsons' Theorie des Handelns und der Handlungssysteme möglich ist. Erst dann wird klar, was *Orientierungs*alternativen sind, warum Entscheidungen zwischen diesen Alternativen zu treffen sind oder dass sie auf alle Handlungssysteme angewandt werden können.

2.5 AGIL-Funktionen

Die Integration der Orientierungsalternativen in das AGIL-Schema fällt mit der Entwicklung des AGIL-Schemas überhaupt zusammen. Das Schema geht zurück auf Robert Bales und seine Beobachtungen von Interaktionen in Kleingruppen (vgl. Parsons, Bales & Shils 1953: 64; Lidz 2011: 526; Wenzel 1991: 409–410). Ohne näher die Entstehung des AGIL-Schema in den *Working Papers in the Theory of Action* zu betrachten, geht es im Folgenden um das fertig ausgearbeitete Schema.

Das AGIL-Schema, auch bezeichnet als Vier-Funktionen-Schema oder -Paradigma, ist wiederum „[a] conceptual scheme" (Parsons 1958a: 292) und zugleich ein grundsätzliches Postulat in Bezug auf alle Handlungssysteme (vgl. ebd.). Es geht von der Frage aus, wie ein System sich selbst erhält, also vom „master problem" (W. Mitchell 1967: 58) von Systemen (vgl. Parsons 1976d: 279; Bachmann 2017: 92–93; Gerhardt 1998: 295). Das Postulat lautet, dass der Selbsterhalt von Handlungssystemen von der Lösung oder Erfüllung von genau vier Problemen bzw. funktionalen Erfordernissen abhängt, wobei diese vier Funktionen als erschöpfende Liste zu verstehen sind (vgl. Parsons 1970d: 844, 1953: 625; Luhmann 2002: 25). Das heißt, es gibt vier „‚functional prerequisites' of systems having to be met if the system is to survive" (Parsons, Bales & Shils 1953: 102): „[P]rocess in any social system[72] is subject to four independent functional imperatives or ‚prob-

---

[72] Hier ist allein vom Sozialsystem die Rede, wenig später präzisieren die beiden Autoren: Es handelt sich um „four fundamental system problems under which a system of action, in particular a social system, operates" (Parsons & Smelser 1956: 18).

2.5 AGIL-Funktionen

lems' which must be met adequately if equilibrium and/or continuing existence of the system is to be maintained" (Parsons & Smelser 1956: 16).

Das AGIL-Schema wird – expliziter als in den ersten Jahren seiner Verwendung – später über zwei Achsen eingeführt, die je zwei Ausprägungen haben, wodurch sich kombinatorisch vier Felder ergeben, die den vier Funktionen des AGIL-Schemas entsprechen (vgl. Parsons 1977b: 230–233, 1959b: 5–7; Parsons & Platt 1973: 10–12; Luhmann 1988: 130; Bourricaud 1981: 89).

Ausgangspunkt für die *erste* Achse ist die Tatsache, dass ein System in eine Umwelt eingebettet ist, dass es also einen systemin- und systemexternen Bereich gibt. Darüber hinaus sind Handlungssysteme grenzerhaltende und zugleich offene Systeme (s. S. 116). Sie unterscheiden sich einerseits von der Umwelt und versuchen, Systemgrenzen aufrechtzuerhalten, andererseits stehen sie in Austausch mit der Umwelt. Da die Umwelt komplex ist, da sie verschiedene für das System relevante Bedingungen enthält, ist es in der Regel nötig, dass das System die Austauschprozesse mit der Umwelt differenziert (vgl. Münch 1988: 112), was zugleich bedeutet, dass Strukturen und Prozesse des Systems selbst differenziert werden. Die erste Achse, auf der funktionale Probleme bestehen, ist daher die *System-Umwelt-* oder *Intern-extern-Achse*. Es gibt demnach interne funktionale Probleme, die innerhalb des Systems liegen, und externe funktionale Probleme, die sich auf die Austauschprozesse des Systems mit der Umwelt beziehen.

Die *zweite* Achse basiert auf der Annahme, dass Systemprozesse Zeit benötigen, d. h., dass nicht alle angestrebten Ziel-Zustände in einem Schritt erreicht werden können, sondern es ggf. mehrerer Schritte bedarf. Die Erreichung bestimmter Ziele hängt zum Teil von komplexen, miteinander verwobenen, mehrschrittigen Systemprozessen ab. Es gibt demnach *instrumentelle* funktionale Probleme, die damit zu tun haben, Voraussetzungen für die Realisierung von Ziel-Zuständen zu schaffen, und *konsumatorische* funktionale Probleme, die sich auf genau diese Realisierung von Ziel-Zuständen beziehen. Dieser Unterschied kann auch als Unterschied zwischen Zukunfts- und Gegenwartsbezug (vgl. Stock 2005a: 294) sowie zwischen Mitteln und Zielen verstanden werden (vgl. Münch 1988: 83), genauer zwischen der Generierung von Mitteln für spätere Zielrealisierung und der Realisierung der Ziele auf Basis der Mittel. Es geht einerseits um die Ansammlung, Verarbeitung und Organisation von Ressourcen und andererseits um den Verbrauch von Ressourcen. Jensen (1980b: 80) illustriert den Unterschied an folgenden Beispielen: Training, Bildung und Examensvorbereitungen seien instrumentelle Prozesse, Wettkämpfe (auf Basis der Trainings), die Lösung eines bestimmten Problems (mithilfe der erworbenen Bildung) und das Absolvieren einer Prüfung (unter Rückgriff auf die Vorbereitung) konsumatorische Prozesse.

2 Parsons' normativfunktionalistische Handlungssystemtheorie

Tabelle 2.3: Das durch Überkreuzung zweier Achsen entstehende Vier-Funktionen-Schema

	intern	extern
instrumentell	L	A
konsumatorisch	I	G

Im Ergebnis gibt es zwei Achsen, die auch als räumliche und zeitliche Achse bezeichnet werden können (vgl. Bachmann 2017: 93; Staubmann 2015: 208; Wenzel 1991: 26). Die Überkreuzung der dichotom ausgeprägten Achsen ergibt vier Funktionen[73] (s. Tab. 2.3), die nachfolgend im Detail erläutert werden (vgl. Parsons 1976c: 172–177, 1959a: 631–636, 1958a: 293–294; Parsons & Platt 1973: 13–15; Parsons & Smelser 1956: 16–18; Lidz 2011: 527; Opielka 2006: 272–273; Luhmann 2002: 23–24; Wenzel 1991: 27–28; Münch 1988: 82–83; Bourricaud 1981: 91–93; W. Mitchell 1967: 59–60):

A: *Anpassung (adaptation)*
Anpassung (auf den Achsen: extern und instrumentell) bezeichnet das funktionale Problem, die Beziehung zur Umwelt langfristig und generalisiert für das System so vorteilhaft zu gestalten, dass es seine (verschiedenen) Ziele realisieren kann. Es geht um eine Art Kontrolle oder Instrumentalisierung der Umwelt und um das Verfügbarmachen von Ressourcen und Mitteln für eine spätere Zielverwirklichung. Damit ist deutlich, dass die Übersetzung ‚Anpassung' „eher ein wechselseitiges Arrangieren zwischen Umwelt und System als eine einseitige Anpassung" (Jensen 1976: 64) des Systems an die Umwelt bezeichnet. Oder in Worten von Parsons und Platt (1973: 14):

> „Adaptation not only is passive adjustment to environmental conditions [...] but includes various modes of capacity to cope with environmen-

---

[73] Bei der Bezeichnung der vier Funktionen ergeben sich zwei Probleme. *Erstens* besteht bei der griffigen Benennung der vier Funktionen mit einem oder mehreren Worten die Gefahr, die Funktion misszuverstehen, weil der gewählte Begriff eine verengte Bedeutung hat. Dies ist hier insofern besonders problematisch, als die oft bemühte Bezeichnung ‚AGIL-Schema' diese Kurzbenennung der Funktionen als A-, G-, I- und L-Funktion immer wieder aktualisiert. Da die Funktionen hier ausführlich erläutert werden, erscheint es jedoch legitim, die Kurzbenennung zu nutzen.

Hinzu kommt *zweitens* das Problem, für die somit ohnehin schon problematischen englischen Begriffe entsprechende deutsche Bezeichnungen zu finden. Jensen (1976: 64) kritisiert diesbezüglich zum Beispiel die Übersetzung ‚Anpassung' für ‚*adaptation*' oder weist darauf hin, dass *integration* nicht mit „Harmonie und Ordnung" zu verwechseln ist.

tal conditions and to utilize environmentally available resources in the interest of system functioning."

Damit ist die Vorstellung verbunden, dass es vor allem um generalisierte Anpassungs- oder Gestaltungsmöglichkeiten geht. Es bringe nichts, so illustrieren Parsons und Platt (ebd.), wenn jemand nur mit Mücken fertig zu werden weiß, dies aber nicht auf den Umgang mit anderen Insekten übertragen könne.

G: *Zielerreichung (goal-attainment)*
Zielerreichung (extern und konsumatorisch) bezeichnet das funktionale Problem, die Beziehung zur Umwelt mit Blick auf ein bestimmtes Ziel so zu gestalten, dass dieses Ziel realisiert wird. Der Begriff ‚Ziel' ist dementsprechend als eine für das System vorteilhafte Beziehung zwischen System und Umwelt definiert, die sich von der Ausgangsbeziehung unterscheidet (vgl. Parsons 1958a: 293, 1954c: 228; Parsons & Smelser 1956: 17). Zielerreichung meint dann den Verbrauch von Ressourcen, um solch einen Zustand („maximumgratification state" (Parsons 1959a: 632)) zu erreichen. Die Funktion der Zielerreichung umfasst auch den Prozess der Selektion von Zielen. In der Regel stehen verschiedene Ziele zur Auswahl, woraus sich das Erfordernis ergibt, zwischen (eventuell widersprüchlichen) Zielen zu wählen (vgl. Parsons 1958a: 294; Jensen 1976: 48–49).[74]

Der Unterschied zur Anpassung besteht darin, dass mit Anpassung eine allgemein vorteilhafte Gestaltung der Umwelt gemeint ist, die sich auf verschiedene Ziele bezieht, während Zielerreichung auf Anpassung angewiesen ist, es aber um ein bestimmtes, einzelnes Ziel geht. Für Systeme, in denen es nur ein Ziel gibt, ist die Unterscheidung zwar hinfällig, in der Regel gibt es aber verschiedene Ziele. Parsons (1977b: 232) illustriert den Unterschied am Beispiel einer Schreibmaschine. Die Schreibmaschine an sich ist im Sinn der Anpassung „*a generalized facility*" (H. i. O.), mit der sich verschiedene Ziele realisieren lassen. Das Schreiben eines Briefs *mittels* dieser Schreibmaschine ist hingegen ein konkret verwirklichtes Ziel im Sinn der Zielerreichung.

I: *Integration (integration)*
Integration (intern und konsumatorisch) meint das funktionale Problem, die verschiedenen Prozesse (oder Handlungen) des Systems (oder seiner Teile) so miteinander zu koordinieren, dass Desorganisation und Widersprüche minimiert werden. Solch eine Konstellation realisiert dann einen vorteilhaften

---

[74] Damit wird diesen Systemen im Übrigen eine Autonomie oder Individualität zugestanden (vgl. W. Mitchell 1967: 62). Wären sie nicht autonom oder individuell, bedürfte es der G-Funktion im Sinn einer Zielauswahlfunktion nicht, da die Ziele feststünden.

2 Parsons' normativfunktionalistische Handlungssystemtheorie

internen Zustand. Andersherum formuliert: Ohne eine solche Koordinierung würden diverse Prozesse des Systems ablaufen, die sich unter Umständen gegenseitig beeinträchtigen. Die verschiedenen Einheiten oder Elemente des Systems resultieren unter anderem daraus, dass, wie erläutert, die Beziehungen zur Umwelt differenziert sind. Deshalb ist Integration „the internal counterpart of adaptation" (Parsons & Platt 1973: 14).

Sehr plastisch wird die Integrationsfunktion mit Blick auf das Persönlichkeitssystem. Dieses umfasst diverse Bedürfnisdispositionen und steht daher vor der Aufgabe, diese miteinander in Einklang zu bringen. Auch am Sozialsystem lässt sich die Funktion veranschaulichen. Das funktionale Problem der Integration bezieht sich hier auf die „Etablierung einer dauerhaften affektiven Bindung der Mitglieder einer Gruppe sowie verschiedener Gruppen in einer Gesellschaft untereinander" (Hein 2009: 124).

L: *Musterreorganisation (latent pattern-maintenance)*
Musterreorganisation[75] (intern und instrumentell) bezeichnet das funktionale Problem, die Integrität der das System kennzeichnenden Muster des Systems so zu erhalten, dass es weiterhin von der Umwelt abgrenzbar ist. Hierbei geht es sowohl um eine räumliche Dimension (Abgrenzung von der Umwelt) als auch um eine zeitliche Dimension (Abgrenzung über eine gewisse Dauer,

---

[75] Hier muss die Begriffswahl bzw. Übersetzung besonders verdeutlicht werden. Vielfach wird die Funktion mit „Strukturerhaltung" übersetzt bzw. zusammengefasst (so z. B. von Staubmann 2015: 208), obwohl Parsons nicht von *structure-maintenance* spricht. *Pattern* und *structure* meinen (ggf. in Abhängigkeit von den Texten, auf die Bezug genommen wird) jedoch Unterschiedliches – obgleich Parsons selbst beides stellenweise synonym verwendet (vgl. Parsons 1964c: 484) und ‚*pattern*' grundsätzlich auch mit ‚Struktur' übersetzbar ist. *Pattern* bezieht sich auf die Identität des Systems, also die Aspekte des Systems, die es zum System und von seiner Umwelt unterscheidbar machen. Diese Aspekte (das können sowohl Strukturen als auch Prozesse sein) können als (System-)*Muster* bezeichnet werden (oder mit Bachmann (2017: 92, 95) als Ordnung). Dementsprechend ist die L-Funktion definiert: „On both primary axes the pattern-maintenance function attempts to formulate the basis of the distinctiveness of the system of reference. It is the pattern which defines the distinctive nature of the system as contrasted with its environments. In the other axis it is the focus of the maintenance of *continuity*—including that of developmental pattern—over time" (Parsons & Platt 1973: 13, H. i. O.; die deutsche Übersetzung (Parsons & Platt 1990: 25) gibt „pattern" allerdings mit „Struktur" wieder). *Struktur* meint demgegenüber bei Parsons grundsätzlich die Teile des Systems, die bei Analyse eines Systems konstant gehalten werden, was demnach etwas anderes als das Muster ist (s. S. 118).

Des Weiteren ergeben sich begriffliche Probleme im Zusammenhang mit dem Funktionsbegriff. Später (s. S. 119) wird genauer ausgeführt, dass Funktionen, d. h. die vier AGIL-Funktionen, durch Strukturen und Prozesse erfüllt werden. Daher kann nicht eine dieser Funktionen, die durch Strukturen und Prozesse erfüllt werden, als Strukturerhaltung bezeichnet werden.

‚Reorganisation' statt ‚Erhaltung' ist im Anschluss an Jensen (1976: 64–65) gewählt, um zu betonen, dass es nicht nur um Erhaltung geht, sondern auch um (musterhafte) Veränderung, zusammengefasst um Identitätsmanagement.

vgl. Langer 2000: 266; Wenzel 1991: 27). Die Funktion umfasst in zeitlicher Hinsicht außerdem nicht nur „the maintenance of *continuity*" (Parsons & Platt 1973: 13, H. i. O.), sondern auch „of developmental pattern" (ebd.: 13) oder anders gesagt sowohl Erhalt als auch Veränderung der Systemmuster (vgl. Parsons 1976c: 213, 267). Die Funktion impliziert also nicht, dass sich das System nicht verändert oder entwickelt (vgl. Jensen 1976: 64).[76] Aber um System zu bleiben, benötigt es ein kohärentes, identitätsstiftendes Muster der Veränderung oder Entwicklung (vgl. Langer 2000: 266; Wenzel 1991: 27).

Musterreorganisation meint demnach die Bindung an gemeinsam geteilte Aspekte, durch die sich das System von der Umwelt unterscheidet. *Latente* Musterreorganisation bedeutet, dass es sich um nicht sichtbare Aspekte handelt (vgl. Staubmann 2015: 208–209). Luhmann (2002: 24) formuliert, dass die Systemmuster insofern latent sind, als sie zwar „dauerhaft verfügbar sein" müssen, aber „nicht ständig aktualisiert" werden (oder nicht permanent sichtbar sind). Das macht zugleich plausibel, warum diese Funktion auf der Achse ‚instrumentell – konsumatorisch' der Ausprägung instrumentell zugewiesen ist; die Muster werden für eine *spätere* Nutzung bereitgehalten. Bei alldem enthält die L-Funktion zwei Dimensionen (vgl. Parsons 1959a: 634): Einerseits geht es um die Reorganisation des Systemmusters an sich, andererseits um die Bindung der Einheiten bzw. Elemente des Systems an das Systemmuster.

Beides lässt sich an Sozialsystemen illustrieren, bei denen vor allem[77] eine bestimmte normative Kultur das Systemmuster kennzeichnet, woran dann (in gewissem Maß) die einzelnen Rollen und Persönlichkeitssysteme gebunden werden müssen (vgl. ebd.: 665, 681):[78]

> „It has been said that a social system is always characterized by an institutionalized value-system. The first functional imperative of any such system then is the maintenance of the integrity of that value-system and its state of institutionalization." (Parsons 1958a: 293)

---

[76] Das zeigt sich auch darin, dass Parsons die Forschung der Universitäten mit der L-Funktion in Verbindung bringt (s. S. 168): Die Universität „has responsibility for creative modification of the cultural tradition through the processes usually referred to as ‚research[]'" (Parsons 1956b: 231; vgl. auch ebd.: 229).

[77] Obgleich die *normative* Kultur den Hauptaspekt der L-Funktion darstellt, umfasst sie auch nichtnormative Kultur (also Aspekte der drei anderen Kultursubsysteme), zum Beispiel bestimmte Wissensbestände (vgl. Parsons & White 2016: 166). Lidz (2011) bezieht die Funktion demgemäß auf „shared values and other principles of action" (S. 527) bzw. „society's enduring values and shared culture" (S. 528).

[78] Normative Kultur wird im Fall des Sozialsystems dezidiert auch als Struktur aufgefasst (s. S. 103). Dann wäre die Bezeichnung der L-Funktion als ‚Strukturreorganisation' nicht ungerechtfertigt. Daher heißt es bei Parsons (1976c: 172), *pattern-maintenance* „bezieht sich auf die Notwendigkeit, die Stabilität der institutionalisierten Kulturmuster zu bewahren, die die Struktur des Systems definieren".

2 Parsons' normativfunktionalistische Handlungssystemtheorie

Das Vier-Funktionen-Schema kann immer wieder, d. h. auf allen Ebenen eines Systems (Subsystem, Subsubsystem usw.) angewandt werden (vgl. Parsons 1959b: 16; Schluchter 2015: 417–418; Joas & Knöbl 2011: 119; Luhmann 2002: 26–27; Münch 1988: 92–93; kritisch Luhmann 1980: 11).[79] Jedes System muss diese vier Funktionen erfüllen und je nach System führt dies ggf. dazu, dass entsprechend funktional differenzierte Subsysteme entstehen, die sich auf die Erfüllung je einer Funktion spezialisieren (vgl. Parsons 1959a: 641; Luhmann 1980: 9–10). Dies lässt sich zu dem Postulat zuspitzen, „that action systems, like other living systems, tend to differentiate along functional lines" (Parsons 1977b: 238; vgl. auch Parsons 1958a: 295). In diesem Differenzierungsprozess spielt auch Interpenetration eine Rolle (vgl. Münch 1988: 112–116). Die mit der ersten Achse eingeführten Austauschprozesse mit der Umwelt stellen Interpenetrationen dar. In zunehmendem Maß ergeben sich aus diesen funktional bezogenen Austauschprozessen und Interpenetrationszonen neue Subsysteme.

Es lassen sich somit analytisch Subsysteme identifizieren, die deshalb als ein abgrenzbares Subsystem verstanden werden, weil sie jeweils primär mit einem funktionalen Problem befasst sind. Subsysteme sind bei Parsons somit immer funktional definiert: Einheiten eines Systems werden nach der Maßgabe als Subsystem zusammengefasst und interpretiert, inwiefern sie mit einer der AGIL-Funktionen befasst sind. Das bedeutet, es sind auch andere Subsysteme vorstellbar, die nicht nach funktionalen, sondern nach anderen Kriterien konstruiert und abgegrenzt sind. Subsysteme sind demnach keine empirisch-realen Gebilde (vgl. ebd.: 93–96):

> „These subsystems [hier: die Handlungssysteme, R. L.-S.], it should be clearly understood, are not conceived as classes of concrete entities but as analytically defined abstract entities, all abstracted from the mass of known and knowable ‚data' about human action and behavior." (Parsons & Platt 1973: 15)

Das AGIL-Schema ist somit „ein[] Instrument[] zur analytischen Differenzierung der Realität" (Münch 1988: 92).

Wieweit Systeme funktional ausdifferenziert werden können, wie viele Subsysteme, Subsubsysteme usw. es also gibt, bestimmt die Theorie nicht. Stattdessen muss jeweils geprüft werden, inwiefern sich empirisch entsprechende Subsysteme finden, die den theoretisch möglichen Subsystemen, Subsubsystemen usw. und ihren Funktionen zugeordnet werden können. Hierbei besteht allerdings die Gefahr, die Empirie in verzerrender Weise dem Schema einzupassen (vgl. Fox 1997: 402) oder das Schema inhaltslos und formalistisch anzuwenden

---

[79] Das (von Parsons z. T. abweichende) Ergebnis einer Vielzahl von Systemen auf verschiedenen Systemebenen lässt sich bei Münch (1988: 109–123) einsehen.

(vgl. B. S. Turner 1999a: 16), was sich auch in der (einseitigen bis unzutreffenden) Kritik andeutet, Parsons als „‚Vier-Felder-Schreiner'" (Jensen 1978: 119) zu charakterisieren, „der nichts anderes unternommen habe, als die ‚sausende brausende Wirklichkeit' in handliche Kästchen einzuordnen" (Jensen 1978: 119; vgl. auch W. Mitchell 1967: 15).

Wenn solche Subsysteme ausgebildet werden, erfüllen diese einerseits jene Funktion für das übergeordnete System, auf die sie sich spezialisiert haben. Andererseits müssen sie als Systeme zugleich wiederum alle vier Funktionen des AGIL-Schemas erfüllen (vgl. Parsons 1959a: 672; für das Beispiel Wirtschaft Parsons 1958a: 296; Parsons & Smelser 1956: 19–20, 39–40).

Die funktionale Differenzierung entlang der vier Funktionen des AGIL-Schemas wendet Parsons zunächst auf das Handlungssystem an. Hierbei ergeben sich die in Tab. 2.4 dargestellten Zuordnungen (vgl. Parsons 1977b: 244–245, 1976b: 124, 1976d: 276–277; Parsons & Platt 1973: 15; Münch 2004: 97–102; Luhmann 2002: 28–33; Wenzel 1991: 27–28).[80]

Tabelle 2.4: Die funktional differenzierten Subsysteme des Handlungssystems

Funktion	Subsystem
Anpassung	Verhaltenssystem
Zielerreichung	Persönlichkeitssystem
Integration	Sozialsystem
Musterreorganisation	Kultursystem

Persönlichkeits-, Sozial- und Kultursystem sind gleichbedeutend mit den entsprechenden Systemen aus Parsons' Handlungs(system)theorie (s. Kap. 2.3); sie können also durch das AGIL-Schema reinterpretiert werden. Das Verhaltenssystem[81] wird demgegenüber erst mit dem AGIL-Schema hinzugefügt (vgl. Parsons

---

[80] Später ordnet Parsons das Handlungssystem als I-System in das übergeordnete System der *conditio humana* ein (vgl. z. B. Münch 2004: 107–110).

[81] Wie bei den anderen Handlungssubsystemen und weiteren Begriffen existieren verschiedene Bezeichnungen wie „Organismus" (Parsons 1976b: 124), „Verhaltensorganismus" (ebd.) bzw. „behavioral organism" (Parsons & Platt 1973: 15; auch Parsons 1977b: 244) oder „behavioral-organic system" (Parsons 1977b: 245). Keine bloße Umbenennung, sondern eine inhaltliche Bedeutungsverschiebung stellt der Begriff ‚*behavioral system*' von Lidz und Lidz dar, der Parsons folgte (vgl. Lidz 2011: 542, 1981: 32–34; Wenzel 1991: 31). In der vorliegenden Arbeit wird der Begriff ‚Verhaltenssystem' unabhängig von dieser Bedeutungsverschiebung verwendet, um lediglich das einheitlich zu benennen, was Parsons mit diversen Begriffen bezeichnet hat.

2 Parsons' normativfunktionalistische Handlungssystemtheorie

1970d: 848). Es deutete sich bereits im *frame of reference* an, in dem der Organismus als physikalisches Objekt Teil der Situation, nicht des*r Akteurs*in war (s. S. 37). Das Verhaltenssystem besteht aus den genetisch gegebenen Elementen, der Anatomie und der Physiologie eines Organismus (vgl. Parsons 1976c: 165), anders gesagt aus „nonsymbolic behavior" (Parsons & Platt 1973: 9).

Die auf S. 68 getroffene Feststellung, dass beim Handeln immer alle drei Systeme relevant sind, lässt sich nun auf Basis des dem AGIL-Schema zugrunde liegenden Postulats noch einmal wiederholen: Das Handlungssystem besteht, insofern die vier genannten funktionalen Probleme (in den Handlungs*sub*systemen) bearbeitet werden.

Die Zuordnung der vier Subsysteme des Handlungssystems zu den vier Funktionen lässt sich wie folgt plausibilisieren (vgl. Parsons 1971d: 5; Lidz 2011: 540–541; Luhmann 2002: 28–33; Lidz 1981: 14–34): Als am besten nachvollziehbar erscheint es, dass dem Kultursystem die L-Funktion zugeschrieben wird, weil es die Rahmung für alles Handeln liefert und durch Sprache und Kultur den gemeinsamen Horizont des Handelns absteckt. Dadurch ermöglicht das Kultursystem, so Luhmann, dass ein bestimmtes Handeln immer wieder (d. h. in zeitlichen Abständen) stattfinden kann. Das Kultursystem ist dabei vorgängig für konkrete Zielerreichung und somit instrumentell. Integration bedeutet, Handlungen verschiedener Akteur*innen zu koordinieren. Dies ermöglicht das Sozialsystem, insofern es geteilte Orientierungen zwischen mehreren Akteur*innen oder Leitlinien für das Handeln stiftet. Über das Persönlichkeitssystem werden vor allem durch Motivation Handlungen in Gang gesetzt, es werden Ziele oder Handlungsmöglichkeiten ausgewählt und es wird geprüft, inwiefern Ziele erreicht sind oder nicht. Den externen Charakter des Persönlichkeitssystems vermutet Luhmann (2002: 30) darin, dass es „interne Präferenzen, also Selbstbewusstsein, Bewusstsein des Bewusstseins, mit externen Referenzen, also mit Wahrnehmung, zu vermitteln" sucht. Das Verhaltenssystem schließlich ist grundlegende Voraussetzung für Handeln, indem es physisch-organisches Leben und Handeln in einer Umwelt ermöglicht, konkreter indem es langfristige Austauschprozesse mit der Umwelt gestaltet.

Exemplarisch bei der Zuordnung des Verhaltenssystems zur Funktion der Anpassung weist Luhmann (ebd.: 29) darauf hin, die Zuordnung sei „eine Frage, über die man verschiedener Meinung sein kann, wie alle diese Zuordnungen einen gewissen Spielraum für Kritik offen lassen". Es ist daher immer zu prüfen, inwiefern die Differenzierung in bestimmte Subsysteme sinnvoll ist, inwiefern sich also entsprechende empirische Gebilde finden lassen, und inwiefern die Zuweisung einer bestimmten Funktion an empirische Gebilde sinnvoll ist. Luhmann illustriert, wie es – unbenommen davon, die einzelnen Zuordnungen infrage

2.5 AGIL-Funktionen

zu stellen – möglich ist, sich auf Parsons' Setzungen einzulassen, um deren Erkenntnispotenzial zu durchdringen.

Dem vorgeordnet liegt der Nutzen von Parsons' AGIL-Schema darin, Leitfragen oder Kategorien zur Analyse von Gesellschaften und gesellschaftlichen Teilbereichen zu liefern (vgl. Moore 1978: 349): „Das AGIL-Schema stellt demnach ein analytisches Suchschema dar, um diejenigen Strukturen und Prozesse zu identifizieren, die auf die Erfüllung dieser Funktionen zugeschnitten sind" (Bachmann 2017: 96).

Nur am Rande sei zum Abschluss dieses Kapitels auf das Konzept der doppelten Hierarchie steuernder und bedingender Faktoren verwiesen (vgl. Ackerman & Parsons 1976: 79; Parsons 1976b: 153–155; Münch 2004: 71–72; Luhmann 2002: 37–38; Wenzel 1991: 450–457; Münch 1988: 97–98). Hierbei werden die vier Funktionen nach zwei Gesichtspunkten geordnet:

- *informationell-steuernde Hierarchie:* $++ L \rightarrow I \rightarrow G \rightarrow A --$
  Die vier Funktionen werden danach geordnet, wie hoch der Informationsgrad der entsprechenden funktionalen Systeme ist und wie hoch auf dieser Basis das Vermögen ist, die übrigen Systeme zu steuern oder zu kontrollieren.

- *energetisch-konditionelle Hierarchie:* $-- L \leftarrow I \leftarrow G \leftarrow A ++$
  Die vier Funktionen werden danach geordnet, wie hoch das Maß an Energie der entsprechenden funktionalen Systeme zum Handeln ist.

Beide Hierarchien hängen zusammen und die Anordnung der Funktion ist je gegensätzlich. Systeme, die über viele Informationen und damit über ein hohes Steuerungspotenzial verfügen, besitzen wenig Energie, können aber Systeme mit hoher Energie steuern, die über weniger Informationen und ein geringeres Steuerungspotenzial verfügen, sodass diese konditionell in dem Sinn sind, dass sie die Bedingung dafür darstellen, die Steuerung zu realisieren. Parsons illustriert das Konzept im Anschluss an Freud (vgl. Schluchter 2015: 431) am Beispiel des sich fortbewegenden Reiters und seines Pferds. Während der Reiter über die Information zu Weg und Ziel verfügt, besitzt das Pferd die (größere) Energie, beide auf Basis der vom Reiter an das Pferd vermittelten Informationen, wie etwa Richtungssignalen, zu transportieren.

Angewandt auf das Handlungssystem bedeutet das, dass das Kultursystem die übrigen Systeme steuert. Konkreter: Es steuert das Sozialsystem, das Sozialsystem das Persönlichkeitssystem und das Persönlichkeitssystem das Verhaltenssystem (vgl. Parsons 1976c: 171; Stock 2005b: 84). Steuerung und Kontrolle dürfen allerdings nicht missverstanden werden, wie am Beispiel des Persönlichkeitssystems klargemacht wird. Die informationell-steuernde Kontrolle

2 Parsons' normativfunktionalistische Handlungssystemtheorie

> „does not imply domination in every respect. Control is compatible with fundamental autonomy and two-way interchange. We tried to make this point clear with reference to the concept of institutionalized individualism where, although cultural and social systems are cybernetically superordinate to the personality of the individual, the autonomy of that personality is a primary feature of an individualistic action system. Cybernetic hierarchy is at the same time linked to feedback relationships, which underlines the reciprocal character of the interchanges." (Parsons & Platt 1973: 427)

Warum aber dennoch eine Kontrolle und Steuerung des Persönlichkeitssystems vorhanden ist, begründet Parsons (1976c: 171) wie folgt: Der Einzelne handelt, wie aus dem *frame of reference* und dem Konzept der doppelten Kontingenz hervorgeht, in einer Situation, zu der auch soziale Objekte, also andere Individuen, gehören.

> „Folglich gewinnt das konkrete Sozialsystem eine starke Herrschaft über das Handeln jedes einzelnen Erwachsenen, da es prinzipiell die Quelle seiner Handlungsmöglichkeiten und seiner Belohnungen und Deprivationen bildet. Die *Strukturierung* (patterning) des Motivationssystems, in dessen Rahmen der einzelne die Situation sieht, hängt ebenfalls vom Sozialsystem ab, denn die eigene Persönlichkeits*struktur* wurde durch die Internalisierung von Systemen sozialer Objekte und institutionalisierter Kulturmuster geformt." (H. i. O.)

Die Idee der auf das Handlungssystem angewandten steuernden Hierarchie reformuliert letztlich die in Kap. 2.3.4 dargelegte Interpenetration von Kultur-, Sozial- und Persönlichkeitssystem.

Das Vier-Funktionen-Schema verkörpert einen *„Paradigmenwechsel innerhalb der Theorie"* (Wenzel 1991: 360, H. i. O.) und „bleibt bis zum Schluß das verbindliche Kodifikationsinstrument" (Wenzel 1991: 24; vgl. auch Parsons 1970d: 844; Schluchter 2015: 414). Als ein solches ist es Grundlage für weitere Theoriestränge in Parsons' Werk, zum Beispiel für die Theorie der Austauschprozesse zwischen Subsystemen und entsprechender Interaktionsmedien (vgl. Wenzel 1991: 25), die im nächsten Kapitel kurz angedeutet wird. Im übernächsten Kapitel findet sich ein weiterer auf das AGIL-Schema aufbauender Theoriestrang: die Theorie der Modernisierung (vgl. ebd.: 26). Zuvor jedoch wird die Gesellschaft als Sozialsystem näher betrachtet.

2.6 Gesellschaft

Mit dem Begriff der Gesellschaft ist ein besonderer Typus des Sozialsystems bezeichnet. Ein Sozialsystem ist als ein System definiert, das aus Interaktionen mehrerer individueller oder kollektiver Akteur*innen besteht, wobei diese

2.6 Gesellschaft

Interaktionen von Rollen (oder anders gesagt: institutionalisierten Komplexen gegenseitiger Erwartungen) strukturiert sind (s. Kap. 2.3.2). Dies impliziert, dass die Gesellschaft, wie Sozialsysteme allgemein, ein analytisch definiertes Konstrukt ist. Sie ist nicht als Gruppe von Menschen zu verstehen (vgl. Stichweh 2005: 175; Wenzel 1991: 388).

Eine Gesellschaft ist im Anschluss daran als ein „self-subsistent" Sozialsystem definiert, „which meets all the essential functional prerequisites of long term persistence from within its own resources" (Parsons 1964c: 19; ähnlich Parsons & Shils 1962b: 196).[82] Definitionsmerkmale der Gesellschaft sind also die Unabhängigkeit und Selbstgenügsamkeit als Sozialsystem (vgl. Stichweh 2005: 176), die zu ihrer dauerhaften Existenz führen, was auch der Begriff der Autarkie beschreibt: „Gesellschaft ist die Klasse von Sozialsystemen, die den höchsten Grad an Autarkie (self-sufficiency) als System im Verhältnis zu ihrer Umwelt erreichen" (Parsons 1976b: 126). Autarkie bedeutet hierbei zum Beispiel die Kontrolle über die normative Kultur bzw. die Möglichkeit, diese „selbständig zu entfalten" (Parsons 1976d: 281).

Die Gesellschaft als Sozialsystem kann mit den allgemeinen handlungssystemtheoretischen Begriffen und Konzepten beschrieben werden. Daher lässt sich zum Beispiel nach der Umwelt der Gesellschaft fragen (vgl. Parsons 1976b: 126). Die Gesellschaft ist als Sozialsystem ein Subsystem des Handlungssystems. Die Umwelt besteht somit aus den drei anderen Subsystemen des Handlungssystems, also Verhaltens-, Persönlichkeits- und Kultursystem, sowie aus den beiden[83] Umwelten des Handlungssystems, der physisch-organischen Umwelt sowie der „,letzten Realität'" (Parsons 1976d: 280) bzw. „,nichtempiriertesten Realität'" (ebd.), womit etwa „,Sinnfragen'" (ebd.) gemeint sind. Mit diesen Umwelten unterhält die Gesellschaft Austauschprozesse, die wiederum durch Selbstgenügsamkeit gekennzeichnet sind:

> „Self-sufficiency in relation to environments, then, means stability of interchange relationships and capacity to control interchanges in the interest of societal functioning. Such control may vary from capacity to forestall or ‚cope with' disturbances to capacity to shape environmental relations favorably." (Parsons 1971d: 8; vgl. auch Parsons 1976b: 126)

Die Einbettung in die Umwelt macht deutlich, dass Selbstgenügsamkeit nicht als eine absolute misszuverstehen ist, was dem Verständnis der Gesellschaft als Handlungssubsystem zuwiderlaufen würde (vgl. Parsons 1971d: 8).

---

[82] Zum Teil wird die Gesellschaft auch als Kollektiv definiert (vgl. Parsons 1976c: 184–185; Münch 1988: 110).
[83] Im System der *conditio humana* wären die drei anderen Subsysteme neben dem Handlungssystem Teil der Umwelt der Gesellschaft.

2 Parsons' normativfunktionalistische Handlungssystemtheorie

Aus der Tatsache, dass die Gesellschaft *per definitionem* stabile Austauschbeziehungen zur Umwelt unterhält bzw. diese kontrolliert, folgt ein weiteres Merkmal der Gesellschaft: die Kontrolle über ein Territorium (vgl. Parsons 1976b: 139, 1976c: 190–191, 1971d: 8; Stichweh 2005: 177). Dies bezieht sich einerseits im Kontext von Wirtschaft und Technologie auf die Fähigkeit, die physische Umwelt nutzen, also Ressourcen für die Gesellschaft generieren zu können. Andererseits bezieht sich dies politisch auf die Fähigkeit, unerwünschte Handlungen zu unterbinden, und damit auf ein Gewaltmonopol. Daher ist der Nationalstaat „the prototypical society" (Parsons 1972: 255; vgl. auch Münch 2007: 43).

2.6.1 Funktionale Differenzierung der Gesellschaft

Die Gesellschaft als System steht vor den funktionalen Erfordernissen, vor denen jedes System steht, muss also die AGIL-Funktionen erfüllen. Systeme können entsprechende funktionale Subsysteme ausbilden und Gesellschaften tendieren nach Parsons' Auffassung dazu, dies zu tun (vgl. Parsons & Smelser 1956: 47). Diese funktionalen Subsysteme, die sich wiederum als System mit Umwelt und Austauschprozessen verstehen lassen (siehe dazu entsprechende Schaubilder bei Parsons und Smelser (ebd.: 68) oder Parsons und Platt (1973: 426, 432)), stellen sich wie in Tab. 2.5 zusammengefasst dar (vgl. Parsons 1977b: 239, 1976b: 154; Parsons & Platt 1973: 19; Parsons & Smelser 1956: 47–51; Lidz 2011: 528; Münch 2004: 79-81; Luhmann 2002: 32).

Tabelle 2.5: Die funktional differenzierten Subsysteme von Sozialsystemen bzw. der Gesellschaft

Funktion	Subsystem
Anpassung	Wirtschaftssystem (*economy*)
Zielerreichung	politisches System (*polity*)
Integration	Gemeinschaftssystem (*societal community*)
Musterreorganisation	Treuhandsystem (*fiduciary system*)

Im Folgenden werden aufgrund ihrer Bedeutung für das Anliegen der Arbeit nur das Gemeinschaftssystem und das Treuhandsystem näher betrachtet (vgl. Parsons & Platt 1973: 18; Parsons & Smelser 1956: 48–51; Lidz 2011: 528–529; Luhmann 2002: 35–36).

2.6 Gesellschaft

L: *Treuhandsystem*
Das Treuhandsystem ist mit dem funktionalen Problem der Musterreorganisation befasst. Es sorgt somit dafür, dass die Gesellschaft (bzw. das Sozialsystem) weiterhin ein abgrenzbares System bleibt, indem es die der Gesellschaft zugrunde liegende Identität in Form der Systemmuster als abgrenzbar bewahrt (vgl. Parsons 1976c: 172; W. Mitchell 1967: 59). Muster und Identität der Gesellschaft werden in ihrer institutionalisierten Kultur, vor allem[84] ihrer institutionalisierten normativen Kultur gesehen: Das Treuhandsystem „focuses on the institutionalized culture, which in turn centres on patterns of value orientations" (Parsons & Smelser 1956: 49; ähnlich Parsons 1976d: 285). Das Treuhandsystem hängt somit eng mit dem Kultursystem zusammen (vgl. Parsons 1976d: 297; Parsons & Platt 1973: 18), stellt, wie bereits erwähnt (s. S. 58), eine Interpenetrationszone dar und organisiert dementsprechend die Beziehungen zwischen Sozialsystem bzw. Gesellschaft und Kultursystem.

Ein wichtiges Problem in diesem Zusammenhang besteht darin, dass normative Kultur (oder Werte) zu institutionalisierter normativer Kultur (oder institutionalisierten Werten) der Gesellschaft werden muss (bzw. müssen). Aufgabe des Treuhandsystems ist es daher, die aus dem Kultursystem importierten Werte bei den einzelnen Akteur*innen zu verankern. Diese Verankerung lässt sich als Wertbindung („value-commitments" (Parsons 1977b: 243; vgl. auch Parsons & White 2016: 146–147)) bezeichnen, was Jensen bei Parsons (1976d: 314) als „moralische[s] Engagement, daß man bestimmten Werten gegenüber empfindet" erklärt.

Zusammenfassend geht es im Treuhandsystem also um „transmission (or reproduction), maintenance, and development of a society's enduring values and shared culture" (Lidz 2011: 528; vgl. auch Staubmann 2016: 5), wobei es mit solchen Beziehungen zur Kultur befasst ist, „die auf Umformulierung, auf Internalisierung von Kultur in soziale Muster, auf Einbau von Kultur in soziale Muster abgestimmt sind" (Luhmann 2002: 36).[85]

Für ein adäquates Verständnis des Begriffs ‚Wertbindung' bedarf es eines kurzen Exkurses in Parsons' Theorie der Interaktions- bzw. Austauschmedien

---

[84] Den Ausführungen zur L-Funktion folgend (s. S. 89), sind also auch nicht-normative kulturelle Aspekte inkludiert.

[85] In *The American University* wird das Treuhandsystem etwas anders eingeführt. Dort heißt es: „The fiduciary subsystem of a society acts as a trustee of some interests in the society. E.g., conservation groups belong to the fiduciary subsystem insofar as they protect the societal interest in the natural environment" (Parsons & Platt 1973: 8; vgl. auch Staubmann 2015: 210). Die einzelnen Gesellschaftsmitglieder sind aus dieser Perspektive nicht durchgehend fähig, ihre eigenen Interessen zu vertreten, dies übernehmen entsprechende Teile des Treuhandsystems, die somit als Treuhänder der Gesellschaftsmitglieder fungieren (vgl. Parsons 1970a: 34).

2 Parsons' normativfunktionalistische Handlungssystemtheorie

(vgl. Parsons 1977b: 240–244, 1976d: 290–293, 1959b: 16–22; Schluchter 2015: 426–431; Staubmann 2015: 211–216; Joas & Knöbl 2011: 121–127; Münch 2004: 77–96; Gerhardt 1998: 295–298; Münch 1988: 123–130; Alexander 1987: 93–107; Jensen 1980a). Ausgangspunkt ist hierbei die Tatsache, dass Systeme und Subsysteme sich ausdifferenzieren, zugleich aber mit anderen Systemen und Subsystemen Austauschbeziehungen in Gestalt von In- und Outputs unterhalten. Ein Medium ist dann im wörtlichen Sinn als das Medium zu verstehen, durch das sich dieser Austausch vollzieht, durch das die differenzierten Systeme kommunizieren (vgl. Lidz 1981: 43–44).

Parsons gewinnt seine Medientheorie aus dem Medium Geld (vgl. z. B. Parsons 1961b: 971–976), wobei die darauf aufbauende Analogie zu anderen Medien „wahrlich kein einfach nachzuvollziehender Gedankenschritt" (Joas & Knöbl 2011: 122–123) ist. Beschäftigte erhalten im Austausch für Arbeit Geld, das sie wiederum gegen verschiedene konkrete Gegenstände oder Dienstleistungen eintauschen können, während das Geld selbst keinen realen, intrinsischen Nutzen hat – es handelt sich daher um ein abstraktes, generalisiertes und symbolisches Austauschmedium. Wirksam wird das Medium durch die ihm inhärente inhaltliche Aussage, die bestimmte Absichten, Motive, Erwartungen und ihre Konsequenzen formuliert, zum Beispiel (vgl. Jensen 1980a: 11): Wenn du mir die Ware gibst, erhältst du von mir Geld.

So, d. h.: handlungstheoretisch, verstanden sind Medien eine Möglichkeit, Handlungserwartungen zu kommunizieren und Alter zu motivieren, im eigenen Handeln eine bestimmte, von Ego gewünschte Selektion vorzunehmen (vgl. Schluchter 2015: 428; Jensen 1980a: 11, 22). Daher heißt es bei Parsons (1977a: 174): Medien „*control* behavior in the processes of interaction" (H. i. O.). Medien lassen sich somit nicht nur als Mechanismus der Integration und damit als Reaktion auf Differenzierung verstehen, sondern in Rückbezug auf die Handlungstheorie auch als Mechanismus der Selektionsübertragung; daher wird von zwei Versionen von Parsons' Medientheorie, einem Dualismus von Interaktions- und Austauschmedien gesprochen (vgl. Bachmann 2017: 79–139). Im Medium selbst liegt es dann begründet, dass das Angebot der Selektionsübertragung angenommen wird (vgl. Jensen 1980a: 14): Weil Geld als Medium erstrebenswert erscheint, wird die Ware übergeben.

Ausgehend vom Medium Geld postuliert Parsons diverse weitere Medien sowohl auf der Ebene des Sozial- als auch des Handlungssystems, womit wieder von der handlungs- zur systemtheoretischen Deutung der Medien übergegangen wird. Jedes Medium wurzelt dabei in einem System und dient dem Austausch zwischen diesem und anderen Systemen (vgl. das Schema zu den Austauschverhältnissen der Gesellschaft bei Parsons & Platt 1973: 432).

2.6 Gesellschaft

Das Medium der Wertbindung wird nun als Medium angesehen, das im Treuhandsystem verankert ist. Es ist definiert „as *generalized capacity and credible promises to effect the implementation of values*" (Parsons 1968b: 148, H. i. O.). Dabei liegt der Grund, eine bestimmte Selektion vorzunehmen, nicht im Geld, also dem Erhalt eines bestimmten Vorteils, im Zwang, also der Vermeidung von Nachteilen (Medium der Macht), und auch nicht in der Überzeugung hinsichtlich der Richtigkeit (Medium des Einflusses), sondern darin, dass Ego die Selektion selbst als richtig ansieht, weil sie Egos inneren Werten entspricht (vgl. Parsons 1968b: 143; Jensen 1980a: 33). Weil Ego eine Bindung zu bestimmten Werten aufgebaut hat, bestimmt diese Egos Selektionen (andernfalls kommt es zu Scham- oder Schuldgefühlen) – ein Gedanke, der die Interpenetration zwischen Persönlichkeitssystem und Sozial- bzw. Kultursystem reformuliert. Insofern lässt sich Wertbindung als Resultat von Sozialisation bzw. Internalisierung verstehen (vgl. Parsons 1968e: 13).

Beispiele für konkrete Entitäten oder Prozesse, die dem Treuhandsystem zugeordnet werden können, sind Religion, Familie und Verwandtschaft sowie Sozialisation und Bildung (vgl. Parsons 1976d: 298; Parsons & Platt 1973: 149; Lidz 2011: 528–529; Gerhardt 1998: 295; H.-J. Schulze & Künzler 1991: 129).

I: Gemeinschaftssystem
Das Gemeinschaftssystem[86] erfüllt die Funktion der Integration dadurch, dass es „a *system* of norms with a collective organization that has unity and cohesiveness" (Parsons 1971d: 11, H. i. O.) hervorbringt (vgl. Sciortino 2016a: 195–197). Ähnlich wie im Treuhandsystem geht es um kulturelle Elemente wie Normen oder Werte. Der Fokus liegt aber darauf, dass „the larger social system can function without undue internal conflict and other failures of co-ordination" (Parsons & Smelser 1956: 48). Dazu ist es erforderlich, dass die Akteur*innen an das kollektive Normensystem gebunden werden.

Das Gemeinschaftssystem etabliert daher „obligations of *loyalty*" (Parsons 1971d: 12, H. i. O.) oder eine „Vergemeinschaftung" (Münch 2004: 83), sodass „normatively-defined obligations must on the whole be accepted while conversely, collectivities must have normative sanction in performing their functions and promoting their legitimate interests" (Parsons 1971d: 12). Ziel ist die Schaffung einer auf „Identifikationsüberzeugungen" (Gerhardt 1998: 299) gründenden Gemeinschaft sowie ein „auf Verantwortungs-Pflichten gegenüber der Allgemeinheit aufgebaute[s] Solidaritätsnetz ihrer Gesellschaft" (ebd.: 300). Solidarität wird dabei verstanden als

---

[86] Die Übersetzung des Begriffs ‚*societal community*' ist nach Jensen ein weiteres Beispiel für die Schwierigkeit der Übersetzung von Parsons' Begriffen (vgl. Parsons 1976d: 311–313). Das Gleiche gilt für das L-Subsystem, wobei Parsons selbst dieses System unterschiedlich benennt.

> „capacity of agencies in the society to ‚bring into line' the behaviour of system units in accordance with the integrative needs of the system, to check or reverse disruptive tendencies to deviant behaviour, and to promote the conditions of harmonious co-operation." (Parsons & Smelser 1956: 49)

Die Herstellung übergreifender Solidarität und Loyalität ist vor allem deshalb notwendig, weil die einzelnen Akteur*innen verschiedene Rollen ausüben, Teil verschiedener Kollektive sind und damit verschiedene Werte, Normen und Rollen verinnerlicht haben (vgl. W. Mitchell 1967: 61). Das Gemeinschaftssystem zielt also auf die Koordination der verschiedenen Loyalitäten und Solidaritäten ab, wobei „[l]oyalty to the societal community must occupy a high position in any stable hierarchy of loyalties" (Parsons 1971d: 13).[87,88] Vor allem moderne Gesellschaften, so Parsons weiter, zeichnen sich durch Individualismus, Pluralismus und Differenzierung aus. Integration ist in solch einer pluralistischen, differenzierten und individualistischen Gesellschaft notwendig, um sie zusammenzuhalten (vgl. Sciortino 2016a: 194–195). Parsons' Gemeinschaftssystem, so lässt sich zusammenfassen, „is both a generalized normative system where all actors are linked by common rules and are legitimized—no matter how different their specific identities—by a common membership— and a pluralist structure of social solidarities" (ebd.: 201).

Recht bzw. Gesetze, Bürgerschaft, soziale Klassen, Gruppen oder Milieus, Medien und die erwähnten Prozesse sozialer Kontrolle, Loyalität und Solidarität lassen sich diesem Subsystem zuordnen (vgl. Sciortino 2016a: 195; Lidz 2011: 528). Das moderne Gemeinschaftssystem zeichnet sich dabei vor allem durch Universalismus und Inklusion aus (vgl. Münch 2007: 41), d. h. Bürgerschaft und gleiche Rechte für alle sowie Rücknahme partikularer Loyalitäten und Solidaritäten.

Wie auch durch die Parsons-Zitate deutlich wird, sind Treuhandsystem und Gemeinschaftssystem mit Ähnlichem befasst.[89] Daher heißt es zur Klarstellung:

> „Pattern maintenance and tension management differ from the integrative problem in the sense that they focus on the *unit* of the system, not the system itself. Integration is the problem of *inter*unit relationships, pattern maintenance of *intra*unit states and processes." (Parsons & Smelser 1956: 50)

---

[87] So auch Dreeben (1968: 100): „The establishment of political unity in a nation depends on a balance of loyalties among its populace to the state as a whole and to subgroupings within it, and on the capacity of people to hold loyalties to more than one group at the same time".

[88] Bezogen auf die Kritik an fehlender Individualität bedeutet das: Eine Funktion wie Integration verweist nicht auf entindividualisierte, uniforme Individuen, sondern gerade umgekehrt auf individuelle Individuen, da es sonst keiner Integrationsfunktion bedürfte.

[89] Luhmann (2002: 35) spricht dementsprechend hinsichtlich dieser beiden Subsysteme von „relativ unsicheren Bezeichnungen" und „terminologische[n] Defizienzen".

2.6 Gesellschaft

Beide Subsysteme haben mit normativer Kultur zu tun.[90] Beim Treuhandsystem geht es um die Existenz normativer Kultur, die die Gesellschaft abgrenzbar macht. Diese Existenz ergibt sich zum Ersten aus der Transformation der normativen Kultur aus dem Kultursystem (Institutionalisierung – es geht auch hier um „the system itself") und zum Zweiten durch die Internalisierung der normativen Kultur auf Seiten der Akteur*innen der Gesellschaft (Internalisierung; *intraunit*). Das Gemeinschaftssystem baut gewissermaßen darauf auf: Erstens koordiniert es die diverse internalisierte normative Kultur der verschiedenen Akteur*innen, sodass eine kohärente und gemeinsame normative Kultur existiert *(interunit)*. Und zweitens sorgt es dafür, dass sich die Akteur*innen auf diese kollektive (gesamtgesellschaftliche, „the system itself") normative Kultur stärker verpflichten als auf weniger relevante normative Kultur.

Anders plausibilisieren lässt sich die Unterscheidung der beiden Subsysteme mit Blick auf die beiden Achsen, die das AGIL-Schema begründen: Die I-Funktion ist konsumatorisch, die L-Funktion instrumentell. Dann bezieht sich das Gemeinschaftssystem auf die Koordination normativer Kultur zwischen den Akteur*innen im Hier und Jetzt des Systems und das Treuhandsystem auf die langfristige Herstellung gemeinsamer normativer Kultur im System insgesamt und bei den einzelnen Akteur*innen, die dann vom Gemeinschaftssystem im Detail zwischen den Akteur*innen koordiniert wird.

Bei den funktional definierten Subsystemen handelt es sich wiederum um analytische oder konstruierte Kategorien, die in der Regel nicht pauschal mit konkreten empirischen Entitäten gleichgesetzt werden können,[91] weil in der Realität alle Kategorien zusammenfallen (vgl. Parsons 1977b: 238, 1976d: 312):

> „Furthermore, it is incorrect, as we have pointed out repeatedly, to identify any concrete class of organizations or their orientations exclusively with any one functionally differentiated sub-system. [...] In principle every concrete organization participates to some degree on all four functional sub-systems—the differences are those of rank-order of relative primacies." (Parsons & Smelser 1956: 61)

---

[90] Beim Gemeinschaftssystem spricht Parsons vor allem von Normen, beim Treuhandsystem von Werten. Dies hängt mit der Zuordnung der Subsysteme zu den verschiedenen Formen gesellschaftlicher normativer Kultur zusammen (Werte, Normen, Rollen, Kollektive; s. S. 103). Diese Zuordnung ist für die Frage der Unterscheidung von Gemeinschafts- und Treuhandsystem instruktiv: Das Treuhandsystem ist mit den für die gesamte Gesellschaft gültigen Werten befasst, das Gemeinschaftssystem mit der Koordination der verschiedenen teil-gesellschaftlichen normativen Kultur, den Normen.

[91] Die Gefahr, dies zu tun, ist auf der Ebene des Sozialsystems und seiner Subsysteme noch einmal größer als auf der Ebene des Handlungssystems, da Begriffe wie ‚Politik' oder ‚Wirtschaft' sehr gebräuchlich sind. Um den analytischen Charakter zu betonen, sind hier alle Subsysteme begrifflich mit dem Zusatz ‚-system' bezeichnet (vgl. zu diesem Problem die Anmerkungen von Jensen bei Parsons 1976d: 309–310, 312; allgemeiner Münch 1988: 197).

2 Parsons' normativfunktionalistische Handlungssystemtheorie

> „Jede soziale Handlung, besser: jede soziale Beziehung hat also ebenfalls vier Komponenten: eine ökonomische, eine politische, eine solidarische und eine kulturelle. Analytisch gesehen, bildet jede Komponente ein Subsystem und ist unifunktional, konkret-strukturell gesehen wirken alle Aspekte zusammen, und die konkreten Einheiten sind multifunktional [...]." (Schluchter 2015: 418)

Mit einem analytisch als Wirtschaftssystem bezeichneten Subsystem beispielsweise sind alle Einheiten gemeint, die innerhalb der Gesellschaft die Funktion der Anpassung erfüllen. Das mag sich durchaus auch und vor allem auf jene Einheiten beziehen, die alltagssprachlich als Wirtschaft bezeichnet werden, also Unternehmen oder Industrien, jedoch nicht ausschließlich. Denn auch Kirchen, Schulen oder Familienhaushalte bzw. bestimmte Teile hiervon erfüllen eine entsprechende Funktion. Andersherum haben auch Unternehmen Einheiten, die eine andere Funktion als die der Anpassung erfüllen. Es ist also zwischen Wirtschaft(ssystem) im analytischen Sinn und Wirtschaft im konkreten Sinn zu unterscheiden (vgl. Parsons 1977b: 238, 1959a: 649; Parsons & Smelser 1956: 14; Nolte 1987: 587; Levy 1968: 26–27). Das politische System umfasst ebenso nicht nur die Politik der Alltagssprache (Regierung, Parteien, Parlamente usw.), sondern: „We treat a phenomenon as political in so far as it involves the organization and mobilization of resources for the attainment of the goals of a particular collectivity. Thus business firms, universities, and churches have political aspects" (Parsons 1971d: 16; vgl. auch Parsons 1956b: 226; Schluchter 2015: 419).

Eine konkrete gesellschaftliche Einheit wie eine Kirche lässt sich somit zwar grundsätzlich innerhalb der Gesellschaft im analytisch verstandenen, unifunktionalen L-Subsystem verorten; innerhalb der Kirche gibt es jedoch auch Strukturen und Prozesse, die sich analytisch der A-, I-, und G-Funktion zuordnen lassen, weswegen sie multifunktional ist (vgl. Alexander 1987: 95–96; allgemein auch Moore 1978: 348; Bühl 1975: 65). Ebenso ist die Gesellschaft als Ganzes, analytisch aus der Perspektive des Handlungssystems gesehen, unifunktional (I-Funktion), aber als konkrete Einheit multifunktional. Unifunktionalität ist demnach relativ, weil einzelne Einheiten, auch mit Blick auf das übergeordnete System, verschiedene Funktionen erfüllen können und nicht ausschließlich jene, die sich aus der analytischen Zuordnung ergibt. In Unternehmen findet beispielsweise Sozialisation im Sinn der L-Funktion statt, dennoch kann die G-Funktion als primäre Funktion betrachtet werden (vgl. Münch 2003: 19).

Um dies noch einmal zusammenzufassen (vgl. ebd.): Konkrete Einheiten erfüllen verschiedene Funktionen für sich als System und sind daher multifunktional. Sie können auch mit Blick auf das übergeordnete System verschiedene Funktionen erfüllen. Jede der vier Funktionen wird von verschiedenen, nicht nur einer konkreten Einheit erfüllt. Ein Subsystem und die Einheiten, die diesem

Subsystem zugeordnet werden, sind aus Perspektive des übergeordneten Systems unifunktional (in einem relativen Sinn, mit Blick auf den Vorrang einer Funktion innerhalb aller Einheiten bzw. Subsysteme).

2.6.2 Normative Kultur der Gesellschaft

Bisher war mit den Subsystemen der Gesellschaft vor allem der Begriff der Funktion maßgeblich für die Konzeptualisierung der Gesellschaft. Mit dem der Struktur, einem anderen wichtigen Begriff (s. S. 118), bezeichnet Parsons (1976c: 167–168)

> „diejenigen Systemelemente, die von kurzfristigen Schwankungen im Verhältnis System–Umwelt unabhängig sind. Der Strukturbegriff bezeichnet also Systemmerkmale, die in einem bestimmten Rahmen im Vergleich mit anderen Elementen als Konstanten gelten können."

Allgemein lässt sich normative Kultur bzw. (im Sinn des Konzepts der Interpenetration) institutionalisierte normative Kultur als Struktur eines Sozialsystems und damit einer Gesellschaft auffassen (vgl. Parsons 1976c: 168, 183, 1967: 7–8, 1964a: 33–34, 1961b: 977, 985, 1956a: 67; Lidz 1989: 570, 1981: 23).[92]

Diese normative Kultur differenziert Parsons nach dem Grad ihrer Allgemeinheit in vier Komponenten aus (vgl. Parsons 2016: 141–144, 1976b: 140–141, 1976c: 179–184, 1971d: 7–8, 11, 1967: 7–11, 1959b: 7–8; Jensen 1978: 126).[93] *Werte* sind die allgemeinste Form normativer Kultur in der Gesellschaft (vgl. Parsons 1989: 579, 1972: 257), sie stellen „conceptions of the desirable society that are held in common by its members" (Parsons 1967: 8; vgl. auch Parsons 1968b: 136) dar, selbst

---

[92] An dieser Stelle muss noch einmal die Bezeichnung der L-Funktion thematisiert werden, die dezidiert nicht als Struktur-, sondern als Musterreorganisation bezeichnet wurde (s. S. 88). Im Fall von Sozialsystemen ergibt sich, dass normative Kultur oben als Muster und hier als Struktur aufgefasst wird, was die Frage aufkommen lässt, ob Muster und Struktur nicht doch identisch sind. Wie die Definition von ‚Struktur' deutlich macht (s. S. 118), bezeichnet diese Aspekte des Systems, die allein *analytisch* oder *gedanklich* konstant gehalten werden. So formuliert Parsons (1976c: 222): „In der Gesellschaft als System bildet die institutionalisierte Kultur das Analogon zum Boden; die Sozialstruktur des Bezugssystems wird also während des Betrachtungszeitraums als gegeben (oder unveränderlich) behandelt [...]. Auf der höchsten normativen Ebene handelt es sich dabei um die System*werte*" (H. i. O.). Im Gegensatz dazu bezeichnet ‚(System-)Muster' nicht gedankliche, sondern *tatsächlich* konstante (im Sinn von: konstant die Systemidentität kennzeichnende) Aspekte des Systems, die es von seiner Umwelt abgrenzen und zum System machen. Daraus wird ersichtlich, dass Muster und Struktur zwar zusammenfallen können, wie im Fall von Sozialsystemen, es jedoch verengend wäre, *a priori* davon auszugehen, dass das Muster immer identisch mit der Struktur ist, das von anderen Aspekten ausgefüllt werden kann als jenen, die gedanklich zu Analysezwecken konstant gehalten werden (und umgekehrt).

[93] Hierbei handelt es sich wiederum um eine analytische Unterscheidung. Eine konkrete Einheit eines Sozialsystems enthält alle vier Ebenen institutionalisierter Kultur (vgl. Parsons 1976b: 141).

2 Parsons' normativfunktionalistische Handlungssystemtheorie

wenn diese Werte nicht vollumfänglich und in gleichem Maß von allen Gesellschaftsmitgliedern jederzeit geteilt bzw. realisiert werden (vgl. Parsons 1968b: 145; Parsons & Platt 1968b: VI-34). Dennoch bleibt die Annahme bestehen, dass eine Gesellschaft als System eine geteilte, generalisierte normative Kultur im Sinn von Werten hat (vgl. Parsons 1959b: 8).

Institutionalisierte normative Kultur, die nicht für die ganze Gesellschaft Gültigkeit beansprucht, sondern lediglich für Subsysteme oder andere Teile der Gesellschaft, wird als *Norm* bezeichnet. Normen sind, ebenso wie die auf noch geringerer Allgemeinheitsebene angesiedelten Kollektive und Rollen, konkreter als Werte auf Situationen bezogen und stellen hierbei häufig eine Spezifizierung von Werten dar (vgl. (z. T. kritisch zu dieser Abgrenzung) Joas & Knöbl 2011: 64, 85; Sciortino 2009: 114; Spates 1983: 32; Dreeben 1976: 113). Normen gelten als „rules applying to particular categories of units in a system, operating in particular types of situations" (Parsons 1970i: 163; vgl. auch Parsons 1968e: 19). Parsons (1972: 264) nennt Verfassungsprinzipien als Beispiel für Werte im Gegensatz zu anderen Gesetzen als Normen. Bei Spates (1983: 32) ist *achievement* ein Wert, die Frage nach der Art und Weise und dem Ziel von *achievement* jedoch beantworten Normen.

Ein *Kollektiv* bezeichnet „a concrete system of coordinated activity that can at any given time be characterized by the commitments of specifically designated persons, and which can be understood as a specific system of collective goals in a specific situation" (Parsons 1967: 10). Parsons (1972: 255) nennt die Soziologie als Beispiel, die als internationale Disziplin auch deutlich macht, das Kollektive Teil mehrerer Gesellschaften sein können.

Mit der *Rolle* wird die individuelle Ebene gesellschaftlicher normativer Kultur erreicht; sie bezeichnet „the system of normative expectations for the performance of a participating individual in his capacity as a member of a collectivity" (Parsons 1967: 10-11).[94]

---

[94] Unglücklich ist an Parsons' Schema, dass zumindest drei der vier Ebenen, die übrigens den Funktionen des AGIL-Schemas zugeordnet werden, als Begriffe auch in anderen Kontexten seiner Theorie gebraucht werden und dementsprechend in dieser Arbeit bereits eingeführt wurden: Werte oder Rollen als Grundkomponenten des Kultur- bzw. des Sozialsystems, Kollektive als spezieller Typ eines Sozialsystems und im Sinn eines kollektiven Akteurs in der Handlungstheorie. Allerdings sind die Begriffe hier und im Kontext der Handlungs(system)theorie inhaltlich ähnlich gebraucht, werden nur in einem anderen Kontext, auf einer anderen Systemebene angewandt. Das zeigt sich darin, dass Parsons' hier vorgenommene Bestimmung eines Kollektivs mehr als normative Kultur zu umfassen scheint („coordinated activity"), damit das vorliegende Schema sprengt und sich den anderen Bestimmungen eines Kollektivs annähert.

Ein anderes Problem ergibt sich mit Bezug auf den Begriff der Norm. Wiewohl Normen hier als Teil der normativen Kultur der Gesellschaft aufgefasst werden, war der Begriff in dieser Arbeit häufig im Zweiklang ‚Werte und Normen' unter dem Oberbegriff der normativen Kultur genutzt und damit originär im Kultursystem verortet worden (s. S. 46). Dies dürfte insofern als sinnvoll anzusehen sein, als Normen speziellere normative Kultur als Werte darstellen, so wie hier eben-

2.6 Gesellschaft

Die vier Komponenten konstituieren zusammen Sozialsysteme bzw. eine Gesellschaft:

„Sozialsysteme bestehen aus interagierenden *Rollen* innerhalb von *Kollektiven*, deren spezifische Interaktion durch *Normen* geordnet wird, die in *Werten* begründet und an Werten orientiert sind. Die Struktur des Sozialsystems besteht aus dem Gefüge symbolischer Beziehungen zwischen diesen vier Kategorien von Elementen." (Ackerman & Parsons 1976: 80, H. i. O.)

Münch (1988: 115) dekliniert die vier Komponenten für alle vier Subsysteme der Gesellschaft durch, zum Beispiel:

„Das politische Subsystem wird durch den Wert der Demokratie, die Normen des parlamentarisch-demokratischen Entscheidungsprozesses, die Rollen von Regierungsmitgliedern, Abgeordneten, Wählern, Interessenvertretern und durch die Kollektive von Parteien und Interessenverbänden repräsentiert. [...] Das sozialkulturelle System [in dieser Arbeit als Treuhandsystem bezeichnet, R. L.-S.] stützt sich auf den Wert der intellektuellen Rationalität, die Normen des Diskurses, die Rollen des Intellektuellen, des Experten, des Klienten, Laien usw. und auf die Kollektive der Intellektuellen- und Professionellenverbände."

Einzelne Gesellschaften unterscheiden sich in der sie kennzeichnenden normativen Kultur bzw. in ihren institutionalisierten Werten (vgl. Parsons 1972: 257). Parsons hat vor allem die US-amerikanische Gesellschaft im Blick, für die er zwei Werte als konstitutiv ansieht: *instrumentellen Aktivismus* und *institutionalisierten Individualismus*.

Zunächst zur Erklärung des *instrumentellen Aktivismus* (vgl. Parsons 2016: 145–146, 1970i: 159–160, 1961a: 271–272; Parsons & Platt 1973: 41, 1968a: 504–505; Parsons & White 2016: 55, 67, 1970: 196–197; Alexander 1987: 79; Bourricaud 1981: 216–217; Stichweh 1980: 69–70): ‚Aktivismus' bezeichnet eine Orientierung, seine Umwelt verändern zu wollen, die Gegebenheiten also nicht passiv hinzunehmen. Damit klingt bereits der Wert der Leistung an, der später (s. S. 222) vor allem mit Blick auf Stratifikation zentral wird. Dabei soll sich der Aktivismus auf solche Ziele richten, die als gesellschaftlich wertvoll erachtet werden. ‚Instrumentell'

---

falls formuliert. Die Prämisse dabei besteht allerdings darin, dass solche Spezialisierungen im Kultursystem tatsächlich vorstellbar sind. Es lässt sich einwenden, dass solche Spezialisierungen erst bei einer Institutionalisierung im Sozialsystem möglich sind. In diesem Fall wäre dann (wie auch beim Begriff der Rolle) immer der normative Teil der Norm (bzw. Rolle) bezeichnet, der auf einen entsprechenden allgemeineren Wert verweist (s. ähnlich S. 144 und 406). In diesem Sinn kann in der vorliegenden Arbeit von Werten, Normen und Rollen sowie ggf. Kollektiven als unterschiedlichen Formen normativer Kultur des Kultursystems gesprochen werden. Neben den vier genannten Formen normativer Kultur müssten auch Institutionen als weitere Form normativer Kultur genannt werden (s. S. 49).

2 Parsons' normativfunktionalistische Handlungssystemtheorie

bezieht sich dementsprechend darauf, dass die Gesellschaft den Aktivismus für ein bestimmtes Ziel oder Ideal in Anspruch nimmt und damit die Gesellschaft selbst wie der Aktivismus instrumentell für solch ein Ziel oder Ideal werden. Im Gegensatz zu anderen Gesellschaften, in denen der Aktivismus im Dienst eines bestimmten, übergeordneten (z. B. eines religiös geprägten) Ziels der Gesellschaft steht, gibt es ein solch konkretes, durchgreifendes Ziel in der US-amerikanischen Gesellschaft nicht. Daher soll der Aktivismus dazu dienen, dass die einzelnen Gesellschaftsmitglieder ihre je eigenen Ziele bestmöglich erreichen und ein gutes Leben leben können: „The society exists in order to ‚facilitate' the achievement of the good life for individuals" (Parsons & White 1970: 196).

‚Individualismus' im Rahmen des zweiten Werts, des *institutionalisierten Individualismus* (vgl. Parsons 2016: 146, 1970i: 159–161; Parsons & Platt 1973: 1–2, 42, 1968b: I-10–11; Parsons & White 2016: 115–117; Münch 2004: 126; B. S. Turner 1993: 6; Alexander 1987: 79–80; Bourricaud 1981: 260), impliziert, dass das einzelne Individuum gegenüber kollektiven Akteuren oder der Gesellschaft insgesamt einen Primat innehat, dass individuelle Autonomie und Verantwortung gesellschaftlich wertgeschätzt werden und dass das Handeln der Individuen nicht durch andere Akteur*innen oder die Gesellschaft bestimmt ist. Dieser Primat ist aber zugleich durch die Gesellschaft normativ gesichert, daher ‚institutionalisiert'. Das kollektiv Geteilte ermöglicht den Vorrang der Individuen, welche damit nicht losgelöst für sich existieren, sondern an die Gesellschaft zurückgebunden werden.[95]

Mit Rückbezug auf den ersten Wert[96] gilt außerdem, dass das, was die Individuen tun, an gesellschaftlich wertgeschätzten Zielen orientiert sein, also zu einer guten Gesellschaft beitragen sollte – d. h., auch die Individuen sind in diesem Sinn instrumentell (vgl. Parsons & Platt 1968b: I-11). Weil die infrage stehende Gesellschaft allerdings nicht ein konkretes Ziel anstrebt, wozu die Einzelnen beitragen könnten, erscheint das Konstrukt etwas umständlich. Es wird wohl so zu verstehen sein, dass die Gesellschaft den Einzelnen zwar einen breiten Raum einräumt, was für sie als erstrebenswert gilt, zugleich der gesellschaftliche Rahmen, der dies ermöglicht, dadurch nicht gefährdet werden darf. Der Beitrag der Einzelnen zur guten Gesellschaft bestünde dann darin, daran mitzuwirken, dass die Gesellschaft auch weiterhin den Einzelnen eine breite Autonomie ein-

---

[95] An anderer Stelle erklärt Parsons (1977a: 168) den Wert so, dass das Individuum nicht vom übergeordneten System losgelöst, sondern mit ihm verbunden ist, das System dadurch aber insgesamt an Autonomie gewinnt, weil ein koordiniert handelndes System die Umwelt besser kontrolliert. Dadurch hat auch das Individuum innerhalb dieses Systems größere Autonomie als ein völlig autonomes Individuum.

[96] Parsons scheint beide Werte zum Teil zu vermischen bzw. nicht immer abgrenzend zu verwenden. Bei Parsons und White (1970: 197) ist zum Beispiel von „instrumental or institutionalized individualism" die Rede.

2.6 Gesellschaft

räumen und ihnen ein gutes Leben ermöglichen kann: „[M]odern society is seen to exist for the benefit of independent individuals" (Vanderstraeten 2018: 217). Parsons nennt Freiheit, Demokratie und Wohlfahrt als konkrete Ziele, die dies ermöglichen.

Für ein Resümee von Parsons' Konzeption der Gesellschaft gilt es zunächst festzuhalten, dass Gesellschaften nicht als „‚monolithic'" (Parsons & Bales 1955: 36) anzusehen sind (vgl. Parsons 1976c: 184, 1972: 254, 1954a: 400; Parsons & Smelser 1956: 9; Gerhardt 1998: 299). Zur Gesellschaft gehören einzelne individuelle Akteur*innen, die über Rollen in verschiedene konkrete Interaktionssysteme bzw. Kollektive (Familie, Arbeitswelt usw.) eingebunden sind. Hierbei gibt es in der Gesellschaft eine Reihe solcher Kollektive, die segmentiert sind (s. S. 110 für diesen Begriff), d. h. in großer Zahl auftreten, aber als funktional ähnlich aufzufassen sind. Eine Gesellschaft besteht aus diversen Familien, diversen Bäckereien usw.

Solche konkret vorstellbaren gesellschaftlichen Einheiten lassen sich einerseits auf einer abstrakteren Ebene zu funktional differenzierten Subsystemen zusammenfassen. Dabei geraten andererseits wiederum solche gesellschaftlichen Phänomene in den Blick, die weniger als ein Parlament, eine Fabrik, ein Museum oder Gesetzestexte als konkrete Einheiten gefasst werden können. Dies sind mit Blick auf das Treuhandsystem institutionalisierte gesellschaftliche normative Kultur, die die gesamte Gesellschaft in unterschiedlichem Allgemeinheitsgrad durchdringt, sowie andere kulturelle Elemente der Gesellschaft wie eine gemeinsame Sprache oder bestimmte Wissensbestände. Mit Blick auf das Gemeinschaftssystem gehören zu einer Gesellschaft weiterhin verschiedene gesellschaftliche Gruppierungen, gesellschaftliche Loyalitäten und Solidaritäten, auf der allgemeinsten Ebene die gemeinsame Identität als Bürger*in.

Die Gesellschaft insgesamt lässt sich dann als ein Gebilde verstehen, in dem all die genannten Akteur*innen, Kollektive, Subsysteme, Institutionen, Beziehungen und Werte ein miteinander verbundenes System bilden, das sich sowohl horizontal (verschiedene Funktionen) als auch vertikal (verschiedene Aggregierungsebenen vom Individuum bis zur gesamten Gesellschaft mit entsprechenden Werten, Rollen usw.) gliedert.

Der Gedanke einer nicht-monolithischen Gesellschaft gilt speziell auch für die Werte. Zwar geht Parsons davon aus, dass sich durchaus Werte finden lassen, die für die gesamte Gesellschaft gelten und von den Gesellschaftsmitgliedern, zumindest einer Mehrheit, geteilt werden – Vorstellungen darüber, was eine gute Gesellschaft ist (vgl. Parsons 1961a: 271). Institutionalisierter Individualismus und instrumenteller Aktivismus sind solche übergreifenden Werte. Das heißt aber nicht, dass diese Werte auf alle Bereiche und Ebenen der Gesellschaft vollumfänglich durchgreifen (vgl. Parsons 1989: 580, 1964c: 355–356; Chriss 2016: 66;

W. Mitchell 1967: 67). Auch handelt es sich dabei nicht um „a single undifferentiated value" (Parsons 1968b: 147), der alles (gesellschaftliche) Handeln bestimmt, sondern um ein Gemenge verschiedener, wenn auch miteinander kompatibler Werte, also ein Wertsystem. Zwar geht Parsons des Weiteren davon aus, dass diese allgemeinen gesellschaftlichen Werte Einfluss auf einzelne Subsysteme und Einheiten haben und von diesen spezifiziert werden (vgl. Parsons & White 2016: 263, 269), aber er betont zugleich, dass die einzelnen Teile der Gesellschaft oder Gesellschaftsmitglieder ein unterschiedlich starkes und verschiedenartiges *commitment* zu den allgemeinen Werten haben: „[T]he value-*system* of a society is highly complex, and not a unitary entity" (Parsons 1970a: 43, H. i. O.; vgl. auch Parsons 1968b: 144–145). Subsysteme usw. entwickeln also ein ihnen eigenes System an Werten bzw. Normen, das jedoch mit den übergeordneten Werten in Verbindung steht (vgl. Parsons 1989: 579–580, 1976c: 187, 1972: 257, 261, 1958a: 292; Lidz & Staubmann 2016: 41; Schluchter 2015: 421–422).

Die „academic values" stellen beispielsweise „a ‚specified' subsystem of a more generalized societal value system" (Parsons & Platt 1968b: I-9; ähnlich ebd.: I-14) dar. Für das Wirtschaftssystem ist der Wert der ökonomischen Rationalität zentral, für das politische System „collective effectiveness" (Parsons & White 2016: 280) und für das Gemeinschaftssystem „order" (ebd.). Diese Werte bzw. Normen haben aber keinen Allgemeinheitsanspruch für die gesamte Gesellschaft (vgl. Parsons 1976c: 210–211; Parsons & White 2016: 280). Auch die normative Kultur von Peergroups oder der Jugendkultur sieht Parsons ähnlich ambivalent. Sie ist weder „a microcosm of the general value and normative system" (Parsons & White 1970: 223) noch „unrelated to the general value structure of the society" (ebd.: 228), sondern „a differentiated subsystem of this normative structure" (ebd.).

Es gibt ferner Teilbereiche der Gesellschaft, in denen andere als die allgemein gesellschaftlichen Werte institutionalisiert sind (vgl. Parsons 1964c: 168–169). Resultierend daraus sowie im Zusammenhang mit dem (Rollen-)Pluralismus moderner Gesellschaften unterhalten Gesellschaftsmitglieder eine Reihe verschiedener *commitments* zu normativer Kultur auf verschiedenen Ebenen und in verschiedenen Teilbereichen der Gesellschaft, bis hin zur normativen Kultur einzelner Kollektive, deren Mitglied sie sind (vgl. Parsons 1968b: 149, 152). Aus all dem folgt, dass einzelne Subsysteme der Gesellschaft und die ihnen zugeordneten Einheiten daraufhin untersucht werden können, welche normative Kultur sie kennzeichnet und wie sich diese zu den gesellschaftlichen Werten sowie zur normativen Kultur anderer Einheiten oder Subsysteme verhält.

2.7 Modernisierung

Es zeigte sich bereits gegen Ende der Ausführungen zu den Orientierungsalternativen (s. S. 81), dass diese als Instrument zur Analyse gesellschaftlichen Wandels fungieren können. Analog dazu dient das Vier-Funktionen-Schema als Analyseinstrument gesellschaftlichen Wandels. Daher wird auch von einem „‚evolutionary functionalism'" (Moore 1978: 351) bei Parsons gesprochen. Im Vergleich zu den Orientierungsalternativen ist die evolutionäre Perspektive des AGIL-Schemas jedoch detaillierter ausgearbeitet. Die darauf aufbauende Theorie der Modernisierung ist ein wesentlicher Schwerpunkt im Spätwerk von Parsons (vgl. Joas & Knöbl 2011: 130–132).

Tabelle 2.6: Die auf dem Vier-Funktionen-Schema basierenden evolutionären Wandlungsprozesse

Funktion	Wandlungsprozess
Anpassung	Standardhebung durch Anpassung (*adaptive upgrading*)
Zielerreichung	Differenzierung (*differentiation*)
Integration	Einbeziehung (*inclusion*)
Musterreorganisation	Wertgeneralisierung (*value-generalization*)

Die historisch-evolutionäre Verwendung des Vier-Funktionen-Schemas deutete sich bereits an. Die wesentliche Annahme des AGIL-Schemas ist, dass Systeme vier Funktionen erfüllen müssen, um System zu bleiben. Um dies zu erreichen, können Systeme entsprechende Subsysteme ausbilden, die sich auf die Bearbeitung einer bestimmten Funktion konzentrieren. Je nach Komplexität des Systems lassen sich tatsächliche empirische Entsprechungen zu diesen theoretisch abgeleiteten Subsystemen, Subsubsystemen usw. finden (vgl. Parsons 1976b: 148). Hierin liegt nun das evolutionär-analytische Potenzial. Das Schema

> „kann verschiedene Geschichtszustände unter dem Gesichtspunkt beschreiben, ob für spezifische Funktionen bestimmte Sondersysteme ausdifferenziert sind, ob es also Geldwirtschaft oder territorialstaatliche Politik gibt oder nicht; und

entsprechend, wie weit in der Wirtschaft die dafür geeigneten Subsysteme ausdifferenziert sind." (Luhmann 2002: 27)

Parsons geht jedoch noch weiter. Die gerade beschriebene funktionale Differenzierung ist nur „one of *four* main processes of structural change which, interacting together, constitute ‚progressive' evolution to higher system levels" (Parsons 1971d: 26, H. i. O.). Im Kontext dieser vier Prozesse stellt Differenzierung den Ausgangspunkt dar (vgl. Parsons 1976b: 144–145; Staubmann 2015: 211; Joas & Knöbl 2011: 134–135; Daheim 1993: 71–72; Alexander 1987: 76), während die übrigen drei, wie gleich näher auszuführen ist, eine sich aus der Differenzierung ergebende Notwendigkeit darstellen, eine Desintegration oder Auflösung des Systems infolge der Differenzierung zu verhindern.

Diese insgesamt vier evolutionären Wandlungsprozesse sind je einer Funktion des AGIL-Schemas zugeordnet, wie in Tab. 2.6 auf S. 109, die auf Parsons (1971d: 11) zurückgeht, dargestellt ist. Das heißt, im Bereich jeder Funktion liegen evolutionäre Herausforderungen, die erfüllt sein müssen, damit sich das System weiterentwickeln kann. Die vier Prozesse sind im Detail wie folgt zu verstehen (vgl. Parsons 1976b: 144–146, 1971d: 26–27, 1970f: 204–208; Schroer 2017: 128; Bourricaud 1981: 203–205):

G: *Differenzierung*
Differenzierung bedeutet, dass sich ein System, das eine oder mehrere Funktionen erfüllt, in zwei oder mehr Systeme teilt, die sich in ihrer Funktion für das übergeordnete System unterscheiden (vgl. Parsons 1970d: 851; allgemein Giesen 1991: 182).[97] Beispielsweise differenziert sich der bäuerliche Haushalt aus, indem neben dem Haushalt Betriebe entstehen. Die Funktion der wirtschaftlichen Produktion, die vormals auch der Haushalt erfüllte, geht auf die Betriebe über.

A: *Standardhebung durch Anpassung*
Für eine Weiterentwicklung des Systems ist es notwendig, dass das durch Differenzierung entstandene neue System „die adaptive Kapazität zur Erfüllung [seiner] Hauptfunktionen" (Parsons 1976b: 145) im Vergleich zur adaptiven Kapazität in der undifferenzierten Form steigert (vgl. zur Kritik hieran Daheim 1993: 72). Mit *adaptiver* Kapazität bzw. der entsprechenden Funktion der *adaptation* ist auf die Austauschbeziehung zur Umwelt verwiesen: Das neue System ist „freed from some of the restrictions" (Parsons 1971d: 27), denen

---

[97] Der Begriff ‚Segmentierung' beschreibt demgegenüber eine Differenzierung in ähnliche oder analoge Einheiten, die die gleiche Funktion erfüllen (vgl. Parsons 1976c: 180, 186–187; Bourricaud 1981: 195–196). So gibt es verschiedene Familien, die jedoch mit Sozialisation eine ähnliche Funktion erfüllen (vgl. Parsons & White 2016: 273).

es in undifferenzierter Form unterlag, sodass es besser mit seiner Umwelt umgehen kann (vgl. Parsons 1970f: 205). Im Beispiel erfüllen Betriebe die vom Haushalt übernommene Funktion der Produktion besser, weil sie effizienter produzieren.

I: *Einbeziehung*
Differenzierung bedeutet Entstehung neuer (Sub-)Systeme, was eine höhere Integrations- und Koordinationsleistung erfordert. *Institutionelle* Einbeziehung verhindert, dass die ausdifferenzierten (Sub-)Systeme entkoppelt werden. Einbeziehung ist der zur Differenzierung notwendigerweise komplementäre Prozess (vgl. Parsons 1976b: 148; Jensen 1978: 120). Dies bedeutet zum Beispiel, dafür zu sorgen, dass Haushaltsangehörige nur so viel Zeit im Betrieb verbringen, dass sie auch noch am Haushalt partizipieren können. Davon ist eine *moralische* Einbeziehung zu unterscheiden, die den Einbezug bisher exkludierter Personen(gruppen) beschreibt (vgl. Alexander 1987: 77). Die These lautet hierbei, dass mit Differenzierungen und damit zum Beispiel der Etablierung getrennter Sphären der Politik, des Rechts usw. „ein Strukturwandel der Solidaritätsbeziehungen einhergehen muss, der zu einer von allen partikularen Herkunftsbindungen befreiten Form ziviler Vergemeinschaftung freier Bürger führt" (Münch 2004: 125; vgl. auch Parsons & White 2016: 113–114; Bourricaud 1981: 210–213).

L: *Wertgeneralisierung*
Ein (Sub-)System der Gesellschaft ist durch ein Wertsystem (oder allgemeiner: ein System institutionalisierter normativer Kultur) gekennzeichnet. Ein neues, differenziertes Subsystem verfügt über ein Wertsystem, das sich im Rahmen des übergeordneten Systems befindet. Es spezifiziert das Wertsystem des übergeordneten Systems. Dies ist ein wechselseitiger Prozess, in dem eine gewisse Passung zwischen Wertsystem des über- und des untergeordneten Systems hergestellt wird. Das untergeordnete System spezialisiert Werte des übergeordneten Systems, das übergeordnete generalisiert sein Wertsystem, sodass alle spezialisierten Wertsysteme der Sub(sub...)systeme eingeschlossen sind. Gab es vormals in einem bäuerlichen Haushalt Werte wie Familienzusammenhalt und interne verwandtschaftliche Loyalität, so sind diese zu generalisieren: Es gibt verschiedene Loyalitäten, die sowohl Haushaltsangehörige als auch Kolleg*innen umfassen. Ein anderes Beispiel (vgl. Alexander 1987: 79): Der spezielle Wert, in einer Gesellschaft einer bestimmten Religion angehören zu müssen, generalisiert sich zum Wert der Religionsfreiheit. Wertgeneralisierung und Einbeziehung hängen eng zusammen, da sich auf Basis gemeinsamer, generalisierter Werte die Koordination

der verschiedenen differenzierten Systeme vollzieht. Letztlich werden Werte dadurch „more acceptable and applicable to all" (Spates 1983: 33).

Vor allem nach 1950 sieht Parsons diese Prozesse als positive Entwicklungen für Gesellschaften (vgl. Schroer 2017: 135–136; Alexander 1987: 76–78). Differenzierung bedeutet zunehmende Eigenständigkeit, Wertgeneralisierung sowie Einbeziehung implizieren zunehmende Gleichheit und Wertgeneralisierung eröffnet einen Autonomiespielraum; insgesamt wird eine höhere Komplexität und damit eine höhere Gestaltungsmöglichkeit in Bezug auf die Umwelt erreicht.

Parsons befasst sich im Zusammenspiel mit diesem analytischen Schema mit konkreten historischen Wandlungsprozessen. Er identifiziert typische Differenzierungen sowohl auf Ebene des allgemeinen Handlungssystems, wie die Differenzierung von Kultur- und Sozialsystem oder von Persönlichkeits- und Sozialsystem (Gesellschaft), als auch auf der Ebene der Gesellschaft bzw. des Sozialsystems, wie die Differenzierung zwischen Gemeinschafts- und politischem System (vgl. Parsons 1976b: 148–149, 1971d: passim). Parsons zeichnet somit das Entstehen der modernen Gesellschaft nach, wobei er auf konkrete bestehende oder historische Gesellschaften eingeht (vgl. v. a. Parsons 1966a, 1971d).

Die Modernisierung lässt sich dabei in „three processes of revolutionary structural change" (Parsons & Platt 1973: 1; vgl. auch Parsons 1971d: 74–85, 94–98) beschreiben: *industrielle Revolution, demokratische Revolution* und *Revolution des Bildungswesens*. Alle drei Revolutionen brachten ein *adaptive upgrading* mit sich, da „[f]or both society and the individual, they contributed to freedoms from previously constricting limitations and to opportunities for previously impossible achievements" (Parsons & Platt 1973: 1). Die industrielle Revolution führte zur Differenzierung zwischen Wirtschafts- und politischem System, die demokratische zur Differenzierung von politischem und Gemeinschaftssystem und die Bildungsrevolution, die in Kap. 3.7 näher betrachtet wird, zur Differenzierung von Gemeinschafts- und Treuhandsystem und darüber vermittelt von Gemeinschafts- und Kultursystem (vgl. Parsons 1971d: 101; Joas & Knöbl 2011: 135).

Neben Differenzierung bzw. den evolutionären AGIL-Wandlungsprozessen und den drei Revolutionen stellt das Konzept der *evolutionären Universalien* in Parsons' Theorie einen weiteren Zugang zur Analyse der Modernisierung dar (vgl. Schroer 2017: 124–126; Münch 2007: 40; Daheim 1993: 71; Bourricaud 1981: 207–210; Moore 1978: 351–352). Bezugspunkt für die Definition dieses Konzepts ist dabei die Adaptationsfähigkeit:

> „An evolutionary universal, then, is a complex of structures and associated processes the development of which so increases the long-run adaptive capacity of living systems in a given class that only systems that develop the complex can attain certain higher levels of general adaptive capacity." (Parsons 1964b: 340–341)

2.7 Modernisierung

Evolutionäre Universalien sind demnach fundamentale Entwicklungen bzw. Voraussetzungen für Entwicklung im Sinn einer höheren Adaptationsfähigkeit. Charakteristisch für evolutionäre Universalien ist, dass sie in der Geschichte nicht nur einmalig auftreten, sondern mehrmals, d. h. in verschiedenen Gesellschaften, was ihren Status als universale Bedingung für Modernisierung unterstreicht.

Parsons nennt verschiedene Universalien, die sich im Grad ihrer Notwendigkeit für die Entwicklung von Gesellschaften bzw. in ihrem Bezug auf verschiedene Stufen gesellschaftlicher Entwicklung unterscheiden. Dazu zählen zunächst Kultur bzw. Religion, Sprache, Verwandtschaft und Technologie, weiterhin Stratifikation und kulturelle Legitimation sowie schließlich bürokratische Organisationen, Geld und Markt, das universalistische Rechtssystem und die demokratische Vereinigung. Auch die Wissenschaft wird in die Nähe evolutionärer Universalien gerückt (vgl. ebd.: 357).

Schon mit diesen knappen Ausführungen erscheint die Kritik, Parsons' Theorie sei zu statisch, oder allgemeiner die Kritik am „eher unhistorisch verfahrende[n] Strukturfunktionalismus" (Kolbe et al. 2009: 156) fragwürdig. Der Vorteil von Parsons' Modernisierungstheorie auf Basis des AGIL-Schemas liegt zudem erstens darin, dass sie keine eindimensionale Entwicklung von traditionalen zu modernen Gesellschaften annimmt. Ein zweiter Vorteil lässt sich darin sehen, dass sie nicht-evolutionistisch ist (vgl. Schluchter 2015: 435–436; Joas & Knöbl 2011: 132–133, 136). Denn Parsons behauptet keine Notwendigkeit oder Teleologie, alle Gesellschaften müssten sich in einer bestimmten Folge entwickeln.

Zu erwähnen ist in diesem Zusammenhang weiterhin der Vorwurf an Parsons, seine Modernisierungstheorie sei amerikazentrisch und stilisiere die Vereinigten Staaten zu einem Ideal oder zum höchsten Ziel aller gesellschaftlichen Wandlungen (vgl. Nolte 1987: 582). Zwar ist Parsons' Theorie allgemein wie auch speziell seine Modernisierungstheorie nicht an sich politisch oder ideologisch. Doch es ist kaum zu bestreiten, dass er mit ihnen *auch* politisch-ideologische Hoffnungen verband. Daher lässt sich von einer „optimistische[n] Gesellschaftstheorie" (ebd.: 589) sprechen, wobei Parsons die Vereinigten Staaten als Beispiel für „a ‚good' society" (Alexander 1987: 113; vgl. auch Schroer 2017: 135; Lidz & Staubmann 2016: 34–35; Schluchter 2015: 436) sieht. Problematisch ist also, dass Parsons sein theoretisches Modell der Modernisierung nicht deutlich genug von der empirischen Beschreibung trennt bzw. er die Vereinigten Staaten als empirisches Beispiel zu deutlich zum Bezugspunkt seines theoretischen Modells macht (vgl. Alexander 1987: 80–81; eher gegenteilig Münch 2004: 115).

Allerdings findet sich Parsons' positive Sicht auf Modernisierung, wie sie die Vereinigten Staaten verkörpern, nicht durchgängig in seinem Werk. Vielmehr weisen vor allem Essays vor 1950 in die gegenteilige Richtung. Hier diskutiert

2 Parsons' normativfunktionalistische Handlungssystemtheorie

Parsons Modernisierung kritischer, sieht beispielsweise in der starken Betonung einer universalistischen Leistungsorientierung Schattenseiten wie Verlustängste und permanente Unsicherheit für die Individuen (vgl. Münch 2004: 126–128; Alexander 1987: 65–72; W. Mitchell 1967: 40–41). Es gibt demnach „[an] optimistic turn in Parsons' later work" (Alexander 1987: 75), was zu „a naive bias toward ‚progress' and stability" (ebd.) führt.

2.8 System, Funktion, Struktur, Prozess

Einige für Parsons' Theorie zentrale Begriffe – System, Funktion, Struktur und Prozess – sind bis hierhin verwendet worden, ohne sie genauer und ausführlicher definiert zu haben. Dies erst jetzt zu tun, lässt sich vor allem damit rechtfertigen, dass die genannten Begriffe am sinnvollsten in ihrem Zusammenhang betrachtet werden können. Das Anliegen, diese Begriffe im Folgenden konzise zu bestimmen, ist dabei nicht ganz unproblematisch. Denn hier kulminiert das eingangs erwähnte Problem, dass Parsons seine Begriffe nicht immer klar definiert, sie in veränderter Weise gebraucht und diese Veränderungen nicht erklärt (s. S. 28). Insbesondere werden die Begriffe bei Parsons in unterschiedlichen Phasen unterschiedlich verwendet (vgl. für den Begriff des Systems Schluchter 2015: 360, 399). Die folgenden Ausführungen konzentrieren sich überwiegend auf die Verwendung der Begriffe im Spätwerk von Parsons, d. h. auf die aus seiner Sicht finalen Fassungen, ohne dass Veränderungen im Detail nachgezeichnet werden.

Begonnen wird mit dem Begriff des *Systems*, der bereits auf S. 41 definiert wurde. Nach Parsons' eigener Aussage lässt sich der Begriff in zwei verschiedenen Zusammenhängen verwenden:

> „Methodologisch muß unterschieden werden zwischen einem *theoretischen* und einem *empirischen* System. Ein *theoretisches* System ist eine Menge von Grundannahmen sowie Begriffen und Aussagen. Ein solches theoretisches System muß logisch integriert sein und kann darüber hinaus empirischen Bezug haben [...]." (Parsons 1976d: 275, H. i. O.; vgl. auch Parsons 1954c: 212–214)

Obwohl beide System-Begriffe verschieden sind, hängen sie dennoch zusammen, da ein empirisches System immer auf ein theoretisches System verweist. Auch ein empirisches System ist insofern immer ein Konstrukt, das zwar aus realen Phänomenen besteht, aber erst durch die entsprechende, durch ein theoretisches System mögliche Deskription oder Analyse zum empirischen System wird (vgl. Jensen 1976: 26): „Ein empirisches System [...] ist niemals eine totale konkrete Entität; es ist vielmehr eine selektive Organisation jener Eigenschaften einer konkreten Entität, die als relevant für das jeweilige theoretische System

2.8 System, Funktion, Struktur, Prozess

definiert sind" (Parsons 1976d: 275). Die Verwobenheit von empirischem und theoretischem System macht es mitunter schwer zu entscheiden, von welchem der beiden Systeme bei Parsons gerade die Rede ist (vgl. Jensen 1976: 27).

Mit einem empirischen System lässt sich somit die Realität betrachten, das System ist aber nicht die Realität selbst: „Man kann also niemals ein System, sondern nur einen *Gegenstand als System* erblicken" (Jensen 1976: 26, H. i. O.; vgl. auch Jensen 1980b: 87–88, 1978: 122). Dementsprechend war bei den bereits diskutierten Systemen – wie den funktional definierten Handlungssubsystemen, der Gesellschaft als Sozialsystem oder den Subsystemen der Gesellschaft – darauf hingewiesen worden, dass es sich um analytisch konstruierte Systeme handelt.

Der Unterscheidung zwischen theoretischem und empirischem System stellt Parsons folgende Definition eines Systems voran:[98]

> „Der Begriff ‚System' bezeichnet *erstens* einen Komplex von Interdependenzen zwischen Teilen, Komponenten und Prozessen mit erkennbar regelmäßigen Beziehungen, und *zweitens* eine entsprechende Interdependenz zwischen einem solchen Komplex und seiner Umwelt." (Parsons 1976d: 275, H. i. O.; vgl. auch Parsons, Bales & Shils 1953: 174; W. Mitchell 1967: 51)

Daraus ergeben sich folgende definitorische Merkmale:

- Ein System besteht aus Einheiten (vgl. Parsons 1959a: 628).
- Diese Einheiten stehen in einem Zusammenhang (vgl. Bourricaud 1981: 42–43). Zusammenhang (oder Interdependenz) meint dabei überzufällige Beziehungen zwischen den Einheiten eines Systems. Systeme sind daher *„Bereiche relativer Nichtzufälligkeit"* (Ackerman & Parsons 1976: 73, H. i. O.). Der Gegenbegriff zum System ist „random variability" (Parsons et al. 1962: 5). Der überzufällige Zusammenhang muss kein ‚naturgegebener' Zusammenhang sein. Was als System verstanden wird, hängt davon ab, welches Kriterium zugrunde gelegt wird (vgl. W. Mitchell 1967: 52). In Abhängigkeit davon können aus der gleichen Menge Einheiten verschiedene Systeme konstruiert werden – hier zeigt sich wieder Parsons' konstruktivistische Auffassung (vgl. Parsons 1976d: 308; s. S. 34).
- Die zusammenhängenden Einheiten grenzen das System von seiner Umwelt ab. Diese Umwelt ist alles, was nicht Teil des Systems ist (vgl. Parsons & Bales 1955: 403). Jensen (in Parsons 1976c: 267) bezeichnet die Umwelt daher als „eine Residualkategorie" (vgl. auch Jensen 1980b: 75–76). Die Umwelt ist demnach definiert als Menge aller Einheiten, die nicht in eben jenem überzufälligen Zusammenhang stehen, der das System ausmacht. Hinsichtlich des gewählten

---

[98] Die sich dann aber wiederum nur auf empirische und, noch genauer, offene Systeme zu beziehen scheint, weil das Merkmal des Austauschs mit der Umwelt nicht universell für Systeme gilt.

2 Parsons' normativfunktionalistische Handlungssystemtheorie

Kriteriums, das der Systemkonstruktion zugrunde liegt, unterscheiden sich also die Einheiten des Systems und alle übrigen Einheiten. Mit Blick auf dieses Kriterium ist das System stabiler, geordneter oder zusammenhängender als seine Umwelt (vgl. Parsons 1977b: 230; Parsons & Platt 1973: 10).
- Das System interagiert mit seiner Umwelt. Es unterhält Austauschprozesse mit ihr (vgl. Ackerman & Parsons 1976: 73). Dieses Merkmal bezieht sich auf eine bestimmte Klasse von Systemen, nämlich offene – im Gegensatz zu geschlossenen (vgl. Staubmann 2015: 201) – und grenzerhaltende (*boundary-maintaining*, vgl. Bachmann 2017: 92–93) Systeme, wozu auch Handlungssysteme gehören (vgl. Parsons 1977b: 230, 1976c: 166–167, 1976d: 278, 1961b: 963, 1959a: 636, 1958a: 284, 1953: 623; Parsons & Platt 1973: 10).[99],[100]

Zusammengefasst ergibt sich folgende Definition:[101] Ein System ist ein Zusammenhang von Einheiten, die sich in einer bestimmten Hinsicht von allen anderen Einheiten unterscheiden.[102] Aus der Relativität oder konstruktivistischen Verfasstheit von System und Umwelt folgt (vgl. Parsons 1959a: 628; Parsons, Bales & Shils 1953: 168, 174–176; Joas & Knöbl 2011: 119–120; Boudon & Bourricaud 1992: 567): Eine Einheit kann auch als System betrachtet werden, ein System als Einheit, ein System als Umwelt, Teile der Umwelt als System, Subsysteme als Systeme und Systeme als Subsysteme.

Eine weitere zentrale Annahme von Parsons besteht darin, dass Systeme danach streben, sich selbst zu erhalten (vgl. Parsons & Shils 1962b: 107; Staubmann 2015: 207–208). Der Selbsterhalt bezieht sich auf die bereits angeklungene Aufrechterhaltung einer Abgrenzung zur Umwelt, zum Nicht-System – daher die Rede von „systems of the boundary-maintaining, self-maintenance type" (Parsons & Shils 1962b: 109; vgl. auch Parsons 1977c: 101): „Boundary maintenance means maintenance of a distinctive intrasystem pattern which is not assimilated to the patterning of the extrasystem situation" (Parsons 1959a: 643). In Bezug auf „fluctuations in the factors of the environment, it [das System, R. L.-S.] main-

---

[99] Handlungssysteme sind zudem, um eine weitere Klasse von Systemen anzusprechen, lebende Systeme. Bei Parsons sind alle lebenden Systeme auch offene und grenzerhaltende Systeme (vgl. Parsons 1977b: 230).
[100] Es ist daher fragwürdig, Parsons ein „‚closed-system-model'" zu unterstellen, wie es Wiater (2016: 64) tut.
[101] Abgesehen von der Interaktion mit der Umwelt entsprechen die definitorischen Merkmale denen bei Scherr (2018: 441); er bezeichnet diese drei Grundmerkmale als Relationen, Strukturbildung sowie Grenzziehung und Grenzerhaltung.
[102] Eine solche Definition, die vor allem nicht das Merkmal umfasst, ein System erhalte sein Gleichgewicht – siehe dazu das Folgende im Text – oder passe sich an eine sich verändernde Umwelt an, stellt eine Art Minimalkonsens dar, weil solch ein zusätzliches Merkmal umstritten ist, besonders wenn es auf die Gesellschaft angewandt wird (vgl. Boudon & Bourricaud 1992: 568–570).

2.8 System, Funktion, Struktur, Prozess

tains certain constancies of pattern, whether this constancy be static or moving" (Parsons 1964c: 482).

Das AGIL-Schema definiert vier Erfordernisse, die zum Selbsterhalt des Systems notwendig sind.[103] Die Annahme einer Tendenz zum Selbsterhalt ist folglich Referenz- oder Ausgangspunkt für eine empirische Analyse. Sie beschreibt zwar eine unterstellte Grundtendenz aller Systeme (vgl. W. Mitchell 1967: 55), geht aber nicht davon aus, dass sich tatsächlich alle Systeme aufrechterhalten (vgl. Parsons 1976c: 170).

Statt des Selbsterhalts wird zum Teil auch der Begriff des Equilibriums bzw. des Gleichgewichts als dieser Referenzpunkt genutzt (vgl. z. B. ebd.: 169). Gleichgewicht kann sich dabei sowohl auf ein systeminternes Gleichgewicht beziehen (vgl. Parsons 1958a: 283) – so im Fall eines gleichgewichtigen Interaktionssystems (s. S. 45), in dem die Rollen und das Handeln der verschiedenen Akteur*innen in einem stabilen Gleichgewicht sind und sich auf relativ gleichbleibende normative Muster beziehen (vgl. Parsons 1964c: 481) – als auch darauf, dass die Austauschprozesse des Systems und der Teilsysteme mit seiner Umwelt bzw. ihren Umwelten in einem Gleichgewicht stehen (vgl. W. Mitchell 1967: 55); daher wird auch von „subequilibriums" (Parsons & Shils 1962b: 226) gesprochen. Zum Teil werden die Begriffe unterscheidend verwendet (siehe die Definitionen des Begriffs ‚Equilibrium' bei Parsons 1959a: 631; ähnlich Parsons & Bales 1955: 402), zum Teil aber auch anscheinend synonym (vgl. Parsons & Shils 1962b: 107, 120; Parsons & Smelser 1956: 16; W. Mitchell 1967: 57). Eine synonyme Verwendung klingt etwa an, wenn es heißt:

> „In gewissem Sinn neigt ein soziales System zu einem ‚stabilen Gleichgewicht', zu einer dauerhaften Erhaltung seiner selbst *als* System und zur Bewahrung eines bestimmten, entweder statischen oder dynamischen strukturellen Musters." (Parsons 1986: 160, H. i. O.)

Parsons versucht, eine missverständliche Interpretation des Begriffs ‚Gleichgewicht' (im Sinn von Harmonie; vgl. als Kritik am Funktionalismus Münch 2003: 19–20) zu vermeiden, indem er nicht nur ein statisches, sondern auch ein dynamisches Gleichgewicht skizziert. Equilibrium kann also den Erhalt eines statischen Zustands („stable equilibrium" (Parsons & Shils 1962b: 107)) bedeuten, aber auch einen Prozess der Veränderung, der jedoch nicht zufällig verläuft, sondern nach

---

[103] Hier und später beim Begriff der Funktion könnte der Eindruck entstehen, es ginge allein um den Erhalt des Systemmusters, womit eine deutliche Vorrangstellung der L-Funktion verbunden wäre. Selbst wenn dies der Fall ist, ist zu berücksichtigen, dass auch die anderen drei Funktionen unumgänglich für den Selbsterhalt des Systems sind. Eine Gesellschaft kann sich nicht als Gesellschaft erhalten, nur indem sie eine gemeinsame kulturelle Identität pflegt.

2 Parsons' normativfunktionalistische Handlungssystemtheorie

Mustern und damit wiederum von der Umwelt abgrenzbar ist („moving equilibrium" (Parsons & Shils 1962b: 107; vgl. auch Parsons 1977c: 101, 1958a: 283; Parsons & Bales 1955: 402; Bourricaud 1981: 97, 193)).[104]

Bei alldem ist das Konzept des Equilibriums *„a theoretical assumption, not an empirical generalization"* (Parsons 1964c: 481, H. i. O.):

> „[I]t is not a factual or empirical description of society as such. In principle, such a model biases the observer neither toward empirical stability nor change, neither toward a positive and approving view of a particular society nor toward a negative and critical one." (Alexander 1987: 73; vgl. auch Feldhoff 1965: 9)

Die Gleichgewichtsannahme ist Ausgangspunkt, um zu fragen, wie solch ein Gleichgewicht erreicht wird und wie nicht:

> „The essential point is that it is a principal aim of such a theory to attempt to define sets of conditions under which relations between the component parts of the system will tend to remain stable, either in a ‚static' sense or in one of following an orderly pattern of development. For this to be possible the conditions of a stable state must be discriminated from conditions whlch lead either to change of state of the system, or to ‚disintegration' of the system, that is to its disappearance as a system of the relevant type [...]." (Parsons 1958a: 283–248)

Einen relativen oder konstruktivistischen Charakter haben auch die Begriffe *‚Struktur'* und *‚Prozess'*. Denn beide ergeben sich je nach Setzung der beobachtenden Person:

> „A structure is any describable arrangement of a system's elements which are distinguishable from each other, and the properties and relations of which can be presumed to remain constant for purposes of a particular analysis. A structure is not an ontological entity but is strictly relative to the investigatory purpose and prospective. [...] Process, then, consists in the theoretically significant aspects of a system which undergo ‚change of state' within the time period of significance for a given investigatory purpose." (Parsons 1977b: 236–237)

Die Konstruktion eines Systems umfasst also Einheiten des Systems, Strukturen und Prozesse. Die Struktur umfasst jene Aspekte des Systems und ihre Beziehungen, die zum Zwecke und im Rahmen der Untersuchung eines Systems als konstant angenommen werden (vgl. Parsons 1976c: 167–168).[105] Stabilität kann

---

[104] Ähnliches wurde im Zusammenhang mit der L-Funktion formuliert, die ebenfalls beide Aspekte umfasst; s. S. 88.
[105] In anderen Formulierungen von Parsons werden Struktur und System jedoch auch nahezu synonym verwendet: „Zeigt eine Reihe interdependenter Phänomene eine bestimmte Anordnung von Elementen (patterning) sowie Stabilität in der Zeit, dann können wir sagen, daß diese Phänomene eine ‚Struktur' haben und als ‚System' behandelt werden sollten" (Parsons 1976c: 167; vgl. auch Abels & A. König 2016: 70; Staubmann 2015: 201; Boudon & Bourricaud 1992: 557).

2.8 System, Funktion, Struktur, Prozess

auch stabile Veränderung bedeuten, d. h., die Struktur als Konstrukt ist zwar stabil, die entsprechenden empirischen Aspekte müssen aber nicht statisch sein.[106] Prozesse umfassen demgegenüber alle Aspekte des Systems, die sich im Rahmen der Untersuchung, also in einem festgesetzten Rahmen und einer festgesetzten Zeit, verändern.

Als Beispiele führt Parsons (1977b: 237) an, dass in einem Sozialsystem Kommunikation und Interaktion (als Prozesse) vor dem Hintergrund der zugrunde liegenden Sprache und Codes (als Struktur) untersucht werden können. In gleicher Weise kann das Handeln von Akteur*innen einer Familie (Prozess) untersucht werden, wobei von konstanten Rollen innerhalb der Familie (Struktur) ausgegangen wird. Real können sich die Rollen innerhalb der Familie über einen gewissen Zeitraum verändern, was verdeutlicht, dass die Struktur lediglich analytisch konstant gehalten ist. In Sozialsystemen lässt sich die institutionalisierte normative Kultur als Struktur auffassen (s. S. 103).

Der Begriff der *Funktion* hängt eng mit Strukturen und Prozessen zusammen: „Functions are performed, or functional requirements met, by a combination of structures *and* processes" (ebd.: 236, H. i. O.).[107] Das Konzept der Funktion leitet Parsons (ebd.: 230) aus den Charakteristika eines offenen Systems ab (so wie das AGIL-Schema, s. S. 85). Diese müssen Austauschprozesse mit der Umwelt unterhalten und sich dabei von der Umwelt abgrenzen, um weiterhin System zu bleiben:

> „From this perspective, the functional problems of a living system concern the maintenance of its distinctive patterns in the face of the differences between internal and environmental states, the greater variability—in some respects—of the latter, and the system's own ‚openness.'" (ebd.)

Funktionen sind demnach Erfordernisse, die ein System erfüllen muss, um System zu bleiben (vgl. Chriss 2016: 63; Daheim 1993: 38; Bélanger & Rocher 1975: 25; bezogen auf eine Gruppe als Sozialsystem Münch 2004: 69). Es sind „exigencies of

---

[106] Der Bezug des Begriffs der Struktur auf gewisse stabile Aspekte des Systems zeigt sich auch in der Definition von Levy (1968: 22): „The term ‚structure' may be defined as [...] an observable uniformity, in terms of which action (or operation) takes place". Der konstruktivistische Charakter wird von ihm ebenfalls betont: „Classification of a referent as a function or a structure depends in part on the point of view from which the phenomena concerned are discussed. What is a function from one point of view is a structure from another. [...] The politeness of small children may be considered as a structure of their behavior or as a function of operation in terms of the structures (i.e., patterns) of discipline indulged in by their parents" (Levy 1968: 23; vgl. auch Bühl 1975: 66–67).

[107] Umfassender stellen sich die Begrifflichkeiten bei Czerwick (2015: 42) anhand eines Beispiels dar, in dem der Deutsche Bundestag als System und Gesetzgebung als seine Funktion betrachtet wird sowie „Normen, Strukturen, Akteure und Prozesse" zwischen Funktion und System vermitteln.

a system maintaining an independent existence within an environment" (Parsons 1970d: 849).

Infolge dessen lassen sich Strukturen und Prozesse daraufhin untersuchen, inwiefern sie dazu beitragen, solche Erfordernisse zu erfüllen. Wenn Funktionen im Sinn funktionaler Erfordernisse die Existenz des Systems betreffen, betreffen sie also das Verhältnis zwischen System und Umwelt: „Funktionale Probleme beziehen sich auf die Bedingungen der Erhaltung und/oder der Entwicklung von Austauschprozessen mit Umweltsystemen" (Parsons 1976d: 279). Mit dem Begriff der Funktion wird somit eine Beziehung hergestellt zwischen Teilen des Systems, einzelnen Strukturen oder Prozessen und dem System als Ganzem, ggf. im Verhältnis zu seiner Umwelt. Es geht um „die Frage nach dem Platz jedes gegebenen deskriptiven Einzelteils in einem umfassenderen System" (Parsons 1964a: 31).[108] Luhmann (1962: 618–619) reformuliert Parsons' Funktionsbegriff ganz entsprechend: „Als funktional gilt eine Leistung, sofern sie der Erhaltung einer komplex strukturierten Einheit, eines Systems dient. [...] Jede Leistung, die zur Erhaltung eines solchen Systems beiträgt, hat dadurch eine Funktion".

Die Herleitung des Begriffs ‚Funktion' führt dann direkt zum AGIL-Schema. Funktionen repräsentieren Spezifizierungen des übergeordneten Problems des Selbsterhalts. Bei Parsons gibt es demnach genau vier Funktionen, und zwar die AGIL-Funktionen.

Wenn Funktionen als funktionale Erfordernisse verstanden werden, also als Beiträge zum Systemerhalt, zur (Weiter-)Existenz des Systems, muss bei der Betrachtung verschiedener Systemebenen geklärt werden, welches System Referenzpunkt für eine bestimmte Funktion ist (vgl. Luhmann 2005: 248–249; E. Becker 1995: 36). Systemerhalt kann sich auf das infrage stehende System selbst oder auf das ihm übergeordnete System beziehen. Letzteres impliziert, dass ein Subsystem ein sich auf eine Funktion spezialisiertes Subsystem eines Systems darstellt. Das Subsystem erbringt dann für das übergeordnete System die entsprechende Funktion. Solch ein Subsystem ist selbst System und daher mit dem Problem des Selbsterhalts befasst. Daher ließe sich auch hier von Funktion sprechen; zur Explikation der Systembezüge ist Luhmann folgend der Begriff ‚Eigenfunktion' jedoch sinnvoller. Schließlich bildet ein System verschiedene Subsysteme aus. Es lassen sich dann Beiträge eines Subsystems für andere Subsysteme und deren Erhalt vorstellen. Diese Beiträge können ‚Leistungen' genannt werden.

---

[108] Eine andere Bestimmung erfährt der Begriff bei Ackerman und Parsons (1976: 76): „*Eine Funktion ist ein Energie-Output eines Handlungssystems in ein anderes System, der informationell gesteuert wird durch die adaptiven Mechanismen des (empfangenden) Rezeptorsystems. [...] In Funktionen sind immer Richtung und Beitrag enthalten: eine Funktion gibt ‚an etwas' ab und trägt ‚zu etwas' bei*" (H. i. O.).

2.9 Vom Strukturfunktionalismus zum normativen Funktionalismus

Vor allem mit Blick auf die Begriffe der Struktur und der Funktion stellt sich die Frage, was Strukturfunktionalismus ist und inwiefern Parsons' Theorie als strukturfunktionalistisch bezeichnet werden kann. Bevor diese Frage in Kap. 2.9.2 geklärt wird, soll es in Kap. 2.9.1 zunächst um die übergeordnete Theorie-Richtung des Funktionalismus gehen (vgl. zusammenfassend Baecker 2014; Sciortino 2009; Stark 2009; Münch 2003; Boudon & Bourricaud 1992: 156–160; Giesen 1991; Moore 1978; Cancian 1968). Abschließend wird in Kap. 2.9.3 der Begriff des normativen Funktionalismus erläutert und in seiner Eignung zur Charakterisierung von Parsons' Theorie begründet.

2.9.1 Funktionalismus

Der Funktionalismus, der auf Autoren wie Spencer, Malinowski, Radcliffe-Brown und Durkheim zurückgeht, mit dem sich später aber auch Merton, Luhmann und andere auseinandergesetzt haben, umfasst „a great variety of approaches [...] that share only one common element: an interest in relating one part of a society or social system to another part or to some aspect of the whole" (Cancian 1968: 29; vgl. auch Daheim 1993: 29). Es geht demnach darum, den Zusammenhang eines Teils zu anderen Teilen oder einem Ganzen zu betrachten (vgl. Czerwick 2015: 7, 30). Nach Sciortino (2009: 106) liegt das gemeinsame Ziel aller funktionalistischen Ansätze dementsprechend darin, „to assess an action or social process in terms of its consequences for the social unit deemed relevant" (ähnlich Joas & Knöbl 2011: 90; Holmwood 2005: 88–92; Jensen 2003: 179; Daheim 1993: 25; Moore 1978: 324). Der Funktionalismus bezieht sich demnach auf eine Art der Analyse von Gesellschaften und anderen sozialen Einheiten, Systemen, Ordnungen etc. (vgl. Stark 2009: 164; Münch 2003: 17; Boudon & Bourricaud 1992: 156). Er ist sowohl eine Methode der Gesellschaftsanalyse oder -beobachtung als auch eine Theorie als solche (vgl. Stark 2009: 171).[109]

Funktionalismus existiert in verschiedenen Spielarten und Bedeutungen (vgl. Czerwick 2015: 1, 10; Bühl 1975: 12–32). Cancian (1968: v. a. 29–30) unterscheidet beispielsweise drei Typen des Funktionalismus: einen soziologisch-basalen Funktionalismus, der nach dem Zusammenhang zwischen Teilen des Ganzen fragt, einen traditionellen Funktionalismus, der den Beitrag von Teilen zum Erhalt des Ganzen in den Blick nimmt, und einen formalen Funktionalismus, der

---

[109] Dementsprechend spricht Luhmann (1962) gleichermaßen von „funktionalistische[r] Methode" (S. 617) wie „funktionalistische[r] Theorie" (S. 619).

2 Parsons' normativfunktionalistische Handlungssystemtheorie

von gleichgewichtigen, sich selbst regulierenden Systemen ausgeht und nach Feedback-Zusammenhängen zwischen den Teilen sucht. Bei Parsons selbst finden sich alle drei Typen (vgl. Cancian 1968: 30), wenngleich im letzten und im vorliegenden Kapitel dieser Arbeit Parsons' traditioneller Funktionalismus fokussiert wird. Auch Bourricaud (1981: 96–97) stellt im Werk Parsons' verschiedene Versionen des Funktionalismus fest.

Bühl (1975: 17–22) fasst Parsons' Funktionalismus vor allem als Bestands- bzw. Erfordernis-Funktionalismus auf (vgl. auch Joas & Knöbl 2011: 358), spricht ihn aber auch im Kontext der beiden anderen von ihm unterschiedenen Formen des Funktionalismus – des Evolutions- bzw. historischen sowie des verstehenden Funktionalismus – an. Die Grundannahme des Bestandsfunktionalismus liegt – ganz im Sinn des Kap. 2.8 – darin, „daß das oberste Ziel oder die erste Funktion aller Unterfunktionen und ihrer strukturellen Korrelate die Selbsterhaltung des Systems oder die Sicherung des Systembestandes" (Bühl 1975: 17) ist. Mit dem Begriff des funktionalen Erfordernisses ist dementsprechend „eine generelle Bedingung, die für die Aufrechterhaltung der betreffenden Untersuchungseinheit notwendig ist" (ebd.: 18), gemeint.

Der Funktionalismus entstand ursprünglich durch Übertragung biologischer Methoden und Begriffe auf die Analyse der Gesellschaft (vgl. Czerwick 2015: 8–9; Münch 2003: 17). Es wird eine Evolution der Gesellschaft angenommen und die Gesellschaft wird als Organismus verstanden, der aus Teilen besteht, die zu seinem Sein beitragen. Solche biologischen Parallelisierungen finden sich auch bei Parsons, wenn er etwa den Begriff der Struktur anhand der anatomischen Struktur eines Organismus illustriert (vgl. Parsons 1977b: 236, 1964a: 32; Moore 1978: 328; Dahrendorf 1955: 497; für den System-Begriff Ackerman & Parsons 1976: 73; W. Mitchell 1967: 51; speziell für Handlungssysteme Parsons 1959a: 616). Insbesondere geht das Verständnis der „Funktion als Bewirkung des Bestandes oder einzelner Voraussetzungen des Bestandes eines Aktionssystems" (Luhmann 1962: 629), d. h. bezogen „auf das Überleben eines Aktionssystems" (ebd.), auf ein biologisches Denken zurück. Problematisch an dieser Parallelisierung ist allerdings, dass einer Gesellschaft ein Äquivalent zum Nicht-Überleben, also zum Tod, fehlt (vgl. Luhmann 2002: 14–15; anders Parsons 1958a: 283–284). Ebenso wenig lässt sich parallelisieren, dass sich eine Gesellschaft tiefgreifend ändern kann, ein Organismus hingegen nicht (vgl. Daheim 1993: 45–46; Moore 1978: 342; Cancian 1968: 35):

> „Ein soziales System ist nicht, wie ein Organismus, typenfest fixiert. Aus einem Esel kann keine Schlange werden, selbst wenn eine solche Entwicklung zum Überleben notwendig wäre. […] So verschwimmt den Sozialwissenschaften das Problem des Fortbestandes eines Systems ins Unbestimmte." (Luhmann 1962: 629–630)

2.9 Vom Strukturfunktionalismus zum normativen Funktionalismus

Der Kernbegriff der *Funktion* ist etwas genauer zu betrachten, obgleich sich auch hier keine einheitliche Begriffsbestimmung findet (vgl. Czerwick 2015: 10, 14, 17–23; Levy 1968: 22). Ein sinnvoller Bezugspunkt ist zunächst der mathematische Funktionsbegriff (vgl. Baecker 2014: 138; Haller 2000: 238; Lautmann 1994). In der Form $b = f(a)$ beschreibt er, dass es eine Beziehung zwischen den beiden Variablen a und b gibt – b hängt von a ab; b ist eine Funktion von a; wenn a sich ändert, ändert sich auch b –, wobei f gewissermaßen die Art oder Form der Beziehung zum Ausdruck bringt. Die Funktion sagt dabei zwar aus, *dass* es einen Zusammenhang gibt, sie sagt aber nicht aus, *warum* es ihn gibt.

Im Funktionalismus wird die Funktion begrifflich faktisch umgekehrt. Aus der Aussage ‚b ist eine Funktion von a' wird ‚a hat eine Funktion für b'. Anders formuliert: ‚a hat eine Wirkung, Konsequenz auf b' oder ‚a leistet einen Beitrag für b'. So wird im Allgemeinen eine Funktion definiert als „[o]bjektive Konsequenz, die ein sozialer Sachverhalt in einer Gesellschaft nach sich zieht" (Giesen 1991: 180; ähnlich Moore 1978: 327, 332)[110] – wobei die Gesellschaft in diesem Fall b ist. Funktionen lassen sich demnach als Beiträge (d. h. Wirkungen oder Konsequenzen) von a für b verstehen.

Wenn a ein Teil und b das Ganze oder die Gesellschaft ist, dann ist es das Anliegen des Funktionalismus, „Wirkungen bestimmter Aktionen „für das Ganze" zu erklären" (Jensen 2003: 179; vgl. auch Bourricaud 1981: 95). Wird das Ganze als System konzeptualisiert, zeigt sich der Zusammenhang zwischen Funktionalismus und Systemtheorie (vgl. Czerwick 2015: 27, 51, 59–60). Dem entspricht die Definition bei Bühl (1975: 63) in Anlehnung an Merton: „‚Funktionen sind jene beobachtbaren Konsequenzen, die der aktiven oder passiven Anpassung des Systems dienen; und Dysfunktionen jene beobachtbaren Konsequenzen, die diese Anpassung vermindern.'" Damit lässt sich der Funktionalismus wie folgt zusammenfassen:

> „‚Der Gegenstand der funktionalen Analyse ist irgendein Komplex x. Dieses x ist ein relativ beständiges Charakteristikum oder eine relativ beständige Disposition eines Systems S. Die Analyse soll nun zeigen, daß sich S in einem bestimmten inneren (m) und äußeren (n) Bedingungszusammenhang befindet bzw. daß der Komplex x „Wirkungen", „Symptome", „Erscheinungen" y hervorbringt, die irgendeine Funktion f von S erfüllen, d. h. die notwendig für das ordnungsgemäße Funktionieren von S sind.'" (ebd.: 16)

Ähnlich Czerwick (2015: 181):

> „Ausgangspunkt der folgenden Überlegungen ist zunächst, dass der Gegenstand funktionaler Erklärungen immer Beziehungen zwischen mindestens zwei Variablen ‚X' und ‚Y' innerhalb eines Systems ‚C' sind, dessen Bestandteile sie sind. Eine

---

[110] Worauf sich diese Konsequenz bezieht, nennt Giesen funktionalen Bezug.

2 Parsons' normativfunktionalistische Handlungssystemtheorie

Funktion ist somit in ihrer Grundform eine Beziehung zwischen einer Ursache und einer Wirkung in einem System."

Zum Beispiel hat ein Regentanz, das sei a, für den Stamm, die Gruppe, Gemeinschaft oder Gesellschaft, das sei b, die Funktion f, den sozialen Zusammenhalt zu fördern (vgl. Holmwood 2005: 89). Die Funktion f, die a für b bewirkt, impliziert in diesem Sinn somit einen ‚vorwärts' gerichteten, kausalen Zusammenhang (vgl. Luhmann 1962: 619): Weil a stattfindet, passiert etwas mit b. Oder: Weil a existiert, wird f realisiert, weshalb etwas mit b passiert. Deutlich wird diese Kausalität im von Münch (2003: 27) formulierten Funktionsbegriff bei Durkheim: „Die Funktion wird als Auswirkung der Ursache begriffen".

Um verlässliche Aussagen dieser Art treffen zu können, ist es nötig, auszuschließen, dass eine Wirkung bzw. Funktion nicht durch andere Ursachen a', a'' usw. bewirkt wird (vgl. Münch 2003: 21; Cancian 1968: 33; Luhmann 1962: 622). Durkheim, der für eine deutliche Trennung funktionaler und kausaler Analyse plädiert (vgl. Sciortino 2009: 108; Münch 2003: 26; Daheim 1993: 27), sieht daher die Notwendigkeit, funktionale Analysen durch kausale zu ergänzen, um a', a'' usw. als Ursachen auszuschließen.[111] Deutlich wird damit die Anforderung an Aussagen über Funktionen, dass diese auf begründeten Zusammenhängen zwischen a, f und b basieren müssen. Funktionen können nicht ohne Weiteres als vorhanden oder als erfüllt angenommen werden.

In Rückbezug auf Parsons' Funktionsbegriff, wie er in Kap. 2.8 entfaltet wurde, lässt sich nun eine gewisse Engführung feststellen. Parsons hat nicht beliebige Funktionen im Blick – hier könnte von einem weiten Funktionsbegriff gesprochen werden, bei dem Beiträge bzw. Wirkungen unabhängig vom Selbsterhalt gedacht sind –, sondern nur die Funktion des Selbsterhalts und, daraus abgeleitet, die vier AGIL-Funktionen. Funktionen sind daher bei Parsons mit *funktionalen Erfordernissen* identisch (vgl. Cancian 1968: 34)[112] und damit als Beiträge zur Weiterexistenz eines Systems zu verstehen, wie es sich auch in den Bestimmungen

---

[111] Dieser Gedanke ist später zentral in Luhmanns Äquivalenzfunktionalismus (vgl. Joas & Knöbl 2011: 358–360; Bühl 1975: 22–26). Dieser versucht nicht, eindeutige Beziehungen zwischen Ursachen und Wirkungen bzw. Funktionen festzustellen, sondern fragt danach, wie die Funktion auch anders erfüllt werden könnte. Wenn a für b eine Funktion f bewirkt, geht es also darum, ob auch a', a'' usw. f bewirken (vgl. Luhmann 1962: 636): „Die Funktion ist keine zu bewirkende Wirkung, sondern ein regulatives Sinnschema, das einen Vergleichsbereich äquivalenter Leistungen organisiert. Sie bezeichnet einen speziellen Standpunkt, von dem aus verschiedene Möglichkeiten in einem einheitlichen Aspekt erfaßt werden können" (ebd.: 623).

[112] Dementsprechend werden in der vorliegenden Arbeit zwar sowohl die Begriffe ‚funktionales Erfordernis' als auch ‚Funktion' verwendet, im Kontext von Parsons ist jedoch mit ‚Funktion' immer ‚funktionales Erfordernis' gemeint. In den meisten Fällen ist es für den inhaltlichen Sinn allerdings nicht entscheidend, ob die Beiträge auf den Systemerhalt beschränkt werden oder nicht (s. S. 382).

2.9 Vom Strukturfunktionalismus zum normativen Funktionalismus

von Bühl andeutete. Lahusen (2015: 73) versteht Funktion ebenfalls als funktionales Erfordernis: „"Funktion" wird als Beitrag eines Teils zum Weiterbestand und zur Fortentwicklung des Ganzen in einer spezifischen Umwelt verstanden" (ähnlich Czerwick 2015: 16).

Funktionen müssen im Allgemeinen jedoch nicht mit funktionalen Erfordernissen gleichzusetzen sein. So definiert beispielsweise Levy (1968: 22) Funktion als „any condition, any state of affairs, resultant from the operation (including in the term ‚operation' mere persistence) of a unit of the type under consideration in terms of a structure(s)", während „functional requisites" definiert sind als „a generalized condition necessary for the maintenance of the type of unit under consideration" (ebd.: 23).

Bis hierhin beinhaltet der Begriff ‚Funktion' einen kausalen, ‚vorwärts' gerichteten Zusammenhang von a über f nach b. Problematisch – und daher Gegenstand der Kritik am Funktionalismus[113] – ist dabei, ohne Weiteres die gegenteilige Kausalrichtung (‚rückwärts') anzunehmen, also die Funktion, die a für b erfüllt, als Ursache für die (Weiter-)Existenz oder Entstehung von a anzusehen (vgl. Czerwick 2015: 107; Lahusen 2015: 75; Haller 2000: 238). Denn Funktionen im Sinn von Wirkungen als Ursache des Bewirkenden zu verstehen, ist eine Tautologie (vgl. Daheim 1993: 45; Weiss 1993: 14, 16) und logisch keinesfalls zwingend. Es ist daher kritisch festzustellen,

> „daß es nicht ohne weiteres möglich ist, Ursachen durch ihre Wirkungen zu erklären, daß also die Funktion einer Handlung, als Wirkung gesehen, noch kein zureichender Grund ist, der das faktische Vorkommen dieser Handlung erklärt oder eine Voraussage gestattet." (Luhmann 1962: 619)

Zusammenfassend kann festgehalten werden, dass eine Funktion nichts über die Entstehung des Bewirkenden a aussagt und das Bewirkende nicht erklärt (vgl. Jensen 2003: 182; Boudon & Bourricaud 1992: 155); dies ist Gegenstand historisch-genetischer Analysen (vgl. Münch 2003: 21). Joas und Knöbl (2011: 92) geben ein treffendes Beispiel: Haustiere können zwar bestimmte Funktionen für die Familie oder Kinder haben, aber es ist „völlig absurd zu behaupten, daß Kanarienvögel

---

[113] Weitere wesentliche Kritik am Funktionalismus lässt sich mit Merton zusammenfassen. Er identifiziert und kritisiert drei Postulate des Funktionalismus (vgl. Holmwood 2005: 90–91; Münch 2003: 28; Giesen 1991: 186; Cancian 1968: 31–32). So ist es problematisch, anzunehmen, dass jede Einheit der Gesellschaft eine Funktion hat, eine positive Funktion hat und eine positive Funktion für die als geschlossenes Ganzes gedachte Gesellschaft hat. Im Gegenteil: In einer Gesellschaft gibt es afunktionale und dysfunktionale Einheiten sowie Einheiten, die für bestimmte Einheiten der Gesellschaft positive, für andere negative Funktionen haben (vgl. auch Boudon & Bourricaud 1992: 152; Bühl 1975: 23; Luhmann 1962: 633; zu Eu- und Dys- sowie latenten und manifesten Funktionen Czerwick 2015: 23–26; Giesen 1991: 185–187; Levy 1968: 24–26; allgemein zur Kritik am Funktionalismus Czerwick 2015: 137–148).

oder Schildkröten evolutionär deshalb entstanden sind, *weil* sie diese Funktion für die Familie erfüllen sollten" (H. i. O.). Und wenn im Funktionalismus ein Regentanz untersucht wird, lässt sich die These aufstellen, dass solche Tänze für die soziale Gruppe die Funktion erfüllen, einen sozialen Zusammenhalt herzustellen. Damit werden bestimmte Wirkungen des Tanzes für die soziale Gruppe vermutet. Es kann aber nicht unterstellt werden, dass der Regentanz aus diesem Grund entstanden ist (vgl. Holmwood 2005: 89).

Um schließlich ein Beispiel aus der Schulpädagogik zu geben: Wenn Breidenstein (2014: 104) die Frage stellt: „Was leisten die Praktiken der Bewertung für den Unterrichtsalltag selbst?", so fragt er faktisch nach der Funktion dieser Praktiken. Die (Pseudo-)Einbeziehung der Schüler*innen in die Bewertung beispielsweise dient der Legitimierung der Noten. Davon zu unterscheiden ist die Frage, *warum* Lehrpersonen Schüler*innen in die Leistungsbewertung einbeziehen. Dies kann mit der Funktion zusammenfallen; Lehrpersonen beziehen Schüler*innen dann ein, *weil* sie ihre Leistungsbewertung legitimieren wollen. Es sind aber auch andere Gründe denkbar, zum Beispiel könnten Lehrpersonen Schüler*innen in die Leistungsbewertung einbeziehen, weil sie wollen, dass Schüler*innen lernen, sich selbst und andere zu bewerten. Dann sind Ursache und die genannte Funktion der (Pseudo-)Einbeziehung nicht identisch.

Die Funktion ist also nicht als Grund (Gefahr der Tautologie), aber auch nicht als intentionale Absicht (Gefahr der Teleologie) zu verstehen. Dies gilt zumindest in sozialen Zusammenhängen, in denen Funktionen nicht Resultat einer Intention (vgl. Feinberg & Soltis 2009: 36–37) oder der Evolution sind. Die menschliche Nase in ihrer speziellen Form und ihrem speziellen Aufbau hingegen scheint es gerade deshalb zu geben bzw. scheint sie sich evolutionär entsprechend entwickelt zu haben, weil sie dadurch zur besseren Atmung und zum Schutz vor Überhitzung beiträgt (vgl. Bryson 2020: 130).[114] Form und Aufbau der Nase scheinen demnach einerseits diese Funktionen der Atmung und des Überhitzungsschutzes mit zu erfüllen, andererseits ist es plausibel, dass es sie genau deshalb gibt. Ein intentional konstruiertes Fahrradpedal erfüllt ebenfalls eine bestimmte Funktion (Kraftübertragung, Antrieb) und dies ist zugleich Ursache für seine Existenz (vgl. auch Bühl 1975: 62–63). Hier sind demnach ein weiteres Mal biologische Vergleichsvorstellungen problematisch, weil nicht angenommen werden kann, dass alles, was in einer Gesellschaft existiert, aufgrund ihrer aktuellen Funktion entstanden ist bzw. dass es „a process of selection of the fittest social patterns or societies" (Cancian 1968: 35; vgl. auch Moore 1978: 342) gibt.

---

[114] Welche Funktion genau aber zum Beispiel Augenbrauen, Kinn oder Wimpern haben und was deren evolutionären Entstehungsgründe sind, ist umstritten (vgl. Bryson 2020: 129–131). Antworten auf Fragen dieser Art sind also nicht allein in sozialen Zusammenhängen kompliziert.

2.9 Vom Strukturfunktionalismus zum normativen Funktionalismus

Es zeigten sich bereits einige Kritikpunkte am Funktionalismus, zum Teil in Abhängigkeit von seiner konkreten Spielart. Um Funktionalismus sinnvoll nutzen zu können, gilt es vor allem, „zwischen illegitimen – das heißt tautologischen oder teleologischen – und legitimen Verwendungsweisen des Funktionsbegriffes zu unterscheiden" (Boudon & Bourricaud 1992: 152). Ein Funktionalismus, der entsprechende Kritiken berücksichtigt, kann Beziehungen zwischen Teilen der Gesellschaft und zur Gesellschaft als Ganzes in den Blick nehmen, Hypothesen über den Beitrag oder die Funktionen von Teilen für die Gesellschaft aufstellen und versuchen, sie zu belegen. Dafür muss zwischen Funktionen als Hypothesen und Funktionen als empirisch belegten Zusammenhängen unterschieden werden (vgl. Joas & Knöbl 2011: 93; Haller 2000: 230). Wird dies berücksichtigt, sind funktionalistische Aussagen des Typs ‚a bewirkt oder verursacht f für b' möglich und sinnvoll. Ein solch funktionalistisches Anliegen ist dann insgesamt „weniger umfassend, aber wissenschaftstheoretisch einwandfreier" (Haller 2000: 237; vgl. auch Stark 2009: 164). Bei funktionalistischen Aussagen sollte des Weiteren genau ergründet werden, inwiefern Funktionen für die Gesellschaft als Ganzes mit dys- oder afunktionalen Beiträgen zu Teilen der Gesellschaft einhergehen. Im Sinn des Äquivalenzfunktionalismus kann es schließlich sinnvoll sein, andere Funktionen von a, andere Ursachen von f und andere Funktionen in Bezug auf b in den Blick zu nehmen. Bei all dem kann nicht automatisch etwas darüber ausgesagt werden, inwiefern die Funktion f zur Entstehung und/oder zum Erhalt von a beiträgt oder beitrug. In bestimmten Fällen, wenn sich empirische Hinweise dafür finden, ist jedoch auch dies vorstellbar (vgl. Joas & Knöbl 2011: 93).

2.9.2 Strukturfunktionalismus

Nach der Erörterung des Funktionalismus allgemein stellt sich nun die Frage, was genau *Struktur*funktionalismus ist. Auch hier finden sich (unabhängig von Parsons) verschiedene Spielarten (vgl. Daheim 1993: 30; Levy 1968: 21).

Bei Parsons selbst fußt Strukturfunktionalismus auf etwas anderen Bestimmungen der Begriffe ‚Struktur' und ‚Funktion' als in Kap. 2.8. Der Grund liegt darin, dass Parsons die Bezeichnung ‚Strukturfunktionalismus' im Lauf seines Schaffens als inadäquat zurückwies. Es wurde also im vorherigen Kapitel mit den finalen Begriffsfassungen bei Parsons begonnen, während nun ein Schritt zurückgegangen werden muss, um die in der Rezeption recht prominente Bezeichnung des Strukturfunktionalismus erklären zu können.

Die Erklärung des Strukturfunktionalismus (vgl. Parsons 1964c: 20–22) beginnt zunächst mit den Annahmen des vorherigen Kapitels. Hintergrund für den Begriff der Struktur, also Ziel des gedanklichen Stabilisierens bestimmter

2 Parsons' normativfunktionalistische Handlungssystemtheorie

Aspekte des Systems, ist es, eine dynamische Analyse anzubahnen. Damit meint Parsons das Generieren von Kausalerklärungen, Gesetzmäßigkeiten oder Vorhersagen in Bezug auf ein Phänomen oder System. Allerdings können nicht alle Variablen eines Systems in ihren Zusammenhängen berücksichtigt werden.[115] Daher werden zur Komplexitätsreduktion einige Variablen als Konstanten behandelt (vgl. Luhmann 2002: 13; Dahrendorf 1955: 503–504):

> „The most essential condition of successful dynamic analysis is continual and systematic reference of every problem to the state of the system as a whole. If it is not possible to provide for that by explicit inclusion of every relevant fact as the value of a variable which is included in the dynamic analysis at that point, there must be some method of simplification. Logically, this is possible only through the removal of some generalized categories from the role of variables and their treatment as constants. An analytical system of the type of mechanics does just this for certain elements *outside* the system which are conditional to it. But it is also logically feasible *within* the system. This is essentially what happens when structural categories are used in the treatment of dynamic problems." (Parsons 1954c: 218–219, H. i. O.)

Die konstant gehaltenen Variablen sind die Struktur. Die Struktur „is the ‚static' aspect of the descriptive mode of treatment of a system" (Parsons 1954c: 214; vgl. auch Parsons 1959a: 642). Die Struktur ist dabei jedoch relativ:

> „Structure does not refer to any ontological stability in phenomena but only to a relative stability–to sufficiently stable uniformities in the results of underlying processes so that their constancy within certain limits is a workable pragmatic assumption." (Parsons 1954c: 217)

All dies unterscheidet sich nicht von der Begriffsverwendung im vorherigen Kapitel. Das Verständnis von ‚Funktion' und ‚Prozess' ist jedoch ein anderes und führt zum Begriff ‚Strukturfunktionalismus':

> „The logical type of generalized theoretical system under discussion may thus be called a ‚structural-functional system' as distinguished from an analytical system. It consists of the generalized categories necessary for an adequate description of states of an empirical system. On the one hand, it includes a system of structural categories which must be logically adequate to give a determinate description of an empirically possible, complete empirical system of the relevant class. [...] On the

---

[115] Dieses Problem liegt auch dem Funktionalismus grundsätzlich zugrunde: „Der Funktionalismus wird dabei als ein wissenschaftliches Forschungsprogramm konzeptualisiert, das insbesondere für die Analyse komplexer Systeme geeignet ist, die sich dadurch auszeichnen, dass sie nicht mehr alle ihre Elemente komplett miteinander in Beziehung setzen (können), sondern sie nur noch selektiv, und das heißt vor allem *funktional*, miteinander verknüpfen können" (Czerwick 2015: 149, H. i. O.; ähnlich Bühl 1975: 65).

2.9 Vom Strukturfunktionalismus zum normativen Funktionalismus

other hand, such a system must also include a set of dynamic functional categories. These must articulate directly with the structural categories – they must describe processes by which these particular structures are maintained or upset, and the relations of the system to its environment are mediated. [...] On a relatively complete and explicit level this type of generalized system has been most fully developed in physiology [...]. The anatomical structure of the organism is an essential fixed point of reference for all physiological analyses of its functioning. Function in relation to the maintenance of this structure in a given environment is the source of criteria for the attribution of significance to processes such as respiration, nutrition, etc., and of their dynamic interdependence." (ebd.: 218–219)

Funktionen sind demnach Prozesse, die zum Erhalt der Strukturen beitragen (vgl. Lockwood 1956: 135). Sie beantworten die Frage: Wenn Systemaspekte als unveränderlich angenommen werden, welche anderen Systemaspekte tragen dann dazu bei, dass sie tatsächlich Bestand haben?

Später bei Parsons (bzw. im vorigen Kap. 2.8) tragen nicht Funktionen als Prozesse zum Erhalt der Struktur bei, sondern Prozesse und Strukturen erfüllen Funktionen – insofern könnte von einem ‚Struktur-Prozess-Funktionalismus' gesprochen werden, um die Gleichrangigkeit von Strukturen und Prozessen zu betonen. Funktionen werden zudem enger gefasst als funktionale Erfordernisse, sodass sich Strukturen und Prozesse daraufhin untersuchen lassen, ob sie zum Erfüllen der Funktionen beitragen, also einen Beitrag zum Selbsterhalt leisten. Der Akzent bzw. der Analysefokus verschiebt oder verallgemeinert sich damit vom Strukturfunktionalismus (Welche Prozesse, die als Funktionen verstanden werden, tragen in welcher Weise zum Erhalt der Strukturen bei?) zu einem Bestands- bzw. Erfordernisfunktionalismus (Welche Prozesse und Strukturen tragen in welcher Weise zum Erhalt des Systems bei?).[116]

---

[116] Wenn hier solch eine Akzentverschiebung ausgemacht wird, um eine greifbare Blickschneise in das Verständnis von Funktionalismus und Strukturfunktionalismus in Parsons' Theorie zu schlagen, stellt dies eine Zuspitzung dar, die einige Details und Nebenlinien ausblendet. Das sei an einigen Beispielen illustriert.
   1. Im Aufsatz, der im vorangegangenen Kap. 2.8 als Basis diente, formuliert Parsons (1977b: 234) den Kern des Funktionalismus etwas anders: „A functional explanation begins with a postulated state of affairs, and refers *back* to the necessary antecedent or underlying conditions. Such teleology must of course be conditional, couched in the form that *if* certain patterns are to be maintained, or certain goals achieved, certain conditions must be fulfilled" (H. i. O.).
   2. Bourricaud (1981: 95) charakterisiert Parsons' Funktionsbegriff wie folgt: „When Parsons investigates the ‚functions' of the nuclear family in industrial society, for example, he does not try to say what the use of the family as an institution is, nor does he try to spell out in any direct way what consequences the family as an institution has for the way industrial society functions. What he does do is merely to ask whether a certain system of kinship, that of medieval Europe or ancient China, for example, is or is not compatible wich the conditions under which personnel are recruited in a modern bureaucracy or industrial firm and with the way capitalist firms

2 Parsons' normativfunktionalistische Handlungssystemtheorie

Parsons stellt die Beziehung der Begriffe ‚Struktur', ‚Prozess' und ‚Funktion' wie folgt klar (vgl. auch Parsons 1964a: 34):

> „For a considerable time it has been common to refer to structural-functional theory, even as constituting a ‚school.' It has become my increasing conviction that this is not a proper designation. The concept *function* is not correlative with *structure*, but is the master concept of the framework for the relations between any living system and its environment. Functions are performed, or functional requirements met, by a combination of structures *and* processes. [...] It is structure and process which are correlative, not structure and function. *Both* structure and process are analyzed in functional terms." (Parsons 1977b: 236–237, H. i. O.)

Die theoretischen Entwicklungen

> „have made the designation ‚structural-functional' increasingly less appropriate. First, it gradually became clear that structure and function were not correlative concepts on the same level [...]. It became evident that function was a more general concept defining certain exigencies of a system maintaining an independent existence within an environment, while the cognate of structure, as a general aspect of such a system, was process." (Parsons 1970d: 849)

Parsons' Theorie mit der Bezeichnung des Strukturfunktionalismus zu versehen, ist demnach insgesamt fragwürdig, weil das Label, das er selbst zurückweist, inhaltlich nicht überzeugt bzw. die höhere Aussagekraft und Konsistenz gegenüber dem späteren Struktur-Prozess-Funktionalismus begründet werden müsste (vgl. Luhmann 2002: 18; Daheim 1993: 34; Münch 1988: 75–76; Bourricaud 1981: 41; W. Mitchell 1967: 8).

Die Termini im Kontext des (Struktur-)Funktionalismus sind hier in dieser Arbeit so ausführlich behandelt worden, weil sie *erstens* in der Literatur – wie bereits bei Parsons – überaus verschieden, zum Teil auch unsauber, insgesamt jedenfalls diffus verwendet werden, sodass es einer eindeutigen Klärung bedarf. Einige Zitate mögen das verdeutlichen:

> „This explanation takes the form of structural functionalism, namely the explication of the functional contribution of certain structures to the overall coherence and continuity of the social system." (B. S. Turner 1986: 182)

---

are managed". Dabei verweist er auch auf die Reformulierung des Funktionsbegriffs bzw. des Strukturfunktionalsimus bei Parsons (und anderen) von Boudon (1967: 206): „Explicitement ou implicitement, une analyse structuro-fonctionnaliste est ou cherche à être une analyse rigoureuse par laquelle est démontrée la nécessité de la co-occurrence ou l'impossibilité de la co-occurrence de certains éléments dans un système social".

3. Auch im Strukturfunktionalismus gibt es einen Bezug auf den Systemerhalt (vgl. Parsons 1964c: 482, 1954c: 218; Wenzel 1991: 363–364). Darauf macht Luhmann (2002: 13, 15) aufmerksam, der aus diesem Grund Strukturfunktionalismus und Bestandsfunktionalismus in eins setzt.

2.9 Vom Strukturfunktionalismus zum normativen Funktionalismus

„Der Strukturfunktionalismus setzt ja ausdrücklich dazu an, Strukturen auf funktionale Erfordernisse zu beziehen." (Wenzel 1991: 395)

„Im Rahmen des Funktionalismus in den Sozialwissenschaften bezeichnet ‚strukturell-funktionale Theorie' vielfältige und verschiedenartige Versuche in der Soziologie, ein systematisches Modell gesellschaftlicher Strukturen i. S. relativ stabiler Konfigurationen sozialer Tatbestände zu entwickeln und Strukturen relativ unabhängig von den Motiven der Menschen, die sie tragen, aus ihren Funktionen für oder ihren Wirkungen auf andere, umfassendere Strukturen zu verstehen." (Daheim 1993: 23)

„Die funktionale Analyse untersucht also die Funktion eines Strukturelements für das System, bezogen auf dessen funktionale Erfordernisse, und hat im einzelnen nachzuweisen, daß die Systemerfordernisse für das angemessene Funktionieren unerläßlich sind [...]." (ebd.: 45)

„Die grundlegende Strategie des strukturellen Funktionalismus bestand darin, Funktionen zu spezifizieren, die erfüllt werden müssen, um das Überleben der Gesellschaft zu gewährleisten. Eine wichtige Aufgabe bestand folglich auch darin, entsprechende Strukturen zu benennen, die diese Funktionen bedienen." (Münch 2003: 29–30)

„Sein [Parsons', R. L.-S.] Ziel ist es, die Erfordernisse zu benennen, die funktional notwendig sind, damit eine Gesellschaft in ihrer Struktur dauerhaft bestehen kann." (Honneth & Lepold 2014: 152)

„Schon bei ihnen [Malinowski und Radcliffe-Brown, R. L.-S.] findet sich der für Parsons' theoretischen Vorstoß zentrale Gedanke, dass jedes Element im Rahmen eines gesellschaftlichen Ganzen eine bestimmte Funktion ausübt und damit einen Beitrag für das Bestehen einer sozialen Struktur leistet." (Schroer 2017: 109)

„Ausgangspunkt des Strukturfunktionalismus Parsonsscher Prägung ist die Annahme eines gegebenen, relativ stabilen *Systems*, das auf der ebenfalls relativen Stabilität seiner Subsysteme aufbaut. Ein System besteht aus verschiedenen Elementen und Relationen zwischen diesen Elementen. Die Einbindung der Elemente in relationale Strukturen definiert, welche Aufgaben sie erfüllen müssen. Eine Veränderung des Systemzustands in einem der Subsysteme zeitigt Auswirkungen auf die anderen Subsysteme sowie das übergeordnete Gesamtsystem. Das System bleibt nur erhalten, wenn sich die Struktur der einzelnen Systeme nicht grundlegend verändert. Die *Funktionen* haben die Aufgabe, die jeweils optimale Anpassung der Strukturen an eine sich verändernde Umwelt zu gewährleisten. Wenn die Struktur eines sozialen Systems analysiert worden ist, können Handlungen daraufhin untersucht werden, ob sie für den Systemerhalt funktional oder dysfunktional sind. Sind sie funktional, sichern sie den Erhalt des Systems, sind sie dysfunktional, gefährden sie es. Bei *Struktur* handelt es sich um den statischen, bei Funktion um den dynamischen Aspekt eines Systems [...]." (ebd.: 117–118, H. i. O.)

2 Parsons' normativfunktionalistische Handlungssystemtheorie

Daraus wäre die Forderung abzuleiten, in jedem Fall zu explizieren, was unter Strukturfunktionalismus verstanden wird, weil der Begriff nicht eindeutig bestimmt oder gar selbsterklärend ist – weder allgemein noch speziell bei Parsons. Bezeichnungen einer strukturfunktionalistischen Schultheorie sind daher ebenso klärungsbedürftig (s. Kap. 5.5.1).

Die Termini sind *zweitens* ausführlich behandelt worden, weil Strukturfunktionalismus, strukturell-funktionale oder struktural-funktionelle Theorie in der Rezeption als Bezeichnung für Parsons' Theorie verwendet werden (so bei Korte 2017; R. Richter 2016; Schäfers 2016; Honneth & Lepold 2014; Veith 2012; Weiss 1993) und damit ein bestimmtes Bild von Parsons' Theorie vermitteln. Es stellen sich dann die Fragen, wie angemessen die Bezeichnung für Parsons' Theorie (und Schultheorie) ist und – sozusagen unabhängig von Parsons – wie fruchtbar sie für Analysen zum Beispiel von Schule ist. Verbunden damit ist die Frage, wie Parsons' Theorie und infolge dessen eine entsprechende Schultheorie alternativ gelabelt werden sollte. Diese Fragen in Bezug auf Parsons' bzw. die als strukturfunktionalistisch bezeichnete Schultheorie werden in Kap. 5.5 ausführlich behandelt.

2.9.3 Normativer Funktionalismus

Grundsätzlich können mit unterschiedlichen Bezeichnungen von Parsons' Theorie ihre verschiedenen Schwerpunkte akzentuiert werden (vgl. Staubmann 2015: 198; Mikl-Horke 2011: 211).[117] Demnach hängt die Benennung vom Forschungsanliegen der Person ab, die mit Parsons' Theorie arbeitet.

Die Aspekte, die für die vorliegende Arbeit zentral sind, sind *zum einen* Handlungstheorie, Systemtheorie und Funktionalismus. Die Handlungstheorie ist hierbei besonders zu betonen, weil sie im Zuge der Analyse von Systemen und AGIL-Funktionen in den Hintergrund gerät. Doch bis zum Ende von Parsons' Schaffen sind die drei bzw. vier Handlungssysteme der Bezugsrahmen für seine gesamte Theorie; es geht immer um die Frage, wie Handeln organisiert ist, wie es zustande kommt, wie es strukturiert ist (vgl. Daheim 1993: 35; Dahrendorf 1955: 499).[118] Mit Parsons' Systemtheorie rückt die Frage in den Vordergrund, wie Systeme Systeme bleiben. Konkreter: Was muss eine Gesellschaft tun, um nicht zu zerfallen? Funktionalistisches Denken ist eng damit verbunden. Es ist aber auch deshalb als zentral anzusehen, weil das AGIL-Schema im Sinn von

---

[117] Neben den gerade genannten strukturfunktionalistischen Bezeichnungen finden sich zum Beispiel die Bezeichnungen „*Handlungssystemtheorie*" (Jensen 1980b: 43, H. i. O.), „Handlungstheoretische Systemtheorie" (Schroer 2017: 107; Staubmann 2015: 197) oder „Handlungsanalytische Systemtheorie" (Endreß 2018: 88).

[118] Dies ist nicht unumstritten, s. S. 137.

2.9 Vom Strukturfunktionalismus zum normativen Funktionalismus

‚Fundamentalfunktionen' Parsons' Schaffen ebenfalls bis zum Ende zugrunde liegt (vgl. Staubmann 2015: 207). All dies zusammenfassend müsste von einer funktionalistischen Handlungssystemtheorie gesprochen werden.

Zum anderen sind für Parsons' Theorie Werte und Normen zentral. Joas und Knöbl (2011: 60) bezeichnen Parsons' Funktionalismus daher als „‚normativistisch'" (vgl. auch Honneth & Lepold 2014: 152; Daheim 1993: 42, 57):[119]

> „Parsons' Funktionalismus unterscheidet sich von anderen Funktionalismen schlicht dadurch, daß darin *Werte und Normen* sowohl für das Handeln der Individuen wie für die Stabilität der sozialen Ordnung von zentraler Bedeutung sind. Es wird tatsächlich zu Parsons' Programm werden, daß er alle sozialen Phänomene dahingehend untersucht, wie sie im Hinblick auf die Aufrechterhaltung und Tradierung von *Normen und Werten* funktionieren." (Joas & Knöbl 2011: 95, H. i. O.)

In ähnlicher Weise grenzt Lockwood (1964: 245) den normativen vom allgemeinen Funktionalismus ab und nennt als weiteres Charakteristikum die Annahme, dass die Analyse gesellschaftlicher Stabilität der Analyse gesellschaftlichen Wandels vorausgehen muss, was sich mit Parsons' Grundanliegen (s. S. 25) deckt.

Da die Bedeutung normativer Kultur bei Parsons sowohl für die Handlungstheorie – Handeln ist ohne normative Kultur nicht denkbar – als auch für die Handlungssystemtheorie und für die Grundfrage nach der sozialen Ordnung kaum überschätzt werden kann, da sie tatsächlich für Parsons' gesamte Theorie zentral ist (vgl. Sciortino 2009: 113; Holmwood 2005: 95), stellt *normativer Funktionalismus* ebenfalls eine sinnvolle Bezeichnung von Parsons' Theorie dar. Zusammengefasst lässt sie sich dann als *normativfunktionalistische Handlungssystemtheorie* charakterisieren. Sinnvoll ist diese Bezeichnung auch speziell für die vorliegende Arbeit, weil Werte, vor allem der Wert der kognitiven Rationalität, in Parsons' Bildungssoziologie (s. Kap. 3) eine zentrale Rolle einnehmen.

Allerdings sind in diesem Zusammenhang die Bestimmungen von Joas und Knöbl sowie Lockwood zu erweitern.[120] Wie schon auf S. 116 angedeutet, sollte der Selbsterhalt des Systems als zentraler Referenzpunkt gelten und nicht der

---

[119] Anders als bei Joas und Knöbl wird der Funktionalismus in dieser Arbeit nicht als normativistisch, sondern als normativ bezeichnet. Wie bei den Bezeichnungen des (Struktur-)Funktionalismus, bei denen sich, wie eben erwähnt, die Bezeichnungen ‚funktional', ‚funktionell' und ‚-funktionalistisch' finden, ist für die inhaltliche Aussage nicht erheblich, welche Form des Begriffs gewählt wird.

[120] Ein ähnlich enges Verständnis findet sich bei Feldhoff (1965), der zunächst formuliert: „Der strukturell-funktionalen Analyse liegt die Annahme zugrunde, daß ein soziales System fortwährend bestrebt ist, seine normative institutionalisierte Kultur in dynamischem Gleichgewicht zu erhalten" (S. 9). Die L-Funktion wird kurz darauf als „Stabilisierung der institutionalisierten Werte - Muster, die die Systemstruktur bestimmen" (S. 10), erklärt, was die Frage aufkommen lässt, wofür es der drei übrigen Funktionen bedarf.

2 Parsons' normativfunktionalistische Handlungssystemtheorie

Erhalt der normativen Kultur des Systems (L-Funktion der Musterreorganisation), weil dies nur eine der vier für den Systemerhalt notwendigen Funktionen darstellt. Daher soll mit der Bezeichnung des normativen Funktionalismus hier allgemeiner herausgestellt werden, dass normative Kultur einen zentralen Fokus bei der Analyse von Systemen darstellt, und zwar zunächst unabhängig von ihrer Bedeutung für soziale Ordnung.

Normativer Funktionalismus bezeichnet daher in dieser Arbeit folgendes dreiteiliges, aufeinander aufbauendes Anliegen bei der Analyse von Systemen, hier von Gesellschaften, das bereits auf S. 108 anklang: Erstens sollen Einheiten, Teile, Subsysteme usw. von Gesellschaft wie auch die Gesellschaft insgesamt auf ihre normative Kultur hin untersucht werden. Zweitens sollen die Zusammenhänge zwischen den normativen Kulturen der Einheiten, Teile, Subsysteme und der Gesellschaft als übergeordnetes System untersucht werden. Drittens soll untersucht werden, wie die einzelnen Einheiten, Teile, Subsysteme usw. zur Reorganisation der gesellschaftlichen normativen Kultur, zur sozialen Ordnung der Gesellschaft beitragen (was jenen Primat der L-Funktion von Joas und Knöbl sowie Lockwood beinhaltet).

Das Programm des normativen Funktionalismus, so wie es vorgeschlagen wird, umfasst also nicht nur die Fragen, wie die normative Kultur einer Gesellschaft erhalten bleibt und wie normative Kultur zur gesellschaftlichen Ordnung beiträgt. Dennoch bleibt das Programm dem allgemeinen Konzept des Funktionalismus verpflichtet, Teile von Gesellschaften in ihrem Zusammenhang, vor allem ihren Funktionen und Leistungen füreinander, zu untersuchen, und zwar mit dem Fokus auf normative Kultur.

Abschließend lässt sich fragen, welchen Mehrwert der normative Funktionalismus als Charakterisierung von Parsons' Theorie gegenüber dem Strukturfunktionalismus bietet. Diese Frage lässt sich keinesfalls absolut beantworten, weil die bemühte Bezeichnung, wie bereits angedeutet, eine Frage der Perspektive ist, auch wenn sich insgesamt abzeichnet, dass ‚normativer Funktionalismus' den Kern von Parsons' gesamter[121] Theorie wohl besser trifft als ‚Strukturfunktionalismus'. Es lässt sich jedoch argumentieren, dass mit der Bezeichnung des normativen Funktionalismus der enge Fokus auf Strukturen im Zusammenhang mit Funktionen überwunden wird, genauer gesagt der enge Fokus auf den Erhalt von Strukturen durch Funktionen.[122]

---

[121] Andere Schlüsse können sich ergeben, wenn lediglich ein bestimmter Teil oder eine bestimmte Phase entsprechend bezeichnet wird. Die zweite Phase in Parsons' Werk wird beispielsweise als strukturfunktionalistisch bezeichnet (s. S. 30).

[122] Daraus folgt, dass Strukturfunktionalismus und normativer Funktionalismus im obigen Sinn nicht das Gleiche meinen – eine Problematik, die sich vor allem für Sozialsysteme stellt, wenn die normative Kultur als deren Struktur aufgefasst wird (s. S. 103). Strukturfunktionalismus würde

2.10 Kritik und Anschlüsse

Wie eingangs bereits angedeutet (s. S. 25), hatte Parsons zwar eine Zeit lang eine herausragende Stellung in der Soziologie inne, jedoch kam es ab den 1960er Jahren zu einer kritischen und auch weniger intensiven Bezugnahme auf seine Theorie. Im Ergebnis ist er heute „vielen nur noch ein museales Gedankengebäude" (Weiss 1993: 16), eher Gegenstand der Soziologiegeschichte als der Soziologie.

Bevor sich knapp der Kritik an Parsons zu widmen ist, muss angesichts dieser Ausgangslage auf den wesentlichen Unterschied zwischen Kritik und Rezeption bzw. zwischen Aussagekraft oder Triftigkeit von Theorien und ihrer Rezeption hingewiesen werden. Alexander (1987: 113–118) zeigt auf, dass die veränderte, kritische Sicht auf Parsons mit verschiedenen gesellschaftlichen Entwicklungen zusammenhing, zum Beispiel mit einer gewissen Desillusionierung nach der anfänglichen gesellschaftlichen Euphorie der Nachkriegszeit, mit Jugendbewegungen, Rassenkonflikten oder der Entzauberung des Sozialismus (vgl. für den Strukturfunktionalismus allgemein Luhmann 2002: 12, 16–17; zur kritischen Rezeption von Parsons' Sozialisationstheorie infolge eines sich verändernden Zeitgeists Veith 2004: 141):

> „All these developments—the shifts in subjective sensibility and the objective changes in politics and social structure—contributed to the creation of a more pessimistic and critical ideological atmosphere by the end of the 1950s. That individuality and rationality were in the process of finally being realized was increasingly open to doubt, as was the assumption that social stability [...] was finally secured. This deflation of ideological hope made the acceptance of Parsonian functionalism more difficult. Parsons had implicitly tied his new theory to a positive outcome for postwar society; if this outcome seemed in doubt, so too would the accuracy of his theory." (Alexander 1987: 116–117)

Die Vermutung ist also, dass die zunehmende kritische Rezeption von Parsons auch in gesellschaftlichen Entwicklungen begründet ist und demnach nicht zwingend zugleich als inhaltliche Kritik berechtigt sein muss.

Neben kritischer Literatur als solcher und Überblicksdarstellungen, die die Kritik zusammenfassen, gibt es Versuche, die Kritik an Parsons zu systematisieren. So schlägt B. S. Turner (1986) vier Arten von Kritik vor, indem er zwei Achsen überkreuzt.[123] Auf der ersten Achse kann sich Kritik einerseits auf die der

---

dann bedeuten, nach dem Erhalt dieser normativen Kultur zu fragen. Das wäre identisch mit dem ‚engen' normativen Funktionalismus im Sinn von Joas, Knöbl und Lockwood, der lediglich nach dem Erhalt normativer Kultur fragt.

[123] Darin könnte eine ironische Bezugnahme auf die Kritik an Parsons' übermäßiger Nutzung von Vier-Felder-Schemata erkannt werden.

Theorie zugrunde liegenden Prämissen beziehen, wovon die Theorie als solche, also die Folgerungen aus den Prämissen, unberührt bleibt (externe Kritik). Kritik kann sich andererseits, bei Akzeptanz der Prämissen, auf die Folgerungen aus den Prämissen beziehen (interne Kritik). Die zweite Achse unterscheidet Kritik danach, ob sie die kritisierte Theorie als so kritisch betrachtet, dass mit ihr nicht weitergearbeitet werden kann (nicht transformierbar), oder sich die Kritik so darstellt, dass die Theorie dennoch kritisch weiterentwickelt werden kann (transformierbar). Die Kritik an Parsons lässt sich dann diesen vier Arten von Kritik zuordnen: marxistische Kritik dem Typ *Rejection* (extern und nicht transformierbar), Mertons Kritik dem Typ *Reformation* (intern und transformierbar) oder Kritik aus Richtung des symbolischen Interaktionismus und der Ethnomethodologie dem Typ *Resurrection* (intern und nicht transformierbar).

Sinnvoll erscheint auch eine Unterscheidung inhaltlicher und theoriearchitektonischer Kritik. Inhaltliche Kritik stellt eine Kritik an den inhaltlichen Aussagen dar, theoriearchitektonische Kritik bezieht sich demgegenüber auf die (formale) Anlage und Darstellung der Theorie. Die wesentlichen Kritikpunkte, die zum Teil bereits angesprochen wurden, stellen sich dann schlagwortartig wie folgt dar (vgl. zusammenfassend Joas & Knöbl 2011: 140–142; Lidz 2011: 547–553; Sciortino 2009: 111; Holmwood 2005: 100–107; B. S. Turner 1999a: 6–8; Weiss 1993: 33–39; B. S. Turner 1986; Spates 1983: 33–36; Dahrendorf 1955: 507–514) – zunächst für die *inhaltliche Kritik*:

- Konservatismus, Bejahung der US-amerikanischen Gegenwartsgesellschaft, grundsätzlicher: ideologische Färbung der Theorie (vgl. Joas & Knöbl 2011: 42; Feinberg & Soltis 2009: 34, 37; Lidz 1989: 567–568; Münch 1988: 230; Alexander 1987: 112; Jensen 1976: 12; s. S. 113 sowie für die Bildungssoziologie S. 262)
- evolutionäre Teleologie (s. S. 113)
- Ausblendung von Konflikt (vgl. W. Mitchell 1967: 10, 37–44; Lockwood 1956: 136–140) sowie Überbetonung von Integration, harmonisiertes Bild der Gesellschaft und von Interaktion, Ent-Individualisierung und Über-Sozialisation (vgl. Habermas 1973: 127; s. Kap. 2.3.5 sowie in Bezug auf Sozialisation Kap. 3.1.2)
- Überbetonung normativer Elemente und Vernachlässigung von Fragen der (ungleichen) Macht, Ressourcen und Interessen (vgl. Geulen 1989: 78; Lockwood 1956: 134–136; s. S. 33 und 69)
- unzureichende empirische Fundierung und idealisierende Beschreibung der Realität (vgl. Weiss 1993: 40; s. S. 262 speziell für Parsons' Bildungssoziologie)
- Statik und Ausblendung von Wandel (vgl. Haller 2000: 225–226; H.-J. Schulze & Künzler 1991: 130; Schulenberg 1970: 394; W. Mitchell 1967: 68–69; Rüschemeyer 1964: 18–25)

2.10 Kritik und Anschlüsse

Ebenso lässt sich die *theoriearchitektonische Kritik* zusammenfassen:

- Bruch zwischen Handlungs- und Systemtheorie (vgl. Schluchter 2015: passim, z. B. 407; Joas & Knöbl 2011: 107, 140; Münch 2004: 174, 1988: 190–193; Alexander 1987: 89; Luhmann 1980: 9–10, 1978b: 224; W. Mitchell 1967: 4–9, 23, 26)
- Unverständlichkeit, auch durch übermäßigen Formalismus und „his endemic tetramania" (Sciortino 2016b: 16; vgl. auch Sciortino 2009: 117; Dahrendorf 1955: 508)[124]
- ungenaue Einführung und Verwendung von Begriffen (s. S. 27)
- Abstraktheit, übermäßiger, (empirisch) nicht realisierbarer Allgemeinheitsanspruch (vgl. Joas & Knöbl 2011: 141; B. S. Turner 1999a: 5; Rüschemeyer 1964: 11–14)

Die Kritik kann, auch im Sinn der obigen Unterscheidung von Rezeption und Kritik, selbst zum Gegenstand kritischer Auseinandersetzung gemacht werden. Kritik im Sinn des eingangs (s. S. 13) festgestellten „piece-meal approach" beispielsweise bezieht sich häufig nur auf bestimmte Einzelaspekte, ohne den gesamten Kontext von Parsons' Theorie zu betrachten oder ohne sich der Theorie vorurteilsfrei zuzuwenden.

Es soll bei diesen kurzen Andeutungen der Kritik sowie der Kritik der Kritik belassen werden, weil dies nicht Anliegen der Arbeit ist.[125] Daher wird abschließend ebenso kurz auf Anschlüsse an Parsons eingegangen. Hier lassen sich Kataloge an Autor*innen angeben, die zum Ersten eher kritisch an Parsons anschließen, aber ihn als Ausgangspunkt eigener Theorien nehmen – zum Beispiel Luhmann, „dessen Theorien ohne PARSONS so wenig denkbar sind wie die Aufklärung ohne

---

[124] So heißt es in der Rezension zur deutschen Ausgabe der *American University* von Breuer (1990): „Parsons und Platt beginnen ihr Unternehmen [...] mit einem Abriß des Parsonsschen Weltsystems, dessen Konstruktion derart schematisch ist, daß man schon nach dem ersten Kapitel mit keinerlei Überraschung mehr rechnet. Jürgen Ritsert hat dieses System mit einem Turm verglichen, dessen Bodenplatte aus vier Grundbaustoffen (Funktionen) gegossen ist und dessen Haupt- und Zwischenetagen durch die Vorherrschaft eines dieser Grundbaustoffe gekennzeichnet sind. Hat man dieses Prinzip einmal verstanden, so findet man sich im ‚Harvard-Weltenturm' (Ritsert) so leicht zurecht wie in irgendeinem Großflughafen. [...] Das von Parsons mit unglaublicher Virtuosität gehandhabte Verfahren, jedes über ein Minimum von Ordnung verfügende Phänomen nach den vier Grundbaustoffen zu zerlegen, findet auch auf die Universität als Teil des kognitiven Systems Anwendung. [...] Wer sich für die amerikanische Universität interessiert, wird in diesem Buch vermutlich nichts von dem finden, was er sucht. Wer hingegen seinen Spaß daran hat, sich mit dem [sic!] Wechselbeziehungen von 64 Subsystemen und 64 Austauschmedien zu beschäftigen, kann hier wie auch in anderen Werken des Meisters mit einer Fülle von Anregungen rechnen".

[125] Mit Hein (2009: 11) lässt sich, freilich etwas pathetisch, resümieren: „Wir können und wollen für diese Studie [...] nicht in Anspruch nehmen, das für eine Kritik an Parsons nötige Niveau erreicht, sondern nur, uns auf Parsons vorbehaltlos eingelassen zu haben".

2 Parsons' normativfunktionalistische Handlungssystemtheorie

KANT oder die Physik ohne NEWTON" (Jensen 1978: 119–120, H. i. O.), und Habermas –, zum Zweiten eher positiv an Parsons anschließen – namentlich vor allem Vertreter des sog. Neofunktionalismus wie Alexander und Münch – und zum Dritten weitere Autor*innen, die Parsons' Theorie anwenden oder spezifizieren wie Barber oder Smelser (vgl. Sciortino 2009: 118–119; Münch 2004: 131–133; Wenzel 1991: 32–55; B. S. Turner 1986: 190).

Vor allem die erstgenannten Anschlüsse verweisen darauf, dass Parsons bei aller Kritik ein wesentlicher Bezugspunkt für viele folgende soziologische Theorien war (vgl. Schroer 2017: 136–137; Münch 1988: 17–18):

> „Here is the great irony of contemporary sociological theory. Though relying on the classics for guidance and critical inspiration, these challenging theories have been able to define themselves only in close relation to Parsons' work. Parsons' theory continued to exercise its tremendous influence even in the process of its ‚defeat.' Because the attempts to supersede his work could, apparently, be defined only in relation to a negative, ‚Parsonian' pole, the challenges formed one side of the dialectic from which they could never escape." (Alexander 1987: 121)

Etwas anders und speziell mit Bezug auf die voluntaristische Handlungstheorie der *The Structure of Social Action* formuliert:

> „[M]an kann große Teile der Entwicklung der modernen soziologischen Theorie nur dann verstehen, wenn man sie – so unsere These – als eine manchmal versteckt, manchmal durchaus offen ausgetragene Auseinandersetzung mit jenem Parsonsschen Theoriemodell begreift." (Joas & Knöbl 2011: 66)

Dies impliziert, „daß viele Einsichten, die sich in seinem Werk schon fanden, von anderen gewissermaßen neu entdeckt werden mußten und dann mit deren Namen verbunden werden" (ebd.: 142). Beispielsweise enthalten die Theorien von Goffman und Garfinkel Parsons'sche Elemente (vgl. Sciortino 2009: 118), obgleich sie Parsons' Theorie dezidiert kritisieren (vgl. B. S. Turner 1986: 197), und Giddens' Konzepte scheinen denen von Parsons viel ähnlicher zu sein, als seine Parsons-Kritik nahelegt (vgl. Holmwood 2005: 106).

Diese knappen Bemerkungen zu Rezeption und Kritik von Parsons verdeutlichen, dass Parsons' Theorie eine Kippfigur darstellt. Jenseits aller sachlichen Auseinandersetzungen damit scheint der Wert, der in seiner Theorie gesehen wird, je nach eigenem Standpunkt zu schwanken: „For the *dévoté*, Parsons's *oeuvre* will always offer countless wonders to behold. For the rest of us, it is often the nature of what he attempted, and the lessons of his failure" (Bryant 1983: 342). Im Folgenden wird versucht, die „countless wonders" in Parsons' Bildungssoziologie zu ergründen.

3 Parsons' Bildungssoziologie

So wie Parsons ein Klassiker der Soziologie ist (s. S. 27), ist er auch ein Klassiker der Bildungssoziologie. Dies belegen Beiträge von ihm oder über ihn bzw. den funktionalistischen Ansatz in Textsammlungen, Lehrbüchern und Einführungen sowohl im englischsprachigen Raum (vgl. Ballantine, Hammack & Stuber 2017: 18–21; Brint 2017: 14–15; Goyette 2017: 30–34; Ballantine & Spade 2015a: 22–25; Russell 2013; Antikainen et al. 2011: 119; Feinberg & Soltis 2009: 13–38; Meighan & Harber 2007: 285–298; Cookson & Sadovnik 2002; Blackledge & Hunt 1985: 5–109; Abdruck des Schulklasse-Aufsatzes in Ballantine & Spade 2015b) als auch im deutschsprachigen (vgl. Dippelhofer-Stiem & Dippelhofer 2014: 5; Löw & Geier 2014: 37–39; Veith 2012; Herzog 2011; Kupfer 2011: 37–46; speziell zu Sozialisation Hurrelmann & Bauer 2018: 25–29; Hummrich & Kramer 2017: 34–45; Abels & A. König 2016: 69–83; Niederbacher & Zimmermann 2011: 45–47; Tillmann 2010: 142–169; Brüsemeister 2008: 56–59; Zimmermann 2006: 50–52; Abdruck des Schulklasse-Aufsatzes in Bauer, Bittlingmayer & Scherr 2012b; Baumgart 2008; Plake 1987).[1] Ähnlich verhält es sich in mit der Bildungssoziologie verwandten Bereichen wie der Professionssoziologie (vgl. für den deutschen Sprachraum Mieg 2016: 28, 33; Pfadenhauer & Sander 2010: 362–363; Schmeiser 2006: passim; für den englischen Sprachraum Ackroyd 2016: 16–18; Evetts 2011: 8–9; Macdonald 1995: 2–4; Barber 1985: 211; Dingwall 1983: 1), der Soziologie der sozialen Ungleichheit und der Bildungsungleichheit (vgl. für den deutschen Sprachraum Burzan 2011: 31–34; für den englischen Sprachraum Kerbo 2012: 119–126; Sadovnik & Semel 2010: 3) sowie der Jugend- (vgl. Helsper, Krüger & Sandring 2015: 10; Krüger & Grunert 2010: 15; Veith 2004) und Familienforschung (vgl. Hill & Kopp 2015: 217–219).

Wie für Parsons im Allgemeinen gilt auch für seine Stellung in der Bildungssoziologie, dass sein Ansatz ab den 1970er Jahren starke Kritik erfährt und an Bedeutung verliert (vgl. J. H. Turner & D. E. Mitchell 1997: 23; Hurn 1993: 42–44). Daher werden, wie schon erwähnt (s. S. 26), seine Schriften aus den 1970er Jahren, in denen die Universität ein zentrales Thema ist, kaum mehr rezipiert. Für die Sozialisationstheorie formuliert Veith (2004: 135; vgl. auch ebd.: 141) dementspre-

---

[1] Herzogs Beitrag über Parsons im Lehrbuch von Becker findet sich allerdings nicht in der aktuellen dritten Auflage von 2017, sondern lediglich in der ersten und zweiten Auflage von 2009 bzw. 2011.

3 Parsons' Bildungssoziologie

chend, dass deren „konzeptionelle[] Weiterentwicklungen" durch Parsons „im konformitätskritischen Push des Mode gewordenen Rituals des Parsons-Bashing [...] kaum zur Kenntnis genommen" wurden. Darstellungen seiner Bildungssoziologie scheinen daher nicht selten Lücken aufzuweisen.

Vor der inhaltlichen Auseinandersetzung mit Parsons' Bildungssoziologie soll kurz ein Überblick über ihren Stellenwert in Parsons' Werk insgesamt gegeben werden. Dieser lässt sich als ambivalent auffassen. Die Bildungssoziologie stellt *einerseits* nicht das eigentliche Zentrum von Parsons' Schaffen, vielmehr einen Anwendungsfall seiner allgemeinen Theorie dar – um die eingangs erläuterte Unterscheidung von reiner und angewandter Theorie in Parsons' Werk (s. S. 28) noch einmal aufzugreifen. Insgesamt hält Parsons daher keine in sich geschlossene und konsistente Bildungssoziologie vor. Eine solche ist bisher auch nicht in der Sekundärliteratur zu finden. Stattdessen und *andererseits* wird Bildungssoziologie an verschiedenen Stellen seines Werks in unterschiedlicher Weise relevant. Dies geschieht sowohl implizit, wenn das eigentliche Thema also nicht bildungssoziologisch ist, sondern es zum Beispiel um den Beitrag von Sozialisation zur Aufrechterhaltung sozialer Ordnung oder um Stratifikation geht (oder eine Anwendung der Theorie der Interaktionsmedien auf das Bildungswesen, vgl. Parsons 1959b: 20–22), als auch explizit, wenn Parsons sich mit Schule oder Universität auseinandersetzt. Parsons' Bildungssoziologie ist also eine Art Puzzle, das sich verstreut und zum Teil versteckt in seinem Werk findet.

Ähnlich lässt sich der Stellenwert der Schule in Parsons' Werk zusammenfassen. Es finden sich nur wenige Veröffentlichungen, die unmittelbar mit Schule zu tun haben (vgl. Nerowski 2015b: 40). Der Aufsatz *The School Class as a Social System* (Parsons 1959c) ist der einzige, der sich bereits durch die Betitelung explizit auf Schule zu beziehen verspricht. Demgegenüber gibt es eine Reihe von Veröffentlichungen, die mit Schule mittelbar zu tun haben, und zwar unter zwei Perspektiven. Parsons befasst sich *zum Ersten* mit einer Reihe von Themen, die wichtige Bezüge zur Schule aufweisen, weswegen Schule dabei explizit angesprochen wird, zum Beispiel in den Veröffentlichungen zur Universität, zur Familie oder zur Jugendkultur. *Zum Zweiten* bietet Parsons' Werk ein vielfältiges Spektrum an Begriffen, Schemata und Konzepten, die auf Schule angewandt werden können. Dies überschneidet sich mit der ersten Perspektive, wenn Parsons beispielsweise Schule im Kontext von Sozialisation betrachtet. Es wird sich jedoch zeigen, dass es weitere Begriffe, Konzepte usw. gibt, für die zu prüfen ist, ob sie auf Schule angewandt werden können, ohne dass Parsons dies getan hat. Beispielsweise ist zu fragen, welche Überlegungen von Parsons zur Universität sich mit solchen zur Schule parallelisieren lassen. Für eine Auseinandersetzung mit

3 Parsons' Bildungssoziologie

Parsons' Schultheorie gilt damit das, was Heckscher (2009: 609) für die Auseinandersetzung mit Parsons' Organisationstheorie formuliert:

> „The whole of Parsons's writings specifically on organizations is not large [...]. In analyzing Parsons as an organization theorist, therefore, one needs to consider not only what he actually said about the subject but also what he might have said had he continued to explore the implications of his theoretical model for this field."

Insgesamt liegen somit verschiedene Ausgangspunkte vor, um die Bedeutung und das Verständnis von Bildung, Schule, Universität usw. im Kontext von Parsons' Theorie zu erfassen und seine Bildungssoziologie zu einer geschlossenen Darstellung zu bringen. Das Anliegen dieses Kapitels ist nun ein doppeltes: Das *erste* Anliegen besteht darin, die verschiedenen Ausgangspunkte, wie sie sich werklogisch ergeben, zu sichten und analysierend-systematisierend zusammenzufassen. Dies erfolgt, wie aus der Gliederung ersichtlich ist, entlang verschiedener inhaltlicher Schwerpunkte, die *prima facie* auf unterschiedlichen Ebenen liegen: Sozialisation als interaktiver Prozess, kognitive Rationalität als Wert, Schule und Universität als konkrete gesellschaftliche Einrichtungen, Stratifikation als gesellschaftlicher Prozess bzw. Beschreibung der Gliederung einer Gesellschaft, Professionen als bestimmte Berufe und abstraktere Einrichtung der Gesellschaft sowie Modernisierung und Bildungsrevolution als historische Veränderungsprozesse in Gesellschaften. Die ersten beiden Unterkapitel zu Sozialisation (Kap. 3.1) und kognitiver Rationalität (Kap. 3.2) sind hierbei als begriffliche Grundlagen für die folgenden Unterkapitel zu verstehen. Die Reihenfolge der Unterkapitel ist demnach so gewählt, dass jeder Schwerpunkt, jedes Unterkapitel möglichst umfassend an die vorherigen Schwerpunkte und Unterkapitel anschließen kann. So geht die Aufarbeitung von Parsons' Studien der Universität (Kap. 3.3) der der Schule (Kap. 3.4) voraus, weil er für Erstere weitaus umfassendere Analysen vorgenommen hat, vor deren Hintergrund dann die Schule mit betrachtet werden kann. Stratifikation (Kap. 3.5) und Professionen (Kap. 3.6) bilden Querperspektiven zu diesen beiden Einrichtungen, sie reformulieren und ergänzen bestimmte Ausführungen zu Universität und Schule. Das Unterkapitel zur Modernisierung (Kap. 3.7) stellt ein erstes Fazit zu Parsons' Bildungssoziologie dar, weil es auf alle vorherigen Schwerpunkte und Unterkapitel aufbaut bzw. zu allen Schwerpunkten und Unterkapiteln (abgesehen von Sozialisation) eine neue Perspektivierung hinzufügt.

Weil Parsons Bildungssoziologie im Allgemeinen und Schule im Besonderen an vielen Stellen seines Werks in verschiedenen Kontexten und auf verschiedenen Ebenen behandelt, ergibt sich das Problem, dass sich kein unmittelbar einsichtiger roter Faden erkennen lässt, der alle diese Ausgangspunkte umfasst. Die Entwicklung solch einer konsistenten Parsons'schen Bildungssoziologie ist das zweite Anliegen des Kapitels. Anders gesagt: Nachdem die bildungssoziologisch relevanten Puzzleteile aus Parsons' Schaffen identifiziert und die einzelnen inhaltlichen Ausgangspunkte von Parsons' Bildungssoziologie in den Kap. 3.1 bis 3.7 aufgearbeitet worden sind, geht es in Kap. 3.8 darum, diese Puzzleteile zu einem fertigen Puzzle zusammenzufügen.

Mit diesen einführenden Bemerkungen wird deutlich, dass es sich bei dem vorliegenden Kap. 3 nicht um eine bloße Wiedergabe, sondern um eine systematisierende Aufarbeitung von Parsons' Bildungssoziologie handelt, die sie erstmals möglichst vollständig, detailliert und in sich konsistent formuliert. Grundsätzlich wird dabei zunächst dicht an Parsons angeschlossen. Allerdings gibt es immer wieder Kipppunkte, an denen sich die Ausführungen von Parsons wegbewegen, indem eine Leerstelle gefüllt, ein Begriff geschärft oder ein Konzept ausbuchstabiert wird. In Kap. 6 nehmen diese Kippbewegungen zu (s. S. 429). Vorausgeschickt sei schließlich der Hinweis, dass immer wieder auf aktuelle Begriffe, Empirie und Diskurse Bezug genommen wird, um Hinweise zu geben, inwiefern Parsons' Analysen aktuell relevant sind.[2]

3.1 Sozialisation

Im vorliegenden Kapitel werden zunächst (Kap. 3.1.1) verschiedene Begriffsbestimmungen von Sozialisation bei Parsons diskutiert, was in eine begründete Begriffswahl für die vorliegende Arbeit mündet. Im Anschluss daran (Kap. 3.1.2) wird die Kritik an Parsons' Konzept der Sozialisation sondiert. Vor diesem Hintergrund wird Parsons' Sozialisationskonzept schließlich (Kap. 3.1.3) zusammengefasst und vom Begriff der Bildung abgegrenzt.

3.1.1 Begriffsbestimmung

Bereits auf S. 58 wurde deutlich, dass Sozialisation in Parsons' Theorie als eine Form der Interpenetration verstanden werden kann, wobei die Frage, welche Handlungssubsysteme im Fall der Sozialisation interpenetrieren, in der Literatur und bei Parsons selbst unterschiedlich beantwortet wird. Auch aus diesem Grund bietet es sich an, sich dem Begriff der Sozialisation nicht über Interpenetration, sondern zunächst über andere inhaltliche Bestimmungen anzunähern, beginnend mit entsprechenden Ausführungen in *The Social System*:[3]

---

[2] Die zusammengefassten Kerngedanken des folgenden Kapitels sind auch an anderer Stelle veröffentlicht worden (vgl. Lischka-Schmidt 2023).
[3] Damit ist bereits angedeutet, dass Sozialisation bei Parsons unterschiedlich konzeptualisiert wird, vor allem je nach Werkphase (vgl. Daheim 1993: 60–61; H.-J. Schulze & Künzler 1991: 123).

3.1 Sozialisation

„The acquisition of the requisite orientations for satisfactory functioning in a role is a learning process, but it is not learning in general, but a particular part of learning. This process will be called the process of *socialization*, and the motivational processes by which it takes place, seen in terms of their functional significance to the interaction system, the *mechanisms of socialization*." (Parsons 1964c: 205, H. i. O.)

Sozialisation wird hier verstanden als Erlernen[4] von Rollenhandeln (vgl. auch Parsons 1959b: 4) und dabei als Spezialfall von Lernen[5] angesehen. Dies macht darauf aufmerksam, dass die Fähigkeiten zur Teilhabe an Interaktionen bzw. zum Umgang mit der institutionalisierten normativen Kultur, die diese Interaktionen kennzeichnet, nicht angeboren sind. Das heißt, dass die Persönlichkeit nicht biologisch bestimmt ist, sondern sich entwickelt, und zugleich eine Notwendigkeit von Lernen und Sozialisation besteht, um die entsprechenden Fähigkeiten zu erlangen (vgl. Parsons 1976d: 298, 1964c: 205; Parsons & Bales 1955: 16).[6] Demgemäß heißt es bei Parsons (1964c: 208), Sozialisation sei zu verstehen als „the learning of *any* orientations of functional significance to the operation of a system of complementary role-expectations" (H. i. O.).

Das Erlernen des Handelns in einer bestimmten Rolle bedeutet im Endeffekt, dass sich ein von Ego *geteiltes* System gegenseitiger Erwartungen herausgebildet hat, das gemeinsam geteilte Werte umfasst:

> „The socializing effect will be conceived as the integration of ego into a role complementary to that of alter(s) in such a way that the common values are internalized in ego's personality, and their respective behaviors come to constitute a complementary role-expectation-sanction system." (ebd.: 211)

Mit dieser Bestimmung lässt sich Sozialisation auch als Teil-Werden oder Erlernen des Teilhaben-Könnens an einem bestimmten Sozialsystem beschreiben.

---

[4] Der Aspekt des Lernens markiert den Unterschied zum Prozess der sozialen Kontrolle, bei dem es um Reaktionen auf Abweichungen vom Erlernten geht (vgl. Parsons 1964c: 208).
[5] Lernen allgemein wird verstanden als ein Transformationsprozess, bei dem sich das Persönlichkeitssystem bzw. die Bedürfnisdispositionen verändern (vgl. Parsons 1964c: 203; Parsons, Bales & Shils 1953: 169; Parsons & Shils 1962b: 125). Im Anschluss daran unterscheidet und konkretisiert Parsons diverse Lernprozesse (z. B. *imitation* oder *identification*).
Wird die Unterordnung von Sozialisation unter Lernen akzeptiert, lässt sich nicht zugleich (wie bei Luhmann 2002: 39) die Aussage aufrechterhalten, dass Lernen eine Interpenetration zwischen Persönlichkeits- und Verhaltenssystem (was zudem der gerade erwähnten Auffassung von Lernen entgegenstehen würde) und Sozialisation jene zwischen Sozial- und Persönlichkeitssystem ist.
[6] Ein weiterer Grund, weshalb Sozialisation notwendig ist, liegt darin, dass die Einzelnen sich in ihren vergleichsweise kurzen Leben kaum all das alleine aneignen können, was die Gesellschaft bereits weiß oder kann, und nicht mit jedem neuen Gesellschaftsmitglied alle Regeln des Zusammenlebens neu ausgehandelt werden können (vgl. Parsons 1976c: 214–215).

3 Parsons' Bildungssoziologie

Folglich kann Sozialisation als Interpenetration zwischen Persönlichkeits- und Sozialsystem aufgefasst werden. Wie bei den anderen Interpenetrationen muss dies nicht zwingend ein einseitiges Einfügen in ein Sozialsystem bedeuten (s. S. 60), selbst wenn es im letzten Zitat von Parsons durchaus so erscheint, sondern kann auch die Modifikation und Spezifikation von Rollen und der zugrunde liegenden Werte und Normen beinhalten:[7]

> „Sozialisation bedeutet einerseits die bindende Übernahme sozialer Normen und Regeln für das Handeln und andererseits, dass die Normen und Rollen den persönlichen Bedürfnissen und Zielen, die das Individuum anstrebt, entsprechend modifiziert und angepasst werden." (Münch 2004: 61)

Ein Sozialsystem ist durch Rollen strukturiert, die wiederum bestimmte Werte und Normen repräsentieren. Daher umfasst, wie sich eben andeutete, Sozialisation auch das Erlernen der den Rollen inhärenten Werte und Normen – eine Tatsache, die sich aus der Anlage der Handlungssystemtheorie und dem für sie zentralen Theorem der (normativ-)kulturellen Interpenetration ergibt.

Teilweise wird jedoch Sozialisation auch als Aneignung von Werten und Normen überhaupt betrachtet, ohne direkten Bezug auf Rollen, womit Sozialisation und, je nach Begriffsverständnis (s. S. 59), Internalisierung vermengt werden. Dies ist bei Parsons selbst der Fall, was sich an zwei Beispielen demonstrieren lässt (vgl. auch Parsons 2016: 450, 1961b: 978):

> „[T]he central focus of the process of socialization lies in the internalization of the culture of the society into which the child is born." (Parsons & Bales 1955: 17)
>
> „The most intensive analysis of socialization as internalization of values carried out by social scientists has concerned the years of early childhood [...]." (Parsons & Platt 1970: 32)

Entsprechende Aussagen finden sich ebenso in der Sekundärliteratur: „Cultures are transferable from one generation to another, from one society to another; above all, they are internalized by persons through learning and socialization" (W. Mitchell 1967: 29; vgl. auch Bulle 2008: 68; Daheim 1993: 59; Münch 1988: 69; Fauser & Schweitzer 1985: 343). Sciortino (2009: 114) bestimmt Sozialisation ebenfalls als Prozess, „through which cultural patterns become – or fail to become – selectively incorporated in a personality system".

Daraus ergibt sich das Problem, wie Sozialisation als Aneignung bestimmter Rollen und/oder Werte und Normen und Internalisierung als Aneignung

---

[7] Ein Wert wie kognitive Rationalität zum Beispiel dürfte von Lehrpersonen in anderer Weise als persönlicher Wert internalisiert werden als von Wissenschaftler*innen und in unterschiedlicher Weise das Berufshandeln prägen.

3.1 Sozialisation

bestimmter Werte und Normen unterschieden werden können bzw. ob eine Unterscheidung sinnvoll ist. Zunächst könnte mit Sozialisation die Aneignung nur jener Werte und Normen bezeichnet werden, die für das Rollenhandeln relevant sind, während Internalisierung die Aneignung anderer, beliebiger Werte und Normen bezeichnen würde. Anders gesagt würde Sozialisation die Aneignung jener Werte und Normen bezeichnen, die für das entsprechende Sozialsystem relevant sind, Werte und Normen also, die es institutionalisiert hat (vgl. Parsons & Platt 1970: 32).

Eine andere Abgrenzungsmöglichkeit besteht darin, nach Art des Aneignungsprozesses zu unterscheiden. Hierbei wäre Sozialisation die interaktive (vgl. zum Verständnis von Sozialisation als Interaktion – übrigens in Abgrenzung zu strukturfunktionalistischen Konzepten – K. Ulich 1982: 474) und Internalisierung die nicht-interaktive Aneignung von Werten, Normen und Rollen.[8]

Problematisch ist dabei, dass Sozialisation und Internalisierung im Sinn einer Aneignung bereits den in Parsons' Idealfall wünschenswerten Ausgang vorwegnehmen, dass also bestimmte Werte und Normen tatsächlich angeeignet werden. Allerdings kann Sozialisation sowohl ‚erfolgreich' als auch nicht ‚erfolgreich' verlaufen (vgl. Bourricaud 1981: 48). Sinnvoll ist daher, an Long und Hadden (1985: 39) anzuschließen, die darauf aufmerksam machen, dass Sozialisation zwei Dimensionen umfasst: den Prozess der Sozialisation sowie das Ergebnis der Sozialisation. Definitionen von Sozialisation vermischen häufig beide Aspekte bzw. überwiegt der Fokus auf die Ergebnisse – wie bei Parsons.

Diese Unterscheidung zwischen dem Prozess der Auseinandersetzung und dem (ggf. ‚erfolgreichen') Ergebnis der Aneignung führt im Sinn einer Elaboration von Parsons zum Vorschlag folgender Begriffsarchitektur:

- Sozialisation bezeichnet die interaktive Auseinandersetzung mit Rollen, Normen und Werten (zusammengefasst: mit normativer Kultur).
- Kulturation bezeichnet die nicht-interaktive Auseinandersetzung mit Rollen, Normen und Werten (mit normativer Kultur).[9]
- Internalisierung bezeichnet die Auseinandersetzung mit Rollen, Normen und Werten (mit normativer Kultur), deren Ergebnis in der Aneignung der Rollen,

---

[8] In der Tat betont Parsons (1964c: 209) den Aspekt der interaktiven Aneignung; er sieht die Internalisierung von Werten als „the outcome of certain processes of interaction in roles". An anderer Stelle heißt es: „The patterns of value internalized in the personality of a given individual actor are [...] received from the general culture through the socializing agents" (Parsons 1958a: 289). Die interaktive Aneignung wird hier allerdings, mutmaßlich im Sinn der eben geschilderten Vermischung von Internalisierung und Sozialisation, vor allem auf Internalisierung bezogen. Parsons formuliert sie jedoch auch explizit für Sozialisation, wie gleich im Text deutlich wird.

[9] Im Sinn von Parsons' *frame of reference* meint ‚nicht-interaktiv' die Auseinandersetzung mit physikalischen, nicht mit sozialen Objekten, also zum Beispiel mit Büchern (s. S. 35).

3 Parsons' Bildungssoziologie

Normen und Werte (der normativen Kultur) durch das Persönlichkeitssystem liegt. Wenn es im Zuge von Sozialisation zu Internalisierung kommt, resultiert dies in einer Interpenetration zwischen Sozial- und Persönlichkeitssystem. Wenn es im Zuge von Kulturation zu Internalisierung kommt, resultiert dies in einer Interpenetration zwischen Kultur- und Persönlichkeitssystem.[10,11]

Für das eigentliche Ziel der vorliegenden Arbeit, die Rolle der Schule in der Theorie Parsons' zu ergründen, sind die weiteren Details seiner Sozialisationstheorie nicht relevant.[12] Deshalb genügt die Beschränkung auf eine kurze Zusammenfassung der wesentlichen Charakteristika (vgl. zusammenfassend Parsons 1959b: 29–35; Parsons & Bales 1955: 27, 54–55, 109; Brock & Mälzer 2012: 8–12; Lidz 2011: 531–532; Geulen 1989: 74–77; Bourricaud 1981: 98–116; R. Geißler 1979: 268–272; R. Reichwein 1970/1971; für eine Systematisierung verschiedener Sozialisationstheorien Dubet & Martuccelli 1996: 511–527).

Parsons konzipiert Sozialisation als einen Prozess zunehmender Differenzierung. Die Sozialisand*innen sind Interaktionssystemen steigender Komplexität ausgesetzt und im Zuge dessen differenziert sich das Persönlichkeitssystem (verinnerlichte Werte, Bedürfnisdispositionen usw.) aus (vgl. Parsons 1968e: 15; Compes 1990: 22–23). Die Annahme ist also, dass

> „the main outline of the structure of the individual personality is derived, through socialization, from the structure of the systems of social objects to which he has

---

[10] Die auf S. 59 eingeführten Bezeichnungen der einzelnen Interpenetrationen können damit in der ursprünglichen Form nicht mehr aufrechterhalten werden.

[11] Ein Folgeproblem der hier vorgeschlagenen Begriffsarchitektur besteht darin, dass sich Kulturation und ggf. eine darauf bezogene Internalisierung hier, da als Gegenstück zu Sozialisation entworfen, auf normative Kultur beschränkt. Das Kultursystem umfasst jedoch auch nicht-normative Kultur. Deshalb ist eine Interpenetration in Bezug auf nicht-normative Kultur ebenso möglich. Es müsste daher für die hiesigen Zwecke von ‚normativer Kulturation' gesprochen werden bzw. ist dies im Folgenden mit der verkürzten Bezeichnung ‚Kulturation' gemeint. Parsons' auf S. 153 entfalteter Begriff der Bildung füllt diese Lücke gewissermaßen, weil er sich auf nicht-normative Kultur bezieht. Da er dort allerdings nicht in Bezug zu den Merkmalen der interaktiven und nicht-interaktiven Auseinandersetzung gesetzt wird, stellt die Begriffsarchitektur einen weiter zu elaborierenden Zwischenstand dar.

[12] Da es in dieser Arbeit um die Formulierung einer Schultheorie geht, deren Gegenstandsbereich die Schule ist, und nicht um die Formulierung einer Theorie der (schulischen) Sozialisation mit einem Fokus auf individuelle Entwicklungsprozesse, erscheint diese Auslassung gerechtfertigt. Dabei werden etwa Diskussionen im Anschluss an Freud, der Begriff der Identifikation oder Details der familiären Sozialisation nicht weiter verfolgt. Schul- und Sozialisationstheorie sind dennoch eng verknüpft und lassen sich als komplementär zueinander verstehen, wenn das Interesse darauf gerichtet ist, wie Schüler*innen in der Schule Sozialisation erfahren. Die Notwendigkeit, innerhalb von Parsons' Theorie in Abhängigkeit der eigenen Untersuchungsfragen Selektionsentscheidungen zu treffen, war bereits in der Einleitung erwähnt worden (s. S. 15).

been exposed in his life history, including,[13] of course, the cultural values and norms which have been institutionalized in those systems." (Parsons 1959b: 30)

Dies erfolgt in fünf Phasen der Sozialisation (vgl. Veith 1996: 424–428; Hofmann 1981: 61–73). In jeder Phase findet eine Zweiteilung von Interaktions- und Rollensystem und von Werten bzw. Bedürfnisdispositionen statt. Deutlich wird damit, dass Sozialisation immer an Interaktion gekoppelt ist,[14] die zwischen einer sozialisierenden und einer sozialisiert werdenden Person (Sozialisator*in und Sozialisand*in), also asymmetrisch,[15] verläuft (vgl. Parsons 1959a: 653; Parsons & Bales 1955: 27, 191; Münch 2004: 112; Compes 1990: 28; Bourricaud 1981: 101–103). Dabei sind die Sozialisator*innen selbst sozialisiert und verkörpern somit die normative Kultur des jeweiligen Sozialsystems (vgl. Parsons & Bales 1955: 17). Sozialisation ist ferner ein lebenslanger Prozess (vgl. Parsons 1964c: 208), weil sie immer wieder stattfinden muss, um dauerhafte *commitments* sicherzustellen. Sozialisation ist demnach nicht nur notwendig, um infolge der Sterblichkeit der Gesellschaftsmitglieder neue Gesellschaftsmitglieder und neue Generationen zu sozialisieren, sondern es bedarf auch eines „continual renewal of commitments" (Parsons & White 2016: 147) innerhalb einer Generation. Die konkreten Interaktionssysteme, die eine Sozialisation ermöglichen, also die Sozialisationskontexte, sind vor allem die Familie (Herkunftsfamilie sowie die spätere eigene (Zeugungs-)Familie), die Schule, die Peers, die Universität, die berufliche Welt und andere soziale Gruppen und Gemeinschaften (vgl. Parsons & Bales 1955: 35, 123–124; Parsons & Shils 1962b: 197).

Durch Identifikation und Konditionierung erfahren die Sozialisand*innen in den einzelnen Interaktionen, welche ihrer Handlungen (un)erwünscht sind, und übernehmen im Modell ‚erfolgreicher' Sozialisation die erwünschten Handlungen (vgl. Compes 1990: 24). Sie internalisieren Handlungen anderer, die eigenen Handlungen in Bezug auf diese Handlungen und wiederum die Reaktionen auf ihre eigenen Handlungen, genauer die in diesen Handlungen enthaltenen Rollen, Werte usw. Es geht also um die Internalisierung eines Musters der Interaktion zwischen Ego und Alter (vgl. Parsons 1968e: 15, 1959a: 655; Parsons & Bales 1955:

---

[13] Tatsächlich stehen die in diesen Interaktionen erfahrenen Teile normativer Kultur im Fokus, weil nur diese Kultur in das Persönlichkeitssystem einfließt, nicht soziale Objekte als solche (vgl. Parsons 1970h: 29).

[14] Dies aus folgendem Grund: „The intrinsic difficulty of creation of cultural patterns is so great that the child can only acquire complex cultural generalization through interaction with others who already possess it" (ebd.). Obige Konzeption von (nicht-interaktiver) Kulturation steht dieser Auffassung entgegen.

[15] Zu fragen wäre hier jedoch, ob Sozialisation auch nicht-asymmetrisch verlaufen kann, etwa in einer Gruppe von Jugendlichen. Denn eine explizite oder deutliche Unterscheidung zwischen Sozialisator*in und Sozialisand*in scheint in solch einer Konstellation nicht unmittelbar naheliegend.

74; Hofmann 1981: 59). Diese zunächst externe normative Kultur wird im Modell ‚erfolgreicher' Sozialisation in Form von Bedürfnisdispositionen internalisiert. Parsons' Sozialisationstheorie ist damit als Gleichgewichtstheorie konzipiert, in der individuelle Bedürfnisdispositionen mit Rollenerwartungen (und der damit verbundenen normativen Kultur allgemein) übereinstimmen bzw. durch Sozialisation in Übereinstimmung gebracht werden. Daher stellt das Persönlichkeitssystem – um eine missverständliche, in der Kritik bemühte Metapher Parsons' (vgl. Parsons & Bales 1955: 54) zu nutzen – „in some sense a kind of ‚mirror-image'" des Sozialsystems bzw. der im Lauf der Sozialisation erlebten Rollen- und Interaktionssysteme dar.

3.1.2 Kritik

Die Hauptkritik an Parsons' Sozialisationstheorie besteht im Vorwurf der Über-Sozialisation, wie er seit dem bis heute breit rezipierten Aufsatz von Dennis Wrong (1961) vorgebracht worden ist (vgl. die Zusammenfassungen bei Parsons 1962: 71; Musgrave 1971: 37–38). Parsons betone demnach Vergesellschaftung und Anpassung, vernachlässige das Individuum, seine Autonomie, sein aktives Tun sowie Abweichungen und setze Sozialisation mit Internalisierung gesellschaftlich gegebener Werte, Normen und Rollen gleich (vgl. Veith 2004: 135–136; Diederich & Tenorth 1997: 104; Veith 1996: 405; Geulen 1989: 76–78; Long & Hadden 1985: 40; Giroux & Penna 1979: 24; für die Schulpädagogik Tenorth 2016: 145; Terhart 2013: 37–38); die Individuen seien „nothing more than the products of their cultures" (Burkitt 1991: 16). Die Engführung, die durch die – von Parsons selbst nahegelegte – Gleichsetzung von Sozialisation und Internalisierung entsteht, sei ferner problematisch, weil real anzutreffendes, von den zu verinnerlichenden Werten, Rollen und Normen abweichendes Verhalten sowie der erst durch solche Abweichungen entstehende gesellschaftliche Wandel ausgeblendet werden (vgl. Geulen 2010: 85).

Da Parsons' Sozialisationstheorie in der Auseinandersetzung mit Freud entsteht (vgl. Parsons 1970e; Schluchter 2015: 389–397; Compes 1990: 7–18; Hofmann 1981: 49–60; R. Geißler 1979: 268; R. Reichwein 1970/1971: 163), lässt sich dies auch so zusammenfassen, dass nur Freuds Über-Ich, nicht aber das Es Eingang in seine Theorie gefunden hat (vgl. R. Reichwein 1970/1971: 179; Wrong 1961: 187). Interne Konflikte und Spannungen seien somit ausgeklammert und alle biologischen Einflüsse (Triebe) im Lauf der Parsons'schen Sozialisation ausgemerzt (vgl. Lavine 1981: 93–94; R. Geißler 1979: 272). Weiterhin werde wenig deutlich, wie Parsons' Individuen Werte, Rollen und Normen umdeuten oder sich von ihnen distanzieren können (vgl. Geulen 1989: 155–156; Habermas 1973: 124–126).

Zusammenfassend kommt R. Reichwein (1970/1971) zu dem Schluss, Parsons' Sozialisationstheorie sei „durchaus deterministisch" (S. 181), ein *„Anpassungstheorem"* (S. 180, H. i. O.), in dem „das Kind den von außen, vom Familien- und Sozialsystem ausgehenden Sozialisationsimpulsen anscheinend widerstandslos ausgeliefert ist" (S. 179), sodass die „Entwicklung einer eigenständigen, persönlichen Identität des Individuums, die sich in nonkonformem Verhalten gegen die jeweiligen Rollennormen behaupten könnte" (S. 181), nicht mitgedacht ist. In dieser kritischen Linie gerät Parsons „zum heimlichen Apologeten des konformen, angepaßten, ‚übersozialisierten' Menschen" (R. Geißler 1979: 267).

Diese Kritik wird gleich näher sondiert, zuvor jedoch werden weitere Kritikpunkte gesichtet, die zum Teil bereits anklangen. So wird eine weitere Kritik darin gesehen, dass Parsons davon ausgeht, dass Sozialisator*innen und Sozialisand*innen Interaktionen, Werte, Rollen usw. gleich deuten; er unterschlage damit die individuelle Interpretation (vgl. R. Geißler 1979: 273; R. Reichwein 1970/1971: 178–179; dagegen Bourricaud 1981: 121). Des Weiteren schenke Parsons der Frage, wie Individuen mit widerstreitenden Werten, Rollen und Bedürfnisdispositionen umgehen, wenig Aufmerksamkeit (vgl. Krappmann 2016: 104–106; R. Geißler 1979: 273), obgleich Parsons (1968e: 14, 17) durchaus sieht, dass die Teilnahme der Individuen an verschiedenen Sozialsystemen sie vor die Herausforderung stellt, mit diesem Rollen-Pluralismus umzugehen.[16] Es lässt sich außerdem fragen, ob die in Parsons' Theorie an verschiedenen Stellen relevante Annahme, der Mensch strebe nach Anerkennung und Bestätigung anderer, nicht eine zu einseitige Sichtweise darstellt (vgl. Wrong 1961: 188–190). Kritisiert wird ferner, dass Parsons abweichendes Handeln als dysfunktional auffasse (vgl. R. Geißler 1979: 277). Ein weiterer Einwand richtet sich gegen die zu dominante Annahme, Sozialisation verlaufe hauptsächlich im Sinn von Konditionierung und Bedürfnisbefriedigung – hier würden nicht-rationale Einflüsse übersehen (vgl. Compes 1990: 26). Auch der starke Fokus auf Interaktion sei fragwürdig, weil damit die von anderen Personen unabhängige Möglichkeit zur Sozialisation, zur Selbst-Sozialisation, ausgeblendet wird (vgl. ebd.: 26–27, 57). Schließlich seien jene Aspekte von Parsons' Sozialisationstheorie kritisch zu sehen, in denen er mit der Konstellation einer Kernfamilie aus Vater, Mutter, Tochter/Schwester und Sohn/Bruder argumentiert und geschlechtsspezifische Unterschiede akzentuiert (vgl. Holmwood 2005: 103; R. Reichwein 1970/1971: 177).

Zugute gehalten wird Parsons sein Versuch, disparate Theorielinien (Freud, Mead, Durkheim) sowie eine Theorie der Sozialisation und der Persönlichkeit mit einer Theorie der Gesellschaft verbunden und ein begriffliches Instrumentarium

---

[16] So gerät etwa bei Parsons und Platt (1968b: VI-12-22) ein Rollenkonflikt zwischen Forschung und Lehre in den Blick.

3 Parsons' Bildungssoziologie

zur Analyse von Sozialisation herausgearbeitet zu haben (vgl. Bertram 2010: 240–243; Veith 2004: 131–132; H.-J. Schulze & Künzler 1991: 125).
Wegen der zentralen Bedeutung in der Rezeption wird der Vorwurf der Über-Sozialisation nun genauer erörtert (vgl. allgemeiner die Sondierung der Kritik bei R. Geißler 1979: 272–279), was zu einer präzisierten Zusammenfassung von Parsons' Sozialisationsbegriff führt.[17]

Parsons konzipiert Sozialisation idealtypisch. Er fragt (s. S. 25), wie soziale Ordnung möglich ist, fokussiert also tendenziell Erhalt und Reproduktion der Gesellschaft, obgleich Ordnung auch bei Veränderung der Gesellschaft möglich ist (s. S. 64). ‚Erfolgreiche' Sozialisation im Sinn von Internalisierung trägt in Parsons' Theorie entscheidend zur Aufrechterhaltung sozialer Ordnung bei, indem bestimmte Werte, Normen oder Rollen an die nächste Generation weitergegeben werden (vgl. Parsons & Shils 1962b: 197; Vanderstraeten 2014: 770; Geulen 2010: 89–90; Veith 2004: 132–133; Dubet & Martuccelli 1996: 522, 524; B. S. Turner 1993: 4; s. S. 62 für den parallelen Gedankengang in Bezug auf Interpenetration allgemein):

> „Erhaltung von normativer Ordnung erfordert, wie bereits erwähnt, daß sie prinzipiell und überall durchgesetzt werden kann und wird – die durch Normen und Werte geschaffenen Verhaltenserwartungen müssen im wesentlichen erfüllt werden, auch wenn dies oft nur in Ansätzen geschieht. Grundlegende Bedingung dafür ist die Internalisierung der gesellschaftlichen Werte und Normen durch die Gesellschaftsmitglieder, weil diese Sozialisation die Konsensus-Basis eines gesellschaftlichen Gemeinwesens darstellt." (Parsons 1976b: 133–134)

Parsons' Lösung des Problems sozialer Ordnung besteht also darin, „dass die Menschen lernen, was sie wollen *sollen*" (Ebert 2003: 39, H. i. O.; vgl. auch Abels & A. König 2016: 73). Erst durch solch eine innere Verpflichtung auf gemeinsame normative Kultur, wie sie durch Internalisierung zustande kommt, wird nach Parsons eine *stabile* soziale Ordnung ermöglicht (s. S. 32).

Der theoretische ‚Idealfall' sozialer Ordnung liegt vor, wenn alle Individuen in allen Werten, Normen und Rollen übereinstimmen und neue Gesellschaftsmitglieder all dies verinnerlichen, sodass das gerade erwähnte Gleichgewicht oder eine Integration von Persönlichkeitssystem und Sozialsystem besteht und Bedürfnisdispositionen der normativen Kultur des Sozialsystems entsprechen (s. S. 62). Dieses Modell ‚perfekter' Sozialisation, bei dem Sozialisation und Internalisierung gleichzusetzen sind, ist aber ein idealtypischer Grenzfall (vgl. R. Geißler 1979: 271). Es dient eher als Heuristik, nicht als empirische Beschreibung der Realität (vgl. Compes 1990: 2; Geulen 1989: 78–79; R. Geißler 1979: 269; Wrong

---

[17] Diese Sondierung überschneidet sich teilweise mit der Sondierung von Parsons' Interpenetrationskonzept aus Kap. 2.3.5.

3.1 Sozialisation

1961: 189), auch wenn Parsons selbst zum Teil so unklar schreibt, dass Lesende „geradezu zur Reifizierung verführt" (R. Geißler 1979: 278) werden. Weil sich Parsons also dafür interessiert, wie soziale Ordnung möglich ist, nicht dafür, wie Konflikte entstehen, interessiert er sich für alle Aspekte, die Erstere ermöglichen, weniger für solche, die diese nicht möglich machen: „Der Ausgangspunkt seiner Sozialisationstheorie ist nicht die Konstitution des Menschen und deren Einfluß auf die Gesellschaft, sondern umgekehrt die Konstitution der Gesellschaft und deren Einfluß auf den Menschen" (R. Geißler 1979: 273; ähnlich H.-J. Schulze & Künzler 1991: 122–123).

Abgesehen von der Relativierung der Kritik durch Parsons' Grundinteresse und durch Betonung des idealtypischen Modellcharakters lassen sich mindestens zwei weitere Relativierungen anführen. Erstens geht Parsons durchaus von Individualität der Einzelnen aus, und zwar unter anderem dadurch, dass sich jede Person auf eine andere Kombination an Rollen bezieht (s. S. 65). Daher bringt selbst ‚perfekte' Sozialisation bezüglich der einzelnen Rollen durch deren Kombination Individualität hervor. Zweitens handelt es sich bei der normativen Kultur, die Gegenstand von Parsons' Sozialisation ist, um eher allgemeine normative Kultur (vgl. Parsons 1964c: 236, 269–271, 1961a: 273; Alexander 1987: 82; Bourricaud 1981: 251; R. Geißler 1979: 271, 275; R. Reichwein 1970/1971: 166; s. S. 64), zum Beispiel Universalismus bzw. Partikularismus, Wertschätzung, Kooperation, Leistung oder instrumentellen Aktivismus. Auf Basis dieser Werte ist später die Aneignung spezifischer Rollen möglich.

Dementsprechend finden sich bei Parsons diverse Stellen, die Individualität herausstellen, sodass deutlich wird, dass es real keine völlige Identität zwischen Persönlichkeits- und Sozialsystem gibt und Rollen oder Werte und eine entsprechende Sozialisation Handeln nicht determinieren (vgl. Parsons 2016: 428, 1989: 612, 1976b: 149, 1964c: 230, 1962: 79; Parsons & Platt 1973: 197; Parsons & Shils 1962b: 155–156; Parsons & Smelser 1956: 177; Parsons et al. 1962: 19, 24; s. S. 65):

> „Whatever its origins and constraints along the way, however, this personality always comes to be a system with its own distinctive constitution, its own goals and imperatives of internal integration, its own characteristic ways of dealing with life situation. [...] But he is never socialized into ‚the' society so that he becomes just a standardized cog in the machinery." (Parsons 1970c: 301)

In diesem Sinn stellen Parsons und Shils (1962b: 109) klar, „that we in no way intend to convey the impression that a personality is a microcosm of a social system". Ganz im Gegenteil ist Sozialisation für Parsons Voraussetzung für individuelle Freiheit:

3 Parsons' Bildungssoziologie

„[T]he proper amount and the right kind of socialization constitutes an essential set of conditions of developing at all high capacities for the practice and enjoyment of freedom." (Parsons 2016: 426)

Denn durch Sozialisation besteht die Möglichkeit, Neues zu lernen, und zwar neue Werte, Normen und Rollen, und damit das Feld der eigenen Handlungsmöglichkeiten zu erweitern (vgl. Bourricaud 1981: 103–104, 108). Somit führt Sozialisation zu gesteigerter Autonomie (vgl. Bertram 2010: 245–246; Daheim 1993: 61; Münch 1988: 54; Bourricaud 1981: 104, 108; R. Geißler 1979: 276; s. auch S. 178 und 396). Dies wird am greifbarsten in der Tatsache, dass im Zuge von Sozialisation abhängige Kinder zu unabhängig handelnden Erwachsenen werden. Das heißt auch: Im Durchgang durch die verschiedenen Interaktionssysteme während der Sozialisation lernen Sozialisand*innen verschiedene normative Kulturen kennen, was im Ergebnis zur Verinnerlichung *generalisierter* normativer Kultur führt; die Sozialisand*innen bleiben nicht an einzelne Interaktionssysteme gebunden und erlangen dadurch Autonomie (vgl. Münch 1988: 70–73).

Autonomie und Individuation werden bei Parsons also nicht ignoriert. Weil seine Sozialisationstheorie im Rahmen seiner allgemeinen Theorie entsteht und der Bezugspunkt seiner Sozialisationstheorie somit soziale Ordnung ist, stehen sie jedoch nicht im Fokus und seine Sozialisationstheorie bietet keine elaborierte Erklärung für ihre Entstehung (vgl. H.-J. Schulze & Künzler 1991: 136; Compes 1990: 18).

3.1.3 Fazit

Zusammenfassend kann konstatiert werden: Vor dem Hintergrund der auf S. 145 vorgeschlagenen begrifflichen Ausdifferenzierung der Unterscheidung zwischen Prozess und Ergebnis von Sozialisation ist es sinnvoll, die Aspekte bei Parsons zunächst in den Hintergrund zu stellen, die ein einseitiges Ergebnis von Sozialisation nahelegen, die also Internalisierung als Kernmerkmal von Sozialisation herausstellen. Demgegenüber sind jene Aspekte in den Vordergrund zu rücken, die den Prozess der Sozialisation charakterisieren. Sozialisation ist ein Prozess, im Lauf dessen Sozialisand*innen in sozialen Interaktionen mit ihnen unbekannten Werten, Normen und Rollen (d. h. mit ihnen unbekannter normativer Kultur) konfrontiert werden.[18] Sozialisand*innen können damit Modelle für Handeln

---

[18] An dieser Stelle bieten sich einige zusammenfassende Relationierungen zu aktuellen Konzeptionen von Sozialisation an. Mit Parsons' Betonung auf Interaktion liegt insofern eine Engführung vor, als andere Autor*innen Sozialisation auch als Auseinandersetzung mit der kulturellen und materiellen Umwelt begreifen. Ähnliches gilt für den Fokus auf normative Kultur, wenn anderweitig allgemeiner die Entstehung und Entwicklung der Persönlichkeit, die mehr umfasst als

3.1 Sozialisation

kennenlernen, sie für das eigene Handeln nutzen, im fremden Handeln wiedererkennen, darauf reagieren oder sie abändern (vgl. Bourricaud 1981: 106). Im Anschluss daran sind verschiedene Ergebnisse denkbar. Neben Internalisierung auf der einen und Nicht-Internalisierung (ggf. Distanz) auf der anderen Seite kann ein drittes Ergebnis darin bestehen, dass das Kennenlernen normativer Kultur zu einem gegenseitigen Verstehen führt (vgl. ebd.: 106–107). Dieses wohl weniger kritisch zu sehende Minimalergebnis liegt somit darin, dass, unabhängig davon, ob die Werte, Normen und Rollen geteilt werden, das Handeln anderer Menschen, das diesen Werten, Normen und Rollen folgt, verstanden wird:

> „Socialization does not teach the individual any particular form of behavior. It teaches him, rather, how to orient himself relative to his actual or potential partners in the interaction process by laying down a frame of reference in very broad and general terms." (ebd.: 115)

Es geht folglich darum, normative Kultur kennenzulernen, um mit ihr umgehen und sie verstehen zu können. Dabei macht Sozialisation die Menschen zwar in der Regel einander ähnlicher, aber nicht identisch.[19]

Wenn Parsons' Engführung hin zu Internalisierung jedoch gefolgt wird, lässt sich Sozialisation als Antwort auf das Problem der sozialen Ordnung verstehen. Sein Modell (nicht: Beschreibung der Realität) ist, dass erfolgreiche Sozialisation im Sinn einer Internalisierung gewisser allgemeiner normativer Kultur für soziale Ordnung essenziell ist. Daher bleibt, selbst wenn Sozialisation nicht als Internalisierung verstanden wird, eine solche Internalisierung mit Bezug auf allgemeine, grundlegende normative Kultur die Zielperspektive sozialer Ordnung.[20]

Abschließend ist es für das Anliegen der Arbeit sinnvoll, auf das Verhältnis von Sozialisation und Bildung einzugehen. Parsons definiert Bildung[21] als

---

normative Kultur, als Sozialisation verstanden wird (vgl. Niederbacher & Zimmermann 2011: 15; Geulen 2010: 86; diese Engführung lässt sich in Parallele zur angesprochenen Engführung des Begriffs ‚Kulturation' sehen, s. S. 146). Schließlich sind die Personen, die sozialisiert werden, als aktive Ko-Konstrukteur*innen ihrer eigenen Sozialisation (vgl. Abels & A. König 2016: 2; Hurrelmann & Bauer 2015: 148–149) nicht im Fokus, sodass bei Parsons trotz Interaktion nicht von einem symmetrischen, sondern asymmetrischen Wechselverhältnis auszugehen ist.

[19] In eine ähnliche Richtung weist Geulen (1989: 162), der „Internalisierung im kognitiven und Internalisierung im motivational-affektiven Sinne" unterscheidet. Letzteres bezieht sich auf die bei Parsons angelegte Internalisierung, die darin mündet, dass das Individuum den internalisierten Werten folgt. Ersteres bezieht sich auf die Tatsache, dass die Werte usw. nur im Bewusstsein präsent sind, dass das Individuum also um sie weiß, ohne ihnen aber zu folgen.

[20] Dementsprechend erscheint ein solches Verständnis von Sozialisation, von der Gesellschaft her gedacht, weiterhin als eine anerkannte Perspektive, die um eine vom Individuum her angelegte Perspektive zu ergänzen ist (vgl. Hummrich & Kramer 2017: 1, 11; Abels & A. König 2016: 1–2; zum Wandel des Fokus von Vergesellschaftung auf Individuation Hurrelmann & Bauer 2015: 145–146).

[21] Parsons' Begriff ‚education', der in seinem Wortsinn grundsätzlich mehrdeutig ist und im Deutschen sowohl Erziehung als auch Bildung bezeichnen kann (vgl. Bauer, Bittlingmayer & Scherr

„process by which, through special institutional arrangements and formal procedures, individual members of societies are brought to ‚know,' command,' [sic!] and/or become ‚committed to' important elements of the cultural tradition of the society." (Parsons 1970f: 201)

Der Begriff ist damit eher eng definiert, insofern er auf formale Bildungsprozesse abzielt bzw. auf das Bildungswesen, innerhalb dessen individuelle Bildungsprozesse stattfinden, die allerdings nicht für sich in den Blick geraten.[22] Neben dem Fokus auf das formale Bildungswesen lässt sich ein anderer Fokus hinsichtlich der Inhalte von Bildung erkennen. Parsons stellt sich die Objekte der Bildung vor allem als kulturell manifeste Gegenstände, Fähigkeiten oder Wissensbestände vor, sodass er später zusammenfasst: „[E]ducation is the implementation of culture" (ebd.: 211). Weniger relevant sind demnach Aspekte der Persönlichkeitsentwicklung, die, wie sich später bei Parsons' hochschulischer Sozialisation zeigt (s. Kap. 3.3.3), eher unter diesem Schlagwort verhandelt werden.[23]

Der zentrale Unterschied zwischen Sozialisation und Bildung ist somit darin zu sehen, dass sich Bildung vor allem auf Inhalte und Fähigkeiten, also nicht-normative Kultur, bezieht und Sozialisation auf normative Kultur.[24,25] Bildung hat einen eindeutigen Bezug auf das Kultursystem, Sozialisation bezieht sich primär auf das Sozialsystem (und vermittelt darüber auf das Kultursystem).

2012a: 13), wird aufgrund der folgenden Definition mit ‚Bildung' und nicht mit ‚Erziehung' übersetzt. Erziehung ist in dieser Arbeit immer in Sozialisation eingeschlossen. Denn Sozialisation bezeichnet die intentionale wie nicht-intentionale interaktive Auseinandersetzung mit normativer Kultur, Erziehung die intentionale (vgl. Geulen 2010: 88).

[22] Allgemein ist das englische Wort ‚*education*', anders als das deutsche Wort ‚Bildung', stärker auf formale Bildungsprozesse bezogen.

[23] Parsons' Abgrenzung von Sozialisation und Bildung impliziert somit eine weitere Engführung seines Sozialisationsbegriffs im Gegensatz zu anderen Begriffsfassungen, in denen etwa Bildung als Teil von Sozialisation aufgefasst wird (vgl. Hurrelmann & Bauer 2018: 15).

[24] Zum Teil wird eine Abgrenzung auch dadurch vorgenommen, dass Bildung intentional und Sozialisation nicht-intentional verläuft (vgl. Vanderstraeten 2014: 770; für Sozialisation H.-J. Schulze & Künzler 1991: 129). Wenn es aber beispielsweise heißt, „the faculty have to socialize students to internalize the values of cognitive rationality" (Parsons & Platt 1973: 174), erscheint es fraglich, ob Parsons Sozialisation als nicht-intentional auffasst. Eher wäre zu formulieren, dass Sozialisation häufig implizit verläuft, Bildung häufig explizit. Das intentional verfolgte Ziel der Sozialisation mit Blick auf kognitive Rationalität beispielsweise wird implizit realisiert, wenn eine explizite Auseinandersetzung mit Inhalten im Sinn von Bildung stattfindet.

[25] Allerdings ist Parsons' Begriffsbildung hier nicht einheitlich. Denn an anderer Stelle erscheint Bildung als Komponente von Sozialisation (s. S. 190): „Socialization focuses above all on these two components: the establishment of internalized value-commitments and the development of capacities. The aspects of education having to do with the acquisition of knowledge and skills are the primary feature of the capacity-building component of the socialization function" (Parsons & White 2016: 165).

3.2 Kognitive Rationalität

Der Wert der kognitiven Rationalität wird an dieser Stelle erläutert, da er für die folgenden Ausführungen vor allem zur Universität zentral ist. Ausgangspunkt ist Parsons' Feststellung, dass „[t]he term ‚cognitive' has a cultural reference whereas that of the term ‚rational' is primarily social. Cognitive rationality is a value-pattern linking the cultural and the social levels" (Parsons & Platt 1973: 38). Kognitive Rationalität hat damit – ganz analog zur Konstruktion des Treuhandsystems – einen doppelten Bezug auf das Kultur- und das Sozialsystem. Die beiden Begriffsbestandteile ‚kognitiv' und ‚Rationalität' sind nun etwas näher zu betrachten.

Der Begriff ‚kognitiv' lässt sich auf die kognitiven Standards der Wertorientierung aus dem *frame of reference* beziehen (s. S. 38):

> „The *cognitive* mode of value-orientation involves the various commitments to standards by which the validity of cognitive judgments is established. These standards include those concerning the relevance of data and those concerning the importance of various problems. They also include those categories (often implicit in the structure of a language) by which observations and problems are, often unconsciously, assessed as valid." (Parsons & Shils 1962b: 60, H. i. O.)

Kognitive Standards sind somit Standards,[26] die zur Feststellung der Gültigkeit oder der Wahrheit von Aussagen genutzt werden (vgl. auch Parsons 1964c: 13; Parsons et al. 1962: 5). Beispiele sind „standards of logic or correctness of observation" (Parsons 1964c: 13) oder „objective evidence" (Parsons 1965: 40; vgl. auch Alexander 1986: 465). Kognitive Standards haben immer universalistischen Charakter (vgl. Parsons & Shils 1962b: 85). Stichweh (2013b: 217) grenzt Partikularismus von Universalismus des Wissens ab, indem er Letzterem eine *„systematische Präferenz für Wissen, das durch keine Verwendungseinschränkung näher festgelegt war, keinen lokalen, ständischen oder sonstwie partikularen Index* trug" (H. i. O.), zuschreibt.

Kognitive Rationalität bezieht sich allerdings nicht nur auf kognitive Standards, sondern auch auf die Verwendung von Wissen, das genau jenen kognitiven Standards genügt (vgl. Parsons & Platt 1968a: 504; Platt & Parsons 1970: 138). So heißt es bei Parsons und Platt (1970: 5): „This pattern obligates academic men to engage in the development, the manipulation, and the transference of bodies of knowledge judged in terms of empirical validity".[27]

---

[26] Standards lassen sich mit Bezug auf den *frame of reference* als Selektionskriterien oder Entscheidungsgrundlagen verstehen (s. S. 38). Später waren diese als Werte konzeptualisiert worden (s. S. 56).

[27] Da es sich bei kognitiver Rationalität um einen Selektionsstandard und damit um einen Wert handelt, ist kognitive Rationalität dem entsprechenden Kultursubsystem, dem moralisch-evaluativen

155

3 Parsons' Bildungssoziologie

Dem Begriff ‚Rationalität' wird ein sozialer Bezug zugeschrieben (vgl. Parsons 1976a: 449; Joas 1980: 245–246; Stichweh 1980: 71). Rationalität meint bei Parsons daher rationales Handeln, beides ist synonym.[28] Rationalität als eine der vier Komponenten des kognitiven Komplexes (s. S. 164) wird dementsprechend definiert als „the type of social action in which cognitive standards have primacy as guides to action" (Parsons & Platt 1973: 55). Aus diesem Grund ist Rationalität in der Konstruktion des kognitiven Komplexes dem Sozialsystem zugeordnet (vgl. ebd.: 56). Dies hebt zugleich hervor, dass Parsons Rationalität nicht als autonom-individuelles, sondern eben als soziales Handeln begreift (vgl. ebd.: 69):

> „Rationality is characterized by conformity with cognitive norms and values wherever such conformity is relevant. The individual is conceived to act rationally *in social roles* where expectations are structured in favor of cognitive criteria and where conformity with such expectations will be rewarded." (ebd.: 80, H. i. O.)

Rationales Handeln findet in dieser Konstruktion immer mit Bezug auf Rollen statt, die Handeln auf Basis kognitiver Standards erwarten. Parsons' Konstruktion ist hier allerdings nicht nachvollziehbar; unabhängig davon ist ebenso wenig klar, welcher Erkenntnisgewinn damit verbunden ist, rationales Handeln als sozial zu definieren. Erstens ist bei Parsons Handeln immer sozial (s. S. 35), sodass die Kennzeichnung rationalen Handelns als soziales Handeln redundant ist. Zweitens ist nicht nachvollziehbar, weshalb rationales Handeln an Rollen gebunden sein soll. Handeln, das an kognitiven Standards orientiert ist, ist auch ohne Rollen denkbar, weil kognitive Standards bzw. der Wert der kognitiven Rationalität als Teil des Kultursystems die Standards für das entsprechende Handeln unmittelbar bereitstellen. Die Setzung, der Wert habe in sich einen sozialen Bezug, ist demnach fragwürdig, weil nicht einzusehen ist, wie ein Wert nur Wert sein kann, wenn er institutionalisiert ist.

Der soziale Bezug wird in jedem Fall auch in folgender Begriffsbestimmung deutlich:

> „[R]ational action is the effective implementation of the values of cognitive rationality in contexts of social interaction. It is the ideal type of conformity with a *socially* defined and *institutionalized* standard of desirable action typically implemented in interactive situations […]." (ebd.: 69–70, H. i. O.)

Kultursubsystem, zuzuordnen. An dieser Stelle zeigt sich jedoch, dass dieser Wert mit anderen Teilen des Kultursystems, dem empirisch-kognitiven Subsystem, zusammenhängt (vgl. Parsons 1972: 256; Parsons & Platt 1973: 17). Siehe zu dieser Abgrenzung allgemein S. 55.

[28] „Rationality may be used to designate a *type* of action" (Parsons & Platt 1973: 19, H. i. O.; vgl. auch ebd.: 56, 70).

3.2 Kognitive Rationalität

Hier treten nun weitere Unklarheiten hinzu: Wenn Rationalität (in einem ersten Sinn), d. h. rationales Handeln, den Wert kognitiver Rationalität (also in einem zweiten Sinn) in Handeln umsetzt (so auch Platt, Parsons & Kirshstein 1976: 305), wieso wird dann bereits Rationalität (im zweiten Sinn) als Teil des Begriffs kognitiver Rationalität auf das Sozialsystem und damit auf soziales Handeln bezogen? In gleicher Weise ist der Zusatz „in contexts of social interaction" überflüssig, wenn kognitive Rationalität als solche bereits einen Bezug auf das Sozialsystem und Rollen enthält. Oder ist die Implementation des Werts auch in anderen Kontexten möglich, so wie es der Grundbegriff des Werts, der nicht zwingend an Rollen gekoppelt sein muss, bei Parsons eigentlich nahelegt?

Dies führt zur allgemeineren Kritik, dass der Begriff bei Parsons insgesamt undurchsichtig und unklar bleibt (vgl. Burkart 1982: 454; Sexton 1974: 298–299). Kritisch zu sehen ist kognitive Rationalität außerdem mit Blick auf die fehlende kommunikative Seite (vgl. Burkart 1982: 454–455). Das heißt, kognitive Rationalität sollte sich nicht nur auf Wissen und die Anwendung von Wissen im Handeln beziehen, sondern auch auf die Art und Weise von Diskursen. Dieser Aspekt ist bei Parsons zwar nicht gänzlich unbeachtet (vgl. Parsons 1968d: 188), aber dennoch nicht zentral in seinen Überlegungen.

Weil der soziale Bezug kognitiver Rationalität widersprüchlich erscheint, wird der Begriff im Weiteren wie folgt verstanden:[29] Kognitive Rationalität ist ein Wert, der wie grundsätzlich alle Werte im Kultursystem zu verorten ist. Er bezeichnet eine Orientierung an Standards der Wahrheit, der Objektivität, der Validität, der Logik, des Universalismus und damit eine Orientierung an Wissen, das diese Standards erfüllt (vgl. Alexander 1986: 465). Dieser zunächst im Kultursystem zu verortende Wert kann im Sozialsystem institutionalisiert werden und damit Rollen (mit)definieren sowie – zum Beispiel im Zuge von Sozialisation – im Persönlichkeitssystem internalisiert werden. Ein an kognitiver Rationalität ausgerichtetes Handeln heißt rationales Handeln.

Kognitive Rationalität ist im Kontext der Rolle von Rationalität in Parsons' Theorie allgemein zu betrachten (vgl. zum Folgenden Vanderstraeten 2018; Stichweh 1980). Der Begriff wird in unterschiedlicher Weise in unterschiedlichen Teilen von Parsons' Werk thematisiert. In *The Structure of Social Action* ist Rationalität in doppelter Hinsicht für Handeln relevant (vgl. Parsons 2018: 53–54, 1986: 111–112; Veith 1996: 416). Zum einen handeln Akteur*innen mit Bezug auf Wissen (Zusam-

---

[29] Aufschlussreich ist auch die Begriffsbestimmung bei Platt (1981: 159) in Bezug auf die Bedeutung des Werts für das wissenschaftliche Personal: „The term cognitive expresses faculty's obligation to be actively oriented to bodies of knowledge as cultural objects, as in the creation of new knowledge through research. The term rationality also refers to a cultural component of the value but it especially expresses faculty's obligation to particular standards in knowledge acquisition and transference".

menhang von Ursache und Wirkung, diese Fassung von Rationalität später bei Parsons 1978a: 52). Zum anderen geht es ihnen um die Befriedigung individueller Bedürfnisse (Zusammenhang von Mittel und Zweck, vgl. auch Parsons 1976a: 449). Im letzteren Fall ist Handeln rational, wenn die Zwecke mit möglichst wenig Mitteln erreicht werden (vgl. Holmwood 2005: 93, 95). Darüber hinaus bezieht Parsons Rationalität auch auf die Zwecke allein: Rationalität bedeutet in diesem Fall die Wahrung einer gewissen Konsistenz verschiedener Ziele bzw. die Konsistenz bei der Wahl eines Ziels im Kontext anderer Ziele. Diese Rationalität in Bezug auf Handeln ist individuumsbezogen und natürlich, also eine Grundkonstante menschlichen Handelns (vgl. zu dieser Frage auch Parsons 1976a: 444–446). Der Aspekt der Konsistenz ist auch bei Parsons (1959a: 657) relevant; dort wird Rationalität verstanden „as *organization* of a psychological system in accord with a system of norms so that, in specific situations, it can perform in accordance with those norms" (H. i. O.).

Im Lauf von Parsons' Schaffen verändert sich sein Rationalitätsbegriff. In seiner Professionstheorie stellt er fest, dass Professionen zum einen wegen ihrer Wissensorientierung besonders durch Rationalität geprägt sind, wobei Rationalität im Sinn eines rationalen Handelns zugleich zum Merkmal aller Berufe gerät (vgl. Parsons 1939: 459; s. S. 234), zum anderen der Rationalität im Sinn individueller Bedürfnisbefriedigung widersprechen (s. S. 232). Die anders verstandene Rationalität der Professionen ist darüber hinaus „institutional, a part of a normative pattern" (ebd.: 459; s. S. 232). Das heißt, Rationalität ist nicht mehr akteursbezogen, sondern ein Wert, der in Sozialsystemen institutionalisiert sein kann, der außerdem nicht mehr natürlich und universell ist, sondern je nach Zeit und Ort einen unterschiedlich hohen Stellenwert genießt. Damit bezeichnet Rationalität nicht mehr die Art und Weise, wie im Handeln Werte (ggf. im Sinn von Zielen) erreicht werden, sondern wird selbst zu einem Wert.

Der ebenfalls bemühte Begriff der Rationalisierung führt nun zurück zu kognitiver Rationalität. In *Economy and Society* beschreibt Rationalisierung einen Prozess, im Lauf dessen das Kultursystem im Sozialsystem die Implementation von Werten anregt. Infolge dessen wird im Sozialsystem eine höhere Fähigkeit zur *adaptation* mit Blick auf die Umwelt ausgebildet, und zwar über stärkere Differenzierung (vgl. Parsons & Smelser 1956: 292). Rationalisierung wirkt auf verschiedene adaptive Subsysteme ein, in denen sich dadurch verschiedene Rationalitäten herausbilden. Rationalität ist somit ein „Wertmuster je ausdifferenzierter Subsysteme" (Stichweh 1980: 71). Rationalisierung vollzieht sich im Rahmen der industriellen Revolution und der Bildungsrevolution und implementiert im Wirtschaftssystem, dem A-Subsystem des Sozialsystems, und dem Rationalitätssystem, dem A-Subsystem des Treuhandsystems, ökonomische (vgl. Parsons &

Smelser 1956: 176) bzw. kognitive Rationalität (etwas anders bei Platt, Parsons & Kirshstein 1978: 19–20). Ökonomische und kognitive Rationalität führen hierbei inhaltlich die ersten beiden Dimensionen von Rationalität im Handeln weiter; ökonomische Rationalität enthält die Mittel-Zweck-Effizienz und kognitive Rationalität das Wissen über Ursache und Wirkung.

Der übergeordnete Wert, von dem Rationalisierung ausgeht und der ökonomische und kognitive Rationalität verklammert, ist in der westlichen Moderne der instrumentelle Aktivismus (vgl. Parsons & Platt 1968b: I-12; zum Zusammenhang kognitiver Rationalität und dieses Werts Parsons & Platt 1970: 5, 1968a: 504, 507; Parsons & White 2016: 124–125; Platt & Parsons 1970: 138). Die Durchsetzung von Aktivismus impliziert die Betonung der *adaptation*. Konkreter formuliert: Sowohl ökonomische als auch kognitive Rationalität stehen im Dienst von Aktivismus und *adaptation*, sie erleichtern auf unterschiedliche Weise die Gestaltung der Umwelt für eigene Zwecke. Beide Rationalitäten sind somit als miteinander vereinbar, nicht als widersprüchlich zu sehen.

3.3 Universität

Die folgende Aufarbeitung von Parsons' Analysen zur Universität beginnt mit einer Einbettung der Universität in Parsons' allgemeine Theorie (Kap. 3.3.1). Nach dem sich daran anschließenden Überblick über die Funktionen und das Setting der Universität (Kap. 3.3.2) konzentriert sich das Kap. 3.3.3 auf eine dieser Funktionen und einen Teil der Universität, die *Undergraduate*-Ausbildung. Abschließend werden Parsons' Studien zur Universität kritisch diskutiert (Kap. 3.3.4).

3.3.1 Theoretische Verortung der Universität

Mit der Universität hat sich Parsons gegen Ende seiner Schaffensphase intensiv auseinandergesetzt (vgl. Sciortino 2016b: 9; Joas 1980: 236). Zentral ist hierfür die mit Gerald M. Platt verfasste und im Jahr 1973 erschienene Studie *The American University*. Hinzu kommen verschiedene Aufsätze, teils allein, teils ebenso mit Platt oder anderen verfasst. Wie der Titel der Monographie deutlich macht, steht die *amerikanische* Universität im Fokus, wobei Parsons auch Vergleiche zu Europa bzw. einzelnen europäischen Ländern zieht. Synonym zum Begriff der Universität bzw. des Universitätssystems[30] verwendet Parsons den Begriff des akademischen

---

[30] Für das Hochschulwesen wird nachfolgend nicht im Detail herausgearbeitet, inwiefern von einem System gesprochen werden kann. Die Annahme erscheint jedoch mit Blick auf den dem Universitätssystem zugrunde liegenden Wert der kognitiven Rationalität plausibel, weil dem Wert eine höhere Bedeutung als in anderen Teilen der Gesellschaft zukommt und sich daraus

3 Parsons' Bildungssoziologie

Systems oder (des Systems) der höheren Bildung (vgl. v. a. die Titel der Aufsätze Parsons 1978b, 1971a).

Bedeutsam für Parsons' Argumentationen ist die historische Entwicklung der amerikanischen Universität. Darauf wird im Folgenden immer wieder Bezug genommen; für die jetzigen Zwecke genügt ein Überblick über die amerikanische Universität der damaligen Gegenwart, also den Endpunkt der Entwicklung, wie sie Parsons beschreibt. Demnach umfasst das US-amerikanische Hochschulwesen verschiedene und verschiedenartige universitäre Einrichtungen (vgl. Parsons 1978b: 118, 1978d: 99). Vor allem gibt es Unterschiede in der Qualität der Einrichtungen. Einerseits gibt es „local community colleges", die nur als „slightly glorified secondary schools" (Parsons 1978b: 115) angesehen werden, andererseits international hoch anerkannte Forschungsuniversitäten. Letztere stellen den Typus einer *full university* dar, die drei Bereiche umfasst: *undergraduate colleges*, *graduate colleges* bzw. *graduate schools of arts and sciences* sowie *professional schools* bzw. *graduate schools of professional training* (vgl. Parsons 1971a: 246, 1968d: 175; Platt 1981: 159). Während diese Volluniversitäten, die den Schwerpunkt der Auseinandersetzung von Parsons bilden (vgl. Parsons 1978c: 154), alle drei Bereiche und die damit zusammenhängenden, noch näher zu besprechenden Funktionen umfassen, gibt es andere universitäre Einrichtungen, die nur bestimmte Bereiche bzw. Funktionen abdecken (vgl., auch für Beispiele, Parsons & Platt 1968a: 515–516).

3.3.1.1 Treuhandsystem

Parsons analysiert die Universität vor dem Hintergrund seiner allgemeinen Theorie und beschreibt sie daher mit seinen allgemeintheoretischen Konzepten (vgl. Burkart 1982: 445; Platt 1981: 158). Ausgangspunkt sind die den AGIL-Funktionen folgenden Handlungssysteme, Handlungssubsysteme usw. Hier wird die Universität im Treuhandsystem verortet, einem Subsystem der Gesellschaft (vgl. Parsons 1978e: 139; Parsons & Platt 1973: 18; s. S. 97).[31] Das Treuhandsystem ist, als System mit L-Funktion, mit der Reorganisation der kulturellen Muster, vor allem der normativ-kulturellen Muster, der Gesellschaft befasst. Das Treuhandsystem dient dabei sowohl der Transformation der Kultur aus dem Kultursystem in die Gesellschaft (Institutionalisierung) als auch der Vermittlung der Kultur gegenüber

---

Eigenarten des Hochschulwesens (Idee der Forschung, Freiheit der Forschung und Lehre) ergeben, die es von seiner Umwelt abgrenzen. Siehe S. 390 für die Frage nach der Schule als System, dort mit einem hier relevanten Zitat in Bezug auf die Universität.

[31] Damit korrespondiert, dass Parsons (1956b: 229) die Universität wie die Schule als „*[p]attern-maintenance organizations*" (H. i. O.) auffasst, also als Organisationen, deren Fokus in Bezug auf das übergeordnete System auf die L-Funktion gerichtet ist (vgl. auch Lischka-Schmidt 2022: 440–441) – anders als beispielsweise Unternehmen oder Regierungsapparate, deren vorrangiges Ziel in der A- bzw. der G-Funktion liegt.

3.3 Universität

den einzelnen Akteur*innen, also den in die Gesellschaft involvierten Persönlichkeitssystemen (Kulturation, Sozialisation, Bildung, ggf. Internalisierung, vgl. zur Sozialisation Parsons & Platt 1973: 149). Der Begriff des Treuhandsystems wird damit erklärt, dass die entsprechenden Teile des Treuhandsystems als „a trustee of some interests in the society" (ebd.: 8) fungieren. Die Universität repräsentiert „that portion of the fiduciary subsystem concerned with trusteeship of the cognitive cultural tradition" (Parsons & Platt 1973: 8; vgl. auch Parsons 1971c: 489–490). Sie ist also Treuhänder des Werts kognitiver Rationalität gegenüber anderen Teilen der Gesellschaft (allgemeiner schon Parsons 1964c: 342; vgl. auch Stichweh 2013b: 235–237; Wenzel 2005: 53; Burkart 1982: 447) und daher „an agency of *rational* action" (Parsons & Platt 1973: 70, H. i. O.).

Der treuhänderische Charakter der Universität lässt sich an der aktuellen Debatte um die Klimakrise illustrieren: Wissenschaftler*innen mit Expertise in Fragen des Klimas machen in einem kognitiv-rationalen Modus (Nachweis durch Messungen oder Modellrechnungen, d. h. durch wissenschaftlich gesicherte Fakten) auf die Folgen des Klimawandels aufmerksam und bestätigen die Existenz des Klimawandels. Im Kontrast dazu stehen individuelle oder kollektive Akteur*innen, die den Klimawandel in einem nicht kognitiv-rationalen Modus abstreiten. Diesen Akteur*innen gegenüber pocht die Wissenschaft auf ihre Erkenntnisse und damit – verallgemeinert – auf den Wert der kognitiven Rationalität. Andere Gesellschaftsbereiche sind von anderen Werten dominiert. Deshalb beruht beispielsweise der politische Umgang mit dem Klimawandel nicht allein auf kognitiv-rationalen Erwägungen.

Das Treuhandsystem ist besonders eng mit dem Kultursystem, einem Subsystem des Handlungssystems, verflochten. Die Verflechtung ist so eng, dass Parsons das Treuhandsystem und damit die Universität in der Interpenetrationszone zwischen Kultursystem und Gesellschaft verortet (vgl. Parsons & Platt 1973: 18; Chriss 2016: 66; Stock 2005a: 317; Burkart 1982: 445; s. S. 97). Das bedeutet zunächst, dass sich Kultursystem und Gesellschaft überschneiden und das Treuhandsystem genau in dieser Zone der Überschneidung liegt. Die Verflechtung und Überschneidung manifestiert sich, wie in Kap. 2.3.4 erläutert, in den Prozessen der Interpenetration. Das bedeutet: Das Treuhandsystem der Gesellschaft ist als Zone der Interpenetration der ‚verfestigte' Ort der Prozesse der Interpenetration.

Konkret lässt sich dies zunächst anhand zentraler Anliegen der Universität nachvollziehen, der Lehre, der *third mission* und der Forschung. Die *Lehre* dient dazu, Wissen, Wissenschaft, wissenschaftliche Verfahren usw. als Elemente des Kultursystems in konkreten Persönlichkeitssystemen und, darüber vermittelt, in Rollen und der Gesellschaft insgesamt zu verankern. Dazu zählt nicht nur konkretes Wissen der einzelnen Disziplinen, sondern auch die für Wissenschaft

3 Parsons' Bildungssoziologie

und Universität zentralen Werte. Universitäre Akteur*innen äußern sich ferner im öffentlichen Diskurs, pochen dabei implizit auf eine Orientierung am Wert der kognitiven Rationalität und verweisen im Sinn der *third mission* auf den Nutzen dieses Werts und der Universität; das obige Beispiel zum Klimawandel kann als Versuch der Verankerung dieses Werts in der Gesellschaft aufgefasst werden. *Forschung* bedeutet Veränderung oder Erweiterung von Wissen oder wissenschaftlichen Verfahren. Durch forschende Akteur*innen und die Universität insgesamt werden somit Teile des Kultursystems verändert.[32]

Parsons und Platt (1973: 20) unterteilen das Treuhandsystem auf der Grundlage des AGIL-Schemas in vier Subsysteme, wobei im Folgenden nur zwei relevant sind. Die Subsysteme des Treuhandsystems folgen der Einteilung des Kultursystems in vier Subsysteme. Handelte es sich bei dem A-Subsystem der Kultur um das System der kognitiven Symbolisierung bzw. das empirisch-kognitive Kultursubsystem, gibt es parallel dazu ein kognitives oder Rationalitätssystem („*cognitive* or rationality subsystem" (ebd.: 18, H. i. O.)) als A-Subsystem des Treuhandsystems; diesem spricht Parsons (1970a: 44–45) für die Vereinigten Staaten einen Primat gegenüber den drei anderen Subsystemen zu. Die „societal function" (Parsons & Platt 1973: 18) des Rationalitätssystems liegt in „the *rationalization* of action" (ebd.: 18–19, H. i. O.) bzw. in „the maintenance of standards of rationality" (ebd.: 19). Dieses Rationalitätssystem ist innerhalb des Treuhandsystems bzw. der Interpenetrationszone zwischen Kultur- und Sozialsystem der zentrale Fokus für die analytische Verortung der Universität – denn der zentrale Wert dieser Interpenetrationszone ist kognitive Rationalität. Das I-Subsystem des Treuhandsystems, die Moralgemeinschaft („moral community" (ebd.)), der es um kollektive Handlungen und Handlungsorientierungen und diesbezügliche Loyalitäten geht, ist für die Universität ebenfalls relevant, weil sie selbst als solch eine Moralgemeinschaft aufgefasst werden kann.

3.3.1.2 Kognitiver Komplex

Die Universität wird von Parsons und Platt nicht allein mithilfe des Treuhandsystems konzeptualisiert, sondern auch durch den kognitiven Komplex. Komplexe zeichnen sich dadurch aus, dass sie einen bestimmten Wert institutionalisiert haben, im Fall des kognitiven Komplexes den Wert der kognitiven Rationalität (vgl. Parsons & Platt 1973: 38; Staubmann 2015: 218–219; Burkart 1982: 446). Daneben ist eine zweite Eigenschaft für Komplexe konstitutiv. Im Sinn des Konzepts der

---

[32] Die Beispiele zeigen, dass sich Interpenetration in Bezug auf die Universität bzw. das Treuhandsystem nicht exklusiv zwischen Sozial- und Kultursystem vollzieht, weil konkrete Persönlichkeitssysteme teilweise ebenfalls beteiligt sind.

3.3 Universität

informationellen und der energetischen Hierarchie (s. S. 93) wird Werten und allgemeiner den L-Systemen die höchste Bedeutung in der informationellen, die geringste in der energetischen Hierarchie zugesprochen. Werte steuern über ihren hohen Informationsgrad andere Systeme, sind aber auf deren Energie angewiesen. Das Spezifikum von Komplexen besteht nun darin, einen Wert mit Energie zur Umsetzung dieses Werts zu verbinden: „Only when institutionalized as parts of complexes which *combine* informational with high energy components can values constitute major determinants of social processes" (Parsons & Platt 1973: 38, H. i. O.). Komplexe implizieren also die Durchsetzung von Werten. Neben dem kognitiven Komplex gibt es weitere Komplexe, die andere Werte institutionalisieren, wie einen *economic* (vgl. ebd.: 45, 58), *professional* (vgl. Parsons 1978a, 1968c: 545; Wenzel 2005: 52–54), *achievement* (vgl. Parsons 1970a: 14, 18), *fiduciary* (vgl. ebd.: 34) oder *expressive complex* (vgl. Parsons & Platt 1973: 49, 366; Staubmann 1995: 111).

Der kognitive Komplex ist wiederum eine Interpenetrationszone. Im Gegensatz zum Treuhandsystem, das ebenfalls eine Interpenetrationszone darstellt, bezieht sich die Interpenetration des kognitiven Komplexes nicht nur auf Kultursystem und Gesellschaft bzw. Sozialsystem, sondern auch auf Persönlichkeits- und Verhaltenssystem (vgl. Parsons & Platt 1973: 36; Münch 1988: 145).[33] Der kognitive Komplex ist also ein Gebilde, das sich mit dem Wert der kognitiven Rationalität und seiner Bedeutung in allen Handlungssubsystemen befasst und dabei sowohl den Wert als solches (im informationellen Sinn) als auch die Möglichkeit zu seiner Implementation (im energetischen Sinn) institutionalisiert hat und damit zu einer umfassenden Durchsetzung des Werts in der Lage ist.

Das Verhältnis des Treuhandsystems und des kognitiven Komplexes soll nun hierin bestehen: „The fiduciary system is the social locus of institutionalization of the cognitive complex because it is that aspect of the society in which the zone of interpenetration with the cultural system primarily is located" (Parsons & Platt 1973: 45). Dies ist jedoch nicht überzeugend, zumindest begrifflich verwirrend. Zunächst kann in dem gerade zitierten Satz nur ein Subsystem des Treuhandsystems, das Rationalitätssystem, gemeint sein. Dementsprechend heißt es kurz danach: „Since the focus of the cognitive complex is first of all cultural, its main societal involvement can be expected to appear in the fiduciary subsystem and within the fiduciary subsystem in the *rationality* system" (ebd.: 45–46, H. i. O.). Der kognitive Komplex stellt des Weiteren die Institutionalisierung eines bestimmten

---

[33] Der Begriff der Institutionalisierung bezeichnet ursprünglich die Interpenetration zwischen Kultur- und Sozialsystem (s. S. 59), sodass es begrifflich verwirrend ist, wenn Parsons und Platt davon sprechen, dass ein Komplex einen Wert institutionalisiert hat, diesen Komplex aber zugleich auf die beiden übrigen Subsysteme beziehen.

3 Parsons' Bildungssoziologie

Werts dar, des gleichen Werts, um den das Rationalitätssystem zentriert ist. Der kognitive Komplex wie das Treuhandsystem sind zudem Interpenetrationszonen. Das Treuhandsystem soll wiederum der soziale Ort sein, an dem der kognitive Komplex institutionalisiert ist. Dies ist redundant, da doch der kognitive Komplex selbst mit der Institutionalisierung kognitiver Rationalität befasst ist.

Analog zu Luhmanns Frage, wie sich Interpenetrationszonen zu (Sub-)Systemen verhalten (s. S. 58), ist zu fragen, inwiefern der kognitive Komplex ein (Sub-)System ist. Zwei Schaubilder vermitteln den Eindruck, der kognitive Komplex sei einerseits innerhalb des Kultursystems mit dem empirisch-kognitiven Subsystem (vgl. Parsons & Platt 1973: 48) und andererseits innerhalb des Treuhandsystems mit dem Rationalitätssystem (vgl. ebd.: 51) identisch. In diese Richtung weist auch eine Bemerkung von Platt (1981: 159), obgleich ohne Bezug auf den kognitiven Komplex:

> „We assert that the cultural side of higher education is focused upon knowledge as a cultural-cognitive object and the social side of higher education is *one* part of the fiduciary subsystem holding in trust, conveying and developing knowledge in accordance with particular standards for performance." (H. i. O.)

Demnach umfasst der kognitive Komplex als Interpenetrationszone sowohl ein Subsystem der Kultur als auch ein Subsystem des Treuhandsystems, wobei – was wiederum redundant erscheint – das Treuhandsystem selbst bereits in der Interpenetrationszone zwischen Gesellschaft und Kultursystem liegt.

Der kognitive Komplex scheint etwas zu den Subsystemen Querliegendes zu sein, etwas im Hinblick auf einen bestimmten Wert Übergeordnetes (sozusagen mehr als die bloße Summe der beteiligten Subsysteme), das sich dann in den einzelnen Subsystemen spezialisiert. Wenn das Rationalitätssystem „the social locus" des kognitiven Komplexes ist, müsste das empirisch-kognitive Kultursubsystem *the cultural locus* des kognitiven Komplexes sein, womit jedoch sinnvollerweise das Treuhandsystem bzw. das Rationalitätssystem nicht mehr als Teil einer Interpenetrationszone angesehen werden muss, weil der kognitive Komplex die Interpenetration verkörpert. Oder aber das Konzept des kognitiven Komplexes wird aufgegeben und in das Treuhand- bzw. Rationalitätssystem werden auch Interpenetrationen zu den weiteren Subsystemen des Handlungssystems einbezogen. Ähnlich wie beim Begriff der kognitiven Rationalität bleiben also beim Konstrukt des kognitiven Komplexes Fragen offen, weil es sich nicht widerspruchsfrei in andere Konstrukte einordnen lässt.

Der kognitive Komplex umfasst vier „classes of phenomena" (Parsons & Platt 1973: 55) bzw. vier „primary components" (ebd.: 57): Wissen, rationales Handeln, Kompetenz bzw. kognitives Lernen und Intelligenz (vgl. Parsons 1976a: 449). In

3.3 Universität

einem weiteren Schema (vgl. Parsons & Platt 1973: 57) werden diese vier Komponenten einer Funktion nach dem AGIL-Schema und parallel dazu einem Subsystem des Handlungssystems zugeordnet (s. Tab. 3.1).[34] Das heißt: Wenn der kognitive Komplex die Institutionalisierung des Werts der kognitiven Rationalität darstellt und zugleich über Interpenetration mit allen Subsystemen des Handlungssystems in Verbindung steht, repräsentieren die vier Komponenten eine Art Manifestierung dieses Werts in den vier Handlungssubsystemen.

Tabelle 3.1: Komponenten des kognitiven Komplexes

Funktion	Subsystem	Komponente
Anpassung	Verhaltenssystem	Intelligenz *(intelligence)*
Zielerreichung	Persönlichkeitssystem	kognitives Lernen und Kompetenz *(cognitive learning and competence)*
Integration	Sozialsystem	rationales Handeln *(rational action)*
Musterreorganisation	Kultursystem	Wissen *(knowledge)*

Die vier Komponenten des kognitiven Komplexes sind im Detail wie folgt konzeptualisiert:

L: *Wissen*
Wissen ist im Kultursystem angesiedelt und somit „[a] type of cultural object" (ebd.: 58). Von den anderen Elementen des Kultursystems hebt sich Wissen dadurch ab, dass es einen kognitiven Charakter hat, d. h. dem Kriterium der „cognitive validity" (ebd.: 59) unterliegt. Wissen ist also immer positives, abgesichertes Wissen. Außerdem erfüllt Wissen idealtypisch das Kriterium der „cognitive significance" (ebd.), indem es nicht bezugslos auftritt, sondern auf anderes Wissen verweist oder mit ihm zusammenhängt. Als Element des Kultursystems teilt Wissen die Eigenschaften anderer kultureller Objekte. Es ist

---

[34] Irritierend ist in diesem Schema, das Austauschbeziehungen zwischen den vier Systemen bzw. den Komponenten in den vier Systemen beinhaltet, dass kognitive Rationalität die Austauschbeziehung zwischen dem Kultursystem (Wissen) und dem Sozialsystem (rationales Handeln) kennzeichnet, obwohl dieser Wert konstitutiv für den gesamten kognitiven Komplex ist.

3 Parsons' Bildungssoziologie

daher nicht auf Handelnde angewiesen und es ist zwischen ihnen übertragbar, ohne dass die Person, die Wissen übermittelt, es ‚verliert'.

I: *Rationales Handeln*
Ohne die obigen Aussagen zu wiederholen, lässt sich knapp zusammenfassen: Rationales Handeln bzw. Rationalität ist soziales, an kognitiven Standards bzw. am Wert der kognitiven Rationalität ausgerichtetes Handeln.

G: *Kognitives Lernen und Kompetenz*
Kognitives Lernen definieren Parsons und Platt (1973: 69) als „processes by which acting persons acquire capacity to comprehend and use elements of their cultural environment", wobei „the outcome of the learning process can be evaluated in terms of cognitive rationality" (ebd.). Mit der Bezeichnung ‚*kognitives* Lernen' wird also eine bewusste Engführung vorgenommen. Kognitives Lernen ist die Aneignung der Fähigkeit, auf Basis kognitiver Rationalität zu handeln, und die Aneignung entsprechenden Wissens (vgl. ebd.: 69, 79, 149). Dies umfasst konkreter die Fähigkeiten, Wissen zu verstehen, es anzuwenden und damit Probleme zu lösen. Der Begriff des kognitiven Lernens ähnelt Parsons' Definition von *education* (s. S. 153). Kognitives Lernen bzw. Bildung meinen demnach die Auseinandersetzung mit kulturellen Inhalten, vor allem Wissen – was im Fall von Bildung im Rahmen des formalen Bildungswesens stattfindet.

Kompetenz wird in Abgrenzung zu rationalem Handeln definiert. Beide sind am Wert kognitiver Rationalität ausgerichtet (vgl. Parsons 1970a: 44). Während rationales Handeln die Verankerung kognitiver Rationalität in einem Sozialsystem meint, bedeutet Kompetenz deren Verankerung in einem Persönlichkeitssystem (vgl. Parsons & Platt 1973: 56). Kompetenz bedeutet mithin individuelles, Rationalität soziales Handeln nach Maßgabe kognitiver Rationalität.[35] Kompetenz umfasst außerdem die Fähigkeit, mit Wissen umzugehen (vgl. ebd.: 68); Wissen ist „a primary ingredient" (ebd.: 56) von Kompetenz. Diese lässt sich damit zugleich als Ergebnis kognitiven Lernens verstehen (vgl. ebd.: 56, 79) und demzufolge als verinnerlichte Fähigkeit (vgl. ebd.: 77, 80), nicht als eine angeborene Eigenschaft (vgl. ebd.: 56).

A: *Intelligenz*
Intelligenz wird nicht „as a trait of the individual" (ebd.: 70) angesehen, sondern als ein symbolisches Austauschmedium (vgl. Parsons 1977b: 248). Es

---

[35] Wird der soziale Bezug von (kognitiver) Rationalität aufgegeben, wofür auf S. 157 plädiert worden war, erübrigt sich die Unterscheidung zwischen Kompetenz und Rationalität. Zugleich fordert die vorliegende Unterscheidung noch einmal explizit dazu auf, den Erkenntnisgewinn einer Unterscheidung zwischen einem Bezug kognitiver Rationalität auf individuelles und soziales Handeln zu prüfen.

ordnet sich dementsprechend theoriearchitektonisch in die Theorie der Interaktions- bzw. Austauschmedien ein (s. S. 97). Intelligenz ist hierbei ein Austauschmedium auf Ebene des Handlungssystems, verankert im Verhaltenssystem. Es ist wie folgt definiert:

> „Intelligence is a generalized *capacity* controlled by any acting unit to contribute to the implementation of cognitive values through knowledge, through the process of cognitive learning, through the acquisition and use of competence, and through the pattern of rationality." (Parsons & Platt 1973: 70–71, H. i. O.)

So wie kognitive Rationalität sich als rationales Handeln im Sozialsystem sowie als kognitives Lernen und Kompetenz im Persönlichkeitssystem manifestiert, manifestiert sie sich im Verhaltenssystem als Intelligenz. Dementsprechend kann jemand intelligent handeln, ohne rational zu handeln (vgl. ebd.: 84). Parsons und Platt ziehen zudem eine Parallele zu Geld als dem Prototyp der Austauschmedien. Geld sei eine verallgemeinerte Möglichkeit, eine Art Kontrolle oder Besitz über physikalische Objekte zu erlangen. Analog dazu sei Intelligenz eine verallgemeinerte Möglichkeit, eine Art Kontrolle über Wissen zu erlangen, es zu benutzen, zu verbreiten u. Ä. (vgl. ebd.: 71). Ein weiteres Charakteristikum von Intelligenz liegt darin, dass Intelligenz keine Spezialisierung erfordert, worin oder in Bezug worauf jemand intelligent ist, im Gegensatz zu Kompetenz und Wissen, die immer spezifisch sind.

Auch wenn Parsons' Ausarbeitung hier in den Details zum Teil schwer nachvollziehbar ist, beispielsweise die Zuordnung der vier Komponenten zu den AGIL-Funktionen, macht die Konzeption des kognitiven Komplexes auf Folgendes aufmerksam: Kognitive Rationalität als Wert kann, wie jeder Wert, in andere Systeme einfließen. Die Komponenten des kognitiven Komplexes zeigen auf, wie sich der Wert in den vier Handlungssubsystemen ‚materialisiert'. Kognitive Rationalität (im Sinn der kybernetischen und der energetischen Hierarchie) kann das Kultur-, Sozial-, Persönlichkeits- und Verhaltenssystem beeinflussen und zwar in jedem dieser Systeme in einer bestimmten Form (Wissen, Intelligenz, rationales Handeln, kognitives Lernen und Kompetenz).

3.3.2 Funktionen und Setting der Universität

Kognitive Rationalität ist der für die Universität konstitutive Wert. Die Universität fungiert als Treuhänder dieses Werts, was sich für drei Funktionen der Universität ausdifferenzieren lässt. Diese Funktionen bestehen in der Sicherung von Wissen und Aufrechterhaltung des Werts der kognitiven Rationalität bzw. in der Erweiterung von Wissen auf Basis dieses Werts, ferner in der Verbreitung

3 Parsons' Bildungssoziologie

von Wissen und des Werts der kognitiven Rationalität und schließlich in der Anwendung von Wissen und im Handeln nach Maßgabe kognitiver Rationalität (vgl. Parsons 1978e: 139, 1971a: 248, 1968d: 174, 1937: 366; Parsons & Platt 1968b: 1-13; Staubmann 2005: 174; eine aktuelle, ähnliche Funktionsbeschreibung mit Forschung, Lehre und *service* bei Ballantine, Hammack & Stuber 2017: 430–431).[36] Damit zeigt sich, dass kognitive Rationalität innerhalb der Universität bzw. des Kultursystems eine Art Selbstzweck ist, der Wert aber auch über die Universität hinausweist, indem die Universität zu einem für die Gesellschaft sinnvollen Nutzen kognitiver Rationalität beitragen kann (vgl. Compes 1990: 194).

Tabelle 3.2: Funktionen der Universität

allgemeine Funktion	konkrete Funktion	Bereich	Adressat*in	Spezialist*in oder Generalist*in	Selbstzweck oder Problemlösung
Anpassung	Allgemeinbildung	*undergraduate schools*	gebildete Bürger*in	Generalist*in	Selbstzweck
Zielerreichung	Bildung der Professionellen	*professional schools*	Professionelle*r	Spezialist*in	Problemlösung
Integration	gesellschaftliche Situationsdefinition	?	Intellektuelle*r	Generalist*in	Problemlösung
Musterreorganisation	Forschung und Bildung zukünftiger Forscher*innen	*faculty of arts and sciences* und *graduate schools*	Forscher*in	Spezialist*in	Selbstzweck

In einer mehr schematischen Annäherung unterscheiden Parsons und Platt (1973: 93) vier „primary functions" der Universität, die den vier Funktionen des AGIL-Schemas folgen (vgl. Parsons 1978e: 134–135; Parsons & Platt 1973: 92; drei Funktionen ohne die Intellektuellen bei Parsons 1971a: 237, 245). Sie sind in Tab. 3.2 dargestellt. Die Funktionen sind mit bestimmten Personengruppen als Adressat*innen verbunden und mit konkreten Bereichen der Universität in Verbindung gebracht (vgl. E. Becker 1995: 44–45) – außer im Fall der Integrations-

---

[36] An anderer Stelle sprechen Parsons und Platt (1973: 73) analog dazu von drei „cognitive functions", und zwar „acquisition, transmission, and use of knowledge".

funktion.[37] Parsons und Platt unterscheiden die Funktionen zudem daraufhin, ob sie die Bildung von Generalist*innen oder von Spezialist*innen zum Ziel haben. Generalist*innen „deal with an indefinitely wide range of problems" (Parsons & Platt 1973: 94), Spezialist*innen dementsprechend mit einem enger definierten Bereich an Problemen. Außerdem wird unterschieden, ob das in der Universität relevante Wissen Selbstzweck ist oder aber dazu dient, bestimmte Probleme zu lösen (vgl. Parsons 1978e: 136).

Im weiteren Verlauf der Arbeit wird intensiv auf die A-Funktion eingegangen, das *Undergraduate*-Studium (Kap. 3.3.3), und auf die G-Funktion, die Qualifizierung der Professionellen (Kap. 3.6.2), während die beiden übrigen Funktionen nicht ausführlich thematisiert werden. Einige Bemerkungen zur L-Funktion sind jedoch sinnvoll. Forschung und die Bildung zukünftiger Forscher*innen in den *graduate schools* sind „the core of the university functional system" (Parsons & Platt 1973: 93). Sie verkörpern den Wert der kognitiven Rationalität in der reinsten Form (vgl. Parsons & Platt 1970: 17, 1968b: VIII-11–12). Hier wird wissenschaftlich gearbeitet, d. h. nach Maßgabe kognitiver Rationalität gehandelt, neues Wissen hervorgebracht (vgl. Parsons 1971a: 244) und das zukünftige wissenschaftliche Personal eignet sich den Wert der kognitiven Rationalität an (vgl. das Beispiel eines konkreten *graduate trainings* bei Parsons 1951). Hinsichtlich der drei anderen Funktionen bzw. in den anderen Bereichen der Universität hat kognitive Rationalität nicht die gleiche allumfassende Stellung (vgl. Parsons 1978e: 136; Parsons & Platt 1968b: I-13–14; Platt & Parsons 1970: 138; Platt, Parsons & Kirshstein 1976: 305; Wild 2013: 32; Burkart 1982: 446; Platt 1981: 159–160). Daher ist es plausibel, der Forschung und dem *Graduate*-Studium die L-Funktion zuzuschreiben, weil es hier um die Reorganisation des Werts der kognitiven Rationalität geht, den Wert, der das Muster des Systems Universität konstituiert.

Bemerkenswert ist für Parsons, dass die verschiedenen Funktionen zwar mit einer internen Differenzierung einhergehen (die drei Bereiche der Universität), aber in den Vereinigten Staaten nicht zur Herausbildung separater, voneinander unabhängiger universitärer Einrichtungen geführt haben, wenngleich nicht alle universitären Einrichtungen alle Funktionen bzw. Bereiche umfassen (vgl. Parsons 1978c: 156, 1978d: 100–101, 1978e: 134–135; Parsons & Platt 1968a: 521, 1968b: I-6–8). Historisch gesehen haben sich im Gegenteil dazu die einzelnen Bereiche zu vollen Universitäten entwickelt. So können die US-amerikanischen wie die deutschen Hochschulen in ihrem Ursprung als *professional schools* mit einem Fokus allein auf Theologie bzw. auf Theologie, Recht und Medizin angesehen werden

---

[37] Dies expliziert auch Platt (1981: 161): „The fourth subsystem of the full university is not a corporate entity similar to the three just discussed but is constituted by a functional relationship of the university and its faculty to the society".

3 Parsons' Bildungssoziologie

(vgl. Parsons 1978d: 97; Stichweh 2013d: 248). Später traten dann weitere Wissenschaften hinzu.[38] Aufgrund dieser Kopplung verschiedener Funktionen und Bereiche umschreibt Parsons (1978e) die Universität mit dem Begriff „University Bundle" (vgl. auch Parsons 1978c: 155–166, 1978d: 100–101).

Die dem AGIL-Schema folgende Aufstellung der Funktionen der Universität ist aus einem theoriearchitektonischen Grund problematisch. Auf S. 120 wurde bereits darauf hingewiesen, dass bei der Analyse von Funktionen geklärt werden muss, auf welche Systemebene sich die postulierte Funktion bezieht. Bei den Funktionen der Universität werden nun gerade verschiedene Systemebenen vermischt. Die Nutzung des AGIL-Schemas *innerhalb* des Systems Universität lässt eigentlich erwarten, dass es um Eigenfunktionen geht, also um die Frage, wie die Universität sich selbst als System erhält. Denn die AGIL-Funktionen stellen vier Beiträge zum Selbsterhalt des Systems dar. Abgesehen von der Erfüllung der L-Funktion durch Forschung und *graduate schools* ist allerdings nicht nachvollziehbar, wie die benannten Bereiche Funktionen für die Universität als System erfüllen. Weshalb sollte gerade die Bildung Professioneller die Funktion der Zielerreichung für die Universität erfüllen?

Wenn die Unterscheidung von Funktion, Eigenfunktion und Leistung zugrunde gelegt wird (so auch E. Becker 1995: 44–46), ergibt sich stattdessen folgendes Bild: *Erstens* ist die Funktion, die die Universität für das übergeordnete System, die Gesellschaft, erfüllt, dadurch festgelegt, dass die Universität dem Treuhandsystem zugeordnet wird. Ihre Funktion besteht also darin, einen bestimmten Teil der die Gesellschaft kennzeichnenden Kultur zu reorganisieren, hauptsächlich die (normative) Kultur, die mit kognitiver Rationalität zusammenhängt.

Zweitens lässt sich die Universität selbst als System auffassen. Dann stellt sich die Frage, wie sie sich als System erhält, d. h., wie die Universität, ggf. durch differenzierte Subsysteme, die AGIL-Funktionen im Sinn von Eigenfunktionen erfüllt. Da die Universität selbst wieder als Sozialsystem aufgefasst werden kann, ergibt sich eine politische, eine wirtschaftliche, eine gemeinschaftliche und eine treuhänderische Funktion (s. S. 96). Diese Funktionen lassen sich tentativ mit folgenden konkreten Aspekten der Universität in Verbindung bringen:

L: implizit und idealtypisch in allen universitären Aktivitäten wie Forschung oder Lehre und im akademischem Diskurs (vgl. Staubmann 2015: 218), explizit bei Begutachtungen, Evaluationen, Prüfungen und Leistungsbewertungen, konkreter auch in Gremien zur Untersuchung wissenschaftlichen Fehlverhaltens (Aberkennung akademischer Titel)

---

[38] Für Deutschland lässt sich ab den 1920er Jahren außerdem ebenso parallel die Zusammenführung verschiedener separater Einrichtungen zu einer Universität mit innerer Differenzierung nachzeichnen (vgl. Lundgreen 2000: 145).

3.3 Universität

I: Statusgruppen, Gliederungen nach Fächern oder Fachbereichen, Hochschulsport und -musik, Immatrikulations- und Absolvent*innenfeiern
G: Hochschulleitung, Gremien
A: Austauschbeziehungen zu politischen Akteur*innen, *third mission*, Presse- und Öffentlichkeitsarbeit, Finanzen und Management anderer Ressourcen

Drittens kann danach gefragt werden, welche Leistungen die Universität für andere Bereiche, also die drei anderen Subsysteme der Gesellschaft, erbringt. Auf dieser Ebene könnten sich die von Parsons angesprochenen A-, G- und I-Funktionen der Universität, also Allgemeinbildung, gesellschaftliche Situationsdefinition und die Bildung Professioneller, ansiedeln lassen.

Parsons und Platt bieten im Kontext der Analyse der gesellschaftlichen Austauschbeziehungen noch eine weitere Ausarbeitung dieser Leistungen an. Diese ergibt sich aus den allgemeinen Austauschbeziehungen des Treuhandsystems, zugleich ist sie auf die Rolle der Professionellen hin spezifiziert (vgl. Parsons & Platt 1973: 260–262, 432; Stock 2005b: 76–80). Abgesehen von anderen Austauschbeziehungen, in die das Treuhandsystem involviert ist, liegt der hier relevante Kern darin, dass das Treuhandsystem *value commitments* für die drei anderen Subsysteme bereitstellt. Dies sind „labor capacity" (Parsons & Platt 1973: 260) mit Blick auf das A-Subsystem (Wirtschaftssystem), „commitment to valued association" (ebd.: 261) mit Blick auf das I-Subsystem (Gemeinschaftssystem) und „legitimation of authority" (ebd.) mit Blick auf das G-Subsystem (politisches System).

Das heißt konkret: Im Fall des *commitment to valued association* betont die Universität die *association* grundsätzlich gleicher Mitglieder. Sie ist eine auf Universalismus und Gleichheit beruhende, von Solidarität geprägte „company of equals" (ebd.: 261; s. S. 173). Im Fall der *legitimation of authority* betont die Universität die Autorität qua Expertise, was zum Austauschmedium Einfluss führt (s. S. 178 für Ähnliches im *Undergraduate*-Studium; s. S. 97 zur Theorie der Austauschmedien). Autorität ist dadurch legitimiert, dass der Wert der kognitiven Rationalität implementiert werden soll (bei den Professionen in Kombination mit anderen Werten). Im Fall der *labor capacity* zielt die Universität auf kompetentes und kognitiv-rational begründetes berufliches Handeln („educated and trained manpower" (ebd.: 260), s. S. 174 für z. T. Ähnliches im *Undergraduate*-Studium). Dieser Aspekt findet sich auch in modernen Funktionskatalogen der Universität zum Beispiel als Qualifikations- oder Berufsvorbereitungsfunktion wieder (vgl. Multrus 2004: 216; E. Becker 1995: 54).

Leistungen der Universität lassen sich nicht nur in Bezug auf Subsysteme der Gesellschaft sehen. Ausgehend vom Handlungssystem ergeben sich Leistungen in Bezug auf die drei anderen Handlungssubsysteme neben der Gesellschaft bzw. dem Sozialsystem, d. h. in Bezug auf das Verhaltens-, das Persönlichkeits- und

3 Parsons' Bildungssoziologie

das Kultursystem. Der hier relevante Teil der Austauschbeziehungen sind die Outputs, die bereits im kognitiven Komplex relevant waren: Wissen, Kompetenz und Intelligenz (genauer: „intelligent organization of affective interests" (Parsons & Platt 1973: 260)). Das heißt: Für das Kultursystem stellt die Universität Wissen bereit, für das Persönlichkeitssystem Kompetenz und für das Verhaltenssystem Intelligenz.

Nach dieser Übersicht über die *Funktionen* der Universität ist nun ihr *Setting* etwas näher zu betrachten. Am Anfang dieses Kap. 3.3 fanden sich bereits einige Bemerkungen zum Aufbau der Universität bzw. des Universitätssystems. Daran sollen sich zwei weitere Charakteristika der Universität anschließen, die Parsons hervorhebt: die Freiheit von Forschung und Lehre sowie die eben bereits angeklungene Kollegialvereinigung.

Die *Freiheit von Forschung und Lehre* („academic freedom" (ebd.: 129)) ist Ausdruck einer grundsätzlich hohen Autonomie der Universität gegenüber anderen gesellschaftlichen Bereichen, namentlich der Politik und der Wirtschaft, historisch gesehen vor allem der Kirche. Die Universität ist von diesen Bereichen zwar relativ unabhängig (s. S. 254), aber dennoch nicht völlig von ihnen isoliert. Stattdessen ist sie beispielsweise auf finanzielle Unterstützung durch den Staat oder, dies stärker in den USA, private und wirtschaftliche Akteur*innen angewiesen und damit auf eine grundsätzliche gesellschaftliche Unterstützung (vgl. Parsons 1971c: 487–488, 1968d: 174; Parsons & Platt 1968a: 510–513, 1968b: Intro-9), was sich auch in Parsons' Konzeptualisierung der Universität als Organisation zeigt (vgl. Parsons 1956a: 72).

Akademische Freiheit wird mit Bezug auf den Wert kognitiver Rationalität erklärt (vgl. Parsons & Platt 1968b: VII-40; Platt & Parsons 1970: 139, 164; E. Becker 1995: 46–47):

> „Academic freedom is the freedom to give higher priority to the values of cognitive rationality than is possible in other sectors of the society. It therefore implies a *partial* insulation from pressures for the observance of other values such as concern for economic productivity, political effectiveness, patriotic loyalty, or indeed even moral purity." (Parsons & Platt 1968a: 523, H. i. O.)

Es handelt sich demnach um eine Art instrumentelle Freiheit, die dazu genutzt werden soll, den Wert der kognitiven Rationalität zu implementieren (vgl. Parsons & Platt 1968b: I-15).

Akademische Freiheit bezieht sich sowohl auf die Studierenden als auch auf das wissenschaftliche Personal, sodass Parsons an anderer Stelle von Lern- und Lehrfreiheit spricht (vgl. Parsons 1978d: 108; dementsprechend Stichweh 2013a: 296–297). Sie umfasst damit die Freiheit in Bezug auf Inhalt und Art der Forschung sowie die Freiheit in Bezug auf die Wahl der Inhalte im Studium, vor allem unabhängig von den genannten anderen Werten und Gesellschaftsbereichen (vgl. Parsons 1968d: 174, 179, 186).

Das zweite Charakteristikum des Settings der Universität ist die *Kollegialvereinigung*. Größere Einrichtungen wie Universitäten, die aus verschiedenen Personen, Personengruppen und Bereichen bestehen, können mit Blick auf die Beziehungen dieser Personen oder Personengruppen zueinander unterschiedlich organisiert sein. Parsons nennt hier verschiedene „patterns of collectivity structure" (Parsons 1971a: 242) oder „types of social arrangements" (Parsons & Platt 1973: 203), und zwar Markt, Bürokratie, Demokratie und Kollegialvereinigung (vgl. Parsons & Platt 1973: 125, 293; Joas 1980: 244). Die Universität stellt zwar insgesamt eine Mischung all dieser Typen dar (vgl. Parsons & Platt 1968a: 508), vorrangig jedoch eine Kollegialvereinigung (vgl. Parsons 1978a: 42, 1978c: 163, 1978d: 113, 1971c: 489, 1971d: 105, 1968a: 18–19; Parsons & Platt 1968b: Intro-4–5, I-31–35; Platt & Parsons 1970: 139–140; Stock 2005b: 78), was sich besonders in den *faculties* und *departments* zeigt (vgl. Parsons 1971a: 246).

Eine Kollegialvereinigung („collegial association" (Parsons & Platt 1973: 128)) bedeutet, dass die Mitglieder der Kollegialvereinigung gleichrangig sind und eine große Autonomie haben, Macht dezentralisiert ist, gemeinsame Entscheidungen in einem auf Argumenten basierenden Diskurs fallen und eine gewisse kollegiale Solidarität besteht. Im Fall der Universität ergibt sich diese Solidarität durch die gemeinsame Bindung an den Wert der kognitiven Rationalität (vgl. ebd.: 173). Die universitäre Selbstverwaltung ist Ausdruck der Kollegialvereinigung, wenn das wissenschaftliche Personal autonome und kollektiv-demokratische Entscheidungen über seine Angelegenheiten treffen kann.

Die Kollegialvereinigung schließt die Studierenden mit ein. Zwar gibt es Statusunterschiede zwischen den Studierenden und dem akademischen Personal, wie auch innerhalb des akademischen Personals, doch innerhalb einer bestimmten Statusgruppe sind alle gleichrangig (vgl. Parsons 1978d: 106). Solidarität bezieht sich demzufolge auf die Solidarität zwischen dem akademischen Personal, zwischen Studierenden sowie zwischen dem akademischen Personal und den Studierenden (vgl. Parsons 1968a: 9–10).

3.3.3 Allgemeinbildung und *Undergraduate*-Studium

Das Ziel des *Undergraduate*-Studiums liegt darin, (allgemein-)gebildete Bürger*innen hervorzubringen:

> „[U]ndergraduate education focuses on the development of an ‚educated citizenry.' Citizenship means here the capacities for participation in the societal community with competence and intelligence." (Parsons & Platt 1973: 164–165)

3 Parsons' Bildungssoziologie

Eher abweichend davon, dass Parsons und Platt die Allgemeinbildung („general education" (Parsons & Platt 1973:164)) als selbstzweckhaft kennzeichnen, hat sie für die einzelnen Individuen eine durchaus zweckbezogene Bedeutung. Allgemeinbildung im Rahmen des *Undergraduate*-Studiums ermöglicht die Teilhabe und Mitwirkung am Gemeinschaftssystem bzw. allgemeiner am gesellschaftlichen, politischen und, wie sich gleich zeigt, mittelbar am beruflichen Leben (vgl. B. S. Turner 1993: 6; Platt 1981:161) – vom Karnevalsverein über kirchliche Gemeinden bis zu politischen Parteien. Ein*e gebildete*r Bürger*in ist „a person capable of a higher level of the mobilization and utilization of cognitive resources in the solving of both private and public problems of the society" (Parsons & Platt 1973: 94). Allgemeinbildung bezieht sich damit nicht nur auf bestimmte Wissensbestände, sondern auch auf kritische Urteilsfähigkeit, Problemlösekompetenz und logisches Denken, die auf kognitiver Rationalität gründen (vgl. Parsons 1968d:193; Parsons & Platt 1968b: III-1). Das heißt, die im Fokus stehende Allgemeinbildung weist einen gewissen akademischen Anspruch auf (vgl. Hein 2009:137), es geht nicht um Allgemeinbildung im alltäglichen Sinn eines Allgemeinwissens (Wie heißt die Hauptdarstellerin im bekannten Film X?).

Der Begriff ‚Allgemeinbildung' macht weiterhin klar, dass das *Undergraduate*-Studium nicht auf die Entwicklung von „*special* competences" (Parsons & Platt 1973:165, H. i. O.) – das ist in den *professional* und *graduate schools* anvisiert – abzielt, sondern auf allgemeine Kompetenzen und Wissensbestände. Damit einher geht die Auffassung, das *Undergraduate*-Studium ziele nicht primär auf berufliche Kompetenzen (vgl. Stock 2005b: 76), auch wenn diese nicht irrelevant sind (vgl. Parsons 1978e: 135):[39]

> „[U]ndergraduate education is aimed at facilitating occupational effectiveness but cannot be interpreted as *training* for occupational participation. The term ‚educated citizenry' was used to imply the development of general rather than specific occupational capacities." (Parsons & Platt 1973: 166, H. i. O.)

‚*Educated citizenry*' bezieht sich bei Parsons demnach nicht nur eng auf den Bereich der Politik, also auf politisch aktive und kompetente Bürger*innen, sondern auf alle Bereiche des privaten und öffentlichen Lebens, einschließlich des Bereichs der Wirtschaft.

Die Realisierung der Hauptfunktion des *Undergraduate*-Studiums, Allgemeinbildung, erfolgt über „socialization as well as cognitive learning" (Parsons & Platt 1973:165; vgl. auch ebd.: 104; Parsons 1978d:107; Parsons & Platt 1970: 32, 1968b:

---

[39] Daraus folgt: Die (Fend'sche) Qualifikationsfunktion könnte für Parsons und Platt keine zentrale Funktion der Schule sein. Denn wenn schon im *Undergraduate*-Studium berufliche Kompetenzen nicht im Fokus stehen, dann erst recht nicht in der Schule, die elementarere und vielfältigere Inhalte und Fähigkeiten vermittelt.

3.3 Universität

I-21; Vanderstraeten 2015: 312), wobei der Fokus auf der Sozialisation liegt (vgl. Compes 1990: 31). Die Funktion des *Undergraduate*-Studiums zerfällt somit in zwei nicht gleichwertige Teilfunktionen.[40] Diese sind zwar auch für das *Graduate*-Studium relevant, führen dort aber zu einer anderen übergeordneten Hauptfunktion.[41] Die beiden Teilfunktionen des *Undergraduate*-Studiums werden im Folgenden nacheinander betrachtet.

3.3.3.1 Sozialisation

Sozialisation meint die interaktive Auseinandersetzung mit normativer Kultur (Normen, Werten und Rollen; s. S. 145). Da die Universität maßgeblich vom Wert der kognitiven Rationalität bestimmt ist, bezieht sich Sozialisation *erstens* vor allem auf diesen Wert (vgl. Parsons & Platt 1973: 184, 192, 1968b: VIII-12; Stock 2005b: 77; Alexander 1983: 104):

> „[T]he faculty have to socialize students to internalize the values of cognitive rationality and to more specific disciplines and institutional values." (Parsons & Platt 1973: 174)

> „The institutional arrangements of higher education (in which socialization is now taking place) are directed toward the rationalization of personality, placing stress upon the cognitive aspects of personality and emphasizing rational action guided by knowledge, intelligence, and competence." (ebd.: 191)

Gegenstand der *Undergraduate*-Sozialisation sind jedoch auch andere Aspekte (vgl. ebd.: 164), was im Folgenden ausgeführt wird. Den Wert der kognitiven Rationalität jedenfalls internalisieren Studierende unterschiedlich stark, im *Graduate*-Bereich idealtypisch noch stärker als im *Undergraduate*-Bereich. Das Ziel der Sozialisation wird vor allem dann erreicht, wenn die universitäre Interaktion in Forschung und Lehre von den gleichen Werten wie die Sozialisation geleitet

---

[40] Parsons expliziert diese beiden Teilfunktionen nicht in dem Maß, wie es in der vorliegenden Arbeit systematisierend getan wird. Sie deuten sich aber neben den gerade angegebenen Stellen in verschiedenen weiteren Passagen an. So heißt es zum Beispiel: „[T]hose being socialized must learn and internalize cognitive content, patterns of value, etc." (Parsons 1968d: 185). Eine andere Stelle: „[A] university is never only what might be called a ‚knowledge factory.' It has other functions. Thus, with special reference to the undergraduate college, Platt and I have strongly emphasized the importance of ‚socialization processes' which are in certain respects analogous to those carried on in the family. This is to say that the student typically undergoes a transformation of character in the course of his student experience, only part of which can be directly related to the cognitive content of teaching and learning" (Parsons 1978d: 107).

[41] Burkart (1982: 447–460) kritisiert daher an Parsons' und Platts Konzeption, dass sie Sozialisation auf das Subsystem der *undergraduate colleges* beschränken. Stattdessen sei Sozialisation im Sinn des Erwerbs wissenschaftlicher Handlungskompetenz für alle vier Subsysteme bzw. Funktionen grundlegend.

3 Parsons' Bildungssoziologie

ist, sodass die in der Interaktion relevanten Werte sozialisatorisch erwünschte Wirkungen entfalten (vgl. Parsons & Platt 1973: 173; Platt, Parsons & Kirshstein 1978: 14; Burkart 1982: 453). Das heißt, dass Studierende die Universität in all ihren Interaktionen als kognitiv-rational orientiert erleben sollen. Das spiegelt sich insbesondere in der Formel der Einheit von Forschung und Lehre wider.

Konkret sollen beispielsweise Ungleichheiten innerhalb der Universität (zwischen Studierenden sowie zwischen Lehrenden und Studierenden) allein aufgrund universalistisch bewerteter akademischer Leistung entstehen (vgl. Parsons & Platt 1973: 204, 214, 1970: 14–15) und Autorität soll in kognitiver Rationalität, in Expertise und Kompetenz, gründen (s. S. 178). Ein anderes Beispiel, wie kognitive Rationalität erfahren wird, liegt in einem an diesem Wert orientierten akademischen Diskurs (vgl. Parsons 1968d: 188; Parsons & Platt 1973: 155, 199; Stock 2005b: 76–77; Burkart 1982: 455). Da Parsons die Mitglieder der Universität (im Sinn einer Kollegialvereinigung, s. S. 173) grundsätzlich als gleich konzipiert, stellt er sich universitäre Diskussionen als demokratisch vor, d. h., alle dürfen ihre Position äußern und es gibt verschiedene legitime Standpunkte (vgl. Parsons 1968d: 188). Im Sinn kognitiver Rationalität ist die Äußerung von Positionen ferner begründungspflichtig und Äußerungen werden an diesem Wert, also an ihrer wissenschaftlichen Fundierung, gemessen. Dabei sollte es nicht darauf ankommen, wer etwas äußert, sondern was die Person äußert und wie (wissenschaftlich) sie ihre Aussagen begründet (vgl. Parsons & Platt 1973: 215). Insgesamt ist der universitäre Diskurs also sowohl an demokratische Verfahrensregeln als auch an kognitive Rationalität gebunden.

Ein *zweiter* Gegenstand der Sozialisation im *Undergraduate*-Studium betrifft den Umgang mit gesellschaftlichem Pluralismus, mit verschiedenen Rollen, Mitgliedschaften, Loyalitätsverpflichtungen, Gruppenzugehörigkeiten, Werten und Normen. Die mit der Modernisierung einhergehende Differenzierung und Pluralisierung stellt Menschen vor die Aufgabe, diese verschiedenen Rollen usw. miteinander in Einklang zu bringen und eine differenzierte Persönlichkeit zu entwickeln.[42] Dazu soll das *Undergraduate*-Studium beitragen (vgl. ebd.: 191, 199); zum einen indem kognitive Rationalität den Umgang mit Pluralismus erleichtert, zum anderen indem die Universität den Studierenden größere Freiheiten bietet (vgl. ebd.: 192, 212) und pluralistisch verfasst ist, da sie von politischen und religiösen Interessen unabhängig ist (vgl. Parsons & Platt 1973: 212–213,

---

[42] Wie H.-J. Schulze und Künzler (1991: 130) andeuten, ist dies ein Beispiel für typisches funktionalistisches Denken: Die Universität ist ein Pluralität bekräftigender Interaktions- und Sozialisationskontext. Weil eine pluralistische Gesellschaft auf entsprechend pluralistisch gesottene Gesellschaftsmitglieder angewiesen ist, sind die Universität und ihre Sozialisation funktional für die Gesellschaft. Damit ist allerdings nicht gesagt, dass die Funktion auch Ursache für die Existenz von Universitäten ist (s. S. 125).

3.3 Universität

1970: 15). Wenn kognitive Rationalität in diesem Sinn dabei hilft, mit Pluralismus und folglich mit höherer Komplexität und höherer Verantwortung der eigenen Entscheidungen umzugehen, dann erhöht eine entsprechende Sozialisation die eigene Handlungsautonomie (vgl. Parsons & Platt 1973: 166, 188–191).

Der Umgang mit Pluralismus lässt sich noch einmal in drei Teilaspekte untergliedern. In Bezug auf Rollen, Loyalitäten, Mitgliedschaften und Zugehörigkeiten geht es erstens um die Frage, an welche Rolle usw. die Individuen sich affektiv binden. Im Gegensatz zu Gesellschaften auf askriptiver Grundlage kann Affekt in nicht-askriptiven Gesellschaften als Medium zirkulieren, d. h., die affektiven Bindungen sind nicht statisch. Ziel der *Undergraduate*-Sozialisation ist es nun, „diffuseness of belonging" und „fierce loyalty" (Parsons & Platt 1973: 168; vgl. auch Parsons & Platt 1970: 28) abzumildern, die in Form einer einfachen Dichotomie zwischen einem Wir (v. a. bezogen auf die Gleichaltrigengruppe) und den Anderen auftreten. Stattdessen sollen differenzierte Bindungen, Identifikationen und Loyalitäten gegenüber verschiedenen Gruppen und Kollektiven zugleich möglich sein. Ziel ist „the rational integration and pluralization of affect" (Parsons & Platt 1973: 195).

Ein zweiter Teilaspekt bezieht sich nicht auf affektive Facetten von Pluralismus, sondern auf moralische. Es geht jedoch analog um die Entwicklung differenzierter moralischer Haltungen statt eines bloßen „moral absolutism" (ebd.: 169), in dem das Ich und das Wir richtig handeln und alle anderen falsch (vgl. Parsons & Platt 1970: 12; Compes 1990: 51–53).

Der Umgang mit gesellschaftlichem Pluralismus bezieht sich auch auf Werte und Normen, was einen dritten Teilaspekt der Sozialisation mit Blick auf Pluralismus darstellt (vgl. Parsons & Platt 1973: 170–171, 211; H.-J. Schulze & Künzler 1991: 131). Die Universität soll, mittels der Fähigkeit zu kognitiv-rationalem Handeln, dazu beitragen, dass die Individuen differenziert mit verschiedenen, ggf. konfligierenden, Werten und Normen (und entsprechenden Rollen) umgehen, sich von ihnen distanzieren und sie in einem kohärenten persönlichen Wert- und Normenkomplex organisieren können.

Kognitive Rationalität und Pluralismus sind die ersten beiden Gegenstände der Sozialisation im *Undergraduate*-Studium. Den *dritten* Gegenstand dieser Sozialisation, der sich bereits andeutete, stellt die Auseinandersetzung mit dem Wert Leistung dar. Das Ziel der so ausgerichteten Sozialisation liegt im „commitment to rationally oriented achievement universalistically assessed" (Parsons & Platt 1973: 210; vgl. auch Parsons & Platt 1970: 26), wie überhaupt das Bildungswesen „the socialization of *differentiated* achievement motivation" (Parsons 1977b: 257, H. i. O.) zum Ziel hat. Das Streben nach Leistung ist dabei vom Wert kognitiver Rationalität abgeleitet, denn „the implementation of cognitive values involves levels

3 Parsons' Bildungssoziologie

of advancement and of quality of achievement" (Parsons 1978d: 103). Umgekehrt wird Leistung im Sinn kognitiver Rationalität an universalistische Standards gekoppelt (vgl. Parsons & Platt 1973: 159, 204, 215, 1970: 15). Die Beiträge Einzelner in Lehrveranstaltungen, Prüfungen, Forschung usw. werden universalistisch, d. h. ohne Rücksicht auf die Person, bewertet.

Leistung und Leistungsbewertung haben eine Differenzierung nach Grad und Art der Leistung oder nach (spezialisierten) Bereichen, in denen eine Leistung erbracht wurde, zur Folge (vgl. Parsons & Platt 1970: 11). Anders ausgedrückt schließen sich Leistung und Gleichheit in gewissem Maß aus (vgl. Parsons 1961a: 272; Parsons & Platt 1973: 146–147). Die Differenzierung nach Grad der Leistung führt zu einer Hierarchisierung und zur Herausbildung von auf Leistung oder Expertise beruhender Autorität (vgl. Parsons & Platt 1973: 214). Eine so begründende Autorität anzuerkennen, ist ebenfalls Anliegen der *Undergraduate*-Sozialisation.

Eine *vierte*, zum Teil schon angedeutete Komponente der *Undergraduate*-Sozialisation hat die Befähigung zu Autonomie und damit zu Selbstverwirklichung zum Ziel. Angestrebt ist „the autonomous educated citizenry" (ebd.: 179); Sozialisation ist daher nicht misszuverstehen als „the product of coercive force" (Parsons & Platt 1973: 179; vgl. auch Parsons 1977b: 259). Die Universität ist vor diesem Hintergrund „[an] independence training" (Parsons 1968d: 185). Mit Autonomie geht einher, dass Studierende zu individueller Selbstverwirklichung („individual self-realization" (Parsons & Platt 1973: 95)) befähigt werden sollen, beispielsweise indem im Sinn der zweiten Komponente der *Undergraduate*-Sozialisation Werte und Rollen hinterfragt werden können. Das Ziel der Autonomie manifestiert sich zum Beispiel darin, dass Studierende im Rahmen der Grenzen eines didaktisierten Studiums zunehmend selbstständig arbeiten und studieren (vgl. Parsons 1968d: 185).

Insgesamt hat Sozialisation im *Undergraduate*-Studium somit vier Schwerpunkte: 1. kognitive Rationalität einschließlich eines kognitiv-rationalen Diskurses, 2. Pluralismus und Differenzierung, 3. Leistung und (Sach-)Autorität sowie 4. Autonomie (vgl. auch Parsons & Platt 1973: 210, 1970: 14, 26; Smelser 1973: 410).[43] Die unterstellten Sozialisationsleistungen lassen sich noch einmal an die Figur der *educated citizenry* zurückbinden (vgl. Compes 1990: 55). Diese beinhaltet dann nicht nur Allgemeinbildung in einem engeren Sinn, sondern die hier skizzierten umfassenderen sozialisatorischen Aspekte. Dies gilt insbesondere mit Blick auf moderne, komplexe, spezialisierte, arbeitsteilige und wissensbasierte Gesellschaften. Wegen der Bedeutungszunahme spezialisierten Expertenwissens etwa muss eine Akzeptanz solcher auf Expertise beruhender Autorität angebahnt

---

[43] Auch diese Einteilung der Sozialisationsfunktion nimmt Parsons, ähnlich wie die Zweiteilung der Hauptfunktion des *Undergraduate*-Studiums, nicht so explizit vor.

werden. Wegen der zunehmenden Komplexität sozialer Beziehungen müssen Loyalitäten organisiert und auf verschiedene Empfänger*innen verteilt werden. Mit zunehmender Spezialisierung kommt es auch zu zunehmender Wertgeneralisierung (s. S. 111), sodass Werte in konkreten Situationen verstärkt respezifiziert werden müssen. Somit sind die entsprechenden Sozialisationsleistungen der Universität in modernen Gesellschaften Beiträge zur Hervorbringung einer handlungsfähigen Bürgerschaft im weiten Sinn von Parsons.

3.3.3.2 Kognitives Lernen und Bildung

Nachdem mit Sozialisation die erste und aus Parsons' Sicht wichtigere Teilfunktion des *Undergraduate*-Studiums betrachtet wurde, geht es nun knapp um die zweite Teilfunktion, das kognitive Lernen.

Kognitives Lernen war definiert als die Aneignung von Wissen und der Fähigkeit, mit der kulturellen Umwelt umzugehen (s. S. 166). Konkreter ausgedrückt führt dies zur Fähigkeit, Wissen zu durchdringen und zu verstehen, es im Handeln anzuwenden und damit Probleme zu lösen, wobei dies dem propagierten Selbstzweckcharakter (s. S. 168) des *Undergraduate*-Studiums ebenfalls zuwiderläuft. Parsons und Platt legen damit den Schwerpunkt dieser Teilfunktion nicht auf das bloße Aneignen von Wissen, sondern auf die Fähigkeit, mit dem Wissen umgehen zu können:

> „As for the role of specialization in general education, we believe that common levels of cognitive capacity (intelligence) and competence in cognitive problem-solving are more important than the content of knowledge of the ‚common core of knowledge' [...] Intelligence must be linked to some substance, but the emphasis should be on what one can do with knowledge, on intelligence in handling cognitive problems rather than on what one knows." (Parsons & Platt 1973: 208–209)

Denn Anwendung von Wissen und Problemlösung würden mittlerweile eine größere Rolle spielen als „the passive ingestion of masses of codified information" (Parsons 1968d: 186; vgl. auch Parsons 1975: 274). Diese Vorstellung, nicht Faktenwissen anzuhäufen, sondern mit Wissen umgehen zu können, findet sich heutzutage in der Debatte um die Kompetenzorientierung des Schulunterrichts wieder (vgl. K. Müller, Gartmeier & Prenzel 2013: 128).

Es wird deutlich, dass kognitives Lernen wiederum durch kognitive Rationalität bestimmt ist. Der Wert der kognitiven Rationalität verbindet demnach die beiden Teilfunktionen der Sozialisation und des kognitiven Lernens. Letzteres bezeichnet das Erlangen der Fähigkeit zu kognitiv-rationalem Handeln, zum Umgang mit entsprechendem Wissen und anderen kognitiv-rational bezogenen kulturellen Inhalten, im Gegensatz zu Sozialisation, die sich auf die

3 Parsons' Bildungssoziologie

Auseinandersetzung mit kognitiver Rationalität im normativen Sinn bezieht. Sozialisation findet dabei mittels kognitiven Lernens statt, d. h., eine (implizite) Sozialisation mit Blick auf kognitive Rationalität vollzieht sich dadurch, dass eine (explizite) Auseinandersetzung mit Wissen, Inhalten usw. stattfindet. Der so bestimmte Begriff des kognitiven Lernens überschneidet sich deutlich mit Parsons' Bildungsbegriff (s. S. 153 und 166). Dieser fügt dem Begriff des kognitiven Lernens lediglich die institutionelle Rahmung des Bildungswesens hinzu. Insofern kann im Folgenden von Bildung und Sozialisation als den beiden Teilfunktionen des *Undergraduate*-Studiums gesprochen werden.

3.3.3.3 Setting des *Undergraduate*-Studiums

Es stellt sich die Frage, wie das Setting des *Undergraduate*-Studiums gestaltet ist, um seine Ziele und damit die Teilfunktionen der Bildung und der Sozialisation zu erfüllen. Parsons und Platt beantworten diese Frage vor allem durch einen Vergleich des Settings der Universität mit dem der familiären Sozialisation (vgl. Parsons & Platt 1973: 167–168, 1970: 16–32) sowie durch eine Parallelisierung von Sozialisation und Therapie (vgl. Parsons & Bales 1955: 60–61; Parsons & Platt 1973: 176–181).

Ein *erster* Aspekt des Settings besteht in der Notwendigkeit von Schichtung, Asymmetrie, Statusdifferenz oder Hierarchisierung zwischen Studierenden und wissenschaftlichem Personal (vgl. Parsons 1968d: 186; Parsons & Platt 1970: 7–8; Compes 1990: 36; parallel in der familiären Sozialisation: zwischen Eltern und Kindern; s. für Sozialisation allgemein S. 147):

> „Effective socialization as well as effective cognitive learning is dependent upon the maintenance of a pattern of stratification between those performing socialization functions and those being socialized." (Parsons & Platt 1973: 187)

Dies lässt sich in Rückbezug auf das universitäre Setting und dessen Merkmal der Solidarität im Rahmen der Kollegialvereinigung (s. S. 173) so verstehen, dass zwischen dem wissenschaftlichen Personal eine Solidarität besteht, von der Studierende ausgeschlossen sind, zugleich eine Solidarität innerhalb der Studierenden und schließlich eine übergreifende Solidarität, durch die beide Gruppen verbunden sind (vgl. Compes 1990: 32–35). Das Verhältnis zwischen Studierenden und wissenschaftlichem Personal kann dann als eine Beziehung zwischen Klient*innen und Expert*innen begriffen werden (wie das Verhältnis zwischen ärztlichem Personal und Patient*in; vgl. für diese Parallele Parsons 1975: 271), wobei das gemeinsame Unternehmen, der gemeinsam geteilte Wert in kognitiver Rationalität (parallel: Gesundheit) zu sehen ist (vgl. Compes 1990: 36; s. für Professionen allgemein S. 233). Hierbei – so geht Compes über Parsons hinaus –

unterscheidet sich jedoch die konkrete Bindung an diesen Wert. Während die Lehrenden idealtypisch der Wahrung kognitiver Rationalität als solcher, ihrer Verbreitung und ihrer Anwendung in der Forschung und Lehre verpflichtet sind, geht es den Studierenden vor allem um die Anwendung kognitiver Rationalität für die konkrete Praxis. Das Ziel von Universität ließe sich dann so verstehen, dass Studierende kognitive Rationalität nicht nur anwendungsbezogen, sondern auch bzw. vorrangig als Selbstzweck verstehen sollen.[44]

Alle in die Universität involvierten Personen sind auf Basis mehrerer Dimensionen stratifiziert, so aufgrund von Alter, inhaltlicher Kompetenz und Autorität, wobei sich Letzteres vor allem in der Leistungsbewertung Studierender durch Lehrende manifestiert (vgl. Parsons & Platt 1970: 20–21). Stratifikation liegt also hauptsächlich zwischen Studierenden und Lehrenden vor, aber auch innerhalb dieser beiden Gruppen, sodass sich vier Schichten ergeben (vgl. Parsons 1978d: 105; Parsons & Platt 1973: 144): *Undergraduate*-Studierende, *Graduate*-Studierende, akademisches *Junior*- sowie akademisches *Senior*-Personal. Für die Statusdifferenz und vor allem die daraus folgenden unterschiedlichen Entscheidungsrechte zwischen Studierenden und Lehrenden ist zudem relevant, dass Lehrende in der Regel für eine längere Zeit an der Universität beschäftigt sind, als Studierende an ihr studieren, und es sich zudem um ein berufliches Beschäftigungsverhältnis handelt (vgl. Parsons 1968d: 184; Parsons & Platt 1970: 23).

Ein *zweites* Merkmal des Settings des *Undergraduate*-Studiums stellt Leistungsbewertung dar (vgl. Parsons & Platt 1973: 186). Leistung erscheint in der Universität somit einerseits als Ziel im Sinn einer Erzeugung von *commitment* zu Leistung und andererseits als Mittel im Sinn einer Leistungsbewertung.[45] Es stellt dabei nicht nur ein Mittel in Bezug auf das *commitment* zu Leistung dar, sondern auch, um die von der Universität angestrebten Ziele allgemein zu erreichen. Beispielsweise wird durch Leistungsbewertung zu erreichen versucht, dass Studierende studieren und nicht nur Peer-Aktivitäten nachgehen (vgl. Parsons & Platt 1973: 178–179; Compes 1990: 43). Voraussetzung für das Funktionieren dieses Mechanismus ist, dass die Leistungsbewertung etwas verkörpert, was die Studierenden als Belohnung wahrnehmen (vgl. Parsons & Platt 1973: 195; s. zur Diskussion dieser Voraussetzung für die Schule S. 212).

Mit Leistungsbewertung kann eine Art Druck und Kontrolle erzeugt werden, das zu tun, was getan werden soll. Neben solchem Druck ist jedoch Unterstützung ein *drittes* Setting-Merkmal. Unterstützung ergibt sich zum einen daraus, dass der*die einzelne Student*in von anderen Studierenden in ähnlichem Alter und

---

[44] Dies wäre eine Gegenposition zu Forderungen nach Praxis- und Anwendungsbezug im Studium.
[45] In einem bestimmten Sinn korrespondieren hier also, wie im Schulklasse-Aufsatz, Struktur und Funktion (s. S. 194).

3 Parsons' Bildungssoziologie

in ähnlicher Stellung umgeben ist (vgl. Parsons & Platt 1973: 175–177). Darüber hinaus wird Unterstützung von den Lehrenden geboten. Unterstützung besteht zum anderen insofern, als die Universität insgesamt ein geschützter, eher isolierter Raum ist, innerhalb dessen Studierende Freiheiten haben, sich ausprobieren und Fehler machen können (vgl. ebd.: 174, 177–178).

3.3.4 Kritik

Die herausgearbeiteten Grundzüge von Parsons' Theorie der Universität werden im Folgenden kritisch betrachtet. Neben inhaltlicher Kritik (Kap. 3.3.4.1) geht es auch um die Frage nach der Aktualität von Parsons' Überlegungen in den Vereinigten Staaten und in Deutschland (Kap. 3.3.4.2).

3.3.4.1 Inhaltliche Kritik

Erstens lässt sich hinsichtlich Parsons' Befund, kognitive Rationalität sei der für die Universität konstitutive Wert, kritisch einwenden, dass in einem Idealmodell der Universität zwar alles Handeln an diesem Wert orientiert sein kann, in der empirischen Realität jedoch vielfältige Abweichungen zu konstatieren sind (vgl. Multrus 2004: 152, 160). Die Forschungsaktivitäten von Wissenschaftler*innen beispielsweise folgen nicht allein dem Wert kognitiver Rationalität, sondern können auch durch politische oder ideologische Motive geprägt bzw. mit politischen oder ideologischen Aussagen verbunden sein (vgl. Alexander 1986: 466–468).[46] Ausgeblendet sind ferner Konflikte zwischen dem Wert der kognitiven Rationalität einerseits und den Werten, die im Zusammenhang mit den Austauschverhältnissen mit anderen gesellschaftlichen Teilbereichen relevant sind (vgl. Smelser 1973: 399). Beispielsweise können Spannungen zwischen kognitiver Rationalität in der Universität als Selbstzweck und ökonomischen Interessen bzw. Werten auftreten. Gleiches gilt für Konflikte innerhalb der Universität, zum Beispiel zwischen verschiedenen Disziplinen (vgl. Multrus 2004: 403–404). Allgemein lässt sich daher gegen Parsons' Analysen einwenden, dass sie die „idealisierte Gestalt eines perfekt ausgeformten Treuhänders der Kultur" (Joas 1980: 243), einen harmonischen Idealtypus der Universität behandeln, wie er damals nur in einigen exzellenten Universitäten empirisch vorfindbar war (vgl. Stichweh 2013b: 215; Multrus 2004: 159; Compes 1990: 29–30) – Platt und Parsons (1970: 137) sprechen in der Tat von „the ideal type of the American full university" (ähnlich Parsons & Platt 1973: 93, 1968b: Intro-2). Wie Smelser in einem Brief schreibt, lässt sich

---

[46] Parsons (1964c: 340) ist sich solcher Einschränkungen bewusst: „Scientists themselves are, like other people, far from being purely and completely rational beings".

3.3 Universität

die Studie als „endorsement of the academic system as it has been outlined in ideal-typical form" (Vanderstraeten 2015: 313) auffassen (vgl. auch ebd.: 316).[47]

Die Kritik, es werde nur ein idealtypisches Modell von Universität in den Blick genommen, trifft im Speziellen auf Parsons' und Platts Analysen des *undergraduate college* zu. Sowohl Smelser (1973: 409–419) als auch Joas (1980: 241) machen darauf aufmerksam, dass die von Parsons formulierten Bedingungen wie Isolierung der Universität oder Identifikation zwischen Studierenden und wissenschaftlichem Personal durch engen Kontakt an der Realität der meisten (Massen-)Universitäten vorbeigehen.

Hinsichtlich der kognitiven Rationalität wird ein *zweiter* Kritikpunkt darin gesehen, dass nicht klar ist, wie genau diese „für die Studenten im Verlauf ihres Studiums einen solch verpflichtenden Charakter gewinnen kann, daß [sie] im späteren Leben auch ohne die Sanktionen und Anreize der Fakultät Bestand haben wird" (Compes 1990: 43). Denn mit Parsons' Fokus innerhalb von Sozialisation auf Lernen durch Konditionierung, der auch für die Universität gilt, könne es letztlich nur zu einer Interpenetration zwischen Sozial- bzw. Kultursystem und dem Verhaltenssystem, nicht dem Persönlichkeitssystem kommen. Das heißt, Parsons reklamiert eine Transformation des Persönlichkeitssystems, erklärt aber nicht diese, sondern eine Transformation des Verhaltenssystems (vgl. ebd.: 109).

In Zusammenhang mit der Kritik an der idealtypischen Sichtweise ist ein *dritter* zentraler Kritikpunkt an den Studien zur Universität der mangelhafte Einbezug von Empirie (vgl. Compes 1990: 30; Platt 1981: 163). Auch wenn sich in der Monographie empirische Bezüge finden: „Parsons never systematically presented empirical data or what he sometimes called ‚hard' evidence'" (Vanderstraeten 2015: 322). Pointiert ausgedrückt lässt sich die Monographie als „frankly normative and often prescriptive" (Beyer 1974: 554) kritisieren. Statt Empirie überwiegt abstrakte Theorie und die Universität wird in einer Weise dargestellt, die Parsons' Konzepten entspricht, indem selektiv auf Empirie Bezug genommen wird (vgl. Vanderstraeten 2015: 322). In Bezug auf die Ausführungen zur Rolle der Intellektuellen konstatiert Joas (1980: 242) etwa, es handele sich um „die bloße Äußerung seiner eigenen ideologischen Präferenzen".

Wild (2013) untersucht die Entwicklung von Werten (z. B. Autonomie- oder Politikorientierung) bei Studierenden im Lauf ihres Studiums und nimmt dabei theoretisch unter anderem auf Parsons Bezug. Seine Studie liefert – *viertens* – zwei empirische Einwände gegen Parsons (vgl. ebd.: 213, 216). Zum einen stellt

---

[47] Zugleich untersuchen Parsons und Platt (1968b) in ihrer empirischen Studie verschiedene Typen von Universitäten, wobei „the degree to which cognitive rationality was institutionalized in higher educational institutions" (ebd.: IV-1; vgl. auch ebd.: VI-34–38, VI-56) – und damit nicht nur der Idealtypus – in den Blick gerät.

Wild fest, dass die Intensität des fachlichen Studiums nicht mit einer Veränderung der Werte zusammenhängt, was Zweifel daran aufkommen lässt, ob Studierende den Wert der kognitiven Rationalität umso stärker verinnerlichen, je mehr sie sich mit Inhalten befassen. Der Autor verweist jedoch darauf, dass die zugrunde gelegte Operationalisierung der Auseinandersetzung mit Inhalten (es wurde v. a. nach dem Absolvieren bestimmter Prüfungen gefragt; vgl. Wild 2013: 163–164) ungeeignet sein könnte. Wild findet zum anderen Unterschiede in der Wertentwicklung nach Disziplinen, was bei Parsons abgeblendet bzw. implizit negiert wird.

Ein *fünfter* Kritikpunkt an den Studien zur Universität liegt in der Vernachlässigung der gesellschaftskritischen Rolle der Universität und spezieller der Intellektuellen (vgl. B. S. Turner 1993: 8–13), so diese als wünschenswert erachtet wird. Die Universität erscheint bei Parsons als unpolitischer, unkritischer und neutraler Sachwalter kognitiver Rationalität.

Stichweh (2005: 178, 183) merkt schließlich *sechstens* kritisch an, dass Parsons Universität und Wissenschaft zu sehr auf eine Gesellschaft im Sinn eines Nationalstaats bezieht und damit die internationale oder globale Dimension von Wissenschaft vernachlässigt.

3.3.4.2 Kritische Aktualisierung

Die genannte Kritik lässt sich weiter erhärten, wenn das US-amerikanische Hochschulwesen der Gegenwart betrachtet wird, womit zugleich geprüft werden kann, inwiefern Parsons' Analysen heute noch tragfähig sind.

Zunächst zu einigen allgemeinen Charakteristika und Unterschieden zum deutschen Hochschulwesen, ganz unabhängig von Parsons' Analysen: Das US-amerikanische Hochschulwesen (vgl. zum Überblick American Council on Education 2019; Schreiterer 2008b: v. a. 91–100; Eckel & King 2006; Weiler 2004) ist im Vergleich zum deutschen größer und differenzierter (vgl. Brint 2017: 48), wenngleich sich auch im deutschen Hochschulwesen Differenzierungstendenzen zeigen (vgl. Teichler 2018: 522–523; Dobischat & Düsseldorff 2015: 485–486). Im Jahr 2018 gibt es in den Vereinigten Staaten 4313 Institutionen, an denen ein tertiärer Bildungsabschluss (z. B. *associate* oder *bachelor's degree*) erworben werden kann (vgl. T. D. Snyder, Brey & Dillow 2019: 300–301). Darunter finden sich öffentliche und private und innerhalb der privaten *Non-Profit-* und *For-Profit-*Einrichtungen. Inhaltlich können die Einrichtungen nach Forschungsaktivität und angebotenen Abschlüssen gruppiert werden. Hier ist zunächst nach der Dauer des Studiums und nach Abschlüssen zwischen 2- (Erwerb eines *associate degree*, 1485 Einrichtungen) und 4-Jahres-*colleges* (*bachelor's degree*, Master oder Doktor,

3.3 Universität

2828 Einrichtungen) zu unterscheiden. Nur 311 Einrichtungen (7 %) lassen sich mit deutschen Universitäten vergleichen (vgl. auch Schreiterer 2008b: 15, 85). Hierbei handelt es sich um solche Hochschulen, die mehr als 20 Doktorgrade pro Jahr verleihen und als *doctoral* oder *research universities* bezeichnet werden. Solche Hochschulen besuchen 6,2 Millionen von den insgesamt knapp 20 Millionen Studierenden (vgl. T. D. Snyder, Brey & Dillow 2019: 258). 40 % der 25- bis 34-Jährigen in den USA verfügen über einen Bachelor-, Master- oder Doktorgrad, während es in Deutschland 32 % sind; weitere 10 % verfügen über einen geringeren tertiären Bildungsabschluss (*associate degree*, vgl. OECD 2019: 49).

Deutlich wird mit all dem zunächst, dass das US-amerikanische Verständnis von Hochschulen umfassender ist als das deutsche. Anders gesagt: Was in anderen Ländern der Abgrenzung von Hochschule und Nicht-Hochschule dient, stellt in den Vereinigten Staaten eine Abgrenzung zwischen verschiedenen Typen innerhalb des Hochschulwesens dar (vgl. Stichweh 2013b: 228). Das zeigt sich besonders an den *community colleges*, an denen innerhalb von zwei Jahren ein *associate degree* erworben werden kann (vgl. Ballantine, Hammack & Stuber 2017: 416–418; Schreiterer 2008b: 115–120). Diese Einrichtungen, ursprünglich Übergangsinstitutionen zwischen *high school* und *college*, bieten mittlerweile verstärkt berufsorientierte Kurse an, umfassen aber ebenso allgemeinbildende Angebote.

Das *undergraduate college* ist nun näher zu betrachten.[48] Es umfasst sowohl einen allgemeinbildenden als auch einen gewählten fachlich-spezifischen Teil (*major*), wie er in Deutschland meist das gesamte Studium kennzeichnet (vgl. Eckel & King 2006: 1044). Das *undergraduate college* war und (relativierter) ist von einem bestimmten ‚Geist' gekennzeichnet. Um dies zunächst exemplarisch zu illustrieren, sei hier das Statement der *University of Virgina (UVA)*, einer öffentlichen *research university*, zu ihrem *Undergraduate*-Angebot angeführt:

> „UVA offers one of the world's most iconic undergraduate experiences. Designed as a machine to foster ingenuity, UVA has stood as a center for critical thought designed not just to create a better kind of university but also to create better leaders and a more informed society. In the last two centuries, generations of UVA students, faculty and alumni have continued to live out these ideas, in service to

---

[48] Die Begrifflichkeiten des amerikanischen Hochschulwesens widersprechen zum Teil den gebräuchlichen Begriffsverwendungen in Deutschland und anderen Ländern (vgl. American Council on Education 2019: 8). Dies gilt insbesondere für den Begriff ‚*college*', für den sich vier Bedeutungen ausmachen lassen: „a) Hochschule mit Schwerpunkt in der *undergraduate education*; b) Organisationseinheit für die *undergraduate education* innerhalb einer Universität; c) die erste Phase der Hochschulausbildung, das vierjährige *undergraduate college*; d) eine besondere Form von Studentenwohnheim (siehe *residental college*)" (Schreiterer 2008b: 254, H. i. O.). Die Bezeichnung einer Hochschule als *college* kann, da *college*, *school* und *university* synonym verwendet werden (vgl. Stichweh 2013b: 229), darüber hinwegtäuschen, dass es sich um eine vollwertige Universität handelt, beispielsweise im Fall des *Dartmouth College*, einer *doctoral university* der *ivy league*.

the common good. In a setting of extraordinary beauty, students from all walks of life and parts of the world gather to exchange ideas, dream boldly and commit themselves to a better society and a better world." (University of Virginia 2020: o. S.)

Der Geist der US-amerikanischen *undergraduate colleges* lässt sich mit dem Ziel beschreiben, allgemeingebildete, intellektuell kompetente, verantwortungsbewusste, gesellschaftlich engagierte, kreative, moralisch gebildete und dem Gemeinwohl dienende Absolvent*innen hervorzubringen (vgl. Schreiterer 2008b: 137–142). Dieses Ideal gilt grundsätzlich für das US-amerikanische Hochschulwesen, zeigt sich aber neben den *undergraduate colleges* (vgl. ebd.: 39) besonders deutlich in den *liberal arts colleges*, eher kleinen, elitären, ländlich gelegenen, traditionsreichen Einrichtungen mit Fokus auf *undergraduates* und hoher Wertschätzung der Gemeinschaft. Auch die extra-curricularen Aktivitäten tragen zu diesem Geist bei (vgl. American Council on Education 2019: 37).

Dieses Ideal des *American college*, das sich auch bei Parsons und Platt findet, um hier wieder an das vorhergehende Kap. 3.3.3 anzuknüpfen, bröckelt jedoch (vgl. Clune 2015; Schreiterer 2008b: 72; Grubb & Lazerson 2005). Das betrifft sowohl die Bedingungen des Studiums (z. B. zunehmend ältere, schon arbeitstätige Teilzeit-Studierende; vgl. American Council on Education 2019: 15) als auch die Inhalte und Ziele. Hier zeigt sich ein Trend weg vom Ideal des persönlichkeitsbildenden Studiums der *liberal arts and sciences* hin zu einem an Beruf und Arbeitswelt orientierten Studium. Bei Parsons und Platt war Letzteres dezidiert von untergeordneter Bedeutung, sodass sich hier ein Kontrast bzw. Wandel feststellen lässt. Dieser Wandel spiegelt sich im Studienverhalten der Studierenden (Wahl entsprechend berufsbezogener *majors*), der Neugründung von Hochschulen und der Veränderung des Studienangebots und der Curricula der Hochschulen bis hinein in die *liberal arts colleges* wider.

In gleicher Weise wie sich die Frage nach der Stimmigkeit von Parsons' und Platts Modell zur heutigen Realität des US-amerikanischen Hochschulwesens stellt, stellt sie sich in Bezug auf das deutsche Hochschulwesen (vgl. hierzu auch Multrus 2004: 219–224; H.-J. Schulze & Künzler 1991: 131). Im deutschen Hochschulwesen lassen sich zunächst die beiden Grundfunktionen der *undergraduate schools* erkennen, die eine Gültigkeit für die Universität insgesamt beanspruchen können. In der Universität findet nicht nur fachliches, inhaltliches Lernen statt, sondern auch Sozialisation und Persönlichkeitsbildung (vgl. Portele & Huber 1995). Letzterem scheint allerdings in Deutschland keine so prominente Rolle zuzukommen, zumindest wird ihre Bedeutung teilweise bezweifelt (vgl. Teichler 2018: 507; Dobischat & Düsseldorff 2015: 479). Gleiches gilt für die Bedeutung der Allgemeinbildung und des gemeinwohlorientierten, moralischen Unterbaus der *undergraduate schools*. All dies könnte so zusammengefasst werden, dass in Deutschland kognitive Rationalität als solche im Fokus steht, in den Vereinigten Staaten die dem Gemeinwohl dienende Anwendung kognitiver Rationalität.

Weitere Unterschiede zu Parsons' idealer Universität liegen in der zunehmenden Berufsorientierung des Studiums und entsprechend instrumentellen Haltungen der Studierenden (vgl. Teichler 2018: 507; Dobischat & Düsseldorff 2015: 483–484). Außerdem gibt es eine dem US-amerikanischen System vergleichbare institutionelle Differenzierung in *undergraduate*, *graduate* und *professional school* in Deutschland nicht; umgekehrt sind die Fachhochschulen ein deutsches Spezifikum. Wegen der fachlichen Spezialisierung lässt sich außerdem ein Bachelorstudium nicht mit einem *Undergraduate*-Studium vergleichen.

Obgleich keine korrespondierenden organisatorischen Teileinheiten der Universität zu identifizieren sind, lassen sich die Funktionen der Universität entlang des AGIL-Schemas für Deutschland annehmen. So rekrutieren deutsche Universitäten zukünftige Wissenschaftler*innen. Von der Anlage des Bachelor- und Master-Studiums her war das Master-Studium für die Studierenden vorgesehen, die forschungsorientiert studieren wollen (vgl. Liebeskind 2019: 604; Teichler 2018: 525; Winter 2009: 15, 27). Zum Teil also mit dem Master-Studium, spätestens mit dem Promotionsstudium bzw. dem Status als Doktorand*in zeigt sich die L-Funktion deutlich. Plausibel erscheint außerdem, dass die deutsche Universität *en passant* gebildete Bürger*innen und Intellektuelle hervorbringt, ohne dafür ein Monopol beanspruchen zu können. Allgemeinbildung kann allerdings stärker für das deutsche Schul- als für das Hochschulwesen in Anschlag gebracht werden, weil das Studium, anders als in den Vereinigten Staaten, eine hohe Fachspezifik aufweist. Berufe, die sich als Professionen verstehen, setzen in Deutschland ebenfalls ein universitäres Studium voraus. Wird diese Funktion allgemeiner als Qualifikation gefasst, spielt eine solche Funktion an deutschen Hochschulen durchaus eine Rolle; gerade der Bachelor war ursprünglich – in fragwürdiger Berufung auf das US-amerikanische Modell – als berufsorientiertes Studium gedacht (vgl. Liebeskind 2019: 604; Winter 2009: 15; Stock 2005b: 76).

Obwohl die Unterschiede zwischen Deutschland und den USA in der Organisation des Hochschulwesens deutlich sichtbar werden, lassen sich Parsons' Analysen für die deutsche Universität nutzen. Dies gilt zum Beispiel für die Frage nach den Funktionen, nach Austauschbeziehungen zwischen Universität und Umwelt oder für das Konzept der Sozialisation in der Hochschule. Diesbezüglich zeigt sich, dass Parsons ein begriffliches Grundgerüst liefert, mithilfe dessen verschiedene empirische Realitäten untersucht werden können. Denn die zeitliche oder lokale Gebundenheit seiner Analysen (z. B. die konkreten Inhalte der Sozialisation) betrifft nicht die Begriffe und Konzepte, die diesen zugrunde liegen.⁴⁹ Das Konzept der Werte, also die Frage, welche Werte konstitutiv für die Universität sind, ist für Deutschland ebenfalls instruktiv. Dabei erscheint auch die Engführung auf den Wert der kognitiven Rationalität gewinnbringend, weil er, wie in den Vereinigten Staaten, auf die Diskrepanz zwischen Wissenschaft als Selbstzweck und Berufsorientierung des Studiums aufmerksam macht.

3.4 Schule

Parsons' sichtbarster Beitrag zur Schule ist der Aufsatz *The School Class as a Social System* (Parsons 1959c), der im Folgenden als Ausgangspunkt dient, wenn zunächst die Schule als ein Sozialsystem des Übergangs zwischen Familie und Gesellschaft bzw. Arbeitswelt entworfen wird (Kap. 3.4.1). Hinzugezogen werden jedoch auch andere, weniger bekannte Veröffentlichungen, was sich vor allem in Kap. 3.4.2 zeigt, wenn die Zusammenhänge zwischen Schule, Universität, Jugend bzw. Peers und Familie herausgearbeitet werden. Im abschließenden Kap. 3.4.3 werden Parsons' Ausführungen zur Schule kritisch sondiert.

3.4.1 Schule als Sozialsystem des Übergangs zwischen Familie und beruflich-gesellschaftlicher Erwachsenenwelt

Vor der direkten Auseinandersetzung mit Parsons sind einige Bemerkungen zum amerikanischen Schulwesen sinnvoll (vgl. zur Übersicht Fossum 2020; Nawrotzki 2019; T. D. Snyder, Brey & Dillow 2019: 14; Johnson et al. 2018: 161–166; Goyette 2017: 19–28; Mehnert 2016: 193–196; Blömeke, Herzig & Tulodziecki 2007: 88–92; Dichanz 1991: 32–43). Das US-amerikanische Bildungssystem lässt sich als konträr zum deutschen auffassen, weil dieses im Schulwesen und jenes im Hochschulwesen sehr differenziert ist (vgl. Brint 2017: 44). Das besondere Charakteristikum des US-amerikanischen Schulwesens liegt darin, dass es sich um ein eingliedriges Schulsystem handelt. Alle Schüler*innen besuchen von der ersten bis zur zwölften Klasse die gleichen Schulen. Dies ist zunächst eine bis zu achtjährige *elementary school*. Die Sekundarbildung, beginnend ab der siebten Klasse, findet je nach Bundesstaat zunächst weiterhin an *elementary schools* oder an drei- bis fünfjährigen *junior high schools* oder *middle schools* statt, zumindest die letzten drei oder vier Jahre allerdings an der *(senior) high school*.⁵⁰ Während in diesem

---

⁴⁹ Damit ist die Unterscheidung der formalen und der inhaltlichen Ebene in der Theorie vorweggenommen, s. S. 262.

⁵⁰ In Parsons' Schulklasse-Aufsatz ist von *junior* und *senior high school*, aber auch lediglich von *high school* die Rede. Die genauen Übergangszeitpunkte, Altersstufen und Schulformen scheinen aber abgesehen von den ersten drei Schuljahren nicht das Entscheidende zu sein: „In the structure of

3.4 Schule

eingliedrigen Schulsystem auf eine äußere Differenzierung verzichtet wird, liegt eine innere Differenzierung vor, da Schüler*innen je unterschiedliche Kurse auf unterschiedlichen Niveaus belegen *(tracking)*. Zudem sind qualitative Unterschiede zwischen den einzelnen Schulen feststellbar, sodass von einer horizontalen Segregation gesprochen werden kann. Der Abschluss, das *high school diploma*, ist daher nicht mit dem deutschen Abitur vergleichbar (vgl. Schreiterer 2008a: Abs. 3; Dichanz 1991: 37). 2018 besaßen knapp 93 % der 25- bis 29-Jährigen ein *high school diploma* (vgl. T. D. Snyder, Brey & Dillow 2019: 33).

Bemerkenswert ist der Titel des Schulklasse-Aufsatzes in Relation zum Text selbst. Es wird letztlich nur indirekt ausgeführt, inwiefern die Schulklasse ein Sozialsystem darstellt und welche Einsichten damit verbunden sind; indirekt, weil zumindest im Text immer wieder die Rollen von Schüler*innen und Lehrpersonen thematisiert werden – und damit das konstitutive Element von Sozialsystemen. Interessanterweise wird im Titel außerdem die Schulklasse, nicht die Schule als Sozialsystem genannt (vgl. Hellmann 2015: 530; Gruschka 2002: 215–216). Dies thematisiert Parsons (1959c: 297) einleitend und begründet die Wahl der Schulklasse als Analyseeinheit damit, dass sie der Ort ist, „where the ‚business' of formal education actually takes place".

Grundsätzlich lassen sich sowohl Schule als auch Schulklasse als Sozialsysteme auffassen, weshalb sich die Frage stellt, was inhaltlich sinnvoller ist. Mit Blick auf die Universität spricht Parsons nicht von dem universitären Seminar, sondern von der Universität, dem gesamten Hochschulwesen oder der *academic community* als (Sozial-)System (vgl. Parsons & Platt 1973: 105, 112, 123, 1968b: VI-34). Dies ist für die Schule ebenso plausibel. Denn das, was konstitutiv für ein Sozialsystem ist – Rollen und die ihnen zugrunde liegende normative Kultur –, prägt sich vorrangig nicht in der einzelnen Schulklasse aus. Stattdessen handelt es sich um normative Kultur, die das Schulwesen insgesamt, unabhängig von der einzelnen Schule oder der einzelnen Klasse kennzeichnet (vgl. K. Ulich 2001: 40).[51] Dies lässt sich an allen im Folgenden zu besprechenden Kennzeichen schulischer Sozialisation und Interaktion demonstrieren, so zum Beispiel an der Tatsache, dass in der Schule Leistung bewertet wird. Daher ist im Folgenden von der Schule, nicht von der Schulklasse als Sozialsystem die Rede. Gleichwohl ist, wie es Parsons andeutet, die Schulklasse der Ort, an dem die konkreten Interaktionen und die damit einhergehenden Prozesse der Sozialisation und Bildung stattfinden, die

---

the school, there appears to be a gradual transition from the earliest grades through high school, with the changes timed differently in different school systems. The structure emphasized in the first part of this discussion is most clearly marked in the first three ‚primary' grades" (Parsons 1959c: 314).

[51] Feldhoff (1965: 7–8) hingegen betont die von den einzelnen Lehrpersonen abhängigen Erwartungen (vgl. auch Feldhoff 1970: 290).

an der der Schulklasse übergeordneten normativen Kultur orientiert sind. Aus der Perspektive von Schüler*innen dürfte die Schulklasse bzw. der Unterricht somit der entscheidendere Ort sein.

Parsons' Schulklasse-Aufsatz enthält sowohl einen *mikro-* als auch einen *makrosoziologischen* Blick auf Schule. Mikrosoziologisch werden die systeminternen Strukturen und Prozesse innerhalb der Schule oder ganz konkret die Interaktionen innerhalb der Schulklasse analysiert, wobei die Schulklasse bzw. die Schule eher als autonomes System angesehen wird, ohne Berücksichtigung der Umwelt. Makrosoziologisch steht nicht das interne Geschehen des Systems im Fokus, sondern es wird ausgehend vom System als Ganzem nach dem Verhältnis zu seiner Umwelt, der Gesellschaft, gefragt (im Fall der Betrachtung der Schulklasse als System wäre die Schule ebenfalls Teil der Umwelt). Hierbei wird Schule nicht mehr allein als (autonomes) System aufgefasst, sondern auch als Teil eines Subsystems der Gesellschaft (vgl. Bélanger & Rocher 1975: 28–29).

Der *makrosoziologische* Blick äußert sich in der Formulierung zweier Funktionen, die die Schule bezüglich der Gesellschaft erfüllt: Sozialisation und Allokation (vgl. Parsons 1970b: 8, 1959c: 297–298; Popp 1998: 266). *Sozialisation* versteht Parsons (1959c: 298) hier als die Entwicklung von „commitments and capacities", die für die zukünftige Ausübung von Erwachsenen-Rollen notwendig sind. *Commitments* beziehen sich sowohl auf allgemeine gesellschaftliche Werte (z. B. Freiheit oder Demokratie) als auch auf enger umrissene Rollen (z. B. Berufsrollen und daher Arbeitsmotivation oder noch spezieller Berufsrollen etwa im Einzelhandel und daher Kund*innenorientierung). Die Fähigkeiten umfassen sowohl solche, die Aufgaben, die sich aus Rollen ergeben, adäquat zu erfüllen, als auch die Fähigkeit, mit Erwartungen anderer an die eigene Rolle umgehen zu können, d. h. sich anderen gegenüber adäquat zu verhalten.[52]

Mit der erstgenannten Fähigkeit berührt Parsons eine Funktion von Schule, die er selbst an anderen Stellen als Bildung bezeichnet.[53] Dieser Begriff meint bei Parsons die Auseinandersetzung mit Inhalten und Fähigkeiten (s. S. 153). Dementsprechend heißt es im Schulklasse-Aufsatz weiter, dass Schule eine Sozialisationsinstanz ist, „through which individual personalities are trained to be motivationally and *technically* adequate to the performance of adult roles" (ebd.: 297, H. R. L.-S.). Auch sein Beispiel, ein*e Mechaniker*in oder ein*e Arzt*Ärztin „needs to have not only the basic ‚skills of his trade,' but also the ability to behave responsibly toward those people with whom he is brought into contact in his work"

---

[52] Parsons' Formulierung „the capacity to live up to other people's expectations" (Parsons 1959c: 298), übersetzt „Fähigkeiten, die Erwartungen anderer zu *erfüllen*", ist eine typische Formulierung, die der Kritik an Parsons hinsichtlich Konformismus u. Ä. (s. Kap. 3.1.2) Vorschub leistet.

[53] Heutzutage wird zum Beispiel bei Fend (s. S. 344) von einer Qualifikationsfunktion der Schule gesprochen.

3.4 Schule

(ebd.: 298), verdeutlicht, dass Parsons Bildung bzw. Qualifikation einbezieht und als Teil von Sozialisation begreift.

Während Parsons hier Bildung bzw. Qualifikation als Teil von Sozialisation auffasst, sieht er sie in anderen Schriften eher als zwei separate Funktionen auf der gleichen Ebene an. Im Schulklasse-Aufsatz noch unerwähnt – da er die Theorie der Gesellschaft mit ihren Subsystemen noch nicht in dem Maß ausgearbeitet hat – ist, dass Schule als Teil des *Treuhandsystems* aufgefasst werden kann (vgl. Parsons 1976c: 213–216; Lidz 2011: 528–529; Bélanger & Rocher 1975: 27–28; s. S. 97). Damit ist behauptet, dass die Schule wesentlich mit den die Gesellschaft kennzeichnenden kulturellen Elementen befasst ist, und zwar vor allem mit normativer Kultur. Analog zur Universität (s. S. 160) ist die Schule Treuhänder bestimmter gesellschaftlicher Kultur, zielt auf ihre Verbreitung in Form der Weitergabe von Wissen und Fähigkeiten und der Internalisierung bestimmter Werte. Darauf aufbauend formuliert Parsons für das *Undergraduate*-Studium die beiden Teilfunktionen der Bildung und Sozialisation (s. S. 174 und 180; weitere Bemerkungen in dieser Richtung bei Parsons 2016: 441–442, 1989: 599, 602, 1976c: 215, 1964c: 239–240, 1961a: 274, 277).[54]

Diese Dualität lässt sich auf die Schule übertragen und wird von Parsons im Schulklasse-Aufsatz auch angesprochen, wenn er die Gegenstände der Leistung in der Schule expliziert. Bewertet wird einerseits „‚cognitive' learning of information, skills, and frames of reference associated with empirical knowledge and technological mastery" (Parsons 1959c: 303), was als Bildung zusammengefasst werden könnte, sowie andererseits das Handeln in moralischer Hinsicht, „‚deportment[]'" (ebd.). Die bemühten Beispiele wie Respekt, Zusammenarbeit, Arbeitshaltung oder Aktivismus verweisen auf die Werte, die Parsons in anderen Zusammenhängen für das Wertsystem der Vereinigten Staaten und damit für die Sozialisation als prägend ansieht (s. S. 105): instrumentellen Aktivismus und institutionalisierten Individualismus. Als Teil des Treuhandsystems ist Schule also mit Bildung und Sozialisation befasst.

Die zweite Funktion im Schulklasse-Aufsatz ist *Allokation*. Dieser Begriff beschreibt die Zuordnung von Personen – genauer: bestimmter relevanter Aspekte von Personen – zu Positionen im Gefüge der gesellschaftlich-beruflichen Status.[55]

---

[54] An anderer Stelle ist eine solche Unterscheidung ebenfalls eröffnet, wobei der Begriff des Lernens als Oberbegriff dient: „Learning, in this sense, includes two basic processes: the process of assimilating the cognitive content of subject matter and methods of dealing with cognitive problems; and the process of internalizing the values and norms of the social systems of reference as part of the noncognitive, if not nonrational, structure of personalities. The latter process is what is ordinarily called *socialization*, and it is this with which we have primarily been concerned" (Parsons & Platt 1970: 32, H. i. O.).

[55] Der hierbei gebrauchte Begriff „role-structure" (Parsons 1959c: 297) ist klärungsbedürftig. Im Kontext seiner Stratifikationstheorie oder auf S. 298 des Aufsatzes wird klar, dass es vor allem

3 Parsons' Bildungssoziologie

In der Literatur zur Leistungsbewertung wird zum Teil zwischen Allokations- und Selektionsfunktion unterschieden (vgl. Zaborowski, Meier & Breidenstein 2011: 17; Tillmann & Vollstädt 2009: 29). Demnach bezeichnet Selektion eine innerschulische Differenzierung, Auswahl oder Zuweisung von Schüler*innen für bzw. auf Bildungslaufbahnen (z. B. Versetzung ins nächste Schuljahr, Übergang in die weiterführende Schule). Allokation beschreibt eine Differenzierung, Auswahl und Zuweisung von Schüler*innen für oder auf außerschulische Bildungs- und Berufslaufbahnen und damit für respektive auf berufliche oder gesellschaftliche Positionen. Parsons' Funktion heißt zwar Allokation, seine Äußerungen beziehen sich aber auch auf Selektion.

Im Schulklasse-Aufsatz wie in anderen Schriften sind somit insgesamt drei Funktionen von Schule benannt: Allokation, Sozialisation und Bildung. Letztere wird mitunter auch als Teil von Sozialisation aufgefasst; hier sind Parsons' theoretische Analysen unscharf. Außerdem können Sozialisation und Bildung als Teil einer übergeordneten Funktion gesehen werden, die sich daraus ergibt, dass Schule Teil des Treuhandsystems ist. Die Frage nach den Funktionen der Schule in Parsons' Schultheorie wird später wieder aufgegriffen und es wird ein Vorschlag zur Auflösung von Parsons' Unschärfe gemacht (s. S. 199).

Bisher blieb unerwähnt, welche konkreten Werte oder Erwachsenen-Rollen eigentlich Gegenstände schulischer Sozialisation sind. Gemeint sind solche Rollen und allgemeiner solche normative Kultur, die in beruflichen und gesellschaftlichen Interaktionen vorherrschen. Diese lassen sich mithilfe der Orientierungsalternativen (*pattern variables*; s. Kap. 2.4) beschreiben.[56] Wie auf S. 81 erläutert, sind Interaktionen in der Familie durch Affektivität, Partikularismus, Zuschreibung und Diffusität gekennzeichnet, berufliche und gesellschaftliche Interaktionen durch affektive Neutralität, Universalismus, Leistung und Spezifität (kritisch zu dieser Annahme Fingerle 1993: 51–52). Damit stehen Kinder und Jugendliche, die zu Beginn ihres Lebens vor allem in familiäre Interaktionen eingebunden sind, die Familie aber perspektivisch verlassen, einen Beruf ausüben und in der Gesellschaft handeln sollen, vor der Aufgabe, den gesellschaftlich-beruflichen Interaktionstypus, d. h. die jeweiligen Rollen, die jeweilige normative Kultur bzw.

---

um Status geht, weniger um Rollen. Dennoch kann dem Rollen-Gedanken etwas abgewonnen werden, wie später im Aufsatz klar wird: Es geht Parsons (1959c: 314) um die Zuordnung zu bestimmten Typen beruflicher Tätigkeiten, wobei er zwischen technischen und sozialen Berufen unterscheidet.

[56] Parsons nutzt im Schulklasse-Aufsatz zwar die konkreten Begrifflichkeiten wie askriptiv oder universalistisch, lässt die Orientierungsalternativen als solche aber unerwähnt. Dies ist plausibel, weil Parsons in dieser Phase seines Schaffens die Orientierungsalternativen als im AGIL-Schema aufgegangen ansieht (vgl. Hellmann 2015: 527–528; Nerowski 2015b: 41; Rademacher 2009: 121; Gerstner & Wetz 2008: 74; s. S. 72).

3.4 Schule

die jeweiligen Orientierungsmuster, zu erlernen.[57] Hierfür wird der Schule eine zentrale Relevanz zugeschrieben. Sie stellt einen Übergang zwischen familiären und gesellschaftlich-beruflichen Interaktionen dar[58] und zielt darauf ab, Schüler*innen mit den gesellschaftlich-beruflichen Orientierungsmustern vertraut zu machen (vgl. Parsons 2016: 375, 1964c: 239–242; Goyette 2017: 31; Brock & Mälzer 2012: 13; Rademacher 2009: 124–126; Wernet 2003: 87–94; Fingerle 1993: 53; Alexander 1987: 82–83; als propädeutische Funktion bei Ballauff 1984: 97).

Dass es sich um solch einen Übergang handelt, plausibilisiert Parsons am Setting von Schulklasse und Lehrperson, das Gemeinsamkeiten und Unterschiede zum familiären Setting aufweist (vgl. Parsons 1964c: 240, 1959c: 307). Wie in der Familie ist die Lehrperson eine erwachsene Person, es besteht eine gewisse Hierarchie zu ihren Gunsten und ihre Aufgabe ist es, einen bestimmten Beitrag zum Aufwachsen zu leisten. Dieser Beitrag unterscheidet sich jedoch vom elterlichen Auftrag, da es spezifisch um bestimmte Bereiche der Persönlichkeit, bestimmte Inhalte und Fähigkeiten geht (ähnlich Fürstenau 1969: 10–12). Dem entspricht, dass Lehrpersonen in ihrer Berufsrolle mit Kindern und Jugendlichen

---

[57] Hier wird dezidiert vom gesellschaftlich-beruflichen Interaktionstypus gesprochen, um sowohl die Sphäre der Arbeitswelt, die Berufsrolle, als auch die Sphäre des öffentlichen und gesellschaftlichen Lebens, die Rollen als Wähler*in, Kund*in, Passant*in usw. einzubeziehen. Parsons selbst legt den Fokus auf die Berufsrolle (vgl. Parsons 1970e: 106) – auch Alexander (1987: 82) spricht von „occupational world" –, nennt im Schulklasse-Aufsatz aber auch allgemeiner „adult roles" (Parsons 1959c: 297) oder „role[s] within the *structure* of society" (ebd.: 298, H. i. O.).

[58] Ähnlich verhält es sich bei Hegel (1986: 349), für den die Schule eine „Mittelsphäre [ist], welche den Menschen aus dem Familienkreise in die Welt herüberführt" (vgl. auch Brinkmann 2017: 90–93; Tenorth 2016: 139; Gerstner & Wetz 2008: 49–50, 77; Benner 1995: 55–59; Derbolav 1981: 31). Die Parallelen zwischen Hegel und Parsons setzen sich in den einzelnen Orientierungsalternativen fort: „In der Schule nämlich fängt die Tätigkeit des Kindes an, wesentlich und durchaus eine ernsthafte Bedeutung zu erhalten, daß sie nicht mehr der Willkür und dem Zufall, der Lust und Neigung des Augenblicks anheimgestellt ist; es lernt sein Tun nach einem Zwecke und nach Regeln bestimmen; es hört auf, um seiner unmittelbaren Person willen, und beginnt, nach dem zu gelten, was es leistet, und sich ein Verdienst zu erwerben. In der Familie hat das Kind im Sinne des persönlichen Gehorsams und der Liebe recht zu tun; in der Schule hat es im Sinne der Pflicht und eines Gesetzes sich zu betragen und um einer allgemeinen, bloß formellen Ordnung willen dies zu tun und anderes zu unterlassen, was sonst dem Einzelnen wohl gestattet werden könnte" (Hegel 1986: 349). Damit nimmt Hegel Parsons' affektive Neutralität, Leistung und Universalismus vorweg. In Hegels Text ist weiterhin die Idee der Rolle zu finden – insofern Schule nur mit einem Teil des gesamten Lebens, der gesamten Person eines*r Schülers*in befasst ist (vgl. ebd.: 345) und Schüler*innen mit dem Problem des Rollen-Pluralismus vor allem bezüglich Schule und Familie konfrontiert sind (vgl. ebd.: 350) –, die Idee der Sozialförmigkeit von Unterricht (vgl. ebd.: 349–350) und schließlich die Idee des heimlichen Lehrplans. So unterscheidet Hegel (ebd.: 345) „*unmittelbare[]* Belehrungen" und „*mittelbare* Wirkung" (H. i. O.). Weiter heißt es: Die Schule „ist auch ein besonderer *sittlicher Zustand*, in welchem der Mensch verweilt und worin er durch Gewöhnung an wirkliche Verhältnisse praktisch gebildet wird" (ebd.: 348, H. i. O.). Insofern sind nicht nur deutliche Parallelen speziell zu Parsons, sondern auch zu allgemeineren schultheoretischen und soziologischen Gedanken erkennbar.

3 Parsons' Bildungssoziologie

zu tun haben, nicht in ihrer Familienrolle, wobei die Berufsrolle bei Parsons (1939: 459–463) durch rational begründete, spezifische Kompetenz und Autorität sowie Universalismus gekennzeichnet ist (s. Kap. 3.6.1).

Aus *mikrosoziologischer* Perspektive lässt sich nun fragen, wie genau Schule eine solche Sozialisation realisiert. Die Interaktionen in der Schule selbst sind im Verlauf der Schulkarriere in zunehmendem Maß am gesellschaftlich-beruflichen Interaktionstypus orientiert und Schüler*innen müssen den Umgang mit dieser Rolle ‚Schüler*in' lernen (vgl. auch Kiper 2013: 71; Wiater 2013: 26; als immutative Funktion bei Ballauff 1984: 236). Die Schule „is a microcosm of the adult occupational world" (Parsons 1964c: 240) und lässt sich daher „as a series of apprenticeships for adult occupational roles" (ebd.: 239–240) auffassen (vgl. auch Wenzl 2014: 10, 40; empirisch als Parallelisierung schulischen und beruflichen Tuns Rademacher 2009: 181). Damit ist impliziert, dass Lehrpersonen Repräsentant*innen oder Treuhänder*innen der gesellschaftlich-beruflichen Orientierungsmuster bzw. der normativen Kultur der Gesellschaft sind (vgl. Parsons 1959c: 304; Alexander 1987: 83; ähnlich auch Bender & Dietrich 2019: 35; Duncker 2018: 113; Oblinger 1975: 36; s. S. 147 für Sozialisation allgemein). Indem Schüler*innen die Schule somit in zunehmendem Maß als ein an affektiver Neutralität, Universalismus, Leistung und Spezifität orientiertes Sozialsystem erleben, wird eine Sozialisation in Richtung dieser vier Orientierungsmuster ermöglicht.

Parsons erläutert sehr konkret, durch welche Merkmale von Schule und Unterricht die vier Orientierungsmuster in der schulischen Interaktion in zunehmendem Maß realisiert sind, zugleich aber im Sinn von Schule als Übergangsinstanz anfangs abgeschwächt:[59]

a) *affektive Neutralität*
Einzelne Lehrpersonen stehen einer Klasse, bestehend aus einer Gruppe von Schüler*innen, gegenüber, wodurch die Beziehungen der Lehrpersonen zu den einzelnen Schüler*innen nicht so intensiv und personalisiert sein können wie in der Familie. Die Lehrperson „is in charge of the class generally"

---

[59] Obgleich in Kap. 5.5 auf Basis der allgemeinen Ausführungen in Kap. 2.8 und 2.9 zu den Termini ‚(Struktur-)Funktionalismus', ‚Funktion' und ‚Struktur' genauer erörtert wird, inwiefern sich Parsons' Schultheorie als strukturfunktionalistisch bezeichnen lässt, sei hier bereits vorweggenommen: In Parsons' Ausführungen zu Schule ist strukturfunktionalistisches Denken in der Form erkennbar, dass Strukturen (einer Einheit, hier der Schule) zur Erfüllung von Funktionen (mit Blick auf andere Einheiten, hier die Gesellschaft) beitragen (s. S. 376): „I think it has been possible to sketch out a few major structural patterns of the public school system and at least to suggest some ways in which they serve these important functions" (Parsons 1959c: 318). So scheint die Struktur von Schule, dass Lehrpersonen zunehmend nur je ein Fach unterrichten, der Funktion, eine Sozialisation in Richtung Spezifität anzubahnen, dienlich zu sein. Dieses im Schulklasse-Aufsatz implizite Verständnis von Strukturfunktionalismus ist allerdings ein anderes als das von Parsons explizierte Verständnis, wie es in Kap. 2.9 dargelegt wurde.

(Parsons 1959c: 301). Sie ist weiterhin nicht, wie Eltern in der Familie, zuständig für die emotionalen Bedürfnisse der Schüler*innen (vgl. ebd.: 307). Übermäßige Nähe, Körperkontakt und individuelle Zuwendungen sind in der Schule nur bedingt anzutreffen, im Verlauf der Schulzeit in abnehmenden Maß. Liebes- oder sexuelle Beziehungen werden rechtlich sanktioniert. In den höheren Klassen erteilen immer mehr Lehrpersonen Unterricht, anders als in der Grundschule, wenn häufig eine einzige Lehrperson den Großteil des Unterrichts in einer Klasse abdeckt (vgl. ebd.: 301, 309, 314).[60] Dadurch werden die Beziehungen weiter entindividualisiert und unpersönlicher (vgl. als empirisches Beispiel Rademacher 2009: 247). Lehrpersonen erscheinen zunehmend als austauschbare Rollenträger*innen, da Fächer im Lauf der Schulzeit von verschiedenen Lehrpersonen unterrichtet werden, was ebenfalls mit einer geringeren Beziehungsintensität einhergeht (vgl. Parsons 1964c: 242, 1959c: 308–309); Gleiches gilt infolge der zunehmenden Schulgröße (vgl. Parsons 1959c: 314).

All dies bedeutet jedoch nicht, dass es im Unterricht keine Affekte oder keine Nähe gibt (vgl. auch Helsper & Lingkost 2004: 205); so verweist Parsons (1959c: 309) auf die Notwendigkeit eines „emotional support" durch die Schule. Es handelt sich um eine fortwährende Antinomie zwischen Nähe und Gefühlen einerseits und Distanz und affektiver Neutralität andererseits, wobei sich die Beziehungen im Allgemeinen im Lauf der Schulzeit in Richtung des zweiten Pols entwickeln dürften.

Zusammengefasst: Durch die Konstellation des Unterrichts – eine Lehrperson unterrichtet eine Klasse – sind die Beziehungen zwischen Schüler*innen und Lehrperson weniger intensiv und weniger emotional, zudem gelten hinsichtlich der Beziehungen zwischen Schüler*innen und Lehrpersonen (rechtliche) Normen, die die Affektivität begrenzen.

b) *Universalismus*
Universalistische Normen gelten in der Schule beispielsweise mit Blick auf Lehrpläne, Abschlüsse oder Leistungsbewertung (vgl. Parsons 2016: 375, 1959c: 308; Parsons & Bales 1955: 116–117). Alle Schüler*innen sollen nach gleichen Maßstäben behandelt und bewertet werden. So werden häufig die Klasse insgesamt und damit alle Schüler*innen gleich adressiert. Die Anzahl der

---

[60] Dass nach Parsons zudem in der Grundschule eher Lehrerinnen als Lehrer unterrichten (vgl. Parsons 1964c: 240–241, 1959c: 301, 307–308; auch Dreeben 1970a: 96) und damit eine höhere Affektivität etablieren (weniger als in der Familie, aber mehr als in späteren Klassenstufen), kann, wie ähnliche Überlegungen zur Kernfamilie und ihren nach Geschlechtern differenzierten Rollen (s. S. 149) sowie die Bemerkungen zu den Erwartungen an Frauen in ihrer Rolle als Mutter und Ehefrau (vgl. Parsons 1959c: 317), da stereotyp und inhaltlich fragwürdig, außen vor gelassen werden.

Schüler*innen einer Klasse, die einer Lehrperson gegenübersteht, macht es, wie im Fall der Affektivität, unwahrscheinlich, dass partikularistische Beziehungen entstehen (vgl. Parsons 1959c: 303). Alle sind für die Lehrperson ein gleiches ‚Exemplar' der Kategorie ‚Schüler*in'. Und die Schüler*innen lernen, dass Lehrpersonen „‚interchangeable'" (ebd.: 309) sind, also mehrere Lehrpersonen die Rolle der Lehrperson für ein Fach einnehmen können.

Wie für die affektive Neutralität deutet Parsons ein grundsätzliches Spannungsverhältnis zwischen Universalismus bzw. Gleichbehandlung und Partikularismus, Differenzierung oder Individualisierung an, weil das pädagogische Ziel der Schule, jede*n Schüler*in bestmöglich zu fördern, Letzteres verlangt. So bringt Parsons (ebd.: 303) das Problem der „violation of the universalistic expectations of the school" auf. In eine ähnliche Richtung weist seine Bemerkung zur „allowance for the difficulties and needs of the young" (ebd.: 309). Dies lässt sich mit Helspers Differenzierungsantinomie reformulieren, der Spannung zwischen Gleichheit und Gleichbehandlung der Schüler*innen einerseits und Unterschiedlichkeit von und differenziertem Umgang mit Schüler*innen andererseits (vgl. Helsper 2018: 130–131, 2016a: 115, 2004: 82). Unterschiedliche Lernwege, Kompetenzniveaus, kognitive Voraussetzungen usw. widersprechen einem absoluten Universalismus, dass alle die gleichen Aufgaben in der gleichen Zeit am gleichen Ort auf dem gleichen Weg erledigen. Dies spiegelt sich auch im Konzept des Arbeitsbündnisses wider (vgl. Helsper 2016a: 109). Das Arbeitsbündnis zwischen Lehrperson und Klasse repräsentiert die universalistischen Anteile, jenes zwischen Lehrperson und einzelnen Schüler*innen die partikularistischen Anteile. Allerdings sind solche partikularistischen Einsprengsel, die sich aus den pädagogischen Zielen der Schule ergeben, universalistisch fundiert (vgl. Baumert 2002: 104). Beispielsweise erhalten *alle* Schüler*innen mit einer Lese-Rechtschreib-Schwäche mehr Zeit in bestimmten Situationen der Leistungserbringung.

Zusammengefasst: Bedingt durch die Konstellation des Unterrichts und rechtliche Regelungen herrscht in der Schule Universalismus vor, der auch die pädagogisch notwendigen partikularistischen Anteile universalisiert.

c) *Leistung*

Die Schule ist die erste Sozialisationsinstanz, in der die Beteiligten ihren Status auf nicht-biologischer Basis innehaben (vgl. Parsons 1970e: 104–105, 1959b: 31, 1959c: 300–301). In der Familie zum Beispiel wird der Status als Kind mit der Geburt erlangt und dieser bleibt über das Leben hinweg unveränderlich (vgl. Gerstner & Wetz 2008: 76). Die schulischen Status, etwa in Form von Bildungsabschlüssen, werden hingegen erworben, indem Schüler*innen etwas tun und dieses Tun bewertet wird. Je nach Tun und je nach Bewertung

3.4 Schule

folgt ein anderer Status (vgl. Parsons 1959c: 301). Der Status ergibt sich überwiegend nicht daraus, dass Eigenschaften von Schüler*innen und andere askriptive Faktoren (wie z. B. die soziale Herkunft) bewertet werden – auch wenn solche Faktoren einflussreich sind, wie Parsons einräumt (vgl. Parsons 1968e: 16, 1966b: 43; Parsons & White 1970: 210; Goyette 2017: 31) –, sondern ihr Tun, ihre Leistung oder ihre Fähigkeiten (vgl. Parsons 1971b: 421, 1970a: 18–19, 24, 1959c: 299, 1954a: 424, 1942: 605–606).

Während der Schulzeit erwirbt somit jede*r Schüler*in einen individuellen Status, der zu gewissen Teilen unabhängig vom elterlichen Status ist und sich von ihm unterscheiden kann (vgl. Parsons 1959c: 310).[61] Der schulische Status bezieht sich dabei einerseits, nach Parsons vor allem in der Grundschule, in quantitativer Hinsicht auf verschiedene Leistungsniveaus (also z. B. Abschlüsse), andererseits, vor allem in der weiterführenden Schule, in qualitativer Hinsicht auf Leistungsarten, wobei zwischen einem kognitiven bzw. technischen und einem moralischen bzw. sozialen Typus unterschieden wird (vgl. Parsons 1959b: 32–33, 1959c: 314; Hellmann 2015: 529).

Die Leistungsbewertungen selbst sind für die Schüler*innen „reward and/or punishment for past performance" (Parsons 1959c: 301), d. h., sie haben eine Bedeutung für die Person, während sie zugleich für Schule und Gesellschaft Mechanismen der Selektion und später Allokation sind.[62] Das, was bewertet wird, sind nach Parsons einerseits inhaltliche Fähigkeiten und Wissen, andererseits Verhalten und ‚Benehmen' (vgl. Parsons 1959c: 303–304; Goyette 2017: 31; ähnlich Jackson 1990: 22–23).[63]

In zweierlei Hinsicht relativiert Parsons die Absolutheit schulischer Leistung. Zum Ersten verfügen alle Schüler*innen gleichermaßen über den Status

---

[61] Dabei diskutiert Parsons (1959c: 311–312) auch jene Gruppe der ‚Aufsteiger*innen', die in der Schule einen höheren als den elterlichen Status erlangen. Angehörige dieser Gruppe haben nach Parsons ambivalente Haltungen zur Schule: einerseits einen positiven Bezug, weil sie für den späteren Status sehr bedeutsam ist, andererseits einen negativen Bezug, weil der höhere Status zur Entfremdung von der Familie führen kann.

[62] Damit deutet sich die heute diskutierte Dualität von gesellschaftlicher und pädagogischer Funktion der Leistungsbewertung an (vgl. Zaborowski, Meier & Breidenstein 2011: 17; Tillmann & Vollstädt 2009: 28), auch wenn die Rede von Belohnung und Bestrafung nicht den Kern der pädagogischen Funktion im Sinn von Rückmeldung, Feedback und Diagnostik trifft.

[63] Heutzutage in Deutschland sind diese beiden Komponenten in manchen Klassenstufen und Bundesländern gerade nicht undifferenziert, wie Parsons feststellt, sondern in Form von Verhaltens- oder Kopfnoten von den übrigen Fachnoten differenziert (vgl. Terhart 2014a: 896–898). In Mecklenburg-Vorpommern firmiert dies als Bewertung des Arbeits- und Sozialverhaltens, wobei unter anderem Pünktlichkeit und Hilfsbereitschaft bewertet werden (vgl. Ministerium für Bildung, Wissenschaft und Kultur des Landes Mecklenburg-Vorpommern 2013: § 3). Dass beides trotzdem ineinander übergeht, zeigt sich in empirischen Befunden, wonach in die Bewertung nicht nur Fachleistungen einfließen (s. S. 210).

3 Parsons' Bildungssoziologie

des*r Schülers*in, ohne hierfür etwas im eigentlichen Sinn tun zu müssen; sie sind zudem in der Regel ähnlich alt, stehen in ihrem Alter und Status der Lehrperson gegenüber und starten somit idealtypisch gedacht als Gleiche in den schulischen Wettbewerb („race" (Parsons 1959c: 301)). Zum Zweiten hängt in der Schule nicht alles von Leistung ab, vielmehr besteht Wertschätzung durch Lehrpersonen oder durch die Peergroup auch unabhängig davon; gerade das Ansehen unter den Peers ist teilweise unabhängig von schulischer Leistung – was im Sinn einer Kompensation zugleich die Akzeptanz des Leistungsprinzips erhöht (vgl. Parsons 1959b: 27, 1959c: 311, 315).

Zusammengefasst: Schule fordert von Schüler*innen, etwas zu tun und bewertet dieses Tun, woraus sich unterschiedliche Status ergeben, die somit nicht oder nicht allein askriptiv erlangt sind.

Leistung ist eng mit Universalismus verbunden, da sie im Sinn des meritokratischen Prinzips universalistisch bewertet wird (vgl. Parsons 1970e: 104). Leistung soll, im Ideal, nach für alle gleichen Bedingungen und Standards erbracht (z. B. „a common set of tasks" (Parsons 1959c: 301; vgl. auch Parsons 1959b: 31)) und bewertet werden. Leistung impliziert dabei auch die Übernahme von Verantwortung für das eigene Tun (vgl. Leschinsky 1996: 14).

d) *Spezifität*

Die Spezifität der schulischen Interaktion zeigt sich darin, dass diese um bestimmte Themen und Tätigkeiten zentriert ist, die sich hauptsächlich aus den fachlichen Inhalten ergeben. Lehrpersonen sind dementsprechend vor allem – wiederum im Lauf der Schulzeit in zunehmendem Maß – für das Fachliche zuständig. Das spiegelt sich darin wider, dass ein*e Schüler*in mit immer mehr Fächern und damit immer mehr Lehrpersonen zu tun hat, wodurch die Interaktionen spezifischer werden (vgl. Parsons 1964c: 242, 1959c: 314). In ähnlicher Weise liegt es nahe, dass nicht-fachliche Themen in niedrigen Klassenstufen noch präsenter sind oder von den Lehrpersonen eher aufgeworfen werden als in höheren Klassenstufen (vgl. Wenzl 2014: 53–56). Die an der Schule tätigen anderen Berufsgruppen wie Sozialpädagog*innen oder Psycholog*innen unterstreichen die eher fachliche Zuständigkeit von Lehrpersonen ebenfalls. Spezifität führt schließlich dazu, zwischen Person und Rolle unterscheiden zu können (vgl. auch Leschinsky 1996: 14).[64]

---

[64] Relativierungen, wie sie Parsons für die anderen drei Orientierungsmuster zumindest andeutet, sind auch für das der Spezifität naheliegend. Es lässt sich also, vor allem in niedrigeren Klassenstufen, aber auch allgemein für die Schule, keine völlige Abstinenz von Diffusität annehmen. Aus dem Eingriff von Lehrpersonen in die Entwicklung von Schüler*innen, ihrer berufsethischen Verantwortung oder didaktischen Zielsetzungen wie Schüler*innen- oder Lebensweltorientierung folgt, dass es Konstellationen gibt, in denen Beziehungen und Interaktionen diffundieren (müssen) (vgl. Helsper 2016a: 108–109, 116).

3.4 Schule

Leistung und Universalismus, die die Differenz zur Familie am deutlichsten herausstellen (vgl. Parsons 1970b: 8), führen unmittelbar zur Funktion der Allokation zurück, weil Allokation auf Basis universalistischer Leistungsbewertung vollzogen wird. Dieses Prinzip verknüpft die beiden Funktionen der Sozialisation und der Allokation, weil mittels Allokation Sozialisation stattfindet, die dieses Prinzip der universalistischen Bewertung von Leistung zum Gegenstand hat (ähnlich in Bezug auf die Funktionen der Sozialisation, Selektion und Legitimation Rademacher & Wernet 2015: 107–108).

Die Platzierung der Schule im Treuhandsystem mit dem Fokus auf Sozialisation (und Bildung) spricht jedoch dafür, der Funktion der Sozialisation gegenüber der Funktion der Allokation einen Primat einzuräumen, weil andersherum eine Zentralstellung von Allokation[65] dafür sprechen würde, Schule im Gemeinschaftssystem zu verorten. Anders als es Parsons im Schulklasse-Aufsatz oberflächlich gesehen nahelegt, handelt es sich demnach bei Sozialisation und Allokation nicht um zwei gleichrangige Funktionen. Es ist aus Sicht von Parsons' Theorie wichtiger, dass Schüler*innen das Prinzip universalistischer Leistungsbewertung kennenlernen und ggf. verinnerlichen, als dass am Ende der Schule über Abschlüsse eine tatsächliche Allokation stattfindet.[66] Allokation steht im Dienst der Sozialisation. Dies lässt sich auch dadurch begründen, dass sich die Funktion der Allokation nicht konsistent aus der Gesamtanlage von Parsons' Theorie ergibt, selbst wenn er diese Funktion explizit benennt. Denn mit Parsons steht die in Gesellschaften institutionalisierte (v. a. normative) Kultur im Fokus und damit die Frage, wie Schule mit dieser Kultur befasst ist (s. Kap. 2.9.3). Meritokratie, (Un-)Gleichheit, Leistung usw. sind entsprechende Werte – die tatsächliche Selektion oder Allokation nicht; sie sind unter dieser Perspektive eher ein Medium, durch das diese Werte zum Gegenstand von Sozialisation gemacht werden.

Diese Einsicht lässt sich auch auf das Verhältnis zwischen Bildung und Sozialisation übertragen (s. S. 395 und 447), wobei Parsons hier, im Gegensatz zu Allokation, Bildung stellenweise auch als Teil von Sozialisation begreift (s. S. 190). Zwar wird ein Zusammenhang zwischen Bildung und Sozialisation über einen Wert im Schulklasse-Aufsatz nicht unmittelbar plausibel. Im Kontext von Parsons' gesamter Bildungssoziologie zeigt sich aber, dass der Wert der kognitiven

---

[65] Solch eine klingt bei Tippelt (2008: 23) an, wenn er schreibt: „Struktur-Funktionalisten, wie Parsons […], haben Sozialisations- und Bildungsprozesse als rationale Mittel bei der leistungsbezogenen Selektion und Allokation aufgefasst, die in komplexen, hierarchisch und im genannten Sinne bürokratisch organisierten Gesellschaften unumgänglich erscheinen".

[66] Aus Perspektive der Sozialisation gilt demnach das Gegenteil dessen, was Trautmann und Wischer (2011: 91) aus Perspektive der Allokation formulieren: „Für die Umwelt ist nicht entscheidend, *wie* innerhalb des Schulsystems zugeteilt wird; entscheidend ist, *dass* am Ende der Schulzeit unterschiedliche Berechtigungen für weitere Laufbahnen zugeteilt worden sind" (H. i. O.).

Rationalität als Bindeglied von Bildung und Sozialisation fungiert (s. S. 179 und 266) und damit, wird hier wiederum die Gesamtanlage von Parsons' Theorie berücksichtigt, Sozialisation mit Blick auf kognitive Rationalität zentraler ist als Bildung, so wie Sozialisation bezogen auf Leistung zentraler als Allokation ist.

Sozialisation muss demnach bei Parsons in den Fokus gerückt werden. Allokation und Bildung sind zwar ebenfalls relevant, aber vor allem als ‚Nebenprodukte' der Sozialisation. Andersherum ausgedrückt: Sowohl Allokation als auch Bildung basieren auf normativer Kultur und implizieren Sozialisation – und dies ist Parsons' Fokus, wiewohl beide auch nicht-normative und nicht-sozialisatorische Facetten beinhalten.

Damit eine Sozialisation hinsichtlich universalistischer Leistungsbewertung ihr Ziel erreicht, damit Schüler*innen also lernen, „that it is fair to give differential rewards for different levels of achievement" (Parsons 1959c: 309), müssen die „rewards" von den Schüler*innen als solche wahrgenommen werden. Die „rewards" sind für Parsons vor allem Zensuren (vgl. Parsons 1964c: 240). Die implizite Annahme von Parsons' Konstrukt ist somit, dass Schüler*innen Zensuren als eine Belohnung ansehen und durch Zensuren zu Leistung motiviert werden können.

3.4.2 Schule, Universität, Jugend, Peers und Familie

Im Folgenden wird Schule im Zusammenhang mit einigen anderen, ihr naheliegenden Themen betrachtet, die Parsons ebenfalls behandelt. Das Ziel ist dabei, zum einen das Parsons'sche Bild von Schule zu komplettieren und zum anderen dieses Bild durch Abgrenzungen von mit ihr zusammenhängenden gesellschaftlichen Bereichen und Einrichtungen zu schärfen.

3.4.2.1 Schule und Universität

Ein Ausgangspunkt des Kap. 3 lag in der Feststellung, dass bei Parsons eine kohärente Bildungssoziologie nicht unmittelbar einsichtig ist. Daraus ergab sich das Anliegen, solch eine kohärente Bildungssoziologie oder *eine* Parsons'sche Theorie des *Bildungswesens* herauszuarbeiten. Dies impliziert die Annahme, dass es nicht bloß separate Theorien der Universität, der Schule usw. gibt. Es ist bereits plausibilisiert worden, dass solch eine Annahme haltbar ist, zum Beispiel weil es in beiden Einrichtungen des Bildungswesens sowohl um Sozialisation als auch um Bildung geht. Parsons' Überlegungen zum Zusammenhang zwischen Schule und Universität plausibilisieren diese Annahme ebenfalls.

Zunächst finden sich bei Parsons einige Bemerkungen, in denen die Kontinuität der Sozialisation zwischen Schule und Universität – sowie zwischen Familie und Bildungswesen – betont wird (vgl. Parsons 2016: 291; Parsons & Platt 1970: 2, 32–33, 1968b: I-22). In beiden Einrichtungen findet Sozialisation statt, weswegen sie dem Treuhandsystem zuzuordnen sind (vgl. Parsons & Platt 1973: 149–150). Überdies gibt es eine Kontinuität hinsichtlich des Inhalts der Sozialisation:

> „Continuity of value orientations exists along with a degree of shared academic values between the high school and college systems. If this were not the case, it would be very difficult for high school students to go on to college. There is value overlap between the two systems, and there is also continuity between the populations that pass through them." (Parsons & Platt 1970: 14)

Explizit teilen Schule und Universität den Wert der kognitiven Rationalität (vgl. Parsons & Platt 1968b: I-14; Smelser 1973: 412; ähnlich Roeder et al. 1977: 31; Wilhelm 1969: 220–221):

> „Since the high school experience is not discontinuous with the college experience, the values institutionalized in each system are congruent. Cognitive rationality permeates both systems, but in the high school system it is not given the priority that it is in the universities and colleges." (Parsons & Platt 1973: 211)

Schule ist also ebenfalls durch kognitive Rationalität bestimmt, allerdings in geringerem Maß (vgl. Multrus 2004: 157; Alexander 1987: 82–83). Diese Kontinuität ist gleichsam zwingend, denn Schule wie Universität und ebenso Familie beziehen sich auf das gleiche übergeordnete System, die Gesellschaft, und damit auf den gleichen Bestand an zentralen allgemeinen Werten (vgl. Fingerle 1993: 52).

Für Schule und Universität lässt sich diese Kontinuität auch mit Blick auf Bildung feststellen, da die Inhalte der schulischen Bildung in den wissenschaftlichen Disziplinen gründen (vgl. Stichweh 2013c: 176–177), wiewohl das entsprechende Wissen aus den Disziplinen für den Unterricht transformiert werden muss (vgl. Neuweg 2014: 589) und Schulfächer bzw. schulische Inhalte nicht einfach eine Ableitung von universitären Disziplinen darstellen (vgl. Reh & Caruso 2020: 613–616). Anders gesagt geht es sowohl in der Schule als auch in der Universität um universalistisches Wissen (vgl. Stichweh 2013b: 223), doch die Universität unterscheidet sich von der Schule durch ihre Wissenschaftlichkeit, gerade der Lehre (vgl. Stichweh 2013c: 176–177, 2013d: 282; Multrus 2004: 118; E. Becker 1995: 55). Die Wissenschaftlichkeit der Universität spiegelt sich darin wider, dass sie wissenschaftliches Wissen hervorbringt, die Schule jedoch nicht.

Andererseits stellen Parsons und Platt eine Reihe von Unterschieden zwischen Universität und Schule fest (vgl. Parsons & Platt 1973: 211–215, 1970: 14–15). Diese sind im Detail in Tab. 3.3 auf S. 202 zusammengefasst. Der Vergleich macht deutlich, dass die Schule selbst sowie die Schüler*innen weniger autonom handeln

3 Parsons' Bildungssoziologie

Tabelle 3.3: Vergleich zwischen Schule und Universität

Merkmal	(weiterführende) Schule	Universität
Einbindung der Sozialisand*innen in sozialisierendes System im Vergleich zur Familie	stark in Familie eingebunden, also weniger stark in Schule	weniger stark in Familie, also stärker in Universität[a]
Beitritt	eher Pflicht, nicht selektiv, sehr heterogen, regional gleiche Herkunft (Einzugsgebiet)	eher freiwillig, zugleich mit Selektion verbunden
Freiheit, Toleranz, Pluralität	weniger relevant	relevanter
Abhängigkeit von relig., pol., ökonom., fam. Interessen[b]	größer	geringer
Inhalte des Bildungsprozesses	neben kognitiver Kultur z. B. nationale Identität und politische Werte[c]	allein kognitive Kultur
Bindungen der Sozialisand*innen zu anderen Personen[d]	weniger Bindungen, auch affektiv-askriptivere Bindungen	komplexes Netz an Bindungen, weniger askriptiv
Kreativität	weniger bedeutsam[e]	bedeutsam
Talent und außergewöhnliche Leistungen	weniger belohnt	stärker belohnt
Lernmilieu	autoritärer, bürokratischer, mechanischer	weniger autoritär, bürokratisch, mechanisch

[a] „The college environment tends to be a ‚total' one" (Parsons & Platt 1973: 211).
[b] Dies meint „the different way in which the two systems are embedded in the values of the larger society" (Parsons & Platt 1973: 212).
[c] „In the high school, teaching is not only oriented to the cognitive culture but it also serves the purpose of giving the student an identity with his nation and past [...] and it sanctifies religious, political, and familial values" (Parsons & Platt 1973: 213). In eine ähnliche Richtung weist Young (1963: 43): Die amerikanische *high school* als für alle gemeinsame Schule ist nötig „to wrest nationhood from polyglot chaos".
[d] Vgl. hierzu auch die Ausführungen zur *Undergraduate*-Ausbildung ab S. 176.
[e] Der Fokus liegt auf „comprehension and the mere possession of knowledge" (Parsons & Platt 1973: 214).

können als die Universität und Studierende. Schule erscheint als eine striktere, direktivere und fremdbestimmtere Instanz der Sozialisation und Bildung.

Parsons hält eine weitaus elaboriertere Theorie der Universität als der Schule bereit, auch bedingt dadurch, dass er sich mit der Universität erst in der Spätphase seines Schaffens beschäftigte und damit seine allgemeine Theorie in einem differenzierteren Stadium anwenden konnte. Beide Einrichtungen werden als Systeme sowie als Teile eines Subsystems der Gesellschaft, des Treuhandsystems, konzeptualisiert; nur für die Universität finden sich aber weitere Elaborationen zu Subsystemen, zum kognitiven Komplex und zu Austauschbeziehungen.

Insofern lassen sich für Parsons' Schultheorie Leerstellen identifizieren, die durch Parallelisierungen zur Universität gefüllt werden können: Gibt es in der Schule Subsysteme, d. h. eine funktionale Differenzierung, die mit konkreten Teilen der Schule verbunden ist? Wie gestalten sich die Austauschbeziehungen zwischen Schule und ihrer Umwelt? Wenn kognitive Rationalität der konstitutive Wert von Universität ist, welcher ist oder welche sind es für die Schule? Lässt sich das Ziel der Allgemeinbildung und einer gebildeten Bürgerschaft für Schule formulieren, parallel zu den *undergraduate colleges*? Solche Parallelisierungen drängen sich auf, weil das US-amerikanische *undergraduate college* nur begrenzt mit dem Studium in Deutschland gleichgesetzt werden kann, stattdessen aber Überschneidungen mit der Sekundarschulbilung aufweist: „The European secondary school has undoubtedly in part overlapped with the American undergraduate college, but surely cannot be simply identified with it" (Parsons 1970f: 215). Diese Fragen werden in Kap. 3.4.3.2 und in Kap. 6 wieder aufgegriffen. In die andere Richtung, aus Perspektive der Schule, stellt sich beispielsweise die Frage, inwiefern die Universität eine Allokations- oder Selektionsfunktion erfüllt (so Huber 1991: 423–425).

3.4.2.2 Schule, Jugend und Peers

Im Schulklasse-Aufsatz und in anderen Schriften diskutiert Parsons die Peergroup. Sie ist neben der Schule, der Familie und strukturierten Freizeitaktivitäten, -gruppen und -einrichtungen, die Parsons allerdings nicht in den Blick nimmt, eine weitere Sozialisationsinstanz. Peergroups definiert Parsons (1961a: 280)[67]

---

[67] Dabei verknüpft er den Begriff der Gleichaltrigen mit dem der Peers. Bei anderen Autor*innen werden beide Begriffe dezidiert voneinander abgegrenzt (vgl. Reinders 2015: 396). Ansonsten zeigt sich, dass einige der im Folgenden benannten Merkmale von Peergroups bei Parsons – die Gleichheit in Status oder Alter bzw. Symmetrie, Freiwilligkeit und die Beziehungsqualität – auch aktuell noch als Definitionsmerkmale des Begriffs der Peers (vgl. Köhler, Krüger & Pfaff 2016: 12–13) bzw. des Begriffs der Clique (vgl. Reinders 2015: 397) gelten. Was Parsons als Peergroup bezeichnet, wird heute jedoch eher mit dem Begriff der Clique gefasst, während der Begriff der

3 Parsons' Bildungssoziologie

als „the ‚informal' set of associations which a young person has with others of about his own age". Sie können dabei als Sozialsystem mit einer bestimmten normativen Kultur konzeptualisiert werden (vgl. Parsons & White 1970: 228).

Das Setting der Peergroup besteht darin, dass (wie in der Schule) Gleichaltrige beteiligt sind – allerdings (anders als in Schule und Familie) ohne Erwachsene –, die sich freiwillig in Gruppierungen finden, sodass deren Mitgliedschaft (anders als in Schule und Familie) fluide ist (vgl. Parsons 1959c: 305). Anders als Schule und Familie sind Peergroups außerdem nicht von vornherein durch Generationsunterschiede o. Ä. hierarchisiert, sie sind vielmehr von Gleichheit gekennzeichnet (vgl. Parsons & Bales 1955: 121; Parsons & Platt 1970: 19). Darüber hinaus zeichnet sich die Peergroup in der Art ihrer Beziehung durch Informalität und Diffusität aus. Peergroups hängen mit Familie und stärker noch mit Schule zusammen, weil Peer-Aktivitäten örtlich und zeitlich zum Teil in deren Sphären stattfinden (vgl. Parsons 1966b: 45, 1959c: 305).[68]

Parsons schreibt der Peergroup verschiedene Relevanzen für die beteiligten Jugendlichen zu (vgl. Veith 2004: 130). Sie bietet den Jugendlichen Wertschätzung, Akzeptanz, Zugehörigkeitsgefühl, Bestätigung und emotionale Sicherheit, und zwar nicht von Erwachsenen, sondern von statusgleichen Gleichaltrigen (vgl. Parsons 1966b: 45, 1961a: 281, 1959c: 305). Weil Wertschätzung usw. sonst in der Familie und der Schule von Nicht-Statusgleichen kommen, ergänzt die Peergroup diese also um „egalitarian components" (Parsons 1959c: 306). Zugleich führt die Peergroup zu einer Generalisierung von Solidarität, die nicht mehr allein gegenüber der eigenen Familie empfunden wird (vgl. Parsons 1971b: 422–423). Schule wie Peergroup bieten Jugendlichen „much broader circles of social participation" (ebd.: 434) und eröffnen „new foci of solidarity" (ebd.). Jugendliche lernen in der Peergroup Unabhängigkeit (vgl. ebd.: 421), außerdem soziale Kompetenzen oder „roles of cooperative memberships" (Parsons 1970e: 106; vgl. auch Parsons 1961a: 281, 1959c: 316). Durch all dies trägt die Peergroup dazu bei, das Verlassen der Herkunftsfamilie zu erleichtern, an deren Stelle eine eigene Familie und ein eigener (beruflicher) Status tritt (vgl. Parsons 1964c: 407, 1942: 614). Sie bietet außerdem, wie zum Teil die Familie, emotionale Unterstützung gegenüber den schulischen Anforderungen (vgl. Parsons 1959c: 309; Parsons & White 1970: 219), zum Beispiel dadurch, dass Wertschätzung innerhalb der Peergroup weniger von schulischer Leistung abhängt (s. S. 198). Insgesamt deutet sich bei Parsons ein eher positiver Blick auf die Rolle der Peergroup für die Sozialisation an (vgl.

Peergroup „als Oberbegriff für die Sozialwelt von Kindern und Jugendlichen" (Deppe 2016: 276) fungiert.

[68] Schule wird dementsprechend von Schüler*innen zum Teil vorrangig als Ort der Peer-Interaktion gesehen, nicht als Ort der Bildung oder des Lernens (vgl. Reinders 2015: 400).

3.4 Schule

auch Fend 1981: 193–195), wie ihn die Peer-Forschung auch heute, gestützt auf empirische Befunde, unterstreicht (vgl. Reinders 2015: 394, 402–405).[69]

Was in der Peergroup getan wird, welche Werte in ihr relevant sind, kann den schulischen und allgemeiner den Erwachsenen-Erwartungen entgegenstehen (vgl. Alexander 1987: 84). Hier postuliert Parsons (1959c: 307), dass Schüler*innen sich entweder eher mit den Lehrpersonen oder eher den Peers und der jeweiligen, von ihnen verkörperten normativen Kultur identifizieren (vgl. Parsons 1959b: 32, 1942: 607; Parsons & White 1970: 223). Dies findet sich im heutigen schulpädagogischen Diskurs in der Gegenüberstellung von Schul-Orientierung oder -Ordnung und Peer-Orientierung oder -Ordnung wieder, die die einzelnen Schüler*innen ausbalancieren müssen (vgl. Breidenstein 2010: 881; Boer 2009; ähnlich Brumlik & Holtappels 1993: 93; Jackson 1990: 24–25).

Abweichung und Delinquenz von Jugendlichen sieht Parsons auch als Folge der steigenden Anforderungen vor allem im Bildungsbereich. Bei steigendem durchschnittlichen Bildungsniveau werden die Zwänge für jene, die Schwierigkeiten im Bildungswesen haben und zum Beispiel keinen Abschluss erreichen, höher, was in delinquentem Verhalten wie Schulschwänzen mündet (vgl. Parsons 1966b: 45–46, 1959c: 313; ähnlich in der Jugendforschung, vgl. Helsper, Krüger & Sandring 2015: 13).

In diesem Zusammenhang bemüht Parsons (1970i: 173) den Begriff der *Jugendkultur*, den er als „a distinctive pattern of values, relationships, and behavior for youth" (vgl. auch Parsons 1943: 32, 1942: 606) definiert. Jugendkultur ist für ihn vor allem ein Ausdruck des Protests gegenüber gesellschaftlichen oder elterlichen Erwartungen. Sie kann problematisch werden, wenn das distinkte Wertmuster der Jugendkultur dauerhaft allgemeinen gesellschaftlichen Werten widerspricht (vgl. Helsper, Krüger & Sandring 2015: 10). Parsons (1964c: 305) betont demgegenüber jedoch auch, dass Jugendkultur als „‚safety valve'" ein gewisses Maß an Abweichung permissiv zulässt oder anstreben sollte, um ein Übermaß an Abweichung im Sinn gesellschaftlicher Desintegration zu vermeiden.

Insgesamt erscheinen Jugendkultur und die Peergroup als Kompensationsraum, in dem (z. B. schulische) Zwänge und steigende Anforderungen kollektiv

---

[69] Dies mag für einen Autor, der vom Problem der sozialen Ordnung ausgeht, überraschen. Natürlich finden sich bei Parsons kritische Einlassungen zu Peergroups bzw. zur Jugendkultur, etwa zu ihren idealisierenden Vorstellungen von Politik (vgl. Parsons 1970i: 177). Auch geht Parsons (1959c: 317) davon aus, dass es sich um ein eher kurzfristiges Phänomen handelt, dass sich also der Großteil der Jugendlichen über kurz oder lang im gesellschaftlich erwünschten normativ-kulturellen Rahmen bewegt. Dies dürfte aus Parsons' Sicht einen eher positiven Blick auf Peergroups dann insofern zulassen, als diese letztlich nicht die soziale Ordnung gefährden. Doch unabhängig davon hält Parsons Peergroups bzw. die Jugendkultur für positive Einrichtungen, sowohl für die Jugendlichen selbst als auch für die Gesellschaft. Das wird im Folgenden deutlicher.

bearbeitet werden und Protest gegenüber gesellschaftlichen und elterlichen Erwartungen, die im Zuge der Modernisierung steigen (höhere Bildungsniveaus, steigende Unabhängigkeit und Verantwortung, mehr Wahlfreiheit z. B. bei der Wahl des*r Partners*in, zunehmende Komplexität in Gesellschaft und Beruf, steigende Kompetenzerwartungen z. B. bei der Erziehung oder wiederum im Beruf), artikuliert wird (vgl. Parsons 1970i: 165–182, 1966b: 41–42, 1961a: 282–283, 1959c: 312). Pointiert fasst Parsons (1966b: 44) die Anforderung für Heranwachsende als Problem der Identitätsfindung zusammen (ähnlich Young 1963: 22):

> „There is one sense in which, in a truly traditional society, there is no such thing as a problem of identity. Who one is, is simply given. There's never been any real choice in the course of his life. […] But in a situation like ours, the problem of identity is terribly important."

Dieser Befund kann als Vorausblick auf spätere individualisierungstheoretische Ansätze in der Jugendforschung verstanden werden (vgl. Helsper, Krüger & Sandring 2015: 12). So zeigt sich schon bei Parsons, dass die „Ausbildung einer Ich-Identität" als „zentrale Funktion von Jugend" (Krüger & Grunert 2010: 26) angesehen werden kann.

3.4.2.3 Schule und Familie

Bevor auf das Verhältnis zwischen Schule und Familie eingegangen werden kann, sind zunächst Parsons' grundlegende Bestimmungen der Familie in den Blick zu nehmen. Jede Person kann zwei Familien angehören: der „‚family of orientation[]'" (Parsons 1943: 25), der Herkunftsfamilie, und der „‚family of procreation[]'" (ebd.), der Zeugungsfamilie, die sie mit einem*r Partner*in neu begründet (so auch Neidhardt 1975: 11). Das ‚wünschenswerte' Ergebnis von Sozialisation liegt darin, dass Heranwachsende ihre Herkunftsfamilie verlassen können, wozu sie die bisherigen Bindungen zugunsten der neuen Zeugungsfamilie zurücknehmen müssen (vgl. Parsons 1943: 32, 1942: 32; Parsons & Bales 1955: 19; Parsons & White 1970: 217, 218; Bourricaud 1981: 104; Hofmann 1981: 44–45). Zu diesem Ziel der Unabhängigkeit von der Herkunftsfamilie tragen Universität, Schule und Peergroup bei, weil sie das Einüben von Unabhängigkeit ermöglichen und einfordern.

Die Struktur der Kernfamilie – genauer gesagt: der städtischen Mittelschichtfamilie der 1950er Jahre in den Vereinigten Staaten – beschreibt Parsons idealtypisch wie folgt (vgl. Parsons 1959b: 9–10; Parsons & Bales 1955: 22, 45; Bourricaud 1981: 86–88; Hofmann 1981: 43–44, 46–48; ähnlich Neidhardt 1975: 10; zur Frage nach der Universalität von Parsons' Annahmen Bertram 2010: 246–248): Sie besteht immer aus zwei Generationen und zwei Geschlechtern. Aus der Überkreuzung dieser beiden Dimensionen ergeben sich die Rollen von Vater, Mutter,

3.4 Schule

Sohn und Tochter, die die Kernfamilie konstituieren und innerhalb des Systems Familie verschiedene Funktionen implizieren (vgl. Parsons & Bales 1955: 45–47; Bertram 2010: 243–244; H.-J. Schulze & Künzler 1991: 129). Weiteres Merkmal der Kernfamilie ist die Ehe zwischen Vater und Mutter.

Das Modell der ehelichen Kernfamilie muss heutzutage als überkommen gelten (vgl. Walper, Langmeyer & Wendt 2015: 365). Gleiches gilt für Parsons' vor allem sozialisationstheoretisch relevante Annahme, dass der Vater typischerweise berufstätig ist und die Mutter nicht (s. S. 149). Sowohl für die Vereinigten Staaten als auch für die Bundesrepublik ist festzuhalten, dass dieses Modell zwar für eine gewisse Zeit (in den USA zwischen 1890 und 1970) für die Mehrheit der Familien zutraf, heutzutage allerdings nicht mehr – womit Parsons' Annahme fragwürdig wird, dass sein Modell der Familie und der Sozialisation in der Familie notwendig für die moderne Gesellschaft ist (vgl. Bertram 2010: 253–256).

Ein weiteres, auch aktuell zutreffendes Merkmal der Familie ist für Parsons „the structural isolation of the individual conjugal family" (Parsons 1943: 28; vgl. auch Parsons & White 1970: 213), womit gemeint ist, dass nur die Kernfamilie bzw. zwei Generationen autonom einen Haushalt und damit eine ökonomische Einheit bilden (vgl. H.-J. Schulze, Tyrell & Künzler 1989: 33–34; so auch Neidhardt 1975: 10).[70]

Bereits erwähnt wurde (s. S. 81), dass die Interaktionen und Rollen innerhalb der Familie, in den Begrifflichkeiten der Orientierungsalternativen, von Affektivität, Partikularismus, Zuschreibung und Diffusität geprägt sind und damit gesellschaftlich-beruflichen Interaktionen, Orientierungsmustern und Rollen entgegenstehen (vgl. Parsons 1964c: 154–155, 1943: 34; Parsons & Bales 1955: 113; H.-J. Schulze, Tyrell & Künzler 1989: 36).[71]

Hinsichtlich des Verhältnisses von Schule und Familie lässt sich zunächst festhalten, dass die Schule und allgemeiner die moderne Gesellschaft es den

---

[70] In der Diskussion dieses Fakts zeigt sich ein typisches Beispiel funktionalistischen Denkens, vor allem mit Blick auf die Charakterisierung von Bourricaud auf S. 129. Parsons argumentiert, dass das Verlassen der Herkunftsfamilie, d. h. die entstandene Isolierung der Kernfamilie bzw. das Ende von Großfamilienhaushalten, eine auf Leistung beruhende Stratifikation ermöglicht (vgl. Parsons 1964c: 186, 1940: 851, 861). Eine Unterscheidung von Status der Herkunftsfamilie und eigenem Status und damit die Realisierung des Leistungsprinzips als Grundlage für Stratifikation wäre nicht möglich, wenn zwei oder mehr Generationen dauerhaft zusammenleben würden, weil die Statusunterschiede zwischen Kind und Eltern eine zu große Spannung erzeugen würden. Mit anderen Worten: Die Isolierung der Kernfamilie erfüllt eine Funktion für die Durchsetzung der auf Leistung basierenden Stratifikation, ohne dass damit gesagt ist, dass dies die *Ursache* für die Isolierung ist. Ähnlich funktional sieht Parsons, dass in der Regel nur ein Elternteil arbeitet (vgl. Parsons 1943: 35).

[71] Neben der von Parsons in den Blick genommenen Mehrgenerationalität wird heute die mit den Orientierungsalternativen umrissene Qualität der Beziehung ebenfalls als Definitionsmerkmal der Familie angesehen (vgl. Walper, Langmeyer & Wendt 2015: 366; Neidhardt 1975: 12).

3 Parsons' Bildungssoziologie

Einzelnen ermöglichen, einen anderen, ggf. höheren Status (Beruf, Einkommen, Bildungsniveau) zu erreichen, als ihn die Eltern innehaben, und damit einen sozialen Aufstieg zu vollziehen – dies ist der Kerngedanke der Meritokratie. Gerade für jene, die einen höheren Status als den elterlichen erlangen, bei Parsons (1959c: 300) als „‚cross-pressured' group" bezeichnet und bereits auf S. 197 erwähnt, wird dabei die Zugehörigkeit zur Herkunftsfamilie riskant (vgl. auch Esslinger-Hinz & Sliwka 2011: 22), weshalb diese Gruppe geneigt sein könnte, schulischen Erwartungen nicht allzu sehr zu entsprechen (vgl. Parsons 1959c: 312).

Mit Blick auf die Funktionen der Familie – hier wird sehr gut deutlich, wie Parsons sein Grundinstrumentarium an Konzepten und Begriffen auf verschiedene Phänomene anwendet – ist korrespondierend mit der Schule eine Differenzierung festzustellen, die letztlich in einen Verlust, eine Verlagerung oder einen Wandel einiger Funktionen der Familie mündet (vgl. Parsons 1976c: 215, 1971b: 428–429, 1971d: 26, 100–101, 1964c: 157–158, 1961a: 274; Parsons & Bales 1955: 3, 9, 16–17; Parsons & White 1970: 212–214; Holmwood 2005: 99; Stock 2005b: 81; kritisch zur These eines Funktionsverlusts Neidhardt 1975: 67–69). Familie hat sich demnach unter Verlust der Funktion der Produktion von der Berufswelt differenziert bzw. haben sich entsprechend differenzierte Systeme herausgebildet. Sie hat sich außerdem vom Bildungswesen differenziert und damit einen Teil der Funktion verloren, die Kinder – durch Bildung, Sozialisation, Erziehung usw. – in ihrer Entwicklung zu Erwachsenen zu unterstützen. Der Funktionswandel und der Wandel von mehrgenerationalen zu zweigenerationalen Haushalten zeigt sich auch lokal, indem die Kernfamilie räumlich getrennt von Arbeits- und Bildungsstätten sowie von Großeltern und anderen Familienteilen in einer eigenen Wohnung oder einem eigenen Haus wohnt (vgl. Bertram 2010: 240–241; Neidhardt 1975: 33–34).

Die Funktion der Sozialisation der Kinder ist jedoch weiterhin die wesentliche Funktion der Familie (vgl. Parsons 2016: 336). Eine andere zentrale Funktion sieht Parsons in „the stabilization of the adult personalities" (Parsons & Bales 1955: 16; vgl. auch Schroer 2017: 129; H.-J. Schulze, Tyrell & Künzler 1989: 34). Die Funktion der Sozialisation kann die Familie in modernen, komplexen Gesellschaften jedoch nicht alleine erfüllen, weil durch sie weniger Rollen, Werte und Wissensbestände kennengelernt werden können, als für die Teilhabe an der Gesellschaft notwendig sind (vgl. Parsons 1976c: 194; Parsons & Bales 1955: 38; Brock & Mälzer 2012: 20; Hein 2009: 102); Universalismus und universalistische Rollen beispielsweise können in der Familie nicht kennengelernt werden (vgl. Parsons 1964c: 240, 1959b: 33; Parsons & Bales 1955: 114).

Insgesamt lässt sich die Familie als Teil des Treuhandsystems auffassen (vgl. Parsons & Bales 1955: 35), jenes Subsystems der Gesellschaft, dessen Funktion

3.4 Schule

für die Gesellschaft – parallel zur Funktion von Schule und Universität – die Musterreorganisation ist, da die Familie Heranwachsende mit bestimmter normativer Kultur auseinandersetzt (vgl. Parsons 1989: 602; Parsons & Platt 1973: 149; Lidz 2011: 528–529). Familie selbst lässt sich wiederum als ein (Sozial-)System auffassen, das Subsysteme enthält, zum Beispiel das Subsystem, das aus den Eltern besteht (vgl. Parsons & Bales 1955: 37–38; auch Hofmann 1981: 47–48).

3.4.3 Kritik

Ähnlich wie schon in Kap. 3.3.4 zur Universität werden im Folgenden zunächst in Kap. 3.4.3.1 kritische Einlassungen zu Parsons' Ausführungen zu Schule zusammengetragen, bevor in Kap. 3.4.3.2 Weiterentwicklungen im Sinn einer kritischen Aktualisierung skizziert werden. Kleinere kritische Anfragen und Parallelen zum heutigen Diskurs waren bereits unmittelbar im laufenden Text aufgenommen worden, um sie nicht aus dem Zusammenhang zu reißen. Nun sollen größere Kritikpunkte und Anschlüsse gesondert betrachtet werden. Hierbei steht allein die Schule im Fokus, während in Kap. 3.8.2 übergreifende Kritik im Kontext der gesamten Bildungssoziologie formuliert wird – wobei sich zeigen wird, dass sich die Kritik an einzelnen Teilen von Parsons' Bildungssoziologie zum Teil wiederholt und daher dann als Globalkritik formuliert wird. Außerdem hat das gesamte Kap. 6 die kritische Aktualisierung von Parsons' Schultheorie zum Schwerpunkt, sodass im direkt Folgenden wiederum nur solche Aktualisierungen aufgenommen sind, die nicht als konstitutiv für die zu formulierende normativfunktionalistische Schultheorie angesehen werden.

3.4.3.1 Inhaltliche Kritik

Ein *erster* Kritikpunkt in Bezug auf Parsons' Schultheorie betrifft die Frage, wie meritokratisch die Schule tatsächlich ist, inwiefern Leistung also wirklich universalistisch bewertet wird und nicht mit der sozialen Herkunft zusammenhängt. Parsons' Annahme ist, dass zwar Einflüsse der sozialen Herkunft auf den schulischen Status bestehen, dieser sich jedoch überwiegend aus der universalistischen Bewertung des Tuns der einzelnen Schüler*innen ergibt. Parsons geht also von einer halb-meritokratischen Schule aus; es trifft nicht zu, dass er – wie es zum Teil in der Literatur angedeutet ist (vgl. Hansen 2016: 36; Bohl, Harant & Wacker 2015: 159; Gerstner & Wetz 2008: 78–79; Blackledge & Hunt 1985: 73–75) – eine vollständige Realisierung schulischer Meritokratie ohne askriptive Anteile annimmt.

Grundsätzlich hat die empirische Forschung zu diesen Fragen vielfach gezeigt, dass Meritokratie in und durch die Schule nur bedingt realisiert ist. Dies

3 Parsons' Bildungssoziologie

wird heute mit dem Begriff der Bildungsungleichheit beschrieben, definiert als „Unterschiede im Bildungsverhalten und in den erzielten Bildungsabschlüssen von Kindern, die in unterschiedlichen sozialen Bedingungen und familiären Kontexten aufwachsen" (W. Müller & Haun 1994: 3). Soziale Bildungsungleichheit bezeichnet dann die auf die soziale Herkunft zurückgehenden Unterschiede (vgl. Schlicht 2011: 35).

Die Befunde zur Bildungsungleichheit bzw. zur halb-meritokratischen Schule müssen hier nicht im Detail aufgearbeitet werden (vgl. im Überblick McElvany et al. 2019; R. Becker 2017; zu Erklärungsansätzen von Bildungsungleichheit R. Becker 2017: 110–134; R. Becker & Lauterbach 2016: 10–34; Ditton 2016: 287–293; R. Geißler 2014: 362–370). Es genügt die Feststellung, dass der Einfluss der sozialen Herkunft auf Schulleistung und -erfolg verschiedentlich herausgearbeitet wurde, etwa in Schulleistungsuntersuchungen wie PISA (vgl. M. Weis et al. 2019; Baumert & Schümer 2002) oder IGLU (vgl. Hußmann, Stubbe & Kasper 2017) oder in der Forschung zum Übergang von der Grund- in die weiterführende Schule (vgl. zusammenfassend Ditton 2016: 295–298).

Relevant sind in diesem Zusammenhang auch die Befunde der empirischen Forschung zur schulischen Leistungsbewertung. Diese zeigen allgemein Defizite bei der Erfassung von Leistung hinsichtlich der Gütekriterien (vgl. im Überblick Birkel & Tarnai 2018; Brügelmann et al. 2014) und weisen nach, dass in die schulische Leistungsbewertung leistungsfremde Faktoren einfließen. Maaz, Baeriswyl und Trautwein (2011: 30–38) stellen etwa fest, dass Schüler*innen bei gleicher Leistung (gemessen in Leistungstests) in leichter, aber signifikanter Abhängigkeit von der sozialen Herkunft (sozioökonomischer Status und Bildungsniveau der Eltern) unterschiedliche Noten erhalten. In die schulische Leistungsbewertung fließen neben der eigentlichen Fachleistung, den kognitiven Grundfähigkeiten und Merkmalen der sozialen Herkunft (vgl. ebd.: 35) auch weitere Merkmale des Schüler*innenverhaltens wie Anstrengungsbereitschaft und Gewissenhaftigkeit ein (vgl. ebd.: 38–43). Lintorf (2012: 204–207) untersucht unter anderem Gewissenhaftigkeit, Impulsivität und Anstrengungsbereitschaft als Einflussfaktoren der Leistungsbewertung und findet entsprechende Effekte, wenn auch in insgesamt eher geringem Maß.

Bei einem Rückbezug der empirischen Befundlage auf Parsons zeigt sich, dass sich sein Modell einer halb-meritokratischen Statuszuweisung bestätigt, weil sowohl die individuelle Leistung als auch die soziale Herkunft in das Erlangen des schulischen Status einfließen. Die von Parsons aufgemachte Unterscheidung zwischen Bewertung der fachlichen Leistung und Bewertung von Verhalten und ‚Benehmen' lässt sich in der Forschung ebenfalls wiedererkennen.

3.4 Schule

Nicht aufrechterhalten lässt sich jedoch Parsons' Annahme, dass alle Schüler*innen über die gleichen Ausgangsbedingungen[72] („initial equality" (Parsons 1959c: 301, 309)) verfügen (vgl. Hußmann, Stubbe & Kasper 2017: 196; Gerstner & Wetz 2008: 79; Blackledge & Hunt 1985: 74). Mit dieser Einebnung der unterschiedlichen Ausgangsbedingungen von Schüler*innen und der in der Schule postulierten Gleichbehandlung lässt sich bei Parsons zusammenfassend ein liberal-konservatives Verständnis von formaler Chancengleichheit feststellen. Eine solche liegt vor, wenn Noten und Abschlüsse allein aufgrund individueller Leistung vergeben werden und der Zugang zum Bildungswesen für alle in gleicher Weise offensteht (vgl. R. Becker 2017: 90–92; R. Becker & Hadjar 2017: 34). Übersehen wird dabei jedoch, dass die zu bewertende individuelle Leistung bereits von der sozialen Herkunft abhängt. Die Gleichbehandlung nach individueller Leistung ist dann zwar einerseits gerecht, weil nur Leistung bewertet wird, andererseits ungerecht, weil die gezeigten Leistungen durch die soziale Herkunft beeinflusst werden. Daher wird im Modell der statistischen Unabhängigkeit (vgl. R. Becker 2017: 92–94; R. Becker & Hadjar 2017: 34) unter Chancengleichheit verstanden, dass Chancen für den Bildungserwerb nicht von vornherein ungleich sind, dass also nicht zum Beispiel aufgrund der sozialen Herkunft am Beginn der Schullaufbahn der Bildungserfolg vorhersehbar ist. Daran schließt sich die Forderung an, dass Schule kompensatorisch tätig werden sollte, also die ungleichen Ausgangsbedingungen ausgleichen sollte (vgl. Ditton 2016: 282). Die Krux der liberal-konservativen Sichtweise ist also, dass gleiche Wettbewerbsbedingungen bei ungleichen Ausgangsbedingungen die Ungleichheit verstärken.

Eine *zweite* kritische Anfrage lässt sich an Parsons' Modell formulieren, dass „status-differentiation within the school class" (Parsons 1959c: 311; vgl. auch Gerstner & Wetz 2008: 76–77) stattfindet und dass Schule einen permanenten Wettbewerb („race" (Parsons 1959c: 301)) zwischen den Schüler*innen als „competing associates" (Parsons 1971b: 421) darstellt (vgl. Parsons 1964c: 240; Wenzl 2014: 75–76; Rademacher 2009: 69–70). Zu unterscheiden ist bei dieser Charakterisierung zwischen einem *sozialen* und einem *individuellen* Wettkampf. Unstrittig scheint, dass Leistungsbewertungen in der Schule in impliziter und expliziter Form sehr häufig stattfinden, dass Schüler*innen in Form von Zeugnissen und Abschlüssen schulische Status erlangen und dass sie daneben ‚inoffizielle' Leistungsstatus innehaben, die das Lehrer*innenhandeln beeinflussen (vgl. Bräu & Fuhrmann 2015: 53–57; Zaborowski, Meier & Breidenstein 2011: 321).

Davon zu unterscheiden ist jedoch die Frage, inwiefern all dies als *sozialer* Wettkampf der Schüler*innen untereinander und gegeneinander angesehen wer-

---

[72] In der weiterführenden Schule sind die Schüler*innen nach Parsons (1959c: 314) jedoch zunehmend ungleicher, weil mehr Schüler*innen aus einem größeren Einzugsgebiet zusammentreffen.

3 Parsons' Bildungssoziologie

den kann, nach Art eines sportlichen Wettkampfs, wie es Parsons suggeriert. Dafür spricht, dass Konkurrenz und Vergleich als wesentliche Erfahrungen benannt werden, die Schüler*innen in Schulklassen machen (vgl. Apel 2002: 46–47, 50–52); hier kann an den ‚Kampf' um *„ein knappes Gut"* (Wenzl 2014: 33, H. i. O.), und zwar um das Drangenommen-Werden und um die richtige Antwort gedacht werden. Die hohe Bedeutung der sozialen Bezugsnorm im Prozess der Leistungsbewertung auf Seiten der Lehrpersonen (vgl. Bohl 2019: 417, 420; Birkel & Tarnai 2018: 906) weist ebenfalls in diese Richtung, insofern die einzelnen Schüler*innen hierbei mit anderen Schüler*innen verglichen werden. Ausgehend davon, dass Lehrpersonen ihre Leistungsbewertung legitimieren und als gerecht darstellen müssen (vgl. Bräu & Fuhrmann 2015: 57), kann die soziale Bezugsnorm allerdings nicht zur expliziten Grundlage gemacht werden, sodass es sich um einen implizit sozialen Wettkampf handelt. Insofern wäre es angezeigt, etwas differenzierter als Parsons davon zu sprechen, dass in der Schule permanent Leistung gezeigt und bewertet wird, sich der*die Schüler*in als einzelne Person im ‚Wettkampfmodus' hinsichtlich der Leistungsanforderungen befindet und zugleich ein zum Teil offener, in jedem Fall aber verdeckter sozialer Wettkampf mit anderen ausgetragen wird, in dem es ferner nicht allein um Leistungsstatus geht, sondern auch um Ansehen oder Beliebtheit.

Näher zu diskutieren ist *drittens* Parsons' Annahme, dass Noten als Belohnung, als „reward and/or punishment for *past performance*" (Parsons 1959c: 301, H. R. L.-S.), wahrgenommen werden und daher einen motivierenden Charakter haben – wobei dies nach Parsons nur zutrifft, wenn Schüler*innen den schulischen Erwartungen entsprechen wollen: „So far as the child accepts the role-expectations of the school system, attainment of good marks [...] becomes what may be called a *situationally generalized goal*" (Parsons 1964c: 240, H. i. O.). Wie die empirische Forschung zur Leistungsbewertung zeigt, ist diese Annahme zum Teil zutreffend, weil Schüler*innen Zensuren als etwas Positives und Wichtiges ansehen, sofern brisante Folgen (Versetzung, Abitur) absehbar sind, und durch Zensuren Motivation für die Schule aufrechterhalten wird (vgl. Zaborowski, Meier & Breidenstein 2011: 363, 365). Problematisch ist, so der resümierende Befund von Zaborowski, Meier und Breidenstein (ebd.: 366), dass Zensuren auf diese Weise zum Selbstzweck geraten und sich von ihrer inhaltlichen Bedeutung lösen. Im Spiegel dieses Befunds können Zensuren kaum als Belohnung im Sinn von Parsons angesehen werden, weil sie keinen Bezug mehr zur Leistung haben und nicht als Rückmeldung für Leistung wahrgenommen werden.

Während sich die drei bisherigen Kritikpunkte auf Fragen der Leistungsbewertung beziehen, hinterfragt der *vierte* Kritikpunkt Parsons' Modell der Schule als Übergangsinstanz. Wernet (2003: 94–97) kritisiert hierbei, dass die Schule

3.4 Schule

weniger einen Übergang zwischen Familie und Gesellschaft darstellt, sondern die gesellschaftlichen Orientierungsmuster in der Schule „als *gesteigerter oder purifizierter Ausdruck dieses Musters*" (ebd.: 95, H. i. O.) erscheinen (vgl. auch Bender & Dietrich 2019: 34–36; Nerowski 2015b: 40–45; Rademacher 2009: 124–127). Universalismus oder Leistung etwa sei in der Schule im Vergleich zur Berufswelt „nicht abgeschwächt, moderierend oder hinführend institutionalisiert [...], sondern besonders klar und unzweideutig in Geltung gesetzt" (Wernet 2003: 95).[73]

Wernets Einwand muss in zweierlei Hinsicht diskutiert werden. *Zum einen* ist festzuhalten, dass sich Parsons die Schule nicht als eindeutig und ausschließlich an gesellschaftlich-beruflichen Orientierungsmustern gebunden vorstellt, weswegen bei ihm selbst nicht von einem Modell der Überspitzung bzw. Purifizierung auszugehen ist. Vielmehr thematisiert er diverse Abweichungen von den gesellschaftlich-beruflichen Orientierungsmustern, die aber keine Abweichungen im eigentlichen Sinn sind, sondern gerade die Zwischenposition von Schule zwischen Gesellschaft bzw. Berufswelt und Familie herausstellen (sowie Ausdruck der Austarierung mit pädagogischen Normen sind, vgl. Gruschka 2002: 237; siehe die Ausführungen zu den einzelnen Orientierungsalternativen ab S. 194). Der Behauptung Wernets, „dass Parsons selbst [...] auch im Falle der Grundschule *nicht im eigentlichen Sinne von einem Modell der Zwischenwelt ausgeht*" (Wernet 2003: 94, H. i. O.), kann demnach im Allgemeinen nicht zugestimmt werden.[74]

Zum anderen stellt sich jedoch die Frage, ob das Modell des Übergangs unabhängig von Parsons selbst tragfähig ist. Um dies zu beantworten, müsste jede Orientierungsalternative einzeln überdacht werden. Es liegt nahe, dass hinsicht-

---

[73] Die Frage lautet also, in welchem Maß schulische Interaktionen durch die gesellschaftlichen Orientierungsmuster geprägt sind. Im Modell der Purifizierung bzw. Überspitzung sind schulische Interaktionen stärker als gesellschaftliche Interaktionen an gesellschaftlichen Orientierungsmustern ausgerichtet, im Modell des Übergangs weniger stark, sodass sich beide Modelle ausschließen. Eine andere Frage wäre, ob Überspitzung in ihren Effekten auch im Dienst des Übergangs, der Vorbereitung auf gesellschaftliche Interaktionen stehen kann.

[74] Wie sich schon mehrfach andeutete, ist es diskussionsbedürftig, Parsons dadurch erfassen zu wollen, dass einzelne Stellen herausgegriffen werden, um ihn dann „an dieser Stelle beim Wort [zu] nehmen", was Wernet (2003: 95) hier – oder an anderer Stelle (s. S. 82) – tut, um bei Parsons selbst das Modell der Überspitzung vor allem in Bezug auf Leistung und Universalismus zu identifizieren. Ein anderer Zugang zu Parsons' Texten, der hier eher verfolgt wird, versucht, über einzelne Stellen hinweg und durch Relationierung einzelner Stellen im Gesamtbild herauszuarbeiten, das sich nicht so stark an Parsons' unpräzisen Formulierungen und Begrifflichkeiten an einer einzelnen Stelle aufhängt, obwohl manche dieser Stellen natürlich im Detail sondiert werden müssen. Stattdessen werden solche Stellen vor allem im Spiegel des Gesamtbilds diskutiert und in dieses integriert (analog zur bereits in der Einleitung erwähnten Kritik der Kritik an Parsons' Sozialisationstheorie bei R. Geißler 1979: 278). Die Ausführungen beispielsweise zum Begriff der kognitiven Rationalität in Kap. 3.2 zeigen jedoch, dass dadurch ebenfalls nicht alle Unklarheiten aufgelöst werden können, wenn einzelne Stellen auch im größeren Zusammenhang widersprüchlich bleiben.

3 Parsons' Bildungssoziologie

lich von Leistung in der Schule tatsächlich von einer Überspitzung gesprochen werden kann (vgl. Gerstner & Wetz 2008: 78; Wernet 2003: 95; Jackson 1990: 19; gegenteilig Nerowski 2015b: 46–47).[75] Darauf macht das die schulische Interaktion kennzeichnende IRE-Muster, bestehend aus Impuls, Antwort und Evaluation, aufmerksam (vgl. Wenzl 2014: 16–25). Während das Schema von Frage und Antwort auch im alltäglichen Gespräch anzutreffen ist (‚Wie spät ist es?' – ‚Es ist 15 Uhr.'), stellt der darauffolgende Akt der Evaluation oder Bewertung ein Proprium des Unterrichts dar (‚Richtig, Julia, es ist 15 Uhr', würde als Reaktion auf die beiden vorhergehenden Sprechakte im Alltag deplatziert wirken, vgl. Wenzl 2014: 18; Zaborowski, Meier & Breidenstein 2011: 324). Die Leistungsbewertung stellt ein wesentliches Merkmal von Schule und Unterricht dar; mit Blick auf die Omnipräsenz der impliziten Leistungsbewertung und der Intensität expliziter Leistungsbewertung kann hier von einer Überspitzung ausgegangen werden.

Es könnte jedoch eingewandt werden, dass sich diese Überspitzung nur darauf bezieht, dass Leistung erwartet und (universalistisch) bewertet wird. Die Folgen dieser Leistungsbewertung beziehen sich in der Schule zunächst nur auf Noten und Abschlüsse. Später jedoch hat Leistung eine existenziellere Bedeutung, weil von ihr das Einkommen und damit die Lebenssituation abhängt. In der Schule ist dies nicht der Fall, weil Schüler*innen weiter Teil der Familie sind und an deren Leistung, Einkommen usw. beteiligt sind. Dies wiederum wird dadurch relativiert, dass sich die schulische Leistungsbewertung mittelbar oder langfristig auf die späteren Lebenschancen auswirkt. Daher ist dennoch von einer existenziellen Bedeutung schulischer Leistungsbewertung auszugehen, insofern sie langfristig Folgen für Status, Einkommen, weitere Bildungslaufbahnen usw. hat (s. S. 228). Somit kann insgesamt von einer Überspitzung von Leistung und Leistungsbewertung gesprochen werden, die zugleich teilweise in ihren unmittelbaren Folgen begrenzt ist.

Zweifelhaft scheint demgegenüber zu sein, ob die drei anderen Orientierungsalternativen in der Schule überspitzt zur Geltung kommen oder ob nicht hier tatsächlich ein Übergang anzunehmen ist, weil sie in der Schule relevanter als in der Familie, aber weniger relevant als in der Berufswelt bzw. der Gesellschaft sind.[76] Wernet behauptet, eine Purifizierung zeige sich im Austausch von Lehr-

---

[75] Wernets aus Parsons' Text selbst abgeleitete Behauptung zum Modell der Überspitzung wäre also für diese Orientierungsalternative zuzustimmen, aber nicht für die anderen und nicht für Schule insgesamt, und zwar sowohl mit Blick auf Parsons selbst wie auch unabhängig von ihm.

[76] Es ist wichtig zu explizieren, ob von einem Übergang zur Berufswelt, zum gesellschaftlichen Leben allgemein oder zu beidem ausgegangen wird (s. S. 193). Spezifität ist in der Berufswelt, wenn sich Kolleg*innen über ihr Wochenende unterhalten, möglicherweise weniger intensiv anzutreffen als bei einem Behördengang oder einem Einkauf. Wernet (2003) spricht von „Gesellschaft" (S. 94, 96), dann auch von „Berufsrolle" (S. 95, 97); bei Rademacher (2009: 130) ist ein Fokus

personen, womit er sich vor allem auf Universalismus bezieht. Dieser schulische Personalaustausch – der in der Grundschule deutlich relativiert ist, auch im Vergleich zu den USA, wo die Lehrpersonen in Grundschulklassen nach einem Jahr ausgetauscht werden (vgl. Rademacher 2009: 126, 243) – ist jedoch immer noch zu unterscheiden von mehrmaligen Anrufen bei Hotlines, bei denen die anrufende Person jedes Mal, im Stunden- oder Tagesrhythmus mit austauschbaren Rollenträger*innen konfrontiert ist.

Die Austauschbarkeit des Personals ist im alltäglichen gesellschaftlichen Leben also mutmaßlich weitaus intensiver als in der Schule. Die Purifizierung von Spezifität und affektiver Neutralität begründet Wernet nicht näher. Auch hier lässt sich eine Reihe von Situationen finden, in denen deutlich wird, dass Schule nicht in übersteigertem Maß spezifisch und affektiv neutral orientiert ist. Insgesamt erscheint somit die Behauptung einer Purifizierung nur für Leistung plausibel, für die übrigen Orientierungsalternativen scheint sie an der schulischen Realität vorbeizugehen, sodass hier weiterhin von einem Übergangsmodell ausgegangen werden kann (so auch Nerowski 2015b: 46–47).

3.4.3.2 Kritische Aktualisierung

Wie bereits einige Beispiele und Verweise auf den aktuellen schulpädagogischen Diskurs nahelegen, zeichnen sich zunächst im Allgemeinen keine größeren Einwände ab, Parsons' Analysen auch für eine Analyse des heutigen Schulwesens in Deutschland zu nutzen, weil eine hinreichende Ähnlichkeit zumindest in den Aspekten besteht, die im Fokus seiner Analyse stehen (vgl. Rademacher 2006: 50). Mit Blick auf die in Deutschland anzutreffende Mehrgliedrigkeit und die Existenz verschiedener Schulformen einschließlich berufsbildender Schulen stellt sich allerdings die Frage nach schulformspezifischen Unterschieden in der Ausprägung der Orientierungsalternativen. Gleiches gilt für aktuelle Entwicklungen wie die Ganztagsschule oder Inklusion, was eine entsprechend in der Einleitung formulierte Frage aufgreift (s. S. 11). Wie im Fall der Universität (s. S. 187) liegt es in diesem Zusammenhang nahe, dass die grundlegenden Konzepte (Schule als Sozialsystem, Funktion der Sozialisation und Allokation, Schule als Übergang zwischen familialen und gesellschaftlich-beruflichen Orientierungsmustern) nicht von vornherein zu verwerfen sind, sondern nach den Konkretisierungen oder Füllungen dieser Konzepte in der (veränderten) Schule gefragt werden kann.

Ansonsten stellt sich mit Blick auf Parsons die Frage nach dem politisch-moralischen Unterbau der Schule. Wie Parsons im Vergleich zwischen Schule

---

auf die Berufsrolle erkennbar, wenn es heißt, Schule bereite Schüler*innen „auf ihre zukünftigen Erwachsenenrollen und das heißt vor allem auf ein berufsrollenförmiges Dasein" vor.

3 Parsons' Bildungssoziologie

und Universität deutlich macht (s. S. 202), geht es in der US-amerikanischen Schule auch darum, eine Bindung an die eigene Nation herzustellen, was mit der Geschichte der Vereinigten Staaten erklärt wird (vgl. Dichanz 1991: 111–122). Greifbar wird dies in Beflaggung, Treuegelöbnis oder Singen der Nationalhymne (vgl. Rademacher 2009: 65–67, 97). Analog zur Universität gibt es also einen politisch-moralischen Unterbau, der sich in der Universität auf Gemeinwohlorientierung, Engagement, politische Teilhabe usw. bezieht, in der Schule daneben vor allem auf die Bindung an die gemeinsame nationale Identität. Es wäre nun genauer zu prüfen, inwiefern sich Ähnliches für Deutschland sagen lässt. An dieser Stelle wird die Frage lediglich aufgeworfen, weil es im späteren Teil der Arbeit (Kap. 6) darum geht, auf Basis von Parsons eine Schultheorie für das heutige Schulwesen in Deutschland zu skizzieren.

Stattdessen sollen hier zwei Aspekte herausgegriffen werden, die sowohl mit Blick auf Parsons' Analyse der Universität als auch mit Blick auf die heutige Schule in Deutschland virulent werden: Eigenfunktionen und Differenzierung.

Hinsichtlich der *Eigenfunktionen* sei daran erinnert, dass bereits für die Universität ein Desiderat bei Parsons auszumachen war, weil dieser Leistungen und die L-Funktion der Universität beleuchtet, aber nicht die Eigenfunktionen der Universität (s. S. 170). Hierbei geht es um die Frage, wie Schule (bzw. Universität), insofern sie ein System darstellt, sich selbst als System erhält, wofür die Erfüllung der vier AGIL-Funktionen vonnöten ist. Zur Unterscheidung von der übergeordneten Funktion mit Blick auf die Gesellschaft waren diese als Eigenfunktionen bezeichnet worden (s. S. 120). Folgende Beispiele zeigen, wie diese Funktionen erfüllt werden:

L: Haus-, Schul- und Klassenordnungen oder -regeln und ihre Durchsetzung (z. B. Reaktionen auf Unterrichtsstörungen), Leistungsbewertung, Leitbilder und Schulprogramme, öffentliche und staatliche Diskurse um Schule (z. B. Aushandlung von Lehrplänen)
I: Klassen oder Lerngruppen, Cliquen, Rituale und Feste, Schüler*innenvertretung, Lehrer*innenkonferenzen und -fachgruppen, Klassenfahrten und andere gemeinschaftliche Aktivitäten
G: Schulaufsicht, Schulleitung, Schulgremien (Schulkonferenz), Aushandlungsprozesse zwischen einzelnen Lehrpersonen und Schüler*innen, Klassenrat[77]

---

[77] Damit wird die G-Funktion allein auf das System der Schule selbst bezogen, es geht nicht um die Ziele, die Schule aus Sicht der Gesellschaft erfüllen soll. Anders formuliert: Bei der Betrachtung von Schule als System und der Anwendung des AGIL-Schemas geht es nur um die Frage ‚Wie bleibt das System System?' und damit um Eigenfunktionen. Die Frage ‚Was tut das System?' ergibt sich aus der Betrachtung dieses Systems als Subsystem eines übergeordneten Systems (Funktion) oder als Bezugspunkt für andere Systeme (Leistungen). Feldhoff scheint demgegenüber in seinem

3.4 Schule

A: Austauschbeziehungen zu politischen Akteur*innen und zu Eltern (Elternrat, Elternbrief, Elternabend), Presse- und Öffentlichkeitsarbeit, Schüler*innen- und Personalrekrutierung, Finanzen und Management anderer Ressourcen[78]

Im Anschluss an diese Eigenfunktionen stellt sich die Frage, ob eine *funktionale Differenzierung* innerhalb des Systems Schule sichtbar ist, sodass verschiedene funktionale Subsysteme existieren (vgl. zu Subsystemen der Schule auch Marschelke 1973: 209–210) – so wie Parsons für die Universität konkrete Bereiche der Universität unterscheidet, die sich auf bestimmte Funktionen bzw. Leistungen konzentrieren (s. S. 168). Dazu müsste es ein Konglomerat an Akteur*innen, Strukturen und Prozessen geben, das als abgrenzbares System aufgefasst werden kann und sich mit einer Eigenfunktion befasst. Dies deutet sich vor allem für die A- und zum Teil die G-Funktion[79] an. Alle Management-Aktivitäten der Schule (Schulleitung, Verwaltung, Sekretariat u. Ä.) sind letztlich speziell mit diesen beiden Funktionen befasst und werden personell vom übrigen System durchaus unterschieden. Damit deutet sich eine Differenzierung zwischen dem ‚eigentlichen Geschäft' von Schule an – Unterricht, Bildung, Sozialisation usw. – und den übrigen Aktivitäten, die die Voraussetzungen für das eigentliche Geschäft schaffen (ähnlich Fend 1981: 61–62; Fingerle 1973: 66–68, 162–163). Dies scheint

---

G-Subsystem diese Tatsache in den Blick zu nehmen, dass sich also das Ziel eines Systems wesentlich aus seiner Funktion für das übergeordnete System ergibt (vgl. Parsons & Smelser 1956: 47); damit wird eine sachliche und systemexterne Dimension (Was ist das Ziel des Systems?) gegenüber einer politisch-prozessualen und systeminternen Dimension (Wie organisiert das System seine Ziele?) betont.

[78] Feldhoff (1965: 9–13) wendet Parsons' AGIL-Schema ebenfalls auf Schule als Sozialsystem an (vgl. zusammenfassend Fingerle 1973: 46–57). Er unterscheidet vier Subsysteme der Schule und ordnet diesen konkrete Teile der Schulwirklichkeit (konzeptualisiert als Ordnung) zu: L-Subsystem: Mitgliedschaft (beispielhafte Ordnungen: Schulpflicht, Sanktionsordnung, formelle und informelle Gruppen von Schüler*innen und Lehrpersonen), I: Leitung (Schüler*innen- und Elternmitwirkung, Schulleitung, Lehrer*innenkonferenz, Schulordnung), G: Leistung (Einteilungen in Jahrgangsklasse oder Schularten, Leistungsbewertung, Unterricht), A: Schulbedarf (Schulverwaltung, Lehrpläne, Schulgesetze, zeitliche, räumliche, finanzielle und personelle Ressourcen).

Feldhoff (1965: 13–18) unterteilt diese vier Subsysteme noch einmal nach dem AGIL-Schema, erhält damit Subsubsysteme der Schule als Sozialsystem und untersucht die Austauschbeziehungen zwischen diesen Subsubsystemen (vgl. ebd.: 19–21). Instruktiv ist hierbei vor allem, dass für die einzelnen Teilaspekte. Subsysteme von Schule durch die A- und L-Subsysteme schulexterne und normative Einflüsse und Grundlagen, also Umweltaspekte, mitgedacht sind. So umfasst beispielsweise im G-Subsystem, das durch Leistungsdifferenzierung das Ziel zu erreichen versucht, eine Leistungsfähigkeit der Schüler*innen hervorzubringen, das adaptive Subsystem das Leistungsvermögen von Schüler*innen und Lehrpersonen und das treuhänderische Subsystem die gesellschaftlichen Erwartungen und Vorgaben wie das Berechtigungswesen und die Allokationsfunktion der Schule.

[79] Inwiefern hier die G-Funktion einbezogen wird, hängt davon ab, welche Akteur*innen maßgeblich entscheiden, was in Schule und Unterricht passiert (Zielselektion) – die einzelne Lehrperson, die Lehrperson mit ihrer Klasse, Teams von Lehrpersonen, das Kollegium, die Schulleitung usw.

3 Parsons' Bildungssoziologie

jedoch alles andere als ein Spezifikum des Systems Schule zu sein, da sich eine vergleichbare Zweiteilung in jedem Unternehmen, jedem Verein usw. findet (vgl. Parsons 1959b: 11; so auch die Unterscheidung zwischen *technical* und *managerial system* oder *level* von Organisationen bei Parsons 1958b: 41–43).

Dennoch sind im System Schule weitere Differenzierungen erkennbar (vgl. auch Lundgreen 2000: 141), zum Teil in ähnlicher Weise, wie sie Parsons für die Universität festhält (vgl. neben den Differenzierungen nach dem AGIL-Schema auch Platt, Parsons & Kirshstein 1978: 13–20):

- Differenzierung in drei Schulstufen: Primarstufe, Sekundarstufe I und Sekundarstufe II, zum Teil jeweils mit verschiedenen Schulformen und Abschlüssen verbunden (analog zur Differenzierung von *undergraduate* und *graduate schools*, vgl. zur Typik des Gymnasiums Wiater 2001: 152–158)
- Differenzierung zwischen allgemeinbildender und berufsbildender Schule (analog zur Differenzierung der *professional schools* von den anderen Bereichen)
- Differenzierung nach inhaltlichen Schwerpunkten, Profilen oder Fächergruppen (Sprachen, Naturwissenschaften, Gesellschaftswissenschaften, Musik, Kunst, Sport)
- Differenzierung nach organisatorischer Verfasstheit (Halbtagsschule, Ganztagsschule, Internatsschule)
- Differenzierung nach Fächern und Fachgruppen (einzelschulintern)

Differenzierung kann hierbei nicht funktionale Differenzierung im engeren Sinn von Parsons bedeuten, weil es sich nicht um eine Differenzierung mit Blick auf verschiedene AGIL-Funktionen handelt. Stattdessen bezieht sich die Differenzierung immer auf die gleiche L-Funktion der Musterreorganisation. Dennoch gibt es Differenzierungen hinsichtlich verschiedener Aspekte dieser einen Funktion (ähnlich zur Aufgabe der Bildung Seibert 2009: 74; kritisch Leschinsky & Roeder 1981: 108–109). Sozialisation dürfte beispielsweise zu Beginn der Primarstufe stärker im Fokus stehen, ebenso in Ganztagsschulen mit einem breiten nachschulischen Angebot oder in Internatsschulen.[80] Eine Sozialisation mit Blick auf das politische System steht in bestimmten Fächern, in denen Diskussionen und Meinungsaustausch breiterer Raum eingeräumt wird, mutmaßlich stärker im Fokus als in anderen.

Andere Differenzierungen im System Schule beziehen sich auf Leistungen, die das System für andere, nicht direkt übergeordnete Systeme erbringt. Dies zeigt sich besonders deutlich im Unterschied zwischen allgemein- und berufsbildender Schule (bzw. im Anwendungs- und Berufsbezug bestimmter Fächer), weil letztere

---

[80] Hier lässt sich jedoch diskutieren, ob diese Differenzierungen die schulische Funktion der Musterreorganisation infrage stellen, erweitern oder verschieben.

einen deutlicheren Bezug zum System der Wirtschaft hat. Der Anspruch der Wissenschaftspropädeutik in der Sekundarstufe II weist auf einen deutlicheren Bezug zum Kultursystem hin. Es könnte also empirisch weiter untersucht werden, inwiefern es Differenzierungen des Systems Schule gibt, die zu unterschiedlichen Akzentuierungen von Funktionen oder normativer Kultur führen.

3.5 Stratifikation

Parsons schließt einen seiner Aufsätze zur Theorie der Stratifikation mit der Bemerkung, dass

> „the theory of stratification is not an independent body of concepts and generalizations which are only loosely connected with other parts of general sociological theory; it *is* general sociological theory pulled together with reference to a certain fundamental aspect of social systems." (Parsons 1954a: 439, H. i. O.)

So wie es schon allgemein (s. S. 13) und speziell für die Universität (s. S. 160) angesprochen wurde, gilt auch für die Theorie der Stratifikation, dass Parsons diese aus seiner allgemeinen soziologischen Theorie entwickelt (vgl. Münch 1988: 172), weshalb diese die Voraussetzung für das Verständnis seiner Stratifikationstheorie ist. Im Folgenden wird Parsons' Theorie der Stratifikation (Kap. 3.5.1 und 3.5.2) mit besonderem Fokus auf ihren Zusammenhang mit Bildung, Leistung, Schule und Hochschule (Kap. 3.5.3) betrachtet (vgl. zur Abgrenzung von Parsons' und der funktionalistischen Stratifikationstheorie Münch 1988: 173–175; zu letzterer und ihrer empirischen Tragfähigkeit allgemein Collins 1971).

3.5.1 Begriffsbestimmung

Stratifikation, genauer soziale Stratifikation, definiert Parsons (1940: 841) als „the differential ranking of the human individuals who compose a given social system and their treatment as superior and inferior relative to one another in certain socially important respects". Dem eigenen Diktum folgend, dass die Theorie der Stratifikation in die allgemeine soziologische Theorie eingebettet ist, ergibt sich die grundlegende Tatsache, dass es ein solches Ranking gibt, aus der Theorie des Handelns (vgl. Parsons 1954a: 386–387, 1940: 842–843; Bourricaud 1981: 262). Weil Handeln einen Selektionsprozess darstellt, weil Handelnde zwischen Zielen, Mitteln zur Zielerreichung usw. selektieren, sind alle für das Handeln relevanten Aspekte „subject to evaluation" (Parsons 1954a: 387). Dazu gehören auch andere Menschen als soziale Objekte, sodass diese bzw. bestimmte Ausschnitte von ihnen (vgl. ebd.: 389) von anderen unterschieden und bewertet werden. Der

3 Parsons' Bildungssoziologie

Konzeption des evaluativen Modus der motivationalen Orientierung, der auf bestimmte Wertstandards basiert, folgend (s. S. 38), ist Evaluation auf Standards angewiesen, auf deren Basis die Bewertung anderer erfolgt.

Dieser Gedankengang ist für das Konstrukt sozialer Stratifikation zu verallgemeinern (vgl. Parsons 1954a: 386–387, 1940: 843–845). In einem integrierten Sozialsystem gibt es nach Parsons eine gewisse Übereinstimmung der Bewertung anderer, die insgesamt soziale Stratifikation hervorbringt. Anders ausgedrückt existiert in einem stabilen, integrierten Sozialsystem ein geteiltes Wertsystem, das dem Ranking zugrunde liegt (vgl. Parsons 1986: 167–168; Münch 1988: 174, 180, 182–183). Daraus folgt, dass „the point of view from which we approach the analysis of stratification prescribes that analysis should focus on the common value-pattern aspect" (Parsons 1954a: 393). Stratifikation ergibt sich demnach daraus, dass Menschen von anderen Menschen dahingehend bewertet werden, inwiefern sie dem geteilten Wertsystem entsprechen oder nicht (vgl. Kerbo 2012: 123–125). Das der Stratifikation zugrunde liegende Wertsystem nennt Parsons (1940: 844) „scale of stratification". Nur im idealen Grenzfall allerdings besteht völlige Übereinstimmung zwischen dem Wertsystem und der daraus folgenden Stratifikation (vgl. Bourricaud 1981: 265–266).

Darauf aufbauend entwirft Parsons (1940: 847) „a classification of certain of the socially significant respects in which they are differentially valued". Die Klassifikation umfasst sechs sich teilweise überschneidende Bereiche:[81] familiäre Herkunft, persönliche Eigenschaften, Leistung, Eigentum, Autorität und Macht. Die hier näher interessierende Kategorie der Leistung umschreibt Parsons (ebd.: 848) wie folgt:[82]

> „Achievements are the valued results of the actions of individuals. They may or may not be embodied in material objects. It is that which can be ascribed to an individual's action or agency in a morally responsible sense."

Der Status eines Menschen ergibt sich aus der Kombination der Evaluationen in diesen verschiedenen Kategorien (vgl. ebd.: 849). Der Status, genauer: Klassenstatus, bezeichnet demnach eine bestimmte Position im System der sozialen Stratifikation. Korrespondierend damit bezeichnet die soziale Klasse die Menge der Inhaber*innen des gleichen Klassenstatus:[83]

> „[W]e may suggest [...] to define *class status*, for the unit of social structure, as position on the hierarchical dimension of the differentiation of the societal system;

---

[81] Etwas anders stellt es sich bei Parsons (1954a: 386–394) dar, vgl. auch die dortige Fn. 7.
[82] Die Analyse des Begriffs ‚Leistung' bei Nerowski (2018a) führt zu einem ähnlichen Ergebnis; dort wird Leistung als bewertete Handlung definiert.
[83] Diese Begriffsverwendung von 1970 unterscheidet sich von der Begriffsverwendung in den beiden anderen für das Thema zentralen Aufsätzen (vgl. Parsons 1954a: 427, 1940: 851).

3.5 Stratifikation

and to consider *social class* as an aggregate of such units, individual and/or collective, that in their own estimation and those of others in the society occupy positions of approximately equal status in this respect." (Parsons 1970a: 24, H. i. O.)

Die Bedeutung der familiären Herkunft variiert in verschiedenen Systemen sozialer Stratifikation bzw. verschiedenen Gesellschaften (vgl. Parsons 1940: 851). Hier lassen sich zwei Pole unterscheiden. Einerseits kann die familiäre Herkunft zu einer permanenten, unveränderlichen Platzierung im System der Stratifikation führen, so wie es etwa in der indischen Kastengesellschaft der Fall ist.[84] Andererseits kann die Platzierung veränderlich sein und die familiäre Herkunft keinerlei Einfluss auf diese Platzierung haben.

Im Jahr 1970 entwickelt Parsons eine etwas andere Perspektive auf Stratifikation. Während es in den früheren Aufsätzen unmittelbar um Stratifikation ging, d. h. um „the bases of hierarchical status or rank among societal units" (Parsons 1970a: 13), geht es nun allgemeiner um das Verhältnis von Gleichheit und Ungleichheit. Stratifikation ist dann eine in Sozialsystemen institutionalisierte Ordnung von Ungleichheiten (vgl. ebd.: 19) und stellt damit nur einen Teilaspekt der allgemeineren Frage nach dem Verhältnis zwischen Gleichheit und Ungleichheit in Gesellschaften dar.

Fundamental hinsichtlich des Umgangs mit oder der Ausbalancierung von Gleichheit und Ungleichheit für Gesellschaften ist, sowohl Gleichheiten als auch Ungleichheiten zu legitimieren (vgl. Parsons 1970a: 19, 33; Kerbo 2012: 395–396; Münch 1988: 175–176, 180–181). Die Legitimation von Ungleichheit erfolgt dabei, das deutete sich schon an, über das System sozialer Stratifikation, die Skala der Stratifikation, also das zugrunde liegende, in gewissem Grad geteilte Wertsystem – hier spricht Kerbo (2012: 397) von „Norms of Distributive Justice". Teil des Wertsystems und damit Basis für gerechtfertigte Ungleichheit ist auch die später noch genauer zu betrachtende Chancengleichheit (vgl. Parsons 1970a: 26; Brock & Mälzer 2012: 15; so auch Kerbo 2012: 401–402). Ungleichheit ist demnach gerechtfertigt, wenn beim Prozess der Entstehung der Ungleichheit Chancengleichheit herrscht.

Parsons identifiziert des Weiteren vier gesellschaftliche Dimensionen, in denen sich bestimmte Konstellationen von Gleichheit und Ungleichheit sowie ihrer Legitimationen zeigen (vgl. Parsons 1970a: 26–33; drei hiervon bei Brock & Mälzer 2012: 18–19): rechtlich-bürgerliche, politische, soziale und kulturelle. In der rechtlich-bürgerlichen Dimension, die sich vor allem auf Menschen- und Bürger-

---

[84] Hierbei geht jedoch eine bestimmte Herkunft mit gewissen Erwartungen zum Beispiel hinsichtlich Leistung einher, die sich in gewisser Weise als sich selbst erfüllende Prophezeiung verwirklichen, wie Parsons (1940: 855) mit Bezug auf die Senatsaristokratie im antiken Rom bemerkt.

rechte bezieht, ist Gleichheit in verstärkter Weise institutionalisiert, Ungleichheit kaum legitimierbar, „while economic, political, and cultural inequalities are legitimized under the general formula of equality of opportunity—and of course other conditions such as ‚fair competition' and the like" (Parsons 1970a: 32). Als Bürger*innen sind jedoch alle Menschen gleich (vgl. ebd.: 33). Deshalb stellt die demokratische Bürgerschaft für alle „a core institution" (Sciortino 2016a: 197) in Parsons' Gemeinschaftssystem moderner Gesellschaften dar. Obwohl in den drei anderen Dimensionen auf Chancengleichheit basierende Ungleichheiten entstehen, fordert Parsons auch kulturelle Gleichheit im Sinn eines Bildungsminimums für alle: „In a society where cultural advancement is a process of fundamental importance, it is out of the question that there should be a ‚flat' equality of cultural level in a large population" (Parsons 1970a: 30). Solch eine kulturelle Gleichheit verknüpft sich mit der politischen Dimension, weil Bildung notwendig ist für „the more general participations which symbolize full citizenship" (ebd.). Darüber hinaus hängt Bildung mit der sozialen bzw. wirtschaftlichen Dimension zusammen, wenn sie als Ressource für den beruflichen Status verstanden wird.

In allen vier Dimensionen liegen somit Institutionalisierungen von Gleichheiten und Ungleichheiten sowie deren Legitimierungen vor (vgl. ebd.: 26). Parsons betont dabei die Dialektik von Gleichheit und Ungleichheit (vgl. ebd.: 19). Bestimmte Gleichheiten, zum Beispiel in der Demokratie als Wähler*innen, eröffnen Pfade zu neuen Ungleichheiten, beispielsweise zwischen gewählten Inhaber*innen von Ämtern und den Nicht-Gewählten bzw. Wählenden (vgl. Parsons 1970a: 27; so auch R. Becker & Hadjar 2017: 36; Hadjar & R. Becker 2016: 232). Dies gilt auch für Gesellschaften, in denen Leistung als zentrale Legitimation für Ungleichheiten dient, ansonsten aber prinzipiell die gleichen Chancen und Rechte bestehen. Hier bestehen neue Ungleichheiten (z. B. hinsichtlich des beruflichen Einkommens), die aber durch Leistung legitimiert und zustande gekommen sein sollen und nicht durch Askription und familiäre Herkunft.

3.5.2 Stratifikation in den Vereinigten Staaten

Die bisherigen allgemein-theoretischen Überlegungen zu Stratifikation gingen zum Teil bereits in eine Analyse der Relationierungsmodi von Gleichheit und Ungleichheit in bestimmten Gesellschaften über. Parsons geht noch weiter ins Detail und analysiert das zu seiner Zeit vorherrschende System sozialer Stratifikation in den Vereinigten Staaten. Seinen Überlegungen folgend, dass ein System sozialer Stratifikation auf einem entsprechenden Wertsystem, einer Skala der Stratifikation, basiert, ist es hierfür notwendig, „the paramount values" (Parsons 1954a: 398) der Vereinigten Staaten in den Blick zu nehmen.

3.5 Stratifikation

Wie sich auf S. 105 andeutete, sieht Parsons eine Orientierung an universalistischer Leistung als konstitutiv für das amerikanische Wertsystem an (vgl. Parsons 1954a: 399, 415, 1940: 844). Demnach gilt „individual achievement as the primary criterion of stratification" (Parsons 1940: 857), wobei Leistung universalistisch, also „on the basis of generalized rules relating to classificatory qualities and performances" (Parsons 1964c: 182–183), bewertet wird. Leistung ist dabei kein Selbstzweck, sondern bezieht sich auf bestimmte Ziele. Im Fall der Vereinigten Staaten gibt es jedoch kein allgemein verbindliches, konkretes Ziel, wofür alle Teile der Gesellschaft etwas leisten sollten. Daher bezieht sich die Bewertung von Leistung auf ein Ziel, das die Erreichung diverser Ziele ermöglicht, denn

> „the primary system goal is the maximization of the production of valued possessions and cultural accomplishments which can facilitate the attainment of legitimate unit goals–whether the units be individual persons or various types of collectivities." (Parsons 1954a: 415)

Später heißt es etwas konkreter:

> „It amounts to saying that the modern societal community shall be ‚basically' a ‚company of equals' and hence, so far as empirically possible, legitimate inequalities shall be ‚won' from a base of equal opportunity and that the rewards which go to differential statuses and achievements shall be justified in terms of functional contribution to the development and welfare of the society [...]." (Parsons 1970a: 33)

Leistung und Belohnung von Leistung sollen sich also auf die Weiterentwicklung der Gesellschaft beziehen, die es individuellen und kollektiven Einheiten der Gesellschaft ermöglicht, ihre je spezifischen Ziele zu verwirklichen (*instrumenteller Aktivismus*, s. S. 105).

Dieser Wert ist am deutlichsten im Beschäftigungssystem institutionalisiert, sodass sich der Status innerhalb dieses Beschäftigungssystems aus dem Beitrag der Einzelnen für die Beschäftigungseinheit ergibt (vgl. Parsons 1954a: 399, 420). Der allgemeine Status der Einzelnen im System der Stratifikation wiederum ergibt sich mit Blick auf die sechs Kategorien von oben aus ihrem Status im Beschäftigungssystem, d. h. aus ihrer Leistung, die sie im Beschäftigungssystem erbringen, und aus ihrer familiären Herkunft (vgl. Parsons 1970a: 24, 1954a: 424, 426, 1940: 852). Die Zugehörigkeit zu bestimmten gesellschaftlichen Kollektiven oder Organisationen (Kirche/Religion, Ethnie, Wohnort) ist hierbei für den Status weniger relevant (vgl. Parsons 1954a: 424–426). In Bezug auf die beiden obigen Pole erscheinen die Vereinigten Staaten somit als Mischtyp, in der der Status „mainly achieved" (Parsons 1940: 856) ist (parallel wie in der Schule, s. S. 209). Geburt und familiäre Herkunft legen den Status nicht dauerhaft fest, weil „the main criteria of class status are to be found in the occupational achievements of men" (Parsons 1940: 856).

Zugleich ist die familiäre Herkunft nicht völlig irrelevant für den Status, sondern bietet Vor- und Nachteile für bestimmte statusrelevante Aspekte (vgl. Parsons 1970a: 21, 1954a: 428, 1940: 856).[85] Dies liegt darin begründet, dass Familie ein auf Askription beruhendes, partikularistisches und damit solidarisches Sozialsystem ist. Askription impliziert, dass alle Mitglieder einer Kernfamilie den Status teilen, vor allem teilen die Kinder (ohne eigenes Zutun, daher askriptiv) den Status ihrer Eltern (vgl. Parsons 1970a: 19, 1954a: 422, 1940: 848, 850). Der solidarische Charakter der Familie impliziert typischerweise das Streben einer Familie, den geteilten Status zu erhalten, vor allem das Streben der Eltern, ihren Kindern bestmögliche Lebensvoraussetzungen zu bieten.[86] Die Existenz der Familie einerseits und eine völlige Chancengleichheit bzw. allein auf eigener Leistung beruhende Ungleichheiten andererseits schließen sich damit gegenseitig aus (vgl. Parsons 1954a: 422, 1940: 852; so auch Brint 2017: 15; Young 1963: 29–31): „[T]he very survival of the family as a solidary unit serves as an agency of the perpetuation of some ascriptive discriminations which are in principle objectionable to a purely egalitarian ethic" (Parsons 1970a: 20).

Es könnte leicht der Eindruck entstehen, dass Parsons das Prinzip der Leistung verabsolutiert, zum Beispiel auch durch Formulierungen der Art, in der Schulklasse herrsche ein ständiger Wettbewerb (s. S. 211). Die Idee eines Bildungsminimums spricht jedoch dagegen, ebenso wie die bei Parsons vorfindbare Relativierung, dass das Leistungsprinzip nur für jene gilt, die prinzipiell zu Leistung fähig sind. Parsons formuliert die sozialstaatliche Idee eines sozialen Minimums, auf die jede Person, unabhängig von ihrer Leistung, Anspruch hat: „Furthermore, there should be a ‚floor' under the competitive system that defines a standard of ‚welfare' to which all members are *entitled* as a matter of ‚right,' not as a matter of ‚charity[]'" (Parsons 1971d: 83, H. i. O.).

Ein System der sozialen Stratifikation, in dem der Status vorrangig von (beruflicher) Leistung abhängt, setzt eine gewisse Chancengleichheit („‚equality of opportunity'" (Parsons 1940: 852)) voraus. Denn wenn es keine Chancengleichheit gäbe, wären als Leistung infrage kommende Handlungen stark von askriptiven Faktoren abhängig und somit keine Leistungen im eigentlichen Sinn, weswegen das System der sozialen Stratifikation nicht von Leistung abhängen würde.

---

[85] Trotz dieses Vorbehalts zeigt sich hier, dass Parsons (auch) ein normatives Ideal einer an instrumentellem Aktivismus orientierten Gesellschaft entwirft, in der Stratifikation von universalistisch bewerteter Leistung abhängt, während die (vom Ideal abweichende) Realität nicht im Detail empirisch fundiert beschrieben wird.

[86] Dies lässt sich auch so reformulieren, dass Parsons den Eltern hohe Bildungsaspirationen unterstellt (vgl. hierzu Gehrmann 2019: 56–60, 104–111).

Chancengleichheit bedeutet somit, dass alle die Gelegenheit erhalten, ihr Leistungspotenzial auszuschöpfen (vgl. Parsons 1954a: 417). Gesundheit (vgl. Gerhardt 1991: 178) und Bildung sind für Parsons zwei wesentliche Faktoren, durch die sich Chancengleichheit realisieren lässt (so auch Kerbo 2012: 403), weshalb der Zugang zu ihnen nicht allein von vorhandenen finanziellen Ressourcen abhängen sollte (vgl. Parsons 1954a: 417). Gleichwohl lässt sich eine vollkommene Chancengleichheit unter anderem wegen der schon erwähnten familiären Solidarität kaum realisieren.

Wenn das System der sozialen Stratifikation vor allem auf beruflicher Leistung basiert, stellt sich die Frage, wie diese Leistung konkret gemessen oder verglichen wird und wie darüber die konkrete Positionierung im Stratifikationssystem erfolgt. Direkt abgeleitet aus der Skala der Stratifikation ergibt sich zunächst „[a] direct evaluation of occupational roles" (ebd.: 427), die sich in „a very rough general scale of prestige of occupations" (Parsons 1940: 857) ausdrückt. Beispielsweise ist das Prestige umso höher, je höher die notwendigen Kenntnisse und Fähigkeiten für den Beruf sind und je mehr Personalverantwortung mit einer beruflichen Position verbunden ist. Mit dem erstgenannten Punkt geraten Bildung, Ausbildung usw. zu einem Faktor für Prestige und damit beruflichen Status. Relevant für den beruflichen Status ist andererseits das Einkommen. Direkte Bewertung und Ansehen sowie das Einkommen sind für diesen somit „common measures" (ebd.: 859). Beide stellen jedoch keine exakten, sondern eher vage Repräsentationen beruflicher Leistung dar, vor allem weil sich die diversen beruflichen Tätigkeiten schwer einheitlich vergleichen lassen (vgl. Parsons 1954a: 410–411, 1940: 857). Dennoch sollte eine gewisse Übereinstimmung von Einkommen und *direct evaluation* vorliegen: „Hence there *has to be* a broad correlation between direct evaluation of occupational roles, income derived from those roles, and status of the families of the incumbents as collectivities in the scale of stratification" (Parsons 1954a: 427, H. i. O.). Gibt es zwischen beiden zu große Diskrepanzen, kommt es zu Spannungen. Denn in diesem Fall steht die Skala der Stratifikation, die sich in der *direct evaluation* abbilden sollte, in Widerspruch zur Symbolisierung dieser Skala in Form des Einkommens. Die Vagheiten hinsichtlich *common measures*, die auch Anlass für Kritik an Parsons' Stratifikationstheorie sind (vgl. Daheim 1993: 67; Bourricaud 1981: 267–270), führen dazu, dass Parsons für die US-amerikanische Gesellschaft keine eindeutig abgrenzbaren sozialen Klassen sieht (vgl. Parsons 1970a: 24, 1954a: 430–431).

3 Parsons' Bildungssoziologie

3.5.3 Bildung und Stratifikation

Es finden sich bei Parsons insgesamt fünf Dimensionen, in denen Bildung für moderne, meritokratische Stratifikationssysteme eine Bedeutung zukommt.

Bereits erwähnt wurde, dass Parsons Bildung *erstens* als wesentlichen Faktor für die Realisierung von Chancengleichheit ansieht (vgl. Parsons 1970a: 30, 1954a: 417; Russell 2013: 293). Dazu ist ein für alle gleicher und von finanziellen Ressourcen unabhängiger Zugang zu Bildung erforderlich. Dieser soll allen gleichermaßen die Möglichkeit eröffnen, im Bildungssystem Leistung zu erbringen und sich damit eine Ressource für den beruflichen Status anzueignen.

Das Bildungssystem muss *zweitens* nach Parsons ein gewisses Bildungsminimum für alle verwirklichen, als Voraussetzung für die gesellschaftliche Teilhabe in einer von Kultur und Wissen geprägten Gesellschaft. Zu solch einem Bildungsminimum zählt zum Beispiel das Beherrschen der in der Gesellschaft verbreiteten Sprache (vgl. Parsons 1970a: 43).[87]

Drittens dient das Bildungssystem der Legitimierung der Skala der Stratifikation, indem es Schüler*innen mit dem Prinzip universalistischer Leistungsbewertung konfrontiert und auf seine Internalisierung abzielt (vgl. Parsons 2016: 375; Hurn 1993: 194; Blackledge & Hunt 1985: 67–68; allgemein R. Becker & Hadjar 2017: 35, 51–52):

> „Probably the most fundamental condition underlying this process is the sharing of common values by the two adult agencies involved – the family[88] and the school. In this case the core is the shared valuation of *achievement*. It includes, above all, recognition that it is fair to give differential rewards for different levels of

---

[87] Noch deutlicher formulieren Parsons und Platt (1968a: 505–506): „The postulate of cognitive rationality implies an inclusive educational system to diffuse what is already known and an energetic prosecution of research to discover new knowledge". Demnach stellt der Wert der kognitiven Rationalität, der sich in der Formulierung einer durch Kultur und Wissen geprägten Gesellschaft eben andeutete, Stratifikation mit Blick auf den Zugang zu Bildung grundsätzlich infrage und verlangt nach Gleichheit. Dies wäre allerdings nur dann zu erwarten, wenn kognitive Rationalität der einzige Wert wäre, der die infrage stehende Gesellschaft kennzeichnet, und außerdem keine anderen Aspekte der Umwelt oder des Systems (Ressourcen, Interessen, Macht usw.) mit diesem Wert konfligieren würden. Unabhängig davon wird hier Parsons' optimistischer Grundton erkennbar. Denn der Wert der kognitiven Rationalität könnte ebenfalls in solchen Gesellschaften dominant sein, die gerade danach streben, den Zugang zu Wissen zu kontrollieren. Hier wäre dann zu fragen, welche Folgen der eventuelle (Wert-)Konflikt in Bezug auf kognitive Rationalität hat.

[88] Gemeint ist hier, dass die Eltern an diese *common values* gebunden sind – dies verweist auf die Einsicht zurück, dass Familie und Schule an eine ähnliche normative Kultur gebunden sein müssen, um eine konsistente Sozialisation zu ermöglichen (s. S. 201). Davon zu unterscheiden ist die Frage, wie relevant diese für die familiale Interaktion sind. Obwohl die Eltern an Leistung gebunden sein sollen, ist dennoch in der Familie Askription für den Status der Kinder das wichtigere Merkmal.

3.5 Stratifikation

achievement, so long as there has been fair access to opportunity, and fair that these rewards lead on to higher-order opportunities for the successful." (Parsons 1959c: 309, H. i. O.)

„First, it may be noted that the valuation of achievement and its sharing by family and school not only provides the appropriate values for internalization by individuals, but also performs a crucial integrative function for the system. Differentiation of the class along the achievement axis is inevitably a source of strain, because it confers higher rewards and privileges on one contingent than on another within the same system. This common valuation helps make possible the acceptance of the crucial differentiation, especially by the losers in the competition. Here it is an essential point that this *common* value on achievement is shared by units with different statuses in the system. It cuts across the differentiation of families by socioeconomic status. It is necessary that there be realistic opportunity and that the teacher can be relied on to implement it by being ‚fair' and rewarding achievement by whoever shows capacity for it." (ebd.: 310–311, H. i. O.)

Zusammengefasst: „Schulunterricht ist Sozialisation unter dem Leistungsprinzip" (Roeder et al. 1977: 47). Die Internalisierung des Prinzips der universalistischen Leistungsbewertung bezweckt somit die Akzeptanz auf Leistung gründender Ungleichheiten (vgl. Parsons 1959b: 27), sowohl für den schulischen Status („legitimizing a differentiation of the school class on an achievement axis" (Parsons 1959c: 308)) als auch für den späteren beruflich-gesellschaftlichen Status (vgl. Parsons 1959b: 28). Entscheidend ist vor allem, dass diejenigen mit geringem Status diesen und dessen Zustandekommen akzeptieren, dass also sowohl Menschen mit hohem als auch mit niedrigem Status das Stratifikationsprinzip akzeptieren, sodass im Ergebnis eine „gerechtfertigte Ergebnisungleichheit" (R. Becker & Hadjar 2017: 37) vorliegt. Wird keine solche Akzeptanz hergestellt, besteht die Gefahr der Desintegration. Alexander (1987: 86) fasst wie folgt zusammen:

„Because grade allocation tends to be accepted as a fair evaluation of individual capacity, positions and facilities which follow from grades are effectively legitimated. There is only one danger that this apparently neatly integrative reward system faces: people must accept the legitimacy of achievement values if they are going to accept the validity of the unequal rewards. They must, in other words, feel they have ‚only themselves to blame' if they receive bad grades,[89] recognizing that their own lack of performance brings them unequal facilities and reward."

Während das Bildungssystem als solches im Kontext der gesellschaftlichen Stratifikation das Prinzip der Chancengleichheit verkörpert, ist das Prinzip der Chancengleichheit zugleich Basis für die schulinterne Stratifikation. Gesellschaftliche

---

[89] In der empirischen Forschung zur schulischen Leistungsbewertung zeigt sich, dass Lehrpersonen tatsächlich eine solche Zurechnung der Leistung an die Schüler*innen herstellen, was sich kritisch sehen lässt (vgl. Breidenstein 2014: 104–105; Zaborowski, Meier & Breidenstein 2011: 354–356).

3 Parsons' Bildungssoziologie

wie schulische Stratifikation basieren also auf der gemeinsamen Skala der Stratifikation in Form universalistischer Leistungsbewertung; außerdem erfordern beide Chancengleichheit, damit dieses Stratifikationssystem akzeptiert wird.

Ein zweiter Teilaspekt dieser dritten Dimension besteht darin, dass das Bildungssystem auf die Erbringung von Leistung abzielt und damit auf eine Erzeugung von Motivation, etwas zu leisten (vgl. Parsons 1977b: 257, 1971b: 420, 1970b: 9): „Very broadly we may say that the elementary school phase is concerned with the internalization in children of motivation to achievement, and the selection of persons on the basis of differential capacity for achievement" (Parsons 1959c: 313). Dies verweist allgemein darauf, dass „dem meritokratischen Prinzip [eine] immanente Leistungsideologie" (R. Becker & Hadjar 2017: 40) zugrunde liegt. Zusammengefasst geht es bei der Sozialisation mit Blick auf Leistungsbewertung und Stratifikation also darum, erstens eine Akzeptanz für das Prinzip universalistischer Leistungsbewertung zu erzeugen und zweitens eine Motivation zu schaffen, etwas zu leisten.

Diese Sozialisation wird realisiert, indem das Bildungswesen *viertens* selbst nach Leistung stratifiziert ist und schulische Status hervorbringt (vgl. Parsons 1959c: 300; für die Universität Parsons & Platt 1970: 5). Dies lässt sich als Selektion beschreiben (s. S. 191). Das zugrunde liegende Prinzip der Leistung markiert hierbei den Unterschied zu Familie, in der Status zugeschrieben werden (vgl. Parsons 1959c: 300).

Bildung ist *fünftens* „a path to future occupational [...] status" (Parsons 1954a: 428), weil Bildungsniveau und späterer beruflicher bzw. gesellschaftlicher Status zusammenhängen (vgl. Parsons 1959b: 27, 1959c: 298; Parsons & White 1970: 211). Oder wie Young (1963: 53) es formuliert: „The educational ladder was also a social ladder". Dieser Zusammenhang ist ein doppelter. In Kap. 3.6.1 zu den Professionen werden einige Kennzeichen des Beschäftigungssystems allgemein beschrieben. Demnach beinhaltet jeder Beruf bzw. jede Berufsrolle eine bestimmte Fähigkeit oder Kompetenz, basiert auf Wissen und erfordert rationales Handeln. Das Bildungswesen dient zwar nicht dem Erwerb spezieller beruflicher Qualifikationen (s. S. 174), aber von Kenntnissen, Fähigkeiten, Kompetenzen usw. zum rationalen Handeln und zum Umgang mit Wissen. Es ist also *zum einen* inhaltlich gesehen ein Faktor für beruflichen Status.

Zum anderen eröffnet das Bildungswesen über Abschlüsse, Prüfungen und Bildungszertifikate die Möglichkeit, bestimmte berufliche Laufbahnen einzuschlagen (vgl. Parsons 2016: 293). Bildung ist demnach ein formaler Faktor, der beruflichen Status und damit den allgemeinen Status im System sozialer Stratifikation mitbestimmt. Dies lässt sich mit dem Begriff der Allokation beschreiben.

3.5 Stratifikation

Parsons' Annahme, Bildung sei zentral für den beruflichen und allgemeiner den sozialen Status, trifft heute noch zu: *„Bildung ist in der modernen Gesellschaft eine zentrale Ressource für individuelle Lebenschancen"* (R. Geißler 2014: 345, H. i. O.). Bildung wirkt sich beispielsweise positiv auf das Einkommen oder den Aufstieg in leitende Positionen aus und verringert das Risiko für Armut und Arbeitslosigkeit (vgl. W. Müller, Steinmann & R. Schneider 1997: 225–227, 232–234; speziell für Deutschland Autorengruppe Bildungsberichterstattung 2018: 198–200, 206, Tab. H2-1web; im Zeitverlauf Stock 2017: 351; für die Vereinigten Staaten Ballantine, Hammack & Stuber 2017: 427–428; Kerbo 2012: 379).

Der formale Faktor hängt mit dem inhaltlichen zusammen: Weil die Auseinandersetzung mit Wissen und die Aneignung von Kompetenz bedingen, dass es unterschiedliche Wissens- oder Kompetenzniveaus gibt (s. S. 260), kann das Bildungssystem unterschiedliche Grade von Kompetenz oder Wissen, also unterschiedliche Grade der Leistung, zertifizieren.

Diese fünf Dimensionen des Zusammenhangs von Bildung und Stratifikation können folgendermaßen zusammengefasst werden: Das Bildungssystem soll zunächst allen gleichermaßen zugänglich sein. Im Bildungssystem selbst wird dann auf Basis des Prinzips universalistischer Leistung, das auch später im Beschäftigungssystem Stratifikationsgrundlage ist und im Bildungssystem internalisiert werden soll, eine Stratifikation vorgenommen, die dann mit beruflichem Status und dem allgemeinen Status im System der sozialen Stratifikation zusammenhängt. Das Bildungswesen soll also erstens Garant für die Realisierung von *Chancengleichheit* sein, indem es allen einen ungehinderten Zugang zu Bildung bietet. Zweitens soll es ein *Bildungsminimum* garantieren, um allen ein Mindestmaß an gesellschaftlicher Teilhabe zu ermöglichen. Drittens ist das Bildungssystem Instanz der *Sozialisation* des Werts der universalistischen Leistung und dient damit der *Legitimation* leistungsbedingter Ungleichheit; es zielt außerdem darauf, eine *Motivation* zum Erbringen von Leistung zu erzeugen. Dazu stratifiziert es viertens intern selbst auf Basis universalistischer Leistung *(Selektion)*. Fünftens erscheint das Bildungssystem als Faktor für den späteren (beruflichen) Status, und zwar einerseits durch Verteilung von Bildungszertifikaten, die mit weiteren beruflichen Laufbahnen zusammenhängen *(Allokation)*, und andererseits durch die Ermöglichung der Aneignung berufsrelevanter Kompetenzen und Wissens *(Qualifikation)*. Das Prinzip der Bewertung von Leistung nach universalistischen Standards ist somit ein entscheidendes Bindeglied zwischen dem Bildungssystem und dem System der Stratifikation.

3.6 Professionen

Professionen sind in zweierlei Weise für Parsons' Schultheorie bzw. Bildungssoziologie relevant: Zum Ersten stellt die Bildung Professioneller in den *professional schools* eine der vier Hauptfunktionen der Universität dar (Kap. 3.6.2). Zum Zweiten zählen nach Parsons bestimmte Berufe, die wiederum mit Bildung und Lernen befasst sind, zu den Professionen: die *academic profession* und die Lehrer*innenprofession (Kap. 3.6.3). Bevor diese beiden Aspekte in den Blick gerückt werden, gilt es zunächst zu klären, was Parsons unter Professionen versteht.

3.6.1 Begriffsbestimmung

Im Lauf seines Schaffens definiert Parsons Professionen auf unterschiedliche Weise. Immer aber sind Professionen (bzw. „professional roles" (Parsons 1964c: 463)) eine Gruppe von Berufen („occupational role[s]" (ebd.)), die sich durch bestimmte Merkmale von anderen Berufen unterscheiden (vgl. Parsons 1971a: 237, 1968c: 536, 1964c: 434, 1954b: 372). Verschieden sind jedoch die Merkmale, die Professionen von Nicht-Professionen unterscheiden sollen. Die erste thematisch relevante Veröffentlichung von Parsons ist sein Aufsatz *Remarks on Education and the Professions* von 1937. Hier zeichnen sich Professionen zunächst durch „a special competence" (Parsons 1937: 365) aus. Diese Kompetenz bezieht sich zwar auf konkrete praktische Fähigkeiten, gründet aber in Wissen, das diese übersteigt. Das Wissen von Professionellen hat „a generalized character" (ebd.), was sich auf die der Profession zugrunde liegenden Wissenschaften bezieht. Ein*e Jurist*in beispielsweise ist nicht nur imstande, bestimmte Gesetze zu kennen, auszulegen usw., sondern sein*ihr Wissen erstreckt sich auch auf das Recht im Allgemeinen, zum Beispiel Geschichte, Soziologie oder Philosophie des Rechts, sowie alle Rechtsbereiche im Überblick. Berufe, die nach einer Ausbildung ausgeübt werden können, stellen demnach im Allgemeinen keine Professionen dar, weil die Hintergründe praktischer Tätigkeit in einer Ausbildung weniger zentral sind.

Zwei Merkmale, die im Folgenden genauer aufgegriffen werden, fasst Parsons im gleichen Aufsatz mit dem Begriff „liberality" (ebd.: 366) oder „liberal spirit" (ebd.) zusammen. Zum Ersten sind Professionelle „liberally educated" (ebd.) und verfügen daher über „general education" (Parsons 1937: 366; vgl. auch Parsons & Platt 1973: 229). Zum Zweiten sind sie nicht „only by the more sordid motives of gain or even the immediate success of [their] practical task" (Parsons 1937: 366) geleitet und zum dritten sehen sie Wissen als Selbstzweck[90] an.

---

[90] Das heißt, dass auch das Wissen, das keine unmittelbare praktische Relevanz hat, als relevant erachtet wird. Dies lässt sich allerdings schwer damit vereinbaren, dass bei Parsons und Platt die

3.6 Professionen

Die Unterscheidungskriterien bzw. Definitionsmerkmale dieses Aufsatzes lassen sich als *Definition über die Struktur und Anforderung der Profession bzw. über die Haltung, Wissensbestände und Fähigkeiten der Professionellen* zusammenfassen. Diese erste Art der Professionsdefinition bei Parsons nimmt er in späteren Veröffentlichungen wieder auf. In den nächsten beiden Veröffentlichungen jedoch definiert Parsons die Gruppe der Professionen über die *Beziehung zwischen den Professionellen und den Klient*innen* (beide Definitionsarten überschneiden sich allerdings z. T.). Hierbei nutzt er das Vokabular der Orientierungsalternativen:

> „THE analysis of this problem may be centered about the pattern variables and the particular combination of their values which characterizes the ‚professional' pattern in our society, namely, achievement, universalism, functional specificity, affective neutrality and collectivity-orientation, in that order." (Parsons 1964c: 454, H. i. O.)

Nur die Kollektivorientierung unterscheidet allerdings die *professional* von den übrigen *occupational roles* (vgl. Parsons 1964c: 343, 434, 463; Staubmann 2015: 216–218; Stock 2005a: 267, 282, 2005b: 74; B. S. Turner 1993: 14–15; Barber 1985: 212, 215; Hofmann 1981: 38). Das bedeutet andersherum, dass alle Beschäftigungsrollen durch Leistung, Universalismus, Spezifität und affektive Neutralität charakterisiert sind (vgl. Hofmann 1981: 38).

Im Einzelnen kennzeichnen die Orientierungsalternativen professionelle bzw. Beschäftigungsrollen wie folgt (vgl. für die ärztliche Profession Parsons 1970g: 329–330; Ebert 2003: 72–76; Bourricaud 1981: 70–72): *Universalismus* ist in mehrfacher Hinsicht relevant (vgl. Parsons 1939: 462–463). Erstens bestehen zu den Kund*innen, Klient*innen usw. keine partikularen Beziehungen, sondern universalistische; es wird niemand bevorzugt. Zweitens ist das dem beruflichen Handeln zugrunde liegende Wissen universalistisch. Was als Wissen gilt, ist objektiv, nach universalistischen Standards gültig. Dies führt zum dritten Punkt, der zugleich die Orientierungsalternative der *Leistung* erklärt. In der Arbeitswelt bestimmt sich der Status nach Leistung, welche wiederum nach universalistischen Standards beurteilt wird. Vor allem hängt der Zugang zur Berufsrolle, d. h. die Erlaubnis, einen bestimmten Beruf ausüben zu dürfen, von Leistung, von „technical competence" (Parsons 1964c: 434) ab, die in der Regel im Rahmen einer Prüfung festgestellt wird. *Spezifität* bezieht sich auf den Einfluss- oder Autoritätsbereich beruflicher Rollen, der eng begrenzt ist, analog dazu, dass sich die Kompetenz auf ein enges Feld beschränkt, weil es gerade in modernen Wissensgesellschaften nicht möglich ist, in mehreren Feldern eine hohe Kompetenz zu

---

universitäre Funktion der Bildung Professioneller auf Wissen für die Lösung von Problemen und nicht auf Wissen als Selbstzweck zielt (vgl. Parsons & Platt 1973: 92, 1968a: 503; s. S. 168).

erlangen (vgl. Parsons 1964c: 435, 456, 1939: 460–462). *Affektive Neutralität* schließlich bedeutet, dass Emotionen wie Liebe oder Hass in beruflichen Beziehungen irrelevant sind, weil es um eine objektive Problemlösung geht (vgl. Parsons 1964c: 435). Die einzelnen Orientierungsalternativen sind hierbei nicht zu jeder Zeit in vollem Umfang idealtypisch ausgeprägt, d. h., dass auch Orientierungen des jeweils gegenteiligen Pols relevant werden können oder – beispielsweise mit Blick auf eine notwendige Empathie im Verhältnis zwischen Ärzt*innen und Patient*innen – müssen (vgl. Parsons 1970g: 336; Wernet 2014: 80).

Die Orientierungsalternative der *Kollektivorientierung* grenzt professionelle Rollen von anderen beruflichen Rollen ab. Es deutete sich bereits in dem ersten Aufsatz an, als „sordid motives" (Parsons 1937: 366) des Erfolgs und Gewinns nicht als alleinige Handlungsgrundlage der Professionellen gelten sollten. In diesem Zusammenhang macht Parsons darauf aufmerksam, dass Professionen paradoxerweise auch im Kapitalismus bestehen, für den das Streben nach Profit kennzeichnend ist, was sich aber in dieser Weise nicht für die Professionen sagen lässt (vgl. Parsons 1970g: 326–327, 1959a: 620–621, 1954b: 370–371; Stock 2005a: 265–266; Wenzel 2005: 49–50; Stichweh 1980: 64).

Im Jahr 1939 umschreibt Parsons diesen Aspekt etwas anders: Für berufliche und professionelle Rollen ist grundsätzlich ein Streben nach beruflichem Erfolg anzunehmen (vgl. Parsons 1939: 464). Doch „the difference lies in the different paths to the similar goals [dem beruflichen Erfolg, R. L.-S.], which are in turn determined by the differences in the respective occupational situations" (Parsons 1939: 464; vgl. auch Dingwall 1983: 4; Hofmann 1981: 41), oder in „‚definitions of the situation'" (Parsons 1939: 464). Das gleiche Ziel des Erfolgs impliziert, dass es nicht um Unterschiede in den Motiven geht: „Doctors are not altruists" (ebd.: 465). Das heißt, für Parsons liegt der Unterschied nicht darin, dass Professionelle altruistisch, gemeinwohlorientiert oder uneigennützig sind (so z. B. verkürzt rezipiert bei Ackroyd 2016: 17) und dementsprechend im Sinn eines Motivs handeln, und Nicht-Professionelle hingegen egoistisch oder eigennützig sind. Stattdessen unterscheiden sich „[t]he institutional patterns governing the two fields of action" (Parsons 1939: 465; vgl. auch Parsons 1959a: 621; Pfadenhauer 2016: 43; Stichweh 2013d: 269; Barber 1989: 624, 1985: 212; Dreeben 1970b: 9–10). Ärzt*innen können durchaus egoistisch sein, doch sie ‚dürfen' nicht entsprechend handeln, weil es ihnen die ethischen Standards ihres Berufsstands verbieten. Nicht die Handlungsmotive der einzelnen Professionellen, sondern die Werte der Profession insgesamt unterscheiden sich von den Werten der Nicht-Professionen, indem das Verfolgen von Eigeninteresse im Fall der Professionen nur bedingt oder anders ermöglicht wird als in anderen Berufen. Dies führt dazu, hier bezogen auf den ärztlichen Beruf, „that the medical man is expected to place the welfare of

3.6 Professionen

the patient above his own self-interest, financial or otherwise" (Parsons 1964c: 472). Dies stellt aber kein individuelles, persönliches Motiv, sondern eine in der Profession verankerte, institutionalisierte Erwartung dar (vgl. ebd.: 473).

Damit kommt hier die Definition von Kollektivorientierung zum Tragen (s. S. 76), wonach diese die Unterordnung eigener Ziele oder Werte unter die des übergeordneten Sozialsystems bzw. Kollektivs, hier: der ärztlichen Profession, bedeutet. Diese wiederum führt dazu, dass ein Verfolgen von Selbstinteresse bei entsprechenden Folgen innerhalb der Profession nicht toleriert würde, sodass zum Beispiel ein*e Arzt*Ärztin seine*ihre Approbation verlieren würde: „Therefore the seeming paradox is realized that it is to a physician's self-interest to act contrary to his own self-interest" (ebd.). Dementsprechend geht Parsons von einer gewissen Internalisierung der institutionalisierten Erwartungen aus; d. h., im Lauf von Ausbildung und Beruf internalisieren Professionelle den Wert der Kollektivorientierung (vgl. Barber 1985: 215).

Kollektivorientierung bezieht sich, wie die anderen Orientierungsalternativen auch (vgl. Parsons 1964c: 438–439; Gerhardt 1991: 176–177), nicht allein auf die Professionellen, sondern auch auf die Klient*innen, Patient*innen usw. Gemeint ist damit, dass Letztere kooperieren, den Professionellen vertrauen, deren Anweisungen befolgen und alles tun, um beispielsweise gesund zu werden, solange sie Klient*innen, Patient*innen usw. der jeweiligen Professionellen sind. Das heißt, damit professionelles Handeln gelingt, ist eine Mitwirkung von Klient*innen usw. erforderlich, weswegen diese nicht als passiv, sondern als aktiv beteiligt zu verstehen sind (vgl. Parsons 1975: 270, 1970g: 337–338; nicht nur auf Professionen bezogen Parsons 1958b: 52–53; vgl. auch Helsper 2019: 48, 57; Kurtz 2009: 47; Gerhardt 1991: 171–172, 181–182). Beide sind in „the common enterprise" (Parsons 1964c: 465; vgl. auch Parsons 1978a: 44, 1975: 267; Ebert 2003: 80) involviert und dazu verpflichtet, dieses über anderweitige individuelle Ziele oder Wünsche zu stellen. Somit besteht zwischen ihnen eine Solidarität (vgl. Parsons 1978d: 106, 1971a: 236, 1968a: 9–10), die vor allem auf gemeinsamen Werten und gemeinsamen Zielen basiert, beispielsweise Gesundheit bzw. Heilung (vgl. Parsons 1978a: 45; Wenzel 2005: 51; Ebert 2003: 46; Bourricaud 1981: 46).

In *The Social System* gibt Parsons den einzelnen Orientierungsalternativen in einem Kapitel zur ärztlichen Profession eine zusätzliche Wendung, indem er ihnen bestimmte „functional significances" (Parsons 1964c: 459) zuschreibt (vgl. auch Parsons 1970g: 333–334; Ebert 2003: 81–85). Er erklärt damit den Sinn oder den Vorzug der oben genannten Orientierungen bzw. ihre Passung bezogen auf andere Aspekte. Ein Beispiel:

> „The most fundamental basis for the *necessity* of a universalistic-achievement and not a particularistic-ascribed structuring of the physician's role lies in the fact that

3 Parsons' Bildungssoziologie

modern medical practice is organized about the application of scientific knowledge by technically competent, trained personnel. A whole range of sociologically validated knowledge tends to show that the high levels of technical training and competence which this requires would not be possible in a relationship system which was structured primarily in particularistic terms or which was ascribed to incumbents of a status without the possibility of selection by performance criteria." (Parsons 1964c: 454, H. R. L.-S.)

Auch die Kollektivorientierung erhält eine funktionale Bedeutung. Sie fungiert als Schutz vor Ausbeutung der Patient*innen in ihrer emotional geprägten Lage der Hilflosigkeit, in der sie für Ausbeutung besonders anfällig sind, weil es um ihre Gesundheit oder ihr Leben geht (vgl. auch Pfadenhauer 2016: 42; parallel für die akademische Profession Parsons 1964c: 343–345).

Diese Gefahr der Ausbeutung ergibt sich aus einem weiteren Aspekt. Der Vorsprung an Wissen und Kompetenz der Professionellen gegenüber den Klient*innen, bezeichnet als „‚competence gap'" (Parsons 1978a: 45; vgl. auch Parsons 1970a: 35, 1970g: 343, 1964c: 338, 347; Wenzel 2005: 51; B. S. Turner 1993: 20), bedingt, dass es sich um eine asymmetrische Beziehung handelt (vgl. Parsons 1975: 257, 267–277; Gerhardt 1991: 182–183).[91] Diese Asymmetrie und die Unfähigkeit, als Laie die professionelle Kompetenz einschätzen zu können, können Ausbeutung erleichtern. Der dies einschränkende kollektivorientierte Berufsethos benötigt daher „some adequate ‚symbolization' of both competence and integrity" (Parsons 1978a: 46) – dies markiert den Zusammenhang zwischen Kollektivorientierung und Leistung –, sodass dadurch die Personen, die die Asymmetrie ausnutzen bzw. inkompetent sind, zum Beispiel weniger Patient*innen oder weniger Einkommen erhalten. Hier wird das oben formulierte Paradoxon noch einmal greifbar, dass es im Interesse der Professionellen ist, gegen ihr eigenes Interesse im Interesse der Klient*innen, Patient*innen usw. zu handeln.

Im Zuge beider entfalteter Definitionen (Struktur bzw. Anforderung und Beziehung) sind Wissen und Kompetenz mehrfach relevant, zum Teil auch nicht als Abgrenzung, sondern als gemeinsames Merkmal aller beruflichen Rollen. Im Aufsatz von 1939 formuliert Parsons dies mit dem Begriff der Rationalität (vgl. Parsons 1939: 459). Rationalität bedeutet, dass das, was jemand tut, wissenschaftlich begründet ist,[92] und zwar in einem weiten Sinn, dass also das, was getan wird, objektiv begründet ist und effizient das erreicht, was erreicht werden soll.

Wissen und Kompetenz sind in einem weiteren Aufsatz (Parsons 1968c) zentral, nun wiederum nicht mehr mit den Orientierungsalternativen formuliert.

---

[91] Es wäre genauer zu prüfen, inwiefern dies tatsächlich ein Proprium von Professionen darstellt.
[92] Hier deutet sich eine Parallele zur für die Lehrer*innenprofession formulierten Begründungspflichtigkeit des Handelns an, s. S. 246.

3.6 Professionen

Hier nennt Parsons drei Kriterien, die Professionen von anderen Berufen abgrenzen und die teilweise bereits anklangen. Professionen sind *erstens* dadurch gekennzeichnet, dass sie „formal technical training" (ebd.: 536) erfordern (vgl. auch Parsons 1978a: 40, 1970a: 35, 1954b: 372; Barber 1985: 214). Damit verbunden sind institutionalisierte Bewertungen der Ausbildung und der Kompetenz – es gibt somit Qualitätsstandards, denen Professionelle genügen müssen. Ausbildung und Kompetenz implizieren ferner „mastery of a generalized cultural tradition" (Parsons 1968c: 536; so auch Parsons 1954b: 372) – als solche sind zum Beispiel Recht oder Medizin vorstellbar – und sind durch „the valuation of cognitive rationality as applied to a particular field" (Parsons 1968c: 536) geprägt. Das heißt, Kern von Ausbildung und Kompetenz ist die kognitiv-rationale Auseinandersetzung mit dem Berufsfeld und der dahinter liegenden Kultur. *Zweitens* – sich mit dem ersten Kriterium überschneidend – muss das Verständnis der gerade genannten kulturellen Tradition zu praktischen, angewandten „skills" (ebd.) führen. Professionelle verfügen demnach über praktische Fähigkeiten, die in kognitiver Rationalität und im Verständnis der relevanten kulturellen Tradition gründen (vgl. Parsons 1954b: 372). Das *dritte* Merkmal von Professionen besteht darin, dass die Kompetenz der Professionellen „socially responsible uses" (Parsons 1968c: 536) dient. In eine ähnliche Richtung weist die Bemerkung, Professionen seien durch „the ideology of service" (ebd.: 541) gekennzeichnet.

Trotz Parsons' unterschiedlicher Bestimmungen, die sich zum Teil nur begrifflich, nicht inhaltlich unterscheiden, lassen sich mehrere Kontinuitäten erkennen, die im Folgenden auf Basis der bisherigen Ausführungen und unter Einbezug neuer Aspekte zusammengefasst werden. Wie alle Berufe zeichnen sich Professionen durch Wissen, Kompetenz und Rationalität aus. Zugang zu und Status innerhalb von Berufen basieren auf Leistung im Sinn von Wissen und Kompetenz, wobei die Leistung nach universalistischen Standards bewertet wird. Wissen und Kompetenz sind spezifisch auf bestimmte Felder der Expertise beschränkt (vgl. Parsons 1978a: 40; Parsons & Platt 1973: 229). Das Wissen, worauf sich Berufstätige stützen, ist objektiv, wissenschaftlich und genügt universalistischen Standards (vgl. Vanderstraeten 2018: 214; Barber 1989: 624). Dies lässt sich – ähnlich wie schon auf S. 155 – auch so formulieren, dass das Wissen, anders als in vormodernen Zeiten, nicht an bestimmte Autoritäten wie die Kirche gebunden ist, sondern Wissen unabhängig davon aus *„the empirical world of nature"* (Macdonald 1995: 158, H. i. O.; ähnlich Stichweh 2016: 54) entsteht.

Professionen bei Parsons zeichnen sich im Gegensatz zu anderen Berufen durch insgesamt sechs Merkmale aus. *Erstens* ist ihr Wissen tiefgründiger und allgemeiner als bei anderen Berufen. Das professionelle Wissen überschreitet das Wissen, das für konkrete praktische Fähigkeiten notwendig wäre. Professionelle verfügen sowohl über konkrete, praktische Fähigkeiten als auch über das ihnen zugrunde liegende Wissen im Zusammenhang. Dieses Hintergrundwissen ist an wissenschaftliche Disziplinen gekoppelt (vgl. Parsons 1970a: 35, 1968c: 536) – wobei Disziplinen auf Wissen zielen, Professionen hingegen auf Handeln (vgl. Stichweh 2013d: 257). Professionelle verbinden demnach wissenschaftliches Wissen der Disziplinen mit deren konkret-praktischer Anwendung. Ihre Kompetenz besteht in der Lösung praktischer Probleme unter Rückgriff auf dieses Wissen (vgl. Parsons & Platt 1973: 228). Sie handeln auf Basis von *„applied science"* (Parsons 1971a: 236, H. i. O.; vgl. auch Parsons 1968d: 180, 1964c: 432, 455, 1954b: 376; Stichweh 2016: 61–62; Dreeben 1970b: 10; zu Einwänden gegen dieses Modell der Wissensanwendung Schützeichel 2018: 8–12; Neuweg 2014: 595–603). Die Kompetenz des Professionellen erschöpft sich aber nicht in der bloßen (linearen) Anwendung von Wissen. Dem vorgelagert ist die Kompetenz, das für praktische Probleme relevante Wissen auszuwählen (vgl. Parsons & Platt 1973: 230), ggf. Wissenslücken zu erkennen (so auch Combe & Helsper 2016: 41) und sich das unmittelbar relevante Wissen anzueignen (vgl. Parsons & Platt 1973: 228), sodass es um „reorganized knowledge in terms of relevance to the practical goals and interests" (Parsons & Platt 1973: 231–232; vgl. auch Helsper 2019: 59) geht.

Das erste Parsons'sche Kriterium bezieht sich also auf die Art des Wissens und der Kompetenz der Professionellen. Das *zweite* Kriterium betrifft die institutionalisierten Erwartungen, einen Berufsethos, der in Gestalt von „special mechanisms of social control" (Parsons 1970a: 35) eine individuelle Nutzenorientierung der Professionellen stärker einschränkt als in anderen Berufen (vgl. Parsons 1939: 459–460; Parsons & Platt 1973: 230).

Drittens lässt sich sowohl die Beziehung der Professionellen untereinander als auch die Beziehung zwischen Professionellen und Klient*innen in Fortführung des Merkmals der Kollektivorientierung als Kollegialvereinigung auffassen (vgl. Parsons 1978a: 42, 59, 1971a: 242–243, 1971d: 98, 1968c: 541–542; vgl. auch Stock 2005b: 78–79; Joas 1980: 238; s. S. 173 für die Erklärung des Begriffs).

Parsons reklamiert *viertens* für die Professionellen eine gewisse Freiheit, die sich als „independent trusteeship [...] of an important part of the major cultural tradition of the society" (Parsons 1954b: 372; vgl. auch ebd.: 381, 1978a: 63–64) äußert. Sie stehen nicht nur im Dienst ihrer Klient*innen, sondern auch im Dienst einer bestimmten kulturellen Tradition.[93] Damit lassen sich Professionen – ähnlich wie die Universität (s. S. 161) – als Treuhänder bestimmter Wissensbestände

---

[93] Dies erinnert, obgleich nicht dezidiert auf kulturelle Traditionen bezogen, an das Doppel- bzw. Tripelmandat, wie es für die soziale Arbeit formuliert wird. Demnach hat soziale Arbeit ein Mandat von und für die Klient*innen, die Gesellschaft bzw. den Staat und die Profession (vgl. Staub-Bernasconi 2018: 111–114; Böhnisch & Lösch 1973: 27–29).

und bestimmter Werte wie Recht, Gesundheit oder Bildung verstehen, was mit dem Schlagwort „Zentralwertbezug" (Mieg 2016: 27) umschrieben werden kann. So spricht Parsons (1975: 267) von „fiduciary responsibility for the health of participants in the health care system".

Fünftens sind Professionen „*between* two major aspects of our social structure" (Parsons 1954b: 381, H. i. O.) zu verorten, zwischen Gesundheit und Krankheit im Fall der ärztlichen oder zwischen öffentlichem Recht und individuellem, in Beziehung zu diesem Recht stehendem Handeln im Fall der juristischen Profession (so auch Kurtz 2009: 45; ähnlich später bei Luhmann, vgl. Combe & Helsper 2016: 12). Die Lehrer*innenprofession steht zwischen „the world of childhood" und „the full status of being trained" (Parsons 1954b: 381). Dies korrespondiert mit Parsons' Modell der Schule, die zwischen Familie (und damit Kindheit) und der gesellschaftlichen Welt der Erwachsenen steht (s. S. 193).

Auch das *sechste* Merkmal fügt sich in die bisherigen Überlegungen von Schule ein. Demnach lassen sich Professionen als „‚mechanisms of social control[]'" (Parsons 1954b: 382; vgl. auch Parsons 1975: 258–260; Ebert 2003: 11, 47–49, 51) verstehen, indem sie abweichendes Handeln in ‚normales' Handeln überführen. Wie Ärzt*innen Patient*innen helfen, vom Zustand der Krankheit in den Normalzustand der Gesundheit zu gelangen, bedeutet Sozialisation (bzw. das Modell ,erfolgreicher' Sozialisation, also Internalisierung) für die Lehrer*innenprofession, „to bring them [the young, R. L.-S.] into accord with the expectations of full membership in the society" (Parsons 1954b: 382).

3.6.2 Universität und Professionen

Es deuteten sich schon mehrfach enge Beziehungen zwischen den Professionen und der Universität an (vgl. auch Abbott 2000: 195–197). Beide teilen kognitive Rationalität als zentralen Wert, wobei er bei Professionen ihr praktisches Handeln leitet (vgl. Parsons 1968c: 536). Das professionelle Handeln fußt außerdem auf wissenschaftlichem Wissen, das in Kontexte eingebunden ist, die einen höheren Allgemeinheitsgrad haben, als es die Praxis selbst nahelegt. Dieses Wissen wird an der Universität hervorgebracht, sodass es sich Professionelle dort aneignen (vgl. Parsons 1971d: 98, 1968c: 542):

> „Since the competence of their members, along with components of special skill and ‚know-how,' is grounded in mastery of some part of the society's generalized (intellectual) cultural tradition, the acquisition of professional status is almost uniformly contingent on undergoing training of a relatively formally approved type. In our society, such training has come increasingly to be acquired in the university […]." (Parsons 1978a: 40)

3 Parsons' Bildungssoziologie

Das Wissen der Professionellen wird dadurch „*certified and credentialled*" (Macdonald 1995: 161, H. i. O.). Die Universität erscheint insgesamt als „the keystone of the arch of the professional system" (Parsons 1968a: 19). Voraussetzung dafür ist, dass es wissenschaftliches Wissen gibt, das für die Profession relevant ist. Daher befasst sich ein Teil der Profession mit der Erweiterung und Vermittlung dieses Wissens (vgl. Parsons 1978a: 36; Wenzel 2005: 52):

> „[T]he maintenance, transmission, and advancement of that part of the cultural tradition which is particular to each profession is [...] a substantial and important part of it. [...] Indeed, under modern conditions a group can hardly be accorded full professional status unless an important part of it, which is highly respected by the rest, can become specialized in the teaching and advancement of the professional tradition as an intellectual discipline on the same level as those within the central nucleus of the university." (Parsons 1937: 367)

Innerhalb der Universität sind Professionen an bestimmte Disziplinen gebunden (vgl. Parsons 1968c: 536). Disziplinäres Wissen einerseits und professionelles Wissen andererseits sind jedoch nicht gleichartig strukturiert (vgl. Parsons & Platt 1973: 228; so auch Abbott 2000: 53). Medizin als Profession beispielsweise bezieht sich auf mehrere Disziplinen, zum Beispiel Biologie, Chemie oder Physik. Hinzu kommen medizinische Disziplinen im engeren Sinn wie Anatomie, Physiologie, Pharmakologie und die Disziplinen einzelner Bereiche des Körpers (z. B. Dermatologie), Phasen des Lebensalters (Pädiatrie) oder Gruppen von Krankheitsbildern (Onkologie) usw. Die Multidisziplinarität des professionellen Wissens unterstreicht die Bedeutung der Kompetenz, dieses Wissen für praktische Zwecke zu selektieren, zu verbinden und zu reorganisieren.

Professionen beziehen sich demnach einerseits auf Disziplinen, deren Fokus nicht primär auf der Profession liegt (wie Chemie oder allgemein die vorklinischen Fächer im Fall der Medizin), und andererseits auf Disziplinen, die in direktem Zusammenhang mit der Profession stehen, die somit (wie etwa die klinischen Fächer in der Medizin) als „academic branch of the profession" (Parsons 1937: 367) den angesprochenen Teil der Profession bilden, die mit dem Wissen der Profession im engeren Sinn befasst sind (ähnlich Stichweh 2013d: 273). Insgesamt ergibt sich somit „the crisscross relation between the pure intellectual disciplines and the fields of their application in practice" (Parsons 1978a: 41).

Die Bildung Professioneller an der Universität findet vorrangig in *professional schools* statt (vgl. ebd.). Diese sind Teil der Universität (vgl. Parsons 1978d: 100; Parsons & Platt 1973: 226), zugleich ein eigener, abgrenzbarer Teilbereich der Universität (s. S. 168). Letzteres zeigt sich vor allem darin, dass sich die Lehre in *professional schools* nicht allein auf die für die Profession relevanten Wissenschaf-

3.6 Professionen

ten beschränkt, sondern auch praktisches Wissen und praktische Kompetenzen umfasst (vgl. Parsons & Platt 1973: 257–258):

> „A high degree of professional skill cannot be imparted by giving the student abstract knowledge alone; he must work with it in the actual concrete situations to which it applies in order to become really skilled in its application. The prospective doctor should not only ‚learn' medicine; he should actually practice medicine under supervision." (Parsons 1937: 367)

Professional schools nehmen somit die später in der praktischen Tätigkeit notwendige Vermittlung zwischen Wissenschaft und Disziplinen einerseits und den praktischen Erfordernissen andererseits vorweg; daher gilt bei Parsons (1975: 268) nicht nur wissenschaftlich fundierte Bildung, sondern auch Erfahrung als Voraussetzung für professionelle Kompetenz. In gesteigerter Form verkörpert dies die Medizin, in der die Lehrenden zugleich oft praktizierende Mediziner*innen sind, sich somit *the academic branch* mit der eigentlichen Profession überschneidet. Bei alldem gibt es deutliche Parallelen zwischen *professional schools* und *faculties* bzw. *graduate schools of arts and sciences* (vgl. Parsons 1968c: 542). Dies zeigt sich besonders darin, dass das Personal der *professional schools* nicht nur lehrt, sondern auch forscht, zum Teil reiner, nicht angewandter Forschung und Wissenschaft nachgeht und sich somit nicht bedeutend vom Personal der *graduate schools* unterscheidet (vgl. Parsons 1978a: 41, 1968c: 542, 1968d: 180).

Insgesamt stellt sich die Beziehung zwischen Universität und Profession bei Parsons als dialektisch dar, insofern sowohl diverse (personelle, organisationale und sachlich-inhaltliche) Überschneidungen betont als auch dezidierte Unterschiede, Besonderheiten oder die Eigenständigkeit der Professionen gegenüber der Universität herausgestellt werden. Mit Blick auf den Wert kognitiver Rationalität lässt sich all dies noch einmal anders formulieren. Professionen teilen mit der Universität diesen Wert, er wird aber im Fall der Professionen mit anderen (praktischen) Werten, Zielen oder Interessen verbunden, die nichts mit dem ursprünglichen Kern kognitiver Rationalität, wie er in Forschung und Wissenschaft Ausdruck findet, zu tun haben (vgl. Parsons & Platt 1973: 261, 263; Platt 1981: 161; Wenzel 2005: 54). Dies bringt Parsons (1978e: 137) mit dem Begriff *„clinical focus"* (H. i. O.) zum Ausdruck, der „the mobilization of revelant knowledge for the effective performance of some function other than the pursuit of knowledge itself" beschreibt (vgl. auch Parsons & Platt 1973: 233; Barber 1985: 217):

> „Clinically relevant knowledge, however, is still subject to the fundamental cognitive canons of validity, although the standards of significance vary somewhat from the primarily cognitive focus. Cognitive interests have to be combined with noncognitive in this whole range of applied or articulated contexts. The valuation of health is not a cognitive interest […]." (Parsons 1978e: 137)

3.6.3 Lehrer*innenprofession

In seinen Schriften nennt Parsons immer wieder Beispiele für konkrete Professionen, allen voran die ärztliche und die juristische Profession, die als Prototypen der Professionen gelten können (vgl. Parsons 1968c: 544). Darüber hinaus versucht Parsons, die verschiedenen Professionen zu systematisieren. Eine dieser Systematisierungen (vgl. Parsons 1968c: 537; *en passant* Parsons & Platt 1973: 231; Stock 2005b: 76) unterscheidet zwischen Professionen mit kulturellem und mit sozialem Fokus.[94] Eine Profession mit kulturellem Fokus ist „the profession of learning" (Parsons 1968c: 537) oder „the academic profession" (ebd.: 542), die mit der Erweiterung und der Verbreitung von Wissen befasst ist. Professionen mit sozialem Fokus stellen die übrigen Professionen dar, die Wissen praktisch anwenden („applied professions" (ebd.: 537)). Der Unterschied besteht also darin, ob Wissen in Feldern der Gesellschaft (daher sozialer Fokus) genutzt wird oder das Wissen (als Teil des Kultursystems, daher kultureller Fokus) selbst Gegenstand der Profession ist.

Mit der akademischen Profession meint Parsons das wissenschaftliche Personal an Hochschulen. Dieses wird, im Gegensatz zu den anderen Professionen, den anwendungsbezogenen oder „intellectual-practical professions" (Parsons & Platt 1968a: 507), an *graduate schools of arts and sciences* gebildet. Es wäre genauer zu prüfen, inwiefern diese Profession tatsächlich allen Parsons'schen Merkmalen von Professionen genügt; Parsons scheint dies als gegeben anzusehen (vgl. Parsons & Platt 1970: 30), er sieht sie als „profession par excellence" (Parsons 1971d: 98) oder „nucleus of the cluster of the professions" (Parsons 1937: 367). Virulent ist vor allem die Frage, inwiefern das akademische Personal ebenfalls zwischen Disziplin und Profession zu vermitteln hat und welche spezifischen professionsrelevanten Wissens- und Kompetenzbestände bestehen, die ggf. ebenso Gegenstand der professionellen Bildung sind. Dazu könnten hochschuldidaktische und forschungsmethodische Kompetenzen gezählt werden, sodass die Praxis dieser Profession dann in Forschung und Lehre bestünde. Forschung wiederum ist aber Teil der Disziplinen, sodass es bei dieser Profession eine wesentlich geringere Differenz zwischen Disziplin und Profession gibt als bei anderen Professionen.

Die Lehrer*innenprofession sollte in dieser Systematisierung sowohl der akademischen als auch den anwendungsbezogenen Professionen zugerechnet werden. Denn zum einen ist sie zwar nicht mit der Erweiterung, aber mit der Verbreitung von Wissen befasst und hat somit einen starken kulturellen Bezug; zum anderen hat sie einen sozialen Bezug, weil sie im Auftrag der Gesellschaft mit Sozialisation und Bildung befasst ist.

---

[94] Eine Unterscheidung, die Joas (1980: 242) als „völlig unplausibel" zurückweist.

3.6 Professionen

Eine andere, hier nicht im Detail zu entfaltende Systematisierung wird in *The American University* vorgenommen (vgl. Parsons & Platt 1973: 97–100).[95] Relevant ist lediglich, dass in dieser Systematisierung „the profession of education" (ebd.: 99) eingeführt und mit der I-Funktion verbunden wird.[96] In dieser Profession geht es darum,

> „to help develop the capacities of the population for citizenship in the societal community. In one sense it is the extension outside the university of the basic functions of general education within it, but carried out mainly at the primary and secondary school levels." (ebd.: 100)

Befähigung zur Teilhabe am gesellschaftlichen Leben als Bürger*in ist, mit der damit zusammenhängenden Vermittlung von Allgemeinbildung, eine der vier zentralen Funktionen der Universität, die sich in der *Undergraduate*-Ausbildung manifestiert (s. Kap. 3.3.3). Hier wird nun deutlich, dass dieses Ziel auch auf Schule zu beziehen ist und dass es sich somit um ein von den verschiedenen Bildungseinrichtungen geteiltes Ziel handelt.

Später äußern sich Parsons und Platt an einer weiteren Stelle über die Lehrer*innenprofession, die zusammen mit zwei anderen „new professions" (ebd.: 246), den Professionen der sozialen Arbeit und der Verwaltung, diskutiert wird:

> „Part of the problems of education as a profession reflects the fact that, unlike the academic profession, primary and secondary education did not concentrate on cognitive content with its special relation to the research function but rather

---

[95] Die Systematisierung folgt dem AGIL-Schema, d. h., einzelne Professionen werden verschiedenen Funktionen zugeordnet. Diese grundsätzliche Vorgehensweise allein ist, jenseits der konkreten Zuordnungen, diskutabel. Denn das AGIL-Schema bezieht sich auf Systeme, die die vier AGIL-Funktionen im Sinn von Eigenfunktionen erfüllen müssen und in denen sich ggf. Subsysteme bilden, die sich auf je eine dieser Funktionen spezialisieren. Diese grundlegende Konzeption ist bei den Professionen nicht mehr ohne Weiteres nachvollziehbar. Beispielsweise müsste zunächst geklärt werden, ob von einem *System* der Professionen gesprochen werden kann. Möglicherweise sind die AGIL-Funktionen hier allerdings nicht mehr als Funktionen in diesem ursprünglichen Sinn gemeint, in dem sich die Funktionen auf das System selbst beziehen, sondern schlicht als Outputs oder Leistungen an andere (Sub-)Systeme.

[96] Auch Feldhoff (1965: 11) postuliert, dass die Schule die I-Funktion erfüllt: „*Das schulische Erziehungswesen* erfüllt die Funktion der Integration im Hinblick auf die Gesamtgesellschaft dadurch, daß es mit der Herausbildung spezifischer Leistungsfähigkeit, der Vermittlung technischer Fertigkeiten und der Ausbildung aufgabenbezogener Motivationen in der Schülergruppe eine Vorstrukturierung im Hinblick auf das gesellschaftliche Rollensystem und die darin vorgegebenen Erwartungen leistet" (H. i. O.). Nicht zuletzt aufgrund der Tatsache, dass die Funktion der Integration konsumatorisch und die der Musterreorganisation instrumentell gedacht ist (s. S. 86), sich erstere außerdem auf die Koordination zwischen Akteur*innen oder Einheiten (*interunit*) und letztere vor allem auf einzelne Akteur*innen oder Einheiten konzentriert (*intraunit*; s. S. 100), ist diese Zuordnung weniger überzeugend.

3 Parsons' Bildungssoziologie

on pedagogy, the processes of transmitting knowledge at elementary levels, accompanied by some concern for aspects of socialization." (Parsons & Platt 1973: 246)

Der wesentliche Unterschied zur akademischen Profession betrifft die Rolle kognitiver Inhalte. Erstens befasst sich die Lehrer*innenprofession anders als die akademische Profession nicht mit Forschung, also mit der Hervorbringung, sondern lediglich mit der Vermittlung von Wissen (vgl. Parsons 1978a: 63, 1968c: 544; Parsons & Platt 1973: 246; Multrus 2004: 69–70; Dreeben 1970b: 27). Neben Wissensvermittlung geht es bei der Lehrer*innenprofession nach Parsons (1954b: 382) zweitens auch um Sozialisation.[97] Ein dritter Unterschied deutet sich dahingehend an, dass die Sozialisation von „considerations of nationality and patriotism" (Parsons & Platt 1973: 246) beeinflusst ist, dass also die Tätigkeit der Lehrer*innenprofession stärker von außen mitbestimmt wird und neben kognitiver Rationalität andere Werte eine Rolle spielen; damit korrespondierende Überlegungen stellen Parsons und Platt im Vergleich zwischen Schule und Hochschule an (s. S. 202). Dies lässt sich auch so reformulieren, dass die treuhänderische Zuständigkeit von Lehrpersonen breiter ist als die von Hochschullehrenden.

Während dies Aussagen sind, die das Tätigkeitsfeld der Lehrer*innenprofession, das Unterrichten, unmittelbar kennzeichnen, fügen Parsons und Platt schließlich eine Beobachtung zum der Lehrer*innenprofession zugrunde liegenden Wissens- und Kompetenzbestand hinzu. Sie sprechen hier von „the relative weakness of a cognitive base for professional competence in respects other than the rather elementary subject matter taught" (ebd.: 247). Diese Einschätzung beschreibt auch die deutsche Entwicklung treffend. Demnach finden sich erst nach und nach pädagogische Anteile im Studium des höheren bzw. Gymnasiallehramts, so wie andererseits das niedere Lehramt, besonders bezogen auf die Fächer, nach und nach akademisiert wird (vgl. Helsper 2019: 32–33; Sandfuchs 2004: 34).

Parsons' idealtypische Merkmale von Professionen lassen sich nun für die Lehrer*innenprofession im Detail diskutieren; einige Aspekte waren bereits Gegenstand des Kap. 3.4. Es werden im Folgenden jedoch nur einige Schlaglichter geworfen, wobei die Ebene der kritisch-systematisierenden Darstellung von Parsons verlassen wird und stattdessen seine Annahmen und Begriffe zum aktuellen professionstheoretischen Diskurs relationiert werden.

---

[97] Eingedenk der Annahme einer universitären Sozialisation, zumindest im *Undergraduate*-Studium, ist das als Unterschied jedoch nicht haltbar. Vorstellbar ist allerdings die Unterscheidung, dass sich die Sozialisation in der Universität hauptsächlich auf kognitive Rationalität bezieht, in der Schule hingegen auf ein weiteres Spektrum an normativer Kultur, das sich nicht auf kognitive Rationalität beschränkt. In diese Richtung weist das Folgende.

3.6 Professionen

Interessant ist zunächst der Blick auf allgemeine Merkmale von Berufsrollen. Spezifität beispielsweise zeigt sich darin, dass das Unterrichten und damit die Vermittlung von Wissen und Fähigkeiten im Fokus der Lehrer*innenprofession steht. Unterricht ist das „"Kerngeschäft"" (Cramer 2019: 136) von Lehrpersonen. Zum Teil sind andere Berufe oder Professionen wie Schulpsycholog*innen explizit mit anderen Ausschnitten der Persönlichkeiten der Schüler*innen befasst. Spezifität wird darüber hinaus dadurch deutlich, dass einzelne Lehrpersonen je für spezielle Fächer zuständig sind. Professionstheoretisch wird weiterhin angenommen bzw. gefordert, das Lehrpersonen wissensfundiert handeln, sowohl was die Gegenstände und Inhalte als auch was die Vermittlungsprozesse anbelangt; dies wird gleich genauer erörtert. Damit ist verbunden, dass Lehrpersonen begründen können müssen, warum sie in einer bestimmten Weise gehandelt haben (vgl. Helsper 2004: 70–71). Das für alle Berufsrollen relevante Merkmal der Rationalität (s. S. 235) ist damit auch für die Lehrer*innenprofession Bezugspunkt.

Hinsichtlich der Merkmale von Professionen lässt sich das zuletzt erwähnte Merkmal der Wissensfundierung für Lehrpersonen wie für andere Professionelle zu einer Wissenschaftsfundierung zuspitzen. Professionstheoretisch wird die Notwendigkeit gesehen, dass Lehrpersonen mehr wissen, als praktisch notwendig ist. Deshalb ist die erste Phase der Lehrer*innenbildung an der Universität verortet (vgl. Herzmann & J. König 2016: 134). Dies zeigt sich besonders in den Studiengängen, in denen Lehrpersonen das gleiche Curriculum absolvieren wie Studierende, die die reine Fachwissenschaft studieren (vgl. ebd.: 138).

Kollektivorientierung zeigt sich *zum einen* darin, dass das, was Lehrpersonen und Schule anstreben, nur unter Mitwirkung der Schüler*innen erfolgreich sein kann. Die Annahme, dass Professionelle und Klient*innen *a common enterprise* (vgl. auch Dreeben 1973: 457) verfolgen, komplementäre Verpflichtungen haben und gewisse Ziele teilen, findet sich aktuell sowohl in professionstheoretischen Ansätzen als auch in den Angebots-Nutzungs-Modellen von Unterricht (vgl. M. Hess & Lipowsky 2016: 151–152). Hierbei wird darauf aufmerksam gemacht, dass das Gelingen professionellen Handelns nicht allein vom Handeln der Lehrpersonen abhängt, sondern auf die Mitwirkung der Schüler*innen angewiesen ist: „Unterrichtliche Lerngelegenheiten sind immer das Ergebnis sozialer Ko-Konstruktion, an denen Schüler und Lehrkräfte beteiligt sind" (Baumert & Kunter 2006: 477; vgl. auch Kurtz 2009: 47). Im strukturtheoretischen Ansatz wird dies mit dem Begriff des Arbeitsbündnisses gefasst (vgl. Helsper 2016a: 109–110). Das gemeinsame Ziel betrifft dann „die Ermöglichung, die Erhaltung oder die Wiederherstellung von Bildung und autonomer Lebensführung im weitesten Sinne" (Helsper 2019: 16), wobei Bildung und ggf. Autonomie als die zentralen Werte verstanden werden können, mit denen die Lehrer*innenprofession befasst ist. Bei Parsons (1978a: 46)

3 Parsons' Bildungssoziologie

gilt dementsprechend „education" als „*common* value[]" (H. i. O.). Hinsichtlich der akademischen Profession konstatiert er „th[e] fiduciary function with respect to knowledge and competence" (Parsons 1975: 272). Je nachdem, welcher Stellenwert kognitiver Rationalität in der Schule und der Lehrer*innenprofession zugesprochen wird, kann dieser Wert als Zentralwert gelten, für den Lehrpersonen als Treuhänder*innen fungieren.

Zum anderen ist Kollektivorientierung im Sinn eines Schutzes vor Ausbeutung relevant. Das heißt, dass berufsethische oder -rechtliche Standards existieren, die dem Verfolgen von Eigeninteresse Grenzen setzen. Bei Schüler*innen als noch nicht autonom handelnden Erwachsenen wäre die Gefahr der Ausbeutung besonders groß. Das staatlich beaufsichtigte Schulwesen und die kostenlose Bildung bzw. die Bezahlung der Lehrpersonen unabhängig von den einzelnen Schüler*innen und ihrer Finanzkraft können als Schutz vor solch einer Ausbeutung aufgefasst werden.

Parsons (1978a: 42–43) macht des Weiteren auf die Unsicherheit und Unplanbarkeit professionellen Handelns aufmerksam (vgl. auch Dreeben 1973: 458), wie es vor allem der strukturtheoretische Ansatz betont (vgl. Cramer 2019: 138–139; Helsper 2004: 62–63, 73–74; allgemein Kurtz 2009: 46–53). Parsons' Gedanke, dass Professionelle Klient*innen unterstützen, wieder in die Normalität zurückzukehren, findet sich ebenfalls im strukturtheoretischen Ansatz, in dem Professionen die Krisenlösung der Klient*innen unterstützen (vgl. Helsper 2019: 92–93).

Trotz allem sind hinsichtlich der Lehrer*innenprofession auch Abweichungen von Parsons' Professionsideal zu konstatieren. Bezugspunkt professionellen Lehrer*innenhandelns sind nicht allein individuelle Personen, sondern vor allem Gruppen von Individuen (vgl. Terhart 2011: 205; Kurtz 2009: 49). Außerdem suchen Schüler*innen die Professionellen nicht wie andere Klient*innen freiwillig, sondern zwangsweise auf (vgl. Terhart 2011: 205; Kurtz 2009: 52). Abweichungen zeigen sich überdies bei der Frage nach der Autonomie der einzelnen Lehrpersonen wie des Berufsstands insgesamt und damit bei der Frage, ob dieser Berufsstand als Kollegialvereinigung oder nicht eher als bürokratisch verfasst angesehen werden kann (vgl. Herzmann & J. König 2016: 31; Terhart 2011: 204).

Mit den bisher genannten Aspekten allein würde Parsons heute kaum etwas Neues zu sagen haben; es lässt sich lediglich feststellen, dass bestimmte Ideen oder Konzepte des aktuellen Diskurses um die Lehrer*innenprofession schon bei Parsons anzutreffen sind. Die möglicherweise innovative Kernidee von Parsons' Professionskonzept mit Bezug auf das Lehramt scheint jedoch in der Bedeutung kognitiver Rationalität zu liegen. Damit ist die Lehrer*innenprofession in dreierlei Hinsicht befasst, was die Zwischenstellung dieser Profession zwischen sozialen und kulturellem Bezug wieder aufgreift (s. S. 240).

3.6 Professionen

Ein *erster* Aspekt bezieht sich auf die in der Schule stattfindende inhaltliche Bildung; hier streben Lehrpersonen die Vermittlung bestimmter Wissens- und Kompetenzbestände an. Sie vermitteln Teile des Kultursystems und fungieren daher als Treuhänder*innen der das entsprechende Wissen kennzeichnenden kognitiven Rationalität. Dies ist der kulturelle Bezug kognitiver Rationalität in der Lehrer*innenprofession.

Der *zweite* Aspekt verweist auf den sozialen Bezug kognitiver Rationalität. Es geht um die Anwendung kognitiver Rationalität, also wissenschaftlichen Wissens und entsprechender Kompetenzen, auf das praktische Handeln der Professionellen. Bezogen auf die Lehrer*innenprofession bedeutet dies: Das praktische Handeln von Lehrpersonen (Unterrichten, Erziehen, Bewerten usw.) fußt auf kognitiver Rationalität. Damit unterstreicht Parsons die Professionalisierungsnotwendigkeit des Lehrer*innenhandelns, die Notwendigkeit eines wissenschaftlichen Habitus und einer universitären Bildung sowie die Wissenschaftlichkeit in Wissens- und Kompetenzbereichen wie Pädagogik, Psychologie und Fachdidaktik. Dies rekurriert auf seine Auffassung, ein Teil der Profession müsse sich den der Profession zugrunde liegenden Wissensbeständen widmen (s. S. 238).

Der entscheidende Punkt liegt in einem *dritten* Aspekt. So wie in der Universität kognitive Rationalität Gegenstand der Sozialisation ist, also Hochschullehrende Studierende vor allem implizit mit diesem Wert konfrontieren, so gilt dies in abgeschwächter Weise für die Schule. Lehrpersonen fungieren in der Schule als Treuhänder*innen kognitiver Rationalität,[98] indem sie selbst entsprechend pädagogisch oder fachdidaktisch handeln und indem sie die Inhalte auf Basis dieses Werts zum Gegenstand von Unterricht machen. Vermittelt über diese beiden Aspekte konfrontieren sie Schüler*innen implizit mit dem Wert kognitiver Rationalität. Wird also hinsichtlich der ersten beiden Aspekte von einer wissenschaftlichen Fundierung der Lehrer*innenprofession ausgegangen, so erweitert Parsons dies um die implizite Dimension, dass Lehrpersonen als Treuhänder*innen kognitiver Rationalität auftreten (sollen), was noch deutlicher für die akademische Profession gilt (als innovativ für die Charakterisierung von Professionen allgemein betrachtet bei Wenzel 2005: 53). Beide Professionen sind nicht nur wissenschaftlich fundiert, sondern kognitiver Rationalität als Zentralwert verpflichtet.

Die Frage nach Wissen und kognitiver Rationalität für die Lehrer*innenprofession lässt sich weiterverfolgen, indem zunächst genauer auf den aktuellen Diskurs zur Professionalität von Lehrpersonen eingegangen wird. Wissen spielt in allen drei zentralen Ansätzen zur Lehrer*innenprofessionalität eine Rolle (vgl. für den

---

[98] Eine Parallele lässt sich im Wert der Demokratie finden, für den Lehrpersonen in der Schule ebenfalls als Treuhänder*innen fungieren.

3 Parsons' Bildungssoziologie

im Folgenden nicht näher betrachteten berufsbiographischen Ansatz Fabel-Lamla 2018: 91–92). Zugleich wurde und wird allerdings die Wissen(schaft)sbasierung der Lehrer*innenprofession bezweifelt (vgl. Terhart 2011: 205), nicht zuletzt bedingt dadurch, dass pädagogisches Wissen alltäglicher und präsenter wird (vgl. Combe & Helsper 2016: 39–40).

Am deutlichsten ist die Relevanz von Wissen im kompetenztheoretischen Ansatz; hier erscheint Professionswissen – unterteilt in fachliches, fachdidaktisches und pädagogisches Wissen – neben affektiven und motivationalen Merkmalen als Grundelement der professionellen Kompetenz (vgl. J. König 2016: 136–137; Baumert & Kunter 2006: 481–496). Quer dazu liegt die Unterscheidung zwischen praktischem Wissen und Können sowie theoretisch-abstrakt-formalem Wissen. Bei Parsons steht vor allem der zweite Wissenstypus im Fokus (s. aber S. 238), der hauptsächlich als das Wissen der universitären Disziplinen aufzufassen ist.

Solches Wissen ist im strukturtheoretischen Ansatz durchaus nicht irrelevant (vgl. Helsper 2007: 574–575). Zunächst wird der Kern des Lehrer*innenhandelns in der Vermittlung von Wissen und Normen gesehen (vgl. Helsper 2016b: 108, 2007: 567–568). Für Lehrer*innenprofessionalität ist ferner entscheidend, dass Wissen nicht einfach blind, sondern einzelfallbezogen angewandt wird, was jedoch impliziert, dass solch klassifizierendes Wissen ebenfalls eine Rolle spielt (vgl. Helsper 2016b: 107–108, 2007: 577, 2004: 72–73). Wichtiger als bloßes Wissen ist in diesem Ansatz jedoch eine korrespondierende Haltung und Kompetenz, die im Begriff des wissenschaftlich-reflexiven Habitus zum Ausdruck kommt (vgl. Helsper 2016b: 107, 2001: 11–13). Lehrer*innenprofessionalität kann nicht auf Alltags-, sondern muss auf wissenschaftlichem Wissen beruhen und auf Basis dieses Wissens muss die eigene und fremde pädagogische Handlungspraxis reflektiert und kritisiert werden. Dies ergibt sich aus der hohen Verantwortung, die Lehrpersonen angesichts des Eingriffs in die Entwicklung von Heranwachsenden besitzen, und der Begründungspflichtigkeit des Lehrer*innenhandelns. Das universitäre Studium dient der Aneignung dieses Habitus. Wie bei Parsons geht es im Studium faktisch um den Erwerb einer auf kognitiver Rationalität beruhenden Haltung, die im eigenen Handeln wirksam wird, wobei Parsons dies nicht speziell auf das professionelle Handeln bezieht.

In beiden professionstheoretischen Ansätzen spielen also Wissen und seine Umsetzung im Handeln im Sinn von Kompetenz und eine darauf Bezug nehmende habituelle Haltung als Grundlage des professionellen Handelns und seiner Reflexion eine bedeutende Rolle. Was die Bestimmungsansätze zur pädagogischen Professionalität allerdings außen vor lassen, ist der oben genannte dritte Aspekt: Dass die Aneignung von Wissen und wissenschaftlicher Haltung nicht nur für das pädagogisch-professionelle Handeln unumgänglich ist, sondern auch für das Ziel von Schule und Unterricht, Schüler*innen mit dem Wert kognitiver Rationalität zu konfrontieren. Dies könnte im strukturtheoretischen Ansatz als Teil der Normenvermittlung aufgefasst werden, sodass kognitive Rationalität Wissens- und Normenvermittlung verbindet, wie sie bei Parsons Sozialisation und Bildung als die beiden Teilfunktionen von Schule verbindet (s. S. 179 und 266). Im Sinn des kompetenztheoretischen Ansatzes ließe sich kognitive Rationalität auf die Wertbindung und die Professionsmoral beziehen (vgl. Baumert & Kunter 2006: 497–498).

3.6.4 Kritik

Parsons' Professionsansatz war (vgl. Barber 1985: 211) und ist ein einflussreicher Ansatz in der Professionssoziologie bzw. -theorie; Letzteres wird in aktuellen Einführungen und Übersichtsbeiträgen deutlich, in denen auf ihn rekurriert wird (s. S. 139). Zugleich ist sein Ansatz kritisch diskutiert worden (vgl. speziell zur Kritik in der Medizinsoziologie Gerhardt 1991: v. a. 162–169). So wird heute eine scharfe Abgrenzung von Professionen und anderen Berufen über bestimmte Merkmale, so wie es Parsons handhabt, als fragwürdig angesehen (vgl. Helsper 2019: 53–54; Ackroyd 2016: 16, 26; Combe & Helsper 2016: 10, 19; Mieg 2016: 28; Evetts 2011: 3–4, 6; Macdonald 1995: 6), zum Beispiel weil nicht genau klar ist, wann die einzelnen Merkmale als erfüllt gelten (vgl. Brante 2011: 6–7) oder weil ihr Nutzen für die Analyse von Professionen offen ist. Weiterhin steht heutzutage weniger das Konzept der Profession als die Konzepte der Professionalität und der Professionalisierung im Fokus; hinsichtlich des Konzepts der Profession geht es außerdem eher um die Frage, wie sich Professionen diesen Status als Professionen erhalten (vgl. Mieg 2016: 29; Evetts 2003: 396; Macdonald 1995: 7–8).

Dennoch sind die Charakteristika von Professionen, die Parsons herausarbeitet, im heutigen Diskurs weiterhin anzutreffen, so der Wissenschaftsbezug der Professionen einschließlich entsprechender Ausbildung und Zertifizierung (vgl. Helsper 2019: 14–15; Ackroyd 2016: 16; Stichweh 2013d: 260; Brante 2011; Kurtz 2009: 45; Stock 2005b: 84; Evetts 2003: 397; Macdonald 1995: 1, 157–186) – dies besonders in wissenssoziologischen Ansätzen und im Expertise-Kompetenz-Modell (vgl. Helsper 2019: 64–67, 71–79) –, ihre Gemeinwohlorientierung (vgl. Mieg 2016: 33–34; Pfadenhauer 2016) und ihre Autonomie (vgl. Mieg 2016: 31–33).[99] Hierbei werden einzelne Merkmale allerdings auch als nicht (mehr) zutreffend oder als nicht für die Abgrenzung geeignet angesehen, zum Beispiel Autonomie, Gemein-

---

[99] Bei Mieg (2016: 28–29) hängen drei seiner vier diskutieren Abgrenzungsmerkmale – Autonomie, Abstraktheit und Altruismus – mit Parsons zusammen, wiewohl er Parsons nur mit Blick auf das Merkmal des Altruismus nennt.

3 Parsons' Bildungssoziologie

wohlorientierung, Zentralwertbezug oder Kollegialvereinigung (vgl. Mieg 2016: 29; Brante 2011: 7–8; Evetts 2011: 5). Die bereits bei Parsons in den Blick genommene Unsicherheit des Erfolgs professionellen Handelns findet sich ebenfalls im Diskurs (vgl. Helsper 2019: 89; Kurtz 2009: 46–53; Macdonald 1995: 164–167).

Die Wissen(schaft)sfundierung ist das Charakteristikum, das von allen Ansätzen und Autor*innen thematisiert wird (vgl. Helsper 2019: 117; Schützeichel 2018: 2; Abbott 2000: 7; Macdonald 1995: 157). Dementsprechend zeigt Brante (2011: 9–19), dass der Wissenschaftsbezug von Professionen das zentrale Unterscheidungskriterium ist, das die anderen Kriterien wie Autonomie oder hohen Status erklärt. Denn Professionen gelten qua Wissensbasis als höchste Autorität in einem bestimmten Berufsfeld, wie früher der Klerus. Wissenschaftsbezug bei Professionellen bedeutet, dass sie „an der Genese, der Selektion und der Bewertung des Wissens selbstorganisiert beteiligt" (Schützeichel 2018: 7) sind, im Gegensatz zu Expert*innen, die (wissenschaftliches) Wissen lediglich anwenden.

Der zentrale Kritikpunkt an Parsons' Professionstheorie besteht darin, dass sie als zu idealistisch angesehen wird und daher für die Realität und das Scheitern professioneller Praxis nur bedingt aussagekräftig ist.[100],[101] Das ideale Modell fängt, weil es ein Modell ist und zugleich eine optimistische Haltung gegenüber Professionen verkörpert, kaum ein, ob oder dass Professionelle auch nicht-wissenschaftlich handeln, Klient*innen und Professionelle nicht zusammenwirken oder Professionelle die Regeln ihres Berufsfelds, die eine Ausbeutung der Klient*innen verhindern sollen, unterlaufen (vgl. B. S. Turner 1993: 15). Im Zusammenhang damit ist ein anderer Vorwurf an Parsons' Professionstheorie ihre mangelnde empirische Fundierung (vgl. Barber 1985: 211, 220).[102]

Parsons bewertet somit Werte über und vernachlässigt Interessen, d. h. die nicht den Werten des Berufsfelds entsprechenden, zum Beispiel profit- oder selbstorientierten Interessen von Professionellen, oder die Macht über die Klient*innen, die sie missbrauchen können (vgl. Gerhardt 1991: 186–187, 197–199; Barber 1985; Dingwall 1983: 7) – Aspekte, die in macht- und konflikttheoretischen Perspektiven auf Professionen bzw. Ansätzen, in denen Professionalität als Ideologie gesehen wird, stärker diskutiert werden (vgl. Helsper 2019: 61; Evetts 2003:

---

[100] Im Kontrast dazu beispielsweise Oevermann (2016: 135–140) mit der Unterscheidung von Professionalisiertheit und Professionalisierungsbedürftigkeit.

[101] Im Folgenden bestätigt sich der in Kap. 3.4.3 vorausgeschickte Hinweis, dass sich Kritiken an einzelnen Teilen von Parsons' Bildungssoziologie wiederholen und daher später in Kap. 3.8.2 als übergreifende Kritik formuliert werden können.

[102] Dennoch beziehen sich empirische Untersuchungen auf Parsons. Ebert (2003) beispielsweise fragt auf Basis von Interviews mit Ärzt*innen danach, wie sich die von Parsons reklamierte, mithilfe der Orientierungsalternativen konzeptualisierte Beziehung zwischen Arzt*Ärztin und Patient*in je nach Spezifika der Akteur*innen (z. B. Haus- vs. Fachärzt*innen) und der Situation (z. B. Stadt vs. Land) unterscheidet.

3.6 Professionen

401–402). Allerdings ist darauf zu verweisen, dass Parsons' Konzept der Kollektivorientierung gerade als Schutz gegenüber Machtmissbrauch u. Ä. entworfen ist, weswegen solche Aspekte implizit mitgedacht sind. Mit dem potenziellen Machtmissbrauch verbunden ist die bei Parsons nicht weiter beachtete Frage der Kontrolle Professioneller, die bedingt durch den Wissensvorsprung und die besondere Verantwortung von Professionen im Sinn des Zentralwertbezugs notwendig, aber schwierig ist (vgl. Rüschemeyer 1973: 250–251).

Einen Ausweg aus Parsons' insgesamt optimistisch-idealtypischer Beschreibung professionellen Handelns bietet der Begriff der Professionalität. Er bezeichnet dann das tatsächliche Vorliegen der im Professionsbegriff unterstellten Ideale, beispielsweise also, dass Professionelle über wissenschaftliches Wissen verfügen und ihrem Handeln zugrunde legen (vgl. Helsper 2019: 49).

Das Herzstück von Parsons' Professionstheorie, Professionen als wissenschaftsbasierte und an kognitive Rationalität gebundene Berufe zu verstehen, ist allerdings auch für die Ansätze relevant, die Professionen weniger idealtypisch in den Blick nehmen. Auf diese Weise kann Parsons' Professionstheorie kritisch weiterentwickelt werden. Bei Abbott etwa bewegt sich professionelles Wissen zwischen den Polen der Konkretheit und der Abstraktheit. Aus abstraktem Wissen ergeben sich die praktischen Fähigkeiten. Nur die Kontrolle dieses abstrakten Wissens ermöglicht es allerdings, dass Professionen Probleme und Aufgaben (um-)definieren können, die Gegenstand der Profession sind, sodass dadurch das Tätigkeitsfeld der Professionen insgesamt kontrolliert und gegenüber anderen Berufen oder Professionen ‚verteidigt' werden kann (vgl. Abbott 2000: 8–9, 102–104). Abstraktion gilt Abbott daher als Kernmerkmal der Professionen. Im Hinblick auf den Nutzen oder die Notwendigkeit wissenschaftlichen Wissens für das professionelle Handeln macht er anders als Parsons darauf aufmerksam, dass hierauf auch aus Gründen des Prestiges und der kulturellen Legitimierung Bezug genommen wird (vgl. ebd.: 53–55).

Das Wissen der Professionen hängt also, wie sich schon bei Brante zeigte, mit anderen Charakteristika von Professionen zusammen. Durch Wissen und die damit einhergehende Autorität kann die Profession Autonomie wahren, d. h. den Zugang zur Profession regeln oder neue Problemfelder als Teil ihrer Profession definieren. Wissen ist somit nicht nur – wie bei Parsons – wünschenswertes Ideal des professionellen Handelns, sondern auch ein Mittel des Selbsterhalts der Profession als Profession sowie ein Mittel, um sich soziale und ökonomische Vorteile zu verschaffen (vgl. Macdonald 1995: 9–11, 30, 34, 184–185).

Bei aller Kritik an der idealtypisch-optimistischen Sichtweise von Parsons – ein solch idealtypisches Modell kann gerade dazu dienen, Abweichungen vom Ideal kenntlich zu machen (vgl. Ackroyd 2016: 17; B. S. Turner 1993: 17; Bourricaud

1981: 47). Das heißt, erst vor dem Hintergrund der Kollektiv- oder Wissenschaftsorientierung beispielsweise wird davon abweichendes, nicht-professionelles Handeln sichtbar. Genauso formuliert es Parsons in einem Aufsatz zur juristischen Profession:

> „In the following brief discussion, a certain kind of abstraction will necessarily be observed. Some in particular, including some lawyers, will feel when I am through that too ‚rosy' a picture of the legal profession has been painted. […] A proper appreciation of the positive side of the case is an essential condition of evaluation of the other side of the coin." (Parsons 1954b: 371–372)

3.7 Modernisierung und Bildungsrevolution

Drei Revolutionen kennzeichnen nach Parsons die Modernisierung: die industrielle, die demokratische und die Bildungsrevolution (s. S. 112). Greifbar wird die Bildungsrevolution in den Anteilen der Bevölkerung, die Einrichtungen des Bildungswesens besuchen, d. h. Schulen und Universitäten. Für die Vereinigten Staaten zeigt Parsons auf, dass ein immer größerer Anteil der Menschen an immer höherer Bildung teilhatte und immer höhere Bildungsabschlüsse erlangte, die Zeit, die Menschen mit Bildung verbringen, sich verlängerte und Menschen das Bildungswesen immer später verließen (vgl. Parsons 1978d: 97–98, 1971a: 238–239, 1971d: 95, 1966b: 39–40; Parsons & Platt 1973: 3–4, 1970: 4–6; Parsons & White 1970: 209). Zunächst ist es spätestens ab der Mitte des 19. Jahrhunderts bis um etwa 1900 zur weitgehenden Universalisierung der Elementarbildung gekommen, was Parsons (1971a: 238) als „unprecedented movement" kennzeichnet:

> „To attempt to educate the *whole* population was a radical departure. Formal education has had a long history, but until the educational revolution it was limited to a small proportion of any generation and generally of much shorter duration than it is today." (Parsons 1971d: 95, H. i. O.)

Zugleich begann bereits die Universalisierung der Sekundarbildung, sodass schon zwei Drittel der 1940 bis 1944 Geborenen einen *High-School*-Abschluss erlangten und Mitte dieses Jahrhunderts eine abgeschlossene *high school* als „general norm for the *whole* population" (Parsons 1971a: 238, H. i. O.; vgl. auch Parsons 1959b: 32) galt. Schließlich hat sich die Hochschulbildung weiter verbreitet, wobei auch die Anzahl hochschulischer Einrichtungen gestiegen ist.

Diese Entwicklung stellen in ähnlicher Weise auch andere Autor*innen für die Vereinigten Staaten fest (vgl. Goyette 2017: 23–27, 41–42; Sadovnik & Semel 2010: 3; Schreiterer 2008b: 35, 69; Collins 1971: 1004). Im Jahr 1940 beispielsweise besuchten 95 % der 7- bis 13-Jährigen eine Schule (vgl. T. D. Snyder, Brey & Dillow

3.7 Modernisierung und Bildungsrevolution

2019: 28). Von den 14- bis 17-Jährigen waren es zu diesem Zeitpunkt 79 %; dieser Anteil stieg im Lauf der letzten Jahrzehnte auf 95 % im Jahr 2018 (vgl. ebd.). Seit 1940 stieg des Weiteren der Anteil der 25- bis 29-Jährigen, die über einen *High-School*-Abschluss verfügen, von 38 % über 85 % im Jahr 1980 auf 93 % im Jahr 2018 (vgl. T. D. Snyder, Brey & Dillow 2019: 33; auch Dichanz 1991: 41). Der Anteil derer, die einen Bachelor- oder einen höheren Abschluss erreichen, stieg im gleichen Zeitraum von 6 % über 23 % auf 37 % (vgl. T. D. Snyder, Brey & Dillow 2019: 33). Die Entwicklung spiegelt sich in den absoluten Zahlen ebenfalls wider. Im Jahr 1870 gab es 53 000 Studierende, 600 000 im Jahr 1920, 3,6 Millionen im Jahr 1960, 11,6 Millionen im Jahr 1980 und 20,3 Millionen im Jahr 2010 (vgl. ebd.: 220). Entsprechend stieg die Anzahl der Hochschulen von knapp 1000 im Jahr 1920 über 2000 im Jahr 1960 und 3200 im Jahr 1980 auf 4500 im Jahr 2010 (vgl. ebd.); seit 2010 gibt es bei den genannten Parametern allerdings zum Teil Rückgänge.

Diese quantitativen Veränderungen lassen sich auch mit dem Begriff der *Bildungsexpansion* beschreiben. Dieser Begriff bezeichnet allgemein die Expansion des Bildungssystems, der Bildungsgelegenheiten und der Nachfrage nach Bildung (vgl. Hadjar & R. Becker 2017: 211), konkreter die „*gestiegene Bildungsbeteiligung, längere Verweildauer im Bildungssystem und beschleunigte Zunahme höherer Schulabschlüsse*" (Hadjar & R. Becker 2006: 12, H. i. O.); in Deutschland ist vor allem die Expansion nach dem Zweiten Weltkrieg gemeint (vgl. Herrlitz et al. 2009: 181–188). Auf einen größeren Zeitraum bezogen lassen sich für Europa drei Phasen der Bildungsexpansion feststellen, die der Beschreibung Parsons' ähneln (vgl. W. Müller, Steinmann & R. Schneider 1997: 178; ähnlich Fend 2006a: 202–204; konkrete Zahlen zur Bildungsexpansion in Deutschland bei Tenorth 2019: 77; Teichler 2018: 518; R. Becker 2017: 103–104; R. Geißler 2014: 335–337; R. Becker & Hadjar 2013: 514–516; Baumert & Schümer 2002: 159–161; Lundgreen 2000: 148, 150). Die *erste* Phase von 1870 bis zum Ersten Weltkrieg war gekennzeichnet von der Entwicklung eines säkularen Schulsystems,[103] in der die Schulpflicht durchgesetzt wurde[104] und es zur Expansion des Elementarschulwesens kam. In der *zweiten* Phase vom Ersten bis zum Zweiten Weltkrieg expandierte das weiterführende Schulwesen (Zahlen hierzu bei Tenorth 2019: 70). Dies setzte sich in der *dritten* Phase nach dem Zweiten Weltkrieg fort, in der sich überdies der tertiäre Bereich der Hochschulbildung ausdehnte.

W. Müller, Steinmann und R. Schneider (1997: 199–204) vergleichen im Erhebungsjahr 1992 die Bildungsbeteiligung verschiedener Alterskohorten (d. h.

---

[103] In Deutschland endet die kirchliche Schulaufsicht mit der Weimarer Verfassung 1919 (vgl. Tenorth 2019: 68).

[104] Als deren Resultat ist die „Alphabetisierung des größten Teils der Bevölkerung […] schon um 1870 in Preußen-Deutschland zu einer erwartbaren Tatsache geworden" (ebd.: 59).

3 Parsons' Bildungssoziologie

querschnittlich) in diversen europäischen Ländern. Dabei nimmt der Anteil der Personen in einer Kohorte, die einen Hochschulabschluss haben, über die Kohorten hin zu (vgl. W. Müller, Steinmann & R. Schneider 1997: 201–202). Je jünger also die Kohorte, desto höher die Hochschulabsolvent*innenquote. Parallel dazu nimmt der Anteil der Personen ab, die lediglich über einen Primarschulabschluss oder einen Abschluss der Sekundarstufe I verfügen (vgl. ebd.: 203–204). Dieser Entwicklung entsprechend, aber über Europa hinausgehend, lässt sich Schule als evolutionäre Universalie (s. S. 112) auffassen, die sich weltweit verbreitet hat (vgl. Herrlitz, Hopf & Titze 1997: 56; Adick 1992: 145).

Die Bildungsexpansion führt des Weiteren zu einer Höherqualifizierung der Erwerbstätigen (vgl. R. Geißler 2014: 340–342; für die Vereinigten Staaten Collins 1971: 1003), bei Parsons und White (1970: 206) als *upgrading* von Kompetenzen, Qualifikationen und Verantwortung der Berufstätigen bezeichnet. Waren 1957 in Westdeutschland 42 % der Erwerbstätigen ungelernt, sind es 2010 nur noch 21 % (vgl. R. Geißler 2014: 341). Parallel dazu vergrößerte sich der Anteil der Erwerbstätigen mit Qualifikation jeweils, zum Beispiel stieg der Anteil der Erwerbstätigen mit Hochschulabschluss in Westdeutschland von 3 % im Jahr 1957 auf 11 % im Jahr 2011 (vgl. ebd.). Für die Bevölkerung insgesamt lässt sich mit dem Bildungsbericht 2018 ebenso ein steigender Bildungsstand feststellen (vgl. Autorengruppe Bildungsberichterstattung 2018: 55 und Tab. B5-5web): Wird die Bevölkerung ab 15 Jahren im Jahr 2016 betrachtet, so zeigt sich querschnittlich durch die Altersgruppen das steigende Bildungsniveau.

In Bezug auf die bereits thematisierte Debatte um Meritokratie und Bildungsungleichheit lässt sich konstatieren, dass trotz Bildungsexpansion Bildungsungleichheit weiterhin vorliegt (vgl. R. Becker & Hadjar 2017: 46–47; Hadjar & R. Becker 2017: 221; R. Geißler 2014: 348–357; Baumert & Schümer 2002: 163; für die Vereinigten Staaten Sadovnik & Semel 2010: 4–5): „Insgesamt erbrachte die Bildungsexpansion zwar einen *Zuwachs an Bildungschancen für alle Sozialgruppen*, aber *keinen umfassenden Abbau der sozialen Ungleichheit von Bildungschancen*" (R. Becker & Lauterbach 2016: 6, H. i. O.; vgl. zum Befund abnehmender sozialer Bildungsungleichheit Lundgreen 2000: 153–163; W. Müller & Haun 1994). Beispielsweise lässt sich beim Zugang zum Gymnasium zumindest ein Rückgang der Ungleichheit bezüglich sozialer Herkunft feststellen. Im Jahr 1965 hatten Kinder von Beamt*innen eine 19-fach höhere Chance als Arbeiter*innenkinder, das Gymnasium zu besuchen, im Jahr 2000 eine 7-fach höhere Chance (vgl. R. Becker & Lauterbach 2016: 4). Ungleichheiten haben sich außerdem vom Sekundär- in den Tertiärbereich verlagert (vgl. R. Becker 2017: 103–105; Hadjar & R. Becker 2017: 221–223; R. Geißler 2014: 356).

3.7 Modernisierung und Bildungsrevolution

Indiz für die Bildungsrevolution sind jedoch nicht nur quantitative, sondern auch qualitative Aspekte, bezogen auf das Ansehen von Bildung in der Gesellschaft (vgl. Parsons 1970i: 157, 1966b: 42; Parsons & Platt 1970: 4, 6, 1968a: 499). Dazu zählt vor allem ein Glaube daran, dass Bildung allgemein für die Gesellschaft und zur Lösung gesellschaftlicher Probleme wichtig ist, das Ansehen gegenüber Inhaber*innen von Bildungstiteln sowie ihre wahrgenommene Bedeutung für die Arbeitswelt. Bildung erscheint als Grundvoraussetzung für beruflichen Erfolg (s. S. 228); so gilt in den Vereinigten Staaten ein *College*-Abschluss als notwendiges Minimum für eine Berufslaufbahn (vgl. Schreiterer 2008b: 16). Dementsprechend gibt es einen Druck in Richtung längerer Teilhabe an Bildung bzw. des Erwerbs höherer Bildungsabschlüsse. Qualitativ besteht das Ergebnis der Bildungsrevolution nach Parsons und Platt (1973: 3) auch in der erhöhten Fähigkeit der Menschen und der Gesellschaft, Wissen zu nutzen und rational zu handeln. Außerdem sind die Standards für berufliche Kompetenzen zunehmend wissenschaftsbezogen (vgl. Parsons & White 1970: 208).

Für die Universität macht Parsons über die Zahlen hinausgehend auf weitere Entwicklungen aufmerksam. Mit Blick auf die universitären Disziplinen, die in Europa ihren Anfang in den vier klassischen Disziplinen Theologie, Jura, Medizin und Philosophie hatten (vgl. Parsons 1968c: 541), ist vor allem die Bedeutungszunahme der Sozial- und Verhaltenswissenschaften bemerkenswert (vgl. ebd.). Es kam demnach zu einer Verbreiterung des universitären Fächerspektrums, was mit curricularen Veränderungen und Spezialisierungen einherging (vgl. Parsons & Platt 1968a: 500). Erwähnenswert ist weiterhin die für die Entwicklung der Universität als Bildungseinrichtung relevante Bedeutungszunahme von Forschung, ihre Institutionalisierung innerhalb der Universität und damit verbunden eine Professionalisierung von Forschung und Wissenschaft, was sich in den Vereinigten Staaten in der zweiten Hälfte des 19. Jahrhunderts vollzog (vgl. Parsons 1978b: 117, 1978e: 134, 1971a: 238; Parsons & Platt 1968a: 514). Denn ursprünglich waren die Universitäten *undergraduate colleges*, zu denen *graduate colleges* hinzutraten, sodass beide nebeneinander bestanden, sich dabei überlappten und symbiotisch voneinander abhingen (vgl. Parsons 1978d: 100, 1978e: 135; Parsons & Platt 1968a: 516). In der Folge ist es zu „a qualitative upgrading" (Parsons 1971a: 239) der Forschung gekommen. Verbunden mit der allgemein zunehmenden Wertschätzung gegenüber Bildung manifestiert sich dies in steigenden Ausgaben für die Ausstattung von Universitäten und in Bemühungen, das akademische Personal für Forschung und Lehre besser zu qualifizieren, vor allem durch Ph.D.-Programme (vgl. Parsons & Platt 1968a: 499–500). Schließlich entstanden bis 1910 viele heute bekannte wissenschaftliche Fachgesellschaften, die auf die Einhaltung wissenschaftlicher Gütestandards achteten, indem sie die Bedeutung von Leistung und

3 Parsons' Bildungssoziologie

universalistischen Standards stärkten (vgl. Parsons 1978b: 117, 1978d: 98; Parsons & Platt 1970: 5).

Bisher war allein das Bildungswesen als solches im Blickfeld, ohne auf seine Zusammenhänge zu anderen Bereichen der Gesellschaft einzugehen. Doch die Bildungsrevolution ist Ausdruck eines Prozesses der Differenzierung (s. zu diesem Begriff S. 110). Zunächst hat sich innerhalb des Kultursystems Wissenschaft „from diffuse religious, moral, and aesthetic matrices" (Parsons 1971a: 245) differenziert, d. h., es bildeten sich, beginnend im Zeitalter der Aufklärung, intellektuelle Disziplinen in Abgrenzung zur Religion (vgl. Parsons 1971d: 94–95, 101, 1968c: 537; Parsons & Platt 1968a: 498–499). Innerhalb des Sozialsystems Gesellschaft kam es dann zu einer Differenzierung der Bildungseinrichtungen – einerseits in Abgrenzung zu Familie und Verwandtschaft, andererseits in Abgrenzung zu Religion und Kirche (vgl. Parsons 1971a: 245, 1970f: 203, 1968d: 173–174, 192; Parsons & Platt 1968b: 1-5; auch Stichweh 2013e: 154; B. S. Turner 1993: 4).

Eine weitere Differenzierung, besser bezeichnet als eine Autonomisierung, lässt sich für das Hochschulwesen feststellen, und zwar in Form einer zunehmenden Unabhängigkeit „from ‚practical' demands, levied most often by political and economic needs" (Parsons 1968d: 174; vgl. auch Parsons 1978b: 124; Parsons & Platt 1968a: 498). Anders formuliert entstand eine Universität, „which is relatively insulated from the direct influence of many societal demands and needs" (Parsons & Platt 1968a: 503). Ergebnis dieser Autonomisierung ist die Wissenschaftsfreiheit, wodurch dem Wert kognitiver Rationalität in der Universität höhere Bedeutung beigemessen wird als in anderen Bereichen der Gesellschaft (vgl. ebd.: 523; s. S. 172).

Nachdem die Bildungsrevolution im Allgemeinen und die Veränderung des Hochschulwesens im Besonderen nachgezeichnet sind, ist zu fragen, wie es dazu gekommen ist (vgl. zu Erklärungen der Bildungsexpansion Hadjar & R. Becker 2017: 216–219; W. Müller, Steinmann & R. Schneider 1997: 179–185). Denn es ist erklärungsbedürftig, wie „a system which does not by its own direct efforts generate large wealth, as industry does, nor in its own right command a great deal of ‚political' power, could have grown to such proportions so rapidly" (Parsons & Platt 1968a: 511). Parsons (1978b: 119) weist eine populäre Erklärung dafür zurück (vgl. auch Parsons 1978d: 99; B. S. Turner 1993: 7–8):

> „This is the notion that the development of knowledge, particularly in the sciences, which can be technologically applied, occurred in the first instance as a purely economic investment on the part of the business interests who expected to benefit from the technological results."

Stattdessen sieht Parsons zwei andere Gründe als relevant an. Zum einen ist im asketischen Protestantismus „a predisposition for rational intellectual culture"

3.7 Modernisierung und Bildungsrevolution

(Parsons 1978b: 120) angelegt; die protestantische Ethik regt sowohl ökonomischen als auch kognitiv-intellektuellen Fortschritt an (vgl. ebd.: 121). Zum anderen haben Überlegenheit und Ansehen der europäischen Kultur Nachahmungseffekte oder Aufholbemühungen zur Folge gehabt, sodass bestimmte Akteur*innen in den Vereinigten Staaten die Expansion des Hochschulwesens bzw. kultureller Einrichtungen allgemein (wie Museen oder Orchester) forciert haben (vgl. Parsons 1978b: 120, 126–129, 1978d: 98–99); für diese Begründungen legt Parsons jedoch „nur sehr wenige Belege" (Joas 1980: 243) vor. Gegen die These einer ökonomischen Triebfeder wendet Parsons (1978b: 131–132) weiterhin ein, dass es, falls die These doch zutreffen sollte, unplausibel ist, warum sich die Teile des Universitätssystems mit unmittelbarem ökonomischen Nutzen nicht stärker von den übrigen Bereichen der Universität ausdifferenziert haben. Das Gegenteil war der Fall, indem sich Einrichtungen wie das *Massachusetts Institute of Technology*, ursprünglich eine Art *professional school* für Ingenieur*innen, in Richtung einer Volluniversität mit einem breiten Fächerspektrum entwickelt haben.

Wirtschaftliche Gründe sind für die Erklärung der Bildungsrevolution nach Parsons dennoch nicht irrelevant. Da in immer mehr Berufen immer höhere Kompetenzen notwendig sind, steigt der Bedarf an Bildung bzw. an entsprechend gebildeten Personen für diese Berufe (vgl. Parsons 1971b: 430, 1970a: 23–24, 1961a: 279; auch Leschinsky & Roeder 1981: 138; Collins 1971: 1005). Insofern lässt sich die Bildungsrevolution als Reaktion auf die industrielle Revolution verstehen. Zugleich, und für Parsons wichtiger, ist jedoch die gegenteilige Wirkungsrichtung zu bedenken, dass also die Bildungsrevolution berufliche Kompetenzen erhöht und durch dieses Angebot eine entsprechende Nachfrage erzeugt (vgl. Parsons 1971d: 97; Stock 2005b: 82). Collins (1971: 1015) bestätigt dementsprechend empirisch, dass das höhere Angebot an Gebildeten die Bildungsvoraussetzungen für Jobs erhöht hat.

Ähnliches gilt mit Blick auf die demokratische Revolution (vgl. Parsons 1971a: 243, 1970a: 30–31, 45; Stock 2005b: 80–81; B. S. Turner 1993: 6), für die Bildung ebenfalls eine Folge wie eine Ursache war. Die demokratische Revolution versteht Parsons vor allem als Durchsetzung des Konzepts der Bürgerschaft, die juristische, politische, soziale und kulturelle (Gleichheits-)Rechte umfasst (s. S. 221). Bildung stellt mit Blick auf die sozialen Rechte eine Chancengleichheit her, sodass alle realistische Chancen auf wirtschaftlichen und beruflichen Erfolg haben (s. S. 226). Auch die Verwirklichung der kulturellen und demokratischen Rechte erfordert Bildung, damit dadurch eine Teilhabe am öffentlichen, medialen und politischen Diskurs, am gesellschaftlichen und politischen Leben möglich wird. Und wenn Bildung an sich in einer Gesellschaft höchst relevant ist, dann gehört die Teilhabe daran im Sinn einer Allgemeinbildung – unabhängig von Zusammenhängen zu sozialen oder demokratischen Fragen – ebenso zu den kulturellen Rechten (s. S. 226).

Bis hierhin ist deutlich geworden, dass Parsons dem Bildungswesen für den Prozess der Modernisierung eine entscheidende Rolle zuweist. Dies lässt sich weiter untermauern, wenn die einzelnen Aspekte von Parsons' Bildungssoziologie, wie sie in den Kap. 3.2 bis 3.6 entfaltet worden sind, in ihrer Bedeutung für die Modernisierung noch einmal zusammengefasst werden.

Grundsätzlich umfasst die Modernisierung, wie das vorliegende Kap. 3.7 zeigt, die *Expansion des Bildungswesens* sowie einen gesteigerten *Stellenwert* und ein erhöhtes *Ansehen von Wissen, Wissenschaft, Bildung und kognitiver Rationalität* innerhalb der Gesellschaft (vgl. Parsons 2016: 376, 1978b: 126, 1970a: 45, 1970i: 157), sowohl unabhängig von ihrem konkreten praktischen Nutzen als auch abhängig hiervon im Sinn von „an immense broadening in the application of technical knowledge in whole ranges of practical interests" (Parsons 1971a: 239). Dabei expandieren die konkreten Einrichtungen des Bildungswesens, die Universitäten und Schulen, die Wissen, kognitive Rationalität und die Fähigkeit, entsprechend zu handeln, innerhalb der Gesellschaft verbreiten und als deren Treuhänder zu verstehen sind (vgl. Parsons 1959c: 317; Parsons & Platt 1973: 3; auch Brüsemeister & T. Kemper 2019: 66). Innerhalb des Bildungswesens hat kognitive Rationalität trotzdem eine noch größere Bedeutung als in den übrigen Teilen der Gesellschaft (vgl. Parsons 1968d: 187).

Diese Sichtweise spiegelt sich auch im Diskurs um die Wissensgesellschaft wider (vgl. Vanderstraeten 2015: 308; Brock & Mälzer 2012: 23; zur Übersicht Bogner 2018: 173–194; Bittlingmayer 2001). Maßgeblich für dieses Konzept ist Daniel Bells These der Entstehung einer post-industriellen Gesellschaft (vgl. Bell 1973), auf die sich auch Parsons bezieht (vgl. Parsons 2016: 36, 1978b: 125–126, 1978e: 148; B. S. Turner 1993: 8). Neben der zunehmenden Bedeutung von Dienstleistungen auf Kosten der Beschäftigung in der Industrie und einer zunehmenden Bedeutung von Bildung für die Ausübung von Beschäftigung postuliert Bell (1973: 20), dass theoretisches, abstraktes Wissen im Fokus der post-industriellen Gesellschaft steht, nicht mehr die Produktion von Gütern wie in der industriellen Gesellschaft. Das heißt, nicht mehr industrielle, sondern wissenschaftliche Kapazität ist für wirtschaftlichen Erfolg entscheidend (vgl. ebd.: 117–118). Im Zuge dessen werden Universitäten, Forschungseinrichtungen usw. zu zentralen Einrichtungen der post-industriellen Gesellschaft.[105]

---

[105] Eine Zentralstellung dieser Einrichtungen wird andererseits dezidiert nur für die *Wissenschaftsgesellschaft* angenommen, wohingegen sich die *Wissensgesellschaft* dadurch auszeichnet, dass Wissen nicht mehr allein von Universitäten u. Ä. hervorgebracht wird, sondern auch in anderen Teilen der Gesellschaft (vgl. Bogner 2018: 190).

3.7 Modernisierung und Bildungsrevolution

Durch die Modernisierung nimmt des Weiteren die Bedeutung der *Professionen* zu (vgl. Parsons 1971d: 97, 1939: 457; Rüschemeyer 1973: 257). Diese expandieren, indem sie auf vormals nicht professionalisierte Tätigkeitsbereiche übergreifen, sodass in mehr Berufen kognitiv-rational gehandelt wird (vgl. Parsons 1968c: 537; auch Stock 2017: 359–360). Außerdem nimmt die Qualität der Ausbildung in den Professionen zu, indem diese Teil des Universitätssystems werden, was durch eine stärkere wissenschaftliche Fundierung eine Verbesserung der praktischen Tätigkeit bedingt (vgl. Parsons & Platt 1973: 227, 257, 1970: 6). Die Professionen spiegeln insgesamt eine sich wandelnde Berufswelt wider, in der weniger Berufe ungelernt ausgeübt werden können, höhere Qualifikationen nötig sind und die Arbeit häufiger in Organisationen stattfindet (vgl. Parsons 1978e: 151), und sind wie die Universität als Instanz der Verbreitung und als Treuhänder kognitiver Rationalität innerhalb der Gesellschaft zu verstehen (vgl. Parsons 1970a: 37). Wenn Mieg (2016: 36) formuliert, in der Wissensgesellschaft liege für Professionen ein Zentralwertbezug auf „Werte wie Innovation oder Bildung" vor, ließe sich mit Parsons kognitive Rationalität als Zentralwert ergänzen.

Universitäten und Professionen erscheinen bei Parsons somit als „the spearhead and culminating aspect of a major change in the nature and structure of modern societies" (Parsons 1978d: 96; vgl. auch Parsons 1978b: 125, 1968c: 545; Parsons & Platt 1973: vi). Sie führen im Übrigen zur Verbreitung des Musters der Kollegialvereinigung in der Arbeitswelt (vgl. Parsons 1978d: 113–114; Stock 2005b: 82–83; Wenzel 2005: 54–56) und stellen die Ansicht infrage, die Wirtschaft sei das Zentrum der Modernisierung (vgl. Parsons 1978d: 112–113). Parsons' Idee, dass Professionen kennzeichnend für die Modernisierung sind und damit eine immer höhere Bedeutung erlangen, wird von anderen Autor*innen insbesondere mit Blick auf Globalisierung, Technisierung oder der erhöhten Nachfrage nach Wissen aufgegriffen (vgl. Evetts 2011: 13–33, 2003: 396; zu solchen Veränderungsprozessen insgesamt Terhart 2011: 203; Abbott 2000: 143–211). Zugleich wird dem jedoch die These gegenübergestellt, dass Professionen mittlerweile beispielsweise wegen der dominierenden Logik des Markts oder der Einbettung der Professionellen in große Organisationen, in denen ihre Autonomie geringer ist, wieder an Bedeutung verlieren (vgl. Ackroyd 2016: 27–28; Evetts 2003: 396).

Die Modernisierung beeinflusst ferner die *soziale Stratifikation*. Parsons grundlegende Diagnose ist, dass Stratifikation in modernen Gesellschaften weniger auf Askription und Partikularismus beruht, sondern immer stärker auf Leistung und Universalismus (vgl. Parsons 1971d: 81, 86, 96–97, 119, 1970a: 14, 18, 1970f: 211–212, 1940: 852; Sciortino 2016a: 199; Münch 2004: 116–117; Cookson & Sadovnik 2002: 269; B. S. Turner 1993: 3). Hierfür nutzt Parsons (1971d: 95, 133) auch den Begriff der *Meritokratie*, wie er durch Young (1963) geprägt wurde. Meritokratie bedeutet,

3 Parsons' Bildungssoziologie

dass ‚Erfolg' von der eigenen Leistung abhängt und nicht die soziale Herkunft den (späteren) sozialen Status beeinflusst (vgl. R. Becker & Hadjar 2017: 35–36; Shifrer 2013: 461; Goldthorpe 2003: 234–235; Young 1963: 22; für eine differenzierende Erklärung des Leistungs- und Verdienstprinzips Nerowski 2018b: 453, 448–450). Im Sinn einer auf Bildung basierenden Meritokratie sollte es darüber hinaus keinen Zusammenhang zwischen sozialer Herkunft und Bildungserwerb, sondern nur zwischen Bildungserwerb und dem späteren sozialen Status geben (vgl. R. Becker & Hadjar 2017: 40–43). Die Idee der Meritokratie liegt sowohl der gesellschaftlichen als auch der schulischen Stratifikation zugrunde (s. S. 227). Für die Durchsetzung von Meritokratie innerhalb des deutschen Bildungswesens kann die Einführung des Abiturs als verbindliche Zugangsvoraussetzung zum Studium 1834 in Preußen gelten (vgl. Tenorth 2019: 60–61; Herrlitz et al. 2009: 34–35; Röbe 2008: 134–135; Herrlitz, Hopf & Titze 1997: 61–62).

Trotz allem haben nach Parsons, wie schon auf S. 209 erläutert, aufgrund der Existenz der Familie askriptive und partikularistische Einflussfaktoren weiter Bestand, sowohl für die Stratifikation in der Gesellschaft als auch innerhalb des Bildungswesens (vgl. Parsons 1971d: 96, 1970a: 18–21, 1966b: 43, 1959c: 299; Parsons & Platt 1970: 6, 9). Die diesbezügliche Empirie zeigt ebenfalls „parallel ascriptive and meritocratic factors in educational and status attainment" (Hadjar & R. Becker 2016: 252) und verweist damit darauf, dass Meritokratie nicht vollumfänglich realisiert ist (vgl. zum (internationalen) Überblick Goyette 2017: 62–72; Kerbo 2012: 347–391; Collins 1971: 1003, 1008). Goldthorpe (2003) wie Shifrer (2013: 461) sprechen daher zusammenfassend von einem „Mythos" der auf Bildung basierenden Meritokratie. In diesem Zusammenhang kann Schule dann kritisiert werden als ein Ort, der nicht meritokratisch ist, sondern die meritokratische Illusion aufrechterhält – so Bowles und Gintis (1976: 11).

Bereits erläutert wurde außerdem, dass Bildung Chancengleichheit für den beruflichen und gesellschaftlichen Status bedeutet (s. S. 226). Insofern führt die Expansion des Bildungswesens zu einer Verbreitung von Chancengleichheit und ermöglicht die Ablösung von Askription durch Leistung bzw. Meritokratie (vgl. Parsons 1971d: 95, 1970a: 18). Andersherum hängen beruflicher Erfolg und Status zunehmend von Bildung ab (vgl. Parsons 1971d: 101, 1970f: 211, 1966b: 42, 1954a: 436; Parsons & Platt 1968a: 502; Parsons & White 1970: 210; s. S. 228). Der Rückgang von Askription bedeutet zwar, dass alte Ungleichheiten verschwinden und neue Gleichheiten etabliert werden, zugleich entstehen jedoch neue Ungleichheiten, die auf universalistisch bewerteter Leistung beruhen (vgl. Parsons 1970a: 25; s. S. 222).

Die Feststellung, dass das Verschwinden alter, auf Askription beruhender Ungleichheiten (vgl. auch Duncker 2018: 112) mit dem Aufkommen neuer Ungleichheiten einhergeht, deutet eine erste problematische Seite der Modernisierung und der Bildungsrevolution an, die bei Parsons grundsätzlich eine positive Bewertung erfahren (vgl. B. S. Turner 1993: 6). Wenn Bildung, Wissen usw. immer relevanter in der Gesellschaft werden, wird die Teilhabe daran wesentlich für gesellschaftliche Teilhabe insgesamt (vgl. Parsons & Platt 1970: 9). Das gilt konkreter für die Berufswelt: Wenn immer höhere Bildung Voraussetzung für immer mehr Berufe ist und das Bildungsniveau der Bevölkerung steigt, entsteht ein Druck, sich entsprechend zu bilden, der ohne die Bildungsrevolution bisher nicht gegeben war (vgl. Parsons 1970a: 30–31, 1970i: 165–169; s. im Kontext von Peergroups S. 205). Die Bereitstellung einer Grundbildung für möglichst viele, die Vermeidung von Bildungsarmut gerät damit im oben angesprochenen Sinn kultureller Bürgerrechte (s. S. 255) zu einer gesellschaftlichen Herausforderung.

3.8 Fazit

Im Folgenden werden zunächst Parsons' bildungssoziologische Analysen zum Bildungswesen allgemein zusammengefasst (Kap. 3.8.1). Im Anschluss werden zentrale Kritikpunkte an Parsons' Bildungssoziologie resümiert (Kap. 3.8.2).

3.8.1 Kognitive Rationalität als Kern von Parsons' Bildungssoziologie

Im bisherigen Verlauf des Kap. 3 wurden verschiedene Teile von Parsons' Werk aufgearbeitet, die einen Bezug zu Bildung, Sozialisation und dem Bildungswesen haben. Für alle diese Teile ist der Wert der kognitiven Rationalität relevant, weswegen dieser als verbindender Kern und roter Faden von Parsons' Bildungssoziologie gelten kann, der alle Teile bzw. Unterkapitel miteinander in einen Zusammenhang stellt. Im Folgenden sind die einzelnen Teile unter diesem Blickwinkel noch einmal zusammengefasst.

- Für die *Universität* gilt: „The core value of the university is cognitive rationality" (Parsons & Platt 1973: 26; vgl. auch Parsons 1978e: 139; Parsons & Platt 1970: 5, 1968b: I-3, VIII-9; Platt 1981: 159; ferner Chriss 2016: 67; Staubmann 2015: 218; Brock & Mälzer 2012: 22; B. S. Turner 1993: 6; Burkart 1982: 445–446; s. S. 161). Dieser Wert soll idealtypisch alle Handlungen innerhalb der Universität mitbestimmen und hat Vorrang vor anderen Werten. Er hat in der Universität einen höheren Stellenwert als in anderen Bereichen der Gesellschaft.
- In der *Schule* beansprucht kognitive Rationalität ebenfalls eine gewisse Relevanz (vgl. Parsons 1972: 261; Parsons & Platt 1973: 70, 1970: 14), hat aber keinen

3 Parsons' Bildungssoziologie

Primat wie in der Universität (s. S. 201). Erstens ist kognitive Rationalität selbst relativiert, weil beispielsweise entsprechende Inhalte nur ausschnitthaft oder vereinfacht Eingang in den Unterricht finden. Zweitens sind für die Schule auch andere Werte von Bedeutung, beispielsweise (in den Vereinigten Staaten) ein Wert wie ‚nationale Identität', die die US-amerikanische Schule Schüler*innen nahebringen soll; ähnliche Werte lassen sich in der deutschen Schulgeschichte erkennen (vgl. Diederich & Tenorth 1997: 57; Leschinsky & Roeder 1983: 452–453). Das Fächerspektrum an Schulen, vor allem mit Fächern wie Musik, Sport und Kunst, aber auch den Sprachen, zeigt, dass in der Schule nicht nur eine kognitiv-rationale Begegnung mit Kultur und Welt stattfindet, sondern auch eine körperliche, ästhetische oder expressive.[106]

– Hinsichtlich sozialer *Stratifikation* besteht ein Zusammenhang zwischen kognitiver Rationalität und der meritokratisch begründeten sozialen Stratifikation. Die These ist hierbei, dass kognitive Rationalität eine Stratifikation auf Basis der universalistischen Bewertung von Leistung impliziert. Dies gilt zunächst für das Bildungswesen. Universalismus folgt aus kognitiver Rationalität, weil kognitive Standards universalistisch sind (vgl. Parsons & Platt 1970: 15; s. S. 155). Weil somit für die Gültigkeit von Wissen universalistische Kriterien gelten und es nicht erheblich ist, *wer* Wissen äußert oder hervorbringt, sollte die Bewertung von Leistung in einem an kognitiver Rationalität orientierten Sozialsystem universalistisch sein (s. S. 177). Leistung ist kognitiver Rationalität ebenfalls inhärent, weil kognitive Rationalität zu einer aktiven Auseinandersetzung, zu einer kognitiv-rationalen Durchdringung der Welt auffordert.[107] Das zeigt sich auch darin, dass Parsons kognitive Rationalität aus dem übergeordneten Wert des instrumentellen Aktivismus (s. S. 105) ableitet. Außerdem impliziert die Auseinandersetzung mit Wissen, Forschung oder das Aneignen von Fähigkeiten verschiedene Niveaus des Gelernten oder Verstandenen, also Unterschiede in (kognitiv-rationaler) Leistung (vgl. Parsons 1978d: 103, 1964c: 336; s. S. 177).

---

[106] Allerdings kann das Proprium der Schule als Treuhänder kognitiver Rationalität gerade darin gesehen werden, dass die körperliche, ästhetische und expressive Begegnung mit Kultur und Welt zumindest zum Teil ebenfalls von kognitiver Rationalität geprägt ist (s. S. 409 und 445).

[107] Wenn kognitive Rationalität Leistung in diesem Sinn impliziert, muss das nicht andersherum gelten. Denn eine aktive Auseinandersetzung mit der Welt kann auch in nicht kognitiv-rationaler Weise erfolgen. Darüber hinaus lässt sich der Zusammenhang zwischen Leistung und kognitiver Rationalität, wie ihn Parsons nahelegt, kritisch hinterfragen. Sofern mit Leistung die Bewertung der Leistung einhergeht, stellen sich die bereits angesprochenen kritischen Fragen zu Meritokratie als Mythos (s. S. 209 und 258); Handeln mit Bezug auf kognitive Rationalität könnte dann den propagierten Anspruch einer universalistischen Bewertung von (kognitiv-rationaler) Leistung ebenfalls nicht einlösen.

3.8 Fazit

Weil kognitive Rationalität also mit Universalismus und Leistung zusammenhängt und das Bildungswesen durch kognitive Rationalität bestimmt ist, sollte Stratifikation im Bildungswesen an diesen Werten orientiert sein. Es wäre inkonsistent, wenn in solch einem Bildungswesen Abschlüsse und Zensuren auf Basis der familiären Herkunft, des Zufalls oder der Nasenlänge vergeben würden (ähnlich H. Kemper 1997: 82).[108] Denn abgesehen vom Modus der Stratifikation, der wegen kognitiver Rationalität an Universalismus und Leistung gekoppelt sein muss, muss der Status, also das Ergebnis der Stratifikation, als Belohnung für das Erfüllen der im Bildungswesen definierten Anforderungen gelten, die wiederum durch kognitive Rationalität bestimmt sind. Weil kognitive Rationalität schließlich in der modernen Gesellschaft eine hohe Relevanz hat, muss die gesellschaftliche Stratifikation gleichermaßen an Leistung und Universalismus orientiert sein – so ließe sich Parsons' Gedankengang vervollständigen.

– Professionelles Handeln fußt auf kognitiver Rationalität (vgl. Parsons 1968c: 536, 545; Joas 1980: 239; Stichweh 1980: 64). Dabei teilen die *Professionen* bis zu einem gewissen Grad kognitive Rationalität mit allen anderen Berufen. Kognitive Rationalität ist bei Professionen allerdings tiefergreifend verankert als in anderen Berufen, weil sie nicht nur wissensbasiert handeln, sondern weil sie außerdem über wissenschaftliches Hintergrundwissen verfügen, daher an der Universität gebildet werden und sie somit an der Verbreitung und Erweiterung des wissenschaftlichen Wissens mitwirken, das für sie relevant ist. Professionen sind „the bearers, exponents and developers of knowledge" (Macdonald 1995: 183). Professionelle sind demnach wie die Universität als Treuhänder kognitiver Rationalität zu verstehen und wirken an der Verbreitung dieses Werts in der Gesellschaft mit (vgl. Stock 2005b: 75; Wenzel 2005: 52; Barber 1989: 624). Der Wert genießt allerdings keinen Primat, sondern muss mit anderen Werten und praktischen Interessen ausbalanciert werden (vgl. Multrus 2004: 68; Burkart 1982: 448).

– Durch die *Bildungsrevolution* erlangt kognitive Rationalität einen höheren Stellenwert in der Gesellschaft (vgl. Parsons 1978d: 112; Vanderstraeten 2018: 218; Chriss 2016: 55; Hurn 1993: 77; unabhängig von Parsons Leschinsky & Roeder 1983: 435–436, 1981: 138).

---

[108] Hier zeigt sich die Idealtypik von Parsons' Gedankengang, wobei erst das Ideal das Erkennen der inkonsistenten Abweichung ermöglicht, s. S. 264 für Parsons' Bildungssoziologie allgemein und S. 249 für Parsons' Professionstheorie.

3.8.2 Kritik

Im Folgenden werden globale und zentrale Einwände[109] zu Parsons' Bildungssoziologie zusammengefasst und kritisch diskutiert, wobei diese teilweise bereits in den einzelnen Kap. 3.1 bis 3.7 angesprochen wurden. Hilfreich für die Einordnung der Kritik ist die Unterscheidung dreier Aussageebenen, die in Parsons' Theorie relevant sind. Erstens finden sich Aussagen auf einer *formalen Ebene*; dies sind Begriffe, Konzepte oder Schemata, mit denen Parsons reale Phänomene analytisch perspektiviert, etwa der Begriff ‚Wert'. Zweitens tätigt Parsons Aussagen auf einer *inhaltlichen Ebene*, wenn die abstrakten Begriffe, Konzepte und Schemata auf konkrete empirische Phänomene bezogen werden. Die Aussage, dass die Universität vom Wert der kognitiven Rationalität geprägt ist, ist ein Beispiel hierfür. Drittens sind Aussagen anzutreffen, die auf einer *wertenden Ebene* zu verorten sind. Ein Beispiel wird auf S. 265 erläutert. Dabei wird deutlich, dass Parsons diese Ebene weniger durch explizit wertende Aussagen bedient als implizit dadurch, dass seine Aussagen den Eindruck einer Wertung vermitteln.

Ein *erster*, bereits mehrfach angesprochener Kritikpunkt gegenüber Parsons' Bildungssoziologie lautet, dass es sich bei seiner Theorie um eine idealtypische Konstruktion handelt (vgl. Bohl, Harant & Wacker 2015: 159; Gerstner & Wetz 2008: 79; Fingerle 1993: 51). Es wird keine vollständige Deskription der Realität geliefert – weswegen wiederum der mangelnde Empiriebezug[110] kritisiert werden kann –, sondern es werden einerseits bestimmte begriffliche Konzepte und Modelle (formale Ebene) ausgearbeitet und andererseits wird ein idealtypisches, ggf. präskriptives Modell des Bildungswesens in der westlichen Moderne mit einem Fokus auf die Werte kognitive Rationalität und Meritokratie in Anschlag gebracht (inhaltliche und wertende Ebene). Parsons präsentiert demnach vor allem „the illustrative example, the image, the model, the generalizing representation" (Bourricaud 1981: 8). Er liefert beispielsweise keine Befunde, dass Schule tatsächlich einen Sozialisationseffekt im Sinn der Orientierungsalternativen zeitigt (vgl. Fingerle 1993: 52); auch Abweichungen vom Ideal werden nicht näher diskutiert – sodass Parsons' Blick auf Schule und die Funktionen von Schule reibungslos und widerspruchslos erscheint (vgl. Hansen 2016: 79; Leschinsky & Roeder 1983: 449–450) –, bieten allerdings mit Blick auf die Gegenwart, etwa altersgemischte Lerngruppen, Potenzial für eine kritische Reanalyse.

---

[109] Das heißt, Kritik in Details, zum Beispiel an der Bestimmung der Schul*klasse* als Sozialsystem, wird hier nicht wiederholt.

[110] Auch wenn Parsons selbst wenig Empirie einbezogen hat (vgl. allerdings Parsons & Platt 1968b; Platt & Parsons 1970; Platt, Parsons & Kirshstein 1978, 1976), ist es doch möglich, seine theoretischen Annahmen zum Bezugspunkt empirischer Untersuchungen zu machen (vgl. als Beispiel Brint, Contreras & Matthews 2001).

3.8 Fazit

Deutliche Kritik scheint Parsons daher *zweitens* zu erfahren, weil seine positive Sichtweise auf sein Ideal (z. B. auf Meritokratie oder auf den Stellenwert kognitiver Rationalität in Universität oder Gesellschaft; vgl. Brüsemeister & T. Kemper 2019: 67) nicht geteilt wird. Gerstner und Wetz (2008: 99) beispielsweise sprechen mit Bezug auf die Kritik von Fend (2015: XI–XII) an Parsons und Dreeben von einer „verklärende[n] Rechtfertigung der häufig defizient erscheinenden schulischen Verhältnisse [sic!]". Diese Kritik bezieht sich weniger auf die formale und inhaltliche als auf die wertenden Ebene. Das heißt jedoch, es muss Parsons in seinem optimistischen Unterton des Ideals nicht gefolgt werden und es können andere Wertungen vorgenommen werden. Dabei kann aber das gleiche Parsons'sche Instrumentarium (formale und inhaltliche Ebene) genutzt werden, um Schule zum Gegenstand von Kritik zu machen oder eine (andere) Positionierung auf der wertenden Ebene zu entwickeln, beispielsweise um kognitive Rationalität oder Meritokratie als Mythos zu enttarnen, die Ambivalenzen einzelner Werte oder Widersprüche zwischen Werten aufzudecken oder das dominierende gesellschaftliche Wertsystem insgesamt zu hinterfragen (so die Kritik bei Fingerle 1993: 53). Das heißt aber zugleich, dass erst ein Ideal wie Meritokratie den Blick für (kritisierbare) Abweichungen vom Ideal eröffnet (vgl. Alexander 1987: 46–48; Bourricaud 1981: 47).

Klafki (2002: 44) bringt den Unterschied der Ebenen, auf die sich die Kritik beziehen kann, analog für die Funktionen der Schule im Anschluss an Fend zum Ausdruck:

„Die Hervorhebung der vier von mir benannten Funktionen ist zunächst nicht kritisch gemeint, sondern analytisch-interpretativ. Das bedeutet: Die vier Funktionen sind, so will die These verstanden sein, *notwendige* Funktionen, notwendige Leistungen der Schule in modernen, entwickelten Gesellschaften. Nicht diese Funktionen *als solche* sind Gegenstand etwaiger Kritik, wohl aber kann sich die Kritik auf die konkrete Ausprägung dieser Funktionen in bestimmten Gesellschaften und ihren Schulsystemen richten." (H. i. O.)

Hinsichtlich der Legitimations- und Integrationsfunktion heißt es weiter:

„Entscheidend muss für die Beurteilung dieser Funktion sein, welche *Qualität* das gesellschaftlich-politische System hat, in das u.a. auch die Schule einführt und integriert und das sie rechtfertigt, und welche Qualität die diesem System zu Grunde liegenden Normen haben." (Klafki 2002: 51, H. i. O.; vgl. auch Fend 1981: 48–49, 1979: 184, 196; Fend et al. 1976: 477)

Die Legitimation demokratischer Werte mit Bindung an Grundrechte usw. dürfte demnach auf der wertenden Ebene anders zu beurteilen sein als die Legitimation einer grundrechtlosen Diktatur – beides geht jedoch von der gleichen formalen

3 Parsons' Bildungssoziologie

Ebene aus, dass es eine Legitimations- oder Integrationsfunktion gibt.[111] Ebenso können Selektion und Allokation unterschiedlich beurteilt werden, je nachdem, welches Verteilprinzip diesen Prozessen zugrunde liegt oder konkreter wie meritokratisch Selektion und Allokation vollzogen werden. Die Funktionen sowie andere schultheoretische Aussagen können also wertend oder wertfrei formuliert werden (vgl. Nerowski 2015b: 81). Sofern sich bei Parsons beide Aussagearten bzw. alle drei Ebenen finden, muss die Kritik an den wertenden Aussagen nicht auch für die wertfreien Aussagen bzw. die inhaltliche und formale Ebene gelten.

Deutlich wird bei aller Kritik an der Idealtypik von Parsons' Bildungssoziologie – am fehlenden Blick auf Empirie und auf empirische Abweichungen sowie an der (implizit) positiven Wertung – der Wert solch einer Idealtypik. Wenn die Idealtypik sinnvolle Begriffe und Konzepte auf einer formalen Ebene bereitstellt, lässt sie sich zur Analyse der Realität wie auch zur Fundierung von Wertungen oder Kritik nutzen, vor allem, weil sie den Blick für Abweichungen öffnet (s. S. 187 für die Universität und S. 249 für die Professionen). Dieser Mehrwert zeigt sich später (s. S. 297) auch bei der Nutzung von Parsons' Theorie für schulhistorische Untersuchungen.

Eine andere zentrale Kritik erfährt Parsons *drittens*, weil seine Schultheorie vor allem so verstanden wird, dass Schule der gesellschaftlichen Reproduktion (vgl. Reh & Drope 2012b: 165) dient und damit Autonomie und individuelle Persönlichkeitsentwicklung zugunsten von Vergesellschaftung sowie Konflikt zugunsten von Konsens vernachlässigt werden (für die funktionalistische Perspektive bzw. die gesellschaftlichen Funktionen von Schule allgemein Gruschka 2002: 214; Klafki 2002: 57; Giroux & Penna 1979: 24). Ohne die Sondierung solcher Kritiken (s. Kap. 2.3.5 und Kap. 3.1.2) zu wiederholen, sei zumindest zusammengefasst, dass sich der fehlende Fokus auf das Individuum und Persönlichkeitsbildung vor allem aus der theoretischen Grundrichtung ergibt, die Parsons einschlägt – dies ist die Frage nach der sozialen Ordnung (s. S. 25). Parsons interessiert sich vorrangig für die Frage, wie sich ein System als System erhält, weshalb Fragen in Richtung von Reproduktion für ihn zentral sind. Allerdings hängt die Kritik am Übergewicht der Reproduktion bei Parsons auch mit einer verkürzten Re-

---

[111] Daraus folgt: „Die Behauptung, ‚offene Gesellschaften' würden überhaupt auf die Vorgabe schulischer Erziehungsziele verzichten, wäre allerdings unzutreffend. Dies läßt sich am Beispiel der (alten) Bundesrepublik zeigen. Daß in der öffentlichen Schule nicht nur unterrichtet, sondern auch erzogen, daß in ihr also nicht nur Kenntnisse und Fertigkeiten, sondern auch Werte und Normen vermittelt werden sollen, diese Überzeugung teilen nicht nur viele Pädagogen, Bildungspolitiker und andere an dieser Institution Interessierte, sie ist vielmehr auch fester Bestandteil der gesetzlichen und amtlichen Vorgaben für das Schulwesen der (alten) Bundesrepublik" (Leschinsky & Kluchert 1999: 19). Auch eine Demokratie ist „an der Bestandssicherung [ihrer] selbst bzw. einer pluralistischen demokratischen Ordnung direkt interessiert" (Leschinsky & Kluchert 1999: 21; vgl. auch Duncker 2018: 115, 119; Oblinger 1975: 34, 44).

3.8 Fazit

zeption zusammen, die zum Beispiel im Missverständnis der Funktion der *latent pattern-maintenance* gründet (s. S. 88).

Diese Kritik zielt zunächst auf die inhaltliche Ebene, wenn die bloße Feststellung, dass Schule (auch) der Reproduktion gesellschaftlicher Werte dient, hinterfragt wird. Weil Parsons zudem eine Haltung unterstellt wird, solch eine Reproduktion zu bejahen, berührt sie auch die wertende Ebene. Dies wird dadurch deutlich, dass Autoren wie Bowles und Gintis, Bourdieu oder Jackson die Rolle von Reproduktion ebenfalls betonen, dies allerdings deutlich kritischer werten (vgl. auch Auernheimer 1993; Leschinsky & Roeder 1981: 139–140; T. Schulze 1980: 91–96). Das von der Kritik formulierte Problem an Parsons liegt also weniger in seiner Feststellung der Reproduktion, sondern darin, dass er Reproduktion zu bejahen scheint.

Die letzten beiden Kritikpunkte an Parsons haben vor allem damit zu tun, dass inhaltliche und wertende Ebene vermischt werden – entweder von Parsons oder von der Rezeption. Ohne hier eine vollständig begründete Einschätzung geben zu können, wer die Ebenen wie vermischt, kann beispielhaft gezeigt werden, wie Parsons selbst die Ebenen indirekt vermischt. So spricht Parsons (1971d: 114) den USA „the lead in the latest phase of modernization" zu (s. S. 113). Hier ist sicher eine implizite Wertung erkennbar; es ist aber festzustellen, dass Parsons diese Wertung begründet, zum Beispiel mit Verweis auf die (im Vergleich zu Europa) stärkere Realisierung von Gleichheit und Meritokratie gegenüber Askription, wiewohl diese Gründe wiederum diskutabel sind und zum Teil auf idealistischen oder optimistischen Einschätzungen ruhen (vgl. Alexander 2016: xiv). Ganz ähnlich verhält es sich mit Parsons' Ausführungen zu den Professionen und dem Typus der Kollegialvereinigung. Er begründet zum Beispiel mit Verweis auf die zunehmende Bedeutung von Wissen in der Berufswelt oder Gleichheit in der Gesellschaft, dass und warum beides zunehmend wichtiger wird, was als implizite Wertung verstanden werden kann; aber es stellt keine explizite und keine nicht nachvollziehbare Wertung dar.

Als Muster lässt sich bezüglich der Ebenen-Vermischung also festhalten, dass Parsons weniger explizite Wertungen vornimmt, sondern implizite Wertungen, die eigentlich auf einer inhaltlichen Ebene zu verorten sind, weil sie inhaltlich begründet werden. Obwohl Blömeke, Herzig und Tulodziecki (2007: 62) konstatieren, dass Parsons „lediglich eine wertfreie Analyse der schulischen Funktionen" vornimmt, ist insgesamt kaum von der Hand zu weisen, dass Parsons Phänomene wie die Kollegialvereinigung, Meritokratie, Modernisierung oder kognitive Rationalität positiv rahmt, wenn auch begründet und eher implizit.

Ein *vierter* globaler Kritikpunkt ist darin zu sehen, dass Parsons' Schultheorie, so wie sie sich substanziell bei ihm darstellt, nicht konsequent ausgearbeitet und

3 Parsons' Bildungssoziologie

konsistent in seine allgemeine Theorie und seine Bildungssoziologie eingebettet ist. Die Konsequenz, mit der Parsons den Wert der kognitiven Rationalität für die Universität analysiert, fehlt bei der Auseinandersetzung mit der Schule. Dementsprechend ist es ein Ziel der vorliegenden Arbeit, diese Leerstelle zu füllen. Die Frage nach der Konsistenz zwischen Schule und allgemeiner Theorie stellt sich exemplarisch bei der Allokationsfunktion; hierfür wurde auf S. 199 begründet, warum sie dem theoretischen Kern von Parsons nicht entspricht.

Ähnlich wie eine Vernachlässigung der Entwicklung individueller Persönlichkeit (vgl. Blömeke, Herzig & Tulodziecki 2007: 63) ist – *fünftens* – die Vernachlässigung von Inhalten, von Wissen und Fähigkeiten (vgl. Ballantine, Hammack & Stuber 2017: 21; Gruschka 2002: 234; Fingerle 1993: 53; in Bezug auf den heimlichen Lehrplan Kaube 2006: 18) der spezifischen Perspektive geschuldet, die Parsons einnimmt; wie bei allen Theorien werden bestimmte Aspekte eines Phänomens scharf gestellt, dafür andere Aspekte ausgeblendet (s. für Schultheorie allgemein S. 302). Sozialisation steht bei Parsons (so auch bei Leschinsky 1996: 12) eher im Fokus als Bildung (vgl. Brock & Mälzer 2012: 13); es geht weniger um explizite Ziele von Schule wie Inhaltsvermittlung als um die impliziten, die sich aus dem „institutionelle[n] Arrangement schulischer Lernprozesse" (Leschinsky & Roeder 1981: 131) ergeben.

Doch zum Ersten sind, wie diese Arbeit an mehreren Stellen gezeigt hat (s. S. 153, 165, 179 und 190, mit Blick auf Bildungsorganisationen S. 51), bei Parsons Bildung bzw. in der heutigen Terminologie der Funktionen der Schule Qualifikation durchaus mitgedacht; daher die Rede von Sozialisation und Bildung als den beiden (allerdings nicht gleichwertigen) Teilfunktionen des *Undergraduate*-Studiums (s. S. 180). Zum Zweiten ist eine Sozialisation mit Blick auf den Wert der kognitiven Rationalität nur in der Auseinandersetzung mit Gegenständen denkbar (s. S. 179). Kognitive Rationalität verbindet somit die beiden Teilfunktionen der Bildung und der Sozialisation. Zum Dritten lässt sich diskutieren, inwiefern ein solcher Fokus nicht sogar sinnvoll ist, weil mit Sozialisation der Kern von Schule und ihrer Wirkung eher getroffen wird als mit der Vermittlung von Inhalten. So sehen zum Beispiel Leschinsky und Roeder (1983: 454) als wichtigstes Ergebnis der Untersuchung von Lundgreen (1970) zum Zusammenhang von Schulbildung und Industrialisierung am Beispiel der preußischen Volksschule den

> „Beleg der These, daß die Leistung der Schule im Prozeß gesellschaftlicher Modernisierung und ökonomischer Entwicklung in dieser Phase weniger in der Vermittlung spezifischer, unmittelbar verwertbarer Qualifikationen liegt, sondern in der Einübung von Normen und Handlungsorientierungen, die diesen Prozeß stützen und erleichtern."

3.8 Fazit

Wie auch immer ein empirisches Urteil ausfällt und ungeachtet der Bedeutung, die Bildung, Inhalte und Gegenstände bei Parsons haben: Aus der Grundanlage von Parsons' Theorie, die normative Kultur in den Fokus rückt, und aus ihrer Grundfrage nach sozialer Ordnung folgt eine definitive Vorrangstellung von Sozialisation gegenüber Bildung wie auch gegenüber Allokation und anderen Funktionen (s. S. 199).

Sechstens ergibt sich eine weitere Kritik in Bezug auf die Zentralstellung, die kognitive Rationalität in Parsons' Theorie des Bildungswesens genießt. Zum einen ist dieser Wert bei Parsons von einem optimistischen Unterton begleitet. Das heißt, Wissen und kognitive Rationalität erscheinen als in sich gut und es kommt nicht in den Blick, dass beispielsweise das Wissen, das Gegenstand von Schule ist, selektiv ist, wie es zu dieser Selektion kommt, wer mit welchen Interessen und ggf. unter Ausblendung anderer Interessen Wissen selektiert und welche Konsequenzen die Selektion bestimmter Wissensbestände hat. Zum anderen werden andere als kognitive Erfahrungen, Lerngegenstände usw., zum Beispiel expressive, ästhetische oder körperliche, in ihrer Relevanz zurückgedrängt.

Die Bindung der Schule an kognitive Rationalität findet sich allerdings nicht nur bei Parsons, sondern auch in anderen schultheoretischen Ansätzen wie bei Comenius, Condorcet, Fichte, Jachmann oder Herbart (vgl. H. Kemper 1997: 80–90; auch bei Leschinsky 1996: 15–16). Vielfach gilt hierbei die Ausrichtung der Schule auf die Vernunft als Möglichkeit der Überwindung einer unfreien, ungleichen und ständischen Gesellschaft. So wird „die öffentliche Schule als das entscheidende Instrument angesehen, um allen eine Erziehung zur Vernunft zu ermöglichen, die den absolutistischen Staat als zwangsmäßige Ordnungsmacht am Ende überflüssig macht" (H. Kemper 1997: 86).

Daher wird der Wert der kognitiven Rationalität auch in Kap. 6 eine große Rolle spielen. Dieser für Parsons' Bildungssoziologie zentrale Wert wird Ankerpunkt für die darauf basierende normativfunktionalistische Schultheorie sein.

4 Schultheorie

4.1 Problemaufriss

Was Schultheorie ist und welche Forschungsfragen und -programme, welche empirischen oder theoretischen Studien oder Veröffentlichungen diesem Feld zuzuordnen sind, lässt sich nicht eindeutig bestimmen. Denn das Spektrum an Publikationen, die von ihren Autor*innen oder von anderen als schultheoretisch gekennzeichnet werden, reicht weit (vgl. Tillmann 2011: 39–40; Lang-Wojtasik 2008: 89; Fiegert 2003: 51; Diederich & Tenorth 1997: 7; Tillmann 1993a: 416; Holstein 1975: 17). Darauf machen exemplarisch Veröffentlichungen aufmerksam, die den Begriff im Titel tragen und sich inhaltlich auf eine ganze Reihe von Fragen beziehen. Themen in den allesamt mit „(Einführung in die) Theorie der Schule" betitelten Monographien von Wiater (2016), Kiper (2013), Diederich und Tenorth (1997) und Sauer (1981) sind: Schulgeschichte, Schulstruktur (Schulformen und -stufen), rechtliche Grundlagen von Schule, Lehrpläne und Curricula, Schulentwicklung, Schulreform, Lehrpersonen als Professionelle, Lehrer*innenbildung, Schulqualität, Schule als Organisation, Institution, Arbeitsplatz oder Lebensraum, Inklusion, Schulkritik, Schulklasse, Schulleben, Unterricht, Bildungsungleichheit, Schulkultur, Funktionen und Aufgaben von Schule.

Eine ähnliche Vielfalt zeigt sich beim Durchgang durch die Literatur, die verspricht, einen Überblick über die Schultheorie zu bieten. Wenn dabei von konkreten Autor*innen ausgegangen wird, die zum Teil zu Schulen, Ansätzen oder Richtungen zusammengefasst sind, wird deutlich, dass es keinen festen Kanon schultheoretischer Autor*innen gibt (vgl. Baumgart & Lange 2006: 16). So finden sich Überblicksbeiträge, die mit Comenius, Hegel, Rousseau, Kant, Herbart, Humboldt, Schleiermacher oder dem Philanthropismus Klassiker der Pädagogik allgemein bzw. der Bildungs- und Erziehungstheorie berücksichtigen (vgl. Bohl, Harant & Wacker 2015; Gerstner & Wetz 2008; H. Kemper 1997; Apel 1995) oder genau dies nicht tun (vgl. Tillmann 1993b; T. Schulze 1980; Kramp 1973, 1970). Ebenso wird den im 20. Jahrhundert in der Pädagogik entstandenen, disziplininternen Ansätzen ein größerer Stellenwert beigemessen (vgl. Wiater 2016; Meyer 1997: 232–237; Winkel 1997: 25–63; Klafki 1993; als Beiträge in Tillmann 1993b; Adl-Amini 1976; Kramp 1973, 1970) oder ein eher geringerer (vgl. Gerstner & Wetz

2008). Zu nennen sind hier etwa Reichwein, Hördt, Wilhelm, Schulze, Schulz, Langeveld, Deiters, Roth, Ballauf, neuerdings Meyer und Winkel sowie aus der geisteswissenschaftlichen Pädagogik Dilthey, Nohl, Litt, Spranger oder Weniger. Neuere Übersichten beziehen die disziplinexternen, sozialwissenschaftlich orientierten Ansätze prominent ein (vgl. Bohl, Harant & Wacker 2015; Gerstner & Wetz 2008; Tillmann 1993b; weniger prominent bei H. Kemper 1997). Dies sind vor allem der Strukturfunktionalismus mit Parsons und Dreeben, der Ansatz des heimlichen Lehrplans, der symbolische Interaktionismus mit Mead und Goffman, psychoanalytische Ansätze mit Freud und Bernfeld, der historische Materialismus sowie Dewey, Bourdieu und Foucault, aber auch Hurrelmann oder Schelsky. Diese sozialwissenschaftlichen Ansätze wurden innerhalb der Disziplin rezipiert und weiterentwickelt (vgl. Tillmann 2011: 39), sodass entsprechende Autoren wie Diederich und Tenorth, Krüger und Lersch oder Fingerle unterschiedliches Gewicht in der Übersichtsliteratur erhalten – mit Ausnahme von Fend, auf den in der Übersichtsliteratur immer eingegangen wird. Auch reformpädagogische Ansätze und die Schulkritik werden zum Teil als Schultheorie aufgefasst und in entsprechenden Übersichten thematisiert (vgl. Kiper 2013: 140–149; Gerstner & Wetz 2008; H. Kemper 1997; Apel 1995; Bönsch 1994: 516; Daubner 1993; E. E. Geißler 1984: 234; T. Schulze 1980: 98–100; Heiland 1972).

Diese keinesfalls vollständige Liste schultheoretischer Autor*innen weist bereits auf die Schwierigkeit hin, dass nicht alles Schultheorie sein muss, was diesen Begriff für sich in Anspruch nimmt, und andersherum vieles Schultheorie sein kann, was diesen Begriff nicht bemüht (vgl. Marschelke 1973: 204; Kramp 1970: 531–533). Letzteres zeigt sich in der Überblicksliteratur besonders in der Aufnahme älterer Autor*innen, denen eine schultheoretische Relevanz zugeschrieben wird, ohne dass sie diesen Begriff explizit gebraucht hätten (vgl. Fees 2001: 665).[1] In einem Publikationstitel taucht der Begriff ‚Theorie der Schule' erstmals bei G. Reichwein (1925) auf; schon kurz zuvor wird mit Gebhard (1923) der Beginn der Schultheorie im engeren Sinn gesehen (vgl. Tillmann 2011: 38; Lang-Wojtasik 2008: 81; Tillmann 1993c: 10; Adl-Amini 1985: 93; Marschelke 1973: 201; Reimers 1964: 260).[2] Insgesamt gilt jedoch, dass Schultheorie „keine Erfindung unserer

---

[1] Dies gilt aber auch für aktuelle Veröffentlichungen, zum Beispiel für Oelkers oder die sozialwissenschaftlich orientierten Beiträge (vgl. Tillmann 2011: 39; Fees 2001: 670–671).

[2] Allerdings stützt Gebhard seine Ausführungen auf verschiedene, auch ältere Autoren wie Pestalozzi, Schleiermacher, Kerschensteiner oder Fichte, was die im Text folgende Behauptung stützt. In jedem Fall findet sich in Gebhards Abhandlung eine ganze Reihe schultheoretischer Aussagen, die im weiteren Verlauf der schultheoretischen Entwicklung bis heute diskutiert werden: Vorteile schulischen Lernens oder schulischer Erziehung gegenüber der familiären (S. 11–12, 18), die Anforderung, sowohl der Sache als auch den Schüler*innen gerecht zu werden (S. 12), der universalistische Charakter von Schule (S. 15, 19–20), die Spannung zwischen Reproduktion und Innovation (S. 18), die Frage, ob Schule sowohl unterrichten als auch erziehen muss (S. 19), die

Zeit" (Apel 1995: 42; vgl. auch Heiland 1976: 730) ist, denn „[d]as Nachdenken über die Schule ist [...] so alt wie die Schule selbst" (Reimers 1964: 260).

Dieses insgesamt eher unscharfe Feld der Schultheorie ergibt sich vor allem aus der Unschärfe des Begriffs der Schultheorie, für den bisher keine allgemein akzeptierte Aufgaben- und Objektbestimmung vorliegt (vgl. Terhart 2013: 32; Baumgart & Lange 2006: 15; Adl-Amini 1985: 63–64, 1976: 5, 15, 79; Reimers 1974: 253).[3] Denn wie die Liste der oben genannten Themen nahelegt, ist der Begriff „etwas formlos Schwammiges" (Adl-Amini 1976: 15). Das gilt in gleichem Maß für jeden der beiden Teilbegriffe: Es ist weder eindeutig geklärt, was Theorie ist, noch sind der Gegenstand und der Objektbereich eindeutig definiert oder definierbar, d. h., es ist unklar, welche Teile von oder Zugriffe auf Schule Gegenstand der Schultheorie sind (vgl. Terhart 2017: 34; Wiater 2016: 15; Grunder & Schweitzer 1999: 22; Holstein 1975: 122; G. Reichwein 1925: 313).

Werden die Bestimmungen des Begriffs ‚Schultheorie' in der Literatur gesichtet, so lassen sich letztlich zwei definitorische Zugriffe ausmachen. Im *ersten* Zugriff wird der Begriff eher abstrakt bestimmt, indem vom Theorie-Begriff ausgegangen wird. So definiert Wiater (2013: 11–12) zunächst den Begriff der Theorie (ähnlich Terhart 2013: 32), dann der Schule, sodass sich Schultheorie aus der Zusammensetzung beider Begriffe ergeben würde – wobei Wiater allerdings die Übertragung des allgemeinen Theorie-Begriffs auf den Gegenstand Schule problematisiert.

Im *zweiten* Zugriff wird eher konkret vom Begriff der Schule ausgegangen; es werden Gegenstand, Ziel oder Aufgaben der Schultheorie beschrieben. Der Theorie-Begriff wird nicht oder eher nachrangig behandelt. Sandfuchs (2001: 11) definiert den Begriff beispielsweise wie folgt (ähnlich Idel & Stelmaszyk 2015: 51; Esslinger-Hinz & Sliwka 2011: 17; Gerstner & Wetz 2008: 9):

> „Was Schule leistet, welche Funktionen und Aufgaben sie wahrnimmt oder wahrnehmen soll, welche ihr von wem und aus welchen Gründen zugewiesen werden, welche ihren ‚Sinn' oder ihr ‚Wesen' [...], welche also den Kern der Schularbeit

---

„Antinomie zwischen Individuum und Gemeinschaft" (S. 21), die Spannung zwischen beruflicher Qualifikation und allgemeiner Bildung (S. 20, 31), die Verwobenheit von Schule und Staat (S. 22), Schule als Übergang zwischen Familie und Staat (S. 23), die Spannung eines Lernens und Lebens in der oder für die Gegenwart und für die Zukunft (S. 25), der Schutz der Jugend vor der Welt der Erwachsenen durch die Schule (S. 26), der proklamierte Vorrang humanistischer Bildung vor anderen Begründungen von Schule (S. 37–38) oder schließlich auf der Metaebene die Einsicht, dass die einzelnen Begründungen nur künstlich differenziert werden und insofern immer nur einen Aspekt der Realität unter Vernachlässigung anderer hervorkehren (S. 38).

[3] Tillmann (1993c: 8) macht hingegen „Konturen eines Konsens [sic!]" aus – das Verhältnis der Institution Schule zur Gesellschaft –, der sich bei ihm jedoch vor allem auf das, was der Gegenstand von Schultheorie ist, bezieht, nicht aber auf die Frage, welchen Theorie-Begriff die Schultheorie anlegen soll (kritisch zum Inhalt dieses Konsenses Duncker 1992: 17–18).

4 Schultheorie

ausmachen, welche davon ihr fremd sind oder sie überfordern, welches ihre tatsächliche Leistung und welches ihr ‚hidden curriculum' ist – all dies ist Gegenstand der Theorie der Schule."

Inhaltlich erweisen sich beide Zugriffe als fruchtbar und notwendig. Solch eine verbindende Definition findet sich beispielsweise bei Klafki (1993: 21):

> „Unter ‚Schultheorie' bzw. ‚Ansätzen zur Schultheorie' werden hier mehr oder minder umfassende Aussagenzusammenhänge verstanden, die beanspruchen, charakteristische Merkmale der Institution Schule bzw. des Schulsystems als einer gesellschaftlich-kulturellen Einrichtung zum Zweck geregelten und kontinuierlichen Lehrens und Lernens (des Unterrichts) und ggf. darüber hinausgreifender ‚Schulerziehung' zu machen, und zwar Aussagen, die von ihren Autoren als argumentativ begründet und damit prüfbar verstanden werden."

Im Folgenden wird es darum gehen, einen für diese Arbeit maßgeblichen Begriff der Schultheorie herauszuarbeiten, an dem auch Parsons' Schultheorie gemessen werden kann. Damit wird der Forderung entsprochen, in einem Feld diffuser Begrifflichkeiten die eigene Art der Begriffsverwendungen zu explizieren und damit nachvollziehbar sowie kritisierbar zu machen (vgl. Bellmann 2020: 791; Tillmann 1993a: 404).

Grundsätzlich lässt sich ‚die' Schultheorie als Begriff für einen bestimmten Teilbereich der Schulpädagogik auffassen (vgl. Bohl, Harant & Wacker 2015: 17, 30; Reh & Drope 2012b: 165; Fiegert 2003: 51; Sandfuchs 2001: 11; Grunder & Schweitzer 1999: 14; Apel 1995: 9, 15–16; Tillmann 1993a: 404, 413; als Teilbereich der Erziehungswissenschaft bei Ackeren, Klemm & S. M. Kühn 2015: 194).[4] Es wird dann zu fragen sein, was Schultheorie von anderen Teilbereichen der Schulpädagogik abgrenzt. Dazu müssen die beiden Teilbegriffe ‚Schule' und ‚Theorie' als zentrale Bestimmungsmomente von Schultheorie geklärt werden:

a) *Was ist Theorie?*
In Anwendung auf Schultheorie: Welcher Theorie-Begriff und welche Ansprüche oder Gütekriterien gelten für Schultheorie? Was also ist Schul*theorie*?

---

[4] Schultheorie wird teilweise auch mit Schulpädagogik allgemein oder mit Teilbereichen wie der Erziehungs- und Bildungstheorie, der Didaktik oder Curriculumtheorie gleichgesetzt, den Teilbereichen übergeordnet oder der Schulpädagogik als zweiter Ansatz der erziehungswissenschaftlichen Auseinandersetzung mit der Schule beigeordnet (vgl. Terhart 2017: 38; Fees 2001: 666–667; T. Schulze 1980: 43; Adl-Amini 1976: 79, 114; Kramp 1970: 531–532). Bei Benner (1995: 48–51) beispielsweise stellen Schultheorie, Didaktik und Curriculumtheorie die drei zentralen Fragestellungen der Schulpädagogik dar. Bei Terhart (2015: 254–255), der Schulsystem und Schule, Lehrplan und Unterricht, Schüler*innen sowie Lehrer*innenberuf und -bildung als vier Themenbereiche der Schulpädagogik benennt, wäre Schultheorie ein Teilaspekt des ersten Themenbereichs.

b) Was ist Schule?
In Anwendung auf Schultheorie: Welche Bestandteile von Schule sind Gegenstand der Schultheorie? Was unterscheidet die Schultheorie von anderen Teilbereichen der Schulpädagogik bzw. der Erziehungswissenschaft? Was also ist *Schul*theorie?

Die folgenden Kap. 4.2 und 4.3 beziehen sich auf diese beiden Fragen, bevor in Kap. 4.4 die übergeordnete Frage, was Schultheorie ist, beantwortet wird.

4.2 Theorie

In der schultheoretischen Literatur unterscheiden sich die bemühten Theorie-Begriffe vor allem dadurch, wie eng diese ausgelegt werden. Ein enger Theorie-Begriff findet sich beispielsweise bei Kramp. Als Schultheorie sind für ihn

> „objektiv formulierte Aussagensysteme anzusehen, die einerseits logisch konsistente wie empirisch nachprüfbare Behauptungen über ‚die Schule' ohne jede zeit-räumliche Einschränkung ihres Gültigkeitsanspruchs enthalten, andererseits diese Behauptungen als in sich geschlossenes, zur sachangemessenen Deskription und Analyse ihres Gegenstandsbereichs der Absicht nach hinreichendes Hypothesengefüge auf dem Hintergrund umfassender terminologisch-methodologischer Reflexion präsentieren [...]." (Kramp 1970: 561; vgl. auch ebd.: 544–546; Apel 1995: 110–111)

Zentral für Kramps Theorie-Begriff ist der Anspruch an empirische Prüfung. Theorien gelten „dann als ‚bewährt', wenn sie mehreren gründlichen Versuchen der ‚Falsifikation' ihrer Hypothesen standgehalten haben" (Kramp 1970: 545).[5] Hiermit ist zwar eingestanden, dass Theorien nie absolut und endgültig verifiziert werden können, dennoch wird daran festgehalten, dass eine Theorie empirisch begründet bzw. begründbar sein muss.

Die Forderung nach einer raumzeitlich unbegrenzten Gültigkeit der Theorie, also nach Aussagen, die sich nicht auf eine bestimmte Epoche oder bestimmte Gesellschaften oder Kulturen beschränken, problematisiert Kramp selbst (so auch Wiater 2013: 13; T. Schulze 1980: 43; Oblinger 1975: 16).[6] Auf Basis dieses

---
[5] Zugespitzt müsste es im gerade bemühten längeren Zitat von Kramp daher „empirisch (nachprüfbare und) nachgeprüfte Behauptungen" und nicht „empirisch nachprüfbare Behauptungen" heißen (so auch die Reformulierung von Kramps Position bei Tillmann 1993a: 408). An anderer Stelle beschränkt er den Anspruch jedoch darauf, dass das Aussagesystem so formuliert sein muss, dass eine empirische Prüfung möglich ist (vgl. Kramp 1970: 545, 570; ferner Apel 1995: 111).

[6] In der Folge unterscheidet er weitere Arten von Theorien nach ihrem Anspruch (s. S. 301). Theorien, die dem Anspruch der raumzeitlich unbegrenzten Gültigkeit nicht genügen, nennt er beispielsweise Quasi-Theorien.

Theorie-Begriffs folgert Kramp (1970: 568) dementsprechend, dass „eine Theorie der Schule im strengen Sinne des Wortes […] prinzipiell nicht realisierbar" ist. Kramps Theorie-Begriff wirft demnach die Frage auf, ob Schultheorie dem Anspruch einer Theorie genügen kann (vgl. Fees 2001: 666; Diederich & Tenorth 1997: 7; Reimers 1974: 256–257). Es lässt sich jedoch ebenso fragen, inwiefern solch ein Theorie-Anspruch für Schultheorie überhaupt sinnvoll ist (vgl. Wiater 2013: 13–14; T. Schulze 1980: 42–43; Adl-Amini 1976: 63–64). Als schwierig wird hierbei neben der möglichst raumzeitlich unbeschränkten Gültigkeit bzw. der hohen Generalisierung (s. S. 280) gesehen, dass Adressat*innen und Aufgaben der Schultheorie (vgl. Terhart 2017: 35–37; Wiater 2013: 14; Diederich & Tenorth 1997: 181–182; Apel 1995: 13; Adl-Amini et al. 1993: 118–119; allgemeiner Brezinka 1978: 10) und die verschiedenen an Schultheorie beteiligten Disziplinen heterogen sind (vgl. Wiater 2016: 16; Grunder & Schweitzer 1999: 23; Derbolav 1981: 30; Kramp 1970: 576–578; ähnlich für die Unterrichtstheorie Terhart 2014b: 814).

Das Unternehmen Schultheorie wird somit grundsätzlich fragwürdig, *eine* Schultheorie kaum möglich, weil verschiedene, schwer vereinbare Zugriffe auf das an sich bereits vielfältige und umfassende Phänomen der Schule und entsprechend vielfältige Forschungsbefunde existieren (vgl. Harant 2020: 159; Brinkmann 2017: 89; Reichenbach 2017b: 10; Terhart 2017: 38, 2013: 33; Klafki 2002: 42; H. Kemper 1997: 78; E. E. Geißler 1984: 234; T. Schulze 1980: 109–110; Heiland 1976: 733; Marschelke 1973: 205–206; für die Schulpädagogik allgemein Bohl, Harant & Wacker 2015: 74; Roeder et al. 1977: 16–19).[7] Daher führen beispielsweise Bohl, Harant und Wacker (2015: 210) einen Theorie-Begriff an, der „grundsätzlich über einen enger gefassten Science-Begriff, der in Natur- und Sozialwissenschaften vorherrscht, hinaus[geht]": *„Schultheorie ist eine multiperspektivische Betrachtung, die der Eigenart des unterschiedlichen Phänomenenbestandes, der für die Schule konstitutiv ist, Rechnung trägt und zusammenhängend zur Darstellung bringt"* (ebd.: 210, H. i. O.).

Mit dem Stichwort ‚Betrachtung' ist auf die basale, etymologisch abgeleitete Bedeutung von Theorie verwiesen: griech. $\theta\varepsilon\omega\rho\varepsilon\tilde{\iota}\nu$ bzw. *theōrein*, dt. ansehen, anblicken, betrachten. Wenn zunächst unabhängig von der schultheoretischen Literatur nach dem Theorie-Begriff im Allgemeinen gefragt wird, zeigen sich darin bereits zwei Abgrenzungen: Theorie als Betrachten oder Denken im Unterschied zur Praxis als Handeln sowie Theorie als durch Anschauen und Denken gewonnenes Wissen im Unterschied zu Empirie als durch Erfahrung gewonnenes Wissen (vgl. Bellmann 2020: 791; Seiffert 1994: 368). Für die Schultheorie geht es konkreter um die Frage, was eine *wissenschaftliche* Theorie ist; es geht also nicht um subjektive, implizite oder naive (Alltags-)Theorien (vgl. Astleitner 2011: 17;

---

[7] Marschelke (1973) argumentiert daher, dass Schultheorie keine einfache Objekttheorie sein kann, sondern als Metatheorie zu entwickeln ist (vgl. auch Holstein 1975: 151–152).

4.2 Theorie

T. Schulze 1980: 40–41). Innerhalb wissenschaftlicher Theorie, so lässt sich weiter abgrenzen, stehen für die vorliegende Arbeit wissenschaftliche Objekttheorien, nicht Metatheorien im Fokus (vgl. Kron 1999: 74).

Es lässt sich nicht eindeutig und abschließend bestimmen, was eine wissenschaftliche Objekttheorie ist bzw. welchen Anforderungen sie genügen muss, da die Theorieverständnisse differieren, nicht zuletzt in Abhängigkeit der verschiedenen wissenschaftstheoretischen Positionen (vgl. Bellmann 2020: 790–791; Tenorth 2013: 90; Astleitner 2011: 19–20). Wenn im Folgenden ein Theorie-Begriff entfaltet wird, der innerhalb der Erziehungswissenschaft bzw. Schulpädagogik als Sozialwissenschaft für das Unternehmen einer Schultheorie angemessen erscheint,[8] erweisen sich die Fragen nach der *empirischen Fundierung* der Theorie sowie nach dem *Allgemeinheitsanspruch* als die beiden zentralen Knackpunkte, die sich bereits bei Kramp andeuteten. Sie werden im Folgenden diskutiert, beginnend mit der Frage nach der *empirischen Fundierung*. In Verbindung damit werden drei Positionen hinsichtlich des Theorie-Begriffs erörtert, bevor eine abschließende Bestimmung dieses Begriffs vorgenommen wird.

Bei Kramp zeigte sich ein Theorie-Begriff, der nur hoch generalisierte und empirisch geprüfte bzw. prüfbare Aussagen als Theorie gelten lässt. Dies zuspitzend soll als *erste* Theorie-Position begriffen werden, dass Theorien empirisch geprüfte Aussagesysteme sind. Für diese Position spricht vor allem, dass die fehlende empirische Fundierung ein Kritikpunkt an Schultheorie ist (vgl. Bohl, Harant & Wacker 2015: 77–78). Mit einem engen, empirischen Theorie-Begriff würde somit einer gewissen Beliebigkeit der Schultheorie Grenzen gesetzt. Und im Gegensatz zu anderen Theorien verfügt die Schultheorie durchaus über einen ganz konkreten, greifbaren Gegenstand, der sich empirisch erforschen lässt. Daher gilt für Schultheorie, dass „der Bezug auf die konkrete Schulwirklichkeit erforderlich" (Holstein 1975: 17) ist (vgl. auch Herrlitz 1989: 507). Selbst infolge der Schwierigkeit, in der Masse vielfältiger empirischer Schulforschung ein kohärentes und umfassendes Aussagensystem zu formulieren, kann die Lösung nicht darin bestehen, auf Empirie zu verzichten. Stattdessen wird der Anspruch aufgegeben werden müssen, eine *allumfassende* Schultheorie zu formulieren, um stattdessen jeweils empirisch fundierte Teiltheorien zu bestimmten Ausschnitten von Schule zu entwickeln.

Innerhalb der bestehenden theoretischen und methodischen Traditionen der Erziehungswissenschaft (vgl. Krüger 2019: 43–114; Tschamler 1996: 120–224;

---

[8] Hierbei ist die Gefahr eines Zirkelschlusses kaum zu leugnen. Wenn ein Theorie-Begriff herausgearbeitet wird, an dem Parsons' Schultheorie gemessen werden soll, aber die Wahl eines bestimmten Theorie-Begriffs nicht zwingend ist, könnte er so gewählt werden, dass sich Parsons' Schultheorie problemlos und eindeutig als Theorie charakterisieren lässt.

4 Schultheorie

Brezinka 1978: 5) bedeutet dies die Orientierung an der empirischen Erziehungswissenschaft, an einer deskriptiven, nicht an einer normativen Pädagogik (vgl. Tschamler 1996: 93–95). Die empirische Erziehungswissenschaft (vgl. Krüger 2019: 64–75; Tschamler 1996: 178–194; Brezinka 1978: 7–8) ist dabei in Abgrenzung besonders zur geisteswissenschaftlichen Pädagogik, die die Erziehungswirklichkeit vor allem hermeneutisch in der Auseinandersetzung mit Texten verstehen will, und der kritischen Erziehungswissenschaft, die die Erziehungswirklichkeit normativ geleitet kritisch hinterfragen will, zu sehen. Anstelle dieser beiden Ziele geht es der empirischen Erziehungswissenschaft darum, mittels einer empirischen Vorgehensweise, der Erhebung und Auswertung von Daten aus der Erziehungswirklichkeit, zu Aussagen über sie zu kommen. Im Sinn des kritischen Rationalismus sollen Hypothesen über die Erziehungswirklichkeit aufgestellt und falsifiziert werden. Weil Hypothesen kaum endgültig verifiziert werden können, soll versucht werden, sie permanent zu widerlegen; sofern sie nicht widerlegt werden können, werden sie als vorläufig gültig akzeptiert (vgl. Kron 1999: 76). Akzeptierte Hypothesen im systematischen Zusammenhang gelten dann als Theorie (vgl. Wiater 2016: 10–11). Das Aufstellen der Hypothesen wird auch als Entstehungs- oder Entdeckungszusammenhang, das Prüfen der Hypothesen als Begründungs- oder Rechtfertigungszusammenhang bezeichnet (vgl. Brezinka 1978: 127; Kramp 1970: 545). Für den Wahrheitsgehalt ist es gleich, wie Hypothesen aufgestellt, aber entscheidend, wie sie begründet werden.

Eine *zweite*, ebenfalls bei Kramp anklingende Position relativiert den empirischen Anspruch an Theorie und Schultheorie, auch mit Verweis darauf, dass in den Sozialwissenschaften allgemein empirische Prüfungen im engeren Sinn vielfach kaum möglich sind (vgl. Terhart 2017: 36; Wiater 2016: 10, 2013: 12; Brezinka 1978: 137–143; Adl-Amini 1976: 65). Theorien sind dann Aussagesysteme, die prinzipiell empirisch und damit intersubjektiv überprüfbar sind (vgl. Astleitner 2011: 33; Kron 1999: 75; Brezinka 1978: 117; Schulz 1969: 66) oder eine gewisse empirische Plausibilität beanspruchen, aber eben nicht vollumfänglich empirisch geprüft sind. So heißt es bei Baumgart und Lange (2006: 15–16; vgl. auch ebd.: 21), Theorie der Schule sei

> „ein logisch stimmiges System von Aussagen, das, von einer leitenden Fragestellung ausgehend, die Teilaspekte des Themas zu einem Gesamtbild von Schule zusammenfügen müsste. In einer solchen Theorie der Schule müssten ihre ‚inneren Verhältnisse' […] mit ihren ‚Außenfunktionen' […] in eine überzeugende Beziehung gesetzt werden. Überzeugend, so die Ansprüche an eine solche wissenschaftliche Theorie der Schule, wäre diese erst dann, wenn sie ihre Aussagen nicht aus ungeprüften, umstrittenen Prämissen ableitete, sondern auf empirisch gesichertes Wissen stützen könnte oder doch so formuliert wäre, dass ihre Aussagen prinzipiell überprüft werden könnten."

4.2 Theorie

Auch Grunder und Schweitzer (1999: 13) betonen, dass eine Schultheorie „empirisch gehaltvolle und methodisch nachprüfbare Sätze über die Schule und ihre Sozialisationswirkungen enthalten" soll. Den Anspruch der empirischen Prüfbarkeit formulieren ebenso Klafki (1993: 21), Apel (1995: 13, 21, 126–127) oder Adl-Amini (1976: 97–98). Für diese zweite Position wird jedoch ebenso gefragt, ob ein solcher Theorie-Begriff nicht zu anspruchsvoll und daher dem Gegenstand nicht angemessen ist (vgl. Baumgart & Lange 2006: 16).

Eine andere Spielart dieser zweiten Position besteht darin, dass die Aussagen nicht nur durch Empirie, sondern auch durch andere Methoden im weiteren Sinn begründet werden können. Die beiden folgenden Definitionen illustrieren dies (vgl. auch die Definition von Klafki (1993: 21) auf S. 272):

„Von einer Theorie der Schule kann man erst sprechen, wenn Aussagesysteme vorliegen, die ihr Thema – Schule als besondere gesellschaftliche Tatsache mit eigener Struktur und Dynamik – aus der Distanz betrachten, die Propaganda der Bildungspolitik nicht nur repetieren oder positionsspezifisch kritisieren oder nur die Vielfalt von Erwartungen, die öffentlich vorgetragen werden, nach anderen, meist nur den eigenen, Kriterien normativ bewerten. Theorie der Schule muss auch deren Leistungen anders als im Topos der Klage oder der Reformforderung zum Thema machen, sie vielmehr distanziert beobachten und forschend erklären können, warum Schule leistet, was sie leistet, welchen Faktoren sich Effekte verdanken, die als Defizite codiert werden, und ob es begründete Aussichten gibt, andere als die gegebenen schulischen Welten zu realisieren – und zu welchen Kosten." (Tenorth 2016: 137–138)

„Unter *Theorie* verstehe ich im Folgenden einen Komplex von Aussagen, der einen bestimmten Gegenstandsbereich, hier: Schule/das Schulsystem, analytisch durchdringt und in seinen Abläufen, Resultaten und Wandlungsprozessen möglichst verständlich macht, wobei eher allgemeine strukturelle Faktoren und synthetisierende, aufs Ganze gehende Aussagen angestrebt werden – also nicht etwa eine endlose Kasuistik oder ein sich Verlieren in Kleindetails. Theorien müssen auf Forschung gründen, und die wiederum kann vielerlei Gestalt annehmen: empirische Forschung, historische Forschung, analytische Durchdringung und Begriffsklärung, Auseinandersetzung mit Alltags- und Populärtheorien, Abwägung normativer Prinzipien und gesellschaftlicher Ansprüche etc. Entscheidend für Forschung ist natürlich die Nachvollziehbarkeit des Weges und die dadurch gegebene Begründetheit und Kontrollierbarkeit der Ergebnisse." (Terhart 2013: 32, H. i. O.)

Während sich die erste und zweite Position auf Deskription und damit das Sein des Gegenstands beziehen, fasst eine *dritte* Position Aussagen im Sinn einer gemischt normativ-deskriptiven Pädagogik (vgl. Brezinka 1978: 5–6) über das Sollen ebenfalls als Theorie auf (vgl. Duncker 2018: 110, 118; Bohl, Harant & Wacker 2015: 82; Ackeren, Klemm & S. M. Kühn 2015: 193; Diederich & Tenorth 1997: 129,

145; für die Schulpädagogik allgemein Bohl, Harant & Wacker 2015: 68).[9] Blömeke und Herzig (2009: 67) sprechen hier von einer Unterscheidung zwischen empirisch-analytischen und normativen Schultheorien, Idel (2018: 34–35) von einer *„deskriptiv-analytischen"* gegenüber einer *„präskriptiv-normativen Optik"* (H. i. O.; vgl. auch Lambrecht 2021: 90–91).

Als entscheidend gilt aus Sicht der ersten und zweiten Position in Abgrenzung gegenüber der dritten, dass die Theorie möglichst nicht präskriptiv oder normativ,[10] sondern deskriptiv vorgeht, dass sie keine Werturteile,[11] keine pure Programmatik darüber enthält, wie Schule sein *soll*, sondern die Realität der Schule betrachtet und dabei transparent und begründet zu einem Aussagesystem kommt (vgl. zum Unterschied von Sein und Sollen auch Meyer 1997: 241–243; Adl-Amini et al. 1993: 125; E. E. Geißler 1984: 28).[12] Eine Theorie soll nicht Erwartungen an ihren Gegenstand formulieren, nicht im Modus der Selbst-, sondern der Fremdbeschreibung operieren und ihren Gegenstand distanziert betrachten (so Proske 2011: 9–14 für die Unterrichtstheorie).

Durch welche Methoden die deskriptiven, analytischen, distanzierten Aussagen zustande kommen, wird in der zweiten Spielart der zweiten Position offengelassen, wie die Auflistung der Vorgehensweisen im Zitat von Terhart zeigt, wäh-

---

[9] In der Unterrichtstheorie ist ebenso umstritten, inwiefern empirische Fundierung und Werturteilsfreiheit mit einem Verzicht auf normative und präskriptive Aussagen als Anspruch an die Unterrichtstheorie gelten müssen (vgl. Lüders 2014: 832–833, 845).

[10] Normative Aussagen sind Aussagen, die beschreiben, was (nicht) sein soll (vgl. Brezinka 1978: 95), zum Beispiel: ‚Schule soll zu selbstständigem Denken befähigen'.

[11] Werturteile sind Aussagen, mit denen einem Gegenstand ein Wert im Sinn von gut oder schlecht zugeschrieben wird, zum Beispiel: ‚Selbstständiges Denken ist wichtig'. Werturteile bilden die Grundlage für normative Aussagen, sodass wertfreie Aussagen normative Aussagen einschließen (vgl. ebd.: 97). Werturteilsfreiheit impliziert daher den Verzicht auf normative Aussagen.
Brezinka (ebd.: 97–104) versteht dementsprechend unter Werturteilsfreiheit, dass wertende und somit auch normative Aussagen klar von anderen wissenschaftlich begründeten Aussagen unterschieden werden, dass also Wertung und Norm expliziert, nicht verschleiert werden (vgl. auch Nerowski 2015b: 78).

[12] An dieser Stelle bietet sich eine Anmerkung zum Begriff ‚normativ' an, weil sich durch die vorliegende Arbeit zwei Verwendungsweisen des Begriffs ziehen, die allerdings zusammenhängen, weil es jeweils um eine Art von Wertung geht. Im Kontext von Parsons ist von normativer Kultur, normativer Orientierung, normativem Funktionalismus usw. die Rede gewesen, später geht es zum Beispiel um normative In- und Outputs. Mit Bezug auf Parsons ist ‚normativ' gleichsam implizit wertend gemeint, immer mit Verweis auf jene Teile des Kultursystems, die sich als normativ bezeichnen lassen, wenn sie als Selektionsstandards gelten oder etwas Wünschenswertes bezeichnen (s. S. 56). Im Gegensatz dazu bezeichnet ‚normativ' im vorliegenden Abschnitt, im Kontext einer wissenschaftstheoretischen Begrifflichkeit, eine Art explizite Wertung, die jedoch nicht mit Parsons' Begrifflichkeit durcheinander gebracht werden sollte. An anderen Stellen wiederum war und wird die Rede davon sein, dass Parsons selbst normativ schreibt, normative Ideale oder präskriptive Modelle formuliert; das ist dann im Sinn des zweiten Verständnisses gemeint.

rend in der ersten Position und der ersten Spielart der zweiten Position auf empirische Methoden abgezielt wird. Zu fordern ist allgemein, d. h. für die erste und die zweite Position wie für Forschung insgesamt, dass das Vorgehen überhaupt systematisch oder methodisiert ist (vgl. Bellmann 2020: 793). Zentral ist, dass die Aussagen der Theorie begründet und nachvollziehbar sind und damit kritisierbar werden. In eine ähnliche Richtung weisen die Überlegungen von Ricken (2020: 843), wonach sich wissenschaftliche Theorien von anderen Theorien dadurch unterscheiden, dass sie „über die eigenen Konstruktionsprinzipien und -verfahren Rechenschaft ablegen" und „daher durch eine mehrdimensionale (Selbst-)Reflexivität gekennzeichnet" sind. Entscheidend ist für den Theorie-Status demnach, dass und wie eine Theorie sich ihres Status als Theorie vergewissert (für Forschung allgemein Bellmann 2020: 793).

Sowohl die erste als auch die zweite Position lassen sich dafür kritisieren, dass sie das Gegebene nur hinnehmen und nicht kritisch hinterfragen (vgl. Tenorth 2001: 255). Hiergegen wäre einzuwenden, dass Kritik und Veränderung der Praxis gerade nicht originärer Bestandteil von Theorie sein sollte, um den Anspruch einer deskriptiv-analytischen Theorie einzulösen. Dennoch ist es möglich und ggf. sinnvoll, aus solch einer deskriptiv-analytischen Theorie Kritik und Veränderungsperspektiven abzuleiten (vgl. Oblinger 1975: 15–16). Von der anderen Seite aus kann an der dritten Position kritisiert werden, dass sie vorrangig nicht auf eine Deskription des Gegenstands zielt, dass das Phänomen Schule in seiner realen Gegebenheit also nicht beschrieben, verstanden und erklärt wird.

Auch die Abgrenzung zwischen deskriptiven und normativen Theorien ist diskutabel. Denn jede Theorie und jede Forschung ist in gewisser Hinsicht normativ und kann nie vollends objektiv sein (vgl. Bohl, Harant & Wacker 2015: 82; Brezinka 1978: 23–25). Dies gilt vor allem für die Schulpädagogik, denn „[i]n den pädagogischen Feldern sind Seins- und Sollensfragen immer miteinander verbunden" (Tschamler 1996: 108; vgl. auch Bohl, Harant & Wacker 2015: 73; Meyer 1997: 24). In diesem Sinn plädiert Gruschka (1993: 460) dafür, dass Schultheorie normativ sein darf, solange auch untersucht wird, wie sich das Normative zur Realität verhält – dies entspräche dann einer Verknüpfung der zweiten und dritten Position. Anders gesagt kann die Frage nach dem Verhältnis normativen Sollens und deskriptiven Seins eine wesentliche schultheoretische Frage darstellen (vgl. Idel 2018: 35). Wenn schließlich bedacht wird, dass sich Erziehungswissenschaft wie auch die Praxis der Erziehung mit Erziehungszielen auseinandersetzen, die als Normen zu verstehen sind, da sie nicht wissenschaftlich als eindeutig wahr oder unwahr beurteilt werden können, folgt, dass Normen und Werturteile aus der Erziehungswissenschaft nicht gänzlich wegzudenken sind (vgl. Nerowski 2015b: 79; Brezinka 1978: 25–26, 44, 61–62, 99–100).

4 Schultheorie

In dieser Arbeit wird der *zweiten* Position gefolgt,[13] weil einerseits eine umfassend empirisch geprüfte Schultheorie, wie eine Vielzahl von Autor*innen deutlich macht, grundsätzlich unmöglich ist, andererseits aber ein Bezug zum realen Phänomen, eine empirische Fundierung angestrebt ist,[14] auch um durch die Abgrenzung von normativen Theorien einer Beliebigkeit des Theorie-Begriffs entgegenzuwirken (vgl. Terhart 2017: 34).

Neben der Frage nach der empirischen Begründung von Theorien gilt die Frage nach dem *Allgemeinheitsanspruch* von Theorien ebenso als umstritten; dies zeigte sich bereits bei Kramps Annahme einer raumzeitlich unbegrenzten Gültigkeit. Eng damit zusammen hängt die Frage, wie weit der Gegenstandsbereich einer Theorie gefasst sein muss. Grundsätzlich ist zunächst festzuhalten, dass wissenschaftliche Theorien immer nur Ausschnitte der Wirklichkeit in den Blick nehmen können (vgl. Zirfas 2018: 25; Astleitner 2011: 22–23). Theorien sind immer „*ideale*" und „*unvollständige Modelle der Welt*" (Astleitner 2011: 22, H. i. O.) bzw. „„pragmatische Konstruktionen von Welt" zu Zwecken der „Orientierung in Welt"" (Ricken 2020: 843; vgl. auch Fend 2008a: 123). Es erscheint daher nicht plausibel, dass dieser Ausschnitt maximal groß sein muss, etwa ,die Schule', weil die Theorie dann lediglich triviale Aussagen tätigen kann, um die Schule zu jeder Zeit an jedem Ort zu erfassen, und somit Unterschiede in der Gestalt von Schule nivelliert (vgl. Wiater 2013: 13–14; Tillmann 1993a: 408–409; T. Schulze 1980: 103). Andererseits ist es nachvollziehbar, dass der Ausschnitt nicht zu klein sein sollte, etwa ,die Lessing-Grundschule in Neustadt im Jahr 2020' (vgl. Adl-Amini et al. 1993: 124–125). Schultheorie muss also keine raumzeitlich unbegrenzt gültigen Aussagen treffen, sondern kann sich beispielsweise auf die moderne Schule beschränken (vgl. Klafki 1993: 21; allgemein Brezinka 1978: 121–122). Ist ein Ausschnitt gewählt, sollten die Aussagen allerdings möglichst allgemeingültig sein und auf alle Einzelfälle des Ausschnitts bzw. einer Klasse von Objekten zutreffen (vgl. Tschamler 1996: 110); darin liegt ein Kernunterschied wissenschaftlichen bzw. theoretischen und Alltags- oder praktischen Wissens (vgl. Zirfas 2018: 25).[15]

---

[13] Hinsichtlich der beiden Spielarten der zweiten Position ist in der vorliegenden Arbeit zwar einerseits eine deutliche Nähe zur ersten Spielart angelegt, weil die Empirie ein wesentlicher Bezugspunkt ist, andererseits soll Empirie, wie die Arbeit selbst zeigt, nicht als einzige Möglichkeit der Fundierung einer Theorie gelten.

[14] In diese Richtung weist auch Parsons (1971d: 138) in seiner Studie *The System of Modern Societies*, wobei auch die Selektivität der empirischen Fundierung anklingt: „The best strategy for maintaining objectivity thus lies in emphasis upon the *match* between the theoretical scheme employed in the study [...] and the statements of empicial fact that have been selected to validate theoretical interpretation" (H. i. O.). Anders Dreeben, s. S. 315.

[15] Wie bereits für Theorie allgemein angedeutet, ergibt sich hierbei wiederum das Problem, dass der Ausschnitt so gewählt werden könnte, dass er zu den Aussagen passt. Insofern muss der Gegenstandsbereich plausibel begründet sein.

4.2 Theorie

Die Aussagen des letzten Absatzes lassen sich schultheoretisch reformulieren. Eine der zentralen Einsichten der Schultheorie besteht in der gesellschaftlichen und historischen Bedingtheit von Schule (vgl. Wiater 2016: 14, 2013: 16; Gerstner & Wetz 2008: 28; Sandfuchs 2001: 14; Klafki 1993: 42; Tillmann 1993a: 412; T. Schulze 1980: 103; Roeder et al. 1977: 100).[16] Das Phänomen der Schule variiert demnach je nach geschichtlicher Epoche sowie nach Gesellschaft und Kultur.[17] Aufgrund dieser Einsicht, die den Anspruch der raumzeitlich unbegrenzten Gültigkeit vielleicht erfüllt, ist eine Schultheorie nur für eine bestimmte Epoche und Gesellschaft sinnvoll, weil sie ansonsten inhaltsleer bleibt (vgl. Fees 2001: 667, 675–676; parallel für die Unterrichtstheorie Baumgart, Lange & Wigger 2005: 16–17; anders Reh, Rabenstein & Idel 2011: 209–210). Holstein (1975: 21, 56–58) spricht zusammenfassend von der „Geschichtlichkeit", der *„Kulturabhängigkeit"* (H. i. O.) und der „Gesellschaftsgebundenheit" der Schultheorie.

Der Begriff der Theorie lässt sich nun (in Anlehnung an die allgemeinen Bestimmungen bei Tenorth 2013: 98; Astleitner 2011: 20–25; Tschamler 1996: 48–49, 60) wie folgt bestimmen: Unter einer wissenschaftlichen Objekttheorie wird ein System methodisch begründeter, auf empirische Plausibilität zielender (d. h. auch: überprüfbarer), begrifflich präziser, logisch konsistenter und allgemeingültiger Aussagen über einen bestimmten, begründet gewählten Gegenstandsbereich verstanden.[18] Mit ‚System' ist auf eine „geordnete Menge[] von in Beziehung stehenden" (Astleitner 2011: 20) Aussagen verwiesen (vgl. auch Kron 1999: 75; Brezinka 1978: 118). ‚Begrifflich präzise' meint, dass die Begriffe (siehe den nächsten Absatz), die die Theorie verwendet, klar und eindeutig definiert sind (vgl. Astleitner 2011: 23; Kron 1999: 75). ‚Logisch konsistent' bedeutet, dass sich die Aussagen unabhängig von der empirischen Plausibilität nicht widersprechen und nicht trivial, also nicht immer wahr oder immer falsch sind (vgl. Krüger 2019: 67; Astleitner 2011: 23–24; Tschamler 1996: 110).

Eine Objekttheorie enthält neben methodisch generierten Aussagen auch Begriffe und Grundannahmen bzw. Axiome (vgl. Kelle 2012: 311; Astleitner 2011: 21),[19] die sich einer methodischen bzw. empirischen Prüfung entziehen. Diese

---

[16] Dies kann auch die Form einer „‚Instrumentalisierung'" annehmen, wenn die Schule „zum bloßen Vollstreckungsorgan" (Sauer 1981: 17) des Staats, der Gesellschaft, einzelner Gruppen usw. wird.

[17] Daher ist es plausibel, dass sich Schultheorie zum Beispiel auf die Schule in Deutschland bezieht; analog gilt dies für Parsons' Schultheorie infolge seines nationalstaatlich gebundenen Gesellschaftsbegriffs (s. S. 96). Lang-Wojtasik (2008: 25) konstatiert ebenfalls eine „nationalstaatliche[] Semantik" der Schultheorie (vgl. auch Hinrichsen & Hummrich 2021: 39–40), die es angesichts von Globalisierung aufzubrechen gelte (vgl. auch Lang-Wojtasik 2009: v. a. 34–35).

[18] Je nach Verständnis von ‚Wissenschaft' sind die Begriffe ‚Wissenschaft' und ‚Theorie' dann identisch (vgl. Kron 1999: 81; Tschamler 1996: 108; Brezinka 1978: 118).

[19] Diese entsprechen innerhalb der Unterscheidung der Aussage-Ebenen von S. 262 der formalen Ebene.

bilden gewissermaßen den Rahmen der Theorie und ihrer Aussagen. Wie es Proske (2011: 14) für die Unterrichtstheorie formuliert, geht es dabei um die Frage: „Mit welchen epistemischen Instrumenten (Begriffen, Unterscheidungen, Modellen) beobachtet man Unterricht und welche Folgen hat die jeweilige Art der Beobachtung für die erzeugte Beschreibung?" Mit ‚Begriff' ist gemeint, dass die Vorstellungsinhalte, die ein Wort erzeugt,[20] mittels Definition, also durch Angabe der für den Begriff konstitutiven Merkmale, eindeutig festgelegt werden (vgl. Kron 1999: 45; Brezinka 1978: 81–84). ‚Grundannahmen' sind mit theoretischen Aussagen vergleichbar. Bei Parsons wäre eine Grundannahme, dass sich bestimmte Wirklichkeitsbereiche, beispielsweise die Schule, als System auffassen lassen, womit zugleich ein bestimmter Begriff genutzt wird. Diese Grundannahme lässt sich kaum empirisch eindeutig überprüfen, selbst wenn sich, so wie es in dieser Arbeit geschieht (s. Kap. 6.1.2), empirische Hinweise finden, dass Schule etwas ist, das sich von anderen Bereichen des Zusammenlebens oder der Gesellschaft unterscheidet und daher als System aufgefasst werden kann. Sowohl Begriffe als auch Grundannahmen lassen sich stattdessen am Kriterium der Plausibilität und evtl. einer gewissen Begründbarkeit messen – sie können also nicht ‚richtig' oder ‚falsch' sein, sondern nur in inhaltlich sinnvoller, instruktiver Weise definiert werden oder eben nicht (vgl. Nerowski 2015b: 91–92).[21]

Die unterschiedlichen Möglichkeiten, verschiedene Teile einer Theorie empirisch prüfen zu können, spiegeln sich in der von Proske (2018: 30–32) für die Unterrichtstheorie formulierten Unterscheidung von Sozial- und Gegenstandstheorien wider. Sozialtheorien entscheiden über die grundsätzlichen „Konzepte und methodologischen Prämissen [...], mit denen die Konstitution von Unterricht [oder im vorliegenden Fall: von Schule, R. L.-S.] beschrieben wird" (ebd.: 30). So kann Unterricht als Diskurs, als Interaktion oder als Zusammenspiel von Praktiken beschrieben werden. Im Fall von Parsons wäre ‚(Handlungs-)System' das grundlegende sozialtheoretische Konzept. Während sich die sozialtheoretische Ausrichtung einer Unterrichts- oder Schultheorie nicht empirisch begründen oder widerlegen lässt, gilt dies nicht für die Gegenstandstheorie. Die Aussage, dass im System Schule Sozialisation mit Blick auf bestimmte sozialisatorische Inhalte stattfindet, wäre demnach auf Empirie zu beziehen.

Ein mit dem Theorie-Begriff häufig zusammen auftretender, zum Teil identisch genutzter Begriff ist der des Modells. Hier wird Kron (1999: 77) gefolgt und unter einem Modell ein „Prototyp für ganz bestimmte Interaktions- oder Hand-

---

[20] Beim Wort ‚Politik' sind dies zum Beispiel: Politik im Sinn von Politiker*innen, Politik als Prozess, zum Beispiel Gesetzgebungsverfahren, als System politischer Institutionen usw.
[21] Wilhelm (1969: 7) verallgemeinert diese Feststellung für Theorie insgesamt und deutet damit ein anderes Verständnis von Theorie an: „Theorien sind bekanntlich weder richtig noch falsch, sondern fruchtbar oder unergiebig".

4.2 Theorie

lungszusammenhänge" verstanden, der sich sowohl auf Theorie als auch auf die Realität bezieht und dabei beides vereinfacht oder anschaulich macht, also auf Wesentliches reduziert (anders z. B. Wiater 2016: 11).

Nachdem nun herausgearbeitet worden ist, was in dieser Arbeit unter Theorie verstanden wird, stellt sich die Frage, wozu Theorien nötig sind. Neben Funktionen, die Theorien im Forschungsprozess oder hochschuldidaktisch für die Vermittlung disziplinären Wissens erfüllen (vgl. Astleitner 2011: 39–68; Gruschka 1993: 463–464; E. E. Geißler 1984: 22–26; Marschelke 1973: 202; Kramp 1970: 569), weisen sie vor allem einen *inhaltlichen* Nutzen auf. Dieser wird häufig katalogartig mit Stichworten wie Beschreibung, Verständnis, Erklärung, Analyse, Problemlösung, Vorhersage sowie Kritik und Innovation des Gegenstandsbereichs zusammengefasst (vgl. Reichenbach 2017b: 23; Wiater 2013: 12–13; Astleitner 2011: 44–45; Kron 1999: 79; Brezinka 1978: 143; Schulz 1969: 66–67). Dementsprechend definiert Reimers (1964: 254) Schultheorie als „Versuch[] der Deskription, Analyse und Kritik der Institution Schule einschließlich ihrer Bezüge wie ihres inneren Geschehens" (vgl. auch Winkel 1997: 30).

Die beiden letztgenannten Punkte der Kritik und Innovation lassen sich ausweiten, wenn Theorie eine tiefergreifende Bedeutung für die Praxis – als Aufklärung über, Anleitung für die oder Veränderung der Praxis – zugesprochen wird. Solch ein eher enger Bezug von Theorie und Wissenschaft zur Praxis ist ein auch historisch bedingtes, unterschiedlich stark akzentuiertes Grundmerkmal bzw. ein konstitutiver Diskussionspunkt von Erziehungswissenschaft und Schulpädagogik, wenn sie als Handlungswissenschaft verstanden wird (vgl. Lambrecht 2021: 90; Rothland 2019: 85–87; Bohl, Harant & Wacker 2015: 67–69; Nerowski 2015b: 75; Terhart 2015: 253; Blömeke & Herzig 2009: 303–304; Meyer 1997: 209–210; T. Schulze 1980: 46; Kramp 1973: 102–103). Ein hoher Praxisbezug findet sich beispielsweise in der geisteswissenschaftlichen Pädagogik (vgl. Tschamler 1996: 112, 114; Klafki 1993: 23; Fingerle 1973: 16; Heiland 1972: 450–451).

Speziell in der schultheoretischen Debatte klingt mitunter ebenfalls ein hoher Praxisbezug an oder wird eingefordert (vgl. Reichenbach 2017b: 22; Duncker 2007: 40–42; Apel 1995: 13, 197; Adl-Amini et al. 1993: 117–120; Tillmann 1993a: 411; Duncker 1992: 19–20, 26; Holstein 1975: 61–62, 88; Marschelke 1973: 202; G. Reichwein 1925: 314). So wird beispielsweise eine „praxisferne Schultheorie" (Grunder & Schweitzer 1999: 20) beklagt und danach gefragt, ob „sich Schultheorie und schulpädagogische Praxis erneut mehr verklammern" (ebd.) müssen. Dementsprechend verstehen die beiden Autoren unter Schultheorie „das Gesamt von Kenntnissen und Fähigkeiten, die zur selbständigen Planung und Gestaltung von Schule (im Unterschied zu Unterricht und Lernen) notwendig sind" (ebd.: 9). Andererseits lässt sich die Auffassung vertreten, dass eine von Praxis, Gestaltung und

4 Schultheorie

Gelingen der Praxis sowie von der Anwendung in der Praxis unabhängige Perspektive auf einen Gegenstand gerade konstitutiv für Anspruch und Begriff einer Theorie sind. In diesem Sinn wird zum Teil auch die Unterrichtstheorie bestimmt und dabei von der Allgemeinen Didaktik abgegrenzt (vgl. Terhart 2014b: 813–814; Proske 2011; anders K.-H. Arnold & Bach 2011: v. a. 7–10, die den Theorie-Begriff jedoch nicht klären).

Insgesamt ergibt sich damit ein dreiteiliger Nutzen der Schultheorie (vgl. im Überblick Wiater 2016: 16–17; Apel 1995: 13): für die empirische Erforschung von Schule (*ex post* als übergeordnete Rahmung oder *ex ante* als Impuls für Forschung), für eine zunächst adressat*innenindifferente Aufklärung über die Sache (Deskription, Analyse usw.) und für eine praxisorientierte Aufklärung, also für die in der Praxis involvierten Akteur*innen einschließlich der hochschuldidaktischen Praxis. Zusammengefasst kann Schultheorie demnach dazu dienen, Praxis zu erforschen, Praxis zu verstehen und Praxis anzuleiten. Ohne hier näher auf die Frage einzugehen, was Theorie für Praxis leisten kann und ob eine solche Relationierung möglich und sinnvoll ist, sei festgehalten, dass dieser Nutzen in der vorliegenden Arbeit hintangestellt wird.

4.3 Schule

Schule ist der für die Schultheorie infrage kommende Gegenstandsbereich.[22] Die Definition dieses Begriffs kann auf verschiedene Arten vorgenommen werden. Wiater (2016: 13) unterscheidet einen verbaldefinitorischen (griech. Ursprung des Wortes σχολή bzw. *scholē*, dt. Muße), realdefinitorischen (Schule als konkretes Gebäude, Schulform, Schulwesen usw.), nominaldefinitorischen (Schule ist, was sich als Schule bezeichnet), makroperspektivischen (s. u.), mesoperspektivischen (Schule als aus bestimmten Akteur*innen bestehende Einzelschule) und mikroperspektivischen (Schule in der Wahrnehmung der Beteiligten) Zugang zur Bestimmung des Begriffs (vgl. zur Unterscheidung der Mikro- und Makroperspektive auch Nerowski 2015b: 68–69; zur verbal- und realdefinitori-

---

[22] Die folgenden Ausführungen, die auf eine Bestimmung des Begriffs ‚Schule' zielen, gehen mit der Prämisse einher, dass es so etwas wie ‚die moderne Schule' gibt, dass es also in der Vielfalt und Vielzahl konkreter einzelner Schulen etwas allgemein Verbindendes gibt (vgl. Kramp 1970: 532–533; Reimers 1964: 258–259; G. Reichwein 1925: 315; parallel für Unterricht Proske 2018: 31; s. Kap. 6.1.2 für die ähnliche Frage, inwiefern Schule ein System ist). Dass solche allgemeinen Merkmale von Schule angegeben werden können, macht diese Prämisse, sozusagen im Nachhinein, plausibel (vgl. Baumert 2002: 106). Zugleich mögen die Ausführungen, die einen gewissen Konsens über den Schul-Begriff suggerieren, nicht darüber hinwegtäuschen, dass der Begriff uneinheitlich definiert wird (vgl. Nerowski 2015b: 65–67).

4.3 Schule

schen Definition E. E. Geißler 1984: 27–28; zur nominaldefinitorischen Definition Oblinger 1975: 17).
In der Literatur wird vor allem der makroperspektivische Zugang gewählt. In einem weiten Sinn können Schulen dann definiert werden als

> „Einrichtungen […], die aus dem alltäglichen Leben zum Zweck des Lernens ausdifferenziert sind, und zwar zum Zwecke des thematisch gebundenen, nicht selten pädagogisch und professionell betreuten, individuellen oder kollektiven Lernens." (Tenorth 2004: 429; ähnlich Reh & Drope 2012a: 132)

Schulen repräsentieren also von anderen Lebens- oder Gesellschaftsbereichen organisatorisch, zeitlich und örtlich abgekoppelte Bereiche, die exklusiv für das Lernen vorgesehen sind.[23] ‚Einrichtung' meint hierbei ähnlich wie der Begriff der Institution im übernächsten Absatz, dass ein Komplex an Strukturen und Prozessen unabhängig von konkreten und wechselnden Akteur*innen mit einer gewissen Dauerhaftigkeit besteht (vgl. Wiater 2013: 19; Schulz 1969: 62).

In der vorstehenden Definition sind zunächst auch Hochschulen, Skischulen, Volkshochschulen, Methodenschulen oder Musikschulen einbegriffen – Baumschulen und wissenschaftliche Schulen jedoch nicht. Schultheorie befasst sich jedoch nur mit einer speziellen Form von Schule: der öffentlichen, staatlich kontrollierten[24] (vgl. Tenorth 2016: 135; Gerstner & Wetz 2008: 20; Grunder & Schweitzer 1999: 7; Apel 1995: 26; Herrlitz 1989: 506), zur Erfüllung der Schulpflicht (vgl. Wiater 2016: 13; Reh & Drope 2012a: 132; Kiper 2011: 26; Grunder & Schweitzer 1999: 7) eingerichteten Schule (anders Oblinger 1975: 17–18). Staatlichkeit und Allgemeinheit bzw. Universalismus (vgl. Tenorth 2004: 431–432) stellen also gegenüber Schulen allgemein die beiden Propria der die Schultheorie interessierenden Schule dar.[25] Damit ist impliziert, dass es um Schulen geht, die Kinder und Jugendliche besuchen, also die nachfolgende Generation (vgl. Wiater 2016: 13; Reh & Drope 2012a: 132; kritisch zur unpräzisen Formel der heranwachsenden Generation Meyer 1997: 24–25).

Vor allem das Merkmal der Ausdifferenzierung vom Leben, aber auch das der Staatlichkeit spiegeln sich in der häufig vorgenommenen Charakterisierung der Schule als Institution wider (vgl. Böhm & Seichter 2018: 418; Kiper 2013: 11, 112; Baumgart & Lange 2006: 17; Meyer 1997: 22; Roeder 1984: 285–286; Roeder et al. 1977: 29). ‚Institution' meint hierbei eine von der Gesellschaft installierte Einrichtung, die grundlegende Aufgaben für die Gesellschaft übernimmt, die

---

[23] Diese Tatsache lässt sich auch mit Parsons' Begriff der Differenzierung formulieren, s. S. 254.
[24] Dies wird in Art. 7 des Grundgesetzes deutlich, mit dem die Schulaufsicht und -hoheit des Staats bzw. der Bundesländer konstituiert wird (vgl. Füssel & Leschinsky 2008: 147–148).
[25] Zugleich ist damit die Einschränkung vorgenommen, dass es sich um die *moderne* Schule handelt (vgl. auch K.-H. Arnold & Bach 2011: 6; Fees 2001: 672; Adick 1992: 22, 177–178).

4 Schultheorie

„nicht (mehr) nebenbei, alltäglich und selbstverständlich (mit) erledigt werden (können)" (Wiater 2013: 18; vgl. auch Wiater 2016: 64; Sandfuchs 2001: 13; Tillmann 1993c: 10; Fend 1981: 2; Kramp 1973: 166; Schulenberg 1970: 393–394; Feldhoff 1965: 4–6; zum Unterschied zwischen Institution und Organisation Kiper 2013: 112; Lersch 2004: 79–83; Meyer 1997: 70; Adl-Amini 1985: 65–66). Dabei impliziert Institutionalisierung eine „Normierung [...] sozialer Prozesse" (Fend 1981: 4, H. i. O.), d. h., Regeln, Rollen und Erwartungen hinsichtlich dieser Prozesse und Interaktionen werden festgeschrieben, routinisiert und auf Dauer gestellt (vgl. Kiper 2013: 11; Gerstner & Wetz 2008: 71; Diederich & Tenorth 1997: 188; Meyer 1997: 71; Brumlik & Holtappels 1993: 92; Adl-Amini 1985: 66; E. E. Geißler 1984: 160). Durch Institutionen wird die jeweilige grundlegende Aufgabe somit nicht mehr dem Zufall überlassen, sondern planmäßig arrangiert (vgl. Röhrs 1968: XII), sodass es wahrscheinlicher wird, dass diese Aufgabe in gewünschter Weise erfüllt wird. Oder etwas negativer formuliert: „[I]ndividuelle ungeregelte zufällige Lernvorgänge" werden „durch einen für alle mehr oder minder gleichen planmäßigen [...] Lernprozeß in einer Zwangssituation ersetzt" (Fürstenau 1969: 17).[26]

Damit ließe sich Schule definieren als zum Zwecke von Lernen, Bildung, Sozialisation, Erziehung usw. eingerichtete Institution. Weil im Begriff der Institution bereits wesentliche Gegenstände der Schultheorie anklingen – das Verhältnis zwischen Schule und Gesellschaft, die Aufgaben, Aufträge, Funktionen oder Wirkungen von Schule –, wird mit ihm nicht selten der Gegenstand der Schultheorie konturiert: „Schultheorie ist so gesehen derjenige Bereich der Schulpädagogik, der sich auf die Schule als Institution sowie auf das Schulsystem bezieht" (Grunder & Schweitzer 1999: 8; vgl. auch Reh & Drope 2012b: 164; Hänsel 2009: 94; Apel 1995: 13; Tillmann 1993a: 412, 1993c: 8; Reimers 1964: 254).

Diese Definition von Schule beschränkt sich auf die notwendigen Bestimmungsmomente: vom Leben ausdifferenzierte Einrichtung zum Lernen ‚von etwas' (d. h. Ausdifferenzierung und Inhaltlichkeit, vgl. auch Zymek 2015: 245) und staatlich beaufsichtigte Pflichtschule (Staatlichkeit und Allgemeinheit). Es lassen sich jedoch weitere Merkmale von Schule finden, die zwar zur Definition nicht notwendig sind, die aber den Begriff inhaltlich weiter ausfüllen – zumal

---

[26] Parsons' Begriff der Institution (s. S. 49) deckt sich insofern nicht mit dem hier entfalteten, als bei ihm Institutionen rein abstrakte Rollen- oder Normenbündel bzw. Bündel normativer Kultur darstellen. Für ihn sind es keine Einrichtungen, die konkrete Akteur*innen umfassen und im Sinn kollektiver Akteur*innen handeln können. Vielmehr können Parsons' Institutionen in konkrete Kollektive, Organisationen oder Sozialsysteme einfließen. Doch auch wenn Institutionen bei Parsons abstrakt gefasst sind, bleibt als Gemeinsamkeit mit dem hier wiedergegebenen Verständnis der schultheoretischen Literatur die Regelung und Normierung des Handelns für die Mitglieder der Institution bzw., im Fall von Parsons, für die Mitglieder des Sozialsystems, das auf eine Institution rekurriert.

das Kriterium der Staatlichkeit ein eher formales, juristisches, kein schulpädagogisches Charakteristikum darstellt. In der Literatur finden sich verschiedene entsprechende Merkmalslisten[27] (vgl. Kramer 2019: 38; Tenorth 2016: 136; Kiper 2011: 26; Baumert 2002: 100–106; Grunder & Schweitzer 1999: 7; Herrlitz, Hopf & Titze 1997; Adick 1992: 22–23; T. Schulze 1980: 123–126), die sich in bestimmten Merkmalen, selbst wenn diese zum Teil unterschiedlich bezeichnet sind, überschneiden.[28]

Direkt aus dem Merkmal der Ausdifferenzierung folgt, dass Schule Inhalte hauptsächlich symbolisch oder durch Anschauung vermitteln muss (vgl Adick 1992: 163; Geissler 1968: 172–175), weil der unmittelbare Lernzusammenhang des Alltags nicht vorhanden ist, und dass schulisches Lernen nicht mehr aus unmittelbaren Lernanlässen heraus stattfindet. Das Lernen bezieht sich damit auf eine entfernt liegende Zukunft (vgl. Herrlitz, Hopf & Titze 1997: 58–59). Drei weitere, häufig genannte und zum Teil bereits angesprochene Merkmale sind:

- Professionalität: beruflich begründete, professionelle Anleitung durch Erwachsene und damit pädagogische, didaktische und methodische Rahmung des Lernens
- Normierung: verbindliche Festlegung von Inhalten, Zeiten, Orten und Leistungsstandards oder Gütemaßstäben und damit Planmäßigkeit, Intentionalität, Sequenzialität und Systematisierung von Inhalten und Abläufen
- Sozialität: Schule als Massenlernprozess und Organisation des Lernens in Lerngruppen

All die vorstehenden Merkmale konstituieren Schule und ermöglichen dadurch Lernen, Bildung, Sozialisation usw. Zugleich implizieren sie bestimmte Probleme, die genau diese in Schule stattfindenden Prozesse erschweren (vgl. Wiater 2016:

---

[27] Auch die im Rahmen der Unterrichtstheorie formulierten Kennzeichen schulischen Unterrichts lassen sich als Kennzeichen von Schule reformulieren (vgl. K.-H. Arnold & Bach 2011: 2; Terhart 2009: 102–106; Baumgart, Lange & Wigger 2005: 11–14).

[28] Gesondert zu erwähnen ist die Zusammenstellung struktureller Merkmale der Schule nach Leschinsky (1996: 11–16), die unter anderem an Parsons (siehe die Merkmale des Universalismus und der Spezifität sowie der individuellen Leistung) anknüpft (vgl. auch Tenorth 2016: 147; Leschinsky & Cortina 2008: 30–40; Kluchert 2004: 38–39). Diese Merkmale gleichen einerseits anderen Merkmalslisten, wenn zum Beispiel die Ausdifferenzierung der Schule vom Leben in drei Merkmalen ausformuliert ist (z. B. Merkmal der stellvertretenden Erfahrung, die einen Vorrang des Denkens und des Sprechens gegenüber Handeln impliziert). Andererseits stellen die Merkmale, die sowohl normative als auch deskriptive Anteile beinhalten (vgl. Leschinsky & Cortina 2008: 32), bereits konkretere Dimensionen schulischen Lernens, vor allem des *hidden curriculum*, dar (vgl. Leschinsky 2003: 862–863, 1996: 13). Das Merkmal der distanzierten Versachlichung, die mit individueller Verantwortung und Aufgabenerfüllung einhergeht, illustriert dies. Wie bei Parsons wird im Übrigen angenommen, dass die Merkmale erst mit zunehmendem Alter der Schüler*innen voll zur Geltung kommen (vgl. Leschinsky & Cortina 2008: 337–38).

70; Leschinsky & Cortina 2008: 38–40; Adl-Amini 1985: 67; Roeder et al. 1977: 67–71). Das Grundmerkmal der Trennung von Leben und Schule beispielsweise führt zu dem unerwünschten Folgeproblem, dass schulisches Lernen lebens- oder praxisfern und weniger spontan ist (vgl. Zymek 2015: 248; Leschinsky 2003: 863–864; Baumert 2002: 102–103; Sandfuchs 2001: 16; H. Kemper 1997: 86; Leschinsky 1996: 13; E. E. Geißler 1984: 111–112, 123; Fürstenau 1969: 18–19). Aufgrund der langfristigen Zielperspektive schulischen Lernens stellt sich außerdem die Frage nach der Auswahl langfristig relevanter Inhalte und nach der Aufrechterhaltung von Motivation für subjektiv entfernt liegende Ziele. Es soll bei diesen kurzen Andeutungen belassen werden, da damit bereits deutlich wird, dass die Klärung des Begriffs ‚Schule' zu wesentlichen schultheoretischen Fragen führt.

4.4 Schultheorie

4.4.1 Klärung und Abgrenzung des Begriffs

Obgleich mit dem vorhergehenden Kap. 4.3 der Begriff der Schule bestimmt wurde, ist damit der Gegenstand der Schultheorie nur angedeutet. Denn mit Schule befasst sich nicht nur die Schultheorie, sondern die Schulpädagogik allgemein (vgl. Tillmann 1993a: 404). Die Spezifik der Schultheorie ist auch nicht darin erkennbar, dass nur sie sich im Gegensatz zu anderen Teildisziplinen in theoretisierender Weise mit dem Gegenstand der Schule beschäftigen würde; zu denken wäre zum Beispiel an Theorien der Erziehung und der Bildung, Theorien der Unterrichts- und Schulentwicklung, didaktische Theorien, Curriculumtheorien, Unterrichtstheorien oder an Professionstheorien.

Wenn mit dem Theorie-Begriff das Charakteristikum der Schultheorie nicht hervortritt, kann stattdessen danach gefragt werden, welche konkreten Teilaspekte des Gegenstands Schule kennzeichnend für Schultheorie sind. Solche infrage kommenden Teilaspekte finden sich in verschiedener Gestalt in der Literatur, lassen sich aber zu drei immer wieder genannten, allerdings nicht ganz überschneidungsfreien Aspekten verdichten:

- Sinn, Wesen, Charakteristika und Merkmale von Schule (vgl. Idel & Stelmaszyk 2015: 51; Sandfuchs 2001: 11; Grunder & Schweitzer 1999: 8; Diederich & Tenorth 1997: 12; Klafki 1993: 21)[29] und damit die Frage: Was ist Schule?

---

[29] Damit zeigt sich, dass die obigen Ausführungen zum Begriff der Schule nicht nur der Bestimmung des Rahmens von Schultheorie dienen, sondern zugleich genuiner Gegenstand von Schultheorie sind (vgl. Derbolav 1981: 30; Holstein 1975: 10; parallel für die Unterrichtstheorie Breidenstein 2010: 870, 875).

4.4 Schultheorie

- Aufgaben, Funktionen, Zweck und Leistungen von Schule (vgl. Criblez 2017: 76; Idel & Stelmaszyk 2015: 51; Reh & Drope 2012b: 165; Esslinger-Hinz & Sliwka 2011: 17; Tillmann 2011: 40; Rahm 2010: 4; Blömeke & Herzig 2009: 58; Gerstner & Wetz 2008: 9; Sandfuchs 2001: 11, 2000: 11; Diederich & Tenorth 1997: 12; R. M. Kühn 1995: 11) und damit die Frage: „Wozu ist Schule da?" (Idel 2018)
- Verhältnis von Schule und Gesellschaft bzw. von Schule, Individuum und Gesellschaft (vgl. Idel 2018: 34; Ackeren, Klemm & S. M. Kühn 2015: 193; Idel & Stelmaszyk 2015: 51; Esslinger-Hinz & Sliwka 2011: 17; Tillmann 2011: 40; Rahm 2010: 1; Gerstner & Wetz 2008: 9; Lang-Wojtasik 2008: 21, 90; Fiegert 2003: 51; Klafki 1993: 21; Tillmann 1993c: 9) und damit die Frage: Wie gestaltet sich das Verhältnis zwischen Schule, Gesellschaft und Individuum?

Diese drei Fokusse auf den Gegenstand ‚Schule' sind aus verschiedenen Gründen jedoch nicht ohne Weiteres für eine Bestimmung des Charakteristikums von Schultheorie geeignet. Mit den Aufgaben, Funktionen usw. sowie mit dem Verhältnis von Schule und Gesellschaft wird eine einseitige Perspektive eingenommen, die allein die Außenbeziehungen von Schule betrachtet, ohne die Schule selbst und für sich genauer zu betrachten.[30] Noch größere Probleme bereitet die Rede vom Wesen der Schule, wie Kramp (1970: 532–544) zeigt (vgl. auch Sauer 1981: 4, 7). Abgesehen davon, dass der Begriff selten exakt definiert wird und zum Teil beliebig mit Begriffen wie *telos*, Funktion, Sinn oder Idee gleichgesetzt wird, liegt bisher eine Reihe sehr unterschiedlicher Wesensbestimmungen vor (z. B. Schule als Lehr- und Unterrichtsanstalt gegenüber der Schule als Erziehungsanstalt). Dies lässt darauf schließen, dass es kein intersubjektives, eindeutiges Wesen der Schule gibt. Eine phänomenologische Wesensschau, so Kramp weiter, zielt zudem auf die Erfassung des Phänomens, „wie es dem Bewußtsein ‚unmittelbar gegeben' ist" (Kramp 1970: 541), was bei einer Auffassung von Schule als Institution seine Grenzen findet. Überdies ist zu bedenken, dass Schule kein naturgegebenes Phänomen ist und somit nicht auf das Wesen der Schule überhaupt abgezielt werden kann. Schule kann allein in ihrer jeweiligen historischen Ausprägung betrachtet werden, sodass nur das Wesen konkreter Ausprägungsformen der Schule in Abhängigkeit des historisch-gesellschaftlichen Kontexts bestimmt werden kann (vgl. Oswald 1968: 9–10; s. S. 280).

Trotz der Problematiken der drei Fokusse auf Schule weisen sie in eine gemeinsame Richtung, was Schultheorie ist, und enthalten die zentralen Fragestellungen der Schultheorie. Es geht weniger um ganz konkrete Einzelfragen von Schule,

---

[30] Wird Schultheorie über diese beiden Fokusse bestimmt, werden (struktur-)funktionalistische Ansätze per se zentral, weil sie genau das Verhältnis zwischen Schule und Gesellschaft sowie die Funktionen von Schule betrachten (s. Kap. 5.5, v. a. ab S. 378).

4 Schultheorie

zum Beispiel die Untersuchung der Lehrer*innenfrage in der Unterrichtskommunikation, sondern um eine grundsätzliche Perspektive auf Schule, um das kondensierte Abstraktum der Schule insgesamt (vgl. Idel 2018: 34; Tillmann 2011: 40; Lang-Wojtasik 2009: 33; Meyer 1997: 232; Holstein 1975: 17).[31] Die Aussagen der Schultheorie über Schule sind somit auf einer höheren Allgemeinheits- und Abstraktionsebene angesiedelt als die anderer Bereiche der Schulpädagogik.

Mit der Unterscheidung von Mikro-, Meso- und Makroperspektive (vgl. Wiater 2016: 61–62) könnte gesagt werden, dass Schultheorie die Schule in ihrer Gesamtheit makroperspektivisch untersucht, dabei aber nicht nur – wie es die beiden letztgenannten Fokusse nahelegen – die Beziehungen zur Umwelt,[32] sondern auch das ggf. eigenlogische Insgesamt der Schule erforscht. Allerdings werden konkrete Schultheorien auch für Mikro- und Mesoperspektive formuliert oder es wird zum Beispiel dem Verhältnis zwischen der Einzelschule und *der* Schule oder dem Schulsystem ein schultheoretisches Interesse zugesprochen (vgl. Wiater 2016: 61–62, 183–225; Fend 2008a: 17, 120–121, 178; Blömeke, Herzig & Tulodziecki 2007: 55–56, 67–73; Fiegert 2003: v. a. 52–54, 59; Brumlik & Holtappels 1993), sodass eine solche Bestimmung nicht das ganze Spektrum dessen umfassen würde, was als Schultheorie verstanden wird. Und in der Tat können in einer mikro- und mesoperspektivischen Betrachtung von Schule Einsichten über die Schule insgesamt liegen, wie im folgenden Kap. 4.4.2 illustriert wird. Auch wenn daher makroperspektivische Analysen grundsätzlich prädestinierter für schultheoretische Aussagen erscheinen mögen, wird hier vorgeschlagen, solche Aussagen als Schultheorie zu verstehen, die sich auf die grundsätzliche Verfasstheit der Schule, auf die Schule als kondensiertes Abstraktum richten – egal, ob die Aussagen auf makro-, meso- oder mikroperspektivischen Analysen basieren.

---

[31] Darauf macht die Unterscheidung der Dimensionen schulischen Handelns nach Lersch (2004: 71) ebenfalls aufmerksam. Er unterscheidet vier solcher Dimensionen und ordnet ihnen bzw. der Untersuchung des Zusammenhangs der verschiedenen Dimensionen bestimmte Theorien und Forschungsfelder zu: Gesellschaft (Gesellschaftstheorien), Schule (Schultheorien), Unterricht (Didaktik, Methodik), Individuen (Lern- und Entwicklungstheorien). Sozialisationstheorien sind dem Zusammenhang zwischen Gesellschaft und Individuum gewidmet, Bildungstheorien und Lehr-Lern-Forschung jenem von Unterricht und Individuen und Bildungssoziologie, -ökonomie und -politik dem Verhältnis von Schule und Gesellschaft.

[32] Missverständlich wäre daher, Schultheorie mit einer Betrachtung der Schule „gewissermaßen ‚von außen'" (Herrlitz 1989: 508) gleichzusetzen, weil es auch um das konstitutive Innen gehen muss. Mit der Außenperspektive hängt zum Teil die Forderung zusammen, dass eine Schultheorie „immer auch als Gesellschaftstheorie betrieben werden" (Herrlitz 1989: 508; vgl. auch T. Schulze 1980: 75) muss – doch sie sollte eben nicht *nur* gesellschaftstheoretisch angelegt sein. Es wäre dementsprechend auch zu kurz gegriffen, die Schule als *Institution* (s. S. 285) zum Gegenstand von Schultheorie machen zu wollen (vgl. Grunder & Schweitzer 1999: 8; Meyer 1997: 211; Apel 1995: 21; Benner 1995: 49; Tillmann 1993c: 9; Holstein 1975: 14).

4.4 Schultheorie

Damit ist ein eher *enger* Begriff der Schultheorie vorgeschlagen, der darauf zielt, das Forschungsfeld klarer von anderen abzugrenzen und einer gewissen Beliebigkeit und Diffusität vorzubeugen. Unproblematisch und zugleich gewinnbringend, da ordnungstiftend, ist solch ein enger Begriff, da sich Theorie- und Forschungsbereiche, die eher als Schultheorie im weiteren Sinn verstanden werden können, auch in andere (Theorie-)Bereiche der Schulpädagogik einordnen lassen. Solche Theorien beispielsweise, die sich vor allem auf die Einzelschule beziehen, wären als Theorie der Schulgestaltung oder Schulqualität oder als Theorie der (Entwicklung der) Einzelschule zu kennzeichnen (s. S. 292).

Mit Reimers (1964: 256) lässt sich die vorgeschlagene Abgrenzung noch einmal wie folgt reformulieren (vgl. auch Adl-Amini 1976: 87–91; Kramp 1970: 532; ähnlich Fees 2001: 676; E. E. Geißler 1984: 237):[33]

> „Die Schulpädagogik fragt danach, was das, was in der Schule geschieht, für die Kinder und Jugendlichen bedeutet. Sie gewinnt Maßstäbe dafür, was für die Genese der Heranwachsenden erstrebenswert und was zu vermeiden wäre. Ein bestimmtes Bild von Schule, von ihren Aufgaben und ihren Möglichkeiten wird dabei immer vorausgesetzt; es kann auch ein neues Bild von Schule entworfen werden. Man fragt jedoch nicht eigentlich von der Schule her, wohl aber unter der Voraussetzung von Schule. Die Theorie der Schule dagegen fragt ausdrücklich nach der Schule, nach dem, was sie in einer bestimmten geschichtlichen Tradition geworden ist und was dementsprechend in ihr möglich ist."

Während also andere Bereiche der Schulpädagogik Sozialisation, Bildung, Interaktion, Didaktik usw. *unmittelbar* und innerhalb der gleichsam gegebenen Bedingungen untersuchen, untersucht die Schultheorie die „institutionellen Bedingungen eines Handelns in pädagogischer Absicht" (Apel 1995: 15) selbst und damit nur *mittelbar* die konkret stattfindende Interaktion, Sozialisation usw. (vgl. Tillmann 1993a: 414).

4.4.2 Illustrierung der Abgrenzung, Beispiele und Parallelen

Diese Abgrenzung lässt sich an einigen Beispielen plausibilisieren. Forschung zur *Unterrichtsqualität* etwa nimmt die Schule, so wie sie ist, als Ausgangspunkt und fragt, welche Merkmale von Lehrer*innenhandeln und Unterricht zu dessen Erfolg (z. B. fachliche Leistungen in einem Unterrichtsfach) beitragen (vgl. Helmke & Brühwiler 2018: 860). Die rahmenden Bedingungen des Unterrichts sind

---

[33] Hier wird ein „ältere[r]" Ansatz der Schulpädagogik von einem „neuere[n]" Ansatz der Schultheorie abgegrenzt, wobei beides Ansätze „der erziehungswissenschaftlichen Erörterung der Schule" (Reimers 1964: 254) sind. Diese Abgrenzungen und Gegenüberstellungen ignorierend, geht es hier lediglich um die Bestimmung von Schultheorie.

dabei zunächst im Hintergrund, es geht um Merkmale des Unterrichtens, der Lehrperson, der Aufgabengestaltung oder der Beziehung zwischen Lehrpersonen und Schüler*innen. Forschung zur alltäglichen *Leistungsbewertung* oder zur Herstellung von Differenz im Unterricht fragt in ähnlicher Weise danach, wie, sozusagen unter den gegebenen Bedingungen der Schule, im Unterricht Differenz hergestellt oder Leistung bewertet wird. Ähnliches gilt für die *Didaktik*, die sich, wiederum im vorgegebenen Rahmen der Schule, mit der Gestaltung und Planung von Inhalten, Medien, Zielen usw. des Unterrichts befasst (vgl. Tillmann 2011: 44; Grunder & Schweitzer 1999: 15; Klafki 1993: 21). So heißt es bei Schulz (1969: 62–64) zwar, dass die Didaktik „auf die Berücksichtigung des institutionellen Rahmens gar nicht verzichten" kann; Didaktik und der institutionelle Rahmen werden damit jedoch erkennbar voneinander abgegrenzt.

Es lassen sich des Weiteren solche Forschungsfelder und Teile der Schulpädagogik von Schultheorie abgrenzen,[34] die sich auf die Einzelschule fokussieren und nicht *die* Schule insgesamt ins Zentrum der Aufmerksamkeit rücken. Dazu zählen beispielsweise Forschungen zur *Schulentwicklung* (vgl. Maag Merki 2021: 1, 4; Tillmann 2011: 37–38, 44; Rahm 2010: 4) und zur *Schulkultur* (vgl. Hascher, Kramer & Pallesen 2021: v. a. 3–4, 11–13, 18; Idel & Stelmaszyk 2015: 57), obwohl dabei im Sinn von Mehrebenenmodellen die Einzelschule nicht für sich steht, sondern zum Beispiel die gesellschaftliche Umwelt mitberücksichtigt wird (vgl. Asbrand et al. 2021: 5–6; Dietrich 2021: 20–21; Kramer 2021: 282–283; Idel & Stelmaszyk 2015: 58–59).[35] Die beiden genannten Felder sowie die Unterrichts- und die Schulqualitätsforschung unterscheiden sich zudem dadurch von Schultheorie, dass sie vor allem nach der Qualität, Verbesserung, Güte oder dem Gelingen von Schule und Unterricht fragen (vgl. Hascher, Kramer & Pallesen 2021: 19; Maag Merki 2021: 2; Helmke & Brühwiler 2018: 860; Tillmann 2011: 45; Rahm 2010: 4; dies gilt allerdings nicht für den praxistheoretischen Schulkulturbegriff, vgl. Hascher, Kramer & Pallesen 2021: 20; anders auch der Anspruch einer deskriptiven Analyse

---

[34] Diese Abgrenzungen werden allerdings in der Literatur, wie bereits angedeutet, auch negiert. Beispielsweise wird eine „Einordnung von Schulentwicklung in eine Schultheorie, welche Schule vor dem Hintergrund gesellschaftlicher Herausforderungen reflektiert" (Asbrand et al. 2021: 5), angestrebt, womit Schulentwicklung Teil von Schultheorie ist oder werden soll (vgl. auch ebd.: 6).

[35] Zum Begriff der Schulkultur heißt es dementsprechend bei Helsper (2008: 66): „Schulkultur ist als die symbolische Ordnung *der einzelnen Schule* in der Spannung von Realem, Symbolischem und Imaginärem zu fassen. Die Schulkultur wird generiert durch die handelnde Auseinandersetzung der schulischen Akteure mit übergreifenden, bildungspolitischen Vorgaben und Strukturierungen vor dem Hintergrund historischer Rahmenbedingungen und der sozialen Auseinandersetzung um die Durchsetzung und Distinktion pluraler kultureller Ordnungen und deren Hierarchisierung" (H. R. L.-S.). Die Einzelschule steht demnach im Fokus, während Einzelschulübergreifendes eher als Hintergrundfolie dient. Im Sinn des hier vorgeschlagenen engeren Schultheorie-Begriffs wäre die Relevanzsetzung umgekehrt.

bei Asbrand et al. 2021: 4). Schultheorie hingegen fragt nicht hauptsächlich,[36] was eine *gute* Schule, sondern was Schule *an sich* ausmacht. Zusammenfassend grenzt sich Schultheorie sowohl über den Gegenstand als auch über die Fragerichtung von anderen Bereichen der Schulpädagogik ab; es geht um die abstrahierte Schule insgesamt, nicht um einzelne Schulen oder um Unterricht, und um die grundsätzliche Verfasstheit von Schule, nicht um ihre Verbesserung oder Gestaltung (vgl. Tillmann 2011: 40–41).

Diese an einzelnen Beispielen illustrierte Abgrenzung wirft die allgemeinere Frage nach dem Verhältnis von *Schultheorie* und *Schulforschung* auf. Wird unter Schulforschung vor allem empirische Schulforschung verstanden (so die Schwerpunktformulierung im Handbuch der Schulforschung bei Helsper & Böhme 2008: 11–12), erscheint (Schul-)Theorie als eine Art Gegenstück zur Empirie. Sie lässt sich in Bezug auf konkrete empirische Forschung einerseits als Anlass zu Forschung (vgl. Astleitner 2011: 42–44; Kron 1999: 75–76) und andererseits als systematisiertes und kohärentes Ergebnis von Forschung verstehen (vgl. Kron 1999: 74–75; für die Schulentwicklungstheorie und -forschung Maag Merki 2021: 15; s. ähnlich S. 284). Eingedenk des Anspruchs der Schultheorie, sich auf eine empirische Basis zu beziehen (s. Kap. 4.2, v. a. S. 275), würde Schultheorie immer an Schulforschung anschließen müssen. Wird ein breiteres Verständnis von (Schul-)Forschung zugrunde gelegt, ist Forschung die als Prozess konzeptualisierte Wissenschaft (vgl. Obermaier 2017: 51–52), wobei sich dieser Prozess nicht auf empirische Vorgehensweisen beschränkt. Dann ist die Arbeit an Theorie eine Form der Forschung und Schultheorie somit eine Art der Schulforschung. (Schul-)Theoretische, empirische, aber auch historische Schulforschung wären dann verschiedene Forschungsrichtungen innerhalb des Teils der Schulpädagogik, der sich im Sinn von Terhart (2015: 254) mit Schule (und nicht mit Schüler*innen, Lehrpersonen oder dem Unterricht) befasst.

Darüber, dass Schultheorie nach der Schule insgesamt, nach den Bedingungen von Schule fragt und nicht nach dem, was innerhalb oder unter der Bedingung von Schule geschieht, lässt sich Schultheorie also von anderen Teilbereichen der Schulpädagogik abgrenzen. Dennoch können letztlich alle Forschungsfragen, Studien und Teilbereiche der Schulpädagogik schultheoretisch gewendet werden. Dies lässt sich an der Forschung zur *Lehrer*innenprofessionalität* illustrieren. Wenn schultheoretisch angenommen wird, dass Schule die nachwachsende Generation mit der gegenwärtig bestehenden Kultur vertraut machen soll, impliziert dies eine bestimmte Ausgestaltung der Lehrer*innenbildung und bestimmte Anforderungen für Professionalität, zum Beispiel Kompetenzen und Wissen in Teilen dieser Kultur.

---

[36] Bei Fend wäre dies allerdings durchaus ein Hauptgegenstand von Schultheorie (s. S. 337 und 346).

4 Schultheorie

Die gerade erwähnten Forschungsbereiche – Forschung zur Unterrichtsqualität, Leistungsbewertung und Differenz – lassen sich ebenso schultheoretisch interpretieren. Für die Forschung zur *Leistungsbewertung* lässt sich dies mit Breidenstein (2018: 317–318) aufzeigen, ausgehend von einem Gegenbeispiel, bei dem keine schultheoretische Wendung vorliegt. So moniert Breidenstein an der Studie von Streckeisen, Hänzi und Hungerbühler (2007) eine Reifizierung der Selektionsfunktion. Diese Funktion wird als gegeben hingenommen – was aufgrund der fehlenden Offenheit auch für das empirische Vorgehen problematisch ist –, die Forschung vollzieht sich innerhalb dieses gegebenen Rahmens, innerhalb der letztlich feststehenden Funktion und ist demnach nicht dezidiert schultheoretisch angelegt. Bei Breidenstein selbst wird jedoch sichtbar, wie genuin nicht-schultheoretische Forschung schultheoretisch gewendet werden kann. Seine Befunde zeigen, dass die Selektionsfunktion der Schule die Praxis der Leistungsbewertung eigentlich nicht erklärt, sondern diese Praxis vielmehr eine von den gesellschaftlichen Funktionen abgekoppelte Eigenlogik entwickelt hat, was dann auf eine bestimmte Eigenlogik von Schule insgesamt hindeutet und eine schultheoretische Relevanz hat.

Die Forschung zur *Ganztagsschule* liefert ein weiteres Beispiel. Hier wird einerseits im Kontext von Schulqualitäts- oder Schulentwicklungstheorie operiert und vor allem fragt, wie qualitativ erfolgreiche Ganztagsschulen auszugestalten sind (vgl. als Überblick Maag Merki 2015; als Beispiel das Forschungsprojekt StEG, z. B. Fischer et al. 2011). Im Fokus steht nicht die Frage, inwiefern sich Schule an sich verändert oder wie Ganztagsschule auf abstrakter Ebene das Verhältnis zwischen Schule und Familie verändert. Stattdessen stehen konkretere Veränderungen im Fokus. Züchner (2011) thematisiert beispielsweise Vereinbarkeit von Beruf und Familie, Entlastung von Familie, Familienklima und -aktivitäten, auch in Abhängigkeit vom sozioökonomischen Status der Familie; Kuhn und Fischer (2011) fragen nach dem Zusammenhang zwischen der Art der Ausgestaltung der Ganztagsschule (Qualität des Angebots und Teilnahmeintensität) und Schulleistungen. Es geht somit um Fragen nach konkreten Variablen im System Schule und ggf. Familie, es geht nicht um das Insgesamt dieser Variablen. Demgegenüber lässt sich Forschung zur Ganztagsschule auch schultheoretisch einbetten (vgl. Idel 2018: 41–48; Idel & Reh 2015; Kolbe et al. 2009). Hierbei wird – unter anderem im Anschluss an Parsons – gefragt, inwiefern durch die Ganztagsschule die Grenze zwischen Schule und Familie verschwimmt oder sich verschiebt, sich also die charakteristischen Merkmale von Schule, zum Beispiel eine thematisch spezifische Interaktion, verändern (vgl. auch Nerowski 2015b: 50–52).[37]

---

[37] Dass solche Grenzverschiebungen existieren, kann als Beleg für Parsons' These der Schule als Zwischenwelt (s. S. 193) gelesen werden (vgl. Nerowski 2015b: 58).

4.4 Schultheorie

Ganz besonders deutlich zeigen sich schultheoretische Wendungen in der *historischen Erziehungswissenschaft und Schulgeschichte* bzw. können schultheoretische Fragestellungen eine historische Dimension haben (vgl. Terhart 2017: 40–41; Fend 2006a: 16–17; Fiegert 2003: 51, 59; Grunder & Schweitzer 1999: 9; Herrlitz 1989; T. Schulze 1980: 102–108; Schulenberg 1970: 391; Roessler 1968: 27–28). Wenn Schultheorie nach dem Verhältnis zwischen Schule und Gesellschaft, nach ihrem Wesen und nach ihren Aufgaben und Funktionen fragt, so treten die Antworten hierauf im historischen (oder auch lokalen) Vergleich deutlicher hervor. Dies impliziert, dass die heutige Gestalt von Schule in ihrem Verhältnis zur Gesellschaft nicht einfach schon immer so gegeben war, sondern dass es sich um kontingente und historisch entwickelte Verhältnisse handelt. Warum Schule so ist, wie sie ist, lässt sich daher durch Berücksichtigung ihrer historischen Entwicklung fundierter beantworten. Auch zeitgenössische Widersprüchlichkeiten oder Probleme von Schulen lassen sich mit Blick auf bestimmte schulgeschichtliche Epochen besser einordnen, weil sie deutlich machen, wie Schule im Unterschied zu heute ausgestaltet war und welche Widersprüchlichkeiten und Probleme dabei hervortraten (vgl. bspw. für die Frage nach der Relevanz von Erziehung in der Schule Leschinsky & Kluchert 1999).

Diese Tatsachen lassen sich mit Blick auf die Funktionen von Schule, etwa die Qualifikationsfunktion, plausibel machen, die in der historischen Perspektive auch Motive der Gründung, Gestaltung, Veränderung oder Expansion von Schule darstellen (vgl. Veith 2018: 54–58; Fend 2006a: 230–234; Tenorth 2004: 431–432; Klafki 2002: 52; Sandfuchs 2000: 18; Leschinsky & Kluchert 1999: 18; Struck 1996: 1–2; Herrlitz 1989: 506; Ballauff 1984: passim, 1968: 60–61; Blättner 1968):[38],[39]

> „Eine solche [standesspezifische, R. L.-S.] Schulausbildung wurde dort erforderlich, wo die Berufsausübung spezielle Kenntnisse und Fertigkeiten verlangte, die nicht mehr im Hause durch Vor- und Mitmachen bzw. durch Nachahmen von der älteren auf die jüngere Generation übertragen werden konnten." (H. Kemper 1997: 79)

---

[38] Mit Bezug auf die Ausführungen zum Begriff der Funktion und zum Funktionalismus (s. S. 125) lässt sich demnach sagen, dass hier Funktionen mit Ursachen in Zusammenhang gebracht werden. Sofern das, was heute als Funktion gilt, historisch begründet tatsächlich Ursache für die Entstehung von Schulen war, ist dies unproblematisch, anders als in Fällen, bei denen von Funktionen eines Phänomens unbegründet auf die Ursache für die Existenz dieses Phänomens geschlossen wird.

[39] Die folgenden Zitate zur Differenzierung und Qualifikationsfunktion verweisen zurück auf die Begriffsbestimmung von Schule (s. S. 285). Ausdifferenzierung war somit ein historischer Prozess in der Herausbildung der modernen Schule (vgl. Gerstner & Wetz 2008: 16–17; Diederich & Tenorth 1997: 18–23; Geissler 1968: 168–172), weswegen sie und die dabei entstandenen Funktionen heute ihre kennzeichnenden Merkmale sind.

4 Schultheorie

> „Schulen entstehen, wo das Erwachsenenleben sich so sehr differenziert und kompliziert hat, daß der Heranwachsende nicht mehr durch einfaches Mittun in der Familie lernt, was er zum Erwachsensein braucht, sondern ihm dies auf dem besonderen Wege schulischer *Lehre* vermittelt werden muß." (Reimers 1964: 258, H. i. O.)

Dieser Blick auf die Funktionen zeigt, dass sich Schulgeschichte als Schultheorie auffassen lässt. Damit kann der Anspruch an (Schul-)Theorie eingelöst werden, Phänomene zu *erklären*, in diesem Fall dadurch, dass historische Gründe für bestimmte schulische Phänomene (z. B. die Gründung von Schulen oder die Gliederung des Schulsystems in verschiedene Schulformen) herausgearbeitet werden. Wenn das Verhältnis von Schultheorie und Schulgeschichte mit Kluchert (2004) etwas systematischer erfasst wird, zeigt sich demnach erstens, dass Schultheorie eine schulgeschichtliche Dimension hat und Schulgeschichte Einsichten für Schultheorie liefert. Zweitens und andersherum kann die Schulgeschichte schultheoretische Annahmen für ihre Forschung nutzen. Und drittens können beide gleichberechtigt in Theorien münden, die die Entwicklung von Schule schultheoretisch erklären – Kluchert (ebd.: 40) spricht hier von „‚Schulgeschichtstheorie'".

Ein Beispiel für die Verknüpfung von Schultheorie und -geschichte der ersten Art, das hier aufgrund seiner verbreiteten Rezeption kurz näher ausgeführt werden soll, ist die Studie von Leschinsky und Roeder (1983; vgl. zusammenfassend T. Schulze 1980: 106–107). Ausgehend von der zeitgenössischen Schulkritik und gerahmt von den schultheoretischen Annahmen Parsons' sowie Bourdieus und Passerons untersuchen die Autoren die preußische Elementar- und Mittelschule. Sie begründen ihre Untersuchung zum einen damit, dass das Verhältnis zwischen Schule und Gesellschaft nicht statisch ist, sondern sich historisch wandelt, und zum anderen damit, dass die Funktionen von Schule in der Phase ihrer jeweiligen Begründung deutlicher hervortreten als später.[40] Im Ergebnis zeigen sie auf, dass die beiden theoretischen Ansätze die damalige Funktion von Schule nicht adäquat erfassen können (vgl. Leschinsky & Roeder 1983: 443–465). Mit Parsons lässt sich zwar eine Integrationsfunktion erkennen, zum Beispiel mit Blick auf die Integration in die gesamt- bzw. zentralstaatliche Herrschaft unter Zurückdrängung partikularer Herrschaftsbindungen sowie allgemeiner mit Blick auf Werte und Haltungen wie Gehorsam vor Autorität und Obrigkeit, die das Untertanentum kennzeichnen – Tenorth (2004: 433) spricht von einer „Indoktrination für die Massen" (vgl. auch Klafki 2002: 52–53; Leschinsky & Kluchert

---

[40] Letztlich ist ihr Vorgehen dem der vorliegenden Arbeit ähnlich: Die Schule wird in einem bestimmten Zeitraum in einer bestimmten Gesellschaft mit einer bestimmten schultheoretischen Perspektive untersucht. Während der Fokus bei Leschinsky und Roeder (1983) jedoch auf der Analyse der damaligen Schulwirklichkeit liegt, wird der Blick in dieser Arbeit auf die Theorieentwicklung gerichtet.

1999: 24; Herrlitz, Hopf & Titze 1997: 63; Fend 1979: 188–192). Allerdings handelt es sich hierbei aufgrund der deutlichen und sozusagen ungefährdeten sozialen und politischen Ungleichheit – das berührt Bourdieus und Passerons Ansatz – weniger um eine Legitimationsfunktion. Auch eine Allokationsfunktion erfüllt die preußische Elementarschule nicht, weshalb Leistungsbewertungen nahezu völlig fehlen. Schließlich vermittelt die Schule keine expliziten Kenntnisse und Fähigkeiten im Sinn einer Qualifikationsfunktion (vgl. auch Hansen 2016: 51; allgemeiner Fend 2006a: 179, 231), sondern lediglich ökonomisch relevante Werte und Haltungen wie Disziplin, die auf die Integrationsfunktion zurückverweisen. Ohne hier weiter ins Detail zu gehen, wird doch erkennbar, dass die Autoren eine historische Schulwirklichkeit beschreiben und diese mit schultheoretischen Annahmen kontrastieren. Abweichungen zwischen Empirie und Theorie sind dabei zwar auch Anlass, die Theorien kritisch zu hinterfragen (vgl. Leschinsky & Roeder 1983: 449–450), zeigen aber auch ihren Nutzen, weil die Abweichungen erst durch die Theorien auffallen (vgl. ebd.: 446; s. S. 264).

Schulgeschichte, so wird deutlich, lässt sich also als Schultheorie betreiben und ist damit ein weiteres Beispiel dafür, dass nicht-schultheoretische Bereiche der Schulpädagogik schultheoretisch eingebettet werden können. Neben solchen Bereichen der Schulpädagogik, deren eigentliches Anliegen nicht Schultheorie ist, gibt es mit der *Unterrichtstheorie* einen anderen Bereich der Schulpädagogik, der eine deutliche Nähe oder Verwandtschaft zur Schultheorie erkennen lässt. Ebenso wie die Schultheorie stellt sich die Unterrichtstheorie als ein recht unübersichtliches Feld dar, da sich die einzelnen theoretischen Ansätze unter anderem disziplinär unterscheiden und verschiedene Verständnisse von Theorie und Unterricht artikuliert werden (vgl. Proske 2018: 50–51; Lüders 2014: 832–834; K.-H. Arnold & Bach 2011: 12). Inhaltlich unterscheiden sich Schul- und Unterrichtstheorie in ihrem Gegenstand (vgl. Tillmann 2011: 41). Dies zeigt sich beispielsweise in sprachtheoretischen Ansätzen der Unterrichtstheorie, in denen die spezifische Kommunikationsform Unterricht, die Kommunikation zwischen Lehrpersonen und Schüler*innen im Fokus steht (vgl. Proske 2018: 35–39; Lüders 2014: 840–842). Das heißt, Unterricht wird für sich betrachtet, die schulische Umwelt im Sinn außerunterrichtlicher Strukturen und Akteur*innen ausgeblendet. Unterrichtstheorie betrachtet nicht die Schule als Abstraktum, sondern Unterricht als einen Teil dieses Abstraktums. Das heißt zugleich: „Unterricht ist [...] eingebunden in schultheoretische Überlegungen"[41] (K.-H. Arnold & Bach 2011: 12; ähnlich in der systemtheoretischen Unterrichtstheorie die Rahmung von Unterricht durch Organisation und Profession, vgl. Proske 2018: 44–45).

---

[41] So heißt es bei Bonnet (2011: 190): „Geht man von den durch die Schultheorie formulierten gesellschaftlichen Aufgaben der Institution Schule aus, so hat Unterricht zwei zentrale Funktionen".

Insgesamt umfasst Schule also zwar Unterricht, doch Unterricht allein ist nicht Schule, weswegen Schul- und Unterrichtstheorie verschiedene, wenn auch sich überlappende Gegenstände haben. Dementsprechend lässt sich Unterrichtstheorie bzw. unterrichtstheoretische Forschung schultheoretisch wenden, so beispielsweise das IRE-Schema (s. S. 214), das originär als Erkenntnis sprachtheoretischer Unterrichtstheorie zu verstehen ist. Die Überlappung, aber eben nicht die Gleichsetzung von Schul- und Unterrichtstheorie zeigt sich auch in Überblickswerken, in denen beispielsweise Parsons und der Strukturfunktionalismus ebenfalls thematisiert werden (vgl. Proske 2018: 54; Breidenstein 2010: 871–872). Didaktische Ansätze wiederum erscheinen unter dem Begriff der didaktischen Schultheorie, wobei damit tendenziell die gerade angedeutete verkürzte Gleichsetzung von Schule mit Unterricht vorgenommen wird (vgl. Adl-Amini 1976: 50–53).

4.4.3 Fazit

Auf Basis der bisherigen Erörterungen zum Theorie- und zum Schul-Begriff sowie zur Abgrenzung der Schultheorie lässt sich der Begriff der Schultheorie nun zusammenfassend bestimmen. Die Schultheorie stellt einen Teilbereich der Schulpädagogik dar, der darauf abzielt, ein System methodisch begründeter, auf empirische Plausibilität zielender (d. h. auch: überprüfbarer), begrifflich präziser, logisch konsistenter, allgemeingültiger Aussagen über Schule als Ganzes und als Bedingung für das Handeln schulischer Akteur*innen und das schulische Geschehen (Unterricht, Lernen, Bildung, Sozialisation usw.) zu formulieren.

Das Verständnis von Schultheorie als Teilbereich der Schulpädagogik impliziert, dass zwischen ‚der' Schultheorie im Singular und ‚den' Schultheorien im Plural unterschieden werden muss. Innerhalb der Teildisziplin oder „Sammelbezeichnung" (Diederich & Tenorth 1997: 7) ‚Schultheorie' finden sich demnach verschiedene (Teil-)Theorien (vgl. Idel 2018: 33; Wiater 2016: 16–17, 61; Kiper 2013: 271; Wiater 2013: 11); es gibt bisher keine allumfassende und allgemeingültige Schultheorie (vgl. Terhart 2017: 34, 38–39; Blömeke & Herzig 2009: 58, 74; Gerstner & Wetz 2008: 20; Baumgart & Lange 2006: 15; Tenorth 2004: 429; Fiegert 2003: 51; Sauer 1981: IX; T. Schulze 1980: 45; F. Bohnsack 1964: 249), sondern verschiedene Theorien im Sinn eines Theorienpluralismus.[42]

Wegen der Vielfalt von Theorie und von Schule wird *eine* allumfassende Schultheorie, wie bereits auf S. 274 erwähnt, auch kaum formuliert werden können (vgl.

---

[42] Dies gilt in ähnlicher Weise für andere Theoriefelder der Schulpädagogik, so etwa für Schulentwicklungstheorie (vgl. Asbrand et al. 2021: 10; Maag Merki 2021: 5), Unterrichtstheorie (vgl. Lüders 2014: 833) oder Professionstheorie (vgl. Helsper 2019: 53).

4.4 Schultheorie

Bohl, Harant & Wacker 2015: 207; Terhart 2013: 43; Keck 2004: 438; Fees 2001: 675; Gruschka 1993: 457). Insbesondere ist unklar, wie eine kohärente Gesamttheorie vorgelegt werden könnte, die die vielfältigen Facetten bestehender schultheoretischer Ansätze und entsprechender empirischer Forschung zu integrieren vermag (vgl. Lersch 2004: 74; Fend 1981: 1; Holstein 1975: 24–25; Fingerle 1973: 182).[43] Eindrücklich zeigt sich dies in Listen dessen, als was Schule verstanden wird (vgl. Veith 2018: 54–62; Wiater 2016: 12; Blömeke & Herzig 2009: 11; Gerstner & Wetz 2008: 20; Keck 2004: 438; Fees 2001: 667; Apel 1995: 120–122; E. E. Geißler 1984: 27–233; Roeder 1984: 276; T. Schulze 1980: 46–109; Marschelke 1973: 204, 206; Kramp 1970: 536–540): als Organisation, als Arbeitsplatz, als Lebenswelt oder Erfahrungsraum, als Erziehungseinrichtung, als Institution, als Aufbewahranstalt, als Herrschaftsinstrument, als Bildungsstätte usw. Insgesamt ist daher eine unabänderliche Vielfalt der Schultheorien zu konstatieren, die jedoch „keine Bürde darstellt" (Bohl, Harant & Wacker 2015: 209), weil alle Schultheorien legitim sein und fruchtbare Einsichten liefern können (vgl. Harant 2020: 173; Nerowski 2015b: 74; Kiper 2013: 271–272). Auch diese Arbeit hat nur *eine* theoretische Perspektive auf Schule zum Gegenstand und es wird *eine* Teiltheorie der Schultheorie entwickelt (s. S. 437).

Verschiedentlich wurde angemerkt, dass Schultheorie eine „Erfindung der deutschen Pädagogik" (Adl-Amini 1976: 80; vgl. auch Bohl, Harant & Wacker 2015: 77; Grunder & Schweitzer 1999: 9; Diederich & Tenorth 1997: 30; Adl-Amini et al. 1993: 125) sei, da die ausländische Literatur den Begriff nicht kenne. Dagegen ist einzuwenden, dass zwar der konkrete Begriff der Schultheorie in anderen Ländern bzw. anderen nationalen Disziplinen nicht kursiert, wohl aber der Gegenstand oder Inhalt der Schultheorie (so auch Winkel 1997: 37). So finden sich beispielsweise in der *sociology of education* bestimmte Themen und Begriffe (z. B. der heimliche Lehrplan oder Funktionen wie Sozialisation, *cultural transmission* oder Selektion und Allokation) und Autor*innen (z. B. Bourdieu, Parsons, Durkheim, Dewey, Bowles und Gintis, Bernstein, Dreeben, Jackson), die in Deutschland in der Schultheorie oder ebenfalls in der Soziologie der Bildung und Erziehung verhandelt werden (vgl. Ballantine, Hammack & Stuber 2017; Dworkin et al. 2013; L. Weis et al. 2011; Saha 2008; Meighan & Harber 2007; Musgrave 1972: v. a. 241–349; speziell zu Funktionen Kantzara 2016). Das Verhältnis von Schule und Gesellschaft, bildungs- und erziehungstheoretische oder -philosophische Autoren wie Comenius, Rousseau oder Herbart sowie Reformpädagogik und Schulkritik mit Montessori oder Freire, die ebenfalls als schultheoretisch relevant gesehen wer-

---

[43] Diese Schwierigkeit spiegelt sich auch in der Frage wider, inwiefern schulformspezifische Schultheorien nötig oder sinnvoll sind bzw. inwiefern Schultheorie bestimmte Schulformen ausblendet (vgl. Hänsel 2009: 94–95, 97; Duncker 2007: v. a. 35; Wiater 2001: v. a. 151).

den, werden außerdem in den *(social) foundations of education* (vgl. Ornstein et al. 2020; Johnson et al. 2018) verhandelt. Diese Disziplin zielt darauf ab, „to help prospective educators understand the complex historical, social, philosophical, psychological, economic, and/or political roots of what goes on in schools and society" (Jacobs 2014: 249–250; vgl. auch Brezinka 1978: 29). Der Begriff der *(social) foundations of education* ist wiederum in Deutschland nicht gebräuchlich, die genannten Gegenstände aber werden in der (historischen) Erziehungswissenschaft, in der Bildungs- und Erziehungsphilosophie, der Pädagogischen Psychologie oder eben der Schultheorie thematisiert. Die Feststellung, außerhalb Deutschlands gebe es keine Schultheorie, ist somit nicht haltbar; es wäre aber im Detail näher zu untersuchen, ob und warum bestimmte Fragen, Autor*innen oder Gegenstände tatsächlich nur in Deutschland diskutiert werden.

4.4.4 Übersicht über Schultheorien

Nachdem bisher herausgearbeitet worden ist, *was* Schultheorie ist, wird zum Abschluss des Kapitels ein Überblick darüber gegeben, *welche* Schultheorien es gibt. Zu diesem Zweck werden nicht die einzelnen Schultheorien skizziert, sondern es wird lediglich ein systematisierender Überblick vorgelegt, um die Vielfalt der Schultheorie aufzuzeigen. Außerdem wird hier nicht *eine* Systematisierung von Schultheorien zugrunde gelegt, sondern es werden verschiedene Systematisierungen vorgestellt (vgl. für solche Meta-Systematisierungen Terhart 2017: 37; Wiater 2016: 17–19; Lang-Wojtasik 2008: 87–89).

Eine solche Übersicht über Schultheorien könnte auch eine historische Systematisierung beinhalten, in der die einzelnen Entwicklungsphasen schultheoretischen Denkens skizziert werden (vgl. Terhart 2013: 34–35; H. Kemper 1997: 92–105). Deutlich würde hierbei, dass es vor allem im Lauf des 20. Jahrhunderts zu einem Einbezug disziplinfremder Ansätze von außerhalb der Pädagogik kam. Dies führte dazu, dass Schule stärker in ihrer gesellschaftlichen Bedingtheit erörtert wurde (vgl. H. Kemper 1997: 99; Apel 1995: 124; Heiland 1972: 436–437). Zum Teil ebenfalls darauf zurückzuführen ist ein stärkerer Einbezug empirischer Forschung (vgl. Idel & Stelmaszyk 2015: 52). Wie nun die folgende Übersicht zeigt, spiegeln sich diese historischen Entwicklungen in der Systematik wider (v. a. in der Einteilung nach grobem inhaltlichen und disziplinären Fokus), weshalb eine separate historische Systematisierung nicht nötig ist.

Folgende Systematisierungen von Schultheorien liegen vor:

– *nach Aussageebene*
Theorien können sich auf die Makro-, Meso- oder Mikroebene von Schule beziehen (vgl. Terhart 2017: 37; Wiater 2016: 61–62; Nerowski 2015b: 69–74;

Lang-Wojtasik 2008: 87–88). Blömeke und Herzig (2009: 55–73) zum Beispiel unterscheiden zwischen Theorien auf der Makroebene mit Fokus auf die Außenstruktur von Schule, also das Verhältnis zwischen Schule und Gesellschaft, sowie auf der Mesoebene mit Fokus auf die Binnenstruktur von Schule.

- *nach Aussageumfang (vgl. Terhart 2017: 38–39)*
  Hier sind Theorien, die Schule insgesamt erfassen wollen (vgl. als Beispiel Wiater 2016; kritisch hierzu Nerowski 2015b: 87–88), von Theorien zu unterscheiden, die nur bestimmte Ausschnitte von Schule betrachten (vgl. als Beispiel Brumlik & Holtappels 1993).

- *nach theoretischer Güte bzw. theoretischem Anspruch*
  Kramp (1970: 546–547) unterscheidet Theorien (Aussagesystem raumzeitlich unbegrenzter Gültigkeit), Quasitheorien (Aussagesystem raumzeitlich begrenzter Gültigkeit), Pseudotheorien (Aussagesystem ohne Ziel der empirischen Fundierung, das aber sprachlich und formal Theorien ähnelt) und Konzepte (kein Aussagesystem, auch sprachlich und formal rein präskriptiv). Wiater (2013: 14–15) unterscheidet im Anschluss an Weniger (vgl. hierzu Bohl, Harant & Wacker 2015: 63–64) drei Grade von Theorien: implizit-subjektive Theorien, Praxistheorien und wissenschaftliche Theorien (so auch Lang-Wojtasik 2008: 88–89; ähnlich, aber mit vier Ebenen Meyer 1997: 215–219).

- *nach grobem inhaltlichen und disziplinären Fokus*
  Sehr häufig wird zwischen gesellschaftlichen, soziologischen bzw. sozialwissenschaftlichen und pädagogischen bzw. erziehungswissenschaftlichen Schultheorien unterschieden (vgl. Tenorth 2016: 138; Bohl, Harant & Wacker 2015: 207–209; Esslinger-Hinz & Sliwka 2011: 22–27; Tillmann 2011: 38; kritisch hinsichtlich dieser Abgrenzung und ihrer Aktualität Bohl, Harant & Wacker 2015: 211; Rademacher & Wernet 2015: 113; Klafki 2002: 57; Tillmann 1993a: 407–408). Während erstere die Schule von außen und durch gesellschaftliche Ansprüche heraus zu erklären versuchen, zielen letztere auf eine Innenansicht, auf die pädagogische Eigenlogik der Schule.
  Zum Teil werden im Kontext dieser Unterscheidung gesellschaftliche Schultheorien kritisch gesehen, da sie als verkürzt und einseitig eingeschätzt werden, und es wird die Notwendigkeit formuliert, auch oder insbesondere pädagogisches schultheoretisches Denken einzubeziehen (vgl. Reichenbach & Bühler 2017; darin konkret Brinkmann 2017: 88, 90; Sandfuchs 2001: 13; Grunder & Schweitzer 1999: 12–14, 22–23; Duncker 1992: 20). Solche Forderungen sind kritisch zu sehen, weil sie auf ein Ausspielen verschiedener, jeweils legitimer Sichtweisen auf Schule hinauslaufen können, das, eingedenk der

4 Schultheorie

obigen Bemerkungen zur unumgänglichen Vielfalt des Gegenstands und seiner Theorien, nicht zielführend sein kann. Es gilt zwar, kritisch zu prüfen, welche Grenzen einzelne Ansätze und Perspektiven auf Schule haben (vgl. T. Schulze 1980: 111), aber trotzdem kann keine der beiden Theorie-Richtungen für sich einen Primat beanspruchen; beide enthalten jeweils relevante Einsichten für die Schule und müssen letztlich zusammengedacht werden, weil jede für sich verkürzt und einseitig wäre (vgl. Rademacher & Wernet 2015: 104–105; Blömeke & Herzig 2009: 56; Lang-Wojtasik 2008: 21; 408 Sandfuchs 2000: 13; Tillmann 1993a; allgemeiner Adl-Amini 1985: 63; mit Blick auf gesellschaftlichen und kulturellen Bezug Duncker 1992: 27).[44] Wenn Tenorth (2016: 138–139) also feststellt, dass Schule

> „nur verstanden werden kann, wenn man auch ihrer Eigenlogik nachgeht und Schule als ein Thema sieht, das nicht schon im Blick auf gesellschaftliche Erwartungen, ökonomische Vorgaben, rechtliche Prämissen, bildungspolitische Querelen, medialen Wandel und öffentliche Wunschbilder hinreichend beschrieben und erklärt ist",

dann muss ergänzt werden, dass sie auch nicht allein aus ihrer (pädagogischen) Eigenlogik, pädagogischen Interessen, Theorien und Erwartungen heraus verstanden werden kann (vgl. T. Schulze 1980: 83–84); sie ist nicht allein als „‚pädagogische Provinz'" (Roessler 1968: 37; vgl. auch Gerstner & Wetz 2008: 28) zu verstehen. Für die Unterrichtstheorie formuliert Proske (2011: 15) dementsprechend:

> „Die zentrale Herausforderung für die Unterrichtstheorie besteht darin, das Pädagogische in einer Weise zu integrieren, dass weder pädagogische Intentionalitäten mit ihrer Realisierung gleichgesetzt noch vorschnell alle Fragen der erzieherischen Beeinflussung von Schülerinnen und Schülern aus der Theoriebildung über Unterricht ausgeklammert werden."

Zusammengefasst: So wenig wie Schule mit Gesellschaft gleichgesetzt werden kann, so wenig kann Schule mit Pädagogik gleichgesetzt werden.

- *nach differenzierterem inhaltlichen und disziplinären Fokus*
Eine Unterscheidung dieser Art legt Terhart (2013: 36–41) vor, indem er zweckbezogene bzw. normative, kulturtheoretische, funktionalistische, ökonomische, lernpsychologische, interaktionstheoretische, gesellschaftskritische und organisationstheoretische Ansätze voneinander abgrenzt. Kiper (2013: 272–278) unterscheidet geschichtliche, wirtschaftliche, politisch-öffentliche, soziologische und pädagogische Perspektiven. Ferner sind hier die mit den

---

[44] Kritik an der Einseitigkeit einer Theorie (vgl. z. B. Criblez 2017: 76; Winkel 1997: 40) ist demnach trivial, da letztlich für jede (Schul-)Theorie zutreffend.

disziplinären Fokussen zum Teil korrespondierenden, auf S. 299 erwähnten Listen der zusammenfassenden Charakterisierungen von Schule zu nennen, soweit sie nicht nur als Schlagworte genutzt, sondern als komplexere theoretische Ansätze verstanden werden (so z. B. T. Schulze 1980: 46–109).

5 (Struktur-)Funktionalistische Schultheorie

In der Schultheorie steht Parsons nicht für sich, sondern wird in der Regel im Zusammenhang mit anderen Autoren genannt, die auf ihn aufbauen. Bei diesen anderen Autoren handelt es sich um Robert Dreeben sowie Helmut Fend, der Parsons und Dreeben in die deutschsprachige Erziehungswissenschaft einführte (vgl. Gerstner & Wetz 2008: 99). Alle drei Autoren bzw. Ansätze zusammen werden dann im Gegensatz zu anderen Schultheorien als ‚(struktur-)funktionalistische Schultheorie(n)' zusammengefasst (vgl. Terhart 2013: 37; Breidenstein 2010: 871; Fingerle 1993: v. a. 55; für die Verbindung von Parsons und Fend K.-H. Arnold & Bach 2011: 12; Kolbe et al. 2009: 152; Fees 2001: 668; Popp 1998: 265; Meyer 1997: 235; T. Schulze 1980: 61–62).

Anliegen des vorliegenden Kapitels ist es, diese mit Parsons verwandten Autoren näher zu betrachten, dabei das Verhältnis zu Parsons zu untersuchen und schließlich nach dem Kern (struktur-)funktionalistischer Schultheorie zu fragen: Inwiefern hängen alle genannten Ansätze zusammen und inwiefern lassen sie sich als (struktur-)funktionalistisch bezeichnen? Zunächst werden in den Kap. 5.1 bis 5.3 die einzelnen Ansätze und jeweils ihr Verhältnis zueinander in den Blick genommen; auf Kritik wird eingegangen, wegen seiner zentralen Stellung in der Schultheorie wird die Kritik für Fend jedoch am intensivsten diskutiert. Neben Dreeben und Fend ist ein Unterkapitel dem heimlichen Lehrplan gewidmet, sodass einschließlich Parsons insgesamt vier Ansätze (struktur-)funktionalistischer Schultheorie zueinander relationiert werden. Dem liegt die dann zu begründende These zugrunde, dass dieser Ansatz ähnlich wie die Ansätze von Dreeben und Fend mit Parsons' Schultheorie verbunden ist. Etwas gesondert stehen im Kap. 5.4 die Funktionen der Schule im Fokus. Sie sind einerseits direkt mit den Schultheorien Fends und Parsons' verbunden und daher für diese Arbeit inhaltlich relevant, andererseits sind sie zu einem Allgemeinplatz von Schultheorie geraten, werden also nicht allein im Kontext dezidiert (struktur-)funktionalistischer Schultheorie verhandelt.

Das abschließende Kap. 5.5 dient der zusammenfassenden Diskussion aller Autor*innen bzw. Ansätze unter den Leitfiguren des Funktionalismus und

5 (Struktur-)Funktionalistische Schultheorie

des Strukturfunktionalismus, die dazu im Detail erklärt werden. Neben diesen beiden in der schultheoretischen Literatur häufig anzutreffenden Charakterisierungen werden im Anschluss an Kap. 2.9.1 die Begriffe des Bestands- oder Erfordernisfunktionalismus sowie des normativen Funktionalismus einbezogen. Bei der Diskussion um diese Bezeichnungen, Leitfiguren, Etiketten, Charakterisierungen oder Labels geht es um die Klärung dessen, worin der analytische Kern der vier Ansätze gesehen werden kann. Das heißt, die vier genannten Charakterisierungen stellen jeweils verschiedene analytische Heuristiken dar, mit denen Schule betrachtet wird. Daher ist die dem Kapitel innewohnende These, dass es nicht unerheblich ist, als was einzelne schultheoretische Ansätze bezeichnet oder verstanden werden. Es soll daher geklärt werden, was den einzelnen Bezeichnungen an analytischer Aussagekraft eigen ist, inwiefern sie für die Ansätze angemessen sind und welche Zusammenhänge sie zueinander implizieren.

5.1 Dreeben

Dreebens Analysen der Schule werden zunächst ausgehend von seiner hierfür zentralen Monographie *On What Is Learned in School* zusammengefasst (Kap. 5.1.1) und kritisch sondiert (Kap. 5.1.2). Darauf aufbauend wird der Zusammenhang zwischen Parsons' schultheoretischen Überlegungen und denen von Dreeben erörtert, vor allem mit Blick darauf, inwiefern gemeinsame (struktur-)funktionalistische Annahmen bestehen (Kap. 5.1.3).

5.1.1 *On What Is Learned in School*

Ausgangspunkt für Robert Dreebens Analyse der Schule in seiner Monographie *On What Is Learned in School*, die im Original 1968 und auf Deutsch erstmals 1980 erschien, ist Sozialisation. Damit meint er den Entwicklungsprozess vom abhängigen Kind zum unabhängigen Erwachsenen, der aus dem Durchlaufen verschiedener „institutional settings, each with characteristic structural properties" (Dreeben 1968: viii) besteht. Schule ist dann ein solch institutionelles bzw. soziales Setting und damit „an agency of socialization" (ebd.: 3).

Aus dieser Grundanlage folgt, dass Dreebens Fokus nicht auf „the explicit goals of schools as expressed in curriculum content" (ebd.: 42) liegt (vgl. Kaube 2006: 13–14; Campbell 1970: 205). Das heißt, „that what is learned in school is not restricted to what is taught" (Dreeben 1968: 44; vgl. auch Gruschka 2002: 215). Zentral ist anstelle fachlicher Inhalte oder Fähigkeiten, dass „*pupils learn to accept principles of conduct, or social norms, and to act according to them*" (Dreeben 1968: 44, H. i. O.). Normen definiert Dreeben (ebd.: 44) als „situationally specific standards for behavior; they are principles, premises, or expectations indicating how individuals in specifiable circumstances *ought* to act" (H. i. O.).[1] Allerdings werden die Normen nicht *explizit* zum Gegenstand von Unterricht gemacht, sondern *implizit* (vgl. Bender & Dietrich 2019: 34; R. Schmidt 2015: 112–113; Gruschka 2002: 215). Schüler*innen lernen die Normen, indem sie an Schule teilhaben und damit Erfahrungen in einem bestimmten sozial-institutionellen Setting und in bestimmten Interaktionssituationen machen, die durch diese Normen geprägt sind (vgl. Dreeben 1970a: 86, 1968: 55; Künzli et al. 2013: 219–220; Giroux & Penna 1979: 28). Den dadurch angestoßenen Lernprozess beschreibt Dreeben (1968: vii) auch als „psychological change", die Lernergebnisse als „psychological outcomes" (ebd.: 86), „capacities" (ebd.: 93) oder „normative psychological capacties [sic!]" (ebd.: 144), womit noch einmal deutlich wird, dass es nicht um das Erlernen von Inhalten geht (vgl. auch Dreeben 1968: 5; übertragen auf Universitäten, v. a. *schools of education*, Dreeben 1970b: 135–149).

Zusammengefasst liegt Dreebens Fokus somit nicht darauf, *was* in der Schule (explizit) gelehrt und dadurch evtl. gelernt wird, sondern *wie* gelehrt und gelernt und was *dadurch* (implizit) gelernt wird (vgl. Gerstner & Wetz 2008: 81; Kaube 2006: 14). Der Kerngedanke von Dreeben – die Teilhabe an Schule und an ihrem besonderen sozialen Setting bringt die Auseinandersetzung mit bestimmten Normen mit sich, sodass das Ergebnis des schulischen Lernens in dieser Hinsicht in der Akzeptanz von Normen besteht (vgl. Dreeben 1968: 44, 56) – führt zum Begriff der Internalisierung (vgl. ebd.: 60). Gemeint ist, dass „pupils adhere to the standard in the sense that they consider that their actions should be governed by it. Acceptance, then, refers to a self-imposed, acknowledgeable obligation of variable intensity" (ebd.: 44). Schule ist nicht die einzige Instanz, in der Normen erlernt werden, sie zeichnet sich aber durch einen bestimmten Komplex an Normen aus, der sonst nirgends (parallel bei Parsons, s. S. 208) oder nirgends so ‚gut' erlernt werden kann wie in der Schule (vgl. ebd.: 55, 84, 143–144).

Welche Normen in der Schule gelernt werden, ergibt sich aus der Stellung, die Schule im Prozess der Sozialisation einnimmt. Schule „represents a link not only between successive phases of the life cycle but between the private realm of the family and the larger public domain" (ebd.: 2). Schüler*innen lernen in der

---

[1] Obwohl der Begriff der Werte bei Dreeben weniger zentral ist, grenzt er ihn vom Begriff der Normen ab, was gerade mit Blick auf die Ausführungen zu den entsprechenden Begriffen bei Parsons erwähnenswert ist. Werte bezeichnen in ähnlicher Weise wie Normen etwas Wünschenswertes, beschreiben jedoch kein Verhalten in einer konkreten Situation (vgl. Dreeben 1968: 45). Sowohl in der inhaltlichen Bestimmung von Normen und Werten als Verhaltensstandards (s. S. 56) als auch in der Abgrenzung von Normen und Werten über die Situationsspezifik (s. S. 103) sind also Parallelen zu Parsons erkennbar. Im Fortgang fällt eine Reihe weiterer Parallelen zu Parsons auf, die in Kap. 5.1.3 gebündelt werden.

5 (Struktur-)Funktionalistische Schultheorie

Schule demnach die Normen, die sie für ihr nachschulisches Leben benötigen, vor allem für politische Partizipation und für berufliche Tätigkeiten (vgl. Dreeben 1970a: 99, 1968: 4–5, 65, 144; Arnstine 1969: 214–215). Dies baut auf den in der Familie erlernten Normen auf, erweitert diese aber um Normen, die nicht in der Familie gelernt werden können (vgl. Dreeben 1970a: 80; Kaube 2006: 14; Fingerle 1993: 50; Giroux & Penna 1979: 27–28), gleichsam um den Gegensatz zwischen Normen der Familie und der öffentlichen (Berufs-)Welt des Erwachsenenlebens zu überbrücken (vgl. Dreeben 1968: 4, 65, 85, 93–94; Hurn 1993: 79).

Dreeben betrachtet Schule somit im Zusammenhang mit anderen Bereichen der Gesellschaft [2] und arbeitet den Beitrag der Schule zur Partizipation an diesen Bereichen heraus (vgl. Dreeben 1968: 65, 91–94). Schule kann diesen Beitrag erfüllen, weil sie ähnliche Erfahrungen bietet wie die politische und berufliche Welt, sodass Schüler*innen, indem sie diese Erfahrungen machen bzw. mit der so verfassten Schule umgehen müssen, die später in diesen Bereichen notwendigen Normen lernen (vgl. ebd.: 144–145).

Dementsprechend thematisiert Dreeben das Verhältnis zwischen Schule und Familie genauer. Im zweiten Kapitel seiner Monographie vergleicht er das soziale Setting von Familie und Schule (vgl. zusammenfassend Campbell 1970: 205–206; Arnstine 1969: 215), wobei für die Schule außerdem zwischen Grund- und weiterführender Schule unterschieden wird (vgl. auch Dreeben 1970a: 95–97; Miller 1969: 501). Ohne die einzelnen Dimensionen aufzuzählen, die Dreeben dazu bemüht, zeigt sich insgesamt, dass das soziale Setting der Schule von mehr, spezifischeren, lockereren, weniger intensiven und weniger dauerhaften sozialen Beziehungen geprägt ist als die Familie, dies noch stärker in der weiterführenden als in der Grundschule.

Das führt zum Beispiel dazu, dass Schüler*innen „the distinction between social positions and the persons who occupy them" (Dreeben 1968: 21) lernen müssen – verschiedene Personen haben die gleiche Position einer Lehrperson inne, was sich auch mit dem Begriff der Rolle reformulieren ließe. Obgleich zwischen Kindern einer Familie in der Regel eine größere Altersheterogenität besteht als in einer schulischen Lerngruppe, bietet ansonsten die Schule eine größere Heterogenität der sozialen Merkmale der beteiligten Schüler*innen und Lehrpersonen (sozialer Status, Religion usw., für Lehrpersonen auch Alter); wegen der Einzugsgebiete der Grundschule ist diese Heterogenität in weiterführenden Schulen stärker ausgeprägt. Nicht zuletzt durch die Altershomogenität, die eine Homogenität hinsichtlich Entwicklungs- und Fähigkeitsstand impliziert

---

[2] Der Fokus liegt dabei auf drei Bereichen – Familie, Politik und Wirtschaft (vgl. Dreeben 1968: 92) – und kann als selektiv angesehen werden. Weitere gesellschaftliche Bereiche könnten demnach einbezogen werden.

5.1 Dreeben

(vgl. ebd.: 38), daneben aber auch durch die Gleichbehandlung im Unterricht erfahren sich Schüler*innen außerdem „as being in the same boat" (ebd.: 22); sie erleben sich also als Teil einer Gruppe, in der nicht mehr jede einzelne Person individuell adressiert wird (vgl. auch die sodalisierende und solidarisierende Funktion bei Ballauff 1984: 188, 196, 215). Schule erweist sich im Gegensatz zur Familie darüber hinaus als „a public place" (Dreeben 1968: 19), in dem Aktivitäten der Schüler*innen überwiegend sichtbar sind, obgleich diese in ihrer Vielfalt wiederum beschränkter als in der Familie sind.[3]

Neben dem sozialen Setting vergleicht Dreeben im dritten Kapitel der Monographie sodann Familie und Schule hinsichtlich ihrer *patterns of conduct, behavior* oder *action*, die mit bestimmten Normen korrespondieren. Hier weist er darauf hin, dass zwar in beiden Lebensbereichen Aufgaben bestehen und von Kindern bzw. Schüler*innen erledigt werden, aber nur in der Schule eine systematische Bewertung der Erledigung der Aufgaben erfolgt – dies außerdem im sozialen Vergleich der homogen gedachten Klasse –, wobei die Aufgaben, da sie sich auf unterrichtliche Aspekte beziehen, ein engeres Spektrum abbilden als familiäre Aufgaben. Unterschiede bestehen des Weiteren in der Emotionalität von Verhalten, Ähnlichkeiten dahingehend, dass bestimmtes Verhalten belohnt und bestraft wird, wobei die Mittel und Grundlagen dafür wiederum divergieren. In der Schule repräsentieren Noten ein zentrales Mittel der Belohnung und Bestrafung, was jedoch nur unter der Voraussetzung funktioniert, dass Schüler*innen Noten tatsächlich als belohnend oder bestrafend empfinden (vgl. auch Dreeben 1973: 459, 1970a: 91, 1970b: 79–80; parallel bei Parsons, s. S. 212).

Die Normen, die Schule in ihrem sozialen Setting verkörpert und die, weil sie im öffentlich-beruflichen Erwachsenenleben wichtig sind, Schüler*innen erlernen müssen, sind Unabhängigkeit, Leistung, Universalismus und Spezifität (vgl. zusammenfassend Dreeben 1968: 129; Gerstner & Wetz 2008: 81–83; Campbell 1970: 206). Im Folgenden werden die vier Normen nach Dreeben *a)* erklärt, es wird *b)*erläutert, wie sie Setting, Verhaltensmuster und Erfahrungen in der Schule prägen und sich dabei vom Setting in der Familie unterscheiden und schließlich wird *c)* die Bedeutung der Normen für das öffentlich-berufliche Erwachsenenleben aufgezeigt.

1. *Unabhängigkeit* (vgl. Dreeben 1968: 66–70)

    a) Unabhängigkeit bedeutet bei Dreeben, alleine zu handeln und die Konsequenzen dieses Handelns alleine zu tragen. Das heißt konkreter, An-

---

[3] Schon hier wird, wie auch im Folgenden, deutlich, dass Dreeben das Bild schulischer Sozialisation idealisiert skizziert, eher um deren zentralen Grobmuster zu abstrahieren, als alle Details, Abweichungen vom Ideal u. Ä. zu integrieren.

forderungen eigenständig, ohne Hilfe, zu bewältigen, Handlungen, auch ohne Bezug auf Anforderungen von außen, zu initiieren sowie für die Folgen des eigenen Handelns selbst einzustehen (vgl. auch die kommissive Funktion bei Ballauff 1984: 223).

b) In der Schule zeigt sich diese Norm zunächst allgemein darin, dass die Schüler*innen die Schule ohne ihre Familie bzw. Eltern besuchen, die ansonsten unterstützend wirken bzw. von denen die Schüler*innen abhängig sind. Ein ähnlich intensives Verhältnis wie zwischen Eltern und Kindern wird in der Schule durch die Vielzahl der Schüler*innen in Bezug auf wenige Erwachsene verunmöglicht. Ansonsten besteht in der Schule die Erwartung, dass Schüler*innen bestimmte Aufgaben überwiegend unabhängig und selbstständig erledigen (vgl. als empirisches Beispiel Rademacher 2009: 69–70). Mogeln – die Inanspruchnahme von Unterstützung, obwohl diese nicht erlaubt ist – stellt demnach einen Verstoß gegen diese Norm dar. Die Norm der Unabhängigkeit zeigt sich überspitzt weiterhin in der Durchführung von Prüfungen, wenn durch die Verteilung und Separierung der Schüler*innen im Raum Vorkehrungen gegen die Verletzung dieser Norm getroffen werden.

In der Schule wie in anderen Lebensbereichen gibt es demgegenüber auch Situationen, in denen Schüler*innen nicht alleine, sondern mit anderen zusammen agieren, zum Beispiel wenn sie Aufgaben in Gruppenarbeit erledigen sollen – Dreeben sieht dennoch einen Primat der Unabhängigkeit gegenüber Abhängigkeit im Sinn von Zusammenarbeit oder Einbindung in Teams.

c) In ähnlicher Weise nimmt Dreeben an, dass im Berufsleben zwar eine grundsätzliche Unabhängigkeit und Verantwortung für das eigene Handeln erwartet wird, aber die Inanspruchnahme von Unterstützung nicht in gleichem Maß sanktioniert wird, wie es beim Mogeln in der Schule der Fall ist (vgl. Dreeben 1968: 123–124). Eine Dualität individueller und kollektiver Verantwortung gilt zudem in der Hinsicht, dass Beschäftigte individuell zu einem kollektiven Produkt, einer kollektiven Arbeitsleistung beitragen (vgl. ebd.: 124). Die Norm der Unabhängigkeit zeigt sich darüber hinaus im Bereich des Rechts, in dem zwar im Sinn des Universalismus allgemeingültige Regeln und individuelle Verantwortung der Einzelnen fundamental sind, zugleich aber berücksichtigt wird, wie hoch die individuelle Verantwortung (Schuldfähigkeit) tatsächlich ist (vgl. ebd.: 124–125).

2. *Leistung* (vgl. ebd.: 70–73)

   a) Mit Leistung meint Dreeben aktive Tätigkeit, also die aktive Erfüllung von Aufgaben oder die aktive Gestaltung der Umwelt. Leistung bedeutet dabei „competing against some standard of excellence" (ebd.: 70–71), auf deren Erfüllung die aktive Tätigkeit im Sinn von Leistung abzielt.

   b) Dass die Norm der Leistung die Schule prägt, wird darin ersichtlich, dass Schüler*innen in der Schule Aufgaben erhalten, die sie bearbeiten und erfüllen müssen und die schließlich anhand bestimmter Kriterien bewertet werden. Dieser Dreischritt von „assignment-performance-evaluation" (ebd.: 71) führt dazu, dass Schüler*innen in der Schule auch den Umgang mit der erhaltenen Bewertung, also mit den Folgen ihrer eigenen Leistung, dem eigenen Erfolg und Misserfolg, erlernen. Sofern die Schüler*innen dies zum Beispiel in Form von Noten tatsächlich als Erfolg oder Misserfolg erleben, in Dreebens Idealmodell also, werden sie zur Erbringung von Leistung motiviert. Vor allem hinsichtlich von Misserfolg ist entscheidend, dass dieser als solcher akzeptiert wird, nämlich als ein Scheitern an den grundsätzlich legitimen Leistungsstandards.

   In der Schule ist Leistung nicht nur auf kognitive Aktivitäten bezogen, sondern zum Beispiel auch auf (bei Dreeben als außerunterrichtlich gedachte) sportliche oder musische Aktivitäten, bei denen zwar Leistung gezeigt werden kann, zum Teil auch kollektive, die aber nicht in der gleichen Intensität bewertet wird. Insgesamt, so Dreebens Grundannahme, ist Leistung durch die Vielzahl und Häufigkeit der Aktivitäten, in denen sie eine Rolle spielt, bedeutsamer als in der Familie.

   c) Dreeben nennt Wahlen zu politischen Ämtern, d. h. Wahlsiege oder -niederlagen, als Beispiel für die Relevanz von Leistung bzw. von Erfolg und Misserfolg als Konsequenzen bewerteter Leistung im Erwachsenenleben (vgl. ebd.: 138–139). Zentral ist hierbei wiederum, dass die Grundlagen akzeptiert werden, nach denen es zu Sieg und Niederlage kommt (vgl. ebd.: 141). In der Berufswelt gelten ebenfalls Standards hinsichtlich der Erbringung von Leistung (vgl. ebd.: 107). Darauf basieren Entscheidungen über Einstellung, Vergütung oder Beförderung (vgl. ebd.: 123–124).

3. *Universalismus* (vgl. ebd.: 74–84)

   a) Universalismus liegt nach Dreeben dann vor, wenn „individuals are treated in terms of their membership in categories" (ebd.: 75) und ein Individuum als Mitglied einer Kategorie so wie alle anderen Mitglieder dieser Kategorie behandelt, also weder bevorzugt noch benachteiligt wird. Universalismus verweist somit auf Fairness und Gleichheit.

b) Schüler*innen erfahren sich in der Schule als Mitglied einer Kategorie, in der alle universalistisch behandelt werden. Sie sind Mitglied einer Schulklasse, die alle mit der gleichen Lehrperson zu tun haben und die gleichen Aufgaben erhalten (vgl. Dreeben 1973: 462). Sie sind dadurch zugleich Mitglied einer bestimmten Alterskategorie und Mitglied eines Schuljahrgangs. Im Fortschreiten der Schullaufbahn wechseln diese Kategorien und damit die Behandlung, die Schüler*innen als Mitglieder dieser Kategorien erfahren (z. B. ein neues Schulfach ab einem bestimmten Jahrgang). Dem schulischen Universalismus wird in der *high school* durch *tracking* Vorschub geleistet, weil dadurch die jeweiligen Gruppen homogener werden und so im Gegensatz zu den vormals heterogenen Lerngruppen stärker universalistisch behandelt werden können.

Auch die Unterscheidung von Person und Position hängt mit Kategorien bzw. Universalismus zusammen. Eine Position wie die der Lehrperson zeichnet sich dadurch aus, dass die Personen, die die Position einnehmen, gleich, nur gemäß ihrer Position bzw. Kategorie, behandelt werden und andersherum gegenüber anderen gleich handeln sollen. Unterschiedliche Personen (Schüler*in A, B und C) können sich demnach in der gleichen Position (Schüler*in der Klasse X) befinden, sodass ihr Handeln in dieser Position durch Universalismus geprägt ist und bestimmte Unterschiede zwischen den Personen eingeebnet werden.

In der Familie erfolgt demgegenüber eher eine partikularistische Behandlung der Kinder durch die Eltern, weil sie nicht wie alle Kinder oder alle achtjährigen Töchter behandelt werden und zum Beispiel nicht gleich viel Taschengeld erhalten, sondern als *ihre* Kinder oder *ihre* achtjährigen Töchter. Zumindest in Bezug auf die Eltern ist das Erlernen der Unterscheidung von Person und Position kaum möglich, weil nur zwei Personen für eine (Eltern) oder zwei (Mutter, Vater) Positionen denkbar sind. Die Kinder wiederum gehören letztlich immer einer Kategorie an bzw. nehmen eine Position ein, während sie im Verlauf der Schulzeit, wie oben gezeigt, verschiedenen Kategorien zugeordnet sind; zumindest gibt es in der Familie keine formellen Wechsel der Kategorien. In der Schule bestehen mehr Gelegenheiten und andere Bezugspunkte, sich (mit altersgleichen Mitschüler*innen) zu vergleichen, wohingegen in der Familie eine unterschiedliche Behandlung durch die Eltern vor allem am Alter festgemacht wird (vgl. Dreeben 1970a: 91–92). Insofern kann in der Familie kaum erfahren werden, sich in bestimmter Hinsicht mit vielen anderen

Menschen als gleich zu verstehen, weil der Personenkreis zu klein und eher von Ungleichheit, von Individualität gekennzeichnet ist (vgl. Dreeben 1968: 108).

c) Sich in einer Einkaufsschlange anzustellen, ist ein einfaches Beispiel dafür, sich als Teil einer Kategorie verstehen zu müssen, in der eine Person wie alle anderen behandelt wird, aber auch selbst nach den für alle gleichen Regeln handeln soll (vgl. ebd.: 74). An der Kasse gilt für alle die Regel, dass in der Reihenfolge des Ankommens abkassiert wird, dementsprechend ist Vordrängeln unerwünscht. Als ähnlich naheliegende Beispiele nennt Dreeben (ebd.: 116) Tickets für die Nutzung von Verkehrsmitteln (alle bezahlen als Mitglied der Kategorie ‚Bahnfahrer*in' nach den gleichen Preisgrundlagen) oder die Bestrafung im Fall von Rechtsverstößen. Für den politischen Bereich ist das Prinzip der modernen Staatsbürgerschaft ein anderes Beispiel, das vor allem auf der Gleichheit aller Staatsbürger*innen basiert (vgl. ebd.: 108–109). Im politischen wie im beruflichen Bereich wird außerdem zwischen Person und Position (z. B. Amt des*r Regierungschefs*in; Angestellte*r als Lokführer*in) unterschieden (vgl. ebd.: 117–118). Universalismus ist darüber hinaus insofern für berufliches Handeln relevant, als in den entsprechenden Unternehmen, Organisationen oder Behörden universalistische Verhaltensregeln existieren (vgl. ebd.: 120, 138). Diese regeln abstrahiert von den Einzelfällen beispielsweise den Umgang mit Kund*innen oder mit Vorgesetzten.

4. *Spezifität* (vgl. ebd.: 74–84)

   a) Unter Spezifität versteht Dreeben die Beschränkung des Interesses einer Person an einer anderen auf bestimmte, für die Interaktion als relevant definierte Bereiche oder Merkmale.

   b) Schüler*innen kommen in der Schule grundsätzlich mit vielen anderen Schüler*innen sowie Lehrpersonen in Kontakt, was damit einhergeht, dass die Beziehungen zu diesen Personen weniger intensiv, breit und umfassend, also spezifischer, sind (vgl. als empirisches Beispiel Rademacher 2009: 198–200, 221–222). Das zeigt sich im Prinzip von Fachlehrpersonen – eine Lehrperson unterrichtet ein Fach und damit eine große Anzahl unterschiedlicher Schüler*innen –, das, im Vergleich zur Grundschule, für ein steigendes Maß an Spezifität im Schulverlauf spricht (vgl. Dreeben 1970a: 96–97). In der Familie hingegen werden die Kinder, gerade je jünger sie sind, diffus, also „in terms of the full range of personal characteristics" (Dreeben 1968: 83), behandelt.

5 (Struktur-)Funktionalistische Schultheorie

c) Die Unterscheidung von Position und Person impliziert, dass das Handeln im Rahmen einer Position nicht alle Bereiche der Person umfasst. Ein*e Inhaber*in einer beruflichen Position

> „is expected to invest only parts of his person and his energy in organizational interests; those parts, in other words, related to selling insurance, driving a truck, writing columns for a newspaper, or whatever the line of work happens to be, and getting along with clients, colleagues, and bosses as the job requires." (Dreeben 1968: 117–118)

Arbeitsverträge regeln demnach nur spezifisch das, was bezüglich der Person für die berufliche Tätigkeit bzw. Position relevant ist (vgl. ebd.: 125–126). In ähnlicher Weise ist ein politisches Amt hinsichtlich seines Tätigkeitsbereichs und seiner Autorität fest umrissen, also spezifisch (vgl. ebd.: 137). Spezifität ist darüber hinaus im politischen Entscheidungsprozess relevant, um Probleme, Entscheidungen, Konflikte usw. spezifisch ihrem sachlichen Gehalt nach zu durchdringen und nicht diffus als Ausdruck bestimmter übergreifender ideologischer Fragen (vgl. ebd.: 142).

Nach Betrachtung der vier Normen im Einzelnen sind einige Bemerkungen zu den Normen bzw. Dreebens Studie insgesamt nötig. Die Bedeutung der vier Normen im Erwachsenenleben und damit die Homologie zwischen Normen der Schule und Normen der Erwachsenenwelt, die eine Sozialisation ermöglicht, diese Normen zu erlernen, diskutiert Dreeben im sechsten und siebten Kapitel seiner Monographie näher (vgl. auch Fingerle 1993: 50; Arnstine 1969: 216–217). Dabei werden die Charakteristika der beruflichen und politischen Erwachsenenwelt in den Vereinigten Staaten für sich in den Blick genommen, was hier nur insoweit zusammengefasst wurde, als diese auf die Schule zurückbezogen werden können. Anzumerken ist hierbei, dass bestimmte Merkmale des Berufslebens auch insofern für Schule relevant sind, als die Lehrpersonen selbst Teil der Berufswelt sind. Lehrpersonen haben eine berufliche Position, sind über Arbeitsverträge eingestellt, Leistung oder Arbeitsqualität sind für ihre Einstellung und weitere Laufbahn relevant, sie sind in eine gewisse Hierarchie eingebunden, innerhalb der Schule gelten bestimmte berufliche Regeln und das berufliche Handeln ist durch Unabhängigkeit gekennzeichnet (vgl. Dreeben 1973: 452–453, 457–458, 468–469).

Dreeben erwähnt außerdem weitere Sozialisationswirkungen von Schule, die über die vier Normen hinausreichen, wie den Umgang mit und die Akzeptanz von Autorität, die auf Fähigkeit oder Expertise basiert (vgl. Dreeben 1970a: v. a. 88–89, 97, 1968: 143–144; parallel bei Parsons, s. S. 178), ferner bestimmte Kompetenzen, die in der beruflichen oder politischen Welt wichtig sind, ohne aber eine Entsprechung in der Schule zu formulieren (z. B. Empathie und Perspektivenübernahme; vgl. Dreeben 1968: 141).

Dreeben bezeichnet seine Monographie als „a speculative essay designed more to argue a case than to prove, by marshalling evidence and testing hypotheses, that something is so" (Dreeben 1968: vii; vgl. auch ebd.: 150; Fingerle 1993: 51). Er spricht von „[t]he picture [...] drawn with broad strokes" (Dreeben 1968: 23). Damit geht, wie er es selbst ankündigt, nicht nur einher, dass ein permanenter Bezug auf Empirie ausbleibt, sondern auch, dass von einem Gelingensmodell der Sozialisation ausgegangen wird (entsprechende Kritik bei Fauser und Schweitzer (1985: 342–343) ist daher zu relativieren). Zentral ist die Annahme, dass Schüler*innen durch die Schule bestimmte Normen erlernen. Gleichwohl gesteht Dreeben (1968: 83–85, 145) ein, dass die Akzeptanz dieser Normen nicht immer gelingt, dass Schüler*innen sie also nicht zwingend tatsächlich erlernen (vgl. auch Dreeben 1970a: 103; Arnstine 1969: 216; trotzdem kritisch Etzioni 1970: 217), dass andere Normen erlernt werden können und dass andere Instanzen als die Schule zum Erlernen dieser Normen beitragen können. Zugleich will er seine Analyse und die benannten Normen als deskriptiv, nicht als wertend verstanden wissen:

> „The main purpose of this analysis is to present a formulation, hypothetical in nature, of how schooling contributes to the emergence of certain psychological outcomes, and not to provide an apology or justification for those outcomes on ideological grounds." (Dreeben 1968: 85–86; vgl. auch ebd.: 145; Fingerle 1993: 53)

Wenn eine Wertung angenommen wird, dann erscheint der Beitrag der Schule über diese vier Normen zur Demokratie und Berufswelt für ihn wohl positiv (vgl. Dreeben 1968: 146–148; anders Kaube 2006: 14).

Der Sozialisationsbeitrag der Schule ist bei Dreeben vor allem für die Vereinigten Staaten herausgearbeitet worden. Er kann demnach in anderen Gesellschaften anders ausfallen; die Grundfigur, dass in Schule Sozialisation stattfindet, die bestimmte *psychological outcomes* hervorzurufen versucht, die für die Gesellschaft bedeutsam sind, bleibt jedoch bestehen (vgl. auch Sandfuchs 2000: 16). Dreeben (1968: 143) fasst dies mit einem Zitat von Inkeles zusammen:

> „In general, the objective of socialization is to produce competent people, as competence is defined in any given society. It aims to develop a person who can take care of himself, support others, conceive and raise children, hunt boar or grow vegetables, vote, fill out an application form, drive an auto, and what have you." (Inkeles 1966: 265)

Er sieht auch die dabei bestehende Gefahr der selektiven oder verzerrten Suche nach Homologien in den Normen zwischen Schule und Berufs- oder politischer

5 (Struktur-)Funktionalistische Schultheorie

Welt (vgl. Dreeben 1968: 128). Eine weitere Relativierung formuliert Dreeben (ebd.: 145–147) dahingehend, dass die vier genannten Normen nicht die einzigen und absolut notwendigen Normen für Demokratie oder die moderne Berufswelt sind.

In einer Zusammenfassung von Dreebens Analyse ergeben sich folgende Kerngedanken: Der Fokus dessen, was in der Schule gelernt wird, wird nicht im Erlernen fachlicher Inhalte gesehen, sondern in Sozialisation, im Erlernen von Normen. Die Schule selbst, d. h. ihr Setting und ihre Interaktionen, ist an diesen Normen orientiert, wodurch die entsprechende Sozialisation ermöglicht wird. Die Normen, die Sozialisationsgegenstände der Schule sind, sind in der beruflichen und politischen Erwachsenenwelt bedeutsam. Schule ist demnach

> „eine Art Mikrokosmos der Gesellschaft [...]. Nur dann nämlich, wenn die Umstände des Unterrichts hinreichend denen ähneln, auf die hin sozialisiert werden soll, kann daran gedacht werden, von der Schule vor allem Sozialisationsleistungen zu erwarten." (Kaube 2006: 14)

5.1.2 Kritik

Die zentrale Kritik an Dreebens Analyse kann darin gesehen werden, dass die eben noch einmal zusammengefassten Zusammenhänge von Familie, Schule und Gesellschaft zu idealtypisch gedacht sind, empirische Abweichungen vernachlässigt, sich aus der Analyse ergebende Folgefragen ignoriert und Detailfragen der Zusammenhänge ausgeblendet werden. Im Einzelnen lässt sich zunächst fragen, inwiefern ‚die Familie' tatsächlich so anders und gegenteilig mit Blick auf die Normen verfasst ist wie ‚die Schule' (vgl. Fingerle 1993: 51–52). Dies gilt besonders, wenn nicht nur die Kernfamilie berücksichtigt wird (vgl. Campbell 1970: 207; Loubser 1970: 210–211). Damit verbunden ist die Einsicht, dass die Idealtypik von Familie wie von Schule an sich kaum haltbar ist, weil die empirische Vielfalt oder empirische ‚Abweichungen' nicht eingefangen werden, zum Beispiel dahingehend, dass Kinder mehr als zwei erwachsene Bezugspersonen haben können (vgl. Campbell 1970: 207; Etzioni 1970: 216). Außerdem lässt sich fragen, ob nicht weitere Lebensbereiche neben Familie und Schule in die Analyse hinsichtlich der vier Normen einbezogen werden müssten. Dies führt zu den Fragen, ob die Schule im Verhältnis zu anderen Sozialisationsinstanzen für das Erlernen der vier Normen wirklich so einflussreich ist (vgl. allgemeiner Dreeben 1973: 456), für welche weiteren gesellschaftlichen Einrichtungen jenseits der politischen und beruflichen Welt die vier Normen relevant sind, ob just bzw. ausschließlich diese vier Normen entscheidend für die Schule wie für den politischen und beruflichen Bereich sind, wie Dreeben trotz oben formulierter Relativierung suggeriert, und ob nicht die Normen der Familie ebenfalls bedeutsam für diese Bereiche sind (vgl.

Campbell 1970: 209). Fraglich ist in diesem Zusammenhang außerdem, wie sich Unabhängigkeit und Autonomie in einer Demokratie zum Ziel der Aneignung bestimmter Normen verhalten (vgl. Fauser & Schweitzer 1985: 343–344; ähnlich im Kontext der Funktionen von Schule, s. S. 371).

Es bleibt insgesamt offen, in welchem Maß Schule tatsächlich diese vier Normen ‚erfolgreich' vermittelt bzw. ob Schüler*innen diese tatsächlich verinnerlichen (vgl. Fend 2015: XII; Leschinsky 2003: 863). Fragwürdig ist hierbei die Annahme eines unidirektionalen Vorgangs, in dem die passiven Schüler*innen die von außen herangetragenen Normen verinnerlichen (vgl. R. Schmidt 2015: 113, 117–124). Die idealtypische Betrachtung des Erlernens der zwischen Schule und Erwachsenenwelt korrespondierenden Normen überspielt weiterhin Unterschiede in den Sozialisationsprozessen und der Bedeutung oder Wirkung der Normen, etwa je nach sozialer Herkunft der Schüler*innen, sodass die Frage offen bleibt, inwiefern eine Norm wie Leistung der Manifestierung und Legitimierung sozialer Ungleichheit dient (vgl. Etzioni 1970: 216; Stinchcombe 1970: 219–220). Wenig Beachtung erfährt auch der Umstand, dass Kinder und Jugendliche gleichzeitig Teil der Familie und Schule sind (vgl. Etzioni 1970: 217). Auf wertender Ebene stellt sich außerdem die Frage, welche weiteren Folgen die vier Normen haben, vor allem welche negativen Folgen sie für die Schüler*innen und ihre Lern- oder Bildungsprozesse haben können, was Dreeben zumindest andeutet (vgl. Dreeben 1968: 86; Fend 2015: XII; Gruschka 2002: 216–218; Fingerle 1993: 53).

Der idealtypischen und gewissermaßen ‚typisch' funktionalistischen Betrachtungsweise (vgl. Fauser & Schweitzer 1985: 342) zugerechnet wird, dass Alternativen, Varianz, ‚Misslingen', Entstehungshintergründe, Veränderungen und Vergleiche nicht berücksichtigt werden (vgl. R. Schmidt 2015: 113, 115; Fingerle 1993: 52, 54; Campbell 1970: 207–209; Etzioni 1970: 217–218; Loubser 1970: 212–215; Arnstine 1969: 217), was neben dem bisher Angesprochenen weitere Fragen aufwirft: Was passiert, wenn Schule nicht diese vier Normen vermittelt? Was wäre, wenn Schule diese Normen expliziter lehren würde? Wie verhält sich das implizite Erlernen der Normen zu jenen expliziten Inhalten des Unterrichts, die eine besondere Beziehung dazu aufweisen, zum Beispiel im Politikunterricht? Wie ist Schule verfasst, welche Normen sind für sie relevant, wenn sie nicht im Kontext der Vereinigten Staaten oder moderner Staaten betrachtet wird? Wie ist es zu dieser Passung von Setting der Schule und Sozialisation mit Blick auf die Normen gekommen? Erst die Berücksichtigung dieser Fragen würde es wohl ermöglichen, die Vermutungen, Zusammenhänge und Korrespondenzen von Dreeben fundierter und differenzierter darzustellen.

Trotz aller Kritik ist Dreebens Analyse in jedem Fall ein Impuls dafür, nicht nur auf das zu schauen, was in der Schule explizit gelehrt wird (vgl. Campbell

1970: 209–210; Arnstine 1969: 214), sondern auch zu berücksichtigen, dass das schulische Setting, seine Struktur oder Organisation, mit dem Schüler*innen umgehen müssen, bestimmte Wirkungen auf deren Verhaltensweisen haben dürfte (vgl. Fend 2015: IX–X; Arnstine 1969: 218). Sie regt ferner dazu an, Schulen nicht „as islands, complete unto themselves" (Etzioni 1970: 217) zu sehen, sondern als eingebettet in eine Umwelt.

5.1.3 Dreeben im Verhältnis zu Parsons und der (struktur-)funktionalistischen Schultheorie

Weitere Einsichten zum Status von Dreebens Analyse liefert ein Vergleich mit Parsons. Hier ist zunächst allgemein festzustellen, dass Dreeben inhaltlich an Parsons anschließt (vgl. Bohl, Harant & Wacker 2015: 158; Fend 2015: VIII–IX; Gerstner & Wetz 2008: 81; Gruschka 2002: 215; Fingerle 1993: 50–51; Leschinsky & Roeder 1981: 131–132; Etzioni 1970: 216–217; Loubser 1970: 210). Beide fragen danach, welche Relevanz das, was Schule tut, für die Gesellschaft bzw. einzelne Teile der Gesellschaft hat, welche Funktion Schule also für die Gesellschaft erfüllt; daher lassen sie sich als funktionalistisch bezeichnen. Beide fokussieren dabei nicht explizite Lerninhalte von Schule wie Fachwissen, sondern implizite Lerninhalte wie Normen (oder allgemeiner: normative Kultur), d. h. schulische Sozialisation. Die Betonung impliziter Sozialisation zeigt sich eindrücklich bei Dreeben in der Relativierung der Allokationsfunktion (vgl. Dreeben 1968: 129–130), was trotz gegenteiliger expliziter Äußerungen ebenso für Parsons gilt (s. S. 199). Drei der vier Normen von Dreeben finden sich bei Parsons als Orientierungsalternativen, die Norm der Unabhängigkeit ist jedoch bei Parsons ebenso relevant (vgl. Parsons 1959c: 305).

Gemeinsam ist beiden Autoren des Weiteren die Annahme einer gewissen Homologie von Schule und Erwachsenenleben – die Normen des Erwachsenenlebens kennzeichnen das schulische Setting und ihre Interaktionen, was eine diesbezügliche Sozialisation ermöglicht – und damit die Annahme der Schule als Übergangsinstanz[4] zwischen Familie und Erwachsenenleben. Beide gehen ebenso von einer Homologie zwischen Struktur und Funktion der Schule aus (vgl. Loubser 1970: 210–211): Die Funktion der Schule ist Sozialisation mit Blick auf Normen – die Struktur der Schule, ihr Setting, ist so beschaffen, dass die Funktion erfüllt, die Normen erlernt werden können. Leistungsbewertung in-

---

[4] Für die Norm der Unabhängigkeit scheint Dreeben jedoch eher von einer Überspitzung auszugehen. Hier führt er aus, wie in der Schule Beschränkungen für gegenseitiges Helfen und Kooperation, also Beschränkungen zum Schutz der Norm der Unabhängigkeit, vorliegen, die in dieser Weise nicht im beruflichen Handeln anzutreffen sind (vgl. Dreeben 1968: 68–70).

nerhalb der Schule (Struktur) ist beispielsweise passförmig dazu, dass die Norm der Leistung erlernt werden soll (Funktion). Dreebens Analyse kann demnach ähnlich wie Parsons' (s. S. 194) als strukturfunktionalistisch verstanden werden (vgl. auch Miller 1969: 501),[5] obwohl Dreeben sein Verständnis dieser Begriffe nicht expliziert (dies gilt auch für weitere Begriffe wie den der *polity*, vgl. Arnstine 1969: 218).

Neben diesen Parallelen hinsichtlich der abstrakteren Gesamtbetrachtung von Schule finden sich zahlreiche weitere Parallelen in konkreten inhaltlichen Aussagen, zum Beispiel zur Notwendigkeit der Akzeptanz von Stratifikationsgrundlagen, zur Homogenität und zur homogenen Behandlung von Schüler*innen, zum Prinzip von Fachlehrpersonen, zur Annahme, dass Familie nicht alle notwendigen Sozialisationsleistungen erbringen kann oder zum Verhältnis zwischen Person und Position bzw. zur Austauschbarkeit von Rollenträger*innen. Die Leistung Dreebens gegenüber der von Parsons besteht vor allem darin, die genannten Zusammenhänge detaillierter zu entfalten und das Verhältnis von Schule zum politischen und beruflichen Bereich wie zur Familie systematisch und gebündelt zu präsentieren, was bei Parsons knapper oder verstreuter über verschiedene Schriften angesprochen wird.

Die Nähe der beiden Autoren wird weiterhin dadurch ersichtlich, dass sich die Kritik an ihnen ähnelt: Idealtypik, Vernachlässigung von Abweichung und Nicht-Gelingen, Fokus auf Reproduktion, Blick auf Schule als ein Abstraktum, eher schmale empirische Basis. Das zeigt sich zum Beispiel konkret darin, dass beide eine ‚erfolgreiche' Sozialisation vor Augen haben, sodass Sozialisation und Internalisierung an vielen Stellen gleichgesetzt werden. Eine andere Kritik, mit der beide Autoren konfrontiert werden, ist die Vernachlässigung der Inhalte von Schule (vgl. Gruschka 2002: 226, 234; Fauser & Schweitzer 1985: 344), wobei dies eine eher triviale Kritik darstellt, insofern Dreeben diesen Fokus dezidiert zurückweist, um andere Aspekte von Schule in den Mittelpunkt zu stellen.

5.2 Der heimliche Lehrplan

Der Begriff des heimlichen Lehrplans bzw. des *hidden curriculum* wurde explizit erstmals von Philip W. Jackson genutzt (vgl. Jackson 1990: 33, 1966: 353) – daneben ist Benson R. Snyders *The Hidden Curriculum* von 1971 als wichtige Erstreferenz zu nennen, obgleich dieser sich auf die Hochschule, nicht die Schule bezieht – und gelangte über Zinnecker (1975a) bzw. Jackson (1975) in die deutsche Erzie-

---

[5] Es ist dennoch zu fragen, inwiefern mit diesem Terminus der Kern der beiden Schultheorien tatsächlich getroffen ist (s. Kap. 5.5, v. a. S. 378).

hungswissenschaft (vgl. Gordon 1997: 484; Fromm 1995: 524). Jacksons auf Beobachtungsstudien (vgl. Jackson 1990: xxii–xxiii) basierende Analysen werden im Folgenden (Kap. 5.2.1) als Quelle dieses schultheoretischen Ansatzes kurz gebündelt (vgl. zusammenfassend Diederich & Tenorth 1997: 99–101; Giroux & Penna 1979: 30–31), bevor der Ansatz als solcher systematisch entfaltet (Kap. 5.2.2), kritisch sondiert (Kap. 5.2.3) und schließlich im Verhältnis zu Parsons und Dreeben diskutiert (Kap. 5.2.4) wird.

5.2.1 Jackson

Ausgangspunkt von Jackson (1990: 10) sind drei „characteristics of school life", nämlich *„crowds, praise,* and *power"* (ebd.: 10, H. i. O.). Das heißt, Schulunterricht ist sozialförmig,[6] von Bewertungen durchzogen sowie durch Macht, Autorität und Fremdbestimmung[7] gekennzeichnet. Die Charakteristika, die auch die Lehrpersonen verkörpern, sind mit bestimmten Erfahrungen verbunden, die Schüler*innen mit ihnen machen. Zugleich stellen sie Lernanlässe dar, weil der Umgang mit den Charakteristika von bestimmten Erwartungen geprägt ist bzw. Schüler*innen sich bestimmte Verhaltensweisen aneignen müssen, um den Charakteristika begegnen zu können – B. R. Snyder (1971: 10) spricht hier von „adaptive techniques".[8] Die Aneignung dieser Erwartungen und Umgangsweisen stellt für Jackson dann den heimlichen Lehrplan dar:

> „As implied in the title of this chapter, the crowds, the praise, and the power that combine to give a distinctive flavor to classroom life collectively form a hidden curriculum which each student (and teacher) must master if he is to make his way satisfactorily through the school. The demands created by these features of classroom life may be contrasted with the academic demands—the ‚official' curriculum, so to speak—to which educators traditionally have paid the most attention." (Jackson 1990: 33–34)

> „Much that has been said up to this point can be summarized by suggesting that every school and every classroom really has two curriculums that the students are expected to master. The one that educators traditionally have paid the most attention to might be called the official curriculum. Its core is the three R's, and it contains all of the school subjects for which we produce study guides and workbooks and teaching materials. It is the curriculum that all the curriculum reform

---

[6] Im Aufsatz von 1966 steht lediglich dieses Charakteristikum im Fokus.
[7] Jackson verwendet hier verschiedene Begriffe synonym.
[8] Beispielsweise müssen Studierende bzw. Schüler*innen damit umzugehen lernen, dass sie nicht die Zeit haben, alle ihnen zugewiesenen Aufgaben im Sinn des offiziellen Lehrplans zu erledigen (vgl. B. R. Snyder 1971: 12). Darauf können sie unterschiedlich reagieren, sie können zum Beispiel selektieren oder priorisieren und jene Aufgaben nicht erledigen, die weniger wichtig sind. Solch eine strategische Selektion ist dann Teil des heimlichen Lehrplans.

5.2 Der heimliche Lehrplan

groups are shouting about these days. The other curriculum might be described as unofficial or perhaps even hidden, because to date it has received scant attention from educators. This hidden curriculum can also be represented by three R's, but not the familiar one of reading, 'riting, and 'rithmetic. It is, instead, the curriculum of rules, regulations, and routines, of things teachers and students must learn if they are to make their way with minimum pain in the social institution called *the school*." (Jackson 1966: 353, H. i. O.)

Ohne die drei Charakteristika im Detail zu entfalten, lässt sich Jacksons Gedankengang an einigen Beispielen illustrieren.[9] Aufgrund der Vielzahl der Schüler*innen in einer Klasse beispielsweise weisen Lehrpersonen einzelnen Schüler*innen bestimmte Privilegien wie das Rederecht zu (vgl. auch Wenzl 2014: 34), die nicht alle Schüler*innen zugleich erhalten können; aus Sicht der einzelnen Schüler*innen werden in der Schule also nicht immer alle ihre Wünsche, Bedürfnisse usw. realisiert. Schüler*innen müssen demnach lernen, mit Versagungen umzugehen. Ebenfalls aufgrund der Sozialförmigkeit müssen Schüler*innen in der Schule warten – auf andere Schüler*innen, das Erfüllen der eigenen Wünsche, das Stundenende oder Umräumarbeiten – und daher lernen, geduldig zu sein. Hinsichtlich des Charakteristikums *power* machen Schüler*innen zum Beispiel die Erfahrung, dass Lehrpersonen ihre Aufmerksamkeit auf das Unterrichtsthema, die Aufgabe, eine Frage lenken. Schüler*innen müssen demnach ihre eigenen Wünsche und Vorhaben zugunsten der Wünsche, Erwartungen und Vorgaben der Lehrperson suspendieren.

Die Triftigkeit der Annahme, dass zwei Arten von Lehrplänen bestehen, untermauert Jackson durch Verweis auf die Praxis des Bewertens und Disziplinierens (vgl. Jackson 1990: 22, 34–35, 1966: 353–354). Lehrpersonen tadeln Schüler*innen üblicherweise weniger, weil sie etwas nicht können, verstehen oder wissen, sondern weil sie sich nicht beteiligen, nicht motiviert sind oder zu spät kommen. Das Erfüllen des heimlichen Lehrplans, also der schulischen Regeln und Routinen, ist demnach für schulischen Erfolg und Misserfolg oder allgemeiner für das Erleben von Schule mindestens ebenso relevant wie das Erfüllen des offiziellen Lehrplans (ähnlich B. R. Snyder 1971: xiii, 4, 7).

Neben den primären Inhalten des heimlichen Lehrplans wie Geduld oder Gehorsam sieht Jackson auch sekundäre Inhalte, die aus dem strategischen Umgang der Schüler*innen mit den primären Inhalten des heimlichen Lehrplans resultieren (vgl. Jackson 1990: 32–33, 1966: 352–353), obgleich der Übergang zwischen beiden Inhalten fließend sein dürfte. Weil beispielsweise in der Schule bewertet wird, können Schüler*innen sich übereinstimmend mit den Anforderungen

---

[9] Hierbei lassen sich deutliche Parallelen zur asketischen und eutaktischen/disziplinierenden Funktion erkennen, die Ballauff (1984: 8–83, 342–343) formuliert.

verhalten, sodass sie positiv bewertet werden, sie können aber auch lediglich vorgeben, sich übereinstimmend mit den Anforderungen zu verhalten (z. B. interessiert schauen), um ebenfalls positiv bewertet zu werden, oder sie können die Bewertung insgesamt herunterspielen. Allgemeiner (vgl. auch B. R. Snyder 1971: 19–26): Schule wie Hochschule zeichnen sich dadurch aus, dass es bestimmte (ungeschriebene) Regeln gibt. Diese bzw. die Gültigkeit solcher Regeln bei einzelnen Lehrpersonen zu kennen, wäre primärer Inhalt des heimlichen Lehrplans, Strategien zu entwickeln, von Regeln sanktionierte Handlungen trotzdem zu vollziehen, ein sekundärer Inhalt.

5.2.2 Begriff und Anliegen des heimlichen Lehrplans

Mit Jackson ist der erste Beitrag zum heimlichen Lehrplan als einem schultheoretischen Ansatz zusammengefasst. Wenn dieser Ansatz systematischer in den Blick genommen wird, gilt es zunächst, den Begriff des heimlichen Lehrplans zu bestimmen. Wie sich bereits bei Jackson zeigte, wird der Begriff häufig in Abgrenzung zum offiziellen Lehrplan bestimmt (vgl. T. Schulze 1980: 58); der heimliche Lehrplan ist somit eine Residualkategorie (vgl. Dreeben 1976: 111). Dabei werden die beiden hier infrage stehenden Lehrpläne unterschiedlich benannt. Im Deutschen wird im Gegensatz zum offiziellen oder amtlichen Lehrplan vom heimlichen, ungeschriebenen, geheimen, impliziten oder versteckten Lehrplan gesprochen (vgl. Künzli et al. 2013: 197; Plückhahn 2012: 30; Diederich & Tenorth 1997: 100), im Englischen vor allem vom *hidden*, aber auch vom *unwritten, unstudied, implicit, covert, silent, latent, tacit* oder *invisible curriculum* (vgl. Gordon 1997: 484; Portelli 1993: 344; Dreeben 1976: 111).

Der übergeordnete Begriff des Lehrplans bezeichnet einen strukturierten Kanon von Lehrinhalten (vgl. Kunze 2012: 294). Wie das Wort Lehr*pläne* deutlich macht, handelt es sich um „normierende Textsorten, also um Vorschriften, die angeben, wie die Wirklichkeit sein soll – nicht, wie sie ist" (Zeitler 2013: 35; vgl. auch ebd.: 47–48; Fend 2008b: 82; Diederich & Tenorth 1997: 86). Lehrpläne sagen demnach nichts darüber aus, ob in der Schule tatsächlich gelehrt wird, was laut Lehrplan gelehrt werden soll, und ob Schüler*innen das lernen, was in der Schule laut Lehrplan gelehrt wird – daher die Unterscheidung von *formal* und *actual curriculum* (vgl. Portelli 1993: 343) oder von intendiertem, implementiertem und erreichtem Curriculum (vgl. Bohl, Harant & Wacker 2015: 39).

Mit dem offiziellen Lehrplan sind jene kanonisierten Lehrinhalte gemeint, die bildungspolitisch-rechtliche Verbindlichkeit haben (vgl. Künzli et al. 2013: 14–15, 65; Zeitler 2013: 35–36; Kunze 2012: 294; Kammerl 1999: 345–346). Auch diese firmieren unter verschiedenen Bezeichnungen bzw. treten in verschiedenen

5.2 Der heimliche Lehrplan

Formen auf, zum Beispiel als Rahmenrichtlinien, Curricula, Bildungsstandards, Stoffpläne oder Bildungspläne (vgl. Blömeke, Herzig & Tulodziecki 2007: 117–118).[10] Grob umfasst dann in Abgrenzung und als Residualkategorie dazu der heimliche Lehrplan solche Lehrinhalte, die nicht in diesen juristisch fixierten Vorgaben, Verordnungen und Vorschriften genannt sind (vgl. Kammerl 1999: 346).

Was genau jedoch der heimliche Lehrplan ist, wird unterschiedlich beantwortet. Portelli (1993: 345–346) beispielsweise unterscheidet vier Bedeutungen des heimlichen Lehrplans: als inoffizielle Erwartungen (wie bei Jackson), als unbeabsichtigte Lernwirkungen und -botschaften, als implizite Lernbotschaften resultierend aus der Struktur von Schule und als Konstrukt der Schüler*innen. Im Detail betrachtet stellt sich sowohl die Frage, was mit ‚heimlich' gemeint ist, als auch, worauf sich ‚Lehrplan' bezieht. Bei Jackson (1966: 346, 353) wird der Terminus ‚heimlich' genutzt, um auf solche Lehrinhalte zu verweisen, denen die Forschung wenig Aufmerksamkeit geschenkt hat oder die den Akteur*innen von Schule selbst – Eltern, Lehrpersonen und Schüler*innen – verborgen sind (vgl. auch Jackson 1990: 3–4). B. R. Snyder (1971: 4) spricht ebenfalls von „less obvious tasks" und „covert, inferred tasks" (ebd.) sowie „latent, covert tasks" (ebd.: 6) des heimlichen Lehrplans und konstatiert „[a] semiprivate nature of the hidden curriculum" (ebd.: 7), weil er kein Gesprächsgegenstand zwischen Lehrenden und Lernenden ist. ‚Heimlich' kann demnach bedeuten, dass etwas für jemanden oder alle verborgen, also unbewusst versteckt ist; andererseits kann der Begriff bedeuten, dass etwas von jemandem bewusst vor anderen versteckt wurde (vgl. Portelli 1993: 347).

Um das Spektrum des Begriffs zusammenfassend zu illustrieren: Der heimliche Lehrplan kann unbewusste sowie bewusste, aber bestimmten Akteur*innen nicht ersichtliche, implizite, nicht intendierte, im offiziellen Lehrplan nicht genannte oder ungeplante (Neben-)Wirkungen oder Effekte (vgl. Wischer 2016: 44; Gordon 1997: 484; T. Schulze 1980: 59; Dreeben 1976: 112, 122; Zinnecker 1975c: 183), Lehr-Lern-Prozesse (vgl. Künzli et al. 2013: 201–202; Kammerl 1999: 346), „Inhalte und Arten von Lernen" (Kammerl 1999: 346), Sozialisationsmechanismen oder -prozesse (vgl. Plückhahn 2012: 30; Kandzora 1996: 71) oder Lehrinhalte (vgl. Brodie 2013: 351) bezeichnen.

Wenn Gordon (1997: 484–485) in diesem Zusammenhang drei Stränge des heimlichen Lehrplans beschreibt – den heimlichen Lehrplan als Produkt, Setting und Prozess –, so wird damit deutlich, dass die genannten Inhalte nicht unmittelbar Gegenstand von Unterricht sind, sondern eher als Resultat eines

---

[10] Diese Begriffe werden zum Teil auch dezidiert unterscheidend verwendet (vgl. Böhm & Seichter 2018: 304; Bohl, Harant & Wacker 2015: 37–38; Künzli et al. 2013: 14–15; Zeitler 2013: 37; Kunze 2012: 294; Kammerl 1999: 345), was im vorliegenden Zusammenhang nicht relevant ist.

5 (Struktur-)Funktionalistische Schultheorie

Lernens in einem bestimmten Setting oder bestimmter Prozesse von Unterricht betrachtet werden (vgl. auch Brodie 2013: 351; Künzli et al. 2013: 199; Fromm 1995: 524; Giroux & Penna 1979: 22; Dreeben 1976: 112, 121–122). Insofern bezieht sich der heimliche Lehrplan sowohl auf ein ‚Was?' als auch auf ein ‚Wie?' oder ‚Wodurch?' und die analytische Grundfrage lautet (vgl. Fromm 1995: 525): *Was* wird jenseits des offiziellen Lehrplans in der Schule *wodurch* gelehrt und eventuell gelernt? In dieser Weise geht auch der oben zusammengefasste Beitrag von Jackson vor, wenn die Charakteristika von Unterricht mit Erfahrungen und Lernanlässen für Schüler*innen in Verbindung gebracht werden.

Um begrifflich an den offiziellen Lehrplan anzuschließen, nicht einen bloßen Plan des Lehrens mit tatsächlichen Wirkungen des Lernens gleichzusetzen und den heimlichen Lehrplan für Intentionalität[11] offen zu halten, sollten mit dem heimlichen Lehrplan sinnvollerweise Lehrinhalte (und nicht: Produkte, Effekte, Wirkungen, Prozesse), also eine Programmatik, bezeichnet werden, die impliziter (und nicht: unbeabsichtigter, ungeplanter, unbewusster) Gegenstand von Schule und Unterricht sind. Lehrinhalte und evtl. Wirkungen des heimlichen Lehrplans sind alldem entsprechend nicht die in offiziellen Lehrplänen fokussierten fachlichen Inhalte, Kompetenzen oder Wissensbestände (vgl. Dreeben 1976: 115), sondern

- „Wertausrichtungen" (Böhm & Seichter 2018: 304),
- „erzieherische[] Einflüsse" (Meyer 2017: 64),
- „social norms and behaviors" (Brodie 2013: 351),
- „vorherrschende gesellschaftliche Einstellungen, Werthaltungen und Verhaltensgewohnheiten" (Künzli et al. 2013: 202),
- „Verhaltensregeln", „Verhaltenserwartungen", „Wertmaßstäbe und Einstellungen" (Plückhahn 2012: 30),
- „values, dispositions, norms, attitudes, and skills" (Gordon 1997: 484),
- „social conventions" und „world views" (Cornbleth 1984: 30),
- „Haltungen, Einstellungen und Verhalten" (T. Schulze 1980: 59),
- „persönlichkeitsprägende Wirkungen" (Zinnecker 1975b: 13) oder
- „rules, regulations, and routines" (Jackson 1966: 353).

Dem gegenüber stehen als Lernanlässe, Prozesse und Merkmale des Settings der Schule, die solche Inhalte und ggf. Wirkungen implizieren oder solche Werte und Verhaltensregeln verkörpern, beispielsweise Erfahrungen der Schüler*innen hinsichtlich des Raums und der Zeit, soziale Erfahrungen hinsichtlich Mitschüler*innen und der Schulklasse, Erfahrungen in Bezug auf die Interaktion mit

---
[11] Fremdbestimmung oder ein Sich-an-Regeln-Halten etwa erscheinen ja durchaus als geplante, erwünschte oder im Sinn von Dreeben und Parsons funktionale Lerngegenstände, die allerdings keine expliziten Gegenstände von Unterricht sind.

5.2 Der heimliche Lehrplan

Lehrpersonen über Unterrichtsinhalte, Erfahrungen im Bereich der Leistungsbewertung oder Erfahrungen hinsichtlich der Ordnung und Gliederung der schulischen Inhalte. Bei fast all diesen Aspekten, und darin liegt der Rückbezug auf die genannten Lehrinhalte, hat die Tatsache Relevanz, dass es diesbezügliche Regeln, Normen und Erwartungen gibt, mit denen Schüler*innen umgehen müssen (vgl. Kandzora 1996: 71). Fremdbestimmung oder Unterordnung gegenüber einzelnen Lehrpersonen, der einzelnen Schule oder der Schule als Abstraktum sind demnach im Sinn des heimlichen Lehrplans Charakteristikum von Schule und zugleich Lehrinhalt (vgl. Fromm 1995: 525–526; Giroux & Penna 1979: 31).

Parallel zum anderen inhaltlichen Fokus, der sich dezidiert nicht auf fachliche Aspekte der offiziellen Lehrpläne richtet, lässt sich der heimliche Lehrplan als eine alternative Forschungsrichtung auffassen (vgl. Zinnecker 1975b: 7–9, 13). Diese grenzt sich vor allem von der quantitativen Unterrichtsforschung ab. Zentral ist die Beobachtung von bzw. Teilnahme an Unterricht und seine Analyse; den inhaltlichen Fragen gemäß handelt es sich zudem vor allem um eine Sozialisationsforschung. Dabei wird der Unterricht nicht nur für sich betrachtet, sondern es wird auch danach fragt, „was an diesem Ort an Gesellschaftsbedeutsamem eigentlich passiert" (Zinnecker 1975b: 9; vgl. auch Wischer 2016: 44–45; Brodie 2013) – hier gerät dann beispielsweise hinsichtlich der späteren Berufstätigkeit in den Blick, dass Schüler*innen lernen sollen, sich für die Erfüllung von Aufgaben zu motivieren, sich Ziele zu setzen, zu versuchen, diese zu erreichen, ihre Leistung zu verbessern, im Team zu arbeiten usw.[12] Dies verweist allgemeiner darauf, dass der heimliche wie der offizielle Lehrplan auch als Resultat gesellschaftlicher Auseinandersetzungen um Schule aufgefasst werden können (vgl. Künzli et al. 2013: 22–23, 58–59; Kunze 2012: 294; Blömeke, Herzig & Tulodziecki 2007: 129–130; Kammerl 1999: 345; Adl-Amini 1985: 74; Leschinsky & Roeder 1983: 475).[13] Der heimliche Lehrplan steht jedoch nicht nur im Dienst der Gesellschaft, sondern auch der Schule selbst, wenn es etwa um das Erlernen von (Schul-)Regeln geht.

Aufgrund dieser Frage nach dem Verhältnis von Unterricht bzw. Schule zur Gesellschaft und je nach Wertung der Befunde versteht sich der schultheoretische Ansatz des heimlichen Lehrplans zum Teil als eine schul- und/oder gesellschafts-

---

[12] Für Jacksons Ansatz gilt dies weniger (vgl. Zinnecker 1975c: 187–188), obgleich es anklingt, wenn er darauf verweist, dass Geduld nicht nur für die Schule, sondern auch für Gefängnisse, Krankenhäuser oder Büros notwendig ist (vgl. Jackson 1966: 351), er nach dem Verhältnis zwischen „the world of the institution and the world of scholarship" (ebd.: 356) fragt oder Schule und Arbeit hinsichtlich der Rolle von Autorität vergleicht (vgl. Jackson 1990: 31, 33).

[13] Darin kann eine Verwandtschaft lehrplan- und schultheoretischer Fragen gesehen werden, insofern die gesellschaftliche und historische Bedingtheit von Schule eine Kernannahme der Schultheorie darstellt (s. S. 280). Und wenn in Lehrplänen der „Auftrag der Gesellschaft an die Schule" (Künzli et al. 2013: 43) formuliert wird, ähnelt dies der Frage nach den Funktionen und Leistungen von Schule.

5 (Struktur-)Funktionalistische Schultheorie

kritische Forschungsrichtung (vgl. Böhm & Seichter 2018: 211–212; Wischer 2016: 43–44; Bohl, Harant & Wacker 2015: 177; Plückhahn 2012: 30; Cornbleth 1984: 29). Dies zeigt sich zum Beispiel in der Unterscheidung der einzelnen Autor*innen und Forschungsprogramme des heimlichen Lehrplans nach Zinnecker (1975c: 183–195), wenn zumindest zwei der drei Stränge – heimlicher Lehrplan im Zusammenhang mit Schulreform und heimlicher Lehrplan als „sozialistische Kampfstellung gegen die bürgerliche Gesellschaft" (ebd.: 192) – einen deutlich kritischen oder normativen Unterton beinhalten. Aber auch der dritte, kulturanthropologische Strang, bei dem es darum geht, wie in der Schule der der gesellschaftlichen Kultur entsprechende Sozialcharakter erlernt wird, kann solche Implikationen enthalten. Das wird in den Beiträgen des Sammelbands von Zinnecker deutlich, wenn etwa Henry (1975) in seinen Unterrichtsanalysen zu dem Schluss kommt, Schule lehre den Schüler*innen den „Haß auf den Erfolg anderer" (S. 43) bzw. „das ständige Hoffen auf das Versagen der anderen" (S. 43), pflanze ihnen Konkurrenzorientierung und Dominanzstreben ein und führe zu ihrer Selbstentfremdung. In ähnlicher Weise beschreibt Friedenberg (1975: 119) „Kontrolle, Mißtrauen und Strafe" als „Grundmuster des Schulalltags" und damit die Schule als „totale[] Institution" (ein kritischer Unterton zeigt sich auch bei Gruschka 2002: 210).

In dieser kritischen Ausrichtung des heimlichen Lehrplans steht neben den Folgen der Schule für die Schüler*innen, die sich mit den Schlagworten von Schule als „cage from which there is no escape" oder „pain of school life" bei Jackson (1966: 348) ebenso andeuten, auch die Rolle der Schule zur Legitimierung oder Aufrechterhaltung der bestehenden gesellschaftlichen, politischen, wirtschaftlichen oder sozialen Ordnung im Fokus (vgl. Böhm & Seichter 2018: 212). Letzteres wird beispielsweise in den Beiträgen von H. S. Becker (1975) und Hollingshead (1975) deutlich, die beschreiben, wie Schüler*innen in Abhängigkeit von ihrer sozialen Herkunft unterschiedliche Schulerfahrungen machen – bedingt vor allem durch die Verhaltensweisen, Einstellungen und Erwartungen der Lehrpersonen. Aus dieser Perspektive stehen dann Inhalte, Werte oder Haltungen wie Konkurrenzorientierung, Leistungsmotivation, Akzeptanz des Leistungsprinzips als Stratifikationsgrundlage, Anpassung, Passivität oder Fremdbestimmung durch Organisationen oder Institutionen, Einfügung in Hierarchien oder „in eine bürokratische Gesellschaft" (Bohl, Harant & Wacker 2015: 177) im kritischen Fokus (vgl. Böhm & Seichter 2018: 212; Kammerl 1999: 346; Kandzora 1996: 75–76; Giroux & Penna 1979: 32–38; B. R. Snyder 1971: 149, 199). Meyer (2017: 65) fasst dies so zusammen, dass es in der Schule um die „nicht gewollte, zumeist auch gar nicht bemerkte Einübung in persönliche und strukturelle Gewaltverhältnisse" geht, konkreter um die „Einübung in hierarchisches Denken, in Leistungskonkurrenz und Normkonformität" (ebd.). Auch Fragen der geschlechtsbedingten

5.2 Der heimliche Lehrplan

Ungleichheit oder von Geschlechterstereotypen sowie der Schwierigkeit interkulturellen Lernens werden mit dem heimlichen Lehrplan verbunden (vgl. Onnen & Sandkötter 2012: 19–22; Kammerl 1999: 346; Gordon 1997: 485; Kandzora 1996: 83–84; Valtin 1996). Gerade wenn der heimliche Lehrplan unbeabsichtigte Wirkungen von Unterricht in den Blick nimmt, liefert er schließlich kritische Impulse hinsichtlich des Lernens selbst. Die Dominanz von Lehrpersonen, die Standardisierung und Parzellierung von Inhalten oder die Omnipräsenz von Leistungsbewertung, die sich auf die Abfrage von Faktenwissen stützt sowie zu strategisch-instrumentellen Verhaltensweisen führen kann, können beispielsweise die Art des Lernens (negativ) beeinflussen (vgl. Kandzora 1996: 80–82; B. R. Snyder 1971: 109–115, 196–197).

Insgesamt enthält der heimliche Lehrplan somit kritische Implikationen hinsichtlich der Schüler*innen, des Lernens und der Gesellschaft, wiewohl sich diese drei Dimensionen überschneiden. Der kritische Duktus des heimlichen Lehrplans wird zudem dadurch gesteigert, dass die genannten Inhalte, eben weil sie verborgen oder versteckt sind bzw. werden, weniger auffallen, weniger kritisierbar sind und damit umso reibungsloser das schulische Geschehen prägen, d. h. – kritisch gewendet – umso reibungsloser ihren Zweck für die Gesellschaft erfüllen können (vgl. R. Schmidt 2015: 111).

Bis hierhin ist deutlich geworden, dass der heimliche Lehrplan kein eindeutig umrissener, sondern ein vielfältiger schultheoretischer Begriff bzw. – werden die mit diesem Grundbegriff verbundenen weiteren Begriffe, Annahmen, Forschungsfragen und die Art der Forschung zusammengefasst – schultheoretischer Ansatz ist. Trotz aller Unterschiede bleibt festzuhalten, dass mit dem Begriff des heimlichen Lehrplans darauf aufmerksam gemacht wird, dass in der Schule nicht nur gelehrt und evtl. gelernt wird, was im offiziellen Lehrplan festgelegt ist (vgl. Fromm 1995: 524). Es wird stattdessen nach nicht-fachlichen, impliziten und ungeplanten Prozessen, Inhalten und Effekten von Schule gefragt. Für einen Teil der zum heimlichen Lehrplan forschenden Autor*innen lässt sich zudem zusammenfassen, dass das Setting von Unterricht in seiner Bedeutung für Lernprozesse und -inhalte und der Zusammenhang zwischen Unterricht und außerunterrichtlicher Umwelt (v. a. Gesellschaft) weitere Analysefokusse darstellen (vgl. Wischer 2016: 44–45; Gruschka 2002: 210).

Eine andere im Ansatz verbreitete Fragestellung bezieht sich auf das häufig als widersprüchlich gesehene Verhältnis zwischen heimlichem und offiziellem Lehrplan (vgl. Böhm & Seichter 2018: 211–212; Künzli et al. 2013: 202; Kammerl 1999: 346; Jackson 1990: 35; Cornbleth 1984: 30; Giroux & Penna 1979: 32; Dreeben 1976: 120; Zinnecker 1975c: 183; B. R. Snyder 1971: 3, 6–7, 9, 13; nicht widersprüchlich gesehen bei Fend et al. 1976: 9–10). Dies lässt sich so verallgemeinern, dass es um

5 (Struktur-)Funktionalistische Schultheorie

das Verhältnis beabsichtigter Ziele und expliziter Lehr-Lern-Vorgänge einerseits sowie unbeabsichtigter Folgen und impliziter Lehr-Lern-Vorgänge andererseits geht. Ein Beispiel hierfür geben Zehrfeld und Zinnecker (1975) in ihrer Analyse einer der expliziten Absicht nach im sozialintegrativen Führungsstil gehaltenen Unterrichtsstunde. Eine weitere gemeinsame Frage des Ansatzes richtet sich darauf, wie Schüler*innen mit dem heimlichen Lehrplan umgehen, vor allem wie sie ihn sich strategisch im Sinn der eingangs bereits angedeuteten Schüler*innentaktiken zunutze machen (vgl. Fromm 1995: 26; Jackson 1990: 26–27, 32–33; T. Schulze 1980: 62–63; Jackson 1966: 352–353).

5.2.3 Kritik

Kritik am Konzept des heimlichen Lehrplans bezieht sich zunächst auf den Begriff selbst. *Erstens*, so war bereits klar geworden, ist der Begriff insofern unscharf, als kein begrifflicher Konsens besteht, was ‚heimlich' bedeutet und wie weit der Begriff sinnvollerweise zu verwenden ist (vgl. Kammerl 1999: 346; Gordon 1997: 484; Fromm 1995: 524; T. Schulze 1980: 60; Dreeben 1976: 111–112). Illustrieren lässt sich die Unklarheit des Begriffs vor allem an Werten und ähnlichen normativen Zielvorstellungen von Schule, die sich sowohl in offiziellen Lehrplänen, also intendiert, als auch in der Literatur zum heimlichen Lehrplan finden. Im Schulgesetz von Sachsen-Anhalt ist zum Beispiel die Förderung von Leistungsbereitschaft als Ziel von Schule festgehalten (vgl. SchulG Sachsen-Anhalt 2020: § 1 Abs. 2 Nr. 3). Hier stellt sich also die Frage, *wie* ‚heimlich' präzise so definiert werden kann, dass es sich von anderen Begriffen und Konzepten klar unterscheidet. Zwischen dem heimlichen und dem offiziellen Lehrplan kann in jedem Fall nicht überschneidungsfrei unterschieden werden.

Zweitens ist kritisch zu fragen, *ob* ‚heimlich' inhaltlich überhaupt zutrifft: Ist das, was in der Literatur als heimlicher Lehrplan bezeichnet wird, wirklich für die Forschung oder die beteiligten Akteur*innen verborgen (gewesen)? Für die Forschung ist dies zu bezweifeln, da sich bereits andere Autor*innen, zum Beispiel Siegfried Bernfeld, früher mit ähnlichen Fragen beschäftigt haben, wie sie später in Verbindung mit dem Begriff des heimlichen Lehrplans diskutiert wurden, und der heimliche Lehrplan als konstitutives Merkmal von Schule gelten kann (vgl. Meyer 2017: 63–64; Wischer 2016: 43; Künzli et al. 2013: 197–198; Gerstner & Wetz 2008: 88; Gordon 1997: 486; Kandzora 1996: 84; Fromm 1995: 524; Portelli 1993: 343–344; Beck 1974: 90–91). Die Inhalte und Wirkungen des heimlichen Lehrplans erscheinen zum Teil als viel bedeutsamer als die des offiziellen Lehrplans, sodass dieses Geschehen weder unerkannt noch ungeplant sein dürfte (vgl. Ballauff 1984: 417; T. Schulze 1980: 59–60, 66). Für die Schüler*innen als beteiligte Akteur*innen

5.2 Der heimliche Lehrplan

ist dies ebenfalls nicht unmittelbar einleuchtend, da strategische Umgangsweisen mit dem heimlichen Lehrplan analysiert werden, die nur strategisch sein können, wenn der heimliche Lehrplan nicht völlig verborgen ist (vgl. Bohl, Harant & Wacker 2015: 176; Gordon 1997: 485).

In ähnlicher Weise ist *drittens* der Begriff des Lehr*plans* zu hinterfragen, weil er ein intendiertes Geschehen nahelegt (vgl. Bohl, Harant & Wacker 2015: 176; Kammerl 1999: 346–347) – eingedenk der kritischen Untertöne einiger Autor*innen könnte solch ein intendierter und zugleich absichtlich versteckter Lehrplan als eine Art Verschwörung etwa der kapitalistischen Gesellschaft karikiert werden (vgl. Cornbleth 1984: 29; ähnlich Diederich & Tenorth 1997: 100; T. Schulze 1980: 60; kritisch hierzu Portelli 1993: 349) –, während der heimliche Lehrplan wiederum zum Teil als nicht-intendiertes Geschehen aufgefasst wird. Zumindest spricht dies dafür, den heimlichen Lehrplan, wie auf S. 324 geschehen, vor allem mit impliziten Lehrzielen in Verbindung zu bringen, die mit intendierten wie nicht-intendierten Zielen, Effekten und Wirkungen einhergehen können.

Neben diesen drei kritischen Anfragen, die sich am Begriff festmachen, wird *viertens* nach der empirisch-wissenschaftlichen Basis der Annahmen des heimlichen Lehrplans gefragt. Die Frage ist hier, ob das, was Gegenstand des heimlichen Lehrplans ist, zum Beispiel Fremdbestimmung oder Geduld, tatsächlich gelernt wird, ob also Lehrinhalte und -botschaften entsprechende Lerneffekte bewirken (vgl. Gordon 1997: 485; Cornbleth 1984: 30).

5.2.4 Der heimliche Lehrplan im Verhältnis zu Parsons, Dreeben und der (struktur-)funktionalistischen Schultheorie

In der Literatur wird durchaus eine Nähe des heimlichen Lehrplans[14] zu den Schultheorien von Parsons (vgl. Criblez 2017: 76; Feinberg & Soltis 2009: 19, 143; Leschinsky & Roeder 1981: 140) oder Dreeben (vgl. Bender & Dietrich 2019: 34; Tenorth 2016: 142; Gerstner & Wetz 2008: 84; Kaube 2006: 14; Gamoran 2002: 125; Gordon 1997: 484; Giroux & Penna 1979: 22) oder beiden gesehen (vgl. Künzli et al. 2013: 202, 218–220; Terhart 2013: 37; Fauser & Schweitzer 1985: 340; eher abgrenzend bei Breidenstein 2010: 872; T. Schulze 1980: 62–63). Die Nähe der drei Ansätze zeigt sich in vielerlei Hinsicht. Alle drei sind weniger an den expliziten, inhaltlichen Lehr-Lern-Vorgängen von Schule interessiert als an den implizit stattfindenden, nicht-intentionalen und nicht-inhaltlichen Lehr-Lern-Vorgängen (vgl. Fauser & Schweitzer 1985: 340–341; Leschinsky & Roeder 1981: 132; Henry 1975: 36), die zum Teil mit dem Begriff der Sozialisation zusammengefasst werden (vgl.

---

[14] Zumindest wenn dieser so wie vorstehend aufgefasst wird. Das heißt, dass die Nähe nicht für alle einzelnen Autor*innen gelten muss.

5 (Struktur-)Funktionalistische Schultheorie

Plückhahn 2012: 29–30; Zeinz 2009: 89; Fromm 1995: 346; Zinnecker 1975b: 13). Dreebens vier Normen oder Parsons' Orientierungsalternativen als Ausbuchstabierung der Sozialisationsfunktion lassen sich umstandslos als Gegenstände des heimlichen Lehrplans auffassen (vgl. R. Schmidt 2015: 112–113). Dies gilt ebenso für Parsons' Wert der kognitiven Rationalität.

Des Weiteren zeigt sich eine Ähnlichkeit darin, dass die drei Ansätze diese Vorgänge in Bezug zur gesellschaftlichen Umwelt der Schule setzen. Wie für Dreeben und Parsons ist auch für Jackson (1990: 33) die Schule „a preparation for life" (vgl. auch Gamoran 2002: 125). Insofern sind alle drei Ansätze *funktionalistisch* zu nennen (vgl. Bohl, Harant & Wacker 2015: 178). Wenn schließlich alle drei Ansätze zum Teil eine Korrespondenz zwischen der Struktur von Schule und ihrer Funktion sehen, also ihres Beitrags für die Gesellschaft (vgl. Kaube 2006: 14) – im Fall des heimlichen Lehrplans zwischen Charakteristika und Merkmalen der Schule, die bestimmte Lernerfahrungen bedingen, und der Aneignung damit verbundener Normen, Verhaltensweisen usw. –, lassen sie sich gleichermaßen als *strukturfunktionalistisch* bezeichnen. Allgemeiner gesagt wird mit allen drei Ansätzen auch oder vor allem danach gefragt, *wie* in der Schule gelehrt und gelernt wird (vgl. Fauser & Schweitzer 1985: 340).

Plausibilisieren lässt sich diese Feststellung weiterhin dadurch, dass die Kritik an den drei Ansätzen in einigen Punkten konvergiert. So wird am heimlichen Lehrplan und seiner kritischen Bezugnahme auf die Funktionen und Leistungen von Schule für die Gesellschaft, besonders für die Arbeitswelt, kritisiert, dass dies faktisch eine Determination von Schule durch die Gesellschaft impliziert (vgl. Meyer 2017: 66; Wischer 2016: 44). Genauso, wie es für alle drei Ansätze nicht einfach nachzuweisen ist bzw. entsprechende empirische Untersuchungen nicht im Fokus stehen (vgl. Gamoran 2002: 125), dass die Struktur der Schule tatsächlich auf Schüler*innen wirkt, sie lernen, was die Struktur impliziert, und dass Schule darüber tatsächlich Funktionen und Leistungen für die Gesellschaft erfüllt, ist andersherum problematisch, die Funktionen als Ursache für die strukturelle Verfasstheit von Schule anzusehen – die Gefahren unbelegter Wirkungszusammenhänge und teleologischer Fehlschlüsse (s. S. 124 und 376) bestehen demnach für alle Ansätze gleichermaßen. Dass dabei unter Umständen zu pauschale Zusammenhänge unterstellt werden, wird dadurch deutlich, dass sowohl beim heimlichen Lehrplan (vgl. Kandzora 1996: 76) als auch bei Dreeben (s. S. 310) danach gefragt wird, inwiefern fremdbestimmte und gehorsame Schüler*innen tatsächlich für die heutige Arbeitswelt wünschenswert sind.[15]

---

[15] In diesem Zusammenhang wäre außerdem zu fragen, ob das Bild „vom lethargisch-passiven Schülerdasein" (Bohl, Harant & Wacker 2015: 177) für die aktuelle Schulrealität, in der verstärkt Selbstregulierung und -optimierung relevant sind (vgl. Wischer 2016: 45), noch angemessen ist.

5.2 Der heimliche Lehrplan

Im analytischen Vorgehen bestehen zwischen den drei Ansätzen demnach keine wesentlichen Unterschiede.[16] In Bezug auf die Formulierung der verschiedenen Theorie-Ebenen (s. S. 262) liegt der Unterschied letztlich vor allem auf der *wertenden* Ebene. Während sich Dreeben oder Parsons den Funktionen und Leistungen von Schule wie auch der entsprechenden Rolle der schulischen Struktur neutral zuwenden (oder, je nach Lesart, positiv, bejahend oder zu unkritisch), wohnt dem heimlichen Lehrplan ein kritischer Duktus inne (vgl. Criblez 2017: 76; Tenorth 2016: 142; Fend 2015: X–XII; Gerstner & Wetz 2008: 84; Gamoran 2002: 125; Popp 1998: 266; Fend 1991: 17–18; Fauser & Schweitzer 1985: 341–342; Fend 1981: 244; allgemeiner für den Strukturfunktionalismus T. Schulze 1980: 62).

In den drei schultheoretischen Ansätzen von Parsons, Dreeben und des heimlichen Lehrplans ist also gleichermaßen eine (struktur-)funktionalistische Analyse von Schule angelegt, indem danach gefragt wird, *was* Schule die Schüler*innen lehrt, das relevant für die Gesellschaft ist, und *wie*, durch welche Struktur, sie dies tut. Es stellt sich nun die Frage, inwiefern solch ein Zugriff auf das Phänomen Schule noch von weiteren Autor*innen geteilt wird, die gemeinhin nicht mit der Bezeichnung des (Struktur-)Funktionalismus versehen werden. So wird beispielsweise ein Bezug zwischen dem heimlichen Lehrplan und Bourdieu sowie Foucault hergestellt (vgl. R. Schmidt 2015: 112, 118; Künzli et al. 2013: 198, 204). Bei diesen beiden Autoren kann ähnlich wie beim Ansatz des heimlichen Lehrplans von einem eher kritischen Blick auf Schule bzw. einzelne Aspekte des schulischen Settings oder der schulischen Sozialisation ausgegangen werden (vgl. Hummrich & Kramer 2017: 93–94, 97, 106). Das unterstreicht den Befund, dass verschiedene schultheoretische Ansätze zwar auf wertender Ebene divergieren können (der heimliche Lehrplan, Foucault und Bourdieu gegenüber Parsons und Dreeben), dennoch aber in ihrem analytischen Vorgehen oder auf deskriptiver Ebene konvergieren. Es könnte also weiter eruiert werden, inwiefern eigentlich als verschieden aufgefasste Ansätze innerhalb der soziologischen Schultheorie (s. S. 301) einen gemeinsamen (struktur-)funktionalistischen Kern aufweisen.

---

[16] Ein Unterschied ist dahingehend auszumachen, dass sich der heimliche Lehrplan als empirische Unterrichtsforschung versteht. Auch wenn Dreeben und Parsons nicht von einer vollkommen ‚erfolgreichen' Sozialisation aller Schüler*innen ausgehen und Sozialisation bei Parsons immer an Interaktion gekoppelt ist, ist der Fokus auf Nicht-Gelingen, Rollendistanz, Wahrnehmungsdifferenzen usw. beim heimlichen Lehrplan wohl größer (vgl. T. Schulze 1980: 62–63); dabei dürfte aber als Unterschied nicht haltbar sein, dass der heimliche Lehrplan im Gegensatz zu Parsons und Dreeben davon ausgeht, „daß die strukturellen Merkmale der Schule sich nicht unmittelbar und zwangsläufig in Verhaltensweisen der Schüler umsetzen, sondern nur vermittelt über konkrete Situationen, über die Interaktionen" (ebd.: 62). Nicht ganz überzeugend ist ferner der Unterschied laut Vanderstraeten (2014: 771), dass Parsons eher eine „intentional, explicit inculcation of values and norms" im Blick hat, mit dem heimlichen Lehrplan demgegenüber das Wechselspiel von latenten und manifesten Strukturen oder Funktionen herausgestellt wird.

5.3 Fend

In der Schultheorie kommt den Werken von Helmut Fend eine überaus zentrale Stellung zu. Jenseits anderer Veröffentlichungen können dabei zwei Monographien als grundlegend für seine schultheoretische Arbeit angesehen werden: die *Theorie der Schule*, die in erster Auflage 1980 und in zweiter Auflage 1981 erschien (vgl. zusammenfassend dazu Fend 2006b: 44–48), sowie die *Neue Theorie der Schule*, die in erster Auflage 2006 und in zweiter Auflage 2008 publiziert wurde. Diese *Neue Theorie der Schule* stellt zwar eine Revision und Erweiterung der *Theorie der Schule* dar. Deshalb muss diese wesentlicher Bezugspunkt für die vorliegende Arbeit sein. Allerdings bleiben einige zentrale Annahmen bestehen, was sich darin zeigt, dass die *Neue Theorie* die Theorie von 1980/81 immer wieder bemüht und diese im ersten Teil rekapituliert. Insofern erscheint es sinnvoll, diese zunächst zusammenzufassen (Kap. 5.3.1), bevor die erweiterte Theorie der Schule im Fokus steht (Kap. 5.3.2). Fends Funktionen der Schule werden im Anschluss daran aufgrund ihrer hohen Bedeutung im Werk und in der Rezeption separat diskutiert (Kap. 5.3.3). Danach wird Fends Schultheorie zu Parsons, Dreeben, dem heimlichen Lehrplan und der (struktur-)funktionalistischen Schultheorie allgemein relationiert (Kap. 5.3.4). Daraus ergeben sich bereits kritische Anmerkungen zu Fend, die im abschließenden Kap. 5.3.5 um allgemeinere Kritik an seiner Schultheorie ergänzt werden.

5.3.1 Fends *Theorie der Schule* von 1980/1981

Ausgangspunkt für Fend ist zunächst eine begriffliche Bestimmung des Gegenstandsbereichs. Demnach sind Schulsysteme *„Institutionen der gesellschaftlich kontrollierten und veranstalteten Sozialisation"* (Fend 1981: 2, H. i. O.; vgl. auch Fend 1979: 7; Fend et al. 1976: 13). Institutionen wiederum sind „gesellschaftliche Gebilde [...], die zur Lösung grundlegender Probleme gesellschaftlichen Lebens dienen" (Fend 1981: 2; vgl. auch Esslinger-Hinz & Sliwka 2011: 24). Die Probleme, die Schulsysteme lösen, sind Reproduktionsprobleme, also „Probleme der Wiederherstellung eines gesellschaftlich erwünschten Zustandes bei biologischem Austausch der Träger gesellschaftlichen Handelns" (Fend 1981: 3; vgl. auch Fend 1979: 11–12; s. S. 285 für den Begriff der Institution allgemein). Die mit den Reproduktionsproblemen korrespondierende Lösung ist Sozialisation. Dieser Begriff beschreibt jenen doppelten Prozess, *„durch den gleichzeitig die Persönlichkeit von Heranwachsenden konstituiert und gesellschaftliche Verhältnisse reproduziert werden"* (Fend 1981: 6, H. i. O.; vgl. auch Fend 1979: 15, 62–63; Gerstner & Wetz 2008: 100; Apel 1995: 117–118; kritisch zu dieser Doppelfunktion D. Ulich 1974: 618–621), wobei die Reproduktion auch gesellschaftliche Veränderung umfasst (vgl. Fend 1979: 12). Weil Institutionen eine Routinisierung, Normierung und Professionalisierung dieser Problemlösung darstellen, fasst Fend (1981: 2) Schule als Instanz *absichtlicher* Sozialisation auf.

Grundlegender Bezugspunkt für Fend ist somit die Tatsache, dass in Schule Sozialisation stattfindet, weswegen sich Schule als Instanz der sozialen Beeinflussung auffassen lässt (vgl. ebd.: 8, 55, 98, 229). Sozialisation umfasst dabei sowohl fachliche Lernprozesse als auch fächerübergreifende oder -unabhängige Erziehungsprozesse.[17,18] Sie schließt darüber hinaus explizite wie implizite und absichtliche wie unabsichtliche Lern- und Erziehungsprozesse ein (vgl. Fend 1981: 8–9, 263; Apel 1995: 117–118). Im Folgenden wird Fends erste Schultheorie entlang von vier Schwerpunkten *a)* bis *d)* zusammengefasst, um vor allem das analytische Vorgehen von Fend deutlich zu machen. So befasst sich Fend im weiteren Verlauf seiner Monographie zunächst mit der gesellschaftlichen wie der individuellen Perspektive der Sozialisation, d. h. zum einen mit der gesellschaftlichen Einbettung von Schule – den Funktionen von Schule und der Tatsache, dass Schulen rationale Erfindungen der Gesellschaft sind (*a* in der Gliederung des folgenden Texts; Kap. 3.1 in Fends Monographie) – und zum anderen mit der Bedeutung, die Schule für die einzelnen Individuen entfaltet – also den Wirkungen von Schule auf Schüler*innen (*d*; Kap. 5). Den Schnittpunkt beider Perspektiven bildet die Auseinandersetzung mit Schule als einer Instanz der sozialen Beeinflussung im Vergleich zu anderen Instanzen (*b*; Kap. 3.2) und mit den Erfahrungsfeldern von Schule (*c*; Kap. 4).

a) Institutionen – oder Organisationen, was Fend nicht klar unterscheidet (vgl. z. B. Fend 1981: 56) – wie Schulsysteme entstehen dann, wenn bestimmte Aufgaben nicht mehr selbstverständlich oder selbstläufig bearbeitet werden, sondern geregelt und formalisiert. Schulen lassen sich somit als Institutionen oder Organisationen verstehen, die Lernprozesse normieren.[19] Solch eine Normierung sozialer Verhältnisse ist mit bestimmten Grundproblemen konfrontiert

---

[17] Diese Grundbegriffe und ihr Verhältnis zueinander sind bei Fend nicht an allen Stellen klar herausgearbeitet. Kapitel 3.1 und 3.2 oder S. 10 vermitteln zum Beispiel den Eindruck, soziale Beeinflussung beinhalte nur fächerübergreifende Erziehung, nicht aber die fachspezifischen Lernprozesse, während auf S. 55 Sozialisation und soziale Beeinflussung gleichgesetzt erscheinen, auf S. 8 explizite Kulturaneignung und explizite Lernprozesse als Teil von Sozialisation aufgefasst werden und auf S. 229 diese Lernprozesse als Teilaspekt der sozialen Beeinflussung gelten. Fend (1979: 64) will fachliche Qualifikation ebenfalls als Teil von Sozialisation aufgefasst sehen (parallel zu Parsons, s. S. 190).

[18] R. M. Kühn (1995: 80–82) kritisiert die Auffassung von Erziehung als Sozialisation. Erziehung, die auf selbstständiges Denken und Urteilen zielen sollte, könne nicht als Prägung und soziale Beeinflussung verstanden werden.

[19] Oder Sozialisationsprozesse allgemein; Fend konzentriert sich hier jedoch auf die Lernprozesse.

5 (Struktur-)Funktionalistische Schultheorie

(z. B. mit dem Verhältnis zwischen Autonomie und Kontrolle der partizipierenden Akteur*innen oder mit der inneren Gliederung), die auf verschiedene Weise oder nach verschiedenen Konstruktionslogiken gelöst werden können (z. B. Alter als Gliederungskriterium, ein- oder mehrgliedrige Schulorganisation), und umfasst verschiedene Aspekte auf verschiedenen Ebenen (Makroorganisation wie Schulformen und Abschlüsse, Mikroorganisation wie Sozialformen).[20]

Schon in diesem Teil der *Theorie der Schule* zeigt sich, dass Fends Analysen den selbst erhobenen Anspruch, *„interdisziplinär* und *methodenpluralistisch"* (Fend 1981: 1, H. i. O.) vorzugehen, durchaus einzulösen vermögen, indem mit Blick auf die im letzten Absatz umrissenen Aspekte verschiedene theoretische Ansätze gesichtet, Empirie einbezogen und historisch-vergleichende Perspektiven eingenommen werden (vgl. Fingerle 1993: 57). Letzteres zeigt sich im schultheoretischen Kerngedanken (s. S. 280), dass die Lösungen der Probleme in der Organisation von Lernprozessen historisch variabel sind (vgl. Fend 1981: 73–74).

b) Korrespondierend mit den in Schule stattfindenden Lernprozessen sieht Fend Schule auch als einen Ort der Erziehung, die eine Sonderform sozialer Beeinflussung darstellt.[21] In Auseinandersetzung mit verschiedenen Konzeptionen und Formen von Macht wird deutlich, dass soziale Beeinflussung durch die Etablierung von Normen- und Sanktionssystemen auf die „Übernahme von Normen, Werten, Interpretationsmustern u. Verhaltenshabitualisierungen" (ebd.: 104) abzielt. Eine Diskussion der Schule im Vergleich mit anderen Instanzen der sozialen Beeinflussung bzw. Sozialisationsinstanzen (Familie, Peers) macht durch das Herausstellen der Eigenarten von Schule deutlich, dass diese für das Erlernen von Unabhängigkeit, Selbstständigkeit und Disziplin sowie für komplexe kognitive Lernprozesse prädestiniert ist. In diesem Zusammenhang erwähnt Fend (ebd.: 122) auch einen „Wertkonflikt" zwischen Schule und Peers sowie zwischen Schule und Familie.

c) Die soziale Beeinflussung manifestiert sich in drei schulischen Erfahrungsfeldern, die für Schüler*innen sowohl Anpassung erzwingen als auch Handlungsmöglichkeiten eröffnen. Es handelt sich um Erfahrungen erstens mit kulturellen Inhalten, zweitens mit sozialen Beziehungen und Interaktionen sowie drittens mit institutionell-ökologischen Aspekten. Hinsichtlich des *ersten,* kulturellen, Erfahrungsfelds ist zunächst auf Fends zugrunde liegenden Begriff der Kultur zu verweisen, der „alle Verhaltensweisen, Vorstellungen, Wertungen und Fertigkeiten" bezeichnet, „die ein Volk entwickelt und in symbolischen Schöpfungen

---

[20] In der Rede von der Organisation von Lernprozessen, so R. M. Kühn (1995: 82) kritisch, „erscheint die Schule als ein totales Planungs- und Normierungsinstitut", in der Bildung also als zu planbar und technologisch gedacht wird. Dies lässt sich mit der *Neuen Theorie der Schule* in jedem Fall relativieren, da dort die Handlungsfreiheit der Akteur*innen stärker akzentuiert wird.

[21] Hier zeigen sich, wie oben angedeutet, wiederum begriffliche Unschärfen.

sowie Gegenständen niedergelegt hat" (ebd.: 129). Am Beispiel des Fachs Deutsch zeigt Fend, dass die Erfahrungen, die Schüler*innen in diesem Unterricht machen, von „geistesgeschichtliche[n] Strömungen und bildungstheoretische[n] Begründungen" (ebd.: 137) abhängen, dass sich also Auswahl und Begründung der Inhalte des Deutschunterrichts verändern (allgemeiner Fend 2008b: 30–31, 40–41). Beispielsweise zeigen sich solche Veränderungen in den 1960er Jahren, wenn emotionale Zugänge zur Literatur von analytischen und gesellschaftskritischen Zugängen abgelöst werden (vgl. Fend 1981: 144).

Neben solchen *fachspezifischen Erfahrungen*, beispielsweise der „literarische[n] Sozialisation" (ebd.: 146), machen Schüler*innen auch Erfahrungen mit *fächerübergreifenden kulturellen Inhalten*. Diese lassen sich *einerseits* als Subkultur der Schule begreifen, also als jene Verhaltensweisen, die charakteristisch für Schule sind. Bereits in kritischer Wendung sind hier zum Beispiel Pünktlichkeit oder Durchhaltevermögen gemeint, die in der Schule bzw. in der Schule, die solche Einstellungen, Normen usw. repräsentiert, die zu denen der Mittelschicht sehr passförmig sind, positiv gesehen werden (vgl. ebd.: 154).

Während sich dieser Bereich fächerübergreifender kultureller Inhalte vor allem an die Eigenlogik von Schule anlehnt, gibt es *andererseits* einen sich damit zum Teil überschneidenden Bereich kultureller Inhalte, der sich aus den allgemeinen gesellschaftlichen Normen, Verhaltensweisen und Einstellungen ergibt. Diese von den Mitgliedern einer Gesellschaft geteilten kulturellen Inhalte umschreibt Fend mit dem Begriff des Sozialcharakters, deren Vermittlung dann Aufgabe des Bildungssystems ist. Konkreter fokussiert Fend solche „Haltungen von Personen [...], die für die Bewältigung der Lebensprobleme im Beruf, in der Politik und im privaten Bereich adaptiv sind" (ebd.: 155). Weiter heißt es:

> „Der Mechanismus, über den diese Adaptivität hergestellt wird, besteht weniger aus bewußten und geplanten Beeinflussungsbemühungen, sondern aus der latent verlaufenden Anpassung an institutionell und situativ vorgegebene Erfordernisse, die eine Analogie der institutionellen und situativen Erfordernisse im späteren Leben, im Beruf und in der Politik bilden." (ebd.: 155–156)

Mit Verweis auf Parsons und Dreeben nennt Fend hier das Leistungsprinzip als ein Beispiel, diskutiert dieses kritisch (vgl. Fingerle 1993: 56–57) und verweist auf die Wandelbarkeit solcher Werte.

Das *zweite* Erfahrungsfeld der Schule ergibt sich daraus, dass Schule von sozialen Interaktionen und Beziehungen geprägt ist. Es geht hierbei um Interaktionserfahrungen sowohl zwischen Lehrpersonen und Schüler*innen, somit um Erfahrungen hinsichtlich Autorität, Kontrolle, Konformität oder Statusunterschieden, als auch zwischen Schüler*innen und damit um das Verhältnis von Schule und Peers – was Fend theoretisch (z. B. entwicklungspsychologische oder

5 (Struktur-)Funktionalistische Schultheorie

gesellschaftstheoretische Perspektiven auf Peers) wie empirisch (z. B. Forschung zu Führungsstilen, zum Schul- und Klassenklima, zum Status von Schüler*innen in Schulklassen) diskutiert.

Die institutionelle und ökologische Verfasstheit von Schule stellt das *dritte Erfahrungsfeld* dar. Bezugnehmend auf den grundlegenden Begriff der Institution geht es hierbei um jene Erfahrungen, die durch Normierungen schulischen Geschehens, sowohl der Inhalte als auch der Verhaltensweisen, entstehen. In gewisser Überschneidung zu den fächerübergreifenden kulturellen Inhalten thematisiert Fend hier Erfahrungen, die sich infolge der bürokratischen Organisation von Schule (z. B. Reglementierung, formalisierte Beziehungen oder Hierarchie) und durch die schulische Leistungsbewertung ergeben (Bewertung von Handlungen auf Basis eines Regelsystems und im Vergleich zu anderen, in deren Folge Belohnungen, z. B. Berechtigungen, verteilt werden). Fend selbst sieht eine Nähe dieses Erfahrungsfelds zum Konzept des heimlichen Lehrplans mit der geteilten Annahme, dass „diese institutionellen Einflüsse von weit größerer Bedeutung seien als die absichtlichen Erziehungsbemühungen der Lehrer" (Fend 1981: 226; vgl. auch ebd.: 232).

d) Die Wirkungen der Schule auf Schüler*innen gliedert Fend in fachspezifische und in fächerübergreifende[22] Wirkungen. Hinsichtlich der *fachspezifischen Wirkungen* fragt Fend vor allem nach dem Einfluss verschiedener Merkmale von Schulen, Unterricht und Lehrer*innenhandeln (z. B. Ausstattung, homo- bzw. heterogene Zusammensetzung von Lerngruppen oder Frageverhalten von Lehrpersonen) auf Schulleistungen und sichtet entsprechende Studien.

Die *fächerübergreifenden bzw. erzieherischen Wirkungen* von Schule betrachtet Fend sowohl aus der individuellen als auch aus der gesellschaftlichen Perspektive. Allgemein, so fasst Fend die vorliegende Empirie zusammen, wissen und informieren sich Menschen mit längerer Schulbildung mehr. Dies ist aus gesellschaftlicher Perspektive, für die Fend hauptsächlich den Beitrag der Schule zu Verhaltensweisen und Kompetenzen betrachtet, die für die Demokratie relevant sind, insofern bedeutsam, als dies auch politisches Interesse, Wissen über Tagespolitik oder Kritikbereitschaft umfasst. Ansonsten scheint jedoch die Familie der entscheidendere Ort politischer Sozialisation zu sein, wiewohl Schule unter bestimmten Bedingungen weitere wünschenswerte Wirkungen erzielen kann (z. B. kritisches Bewusstsein). In der individuellen Perspektive diskutiert Fend den Einfluss der Schule auf Kompetenzen, Normen u. Ä., die für die Handlungs-

---

[22] Dies meint „allgemeine[] Weltsichten, Normensysteme und Kompetenzen" (Fend 1981: 263); später spricht Fend in diesem Zusammenhang von „‚erzieherische[n] Wirkungen' und ‚Sozialisationseffekten[n]'" (ebd.: 329), grenzt erstere durch ihren normativen Charakter von letzteren ab und entscheidet sich auf Basis dessen für die Nutzung des Begriffs der erzieherischen Wirkungen.

fähigkeit von Schüler*innen im Leben relevant sind (z. B. Selbsteinschätzungen und Selbstvertrauen).

Fends *Theorie der Schule* ist hier einigermaßen ausführlich zusammengefasst worden, um drei Aspekte zu verdeutlichen. *Zum Ersten* ist Fends Vorgehen klar geworden. Seine *Theorie der Schule* basiert auf theoretischen, empirischen und zum Teil historisch-vergleichenden Analysen zu einer Vielzahl von Einzelaspekten, die in ein bestimmtes theoretisches Gesamtschema eingebettet und mit kritischen und normativen Einlassungen (vgl. Bohl, Harant & Wacker 2015: 198–200) verbunden sind. Damit wird *zum Zweiten* deutlich, dass Fends Schultheorie aus mehr besteht als nur einer Auflistung von Funktionen. Dies wiederum zeigt *zum Dritten*, dass Fends selbst so benannte *Theorie der Schule* die Frage nach dem Gegenstand und den Grenzen einer solchen aufwirft. Denn Fends Monographie lässt sich schlichtweg auch als detailreiches Kaleidoskop aller möglichen Forschungsfragen und -befunde zu Schule, Schüler*innen, Lehrpersonen, Schulsystemen, der Schule als Organisation, Lehrplänen usw. lesen oder kritisieren, in dem eine Theorie der Schule gar nicht mehr sichtbar wird. Pointiert gefragt: Ist eine Theorie der Schule auf die Einsicht angewiesen, dass Meinungsführer in der Realschule häufiger Moped fahren (vgl. Fend 1981: 213)? Ähnliches lässt sich für Fends Wirkungsanalyse fragen. Wiewohl die programmatische Aussage Fends, die Frage nach den tatsächlichen Wirkungen sei „Kernproblem und Zielpunkt einer Theorie der Schule" (ebd.: 263), nachvollziehbar ist, weil sie den empirischen Anspruch einer Schultheorie unterstreicht (s. Kap. 4.2 ab S. 275), stellt sich die Frage, ob dies tatsächlich auch für die Diskussion zahlreicher einzelner Variablen in ihrem Einfluss auf Schulleistungen gilt. Aus dieser Perspektive wäre der Kern von Fends Schultheorie lediglich in der Konzeptualisierung von Schule als Institution zu sehen, die bestimmte Funktionen erfüllt.

5.3.2 Fends *Neue Theorie der Schule* von 2006/2008

Fends *Neue Theorie der Schule* stellt eine Erweiterung seiner 1980/1981 verfassten ersten *Theorie der Schule* dar (vgl. H.-W. Fuchs 2006: Abs. 2 und 4). Dies zeigt sich bereits am Inhaltsverzeichnis, in dem deutlich wird, dass das erste Kapitel dieser Monographie ein aktualisierendes Resümee der ersten *Theorie der Schule* darstellt, während im zweiten und dritten Kapitel neue Elemente in die Theorie der Schule integriert werden. Damit ist klar, dass die Analysen seiner *Theorie der Schule* weiterhin Bestand haben und es vor allem um deren Ergänzung geht. Hauptzielrichtung ist dabei, die Theorie um eine Akteurs-, Handlungs-, Verstehens-, Institutions- und gestaltende Orientierung zu ergänzen (vgl. Fend 2008a: 11, 17, 120–121, 123, 169, 2006b: 48; Bohl, Harant & Wacker 2015: 197, 201). Die Notwendigkeit einer

5 (Struktur-)Funktionalistische Schultheorie

Erweiterung der Schultheorie begründet Fend also mit bestimmten Desiderata seiner ersten Theorie; diese basieren auch auf Kritik am Strukturfunktionalismus, was auf S. 353 diskutiert wird.

Beim Blick auf die Aktualisierung seiner ersten *Theorie der Schule*, also auf das erste Kapitel, wird deutlich, dass Schulen weiterhin als „Institutionen der veranstalteten Sozialisation" (Fend 2008a: 28) konzeptualisiert werden (vgl. auch Fend 2011: 41). Der Prozess der Institutionalisierung impliziert wie in der ursprünglichen Theorie, dass es sich um *veranstaltete* Sozialisation[23] handelt. Institutionalisierung – oder auch: Vergesellschaftung, Methodisierung oder Organisation – bedeutet weiterhin, dass Sozialisation bzw. Lehren und Lernen nicht mehr spontan und ungeplant stattfinden, sondern systematisch und absichtsvoll arrangiert werden (vgl. Fend 2008a: 24, 28, 31). Dies impliziert normative Zielhorizonte der Sozialisation und des Lehrens und Lernens und damit ihre Abhängigkeit von historisch-gesellschaftlichen Bedingungen bzw. Sozialisationsordnungen und -milieus (vgl. ebd.: 23–24, 30, 85–96). Hieraus folgt die Betrachtung des Zusammenhangs von Schule bzw. des Bildungswesens und Gesellschaft bzw. ihrer Subsysteme, die in der Formulierung von Funktionen der Schule mündet.

Wie schon in der Theorie von 1980/81 befasst sich Fend mit drei Erfahrungsfeldern oder -kontexten der Schule (kultureller/inhaltlicher, sozialer und institutioneller Erfahrungskontext) und schließlich mit den Wirkungen von Schule, wiederum in fachliche und fächerübergreifende (Persönlichkeitsentwicklung) Wirkungen unterteilt. So wie bereits die erste Theorie angelegt ist, resümiert und aktualisiert Fend (ebd.: 115–117) also drei wesentliche Bestandteile seiner Schultheorie: Gesellschaft, Erfahrungen in der Schule und Wirkungen der Schule.

Im zweiten Kapitel sichtet Fend verschiedene soziologische Theorieangebote unter der Perspektive, was diese für das Verständnis des Bildungswesens und eine Schultheorie mit den neu fokussierten bzw. bisher fehlenden Schwerpunkten (Gestaltungsorientierung usw.) leisten können. Dies sind vor allem Luhmanns Systemtheorie, Webers verstehende Soziologie, der Neo-Institutionalismus und der akteurzentrierte Interaktionismus.

Dies mündet im dritten Kapitel in der Skizzierung einer erweiterten Theorie der Schule. Kerngedanke ist eine bestimmte Konzeptualisierung von Schule bzw. des Bildungswesens, das nun als „institutioneller Akteur der Menschenbildung" (Fend 2008a: 169; vgl. auch Fend 2006b: 52) gefasst wird – wie sich dies von der Konzeptualisierung in der ursprünglichen Schultheorie unterscheidet, wird im Folgenden mit zu betrachten sein. Mit dem Terminus des institutionellen Akteurs sucht Fend einen Mittelweg, Schule weder als bloße Summe individueller Einzelhandlungen zu fassen noch als eine Art Leviathan, als einen überindividuellen

---

[23] Die Fend (2008a: 24, 27) mit dem Begriff der Erziehung umschreibt.

5.3 Fend

Akteur, der das Handeln der betroffenen individuellen Akteur*innen determiniert (vgl. Fend 2008a: 138–142, 2006a: 22). Mit einem institutionellen Akteur ist demnach

> „ein Gefüge normativ[24] geleiteten Zusammenhandelns gemeint, das sich nicht allein aus der Aggregation von Einzelhandlungen ergibt, sondern das aus aufeinander bezogenen Handlungen einer Vielzahl individueller Akteure auf verschiedenen Ebenen besteht." (Fend 2008a: 180)[25]

Die individuellen Akteur*innen, wozu Fend Eltern und Schüler*innen übrigens nicht zählt (vgl. Gerstner & Wetz 2008: 106; Tenorth 2006: 436), als Teil des institutionellen Akteurs sind in ihrem Handeln weder durch die Regelungen determiniert, die den institutionellen Akteur konstituieren, noch handeln sie völlig frei und ungebunden (vgl. Fend 2008a: 144–145, 150–152, 171–172, 175, 179–180, 2008b: 20, 26–27, 235). Letzteres wird mit dem Terminus des Auftragshandelns deutlich gemacht, wonach die individuellen Akteur*innen bis zu einem gewissen Grad an die Regelungen und Aufträge des institutionellen Akteurs gebunden sind.

Im Gegensatz zur ersten Theorie wird der Begriff der Institution mit dem Begriff des institutionellen Akteurs präzisiert und erweitert. Während Fend in seiner ersten Theorie die Institution gleichsam von außen betrachtet, als Normierung gesellschaftlicher Problemlösungen, richtet sich der Blick in der erweiterten Theorie stärker auf das Innere solcher Institutionen und die darin eingebundenen Akteur*innen. Allerdings ist die Außen-Perspektive auch in der erweiterten Theorie relevant und institutionelle Akteure werden in ähnlicher Weise als Ergebnis von Vergesellschaftung verstanden, womit die „Überführung spontan ablaufender Lernprozesse [...] in geregelte Strukturen" (Fend 2008a: 180) gemeint ist (vgl. auch Fend 2011: 41–42, 2006a: 20–22); auch die Akteur*innen werden schon in der ersten Theorie nicht als durch die Institution völlig determiniert aufgefasst (vgl. Fend 1981: 58–60). Diese stärkere Innenperspektive setzt sich darin fort, dass Fend expliziter und systematischer von einem Mehrebenenmodell des Bildungswesens ausgeht (vgl. Fend 2008a: 174–176, 181, 2008b: 24).[26] Die einzelnen Ebenen führen dabei nicht einfach aus, was auf übergeordneten

---

[24] Hier sei noch einmal an die beiden verschiedenen Verwendungsweisen des Begriffs ‚normativ' erinnert (s. S. 278). Im vorstehenden Satz bemüht Fend das Verständnis, wie es sich bei Parsons zum Beispiel mit normativer Kultur zeigt. Schon zuvor und im weiteren Laufe des Kapitels wird der Begriff jedoch auch immer wieder in seiner wissenschaftstheoretischen Verwendung genutzt (z. B. normative Einlassungen, normative Leitideen, Funktionen als normatives Sollen).

[25] Harant (2020: 164) nimmt auf diese Konzeptualisierung von Fend Bezug und stellt sie dem Strukturfunktionalismus gegenüber. Mit Blick auf den normativen Funktionalismus von Parsons trägt eine solche Gegenüberstellung nicht.

[26] Auch hier finden sich Vorläufer in der ersten Theorie, zum Beispiel wenn Fend Mikro- und Makroorganisation von Lern-Lehr-Prozessen unterscheidet (vgl. Fend 1981: 65–66).

5 (Struktur-)Funktionalistische Schultheorie

Ebenen festgelegt wird, stattdessen werden die Regelungen und Vorgaben übergeordneter Ebenen innerhalb der betreffenden Ebene anschlussfähig gemacht, adaptiert, reinterpretiert oder transformiert. Dieses Phänomen fasst Fend mit dem Begriff der Rekontextualisierung zusammen: „Rekontextualisierung meint deshalb Handeln im Rahmen von Ordnungen des Zusammenhandelns angesichts gegebener Umwelten, vermittelt durch die Selbstreferenz, die Interessen und Ressourcen der Handelnden" (Fend 2008a: 181; vgl. auch Fend 2008b: 26-28, 34).[27]

Aus dem Handlungsverständnis, das dem Modell eines mehrebenentheoretisch fundierten institutionellen Akteurs zugrunde liegt, ergeben sich Folgerungen für die Erforschung und Gestaltung des Bildungswesens. Da das individuelle Handeln nicht deterministisch gedacht ist, ist das tatsächliche Handeln oder die faktische Praxis von den institutionellen Regelungen, dem Sein-Sollen, zu unterscheiden (vgl. Fend 2008a: 176-177, 2008b: 18). Weil die individuellen Akteur*innen bzw. die einzelnen Ebenen die Umwelt und andere Ebenen aktiv adaptieren, entsteht außerdem Wissen *im* System, das für das Verständnis des Bildungswesens nicht zu vernachlässigen ist (vgl. Fend 2008a: 182). Schließlich eröffnet dies Perspektiven für die Gestaltung und Veränderbarkeit des Bildungswesens, insofern sich auf den verschiedenen Ebenen, bei den individuellen Akteur*innen, den institutionellen Regelungen, mit Blick auf das Wissen im System, das Wissen über das System oder hinsichtlich der Entstehung des institutionellen Akteurs Gestaltungsoptionen eröffnen (vgl. ebd.: 183-184), die jedoch erst in einer anderen Monographie (Fend 2008b) ausformuliert werden.[28]

Recht eng stimmen die erste und die erweiterte Theorie in Inhalt, Gegenstand oder Ziel der Institution bzw. des institutionellen Akteurs überein, selbst wenn hier mit ‚Menschenbildung' (oder Menschengestaltung; vgl. Fend 2007: 247, 2006a: 13, 254) ein neuer Begriff ins Zentrum gerückt wird und, nicht zuletzt mit der Enkulturationsfunktion, die Vermittlung kultureller Inhalte eine größere Bedeutung erfährt. Gemeint ist damit weiterhin die „Arbeit an den Kompetenzen, Haltungen und psychischen Strukturen" (Fend 2008a: 13) der Schüler*innen:

---

[27] Details zu den einzelnen Ebenen, ihren spannungsvollen Beziehungen und Handlungsspielräumen oder zur Frage, wer auf welchen Ebenen was genau in welcher Weise rekontextualisiert, bleiben jedoch offen (vgl. Gerstner & Wetz 2008: 106; Tenorth 2006: 437).

[28] Diese Monographie sowie die Monographie zur *Geschichte des Bildungswesens* (Fend 2006a) bilden zusammen mit der hier im Fokus stehenden *Neuen Theorie der Schule* im engeren Sinn eine Art Theorie der Schule im weiteren Sinn, d. h., die historischen und die gestaltungsorientierten Analysen bzw. Monographien werden ebenfalls als Teil von Schultheorie bzw. als Teil seiner eigenen Schultheorie aufgefasst (vgl. Fend 2008a: 15-16, 2008b: 11, 15-38, 2006a: 13, 16-17, 19-25; Gerstner & Wetz 2008: 103; H.-W. Fuchs 2006: Abs. 12; Tenorth 2006: 434). Dies soll auch für eine vierte Monographie zur *„Wirkung und Nutzung von Bildungssystemen"* (Fend 2008a: 17, H. i. O.) gelten, wobei die infrage kommende Monografie von Fend, Berger und Grob (2009) jedoch nicht in vergleichbarer Weise schultheoretisch gerahmt ist.

„Bildungssysteme sind damit institutionelle Akteure, die im Auftrage externer Akteure handeln und über Lehren und Lernen als wünschenswert definierte psychische Dispositionen in der nachwachsenden Generation ‚erzeugen'. Sie leisten über die Kulturvermittlung gleichzeitig ‚Humangestaltung', ‚Seelenarbeit' und ‚Menschenbildung' im Sinne der Förderung von Wissen, Kompetenzen, psychischen Ressourcen und Werten." (ebd.: 169)

Insgesamt scheinen daher mit dem Terminus der Menschenbildung keine größeren inhaltlichen Verschiebungen gegenüber dem Begriff der Sozialisation verbunden zu sein, was, wie an mehreren Stellen deutlich wurde, in ähnlicher Weise auch für andere Aspekte gilt, die in erster und erweiterter Theorie eine Rolle spielen.[29]

5.3.3 Fends Funktionen der Schule

Ausgangspunkt für Fends Überlegungen zu den Funktionen der Schule ist die Tatsache, dass Schule nicht für sich steht, sondern in einen gesellschaftlichen Kontext eingebettet ist. Schule ist eine absichtsvolle Organisation des Staats oder der Gesellschaft im Hinblick auf Sozialisation oder Lernprozesse. Sozialisation, Erziehung oder Lernen in der Schule findet damit „im Auftrag externer Instanzen" (Fend 2008a: 31; vgl. auch Fend 2011: 42) statt. Als Institution soll Schule bestimmte „grundlegende[] Probleme" (Fend 1981: 2) oder „Kernaufgaben einer Gesellschaft" (Fend 2008a: 28) lösen bzw. erfüllen. Historisch formuliert ergibt sich aus der Institutionalisierung von Sozialisation und Lernen, die in der Vergangenheit als Antwort oder Lösung dieser gesellschaftlichen Probleme fungiert, dass Schulen in der Gegenwart Funktionen erfüllen (sollen). Dementsprechend sind Funktionen „als solche Beiträge zu einem definierten sozialen System" bestimmt, „die zu dessen ‚Handlungsfähigkeit' notwendig sind. Funktionen erscheinen den Beteiligten in der Vorausschau als *Aufgaben* und *Ziele* und in der Rückschau als

---

[29] Die folgende Passage unterstreicht dies ebenfalls: „Bildungssysteme sind, inhaltlich gesehen, Institutionen, die die gesellschaftlich gewollte, verstetigte und methodisierte Menschenbildung und Kulturübertragung realisieren. Sie *arbeiten an der ‚Seele' von Heranwachsenden*, an ihren mentalen Strukturen und an ihrem Wertsystem. […] Die zentrale Voraussetzung dafür ist das Vorhandensein eines normativen Leitbildes des ‚geformten' im Gegensatz zum ‚ungeformten' Menschen. Die Arbeit in Bildungsinstitutionen ist somit *Arbeit an der psychischen Formgebung des Menschen*. Sie selegiert aus vielen Möglichkeiten des Menschseins erwünschte, verstärkt diese und schafft neue Möglichkeiten des Handelns. Dabei realisiert das Gemeinwesen auch kollektive Interessen, z.B. die Erhaltung der kulturellen Identität und der sozialen Integration sowie die Bewahrung der kulturellen Traditionen" (Fend 2008a: 29–30, H. i. O.). Die hier angesprochenen Aspekte von Reproduktion, Intentionalität, Selektion und Normativität sind bereits in der ersten Theorie, gerade unter dem Schlagwort der absichtsvollen oder veranstalteten Sozialisation, angesprochen (vgl. Fend 1981: 2, 64, 129, 252, 377).

5 (Struktur-)Funktionalistische Schultheorie

Effekte" (Fend 1981: 16, H. i. O.; ähnlich Fend 2011: 44, 2008a: 14, 33, 50, 1979: 66, 180). Funktionen umfassen also sowohl eine Sollens- als auch eine Seins-Komponente bzw. können diese Komponenten mit den Begriffen der Aufgabe und des Ziels einerseits und dem Begriff des Effekts andererseits voneinander abgegrenzt werden.[30] An anderer Stelle umschreibt Fend (2008a: 36) den Funktionsbegriff am konkreten Beispiel mit dem Begriff des Outputs, der mit einem bestimmten Input einhergeht:

> „Was im Modelldenken ‚Funktionen' genannt wird, ist real als Austausch von Leistungen zu verstehen. Dem ‚Input' an Steuermitteln durch den Staat aus dem ökonomischen System steht ein ‚Output' an Leistungen und Qualifikationen in einem empirisch beschreibbaren Verhältnis gegenüber."

Das „grundlegende[] Problem[]" (Fend 1981: 2), das die Schule als Institution über veranstaltete Sozialisation oder absichtsvolle Lernprozesse löst oder lösen soll, womit sie im Sinn der Definition von Funktionen einen Beitrag zur Handlungsfähigkeit der Gesellschaft leistet, ist das Reproduktionsproblem (vgl. Fend 2011: 41, 1981: 3). So wie in der ersten Theorie damit nicht nur Erhalt, sondern auch Veränderung gemeint ist (vgl. Fend 1981: 7), wird dies in der erweiterten Theorie noch expliziter gemacht, weshalb die Kritik, dass Schule bei Fend vor allem auf die Reproduktionsfunktion bezogen ist und daher als „eine[] Art Kopieranstalt" (Duncker 2018: 109) in Bezug auf die nachfolgende Generation erscheint, für die *Neue Theorie* zu relativieren ist. Die gesellschaftliche Funktion von Schule und damit das Problem, das Schule als Institution löst, besteht in der „Reproduktion und Innovation" (Fend 2008a: 49; vgl. auch Fend 2011: 43, 47; Hansen 2016: 41).[31] Was genau Schule reproduziert bzw. welche Arten von Innovationen sie ermöglicht, führt Fend (1981: 15–16) zur Explikation von zunächst drei gesellschaftlichen

---

[30] Zum Teil erscheinen jedoch Funktionen und Aufgaben als austauschbar. An einer Stelle spricht Fend (1981: 229–230) zunächst von „gesellschaftliche[n] Funktionen", dann von „Reproduktionsaufgaben" und schließlich heißt es: „An einer Reproduktionsaufgabe, an der Verteilungsfunktion des Bildungswesens, wird dies besonders deutlich". An späterer Stelle setzt Fend (ebd.: 378) „gesellschaftliche[] Aufgaben" in einen Gegensatz zu „individuellen Funktionen". In der Monographie zur Gestaltung von Schule wiederum wird von „gesellschaftlichen Aufgaben" sowie „soziale[n] Reproduktionsaufgaben und individuelle[n] Entwicklungsaufgaben" (Fend 2008b: 26) gesprochen.

[31] Reproduktion und Innovation sind also zunächst ein *Problem*, das über die Institutionalisierung von Sozialisation, Lernen usw. gelöst wird, wodurch Schule die *Funktion* der Reproduktion und Innovation erfüllt (vgl. Fend 2011: 41). Von einer übergeordneten Reproduktions- und Innovationsfunktion und (v. a. in der ersten Theorie, s. S. 332) einer übergeordneten Sozialisationsfunktion von Schule zu sprechen (vgl. Fend 2011: 42, 1981: 7) – was Fend beides tut, dabei aber die Verhältnisse zueinander zum Teil unklar lässt –, beschreibt also einen ähnlichen Sachverhalt. Reproduktion und Innovation scheinen dabei allgemeiner gefasst zu sein und Sozialisation zu umfassen, d. h. andersherum, Sozialisation als erste übergeordnete Funktion ermöglicht Reproduktion und Innovation als zweite übergeordnete Funktion.

5.3 Fend

Funktionen von Schule (vgl. Esslinger-Hinz & Sliwka 2011: 24–25; Klafki 2002: 44): Die Qualifikationsfunktion bezieht sich auf die Reproduktion kultureller Systeme, von Wissen und Fähigkeiten, die Selektionsfunktion auf die Reproduktion sozialer Positionen und die Legitimations- bzw. Integrationsfunktion auf die Reproduktion herrschaftsrelevanter Werte und Normen.

In der erweiterten Theorie der Schule formuliert Fend vier Funktionen, weil die Qualifikationsfunktion in eine Enkulturations- und Qualifikationsfunktion unterteilt wird (vgl. Fend 2008a: 50). Wie schon in der ersten Theorie (vgl. Fend 1981: 16–18; auch Fend 1979: 28, 65–66) lassen sich diese Funktionen nicht nur als Beitrag zur Lösung des Reproduktionsproblems der gesamten Gesellschaft verstehen, sondern damit verbunden auch als Lösung von (Reproduktions-)Problemen anderer gesellschaftlicher Bereiche oder Subsysteme[32] (vgl. Fend 2008a: 51–52), wobei sich diese Zusammenhänge zwischen Schule und gesellschaftlichen Subsystemen als „harmonistisch" (Tenorth 2006: 436) kritisieren lassen, insofern sie spannungs- und widerspruchsfrei erscheinen. Des Weiteren gibt Fend – in beiden Theoriefassungen – für die Funktionen konkrete Aspekte oder Bereiche der Schulwirklichkeit und des schulischen Erlebens an, die das Erfüllen der Funktionen maßgeblich ermöglichen. In der erweiterten Theorie ist zudem jeder gesellschaftlichen Funktion systematisch eine individuelle Funktion zugeordnet,[33] sodass insgesamt von einer „*Doppelfunktion des Bildungswesens*" (Fend 2008a: 53, H. i. O.) gesprochen wird (vgl. Hansen 2016: 46; Wiater 2013: 22; Diederich & Tenorth 1997: 104), die mit den beiden Dimensionen von Sozialisation, wie sie Fend und andere Autor*innen aufmachen (vgl. Fend 1981: 6, 1979: 197; R. M. Kühn 1995: 69), korrespondiert. Mit individuellen Funktionen sind „Gelegenheitsstrukturen und Regelsysteme [gemeint], die die Schulsysteme für die individuellen Lebensverläufe bieten" (Fend 2008a: 53). Mit Bezug auf Fends allgemeine Definition des Begriffs der Funktion bedeutet dies: Gesellschaftliche Funktionen sind Beiträge zur Handlungsfähigkeit der Gesellschaft und ihrer Subsysteme – vor allem indem die Einzelnen ‚vergesellschaftet' werden, also zum Beispiel bestimmte gesellschaftliche oder politische Werte verinnerlichen –, individuelle Funktionen Beiträge zur Handlungsfähigkeit der Schüler*innen. Schließlich verbindet Fend in der erweiterten Theorie die Funktionen mit normativen Leitideen, wie sie in „westlichen Demokratien" (ebd.: 52) wirkmächtig sind. Diese verweisen darauf, dass die gesellschaftlichen Funktionen bzw. die Beziehungen zwischen Schule

---

[32] Anders als in der ersten Theorie – da ist von „schulexternen Bereiche[n]" (Fend 1981: 16) die Rede – geht Fend in der erweiterten Theorie expliziter von Subsystemen der Gesellschaft aus. Er betrachtet hierbei zunächst auch die allgemeinen Zusammenhänge zwischen diesen Subsystemen und dem Bildungssystem, unabhängig von den Funktionen (vgl. Fend 2008a: 37–49).

[33] Wiewohl individuelle Funktionen bzw. die Doppelfunktion bereits in der ersten Theorie erwähnt sind (vgl. Fend 1981: 328, 338–339, 378–379, 1979: 197; Fend et al. 1976: 7).

5 (Struktur-)Funktionalistische Schultheorie

und Gesellschaft oder gesellschaftlichen Subsystemen variabel sind und normativ gestaltet werden können.

Im Ergebnis stellen sich die gesellschaftlichen Funktionen, ihre Bezüge zu anderen Subsystemen, ihre primären schulischen Realisationsorte, ihre normativen Leitideen sowie die jeweiligen individuellen Funktionen wie folgt dar (vgl. Fend 2011: 43–47, 2008a: 49–54, 1981: 16–49, 1979: 64–203; Fend et al. 1976: 7–8):

– *Enkulturationsfunktion*
   Die Funktion der Enkulturation zielt auf die „Reproduktion grundlegender kultureller Fertigkeiten und kultureller Verständnisformen der Welt und der Person" (Fend 2008a: 49). Dazu zählen zum Beispiel Sprache und Schrift, aber auch bestimmte Werte wie Vernunftfähigkeit. Ziel ist, dass die neue Generation mit der bestehenden Kultur vertraut wird, wobei sie diese resubjektivieren muss (vgl. ebd.: 48). Diese Funktion bezieht sich vor allem auf das kulturelle System bzw. kulturelle Sinn- und Symbolsysteme, dessen bzw. deren Reproduktionsproblem Enkulturation löst, und ist normativ durch „*Rationalität* und *Wissenschaftlichkeit*" (ebd.: 52, H. i. O.) geprägt. Innerhalb der Schule wird die Funktion hauptsächlich durch „Sozialisation und kulturelle Initiation" (ebd.: 51) realisiert. Ähnlich wie bei der Qualifikationsfunktion bedeutet die Enkulturationsfunktion, dass die Individuen bestimmte kulturelle Fähigkeiten und Werte erwerben können. Damit einher geht die Chance auf „[k]ulturelle Teilhabe und Identität" (ebd.: 54) und auf „Autonomie der Person im Denken und Handeln" (ebd.: 53).

– *Qualifikationsfunktion*
   Unter Qualifikation versteht Fend (ebd.: 50) die „Vermittlung von Fertigkeiten und Kenntnissen […], die zur Ausübung ‚konkreter' Arbeit erforderlich sind".[34] Primärer Bezugspunkt ist das ökonomische System, dessen Qualifikationsproblem die Schule löst, womit auch die Wettbewerbsfähigkeit dieses Systems gesichert wird. Dementsprechend fungiert die Idee des Humankapitals als normative Leitidee. Die Funktion wird vor allem über den schulischen Unterricht realisiert. Qualifikation ist mit der individuellen Funktion der „Berufsfähigkeit" (ebd.: 54) verbunden.

– *Allokationsfunktion*
   Mit Allokation ist die Funktion bezeichnet, „Zuordnungen zwischen den Leistungen der Schülerschaft und ihren beruflichen Laufbahnen", also „Verteilungen auf zukünftige Berufslaufbahnen und Berufe[,] vorzunehmen" (ebd.:

---

[34] Ob in der Schule tatsächlich konkrete Fähigkeiten, Wissensbestände usw. vermittelt werden, die sich direkt auf die Ausübung von Berufen beziehen, ist allerdings fraglich (vgl. T. Schulze 1980: 78–79; s. S. 174 in Bezug auf Parsons).

50).[35],[36] Schule erscheint daher als „‚Rüttelsieb'" (Fend 1981: 29) für und als „Zuteilungsapparatur von Lebenschancen" (ebd.: 31). Diese Funktion bezieht sich auf das gesellschaftliche Subsystem der Sozialstruktur – die als „soziale Gliederung einer Gesellschaft nach Bildung, Einkommen, Kultur und sozialen Verkehrsformen" (Fend 2008a: 50) definiert wird –, deren Verteilungs-, Zuordnungs- und Rekrutierungsproblem Allokation löst. Normativ geprägt wird die Allokationsfunktion durch die Leitideen der „*Offenheit, Leistungsgerechtigkeit* und *Mobilität*" (ebd.: 52, H. i. O.). In der Schule zeigt sich die Funktion bei Prüfungen und der Vergabe von Berechtigungen. Sie korrespondiert mit der individuellen Funktion, für Schüler*innen als „Instrument der Lebensplanung" (ebd.: 53) zu dienen, indem über schulische Leistung Bildungs- und Berufslaufbahnen eröffnet (und verschlossen) werden.

– *Integrations- und Legitimationsfunktion*
Gemäß der Doppelbezeichnung umfasst diese Funktion zwei miteinander verwobene Aspekte.[37] Die Vermittlung von „Normen, Werten und Weltsichten" (ebd.: 50) soll einerseits der Herstellung einer gemeinsamen „kulturellen und sozialen Identität" (ebd.) dienen und andererseits der Akzeptanz der politischen Ordnung („*Sicherung der Herrschaftsverhältnisse*" (Fend 1981: 16, H. i. O.; vgl. zu diesem Begriff auch Fend 1979: 184–187)). Dem zweiten Aspekt entsprechend wird die Funktion dem politischen System zugeordnet, wobei sie zur Lösung des Problems beitragen soll, die Legitimität der politischen Verhältnisse herzustellen. Als konkrete Normen und Werte nennt Fend (1979: 176) etwa die Akzeptanz von und das Vertrauen in Rechtsstaatlichkeit, Rechtsnormen, demokratische Prozesse oder Repräsentanz durch Parteien. Zu dieser Funktion zählt Fend ferner die „Legitimation von […] Leistungsorientierung" (Fend 2008a: 52) oder der „Leistungsideologie" (Fend 1981: 46) als Verteilungsmechanismus (vgl. Fend 2011: 45). Dies legt einen Bezug zur Sozialstruktur nahe. Des Weiteren sind Bezüge zum ökonomischen System erkennbar, inso-

---

[35] Wiewohl Fend (1981: 29, 37) den Begriff der Selektion wie der Allokation nutzt, will er in der *Neuen Theorie* nur den der Allokation zugrunde legen: „Ich spreche deshalb nicht von Selektion, da nicht die Ausschließung aus erwünschten Bildungslaufbahnen im Vordergrund stehen kann, sondern eine legitimierbare Allokation von Personen mit bestimmten Qualifikationen zu Aufgaben mit bestimmten Anforderungen" (Fend 2008a: 50; vgl. auch Fend 2011: 44). Die mit dieser Begründung aufgerufene Abgrenzung der beiden Begriffe unterscheidet sich von der auf S. 191 erwähnten.
[36] Nerowski (2018b: 444–446) wirft bei der Sichtung des Diskurses um diese Funktion die Frage auf, was genau eigentlich im Rahmen der Allokations- bzw. Selektionsfunktion verteilt wird (die Schüler*innen, Bildung, gesellschaftliche Positionen usw.) und argumentiert, dass sinnvollerweise nur von einer Verteilung von Abschlüssen und Zertifikaten gesprochen werden kann.
[37] Die Verschränkung beider Begriffe besteht darin, dass sich die Integration des politischen Systems oder der Gesellschaft dadurch vollzieht, dass seine bzw. ihre Mitglieder es bzw. sie als legitim ansehen (vgl. auch Fend 1979: 188; ausführlicher zu beiden Begriffen ebd.: 178–180).

5 (Struktur-)Funktionalistische Schultheorie

fern die „Konditionierung solcher Verhaltensdispositionen, die eine relativ reibungslose Einordnung der Arbeitskraft in die industriell-bürokratische Arbeit begünstigen" (Fend 1981: 42), im Fokus steht. Fend (ebd.: 47) nennt Arbeitstugenden wie Genauigkeit und Gehorsam als Beispiel. Die Funktion lässt sich also auf die Legitimation der gesellschaftlichen (d. h. politischen wie ökonomischen und sozialen) Verhältnisse überhaupt beziehen (vgl. Fend 1979: 174–175, 192–194). Demokratische Partizipation stellt die normative Leitidee dieser Funktion dar. Schule erfüllt diese Funktion zum einen explizit über politische Bildung (welche beispielsweise „Rechte der persönlichen Meinungsbildung, der rationalen öffentlichen Argumentation, Rechtssicherheit und Beteiligungsrechte" (Fend 2008a: 45) thematisiert) und ähnliche explizite Inhalte in anderen Fächern (vgl. auch Duncker 2018: 105) und zum anderen implizit über das Schulleben, Schulregeln, die entsprechenden Rollenerwartungen oder hierarchischen Strukturen, die zur „Legitimation von Autorität" (Fend 2008a: 52) führen sollen. Der Integrations- und Legitimationsfunktion entspricht die individuelle Funktion, den Einzelnen eine „[s]oziale Identität und politische Teilhabe" (ebd.: 54) zu ermöglichen.

Fend geht nicht von einer bruchlosen Realisierung der Funktionen aus (vgl. Diederich & Tenorth 1997: 71). Darauf verweist vor allem die Tatsache, dass er nach den tatsächlichen Wirkungen von Schule fragt (vgl. Fend 1981: 263). Wie bereits angedeutet (s. S. 337), lassen sich Fends empirische Ausführungen allerdings nicht immer an die Funktionen rückkoppeln,[38] zum Beispiel weil er im Bereich der fachlichen Wirkungen, die vor allem der Qualifikations- und Enkulturationfunktion zugeordnet werden können, nicht primär die Frage beantwortet oder beantworten kann, *ob* Schule (ggf. im Vergleich zu anderen Sozialisationsinstanzen und Einflussfaktoren) die fachlichen Leistungen von Schüler*innen beeinflusst (vgl. Fend 1981: 265–266, 335–338; Maehler et al. 2013; K. Ulich 1982: 482–484), sondern eher die Frage, welche Variablen des Unterrichts, der Einzelschule usw. die fachlichen Leistungen beeinflussen (vgl. Fend et al. 1976: 462). Allerdings können diese empirischen Analysen indirekt auf die Funktionen zurückbezogen werden, insofern allgemein auf eine Varianz in der Realisation der Funktionen aufmerksam

---

[38] Dies wird in der *Neuen Theorie* deutlich, wenn Fend in Kap. 1.5 Empirie aus seinen eigenen Studien zur Wirkung von Kontextmerkmalen der Schule auf die Persönlichkeitsentwicklung präsentiert und beispielsweise eine entsprechende Wirkung auf das Selbstvertrauen von Schüler*innen untersucht (vgl. Fend 2008a: 110–115). Ein systematischer Rückbezug zur theoretischen Gesamtanlage und insbesondere den Funktionen wird dabei nicht deutlich, obgleich er anklingt (eine von Fends Ausgangsfragen lautet: „Wie prägt sich das leistungsorientierte Anforderungssystem der modernen Schule in die psychischen Strukturen von Kindern ein?" (ebd.: 110)) oder möglich wäre (z. B. hinsichtlich Leistungsmotivation oder Bezugsgruppentheorie).

gemacht wird.[39] Deutlicher sind Fends Befunde hinsichtlich der Allokationsfunktion, bei der nicht nur die Frage besteht, *ob* Schule Allokation vollzieht, sondern vor allem *wie gut* (gerecht, objektiv usw.) sie dies tut. Hier diskutiert Fend Befunde zur Bildungsungleichheit, die im Großen und Ganzen in die gleiche Richtung weisen, wie der in dieser Arbeit zusammengefasste Forschungsstand (s. S. 209): „Das Schulsystem ist kein ‚Rüttelsieb', das eine vollkommene Neuverteilung der Lebenschancen zwischen den Generationen vornimmt" (Fend 1981: 37; vgl. auch ebd.: 31, 2011: 39–45, 1979: 66, 134–173; Hansen 2016: 36–37). Daraus folgt mit Blick auf die Funktionen:

> „Das Schulsystem verliert plötzlich an Funktionalität: seine Einbindung in gesellschaftliche Zwecke, hier in solche der Reproduktion von Statusverteilungen und Rekrutierungen, wird weniger eng und unausweichlich als ursprünglich angenommen." (Fend 1981: 37)

Einen ähnlichen Befund, der bereits auf S. 336 angesprochen wurde, sieht Fend hinsichtlich der Legitimations- und Integrationsfunktion, bei der sich einerseits die Rolle der Schule für die Ausbildung von Verhaltensweisen zeigt, die für eine Demokratie bedeutsam sind (vgl. ebd.: 335–340), andererseits mit Blick auf politisches Interesse, Akzeptanz des politischen Systems und Partizipationsbewusstsein die hohe Bedeutung der Familie sichtbar wird (vgl. ebd.: 349).

Ein weiterer Kerngedanke hinsichtlich der Funktionen liegt darin, dass von einer Widersprüchlichkeit zwischen gesellschaftlichen und individuellen Funktionen ausgegangen wird (vgl. Fend 1981: 378; als Kritik an der Unterbelichtung dieser Widersprüchlichkeit K. Ulich 1982: 472). Demnach kann zum Beispiel die Legitimationsfunktion im Sinn der Herstellung einer Akzeptanz des politischen Systems mit dem Ziel der Mündigkeit in Widerspruch geraten, ebenso wie die auf die Berufswelt ausgerichtete Qualifikation mit einer umfassenden oder gleichen Qualifikation aller Schüler*innen. Fend (1981: 379) vertritt hierbei normativ die Position, „daß die Erfüllung gesellschaftlicher Aufgaben durch das Schulsystem, gemessen an den individuellen Funktionen, nur sekundären Charakter hat".

---

[39] Während Fends empirische Analysen also schultheoretisch nur bedingt zielführend sind, da Schule nicht als abstraktes Ganzes in den Fokus rückt, wie es als kennzeichnend für Schultheorie angesehen werden kann (s. S. 289), sind sie dennoch gewinnbringend, weil sie die Variabilität von Schule herausstellen (vgl. Fingerle 1993: 56).

5.3.4 Fend im Verhältnis zu Parsons, Dreeben, dem heimlichen Lehrplan und der (struktur-)funktionalistischen Schultheorie

Fend bezieht sich in beiden Theoriefassungen auf Parsons (vgl. Brüsemeister & T. Kemper 2019: 66; Bohl, Harant & Wacker 2015: 159, 198; Fees 2001: 668; Winkel 1997: 40), Dreeben (vgl. Fend 2008a: 14, 2006b: 44; auch Wiater 2016: 53; Diederich & Tenorth 1997: 97; Fingerle 1993: 55–56; T. Schulze 1980: 77) und den heimlichen Lehrplan (vgl. Fend 1981: 5, 128, 226, 232; Fend et al. 1976: 2, 4–7; Apel 1995: 117). Dementsprechend war bereits auf S. 305 bemerkt worden, dass diese drei Ansätze häufig unter dem Schlagwort der (struktur-)funktionalistischen Schultheorie zusammengefasst werden. Im Folgenden wird erstens herausgearbeitet, welche Bezüge und Parallelen sich zwischen Fend und Parsons, Dreeben sowie dem heimlichen Lehrplan erkennen lassen, also *was* Fend rezipiert. Zweitens soll in Bezug auf Parsons untersucht werden, *wie* Fend Parsons rezipiert, also wie umfassend, selektiv oder verändernd. Zunächst wird jedoch Fends Verständnis des (Struktur-)Funktionalismus eruiert.

Fends Funktionsbegriff (s. S. 341) schließt sehr eng an den in dieser Arbeit bei Parsons als maßgeblich angesehenen Funktionsbegriff (s. S. 119) an. Beide verstehen hierunter Beiträge zum Systemerhalt, womit Funktionen als funktionale Erfordernisse aufgefasst werden.

Weniger klar ist Fends Strukturbegriff.[40] Es ist sowohl von „Strukturen von Gesellschaft und Kultur" (Fend 2008a: 49) als auch von „gesellschaftlichen Funktionen und Strukturen des Bildungswesens" (ebd.: 17) oder „formalen Strukturen und generellen Funktionen" (Fend 2006b: 47) der Schule die Rede, ähnlich von „der strukturellen Gestaltung des Schulwesens" (Fend 1981: 47). Bei den auf Institutionen bezogenen AGIL-Funktionen wiederum heißt es zur Adaptation: „Als vierten Kernbereich nennt Parsons Strukturen, die die Anpassung des Bildungswesens an Außeninstanzen ermöglichen" (Fend 2008a: 28), womit Strukturen innerhalb von Systemen als Instanzen der Funktionserfüllung erscheinen.[41] Eher verunklarend ist schließlich Fend (1981: 48): „Aus der Analyse der gesellschaftlichen Strukturprobleme (hier: Legitimitätsbeschaffung), auf die der Staat (hier: mit Hilfe des Bildungssystems) reagiert, können wohl funktionale Erfordernisse abgeleitet werden", weil sich dieses „Strukturproblem[]" der Legitimität auch als funktionales Erfordernis bzw. Funktion verstehen lässt. Fend verwendet den

---

[40] Fend verwendet den Strukturbegriff nicht nur in Bezug auf den Strukturfunktionalismus und seine Kerngedanken. Mit Bezug auf Institutionen und das Handeln in ihnen scheint Struktur soziale Ordnung oder institutionelle Regeln und Normen zu meinen (vgl. Fend 2008a: 149–150).

[41] Dies wäre im Sinn von Parsons' Bestands- oder Erfordernisfunktionalismus, wenn den Strukturen Prozesse beigefügt würden (s. S. 129).

5.3 Fend

Strukturbegriff also in verschiedenen Weisen und auf verschiedenen Ebenen (Schule und Gesellschaft), expliziert aber nicht, was Strukturen sind. Der Terminus ‚*Struktur*funktionalismus' wird ebenfalls nicht exakt geklärt:

> „Der Struktur-Funktionalismus half, die Funktionsweise ganzer Gesellschaften zu verstehen und den Sinn von Bildungssystemen in ihrem Rahmen zu präzisieren. Er ermöglichte es, deren Beitrag zum Funktionieren der Gesellschaft insgesamt zu präzisieren. Bildungssysteme arbeiten an psychischen Strukturen und am Verhalten der jungen Generation." (Fend 2008a: 14)

In dieser Zusammenfassung wird – trotz des unklar bleibenden Begriffs ‚Funktionieren' – zwar der Kerngedanke des Funktionalismus deutlich, wie bereits mit dem Funktionsbegriff.[42] Die „psychischen Strukturen" tragen jedoch nichts zur Klärung des Begriffs ‚*Struktur*funktionalismus' bei.

Diese Unschärfe steht auch damit in Zusammenhang, dass nicht ganz klar wird, welche weiteren Autor*innen Fend neben Parsons dem Strukturfunktionalismus zuordnet.[43] Diese Frage wird zum Beispiel virulent, wenn Fend (ebd.: 35) von drei Subsystemen der Gesellschaft „im Struktur-Funktionalismus" ausgeht, Parsons jedoch vier Subsysteme formuliert. Insgesamt wird deutlich, dass Fend sich explizit auf den Strukturfunktionalismus bezieht, die entsprechenden Begrifflichkeiten verwendet, explizite Klärungen jedoch vor allem für die Begriffe ‚Funktion', ‚Funktionalismus' und ‚System' (vgl. ebd.: 125) vornimmt.

Wenn der Funktionsbegriff nun auf die Schule bezogen wird, berührt dies die *erste* obige Frage, *welche* Aussagen Fend von Parsons rezipiert. Fend wie Parsons sehen eine Allokations- oder Selektionsfunktion von Schule. Beide rücken abgesehen davon Sozialisation in den Fokus (vgl. Blömeke, Herzig & Tulodziecki 2007: 59), obgleich diese bei Fend nicht wie bei Parsons explizit als Funktion in Erscheinung tritt, sondern eher als übergeordnete Bestimmung von Schule.[44,45]

---

[42] Ähnlich die Bestimmung bei Fend (1979: 25), bei der als gemeinsames Anliegen strukturell-funktionalistischer, systemtheoretischer und marxistischer Analyse formuliert wird: „Diese drei Ansätze zeigen insofern formale Ähnlichkeiten, als jeweils globale gesellschaftliche Systeme zum Ausgangspunkt gewählt und Subeinheiten identifiziert werden, die zur Erhaltung bestimmter Merkmale des Systems beitragen". Später heißt es: „Der Funktionalismus betrachtet die Gesellschaft als System interdependenter Teile", wobei zwischen diesen Teilen eine „sinnvolle Beziehung" besteht, also „funktionale Beziehungen [...], d. h. der eine Bereich leistet einen Dienst für den anderen oder umgekehrt" (ebd.: 179–180).

[43] Wobei Fend (ebd.: 180) Parsons an anderer Stelle auch als einen normativen Funktionalisten bezeichnet, wofür in dieser Arbeit ebenfalls plädiert wird (s. Kap. 2.9.3).

[44] Was für die erweiterte Theorie der Schule ebenfalls gelten dürfte, weil der dort zentral gesetzte Begriff der Menschenbildung inhaltlich ähnlich gefüllt ist wie der der Sozialisation (s. S. 340).

[45] Beziehungsweise werden die Qualifikations- und die Integrations-/Legitimationsfunktion als Differenzierung der Parsons'schen Sozialisationsfunktion verstanden (vgl. Fend 1979: 64; Blömeke, Herzig & Tulodziecki 2007: 59; T. Schulze 1980: 77).

5 (Struktur-)Funktionalistische Schultheorie

Sozialisation ist damit bei beiden keine gleichberechtigte Funktion etwa neben Allokation bzw. Selektion oder Qualifikation bzw. Bildung (s. S. 200).

Über den unmittelbaren Funktionsbegriff hinaus zeigen sich weitere inhaltliche Bezüge und Parallelen zu Parsons sowie zu Dreeben und dem heimlichen Lehrplan.[46] Zunächst folgt aus den Funktionen eine schon angesprochene (s. S. 280) Kernannahme der Schultheorie bzw. einzelner schultheoretischer Ansätze einschließlich Parsons, Dreeben und des heimlichen Lehrplans, von einem engen Verhältnis zwischen Schule und Gesellschaft auszugehen (vgl. Fend 2008a: 14, 19, 2006a: 23–24, 2006b: 44, 1981: 13, 18). Was in der Schule passiert, was und wie gelehrt wird, hängt also von der Gesellschaft und ihren Subsystemen, ihrer normativen wie nicht-normativen Kultur ab. Fend macht das beispielsweise an den schulischen Inhalten im Deutsch- bzw. Literaturunterricht deutlich (vgl. Fend 2008a: 57–63, 1981: 128–148), aber auch an fächerübergreifenden Werten und Weltsichten (vgl. Fend 2008a: 76–84, 1981: 155–165, 226–251). Zusammengefasst heißt das: „Die schulexternen Aufgaben haben somit Folgen für Inhalt und Gestalt schulischen Lernens" (Fend 1981: 230). Der Zusammenhang zwischen Schule und Gesellschaft zeigt sich weiterhin in der Gegenüberstellung von Familie und Schule sowie der Parallelität von Schule und Erwachsenenleben bzw. Gesellschaft (vgl. Fend 2008a: 77–80, 1991: 16, 1981: 108–115, 1979: 177, 195, 202), wobei Fend hier explizit auf Parsons und Dreeben verweist (vgl. Fend 2008a: 76–81, 1981: 109, 156–161).

Fend betont des Weiteren wie die anderen genannten schultheoretischen Ansätze das fächerübergreifende oder überfachliche Lernen in der Schule, das über die Fachinhalte hinausgeht bzw. implizit mit ihnen verbunden ist (vgl. Fend 2006b: 46, 47; Fend et al. 1976: 1).[47] Er bemüht in diesem Zusammenhang die „Metapher des ‚Schulspiels'" (Fend 2007: 248), das für Lehrpersonen wie Schü-

---

[46] Deutliche Parallelen zu Parsons sind bei Fend (1979) auch hinsichtlich der Konzeptualisierung von Sozialisation erkennbar, ohne dass dort auf Parsons verwiesen wird. Das zeigt sich etwa an der Betonung der Interaktivität von Sozialisation, der Auffassung von Sozialisation als Lernprozess, den Begriffen des sozialen Systems und der Rolle sowie dem Verweis auf die Teilhabe der Individuen an verschiedenen sozialen Systemen (vgl. ebd.: 16–18). Insgesamt wird Sozialisation definiert als „Prozeß des Aufbaus von Verhaltensdispositionen und der Eingliederung eines Individuums in die Gesellschaft oder in eine ihrer Gruppen über den Prozeß des Lernens der Normen, Werte, Symbolsysteme und Interpretationssysteme der jeweiligen Gruppe und Gesellschaft" (ebd.: 18). Die bei Fend (ebd.: 19–21) folgende kritische Diskussion von Integrations- und Konformitätstheoremen lässt sich dann ebenfalls auf Parsons beziehen.

[47] Andererseits grenzt sich Fend (1981: 127) davon ab, diese Aspekte überzubetonen: „Im Gegensatz zu vielen soziologischen Analysen, die sich auf Interaktions- und Organisationsaspekte konzentrieren, halten wir die institutionalisierten Inhalte, wie sie in Lehrplänen, Lesebüchern, Fachbüchern usw. festgelegt sind, für die entscheidenden Lernfelder". Die „Analyse der ‚kulturellen Sozialisation'" gilt ihm daher als „Herzstück einer umfassenden Theorie der Schule" (Fend 1981: 129; vgl. auch Fend 2006a: 20).

ler*innen mit bestimmten (Spiel-)Regeln verbunden ist (vgl. auch Fend 2008a: 158). Mit der Teilnahme am „‚Schulspiel[]'" werden diese mitgelernt, beispielsweise die Regeln der Leistungsbewertung (vgl. ebd.: 46) oder die Normen von Dreeben (vgl. Fend 2008a: 78–79, 2008b: 352, 2007: 247). Die implizite Auseinandersetzung mit und ggf. Aneignung von normativer Kultur ist daher bei Fend ebenso wie bei den anderen Ansätzen relevant, was in seinen Äußerungen zu fächerübergreifenden kulturellen Erfahrungen ebenfalls deutlich wird (s. S. 335).

Alle genannten Ansätze nehmen außerdem das Setting von Schule in den Blick und verbinden es mit den Funktionen von Schule – bei Fend wird dies in seiner zusammenfassenden Übersicht der gesellschaftlichen Funktionen oder beim institutionellen Erfahrungskontext, vor allem der Leistungsbewertung, besonders deutlich (vgl. Fend 2008a: 51, 76–84, 2006b: 46, 1981: 46–47, 159, 226–251). Er spricht in diesem Sinn davon, „daß *Bildungssysteme strukturell analog zu gesellschaftlichen Grundstrukturen konstruiert werden*" (Fend 1981: 53, H. i. O.). Auch Fend nimmt demnach wie die anderen Ansätze eine *strukturfunktionalistische* Perspektive ein.

Zur *zweiten* Frage, *wie* Fend Parsons rezipiert, ist Folgendes festzuhalten: Grundsätzlich scheint Fend Parsons durchaus selektiv sowie verändernd oder weiterentwickelnd zu rezipieren, ohne die Veränderungen oder Weiterentwicklungen zu erklären. Die Selektivität der Rezeption beinhaltet, dass Fend Parsons nicht an allen Stellen seiner Ausführungen bemüht, wo es möglich wäre und wo er stattdessen auf andere Autor*innen zurückgreift.[48] Das, wie allgemein die Selektivität in einer Rezeption, mag an sich unproblematisch sein – und ist auch zum Teil unumgänglich (s. S. 15) –, wird jedoch dann zum Problem, wenn Parsons für genau solche Aspekte kritisiert wird, die sich bei ihm vermeintlich nicht finden. Die Unschärfen der Rezeption von Parsons durch Fend, die diesen Eindruck belegen, stellen sich im Detail wie folgt dar:[49]

- Irritierend ist die Kontrastierung zweier Theorielinien, die als zentral für die erste Theorie gesehen werden: „[d]ie Sozialisationstheorie" und „[d]er Strukturfunktionalismus" (Fend 2008a: 14). Dass Parsons über eine umfassende Sozialisationstheorie verfügt, die wegen ihres Bezugs auf das Problem der sozialen Ordnung zentral für seine gesamte Theorie ist, dass also im Fall von Parsons „[d]ie Sozialisationstheorie" und „[d]er Strukturfunktionalismus" aufs Engste verknüpft sind, wird hier ausgeblendet.

---

[48] Das erinnert an den Befund zur Rezeption von Parsons allgemein, s. S. 138.
[49] Die folgenden Anfragen an Fends Rezeption von und Kritik an Parsons lassen sich zum Teil auch an andere Autor*innen richten. Für die Kritik an der Determination von Schule und fehlender Eigenlogik s. S. 403, für die Kritik an der Determination der Individuen und an der Über-Sozialisation s. Kap. 2.3.5 und Kap. 3.1.2, für die Kritik an der Ahistorizität s. S. 113.

5 (Struktur-)Funktionalistische Schultheorie

- Bemerkenswert ist weiterhin, dass Fend (2008a: 28) den eigenen Begriff der Institution an Parsons (s. S. 49) anbindet und das AGIL-Schema auf Institutionen anwendet. Hier bedürfte es einer Erklärung, inwiefern Parsons' Institutionsbegriff mit dem eigenen identisch ist, da dies nicht ohne Weiteres einsichtig ist, und inwiefern Institutionen als Systeme aufzufassen sind, die die AGIL-Funktionen erfüllen müssen. Ein anderer Anknüpfungspunkt hätte hier Parsons' Begriff des Kollektivs sein können (s. S. 49), der Zusammenhandeln und die gemeinsame Zielerreichung mehrerer Akteur*innen betont – was bei Fends Konzepten des institutionellen Akteurs (vgl. ebd.: 171–172, 180) und des Auftragshandelns (vgl. ebd.: 144), das er auf Weber zurückführt, ebenfalls relevant ist. Wenn Fend (ebd.: 170–171) dann mit Weber resümiert: „Bildungssysteme sind dann unübersehbar Instrumente der externen Akteure um gesellschaftlich als zentral definierte Ziele zu erreichen, seien dies wirtschaftliche, kulturelle oder politische", stellt dies eine Reformulierung von Parsons' Funktionen (bzw. Leistungen und normativen Erwartungen; s. zu Letzterem Kap. 6.1.4) der Schule für die Gesellschaft oder gesellschaftliche Subsysteme dar.
- Ähnlich erklärungsbedürftig sind die bereits erwähnten Subsysteme der Gesellschaft, wie sie Fend (ebd.: 35–36) mit Bezug auf den Strukturfunktionalismus einführt. Hier spricht Fend von „[d]rei zentrale[n] Subsysteme[n]" (ebd.: 35), dem politischen, dem Wirtschafts- und dem Bildungssystem. Später fügt er das System der Sozialstruktur und das Kultursystem hinzu, die „[i]n diesem Modell" (ebd.: 36) fehlen. Wenn hierbei Parsons gemeint ist, stellt sich die Frage, warum nicht konsequent von Parsons' Subsystemen ausgegangen wird oder entsprechende Veränderungen nicht markiert werden. Denn die an dieser Stelle vermisste Sozialstruktur findet sich bei Parsons im Gemeinschaftssystem und das Kultursystem als der Gesellschaft beigeordnetes Subsystem des Handlungssystems.
- Daran schließt die nächste Unschärfe an. Fend betont den Zusammenhang zwischen Bildungs- und Wissenschaftssystem und hält fest: „Die akzentuierte Zuordnung des Bildungswesens zum Wissenschaftssystem verdanken wir im Übrigen Luhmann" (ebd.: 49). Mit Parsons' Wert der kognitiven Rationalität und seiner Zuordnung von Universität und Schule zum Treuhandsystem zeigt sich jedoch, dass diese Einsicht bereits bei ihm zu finden ist. Fend verweist in beiden Theoriefassungen auch nicht auf Parsons' Schriften zur Universität. Dies ist demnach ein Beispiel für eine unproblematische – denn es führt nicht zu Kritik an Parsons – Selektivität in der Parsons-Rezeption und für eine Auslassung inhaltlicher Aussagen, die anderen Autor*innen zugeschrieben werden, was auf ein ungenutztes Potenzial von Parsons verweist.

– Problematischer hingegen ist Fends verzerrter Bezug auf Parsons' Handlungstheorie. Fend (ebd.: 150) stellt dazu fest, dass der

„klassische Struktur-Funktionalismus [...] ein Modell präferiert, nach dem soziales Handeln als *Rollenhandeln* gesehen wurde (Homo Sociologicus). Der Homo Sociologicus ‚vollzieht' die institutionellen Strukturen, indem er sie zu Normen des eigenen Handelns macht, die er im Prozess der Sozialisation internalisiert. Er kann sie aber auch als äußerlich empfinden und nur aufgrund von befürchteten Sanktionen oder erwünschten Belohnungen normgerecht handeln." (H. i. O.)

Das erweckt den Eindruck, Handeln bei Parsons basiere allein auf internalisierten Rollen, was zum Beispiel mit Blick auf Parsons' *unit act* (s. Kap. 2.2) als zu einseitig erscheint, wie gleich näher ausgeführt wird.

Fend (ebd.: 119–120) formuliert des Weiteren (Selbst-)Kritik an seiner ersten Theorie, die sich zum Teil mit Kritik am Strukturfunktionalismus deckt und in eine ähnliche Richtung weist: Harmonie, Idealtypik, Ahistorizität, reine Deskription sowie Vernachlässigung von Akteur*innen, Interessen und Gestaltungsmöglichkeiten (vgl. auch Fend 2006b: 49) – Tenorth (2006: 437) sieht hier „für den Strukturfunktionalismus ein wahres Schreckenskabinett von Einseitigkeiten", das Fend in überzeichneter Weise präsentiere. Dementsprechend relativiert Fend seine Kritik wie folgt:

„Diese Einschätzungen des Struktur-Funktionalismus treffen sicher nur dessen Oberfläche. Kein Autor, der sie vertreten hat, wäre auf die Idee gekommen, unveränderliche und statische Größen, die in einem deterministischen Zusammenhang stehen, zu postulieren. Auch Parsons hat eine Handlungstheorie vertreten [...] und Dreeben war sich der Besonderheiten pädagogischen Handelns sehr bewusst [...]. Der Akteurbezug blieb aber latent und war nicht systematischer Teil der theoretischen Anlage. So war die Theorie von ihrer Anlage her nicht systematisch auf Gestaltungsprozesse der sozialen Wirklichkeit ausgerichtet. Akteurbasierte Gestaltung gehörte nicht zum Kern der theoretischen Konzepte, wenngleich sie immer mitgedacht war." (Fend 2008a: 120)

In der vorliegenden Arbeit wird deutlich, dass Parsons' Handlungstheorie durchaus als Grundrahmung seiner gesamten Theorie verstanden werden kann (s. S. 70), obgleich dieser Bezug im Lauf der Theorieentwicklung, wie Fend andeutet, schwächer wurde. Genau darin liegt auch die zentrale Verbindung von System- und Handlungstheorie, die Fend sucht. Er stellt eine solche Verknüpfung lediglich über die Rollentheorie und das Modell der Internalisierung her und kritisiert beides als „zu deterministisch" (ebd.: 149). Die *Handlungs*systeme bilden jedoch eine Rahmung für den konkreten *unit act*. Rollen oder Werte, ob internalisiert oder nicht, beeinflussen diesen Handlungsakt bzw. die Orientierung der Akteur*innen hinsichtlich der Situation, die soziale und physikalische Objekte umfasst, determinieren ihn bzw. sie aber nicht. Wenn die Handlungssystemtheorie also auf die voluntaristische Handlungstheorie bezogen wird, lässt sich der Vorwurf einer „Unterschätzung der Bedeutung des Individuums" (Fend 2008a: 148) relativieren.

Bemerkenswert ist nun, wie Fend trotz seiner Relativierung der Kritik am Strukturfunktionalismus den bei Parsons angelegten Handlungsbezug nicht verfolgt. Stattdessen wird ein Handlungsmodell von Esser zur Grundlage seiner Theorie gemacht, das zum Beispiel kulturelle Bezüge, kognitive Abwägung von Handlungsalternativen, Ressourcen und Handlungsbeschränkungen sowie Regel- oder Rollenhandeln umfasst (vgl. ebd.: 151–152). Zu Parsons' *action frame of reference* (s. Kap. 2.2) bestehen damit deutliche Parallelen, was zweierlei zeigt. Erstens trifft die von Fend formulierte Gleichsetzung von Rollenhandeln und Strukturfunktionalismus für Parsons nicht wirklich zu, sodass die Kritik an Parsons als zu undifferenziert einzuschätzen ist. Zweitens wird erneut deutlich, dass Fend nicht auf Parsons zurückgreift, wo er es hätte tun können. Problematisch ist diese Rezeption von Parsons' Theorie durch Fend dann insofern, als die Selektivität zu Kritik an Parsons führt, die sich mit dem Nicht-Selektierten relativieren lässt.

Fends Handlungsmodell und das Konzept des institutionellen Akteurs ist des Weiteren durchweg von einer Ambivalenz zwischen Subjekt, Handlungsfreiheit, Spontaneität und Kreativität einerseits und Regeln, Rollen, institutionellen Handlungsbeschränkungen und Auftragshandeln andererseits gekennzeichnet (vgl. Wiater 2016: 57; Tippelt 2008: 22). So heißt es beispielsweise in Fends Aufarbeitung des akteurzentrierten Interaktionismus:

> „Im Extremfall schränken die institutionellen Regelungen die Handlungsalternativen sehr ein. [...] Diese völlige Determination widerspricht dem Ansatz des akteurzentrierten Institutionalismus. Institutionelle Regelungen geben regulierte Möglichkeitsräume vor, die individuell ausgestaltet werden und die selber Veränderungen unterliegen können." (Fend 2008a: 158; vgl. auch Fend 2006b: 52)

Genau dieser Dualismus ist fundamental für Parsons' gesamte Theorie. In seiner *voluntaristischen* Handlungstheorie (s. S. 33) und im Wert des institutionalisierten Individualismus (s. S. 106) kommt dies deutlich zum Ausdruck. Der letztgenannte Wert betont überdies, dass Freiheit und Individualismus erst durch eine kollektive Ordnung wie die Gesellschaft ermöglicht werden – eine Einsicht, die Fend (2008a: 163) mit dem sich von Parsons bzw. dem Strukturfunktionalismus abgrenzenden Neo-Institutionalismus verbindet.

5.3 Fend

- Einer der gerade zusammengefassten Kritikpunkte von Fend am Strukturfunktionalismus bestand in der Ahistorizität (vgl. auch Fend 1979: 25). Diese Kritik wiederholt Fend später an anderer Stelle und formuliert sie ebenso gegenüber Luhmanns Systemtheorie:

  > „Die sozialen Systeme unterliegen im Rahmen einer abstrakten Systemtheorie der Gefahr, enthistorisiert zu werden. Die Geschichte erscheint höchstens als punktuelle Illustration oder in der Gestalt einer evolutionär notwendigen funktionalen Differenzierung, aber nicht in jener einer konkreten Ereignis- oder Mentalitätsgeschichte. Eine *historisch notwendige systemische Differenzierung* im Sinne einer unvermeidlichen Evolution hat schon der klassische Struktur-Funktionalismus angenommen." (Fend 2008a: 136, H. i. O.)

  Wie andere Kritik an Parsons – von Fend und von anderen Autor*innen – ist diese Kritik nicht völlig unbegründet, ignoriert in ihrer Pauschalität aber, dass Parsons anders gelesen und relativierende Aussagen und Theorie-Teile gefunden werden können. Dementsprechend war die Kritik an der Ahistorizität und an einer notwendigen Evolution auf S. 113 relativiert worden. Parsons postuliert gerade keine Entwicklungsnotwendigkeit, dass sich Gesellschaften im Sinn des AGIL-Schemas differenzieren *müssen*, vielmehr ist es ein analytisches Werkzeug, um festzustellen, ob solche Differenzierungen stattgefunden haben oder nicht.

- In der Auseinandersetzung mit Luhmann betont Fend (ebd.: 130) eine in der Systemtheorie reformulierte „alte pädagogische Vorstellung": „Erziehung ist keine direkte, kausal vermittelte Handlungstechnologie, sondern ein *Angebot* für die Selbstentwicklung des anderen" (Fend 2008a: 130, H. i. O.; vgl. zum Angebots-Nutzungs-Modell auch Fend 2008b: 21–24). Diese Einsicht wird Parsons bzw. dem Strukturfunktionalismus eher nicht zugesprochen, was sich auch in Fends Übersichtsabbildung andeutet (vgl. Fend 2008a: 121); sie hätte jedoch auch mit Parsons' professionstheoretischen Überlegungen zum *common enterprise* formuliert werden können (s. S. 233 und 243).

- Allgemeiner führt dies zur Kritik an der mechanischen, reibungslosen Harmonie zwischen Akteur*innen oder Systemen, wie sie Fend (ebd.: 119) gegenüber dem Strukturfunktionalismus formuliert. Dies lässt sich dann nicht nur mit Parsons' Professionstheorie, sondern mit der Anlage seiner gesamten Handlungssystemtheorie relativieren. Ein Kerngedanke liegt darin, dass sich verschiedene Systeme bilden, die in Umwelten eingebettet sind, wobei sie selbst wiederum für andere Systeme zur Umwelt zählen. Wie Parsons vor allem hinsichtlich der normativen Kultur von Sozialsystemen deutlich macht, sind Systeme bei ihm eigenlogisch zu denken, die dementsprechend die normative

5 (Struktur-)Funktionalistische Schultheorie

Kultur ihrer Umwelt oder ihrer übergeordneten Systeme nicht eins zu eins übernehmen, sondern spezifizieren (s. S. 107). Auch die Funktion der *adaptation* meint keine bloße Anpassung an die Umwelt (s. S. 86). Parsons' Austausch- und Medientheorie verweist außerdem darauf, dass Systeme einander nicht ohne Weiteres beeinflussen, sondern Übersetzungsprozesse zwischen den Systemen mittels der Medien notwendig sind (s. S. 97). Schließlich betont Parsons (1958b: 46) in seinen Ausführungen zu Organisationen, dass höhere Hierarchieebenen von Organisationen die niedrigeren nicht einfach direkt steuern können: „School boards, boards of directors, or trustees and political superiors do not, in the nature of the case, simply tell the people at the next level down ‚what to do[]'". Die einzelnen Hierarchieebenen sind daher durch „relative independence" (ebd.: 49) voneinander gekennzeichnet, gerade wenn Professionelle involviert sind (vgl. Parsons 1968a: 14–15).

All dies sind Einsichten, die Fend (2008a: 126–130) eher mit Luhmanns Systemtheorie (ggf. mit anderen Begrifflichkeiten als bei Parsons, z. B. Selbstorganisation, Selbstreferentialität, Anschlussfähigkeit oder operativ geschlossenen Systemen), nicht mit Parsons verbindet.[50] Einige Impulse der Systemtheorie für Schultheorie, die Fend (ebd.: 128–130) resümiert, lassen sich daher mit Parsons ebenso formulieren.[51] Wie Luhmann von Problemen ausgeht, dienen Parsons Funktionen bzw. funktionale Erfordernisse als Grundlage (Wie kann die Gesellschaft beispielsweise ihre normative Kultur erhalten oder reorganisieren?), bei Parsons finden sich ebenfalls System-Umwelt-Verschachtelungen und es werden bei ihm ebenso wenig wie bei Luhmann „direkte[] Kausalitäten zwischen System und Umwelten" (ebd.: 129) angenommen.

- Eine ähnliche und damit inhaltlich verbundene Beobachtung lässt sich mit Blick auf Fends Konzept der mehrebenentheoretischen Rekontextualisierung anstellen. Rekontextualisierung ist Parsons' Handlungssystemtheorie implizit eingeschrieben, was sich in den bereits angesprochenen Ausführungen zur Spezifizierung normativer Kultur zeigt. Eine Mehrebenentheorie ist bei Parsons ebenfalls deutlich erkennbar, explizit für die verschiedenen Ebenen

---

[50] Um ein konkretes Beispiel zu geben: „Die *Ebene des gesellschaftlichen Systems* umfasst in funktionaler Differenzierung das gesamte Zusammenspiel von Subsystemen, wie wir es im Strukturfunktionalismus bereits angetroffen haben. Neu ist die Bestimmung, wie die verschiedenen Ebenen untereinander kommunizieren können. Jede folgt einer eigenen Logik und respezifiziert die Erwartungen des anderen Systems im Rahmen dieser eigenen Logik bzw. ‚benützt' für die Eigenerhaltung diejenigen Elemente des anderen Systems, die ihm dafür notwendig erscheinen" (Fend 2008a: 131, H. i. O.).

[51] Möglicherweise verweist dies weniger auf Rezeptionsunschärfen von Fend gegenüber Parsons als auf eine deutliche (und eventuell unterschätzte) Nähe zwischen Luhmann und Parsons, was in dieser Arbeit jedoch nicht geklärt werden kann.

5.3 Fend

seiner Handlungs(subsub...)systeme. Für die Schule wird später (Kap. 6.1.2) im Detail gezeigt, wie sie in eine Umwelt mit anderen Systemen eingebettet ist, zu der zum Beispiel das politische System gehört – was bei Fend (ebd.: 167) als Makroebene der Bildungspolitik erscheint. Parsons' Konzept des Sozialsystems lässt sich auch auf konkreten Unterricht, die einzelne Schule und das Schulsystem insgesamt anwenden, womit die Mikro- und Mesoebene angesprochen ist.

Insgesamt wird damit deutlich: Manche bei Fend anzutreffende Kritik an Parsons lässt sich differenzierter betrachten, wenn mehr Theorie-Elemente von Parsons einbezogen werden, als Fend einbezieht. Ferner zeigt sich, dass vieles, was Fend als explizit neue Einsichten seiner Schultheorie formuliert und mit anderen Autor*innen und Theorien herausarbeitet, bei Parsons angelegt ist oder sich auch mit Parsons formulieren ließe. Pointiert wird dies in seiner Übersichtsabbildung (vgl. ebd.: 121) deutlich, in der er die Weiterentwicklung der ersten zur erweiterten Theorie über die drei (Theorie-)Linien des Strukturfunktionalismus, der Verstehens- und Handlungsorientierung und der Gestaltungsorientierung zusammenfasst. Die beiden letzten, für die *Neue Theorie* kennzeichnenden Linien enthalten mit der Mehrebenenbetrachtung, der Angebots-Nutzungs-Konzeption und der Idee der institutionellen Akteure Konzepte, die sich, wie gerade im Detail gezeigt, mit Parsons formulieren lassen.

Die Ausführungen sollten aufzeigen, dass Fend Parsons' Theorie selektiv und zum Teil verzerrend rezipiert, was bei Fend auch mit Blick auf andere Autor*innen und Theorien zu gelten scheint (vgl. Tenorth 2006: 437). Die vorliegenden Ausführungen sind jedoch selbst in gewissem Maß verzerrend, weil sie lediglich von der intensiven Auseinandersetzung mit Parsons' Werk ausgehen, was für die von Fend bemühten anderen Autor*innen und Theorien nicht behauptet werden kann, und bisher nur aufgezeigt haben, was mit Parsons noch möglich wäre, nicht aber, was nicht möglich ist.

Es bleibt also die Frage, welche tatsächlichen Fortschritte und Erweiterungen Fend gegenüber Parsons bietet. Letzteres dürfte zum Beispiel mit Blick auf den Einbezug von Luhmanns Wissen im und über das System, den mit dem Neo-Institutionalismus geschärften Fokus auf Veränderungsprozesse von Institutionen oder Fends Ausblick auf Gestaltungsmöglichkeiten im Bildungswesen gelten (vgl. Bohl, Harant & Wacker 2015: 202). Ferner erscheinen solche Erweiterungen sinnvoll, die das, was bei Parsons angelegt ist, pointierter formulieren, wie es mit dem Begriff der Rekontextualisierung oder der Unterscheidung von Mikro-, Meso- und Makroebene der Fall ist. Dies lässt sich auch für die Qualifikations- und Enkulturationsfunktion behaupten (vgl. Gerstner & Wetz 2008: 99; Popp 1998: 268), die allerdings ebenfalls bei Parsons angelegt sind; dies zeigen die Ausführungen zur Sozialisationsfunktion der Schule, die konkrete ‚technische' Fähigkeiten umfasst (s. S. 190), und zur Allgemeinbildung in der *Undergraduate*-Ausbildung (s. Kap. 3.3.3), obgleich bei Letzterer ein Bezug auf konkrete berufliche Qualifikationen zurückgewiesen wird (s. S. 174). Jenseits des theoretischen Rahmens ist ein Unterschied zu Parsons wie Dreeben und eine für die Schultheorie wesentliche Erweiterung in Fends empirischem Anspruch zu sehen (vgl. Fend 2008a: 118, 2006b: 47; Gerstner & Wetz 2008: 100), der zugleich den Versuch darstellt, keiner Teleologie zu unterliegen, indem „[d]as zu Beweisende, nämlich die Funktionalität von Teilsystemen oder Systemzuständen [...] aufgrund der unterstellten Zielgerichtetheit von Systemen als bereits erwiesen angesehen" (D. Ulich 1974: 616) wird. Um keiner Teleologie anheimzufallen, müssen Funktionen also empirisch fundiert werden (s. S. 124), denn

> „die Feststellung etwa, daß Gesellschaft zur Sicherung ihrer materiellen Reproduktion spezifische Qualifikationen benötigt, kann allenfalls intentional, gleichsam als Auftrag an die Schule übertragen werden, liefert jedoch zunächst noch keine Aussage über ihre *faktische* Qualifikationsleistung, geschweige denn zu deren Erklärung." (K. Ulich 1982: 472, H. i. O.)

Es war bereits oben diskutiert worden, wie Fend diesen Anspruch einlöst (s. S. 346).

5.3.5 Kritik

Nachdem das vorangegangene Kap. 5.3.4 bereits zu Kritik an Fend geführt hat, geht es im Folgenden um weitere Kritik, die sich nicht auf Fends Rezeption von Parsons bezieht.

Wie für Fends Rezeption von Parsons gilt, dass sich vieles bei Parsons findet, was Fend mit anderen Autor*innen und Theorien formuliert, gilt dies in gewisser Hinsicht auch für das Verhältnis zwischen erster und erweiterter Theorie der Schule. Es ist bereits 1980 vieles angelegt, was später in der *Neuen Theorie* expliziert und ausdifferenziert wird (s. S. 341), zumal überdies einige Grundannahmen bestehen bleiben. Insofern wird mit der *Neuen Theorie* der Schule keine wirklich *neue* Theorie der Schule formuliert (anders Tenorth 2006: 434).

Was Fend in beiden Theoriefassungen allerdings auszeichnet, ist ein sehr breiter und vielschichtiger Zugang zum Phänomen Schule. Dieser umfasst theoretische – wobei hier verschiedene Theorien miteinander verwoben werden –, historische (vgl. Bohl, Harant & Wacker 2015: 202; H.-W. Fuchs 2006: Abs. 5–7, 11; Tenorth 2006: 437) und empirische (vgl. Sandfuchs 2001: 12; Fingerle 1993: 55) Analysen (für Fends Werk insgesamt Tippelt 2008: 15–17, 21–24), sodass von einer interdisziplinären Schultheorie gesprochen werden kann (vgl. Gerstner & Wetz

2008: 104; Sandfuchs 2001: 12; Fingerle 1993: 58; kritisch hierzu D. Ulich 1974: 625–626). Fends Schultheorie gilt vor allem aufgrund dieser Vielschichtigkeit als *die* Schultheorie schlechthin. Sie kann „beinahe eine Monopolstellung beanspruchen" und „dient mindestens in der deutschsprachigen Schulforschung als zentraler schultheoretischer Bezugsrahmen" (Idel & Stelmaszyk 2015: 52; vgl. auch Duncker 2018: 109; H.-W. Fuchs 2006: Abs. 1); sie ist „der bislang umfassendste Ansatz einer Theorie der Schule" (Duncker 2007: 38). Sie scheint auch die hohen Ansprüche einzulösen, die an Schultheorie gestellt werden, da sie als „ein Meilenstein" gesehen wird, „hinter den niemand ohne Preisgabe von Wissenschaftlichkeit zurückeilen kann" (Winkel 1997: 40; vgl. auch Fees 2001: 668; Sandfuchs 2000: 11; Bönsch 1994: 516; Fingerle 1993: 58).

Wenn es im Folgenden um eine kritische Diskussion von Fends Arbeiten geht, ist zunächst Fends eigenes Verständnis von Theorie und Schultheorie in den Blick zu nehmen. Dieses wird zwar nicht komprimiert an einer Stelle expliziert, dennoch finden sich entsprechende Hinweise eingestreut in die Texte oder lassen sich aus Inhalt und Vorgehensweise ableiten. Zunächst ist durch Fends Einbezug von Empirie ein deutlicher Anspruch in Richtung einer empirisch fundierten Schultheorie erkennbar. Er zielt demnach auf eine analytische Deskription der Schule. Dies verdeutlicht er, wenn er etwa feststellt, dass eine Schultheorie ohne die Berücksichtigung der Wirkungen von Schule „sinnlos" (Fend 2008a: 17) ist. Dem entspricht das von ihm formulierte Ziel der Schultheorie, nämlich „zu *beschreiben*, was Bildungssysteme sind und zu *erklären*, wie sie zustande kommen bzw. wie sie sich auswirken" (Fend 1981: 10, H. i. O.).

Relevant für den Theorie-Anspruch ist des Weiteren, dass Fend seinen konkreten inhaltlichen Aussagen nach nicht von einer universell gültigen Schultheorie ausgeht. So gilt das „Funktionsverhältnis von Gesellschaft und Bildungssystem nur für moderne Gesellschaften" (Fend 2011: 48) – im Übrigen eine weitere Parallele zu Parsons. Deutlich wird außerdem, dass Fends Schultheorie nicht allein analytisch-deskriptiv, sondern auch, was sich kritisch sehen lässt, normative und kritische Einlassungen enthält, zum Beispiel zur konkreten Gestaltung von Schule (vgl. Fend 1991: 30–31; Bohl, Harant & Wacker 2015: 206; Tenorth 2006: 436–437; Sandfuchs 2000: 12; Fingerle 1993: 57–58). So heißt es etwa an zwei Stellen:

> „Erkenntnisse über Erscheinungsformen, Entstehungsbedingungen und Wirkungen der Schule können letztlich nur dann befriedigen, wenn sie zeigen, wie Schule sein sollte, welche Gestalt sie haben und welche Ziele sie anstreben sollte. Eine sozialwissenschaftliche Theorie der Schule muß also so verfaßt sein, daß sie schon von ihrer Anlage her solche Perspektiven gestattet. [...] Den Zielpunkt einer Theorie der Schule bildet somit die Antwort auf die Frage, wie schulische Wirklichkeit gestaltet sein soll und zu welchen innerschulischen und außerschulischen Zielen sie führen soll." (Fend 1981: 377)

5 (Struktur-)Funktionalistische Schultheorie

> „Die kulturellen Angebote des Bildungswesens in kritischer Weise nach den impliziten anthropologischen und gesellschaftstheoretischen Annahmen zu prüfen, bleibt eine Daueraufgabe einer normativen Theorie der Schule." (Fend 1981: 380)

Mit Bezug auf die in Kap. 4.2 unterschiedenen Theorie-Positionen innerhalb der Schultheorie stellt Fends Schultheorie somit eine Mischung aus der zweiten und dritten Position dar; mit Blick auf den Nutzen von Theorie (s. S. 283) ist eine Mischung aus Erklärung und Beschreibung sowie Nutzen für die Praxis im Sinn von Kritik und Verbesserung erkennbar.

Weiterhin zu thematisieren ist, welche Aspekte von Schule (im Sinn von Kap. 4.3) für Fend zu Schultheorie gehören. Bereits in der Diskussion Fends erster Theorie der Schule (s. S. 337) und seiner Funktionen (s. S. 346) klang an, was für die *Neue Theorie der Schule* insgesamt festzustellen ist: Fend spricht eine ganze Reihe verschiedener Aspekte, Theorien, Begriffe usw. an (vgl. H.-W. Fuchs 2006: Abs. 6, 10) – zusätzlich ist an die anderen Monographien von Fends Schultheorie im weiteren Sinn zu denken, die sich mit der Geschichte und der Gestaltung von Schule befassen –, was die Frage aufkommen lässt, welche dieser vielen Aspekte genuiner Bestandteil seiner Schultheorie sind und welche lediglich Zwischenschritte, Nebenthemen oder Exkurse darstellen (vgl. Rademacher & Wernet 2015: 112). Eine klare Abgrenzung also, was *Schul*theorie ist, liefert Fend nicht.

Im Kontext der Funktionen stellt sich eine wesentliche kritische Frage hinsichtlich der Abgrenzbarkeit der Funktionen, ihrer Systembezüge sowie ihrer innerschulischen Bezüge (vgl. Diederich & Tenorth 1997: 70; zu Letzterem auch D. Ulich 1974: 622). Beispielsweise lässt sich fragen, wie genau sich entscheiden lässt, ob bestimmte Inhalte der Qualifikations- oder der Enkulturationsfunktion zuzuordnen sind. Ebenso ist diskutabel, ob nicht ein Wert wie das Leistungsprinzip auf alle gesellschaftlichen Subsysteme bezogen werden müsste und nicht nur mit der Integrations- und Legitimationsfunktion auf das politische System, obgleich im weiten Sinn. Und ist es nicht zu eng gedacht, nur Prüfungen und Berechtigungen auf die Platzierung in der schulischen Leistungshierarchie zu beziehen, wenn doch im Unterricht permanent implizite und explizite Leistungsbewertung stattfindet? Weiterhin ließe sich fragen, ob nicht die kulturellen und die beruflichen Fähigkeiten, Wissensbestände usw. mit Bourdieus kulturellem Kapital auch einen deutlichen Bezug zur Sozialstruktur aufweisen, weil sie über die Position innerhalb der Sozialstruktur mitentscheiden.

Solche Anfragen lassen sich dadurch relativieren, dass die Funktionen als analytische Begriffe aufgefasst werden, die in der Realität zusammenfallen (so auch Wiater 2016: 145; Klafki 2002: 57; Ballauff 1984: 420; Leschinsky & Roeder 1981: 112; Oblinger 1975: 24).[52] Fend et al. (1976: 8) erwähnen „die Verschränkung

---

[52] Ähnlich verhält es sich mit den von Fend (2006b: 46) analytisch getrennten Erfahrungsfeldern.

5.3 Fend

von Qualifikations-, Selektions- und Legitimationsprozessen" am Beispiel der Leistungserbringung ebenfalls. Analog macht Fend darauf aufmerksam, dass fachliche und überfachliche Wirkungen nicht getrennt voneinander zu betrachten sind und sich auf die gleichen Funktionen beziehen, weil sich überfachliche Wirkungen nur durch die fachlichen vollziehen (vgl. Fend 2008a: 118; Fend et al. 1976: 9–10, 474) – hierin zeigt sich noch einmal eine bereits erwähnte Parallele (s. S. 351) zu den drei anderen (struktur-)funktionalistischen Ansätzen der Schultheorie. Im Funktionsschema bei Fend (1981: 17) werden Überschneidungen der gesellschaftlichen Subsysteme durch entsprechende Pfeile deutlich gemacht. Entscheidend ist demnach nicht, dass völlige Überschneidungsfreiheit hergestellt ist, sondern ob das Schema der Funktionen mit seinen sich in Überschneidungen äußernden Vereinfachungen inhaltlich angemessen ist.

Hier erscheint die Rolle von Werten, Normen oder Weltbildern besonders virulent. Diese werden einerseits ausschließlich der Integrations- und Legitimationsfunktion und damit dem politischen System bzw. der gesellschaftlichen Ordnung zugeschrieben. Anderseits sind Werte und Normen auch Teil der anderen Funktionen, beispielsweise Arbeitstugenden wie Genauigkeit mit Blick auf die Qualifikationsfunktion oder Leistung und Chancengleichheit mit Blick auf die Allokationsfunktion (vgl. Fend 1979: 94–96, 175; ähnlich Rademacher & Wernet 2015: 107–108; Klafki 2002: 47).[53] Dementsprechend kommt Fend zu dem Schluss: „Die Integrationsfunktion wird nicht *neben* dem qualifizierenden Unterricht oder den selegierenden Prüfungen erfüllt, sondern im Verbund mit ihnen" (Fend 1979: 177, H. i. O.), weshalb ihr „eine übergeordnete Bedeutung" (ebd.: 196) zukommt.[54] Korrespondierend damit durchdringt diese Funktion die Schulwirklichkeit insgesamt und ist nicht auf spezielle Ausschnitte der Schule beschränkt wie die anderen Funktionen (vgl. Fend 1981: 17–18). Wenn Fend (1979: 94–96, 175) weiterhin, wie Parsons, anklingen lässt, dass innerhalb der drei anderen Funktionen die dabei relevanten Werte und Normen wichtiger sind als die eigentlichen Bestandteile der Funktionen, d. h. kulturelle Inhalte, berufliche Qualifikationen usw., stellt sich die Frage, ob das Funktionsschema die inhaltlichen Aussagen konsistent zusammenfasst. Es scheint, als sei die Integrations- und Legitimationsfunktion künstlich von den anderen Funktionen getrennt. Damit wird eine Gleichrangigkeit von vier Funktionen impliziert, die die bei Fend selbst ange-

---

[53] Wiater (2016: 146) fasst demgegenüber „*Handlungs- und Wertorientierungen*" (H. i. O.) als Teil seiner Qualifikationsfunktion auf.

[54] Daher lässt sich hier von einer Sozialisationsfunktion im engeren Sinn sprechen, die dann enger an Parsons' Sozialisationsfunktion anschließt (vgl. Popp 1998: 268), im Gegensatz zur Sozialisationsfunktion Fends im weiteren Sinn, die alle Funktionen umfasst (s. S. 342). In Parallele dazu sind bei Meyer (1997: 302–303) die drei Fend'schen Funktionen der Qualifikation, Selektion und Integration als Sozialisationsfunktion zusammengefasst.

5 (Struktur-)Funktionalistische Schultheorie

sprochene Zentralstellung der normativen Dimension der Integrations- und Legitimationsfunktion, die alle anderen Funktionen durchdringt, überdeckt.

Kritisch zu sehen an Fends Schultheorie sind ferner seine teils unpräzisen Begrifflichkeiten, auf die bereits mit Blick auf Sozialisation, Erziehung und soziale Beeinflussung hingewiesen wurde. Ähnliche Unschärfen finden sich bei der Bestimmung seines Gegenstands, der als Schule, Bildungswesen, Bildungssystem oder Schulsystem auftritt (vgl. Fingerle 1993: 55–56). Insbesondere stellt sich diese Frage hinsichtlich der historisch ausgerichteten Monographie, die zu Fends Schultheorie im weiteren Sinn gehört; dort werden die Universitäten in den Blick genommen, was die Frage aufkommen lässt, inwiefern dies zur Schultheorie gehört oder ob nicht eher eine Theorie des Bildungswesens vorliegt. Beim Funktionsbegriff resultiert eine weitere, bereits thematisierte Ungenauigkeit aus der an sich weiterführenden (s. S. 364) Differenzierung der mit dem Funktionsbegriff zusammenhängenden Begriffe ‚Aufgaben' und ‚Ziele' sowie ‚Effekte'. Denn letztlich bleibt unklar, was mit Blick auf Sein (Effekte) und Sollen (Aufgaben und Ziele) als Funktion gelten kann:[55] Umfasst eine Funktion immer Effekte, sodass Aufgaben und Ziele ohne entsprechende Effekte keine Funktionen sind? Diese Unschärfe wird nicht nur am Begriff selbst, sondern auch in den empirischen Teilen der Schultheorie deutlich, weil, wie bereits ausgeführt (s. S. 346), eine geordnete Zusammenschau dazu fehlt, ob das, was als Funktion (im Sinn von Aufgaben und Zielen) postuliert wird, tatsächlich als Funktion (im Sinn von Effekten) aufgefasst werden kann.[56]

Dass sich Fends Schultheorie aus bestimmten Perspektiven als einseitig kritisieren lässt, als zu soziologisch und zu wenig pädagogisch, dass Fragen der Bildung oder der Didaktik vernachlässigt werden (vgl. Duncker 2018: 109; Winkel 1997: 40; nicht nur für Fend Duncker 2007: 42), läuft als typische Kritik an Theorie ins Leere, da Theorien immer nur Ausschnitte eines bestimmten Phänomens in den Blick nehmen (s. S. 302); sie läuft zumindest dann ins Leere, wenn die fokussierten Gegenstandsbereiche, wie im vorliegenden Fall, inhaltlich sinnvoll sind. Dies gilt umso mehr, als gerade für das Phänomen der Schule eine allumfassende Schultheorie kaum möglich ist (s. S. 298). Demnach beinhaltet jede Schultheorie, auch Fends, Leerstellen und blinde Flecken. Ähnlich verhält es sich mit dem Vorwurf, Schule werde, vor allem mit Blick auf die Funktionen, zu instrumentalistisch gedacht, ihre Selbstständigkeit und ihr Selbstzweck der

---

[55] Dementsprechend heißt es etwa: „Charakterisiert man Schulsysteme im Lichte dieser gesellschaftlichen Funktionen, die sie erfüllen oder erfüllen sollen" (Fend 1981: 18).

[56] Wobei sich fragen lässt, inwiefern solch eine Klarheit überhaupt erreichbar ist. Welche Anteile an Schüler*innen beispielsweise müssten in welchem Maß welchen Korpus politisch-demokratischer Werte messbar verinnerlicht haben, damit von einer empirisch gesicherten Integrations- und Legitimationsfunktion gesprochen werden kann?

Bildung unterbelichtet (vgl. R. M. Kühn 1995: 83). In der Breite der Schultheorie insgesamt wie bei Fend selbst zeigt sich, dass Schule sowohl eigenlogisch als auch von außen mitbestimmt ist.

Die globalen Kritikpunkte sowie die Kritik an einzelnen Details führen insgesamt zu dem Schluss, dass die zum Teil recht positiven Einschätzungen von Fends Schultheorie mit Abstrichen versehen werden müssen. Zwar entsprechen die Vielschichtigkeit von Fends Analysen und die Vielzahl der einbezogenen Theorien der Komplexität und der Mannigfaltigkeit des Phänomens Schule. Ebenso kommen Fends empirische Analysen dem Anspruch einer empirisch fundierten Schultheorie nach. Allerdings ist gerade aufgrund der Vielschichtigkeit und der Vielzahl an Aspekten, Theorien usw., die Fend betrachtet, nicht klar, worin genau das begrifflich klar gefasste Aussagesystem über Schule besteht, das konsistent mit hierfür relevanter Empirie verbunden wird.

5.4 Funktionen der Schule

Die Annahme, dass Schule bestimmte Funktionen erfüllt oder erfüllen sollte, findet sich nicht nur in der (struktur-)funktionalistischen Schultheorie, sondern auch bei anderen schultheoretischen Ansätzen und Autor*innen, wie sich im Folgenden zeigt. Dabei gilt jedoch, dass „die Fachliteratur nicht nur begrifflich, sondern auch konzeptionell uneinheitlich" (Wiater 2013: 21) ist, dass also sehr unterschiedliche Verständnisse darüber vorliegen, *was* Funktionen sind (Kap. 5.4.1) und *welche* Funktionen der Schule es gibt (Kap. 5.4.2).[57]

5.4.1 Systematisierung bestehender Begriffsverständnisse

Bei einer Annäherung an die Frage, wie in der Schultheorie der Begriff der Funktion verstanden wird, stellt sich zunächst das Problem, dass dieser Begriff zum Teil verwendet wird, ohne ihn zu erklären (so z. B. bei Terhart 2013; Kiper 2011; H. Kemper 1997; Apel 1995; Leschinsky & Roeder 1981). Ballauff (1984: V) etwa belässt es bei der letztlich wenig hilfreichen Feststellung: „Was unter Funktion zu verstehen ist, muß aus den folgenden Erörterungen selbst hervorgehen". Wird eine explizite Klärung unternommen oder angedeutet oder lässt sich das Begriffsverständnis aus den inhaltlichen Ausführungen schließen, so zeigen sich vor allem zwei zentrale Begriffsverständnisse:[58]

---

[57] Ähnliches stellt E. Becker (1995: 43) für die Debatte um die Funktionen der Hochschule fest.
[58] Duncker (1992: 21–22) erkennt – in Auseinandersetzung mit Ballauff (1984) – zwei andere Verwendungsweisen des Begriffs: einerseits Funktion im soziologischen Sinn, andererseits Funktion in allgemeinerer Verwendung als „ein Synonym für Aufgabe, Sinn und Auftrag der Schule".

5 (Struktur-)Funktionalistische Schultheorie

– *Funktion im Sinn von Abhängigkeit und Determination*
Der Begriff der Funktion wird in seinem ursprünglichen, mathematischen Sinn (s. S. 123) gebraucht, wenn von Schule „als *Funktion* (also abhängige Größe) *der Gesellschaft*" (Winkel 1997: 39, H. i. O.) oder von „Schule als einer abhängigen und determinierten Variable innerhalb des gesamtgesellschaftlichen Systems" (Duncker 2007: 38) gesprochen wird (vgl. auch Duncker 2018: 109, 1992: 18; Ballauff 1984: 7; Oblinger 1975: 41, 85).[59]

– *Funktion im Sinn von Beitrag, Leistung, Aufgabe, Erwartung und Wirkung*
Während im erstgenannten Verständnis Schule als Funktion *von* Gesellschaft erscheint, fußt das zweite Verständnis auf einer gewissermaßen umgekehrten Richtung (s. S. 123). Hier erfüllt die Schule Funktionen *für* die Gesellschaft, gesellschaftliche Teilbereiche oder allgemeiner für die Umwelt (vgl. Idel 2018: 34; Kiper 2011: 29; Gruschka 2002: 233; Diederich & Tenorth 1997: 69) oder Gesellschaft zieht andersherum einen „Nutzen" (Meyer 1997: 295) aus Schule.[60] Auf diese Weise ist der Funktionsbegriff bei Fend und Parsons verwendet, ebenso in den verschiedenen Listen und Katalogen an Funktionen der Schule in der schultheoretischen Literatur.

Das zweite Begriffsverständnis ist von weitergehenden begrifflichen Unschärfen gekennzeichnet, da die angesprochenen Umschreibungen wie Beitrag, Leistung, Aufgabe, Erwartung und Wirkung zum Teil dezidiert unterscheidend und zum Teil synonym verwendet werden.[61] Beispielsweise spricht Apel (1995: 142–143) kurz hintereinander sowohl von Funktionen, Leistungen und Aufgaben, ohne

---

[59] Hieran schließt sich die kritische Frage an, ob nicht Gesellschaft ebenso eine Funktion der Schule ist, sein sollte oder könnte, also in welchem Maß Schule Gesellschaft beeinflusst (vgl. Ballauff 1984: 9, 324; T. Schulze 1980: 87–89). Schule erschiene in diesem Fall „als Produkt und Produzent der Gesellschaft zugleich" (Adl-Amini 1976: 93).

[60] Beide Verständnisse lassen sich auch zusammen denken oder vermischen sich: „Schule wird hier als Funktion von Gesellschaft interpretiert, d. h. in einem je national-kulturellen Geflecht von Erwartungen und Leistungen, Einflüssen und Praktiken" (Tenorth 2016: 140). Ähnlich bei Adl-Amini (1976: 93): „Der zweite Typus [von Schultheorie, R. L.-S.] betrachtet die Schule als eine Agentur bzw. als Funktion der Gesellschaft. Für ihn ist Schule ein Phänomen, das die Gesellschaft stabilisiert" (ähnlich Ballauff 1968: 61). Oder schließlich bei Wiater (2016: 142): „Überträgt man diese Vorstellungen [des mathematischen Funktionsbegriffs, R. L.-S.] auf die Schule als Subsystem der Gesellschaft, so spricht man von Funktionen im Sinne von Leistungen, die die Schule in Abhängigkeit von der Gesellschaft und für diese erbringt".

[61] Hier und hinsichtlich anderer Aspekte zu den Funktionen von Schule sind Parallelen zum Diskurs um die Funktionen der Leistungsbewertung zu erkennen. Als pädagogische Funktionen der Leistungsbewertung werden beispielsweise „all die Zielsetzungen, Aufgabenstellungen und Wirkungserwartungen […], die auf die Optimierung des schulischen Lernprozesses zielen" (Tillmann & Vollstädt 2009: 29), bezeichnet, was die begrifflichen Unschärfen deutlich macht (vgl. auch Jachmann 2003: 26–27). Parallel anzutreffen ist weiterhin eine Zweiteilung in gesellschaftliche und pädagogische Funktionen (vgl. Tillmann & Vollstädt 2009: 28), eine damit zusammenhän-

5.4 Funktionen der Schule

eventuelle Unterschiede der Begriffe kenntlich zu machen. Auch Marschelke (1973: 204) scheint Funktionen und Aufgaben (vgl. zu dieser Unschärfe Wiater 2016: 145, 2009: 65, 70; Zeinz 2009: 87–88) ebenso synonym zu verwenden wie Blömeke, Herzig und Tulodziecki (2007: 59, 62), Ballauff (1984: 97, 209, 319, 340, 359, 361) oder Oblinger (1975: 23). Kiper (2013: 280) und Meyer (1997: 309) wiederum verwenden Funktionen und Leistungen synonym (vgl. zu dieser Unschärfe Lang-Wojtasik 2008: 21, 90–93), Schulenberg (1970: 393–394) Funktionen, Aufgaben und Leistungen.

Es werden jedoch auch klare Abgrenzungen innerhalb dieses Begriffsfelds formuliert. Wiater (2013: 21) grenzt Aufgaben und Funktionen wie folgt ab:

> „Trennt man begrifflich zwischen „Funktionen" und „Aufgaben" [sic!] dann sind Funktionen grundsätzlich betrachtete Leistungserwartungen der Gesellschaft und des Staates an die Schule, die diese im Unterricht und im Schulleben zu realisieren gehalten ist. Aufgaben sind davon zu unterscheiden, insofern sie konkret-praktische Konsequenzen aus diesen Funktionen sind (z.B. aus der Selektionsfunktion die Aufgabe der Leistungsbeurteilung), aber auch aus jeweils aktuellen Bedürfnissen der Gesellschaft erwachsen können (z.B. Bearbeitung des Problems Rechtsradikalismus)."

Überdies beschreiben Funktionen „ein Leistungsverhältnis zwischen dem Staat und der Schule", Aufgaben hingegen „ein Leistungsverhältnis zwischen der Schule und ihren Adressaten" (Wiater 2009: 66). Obgleich hier Funktion mit Leistungserwartung erklärt wird, was eine weitere begriffliche Klärung erfordert, wird die Abgrenzung beider Begriffe über den Allgemeinheitsgrad dessen klar, was Schule tun soll (vgl. auch Meyer 1997: 289).

Lang-Wojtasik (2008: 21) hingegen grenzt Aufgaben und Funktionen dadurch ab, dass Funktionen die „gesellschaftlichen Leistungen der Schule in einem deskriptiven Sinne" und Aufgaben die „pädagogischen Zielvorstellungen an Schule in einem normativen Sinne" bezeichnen (vgl. auch ebd.: 90–92) – was auf eine zentrale Frage für die Schultheorie verweist, weil mit dieser Unterscheidung zwischen Sein und Sollen (vgl. auch Hansen 2016: 4) bestimmte Theorie- und Wissenschaftsverständnisse aufgerufen werden (s. S. 275). In eine ähnliche Richtung weist die Bemerkung von Terhart (2017: 41):

> „Insofern stellt sich im Rahmen dieses soziologischen Denkmusters die Frage, was die Schule de facto für Leistungen für andere gesellschaftliche Systeme erbringt. Davon zu unterscheiden sind die vielfältigen und z.T. unvereinbaren Überlegungen und Vorstellungen dazu, was Schule eigentlich nach dem Willen der Gesellschaftsmitglieder bzw. Verantwortlichen an Aufgaben hat bzw. an Zielen erreichen soll."

---

gende Widersprüchlichkeit der verschiedenen Funktionen (vgl. ebd.: 30–33) sowie die Frage nach einer „funktionalen Überfrachtung schulischer Leistungsbewertung" (ebd.: 35).

5 (Struktur-)Funktionalistische Schultheorie

Funktionen erscheinen demnach als Sein,[62] Aufgaben als Sollen (vgl. auch Veith 2018: 64; Sandfuchs 2000: 18; ähnlich Idel 2018: 34–35), weswegen dann Erwartungen eher mit Aufgaben und Wirkungen eher mit Funktionen zusammengedacht sein müssten.

Bei anderen Autor*innen wiederum bleibt unklar, ob Funktionen als Sein oder Sollen aufgefasst werden, was womöglich für alle schulpädagogischen Begriffe schwer zu differenzieren ist (vgl. Meyer 1997: 24). Klafki (2002: 45) etwa formuliert: „Jene vier Funktionen beziehen sich zunächst nur darauf, was die Gesellschaft von der Schule erwartet und welche Wirkungen die Schule auch dann hat oder hätte, wenn sie gar keine *eigenen* Zielsetzungen anstreben würde" (H. i. O.). Bei Marschelke (1973: 204) heißt es: „[d]ie Formulierung von Aufgaben (respektive Funktionen), die die Schule erfüllt oder erfüllen soll". An wieder anderen Stellen, so wie bei Wiater, werden Funktionen offenkundig normativ verstanden und daher mit Erwartungen oder Aufgaben gleichgesetzt (vgl. Kozdon 2000: 108).

Ballauff schließlich scheint (wie Fend, s. S. 362) Funktionen einerseits als Terminus aufzufassen, der Sollen wie Sein umfasst; er geht von einer „Ambiguität von Normativität und Faktizität" (Ballauff 1984: 425) aus. Andererseits erklärt er, dass Funktionen „von ihren Realisationen und ihren Effekten ab[zu]heben" (ebd.: 1) sind, was es nahelegen würde, Funktionen gerade nicht als deskriptives Sein aufzufassen – dementsprechend wird von „[i]ntendierte[n] und proklamierte[n] Funktionen" (ebd.) gesprochen und es wird auf unterschiedliche Maße an Realisationen von Funktionen hingewiesen (vgl. Ballauff 1984: 326, 354, 404–405; ähnlich Blömeke, Herzig & Tulodziecki 2007: 60; Sandfuchs 2000: 22). So hält es auch Meyer (1997: 290), der zwar Funktionen von Aufgaben sowie von Ursachen und Wirkungen abgrenzt und als Leistungsverhältnisse auffasst, die „unabhängig von den Wünschen und Hoffnungen" der Akteur*innen existieren. Dennoch

---

[62] Bohl, Harant und Wacker (2015: 154) unterstreichen den deskriptiv-analytischen Anspruch, der im Begriff der Funktion liegt, mit einem biologischen – und daher nicht ganz unproblematischen (s. S. 122) – Vergleich zu Funktionen von Organen: „Will man also theoretisch erklären, welche Funktion die Schule für den Gesamtorganismus des ‚Gesellschaftskörpers' erfüllt, so sind hierbei weniger normative Zwecksetzungsdebatten von Interesse (was Schule sein *soll*) als vielmehr eine Analyse des unabhängig von solchen Debatten de facto schon stattfindenden Beitrags der Schule für die Funktionsfähigkeit des sozialen Ganzen. Das Bild des Organismus verdeutlicht dabei den Paradigmenwechsel im Verständnis dessen, was Gesellschaft ist und wie sie sich konstituiert: Die Funktion der Schule für das gesellschaftliche Ganze könnte man analog zur Funktion der Lunge für den Körper sehen. Auch hier wären Debatten [sic!] welche Ziele man mit seiner Lunge hat, welchen Zweck sie erfüllen *soll* [sic!] irrelevant: Die Lunge geht anders als das fragende Ich der philosophischen Tradition in ihrer Funktionalität für den Organismus immer schon auf" (H. i. O.). Äußerungen wie jene von Meyer (2017: 60) über eine „wünschenswerte Grundfunktion" wären vor diesem Hintergrund unlogisch, die Charakterisierung von Terhart (2013: 37): „Welche Funktion erfüllt die Schule innerhalb des Gesamtgefüges moderner Gesellschaften – ob wir wollen oder nicht?", bringt den deskriptiven Zug von Funktionen wiederum auf den Punkt.

5.4 Funktionen der Schule

müsse „[z]wischen tatsächlich vorliegenden Funktionen und Funktionsbehauptungen [...] begrifflich und logisch unterschieden werden" (ebd.). Hansen (2016: 19) spricht in ähnlicher Weise bei politisch-normativen Sollensvorstellungen von „Funktionserwartungen".

Der Funktionsbegriff in dieser Arbeit ist wie bei Lang-Wojtasik und anderen deskriptiv-analytisch angelegt. Ausgangspunkt sind Funktionen als funktionale Erfordernisse, also als notwendige Beiträge eines Teils zur Weiterexistenz des übergeordneten Systems (s. S. 119 und 124).[63] Es geht auf dieser Basis um die deskriptiv-analytische Frage, worin diese Beiträge bestehen, welche Aspekte des Systems also der Erfüllung einer Funktion bzw. eines funktionalen Erfordernisses dienen.[64] Diese Beiträge sind von bloßen Erwartungen abzugrenzen.

Damit ist der Anspruch formuliert, Beiträge im Sinn von Funktionen deskriptiv als empirisch reale Beiträge zu formulieren.[65] Mit diesem Anspruch geht die Nähe des Funktionsbegriff zu den Begriffen der Wirkung und des Effekts einher, weil sie auf genau solche empirischen Zusammenhänge verweisen. Dies ist dann gerade keine Vermischung funktionalistischer und kausaler Begrifflichkeiten (so die Kritik an Fend bei D. Ulich 1974: 624; vgl. zur Unterscheidung Meyer 1997: 289–290),[66] sondern gegen einen naiven Funktionalismus gerichtet, der Funktionen ohne Weiteres als realisiert annimmt, also mit Wirkungen und Effekten gleichsetzt (s. S. 124; vgl. Leschinsky & Roeder 1981: 115). Stattdessen müssen, wie es bei Ballauff oder Meyer angedeutet ist, Aussagen über Funktionen zunächst als Hypothesen gelten, die erst dann Funktionen im hier propagierten Begriffs-

---

[63] Leistungen sind entsprechende Beiträge zur Weiterexistenz eines anderen (Sub-)Systems als dem übergeordneten (s. S. 120; vgl. zu dieser Unterscheidung von Leistung und Funktion auch Diederich & Tenorth 1997: 69). Eigenfunktionen wiederum sind Beiträge eines Systems zur eigenen Weiterexistenz (ähnliche Abgrenzung von externen und Eigenfunktionen bei Fend 1979: 198–202; vgl. auch T. Schulze 1980: 81–83). Eine vergleichbare Unterscheidung trifft Meyer (1997: 295), der zwischen Funktionen mit Blick auf eine innerschulische funktionale Differenzierung und mit Blick auf Außenfunktionen unterscheidet. Ballauff (1984: 70, 324, 346) nimmt diese Unterscheidung nicht explizit vor, formuliert aber einzelne Funktionen in Bezug sowohl auf die Schule und ihre Akteur*innen als auch auf die Gesellschaft, was eine entsprechende Unterscheidung plausibel macht. Darüber hinaus sind bei ihm Funktionen erkennbar, die sich ausschließlich als Eigenfunktionen auffassen lassen, so die forensische Funktion (vgl. ebd.: 263–285).

[64] Parsons' funktionale Erfordernisse selbst, die AGIL-Funktionen, könnten natürlich insofern als präskriptiv angesehen werden, als sie die theoretische Prämisse, den Bezugspunkt für die deskriptive Analyse des Systems darstellen. Die Aussage ist jedoch nicht, dass alle Systeme diese vier Funktionen erfüllen *sollen*, sondern dass sie sie erfüllen (müssen), um System zu bleiben. Wie sie das genau tun, ist Gegenstand der deskriptiven Analyse. Ähnliches gilt für den weiten Funktionsbegriff, verstanden als Beiträge ohne Bezug auf den Systemerhalt (s. S. 124).

[65] Dieser Anspruch kann allerdings, wie allgemein der Anspruch an eine empirisch fundierte Schultheorie, nur bedingt eingelöst werden (s. S. 398 und 432).

[66] Meyer (1997: 306) macht später in einer Abbildung ebenso deutlich, dass Funktionen bzw. Funktionshypothesen auf Ursache-Wirkungs-Zusammenhängen bzw. Hypothesen darüber basieren.

verständnis sind, wenn es sich um empirisch belegte Funktionen im Sinn von Wirkungen und Effekten handelt (s. S. 127).[67]

5.4.2 Übersicht über die Funktionen der Schule

Im Anschluss an diese Auseinandersetzung mit dem Begriff der Funktion geht es nun um die zweite zu Beginn des Kap. 5.4 aufgeworfene Frage, *welche* Funktionen (im zweiten Begriffsverständnis) Schule hat bzw. in der Literatur diskutiert werden. Dabei ist keine allumfassende Aufarbeitung dieser Frage sinnvoll und nötig. Denn das Anliegen der folgenden Ausführungen ist, danach zu fragen, wie Elemente funktionalistischen Denkens, hier also Funktionen der Schule, in der Schultheorie insgesamt aufgegriffen werden. Dabei wird sich zeigen, dass funktionalistisches Denken in Form der Funktionen ein schultheoretisches Allgemeingut darstellt, das eine klare Grenze zwischen funktionalistischen und anderen schultheoretischen Ansätzen aufweicht.

Es lässt sich zunächst feststellen, dass es keine abschließende Bestimmung der Funktionen der Schule gibt. Vielmehr finden sich diverse Listen und Kataloge von Funktionen (vgl. Wiater 2013: 21–24) sowie entsprechende Listen und Kataloge von Aufgaben (vgl. Kiper 2009; Seibert 2009; Wiater 2009: 71; Marschelke 1973: 205). Meyer (1997: 300–309, 321–326) beispielsweise unterscheidet drei Grundfunktionen (ähnlich Meyer 2017: 60) – die Reproduktion und Weiterentwicklung der Gesellschaft durch Sozialisation (Qualifikation, Selektion und Integration), die Humanfunktion (Schule als Ort des Lebens und geschützten Aufwachsens) sowie die Bildungsfunktion (mit dem Ziel der Mündigkeit oder Emanzipation) – und ergänzt diese durch „*Sekundär-* oder *Huckepackfunktionen*" (Meyer 1997: 309, H. i. O.), „die sich nicht aus ihrem Bildungsauftrag ableiten lassen" (ebd.: 309). Wiater (2016: 144–158) unterscheidet Qualifikations-, Personalisations-, Sozialisations-, Enkulturations-, Selektions- und Inklusionsfunktion, Zeinz (2009: 88–93) Qualifikations-, Sozialisations- und Enkulturations-, Personalisations-, Selektions-, Allokations- und Integrations- sowie Legitimationsfunktion, Oblinger (1975: 20–23) Sozialisation, Personalisation, Qualifikation als primäre sowie Selektion als sekundäre Funktion. Elf Funktionen, jeweils in Bezug auf die Gesellschaft und die Individuen, listet Kiper (2013: 280–282) auf, wobei nicht nur bereits genannte gesellschaftliche Funktionen wie Qualifikation und Allokation formuliert werden, sondern auch Funktionen wie die

---

[67] Ob ferner ein spezieller Begriff für die konkreten Tätigkeiten und Phänomene der Schulwirklichkeit benötigt wird, die mit den Funktionen zusammenhängen (bspw. Unterrichten, Leistungsbewertung, Erziehen), also ein Begriff analog zu Aufgaben im Sinn von „Konkretisierungen und Realisierungen der Grundfunktionen" (Wiater 2009: 66), kann hier offen bleiben, da solch ein Begriff in dieser Arbeit nicht nötig ist.

5.4 Funktionen der Schule

„Nationale Staatenbildung", „Fundierung der Weltgesellschaft", „Universalisierung von Lernbereitschaft und Lernfähigkeit" oder „Deeskalation von Konflikten; Pazifizierung". Klafki (2002: v. a. 43) nennt vier Funktionen in Korrespondenz zu Fends *Neuer Theorie*. Am eindrucksvollsten macht Ballauff (1984) auf die Vielfältigkeit der Funktionen von Schule aufmerksam, indem er insgesamt 31 Funktionen herausarbeitet.

Weitere, in den bisher erwähnten Katalogen nicht genannte Funktionen sind beispielsweise die Absorptionsfunktion (vgl. Popp 1998: 269–270; Leschinsky & Roeder 1981: 113; d. h., Schule absorbiert nicht benötigte Arbeitskräfte) oder die Kustodialfunktion (vgl. Plake 1977; Schulz 1969: 67; d. h., Schule sondert Schüler*innen von der Umwelt ab, ‚verwahrt' und betreut sie, sodass sie vor ungünstigen außerschulischen Einflüssen bewahrt werden, schützt damit sie selbst, aber auch die Umwelt; als exonerierende und immunisierende/protegierende Funktion bei Ballauff 1984: 102–104, 244–245). Insgesamt zeigt sich, dass einige Funktionen wie Sozialisation, Selektion/Allokation, (En-)Kulturation, Qualifikation und Personalisation häufig genannt werden und somit einen Minimalkonsens schulischer Funktionen bilden, wozu je nach Autor*in weitere Funktionen treten.

Im Zusammenhang mit diesen vielfältigen Funktionsbestimmungen sind Versuche zu erwähnen, die Funktionen zu systematisieren, indem über- und untergeordnete Funktionen oder Hauptfunktionen unterschieden werden. Bei Fend sind beispielsweise Reproduktion und Innovation sowie Sozialisation ein übergeordnetes Funktionsbündel (s. S. 342), bei Meyer stellen Qualifikation und Selektion Teilaspekte der Reproduktionsfunktion dar. Roeder et al. (1977: 35) formulieren als grundlegende Funktion:

„Die Funktion des Bildungssystems läßt sich allgemein bestimmen als die der Universalisierung und Spezialisierung von Kenntnissen, Fertigkeiten und Einstellungen, die auf einem historischen Entwicklungsstande für die Reproduktion der Gesellschaft als notwendig erachtet werden."

Ballauff (1984: v. a. 2–6, 418–419) formuliert vier bzw. zwei übergeordnete Funktionen bzw. Funktionsgruppen, die Funktionen selbst sowie untergeordnete (ad- bzw. konveniente) Funktionen und erhält damit drei Ebenen von Funktionen. Er betont daneben eine gewisse Vorrangstellung der sozialisierenden und der eruditiven (bildenden) Funktion von Schule (vgl. ebd.: 224, 340, 361).

Die Vielfalt der diskutierten Funktionen von Schule ist sicherlich durch mehrere Faktoren bedingt, zum Beispiel die disziplinäre Perspektive, aus der heraus Funktionen formuliert werden (vgl. Roeder et al. 1977: 27–28). Sie dürfte aber auch damit zusammenhängen, dass empirisch nicht abschließend geklärt ist oder sich nicht abschließend klären lässt, in welchem Maß Schule tatsächlich welche

5 (Struktur-)Funktionalistische Schultheorie

Funktionen erfüllt (s. S. 362; vgl. für die Diskussion um die Legitimationsfunktion Roeder et al. 1977: 45–47).

Dem Umstand gemäß, dass der Begriff der Funktion in unterschiedlicher Weise als deskriptives Sein oder normatives Sollen verstanden wird, liegen nicht nur deskriptive Äußerungen zu den Funktionen vor, sondern auch normative. Hier steht also nicht die Frage im Fokus, welche Funktionen Schule tatsächlich erfüllt, sondern welche sie erfüllen sollte und wie einzelne Funktionen konkret realisiert werden sollten (vgl. Veith 2018: 67–69; Struck 1996: 18–108). Zum Beispiel wird herausgestellt, dass Schule nicht nur gesellschaftliche, sondern auch individuelle Funktionen erfüllen sollte (vgl. Esslinger-Hinz & Sliwka 2011: 26–27; Roeder et al. 1977: 27–28) oder dass nicht nur Sozialisation oder Qualifikation, sondern auch oder ausschließlich Bildung stattfinden sollte (vgl. Ballauff 1968). Je nach Begriffsverständnis wird hierbei auch eher über die Aufgaben von Schule und Lehrpersonen gestritten. So geht es beispielsweise um die Frage, ob der Unterricht Kernaufgabe der Schule und Lehrpersonen ist, ob Erziehung dazuzuzählen ist und inwiefern eine Überforderung von Schule droht, wenn ihr immer mehr Aufgaben oder die Lösung von immer mehr Problemen zugeschrieben werden (vgl. Fees 2001: 674; Sandfuchs 2001: 21; Kozdon 2000; Sandfuchs 2000: 10–11; Struck 1996: v. a. 5, 31, 34, 39, 237–239; Apel 1995: 254–259; Schulenberg 1970: 414; Geissler 1968: 175–177). Eine intensive Kontroverse um diese Fragen hat Giesecke (1995) ausgelöst (vgl. Idel 2018: 37–41; Wiater 2016: 26–28; Chang 2006: 236–243; Fauser 1996).

Das zentrale Problem in der Diskussion um die Funktionen der Schule ist somit, dass der Begriff selbst ebenso schwammig ist wie seine materiale Füllung. Was Funktionen von Schule sind, ist gewissermaßen beliebig (vgl. Tenorth 2016: 140; Diederich & Tenorth 1997: 72–73), wie sich eine abschließende Aufzählung[68] zustande bringen lässt, wie eine sinnvolle Abgrenzung, Zusammenfassung oder Auftrennung mehrerer Funktionen[69] aussieht oder wann eine Wirkung von Schu-

---

[68] Bei Fend ergibt sich die Anzahl der Funktionen gewissermaßen aus der Anzahl der Subsysteme, für die Zusammenhänge mit Schule gesehen werden. Es lässt sich dann jedoch fragen, ob Art und Anzahl der Subsysteme, wie sie die zugrunde gelegte Theorie anbietet, angemessen sind und ob es sinnvoll ist, für jedes Subsystem genau eine Funktion zu postulieren. Absorptions- und Qualifikationsfunktion zeigen beispielsweise, dass mit Blick auf das ökonomische System mehrere Funktionen relevant sind.

[69] Auf das Problem der sich überschneidenden Funktionen war bereits bei Fend hingewiesen worden (s. S. 360). Ballauff (1984: 420) erkennt die Überschneidung seiner Funktionen ebenso und expliziert diese an diversen Stellen (vgl. ebd.: 237, 349, 355, 379–380). Abgesehen von einer gewissen unvermeidbaren Überschneidung, ganz unabhängig von der gewählten analytischen Unterscheidung, wäre ähnlich wie bei Fend zu fragen, ob diese analytischen Unterscheidungen der Funktionen tatsächlich an allen Stellen sinnvoll sind, beispielsweise wenn sich teleologische, soziopolitische, sozialisierende und tradierende Funktion oder distributive, privilegierende und

5.4 Funktionen der Schule

le als Funktion zu deklarieren ist, ist nicht endgültig zu klären (vgl. Ballauff 1984: V). Aus diesen Gründen bleibt – selbst bei Verwendung klarer Begrifflichkeiten und einer klaren Kennzeichnung der Aussageebene – offen, ob die Arbeit mit abgeschlossenen Funktionslisten nicht eher zu Scheinklarheiten führt und unangemessene Verengungen hervorbringt.

Trotz allem gibt es gemeinsame Grundannahmen zu den Funktionen der Schule. Dazu zählt *erstens* die schon bei Fend erkennbare Einsicht, dass sich Funktionen der Schule sowohl auf die Gesellschaft und ihre Kultur als auch auf die Schüler*innen oder Individuen beziehen (vgl. Wiater 2009: 67, 69; Diederich & Tenorth 1997: 72–73; Meyer 1997: 305; T. Schulze 1980: 84; Oswald 1968: 9–12)[70] und dass sie außerdem und zum Teil parallel dazu auf Reproduktion und auf Innovation zielen (vgl. Duncker 2007: 44; Adl-Amini 1985: 65; Kramp 1973: 120–121; Roessler 1968: 35).

Zweitens und damit zusammenhängend wird von einer gewissen Widersprüchlichkeit von Funktionen und damit von Anforderungen an Lehrpersonen ausgegangen, wobei sich dies nicht allein auf einen Widerspruch zwischen gesellschaftlichen und individuellen Funktionen beschränkt, sondern auch auf die Widersprüchlichkeit zum Beispiel zwischen Selektions- und Qualifikations- oder zwischen Kustodial- und Sozialisationsfunktion, also zwischen gesellschaftlichen Funktionen (vgl. Esslinger-Hinz & Sliwka 2011: 26; Röbe 2008; Blömeke, Herzig & Tulodziecki 2007: 62; Sandfuchs 2001: 17; Meyer 1997: 311, 325–326; Apel 1995: 248; Ballauff 1984: 318–319, 341, 354, 380, 403, 421–422; E. E. Geißler 1984: 29–30; T. Schulze 1980: 90; Plake 1977: 270–275). Einzelne Funktionen sind überdies in sich widersprüchlich, wenn etwa bei der Integrations- und Legitimationsfunktion zu fragen ist, wie sich das Ziel, spezifische demokratische Werte und Haltungen zu vermitteln, mit Meinungsfreiheit, politischer Neutralität und politischer Mündigkeit oder allgemeiner Wertpluralismus verträgt (vgl. Leschinsky & Kluchert 1999: 21; Struck 1996: 28–29; ähnlich bei Dreeben, s. S. 317; daher Zurückweisung dieser Funktion von Schule bei Ballauff 1968: 63).

Drittens wird anerkannt, dass Schule verschiedene Funktionen erfüllt, also multifunktional ist (vgl. Meyer 1997: 300; Leschinsky & Roeder 1981: 112; T. Schulze 1980: 103). *Viertens* wird nach der historischen Variabilität der Funktionen gefragt,

---

allokative/katataktische Funktion stark überschneiden. Außerdem scheinen bei Ballauff einige Überschneidungen daraus zu resultieren, dass ‚Funktion' sehr offen verstanden wird. Bei einer curricularen (vgl. ebd.: 383), topischen (vgl. ebd.: 110), institutionellen (vgl. ebd.: 132), eutaktischen/diziplinierenden (vgl. ebd.: 81) oder temporären (vgl. ebd.: 122, 422) Funktion drängt sich eher der Eindruck auf, es handelt sich um Strukturen von Schule oder um Mittel, eine Funktion zu erfüllen.

[70] Dies korrespondiert mit dem doppelten Mandat von Lehrpersonen bzw. Professionellen oder der Schule insgesamt (s. S. 236; vgl. Kiper 2013: 70; Wiater 2013: 15).

5 (Struktur-)Funktionalistische Schultheorie

wobei von Persistenzen wie Wandlungen der Funktionen ausgegangen wird (vgl. Kluchert 2004: 33; Sandfuchs 2001: 18; Leschinsky & Roeder 1981: 109–111; Roeder et al. 1977: 109). Wie Schulen allgemein (s. S. 280), so lassen sich demnach die Funktionen der Schule als historisch, kulturell und gesellschaftlich bedingt auffassen (vgl. Hansen 2016: 6, 47, 69; Wiater 2009: 68; Fauser & Schweitzer 1985: 356–357; Ballauff 1984: 423). Schließlich lässt sich *fünftens* feststellen, dass Schule ihre Funktionen in expliziter wie impliziter Weise erfüllt, Letzteres also im Sinn des heimlichen Lehrplans (vgl. Popp 1998: 273; Meyer 1997: 296).

Mit Bezug auf (struktur-)funktionalistische Schultheorie zeigt sich in der Diskussion der Funktionen von Schule insgesamt, dass die dem Begriff eingeschriebene Grundoperation, Schule in Zusammenhang mit anderen Einheiten (Gesellschaft, Individuen, gesellschaftliche Subsysteme) zu sehen, eine zentrale schultheoretische Einsicht darstellt, die sich nicht auf dezidiert (struktur-)funktionalistische Autor*innen oder soziologisch ausgerichtete Schultheorien beschränkt (vgl. Kiper, Klafki, Meyer oder Wiater oben; Duncker 1992: 20). Dies gilt analog für die konkret infrage stehenden gesellschaftlichen Funktionen, die nicht exklusiv von (struktur-)funktionalistisch argumentierenden Autor*innen gesehen werden. Korrespondierend mit der Zentralstellung von Fend im schultheoretischen Diskurs und den von ihm formulierten Funktionen lässt das die resümierende Aussage zu, dass Funktionen und funktionalistisches Denken zum Allgemeingut von Schultheorie zählen (vgl. Popp 1998: 265). Dies deutete sich bereits bei der Bestimmung von Schultheorie allgemein an (s. S. 289), insofern jene Fragen und Begriffe, die besonders für (struktur-)funktionalistische Schultheorie zentral sind, als konstitutiv für Schultheorie allgemein gesehen werden.

5.5 (Struktur-)Funktionalistische Schultheorie?

In diesem bilanzierenden Unterkapitel geht es um die Fragen, was (struktur-)funktionalistische Schultheorie dem Inhalt des Begriffs ‚(Struktur-)Funktionalismus' nach sein kann und inwiefern die in diesem Kapitel diskutierten Ansätze als miteinander zusammenhängende (struktur-)funktionalistische Schultheorie bezeichnet werden können. Neben Funktionalismus und Strukturfunktionalismus werden diese Fragen in Kap. 5.5.2 für den Bestands- oder Erfordernisfunktionalismus sowie den normativen Funktionalismus erörtert. Ausgangspunkt ist jedoch für Kap. 5.5.1 die Frage, wie der Begriff des Strukturfunktionalismus in der schulpädagogischen Literatur verstanden wird.

5.5 (Struktur-)Funktionalistische Schultheorie?

5.5.1 Systematisierung bestehender Begriffsverständnisse

Bei Fend zeigte sich ein Verständnis von Funktion und Funktionalismus, das eng an Parsons anschließt (s. S. 341 und 349). Unklar blieb jedoch, was Struktur ist und was genau unter Strukturfunktionalismus verstanden wird. Diese Unklarheiten finden sich in der schultheoretischen Literatur allgemein, genau wie es sich bereits für die soziologische Literatur (s. S. 130) und den Funktionsbegriff in der schultheoretischen Literatur (s. S. 363) feststellen ließ. Wieder sollen einige Zitate diesen Befund illustrieren.

Erstens erscheinen Funktionen als Beiträge, die die *Struktur des übergeordneten Systems* bzw. der Gesellschaft erhalten sollen, was hier als *Strukturfunktionalismus 1* bezeichnet wird:

„Parsons nähert sich dem Begriff der „Funktion" dabei aus einer struktur-funktionalistischen Theorieperspektive. Das Erkenntnisinteresse des Struktur-Funktionalismus zielt auf die Bedingungen der Strukturbildung und Strukturerhaltung sozialer Systeme. [...] Unter „Funktion" versteht Parsons somit den Beitrag zur Erhaltung von Strukturen bzw. Systemen." (Hansen 2016: 21)

„Strukturfunktionalismus ist eine Richtung der Soziologie [...] Sie basiert auf der These Talcotts [sic!], dass soziale Prozesse die Funktion haben, die Strukturen sozialer Systeme abzusichern. Dementsprechend hat auch die Schule die Funktion, durch die Weitergabe der gesellschaftlich geltenden Normen und Werte an die nachwachsende Generation die Struktur dieser Gesellschaft aufrechtzuerhalten und gleichzeitig die soziale Persönlichkeit der Heranwachsenden durch die entsprechende Sozialisation zu formen." (Wiater 2016: 53)

„Die Funktion der Erziehung zur Erhaltung von Strukturen der Gesellschaft durch Weitergabe eines Systems von Werten und Normen (kulturelle Transmission) an die nächste Generation und durch die soziale Formung von Persönlichkeiten (Sozialisation) ist auf jeden Fall zentrales Thema strukturell-funktionaler Theorie." (Fingerle 1993: 47)

„Der strukturell-funktionale Ansatz von *Parsons* untersucht den Beitrag des Schulsystems (festgemacht an der Schulklasse als Teil des Schulsystems) zur Erhaltung grundlegender Strukturen der Gesellschaft (hier: der US-amerikanischen Gesellschaft). Die Funktion eines Teils wird hier als Beitrag dieses Teils zur Lösung von Systemproblemen verstanden." (ebd.: 50, H. i. O.)

Hier dienen also Funktionen dem Erhalt von Strukturen, was Parsons eigener früher Vorstellung von Strukturfunktionalismus entspricht (s. S. 127; dabei sind für ihn Funktionen *Prozesse*, die zum Erhalt der Struktur des Systems beitragen), die er später jedoch abwandelt.

Zweitens werden *Strukturen als Teil des untergeordneten (Sub-)Systems*, hier als Teil von Schule, begriffen, die Funktionen erfüllen, was als *Strukturfunktionalis-*

5 (Struktur-)Funktionalistische Schultheorie

mus 2 bezeichnet werden soll – im ersten folgenden Zitat sind allerdings beide Verständnisse des Strukturfunktionalismus enthalten:

> „Der unmittelbare Zusammenhang zwischen Funktionen und Struktur einer gesellschaftlichen Institution, daß nämlich die Funktionen zweckgemäß auch die Struktur bestimmen, ist freilich theoretisch und praktisch komplizierter. [...] Diese in einer bestimmten gesellschaftlichen Entwicklungsstufe lebensnotwendigen Funktionen haben zu bestimmten strukturellen Formen der Institutionen geführt [...]. Bei alledem ist zu beachten, daß die Funktionen ja primär auf den übergreifenden Strukturzusammenhang der Gesamtgesellschaft bezogen sind, deren Stabilisierung und Kontinuität sie dienen sollen." (Schulenberg 1970: 393–394)

> „Schule wird hier als Funktion von Gesellschaft interpretiert, d. h. in einem je national-kulturellen Geflecht von Erwartungen und Leistungen, Einflüssen und Praktiken, also ‚strukturfunktional', weil man ihre Struktur als Entsprechung ihrer Funktionen liest." (Tenorth 2016: 140)

> „Welchen Beitrag leistet die Schule zur bestehenden Gesellschaft und welche Strukturen tragen zur Erfüllung dieses Beitrags bei. [...] Der Begriff der Funktion weist darauf hin, dass die spezifizierte Teilzuständigkeit eine Leistung für das Ganze übernimmt. Die Aufgabe, die eine ausdifferenzierte Handlungssphäre stellvertretend für die Gesellschaft bearbeitet und die gleichsam ihr ‚Alleinstellungsmerkmal' ist, bezeichnet ihre Funktion. Damit ist noch nicht die Frage beantwortet, *wie* der gesellschaftliche Teilbereich die ihm übertragenen Aufgaben bearbeitet. Hier ist der Strukturbegriff angesiedelt. Er zielt auf die Binnenorganisation der ausdifferenzierten Handlungsbereiche. Die spezifische Strukturiertheit des ausdifferenzierten Binnenraums wird dabei als funktionsadäquat konzipiert." (Rademacher & Wernet 2015: 96, H. i. O.)

> „Gesehen wird Schule in einer stark abstrahierenden Sicht als System mit bestimmten Strukturen und Funktionen. [...] [E]r [Parsons, R. L.-S.] versteht Gesellschaften als komplexe Systeme, die zu ihrem Fortbestand Strukturen entwickeln, welche spezifische Funktionen für die Bestandserhaltung des Gesamtsystems erfüllen." (Gerstner & Wetz 2008: 70–71)

> „Ganz schlicht ausgedrückt besagt diese Theorie, dass die Struktur der Schule eine Folge ihrer gesellschaftlichen Funktionen sei. – ‚Form follows function', würden die Bauhausarchitekten dazu sagen." (Meyer 1997: 235)

> „Danach läßt sich Schule verstehen als ein soziales System mit bestimmten strukturellen Merkmalen, die sich unter anderem aus der Größe und Gliederung des Systems ergeben, aus seinen Zielen, seiner Umwelt und seinem internen Klima, aus den Rollenverteilungen und Interaktionsmustern, aus den formellen und informellen Gruppierungen und Beziehungen. Diese strukturellen Merkmale bedingen bestimmte Situationen und Verhaltensweisen, die ihrerseits zu bestimmten Lernergebnissen führen. [...] Diese Lernergebnisse sind in einem doppelten Sinne

5.5 (Struktur-)Funktionalistische Schultheorie?

funktional: Sie lassen sich aus den strukturellen Merkmalen ableiten, und sie sind gleichzeitig eine notwendige Voraussetzung für die Erhaltung der bestehenden Gesellschaft." (T. Schulze 1980: 61–62)

In den einzelnen Ausführungen zum *Strukturfunktionalismus 2* ist zwar ein Eindruck vom Zusammenhang der Begriffe ‚Struktur', ‚Funktion' und zum Teil ‚System' zu gewinnen, auffällig ist jedoch, dass, wie schon bei Fend, der Begriff der Struktur nicht geklärt wird. Außerdem spielt der Begriff des Prozesses keine Rolle. Abgesehen davon ist jedoch eine Nähe zu Parsons' späterer Verwendung der Grundbegrifflichkeiten erkennbar, bei der danach gefragt wird, inwiefern Strukturen und Prozesse eines Teils Funktionen für das Ganze erfüllen, also im Sinn funktionaler Erfordernisse zur (Weiter-)Existenz des Systems beitragen (vgl. auch Bohl, Harant & Wacker 2015: 155; s. S. 119) – was Parsons allerdings nicht mit dem Terminus des Strukturfunktionalismus fasst, sondern eher mit dem Begriff des Bestands- oder Erfordernisfunktionalismus zu bezeichnen ist (s. S. 129).

Innerhalb des zweiten Verständnisses von Strukturfunktionalismus – Strukturen (und Prozesse) eines Teils tragen dazu bei, dass dieser Teil Funktionen für das Ganze erfüllt; bestimmte (Prozesse,) Strukturen und Funktionen korrespondieren also – lässt sich eine weitere Unterscheidung vornehmen. Einerseits – dies soll als *Strukturfunktionalismus 2a* zusammengefasst werden – besteht eine Beschränkung auf genau diese Überlegung und es wird ein sozusagen vorwärts gerichteter kausaler Zusammenhang fokussiert, also ein Einfluss von der Struktur auf die Funktion. Es wird dabei keine Aussage darüber getroffen, warum es eine Struktur gibt, sondern darüber, dass eine Struktur (oder ein Prozess) der Erfüllung einer Funktion dienlich ist.

Andererseits *(Strukturfunktionalismus 2b)* wird ein – zusätzlicher – rückwärts gerichteter kausaler Zusammenhang angenommen, also ein Einfluss von der Funktion auf die Struktur – zusammenfassend könnte von strukturierter *(2a)* und strukturierender Funktion *(2b)* gesprochen werden.[71] Die Annahme ist, dass die Struktur aus der Funktion folgt, dass die Funktion die Struktur erklärt, dass Funktion und Ursache einer Struktur identisch sind,[72] wobei im Sinn des Ver-

---

[71] Natürlich kann ein Struktur-Funktions-Zusammenhang im Sinn von 2a nach und nach 2b integrieren: Eine Struktur kann zunächst einer Funktion dienen und dadurch kann die Funktion im Verlauf zur Persistenz der Struktur beitragen.

[72] Tyack und Tobin (1994: 456) reformulieren den „functionalist approach" so, dass „it stresses the ways in which the grammar of schooling becomes congruent over time with general social changes or institutional needs within schools". *Grammar of schooling* wird dabei als „the regular structures and rules that organize the work of instruction" (ebd.: 454) verstanden; der Begriff bezeichnet somit vor allem organisatorische Charakteristika von Schule, zum Beispiel Jahrgangsklassen, die von je einer Lehrperson unterrichtet werden. Insofern steht dieser Begriff dem der Struktur nahe. Mit den Worten „becomes congruent" klingt eine rückwärtige Kausalität im Sinn des Ver-

5 (Struktur-)Funktionalistische Schultheorie

ständnisses *2a* die Struktur ebenso der Funktionserfüllung dient. In der Formel *form follows function* bei Meyer kommt diese Version zum Ausdruck.

Die Differenzierung dieser beiden Unterspielarten *2a* und *2b* erinnert an die Ausführungen zum Funktionalismus allgemein (s. S. 124). Dort war ebenfalls von vorwärts und rückwärts gerichteter Kausalität die Rede: Einerseits und grundsätzlich hat ein Aspekt a eine Funktion für einen Aspekt b, andererseits und darüber hinaus könnte die Funktion zugleich als Ursache für die Existenz von a angesehen werden. Letzteres war kritisiert worden, sofern ohne Weiteres von einer Funktion auf die Ursache geschlossen wird, weshalb der *Strukturfunktionalismus 2b* ebenfalls problematisch werden kann. Unproblematisch ist dies dann, wenn eine rückwärts gerichtete Kausalität wissenschaftlich begründet ist. Der *Strukturfunktionalismus 2a* muss Zusammenhänge ebenfalls wissenschaftlich begründen (wie Aussagen über Funktionen allgemein begründet sein müssen, s. S. 124), weil eine vorwärts gerichtete Kausalität von der Struktur auf die Funktion (wie allgemein von a für b) nicht ohne Weiteres angenommen werden kann. Wenn dem so ist, ergibt sich eine vorwärts gerichtete Kausalität im Sinn von *function follows form* und es wird von Strukturen und Prozessen auf Funktionen geschlossen; dem entspricht Schulzes obige Erläuterung. Logisch sind neben dem positiven Bezug einer Struktur auf eine Funktion zwei andere Möglichkeiten denkbar, ein neutraler oder indifferenter sowie ein negativer Bezug, dass also eine Struktur einer Funktion abträglich ist (vgl. Rademacher & Wernet 2015: 96).

Wenn Parsons' Ausführungen im Lichte dieser beiden Unterspielarten *2a* und *2b* betrachtet werden, lässt sich in jedem Fall nicht behaupten, er folge durchweg dem Verständnis *2b*.[73] Im Schulklasse-Aufsatz weisen die einzelnen Formulierun-

---

Strukturfunktionalismus 2b an: Die Struktur entwickelt sich aus Funktionen. Im allgemeineren Sinn des *Strukturfunktionalismus 2* heißt es weiter: „The grammar of schooling has served certain social and pedagogical functions, but it is by no means clear that the instrumental outcomes have been what would normally be considered ‚functional' (indeed, there is a potential problem of circularity in the notion that what is, is functional)" (Tyack & Tobin 1994: 457). Hier zeigt sich der deskriptive Anspruch an Funktionen im Sinn des vorangegangenen Kap. 5.4.1. Die Frage ist, inwiefern die Struktur oder die Grammatik von Schule tatsächlich Funktionen, Leistungen oder Eigenfunktionen erfüllt oder ob Teile der Struktur oder der Grammatik andere oder keine Wirkungen haben.

Eine rückwärts gerichtete Kausalität formuliert auch Breidenstein (2010: 872): „Mit Parsons und Fend nimmt man an, dass sich die spezifische Gestalt der Unterrichtsinteraktion aus der gesellschaftlichen Funktion von Schule erklären lasse. Unterricht und Schule erscheinen in dieser Sicht als ein Teilsystem der ‚Gesellschaft' und seien in ihrer Struktur konstitutiv geprägt von den Anforderungen eben dieser ‚Gesellschaft'". Hier zeigt sich, dass Breidenstein ein bestimmtes Verständnis von Strukturfunktionalismus (*2b*) zur Grundlage macht und kritisiert, das allerdings nicht das einzige Verständnis darstellt und, wie gleich zu betrachten sein wird, nicht pauschal Parsons zugeschrieben werden kann.

[73] In der historischen Perspektive des AGIL-Schemas (s. S. 109) klingt dies jedoch an. Denn mit der funktionalen Differenzierung geht die Bildung neuer (Sub-)Systeme (mit entsprechenden

5.5 (Struktur-)Funktionalistische Schultheorie?

gen eher auf den *Strukturfunktionalismus 2a* hin, was an drei Beispielen illustriert werden kann. So stellt Parsons einen vorwärts gerichteten kausalen Zusammenhang zwischen weiblichen Lehrpersonen und der Schule als Übergangsinstanz her: „It is also significant for the parallel of the elementary school class with the family that the teacher is normally a woman" (Parsons 1959c: 307). Oder: „[T]he woman teacher represents continuity with the role of the mother" (ebd.: 308). Er behauptet jedoch nicht, dass Lehrpersonen in der Grundschule in der Regel weiblich sind, *weil* sie den Übergang von der Familie in die Schule erleichtern. Ähnlich heißt es zur Länge des Schuljahrs: „The school year is long enough to form an important relationship to a particular teacher, but not long enough for a highly particularistic attachment to crystallize" (ebd.: 309). Er schreibt nicht, dass das Schuljahr so lang ist, wie es ist, *weil* dies für eine Sozialisation in Richtung Universalismus oder das Erlernen der Austauschbarkeit von Personen in Rollen wichtig ist. Stattdessen wird von der gleichsam gegebenen Struktur des Schuljahrs ausgegangen und ein Beitrag dieser Struktur in Bezug auf Sozialisation formuliert. Deutlich wird die vorwärts gerichtete Kausalität schließlich in folgender Aussage: „First, it may be noted that the valuation of achievement and its sharing by family and school not only provides the appropriate values for internalization by individuals, but also *performs* a crucial integrative *function for the system*" (ebd.: 310, H. R. L.-S.).

Insofern dürfte Parsons mindestens im Schulklasse-Aufsatz das Verständnis des *Strukturfunktionalismus 2a* zugeschrieben werden. Dieses implizite Verständnis weicht allerdings, wie bereits angedeutet (s. S. 194), einerseits von Parsons' expliziten Formulierungen zum Strukturfunktionalismus (Funktionen erhalten als Prozesse Strukturen, s. S. 127) ab und fügt sich andererseits nicht ganz in seine späteren Begrifflichkeiten ein. In der späteren Begrifflichkeit geht Parsons im Sinn eines Bestands- oder Erfordernisfunktionalismus (s. S. 121 und 129) von *funktionalen Erfordernissen*, den AGIL-Funktionen, aus. Funktionen *und Prozesse* werden unter dieser Perspektive untersucht, sodass Strukturen und Prozesse dann Funktionen bzw. funktionale Erfordernisse erfüllen, wenn sie einen Beitrag zur (Weiter-)Existenz des Systems leisten.

Klar ist damit, dass sich im schultheoretischen Diskurs wie bei Parsons selbst (s. S. 114 und 127) unterschiedliche Verständnisse des Strukturfunktionalismus und der dazugehörigen Grundbegriffe finden. Es kann also nicht von einem all-

---

Strukturen und Prozessen) einher, die der Erfüllung einer Funktion dienen. Funktionen lassen sich in diesem Fall also als Ursache für die Existenz von Systemen verstehen. Dieser Zusammenhang wird allerdings nicht als evolutionär unumgänglich angenommen, sondern muss ebenfalls empirisch-historisch untersucht werden.

Einen ähnlichen (kausalen) Zusammenhang formuliert Schulenberg (1970: 393–394) für die Bildung von Institutionen; demnach prägen die Funktionen dieser Institutionen ihre Struktur.

5 (Struktur-)Funktionalistische Schultheorie

gemeingültigen und allgemein bekannten Verständnis der Begriffe ausgegangen werden, das Autor*innen von der Explikation der von ihnen bemühten Begriffe entbinden würde. Inhaltlich, so lässt sich resümieren, sollte zukünftige Schultheorie, wenn sie auf Parsons referiert, von seinen späteren Begrifflichkeiten im Sinn des Bestands- oder Erfordernisfunktionalismus ausgehen, nicht nur, weil dies der letzte Theoriestand von Parsons selbst ist und alles andere daher als anachronistisch angesehen werden kann. Die späte Begrifflichkeit überwindet den Fokus auf *Erhalt* der *Struktur* des *Strukturfunktionalismus 1* und schließt die Kategorie des Prozesses als zur Struktur parallelen Kategorie in die Systembetrachtung ein (s. S. 130 und 134).[74]

5.5.2 Strukturfunktionalismus, Bestands- oder Erfordernisfunktionalismus und normativer Funktionalismus als Spielarten funktionalistischer Schultheorie

Im Folgenden werden die verschiedenen Begrifflichkeiten oder Labels, die zur Kennzeichnung der hier im Fokus stehenden schultheoretischen Ansätze genutzt werden, systematisch zusammengefasst, mit entsprechenden schultheoretischen Aussagen und Autor*innen in Verbindung gebracht und mit Blick auf ihre Aussagekraft für diese reflektiert. Neben den drei in Kap. 5.5.1 erwähnten Begriffen des Funktionalismus, des Strukturfunktionalismus und des Bestands- oder Erfordernisfunktionalismus wird der Begriff des normativen Funktionalismus einbezogen, der als kennzeichnend für Parsons' Werk angesehen werden kann (s. Kap. 2.9.3).

- *Funktionalismus*
  Die Grundoperation des Funktionalismus (s. Kap. 2.9.1) besteht darin, Teile eines Ganzen (oder: des Systems) zu anderen Teilen oder dem Ganzen ins Verhältnis zu setzen. Der Begriff der Funktion lässt sich dabei so verstehen, dass er Beiträge des Teils für andere Teile – was zur Abgrenzung jedoch besser als Leistung bezeichnet werden sollte (s. S. 120) – oder das Ganze beschreibt.
  Alle in diesem Kap. 5 diskutierten schultheoretischen Ansätze lassen sich grundsätzlich[75] als funktionalistisch auffassen, weil sie Schule im Kontext der

---

[74] Dass in diesem Theoriestand nicht von beliebigen Funktionen ausgegangen wird, sondern dezidiert von funktionalen Erfordernissen, ist zwar grundsätzlich zu berücksichtigen, aber für die meisten konkreten Funktionen unerheblich (s. S. 382).

[75] Das heißt, nicht alle Autor*innen oder alle Aussagen der einzelnen Autor*innen sind funktionalistisch. Parsons' mikrosoziologische Analysen zur Schule bzw. zur Schulklasse als Sozialsystem

5.5 (Struktur-)Funktionalistische Schultheorie?

Gesellschaft betrachten und danach fragen, was Schule (implizit oder explizit, beabsichtigt oder unbeabsichtigt) mit Schüler*innen ‚macht', das eine Relevanz für die Gesellschaft, das beruflich-öffentliche Erwachsenenleben oder andere gesellschaftliche Teilbereiche hat.

- *Strukturfunktionalismus*
In Ergänzung zum vorstehenden Funktionalismus tritt hier die Überlegung hinzu, dass eine Struktur des Teils, dessen Funktionen für andere Teile oder das Ganze untersucht wird, mit einer solchen Funktion korrespondiert.[76] Oder anders gesagt: Die Struktur dient der Funktionserfüllung. Nach Parsons sind Strukturen im analytischen oder relativen Sinn die als konstant angenommenen Aspekte eines Systems (s. S. 118).

Die vier genannten Ansätze lassen sich zum Teil als strukturfunktionalistisch auffassen, wie einige Beispiele illustrieren: Bei Parsons oder Dreeben ist die Schulklasse mit Altersgleichen eine Struktur, die der Funktion dienlich ist, Universalismus und Leistung zu lernen. Bei Parsons lässt sich ferner die Mitwirkung der Lehrer*innenprofession als Struktur auffassen, die wegen ihrer Orientierung am Wert der kognitiven Rationalität funktional dafür ist, dass sich Schüler*innen diesen Wert aneignen. Beim heimlichen Lehrplan lässt sich die Einübung in bürokratische Organisationen oder Institutionen als Funktion ansehen, der die schulische Struktur fremdbestimmter Regeln und der Regeleinhaltung entspricht. Soll das Erlernen von Geduld und Bedürfnisaufschub als Funktion von Schule verstanden werden, so wäre die Sozialförmigkeit von Schule als Struktur dieser Funktion dienlich. Bei Fend dient zum Beispiel Unterricht als Struktur der Qualifikations- und Leistungsbewertung als Struktur der Allokationsfunktion.

Zum Teil lassen sich Strukturen und Funktionen als quasi identisch ansehen. Das Leistungsprinzip oder Fremdbestimmung beispielsweise sind Strukturen von Schule; deren Aneignung oder Verinnerlichung kann als Funktion verstanden werden. Gleiches ergibt sich, wenn allgemeiner von normativer Kultur ausgegangen wird, die, obwohl mit der Bezeichnung des normativen

---

beispielsweise müssen nicht als funktionalistisch aufgefasst werden, sofern Interaktion, Erwartungen und Rollen lediglich system*intern* betrachtet werden. Beim heimlichen Lehrplan beziehen nicht alle Autor*innen in gleicher Intensität das Verhältnis zwischen Schule und Gesellschaft ein. Allgemeiner ist für das Folgende zu beachten, dass es sich zum Teil um *Ex-post*-Zuordnungen handelt, insofern zum Beispiel Autor*innen des heimlichen Lehrplans selbst ihre Analysen nicht als bestands- oder erfordernisfunktionalistisch bezeichnen.

[76] Damit ist lediglich der obige *Strukturfunktionalismus 2* bzw. *2a* angesprochen. Der *Strukturfunktionalismus 1* wird hier nicht weiter verfolgt, weil er material in der schultheoretischen Literatur kaum ausbuchstabiert ist und sich die intendierte Grundausrichtung dieses Verständnisses im Bestands- oder Erfordernisfunktionalismus begrifflich sauberer fassen lässt, indem die Aufrechterhaltung der Struktur zur Aufrechterhaltung des Systems weiterentwickelt wird.

5 (Struktur-)Funktionalistische Schultheorie

Funktionalismus zentraler, im Kontext des Strukturfunktionalismus ebenso relevant ist. Wie später (s. Kap. 6.1.3) im Detail entfaltet wird, ist die Reorganisation (v. a. normativer) gesellschaftlicher Kultur die zentrale Funktion von Schule. Hierbei steht die Sozialisation mit Blick auf den Wert kognitiver Rationalität im Fokus. Im Sinn des Strukturfunktionalismus zeigt sich nun, dass dieser Wert nicht nur mit einer Funktion von Schule für die Gesellschaft verbunden ist (Sozialisation), sondern dass er auch die Struktur von Schule kennzeichnet. Inhalte oder Gegenstände, deren Thematisierung in der Schule sich als Struktur auffassen lässt, sind ebenfalls von kognitiver Rationalität geprägt, wodurch eine entsprechende Sozialisation als Funktion erst ermöglicht wird (s. S. 404).[77]

Die Beispiele legen nahe, dass der mit der Bezeichnung des Strukturfunktionalismus verbundenen Annahme einer Homologie zwischen Strukturen und Funktionen durchaus ein Erkenntnisgehalt innewohnt. Als Heuristik dürfte Strukturfunktionalismus daher weiterhin fruchtbar sein, sofern die mit der Homologie zwischen Struktur und Funktion verbundenen Kausalitäten kritisch untersucht werden (s. S. 376). Dies gilt sowohl für die vorwärts gerichtete Kausalität, den Schluss von Struktur auf Funktion, als auch ggf. für die rückwärts gerichtete Kausalität, den Schluss von Funktion auf Struktur.

Wie beim Funktionalismus trifft die Bezeichnung ‚Strukturfunktionalismus' nicht alle Autor*innen bzw. alle Aussagen der Autor*innen in Gänze. Um dies für Parsons zu explizieren: Die Annahme eines eigenlogischen Sozialsystems Schule, die eigenlogische Spezifizierung von Werten der Umwelt oder seine Analysen zur Bildungsrevolution beispielsweise lassen sich kaum als strukturfunktionalistisch auffassen oder würden wesentliche Einsichten verschleiern, wenn sie so aufgefasst würden. Für die Konzeptualisierung der Schule bzw. der Schulklasse als Sozialsystem würde eine strukturfunktionalistische Perspektivierung zum Beispiel die grundlegenden handlungstheoretischen Einsichten überdecken (Handeln zwischen Ego und Alter in Rollen, doppelte Kontingenz).

Demgegenüber gibt es eine Reihe von Aussagen, die sich *auch* strukturfunktionalistisch formulieren lassen. Die Verhältnisse zwischen Schule und Universität oder zwischen Schule und Jugend bzw. Peers oder einzelne Werte und ihr Auftreten in bestimmten gesellschaftlichen Einheiten könnten dabei allerdings als zu verengt aufgefasst und zu schnell in reibungslose Zusammen-

---

[77] Allgemeiner sind diese Struktur und die beiden Teilfunktionen der Sozialisation und der Bildung eng verknüpft: Sofern die Thematisierung oder Omnipräsenz von Inhalten in der Schule als Struktur aufgefasst wird, bedeutet die Auseinandersetzung damit Sozialisation, wenn es um deren normative Anteile geht, und Bildung, wenn es um die inhaltlichen Anteile geht, was beides als Teilfunktion der L-Funktion der Schule gilt (s. S. 395).

5.5 (Struktur-)Funktionalistische Schultheorie?

hänge und Entsprechungen von Struktur und Funktion eingeordnet werden (so wie die Funktionen der Schule für die Gesellschaft allgemein als zu reibungslos erscheinen können, vgl. Terhart 2013: 37; Leschinsky & Roeder 1983: 449). Denn interessant ist nicht allein, dass die Struktur von Peergroups der Funktion dienlich ist, eine Kompensation von Schule zu bieten, sondern interessant wäre auch, die jeweiligen zugrunde liegenden Werte, Normen und Rollen zu untersuchen. Ebenso ist nicht nur interessant, dass Schule über die Lehrer*innenprofession die Funktion der Musterreorganisation mit Blick auf kognitive Rationalität erfüllt, für die Gesellschaft im Allgemeinen und für die Universität im Speziellen, sondern auch ein Vergleich zwischen Lehrer*innen- und akademischer Profession zum Beispiel mit Blick auf Freiheitsgrade in der Berufsausübung.

Die Bezeichnung ‚Strukturfunktionalismus' birgt also die Gefahr der Verengung, was sowohl den Gegenständen als auch dem Autor Parsons nicht gerecht wird. Dem Gegenstand Schule wird es nicht gerecht, wenn ausschließlich Strukturen und Funktionen und Homologien zwischen Strukturen und Funktionen betrachtet und damit zum Beispiel Prozesse oder Nicht-Passungen ignoriert werden. Dem Autor wird es nicht gerecht, weil Parsons in seinen bildungssoziologischen Analysen mehr im Blick hat als nur Strukturen, Funktionen und die Frage, wie Strukturen Funktionen dienen. Gerade mit Blick auf die Rolle normativer Kultur zeigt sich, dass es zu kurz gegriffen wäre, diese aus der Perspektive von Strukturen und Funktionen zu betrachten, weil die grundlegende Frage, welche Einheiten und Subsysteme von welcher normativer Kultur gekennzeichnet sind, in den Hintergrund zu geraten droht. Insofern kann die Perspektive des Strukturfunktionalismus zwar weiterhin berücksichtigt werden, sie sollte aber nicht zum alleinigen Bezugs- oder Ausgangspunkt allen Parsons'schen Denkens gemacht werden.

– *Bestands- oder Erfordernisfunktionalismus*
Diese Bezeichnung ist ebenfalls eine Konkretisierung des allgemeinen Funktionalismus. Die Konkretisierung bezieht sich darauf, dass nicht mehr beliebige Beiträge eines Teils für andere Teile oder das Ganze in den Blick geraten, sondern nur solche, die dem Erhalt oder der (Weiter-)Existenz des Ganzen, des Systems dienen.[78] Ausgangspunkt sind daher gewissermaßen feststehende Funktionen im Sinn funktionaler Erfordernisse (s. S. 119, 124, 129 und 367), im Fall von Parsons die AGIL-Funktionen. Dann werden Strukturen und Prozesse eines Teils daraufhin untersucht, inwiefern sie ein entsprechendes

---

[78] Ebenso sind im Sinn der Unterscheidung von Funktion, Eigenfunktion und Leistung (s. S. 120) Beiträge zur Weiterexistenz anderer Einheiten als dem übergeordneten System denkbar; das wird hier zur Vereinfachung abgeblendet.

5 (Struktur-)Funktionalistische Schultheorie

funktionales Erfordernis erfüllen, inwiefern sie also zur (Weiter-)Existenz des Systems beitragen (so als Programm formuliert bei T. Schulze 1980: 77).[79]

Für die meisten schultheoretisch diskutierten Funktionen wird es nicht erheblich sein, ob sie auf der Grundlage eines allgemeinen Funktionalismus oder eines Bestands- oder Erfordernisfunktionalismus betrachtet werden, weil ein Bezug auf die AGIL-Funktionen bzw. auf den Erhalt des (übergeordneten) Systems vielfach herstellbar ist (ähnlich Feinberg & Soltis 2009: 35). Es gibt jedoch Grenzfälle, die verdeutlichen, dass der Bestands- oder Erfordernisfunktionalismus die Bedingungen für das verschärft, was als Funktion gelten kann. Dies dürfte bei Ballauffs sustentativer Funktion der Fall sein, wonach Schule Lehrpersonen und anderen Berufstätigen einen Arbeitsplatz zur Verfügung stellt (vgl. Ballauff 1984: 247).

Aufgrund dieser Überschneidung von Funktionen im Sinn beliebiger Beiträge und Funktionen im Sinn funktionaler Erfordernisse lassen sich die vier Ansätze mit der Bezeichnung ‚Bestands- oder Erfordernisfunktionalismus' versehen. Am deutlichsten trifft dies auf Parsons und Fend zu, hier sei an die entsprechende Definition der Funktion bei Fend (s. S. 341) oder die den anderen Funktionen vorgängige Integrations- und Legitimationsfunktion (s. S. 361) erinnert. Weniger deutlich ist der Bezug bei Dreeben und dem heimlichen Lehrplan, obwohl sich jeweils entsprechende Überlegungen finden lassen bzw. ein gedanklicher Bezug zu funktionalen Erfordernissen herstellbar ist. Dreeben formuliert Funktionen zwar vor allem in Bezug auf gesellschaftliche Subsysteme bzw. aus der Perspektive der nachfolgenden Generation (vgl. Dreeben 1968: 3–5), denkt dies aber stellenweise auch in Richtung des Problems der sozialen Ordnung weiter: „The political stability of nations depends in part on the willingness of most of its members to acknowledge at least minimally the legitimacy of the regime, the *form* of government and the rules by which it operates" (ebd.: 98, H. i. O.). Beim heimlichen Lehrplan wird der Bezug zu einem bestands- oder erfordernisfunktionalistischen Denken in den kritischen Untertönen deutlich, Schule diene der bloßen Reproduktion der Gesellschaft (vgl. z. B. Zinnecker 1975c: 186).

Gegenüber dem Strukturfunktionalismus geraten mit dem Bestands- oder Erfordernisfunktionalismus Prozesse als Systemelemente in den Blick, was dem Gegenstand im Allgemeinen angemessener sein dürfte, als lediglich Strukturen des Systems Schule zu untersuchen. Interaktionen lassen sich

---

[79] Aus dieser Perspektive kann an der kritischen Feststellung, dass „die vorwiegend soziologischen Perspektiven die Schule und ihre gesellschaftlichen Funktionen mehr oder weniger als gegeben und konstant voraus[setzen]" (Criblez 2017: 76), lediglich bejaht werden, dass die grundsätzlichen (AGIL-)Funktionen bzw. funktionalen Erfordernisse als konstant angenommen werden. Ob und wie jedoch einzelne Einheiten oder Subsysteme diese erfüllen, ist Gegenstand der Analyse.

5.5 (Struktur-)Funktionalistische Schultheorie?

zum Beispiel als Prozesse im System Schule auffassen. Hier zeigt sich, wie Strukturen *und* Prozesse im Verbund miteinander Funktionen erfüllen (vgl. auch die Unterscheidung von Struktur- und Prozessdimension bei K. Ulich 2001: 36). Die L-Funktion mit Blick auf eine bestimmte normative Kultur beispielsweise wird nicht allein dadurch erfüllt, dass diese normative Kultur als Konstante, als Struktur das Sozialsystem kennzeichnet, sondern auch dadurch, dass diese Struktur in Interaktionsprozessen ‚gelebt' wird.

- *normativer Funktionalismus*
In ähnlicher Weise wie bei den beiden vorhergehenden Begriffen stellt der normative Funktionalismus eine Konkretisierung des allgemeinen Funktionalismus und gegenüber den beiden vorhergehenden Konkretisierungen eine Perspektivverschiebung dar. Ausgangspunkt des normativen Funktionalismus, wie er in dieser Arbeit im Anschluss Parsons (s. Kap. 2.9.3) konzeptualisiert wird, ist die normative Kultur von (Sozial-)Systemen. Es interessiert im ersten Schritt, welche normative Kultur die verschiedenen Systeme und Einheiten von Systemen kennzeichnet. Im zweiten Schritt, in der Hinwendung zum Funktionalismus, geht es um die Zusammenhänge (Spannungen, Homologien, Spezifizierungen usw.) der normativen Kulturen dieser verschiedenen Einheiten und Systeme. Hier zeigt sich eine Konkretisierung und Perspektivverschiebung dahingehend, dass nicht mehr alle möglichen Zusammenhänge zwischen Teilen und ggf. dem Ganzen untersucht werden, sondern nur normativ-kulturelle Zusammenhänge. Ein dritter Schritt kann in der Fokussierung auf das Problem der sozialen Ordnung und die L-Funktion gesehen werden: Inwiefern gibt es im gesamten System eine gemeinsame normative Kultur und welche Teile des Systems tragen wie zur Reorganisation dieser gemeinsamen normativen Kultur bei? Die L-Funktion stellt demnach unter Abblendung der übrigen Funktionen den Analyseschwerpunkt dar.

Alle vier diskutierten Ansätze nehmen insofern einen normativ-kulturellen Blick auf Schule ein, als sie weniger die fachlichen Lernprozesse von Schule fokussieren als die Regeln, Normen, Verhaltenserwartungen usw., die in der Schule relevant sind. Der Wert der Leistung beispielsweise ist in allen vier Ansätzen zentraler Bestandteil der normativen Kultur von Schule, wenn auch in unterschiedlicher Wertung (Meritokratie als Ideologie, Konkurrenzorientierung, Fortschritt gegenüber Askription usw.). Darin dass ein Wert wie Leistung (analog Disziplin, Autorität, Gehorsam, Fremdbestimmung usw.) nicht allein in der Schule für sich betrachtet, sondern auf außerschulische Kontexte bezogen wird, zeigt sich das normativ*funktionalistische* Denken.

Die vier Begrifflichkeiten sind in ihrer allgemeinen und ihrer schultheoretischen Bestimmung sowie mit je einem Beispiel in Tab. 5.1 auf S. 385 zusammengefasst.

5 (Struktur-)Funktionalistische Schultheorie

Zu berücksichtigen ist hierbei, dass diese zusammengefassten Bestimmungen immer auch als Forschungsfragen zu verstehen sind. Es ist also beispielsweise nicht pauschal unterstellt, dass alle Strukturen der Schule der Erfüllung der Funktionen von Schule dienen, sondern es geht darum zu klären, welche Strukturen in welcher Weise der Funktionserfüllung dienlich sind.

Es zeigt sich insgesamt, dass je nach Standpunkt und nach Aussageabsicht, je nachdem, welcher inhaltliche Fokus gesetzt werden soll, sowohl für Parsons als auch für die anderen schultheoretischen Autor*innen und Ansätze unterschiedliche Bezeichnungen denkbar sind, die das analytische Grundanliegen beschreiben. Insofern ist eine sensible Verwendung der Bezeichnungen angezeigt, weil sie bestimmte analytische Fragen und Perspektiven implizieren. Inhaltlich unzutreffend ist in jedem Fall eine pauschale und absolute Gleichsetzung von Parsons mit dem Strukturfunktionalismus, vielmehr müsste expliziert werden, auf welchen Parsons'schen Begriffsstand referiert wird, was mit dem Begriff gemeint ist und warum er zur Charakterisierung von Parsons' Theorie genutzt wird.

Deutlich wird zugleich, dass sich bestimmte inhaltliche Aussagen aus Perspektive aller vier Analyserichtungen formulieren lassen, was auf ihre Überschneidung hinweist. Um dies an einem Beispiel zu illustrieren:

- Aus *funktionalistischer* Perspektive lässt sich allgemein formulieren, dass Schule ein Teil der Gesellschaft ist und für die Gesellschaft oder speziell für das Wirtschaftssystem neue Gesellschaftsmitglieder qualifiziert.
- Aus *strukturfunktionalistischer* Perspektive geraten darauf basierend die Strukturen in den Blick, die diese Qualifikation ermöglichen, beispielsweise der in Schulen stattfindende Unterricht, der auf bestimmte Inhalte, Fähigkeiten usw. ausgerichtet ist – der Inhaltsbezug von Unterricht lässt sich also als die der Funktion entsprechenden Struktur auffassen.
- Aus Perspektive des *Bestands- oder Erfordernisfunktionalismus* wäre zunächst zu bejahen, dass Qualifikation eine Funktion ist, die für die Weiterexistenz des Systems der Gesellschaft relevant ist. Ohne qualifizierte Gesellschaftsmitglieder ist das rein physische Überleben der Masse der Gesellschaftsmitglieder und damit der Gesellschaft in Gefahr. Sodann ist zu fragen, welche Strukturen und Prozesse zur Qualifikation beitragen. Hier tritt zum Inhaltsbezug als Struktur von Schule ein Prozess wie die Aneignung dieser Inhalte durch die Schüler*innen hinzu.
- Aus *normativfunktionalistischer* Perspektive wird offenbar, dass der Wert der kognitiven Rationalität der Qualifikation inhärent ist, dass Schule diesen Wert mit anderen gesellschaftlichen Einheiten in unterschiedlichem Maß teilt, ihn aber zugleich spezifiziert, und dass Qualifikation daher indirekt mit der L-

5.5 (Struktur-)Funktionalistische Schultheorie?

Tabelle 5.1: Die Spielarten funktionalistischer Schultheorie in der Übersicht

	funktionalistisch	strukturfunktionalistisch	bestands- oder erfordernisfunktionalistisch	normativfunktionalistisch
allgemeine Bestimmung	Zusammenhang eines Teils mit anderen Teilen oder einem Ganzen, v. a. Funktionen als Beiträge eines Teils für das Ganze oder andere Teile	Struktur eines Teils zur Erfüllung der Funktion des Teils	Funktionen als Beiträge eines Teils zur (Weiter-)Existenz des Ganzen, wobei die Funktionen von Strukturen und Prozessen dieses Teils erfüllt werden können	Zusammenhänge der normativen Kulturen verschiedener Teile und des Ganzen und Beiträge der Teile zur Reorganisation der normativen Kultur des Ganzen
schultheoretische Bestimmung	Was in Schule geschieht, hängt mit (Teilbereichen) der Gesellschaft (und Kultur) zusammen oder leistet einen Beitrag für diese.	Die Strukturen von Schule dienen der Erfüllung der Funktionen von Schule.	Was in Schule geschieht, dient der (Weiter-)Existenz der Gesellschaft.	Die normative Kultur, die in der Schule relevant ist, hängt mit (Teilbereichen) der Gesellschaft (und der Kultur) zusammen und dient der Reorganisation gesellschaftlicher normativer Kultur.
Beispiele	Schüler*innen wird in der Schule Geduld abverlangt. Geduld ist auch beim Einkaufen oder bei Vereinssitzungen notwendig (heimlicher Lehrplan).	In der Schule wird systematisch Leistung bewertet, was der (L-)Funktion dient, Schüler*innen mit Blick auf diesen Wert zu sozialisieren (Parsons, Dreeben, heimlicher Lehrplan, Fend).	Sich an Regeln zu halten (Fremdbestimmung), ist für gesellschaftliches Zusammenleben notwendig, wird Schüler*innen in der Schule abverlangt, sodass Schule ein funktionales Erfordernis (L-Funktion) erfüllt (heimlicher Lehrplan, Fend).	Universalismus ist ein Wert, der in der Schule wie in der Gesellschaft insgesamt, v. a. im politischen und im Rechtssystem, relevant ist, sodass Schule über eine entsprechende Sozialisation zur Bewahrung[a] dieses gesellschaftlichen Werts beiträgt (Parsons, Dreeben).

[a] Hier lässt sich die bewusst allgemeiner gefasste Bestimmung der L-Funktion als ‚Reorganisation' (s. S. 88) auf ‚Bewahrung' verengen.

5 (Struktur-)Funktionalistische Schultheorie

Funktion zusammenhängt, insofern kognitive Rationalität als gesellschaftlich geteilter Wert angesehen werden kann.

Funktionalismus erscheint mit Blick auf die verschiedenen Charakterisierungen als die übergeordnete und verbindende Bezeichnung, die sich in mindestens die drei genannten Richtungen konkretisieren lässt. Hinsichtlich der vier diskutierten schultheoretischen Ansätze lässt sich resümieren, dass alle ein gemeinsames funktionalistisches Denken aufweisen und die drei Konkretisierungen bei allen vier Ansätzen erkennbar sind, jedoch in unterschiedlichem Maß den Kern des jeweiligen schultheoretischen Denkens beschreiben.

6 Normativfunktionalistische Schultheorie

Nachdem in einem ersten Strang der vorliegenden Arbeit (Kap. 2 und 3) Talcott Parsons' allgemeine Theorie und seine Bildungssoziologie systematisierend herausgearbeitet und in einem zweiten Strang (Kap. 4 und 5) Gegenstand und Anliegen von Schultheorie bestimmt und die sich auf Parsons beziehenden funktionalistischen Schultheorien kritisch analysiert worden sind, fließen in diesem Kapitel beide Stränge zusammen. Zunächst werden in Weiterführung des ersten Strangs die Kernaussagen einer auf Parsons gründenden normativfunktionalistischen Schultheorie formuliert (Kap. 6.1). Anschließend wird diese vor dem Hintergrund der Anforderungen an eine Schultheorie, also in Weiterführung des zweiten Strangs der Arbeit, kritisch diskutiert und in den bestehenden schultheoretischen Diskussionsstand eingeordnet (Kap. 6.2).

6.1 Vorschlag einer auf Parsons basierenden normativfunktionalistischen Schultheorie

Die auf Parsons gründende Theorie der Schule wird im Folgenden so dargelegt, wie sie sich erstens aus seinem Werk rekonstruieren lässt, wie sie sich also im Kontext seiner normativfunktionalistischen Handlungssystemtheorie und seiner Bildungssoziologie darstellt. Parsons' Theorie bzw. seine theoretischen Versatzstücke fungieren demnach als Ausgangspunkt. Zweitens wird jedoch über Parsons selbst hinausgegangen, indem die Versatzstücke in der Logik seiner Theorie neu komponiert und komplettiert, zugespitzt und selektiert werden. Wie später ausführlicher erläutert wird (s. S. 435), werden hierbei lediglich die *Grundzüge* einer normativfunktionalistischen Schultheorie entfaltet; es handelt sich nicht um die vollständige Ausarbeitung der Theorie in allen notwendigen Details.

Im Folgenden werden viele Begrifflichkeiten und Argumentationsschritte genutzt, die in den Kap. 2 und 3 ausführlich erläutert worden sind. Deshalb werden sie hier nicht noch einmal umfassend erklärt. Neben einigen wiederholenden

6 Normativfunktionalistische Schultheorie

Zusammenfassungen wird daher auf die entsprechenden Stellen der Arbeit verwiesen, an denen sich detaillierte Erklärungen finden.

Parsons' normativfunktionalistische Schultheorie lässt sich in insgesamt sechs Kernaussagen entfalten, die zunächst gebündelt als Übersicht dargestellt und im Anschluss jeweils im Detail erläutert werden. Abbildung 6.1 auf S. 392 und Abbildung 6.2 auf S. 405 dienen der Visualisierung der normativfunktionalistischen Schultheorie. Die sechs Kernaussagen lauten:

Kap. 6.1.1: Im Sinn des normativen Funktionalismus hängen Handeln, Handlungssysteme und soziale Ordnung von (geteilter) normativer Kultur[1] ab. Aufgabe der normativfunktionalistischen Schultheorie ist es, die normative Kultur der Schule selbst sowie ihrer gesellschaftlich-kulturellen Umwelt zu explizieren und ihr Verhältnis zueinander, auch mit Blick auf die Reorganisation der gesellschaftlichen normativen Kultur, zu untersuchen.

Kap. 6.1.2: Schule ist ein System, das in eine gesellschaftlich-kulturelle Umwelt eingebettet ist.

Kap. 6.1.3: Schule ist Teil des Treuhandsystems und damit Teil eines Subsystems der Gesellschaft. Die Funktion der Schule besteht in der Reorganisation der gesellschaftlich relevanten (v. a. normativen) Kultur und manifestiert sich in Sozialisation und Bildung. Zur Erfüllung dieser Funktion muss eine gewisse Korrespondenz der normativen Kulturen von Schule und der gesellschaftlichen Umwelt bestehen.

Kap. 6.1.4: Schule erhält normative Inputs von ihrer gesellschaftlich-kulturellen Umwelt und gibt normative Outputs an diese ab. Insbesondere erbringt Schule normative Outputs (Leistungen) für das politische System, das Wirtschaftssystem und das Gemeinschaftssystem als Subsysteme der Gesellschaft.

Kap. 6.1.5: Schule ist ein Sozialsystem. Als Sozialsystem wird Schule durch eine gewisse normative Kultur konstituiert. Diese normative Kultur ist sowohl von der Umwelt mitbestimmt als auch eigenlogisch. Schule erfüllt ihre Funktion der Reorganisation gesellschaftlicher Kultur dadurch, dass die normative Kultur der Schule die schulische Interaktion mitprägt.

Kap. 6.1.6: Die eigenlogische normative Kultur der Schule lässt sich in den Werten 1. pädagogisierte kognitive Rationalität, 2. Leistung und pädagogisierter Universalismus sowie 3. heteronome Autonomie und kollektiver Individualismus zusammenfassen.

---

[1] Wie auf S. 46 erläutert, stellt dies einen Oberbegriff für Werte, Normen und Rollen dar. Für die vorliegende Schultheorie werden die Begrifflichkeiten auf S. 406 genauer diskutiert.

6.1.1 Normativer Funktionalismus und das Programm der normativfunktionalistischen Schultheorie

In der Auseinandersetzung mit Parsons' allgemeiner Theorie wie seiner Bildungssoziologie ist deutlich geworden, dass Werte bzw. normative Kultur eine zentrale Rolle spielen, weswegen die Charakterisierung dieser Theorie als normativer Funktionalismus bzw. als normativfunktionalistische Handlungssystemtheorie gerechtfertigt erscheint (s. S. 133). Werte bzw. normative Kultur lassen sich als überindividuelle, abstrahierte Orientierungsmuster auffassen, die als wünschenswert gelten und dadurch als Selektionsstandard für Handeln fungieren (s. S. 56 und 69); sie bestehen zunächst für sich und sind daher Teil des Kultursystems (s. S. 53).

Durch Interpenetration können sie Eingang in Sozialsysteme, also in Rollen, und in Persönlichkeitssysteme, also in Bedürfnisdispositionen, finden (s. S. 57). Solch eine Interpenetration bildet bei Parsons die Antwort auf das Problem der sozialen Ordnung (s. S. 62). Die normative Kultur des Kultursystems wird dabei allerdings nicht linear, exakt und allumfassend vom Sozial- und Persönlichkeitssystem übernommen (s. S. 60 und Kap. 2.3.5). Konkret heißt dies für das Sozialsystem Gesellschaft: Zwar ist die Gesellschaft insgesamt durch ein bestimmtes, eher abstraktes Wertsystem gekennzeichnet, gerade aber in den funktional differenzierten Subsystemen der Gesellschaft und in konkreten Einheiten, die diesen Subsystemen zugerechnet werden können, kommt es zu vielfältigen Ausdifferenzierungen und Abwandlungen (s. S. 107). Die einzelnen Teile der Gesellschaft sind nicht ihr exaktes Abbild.

Daraus ergibt sich die Möglichkeit, einzelne konkrete gesellschaftliche Einheiten, zum Beispiel die Schule, auf ihre normative Kultur hin zu untersuchen. Genauso können ein einzelner Wert, seine Bedeutung und seine Ausdifferenzierung in verschiedenen gesellschaftlichen Einheiten, Subsystemen usw. untersucht werden; dies führt Parsons faktisch für den Wert der kognitiven Rationalität aus, wie das Kap. 3 zeigte.

Eine damit vorweggenommene grundlegende Annahme des normativen Funktionalismus lautet, dass die Gesellschaft, ihre Subsysteme und konkrete Einheiten dieser Subsysteme, beispielsweise die Schule, durch normative Kultur geprägt sind. Normative Kultur stellt das Muster dar, das diese Sozialsysteme von ihrer Umwelt unterscheidet (s. S. 89). Aufgabe der *normativ*funktionalistischen Schultheorie (s. S. 383) ist es dann in Konkretisierung des allgemeinen Anliegens des normativen Funktionalismus (s. S. 134), *a)* die normative Kultur der Schule selbst sowie ihrer gesellschaftlich-kulturellen Umwelt zu explizieren. Wenn jede Einheit eine sie konstituierende normative Kultur umfasst, stellt sich im Anschluss daran

6 Normativfunktionalistische Schultheorie

die Frage nach Korrespondenzen, Ähnlichkeiten und Widersprüchen zwischen den normativen Kulturen der einzelnen Einheiten, was zur Aufgabe *b)* führt, diese Verhältnisse zu untersuchen. Neben der rein ‚statischen' Feststellung aus *a)*, dass ein Wert in dieser und jener Einheit auftritt, ist also im Sinn von *b)* zu fragen, welche (gerichteten) Zusammenhänge vorliegen und ob es zu wechselseitigen Einflüssen kommt. Schließlich lässt sich *c)* danach fragen, wie Schule, ggf. im Zusammenhang mit ihrer Umwelt, zur Reorganisation gesellschaftlicher (v. a. normativer) Kultur beiträgt, wie sie sich also in Bezug auf die Funktion der *latent pattern-maintenance* verhält.

6.1.2 Schule als System in der gesellschaftlich-kulturellen Umwelt

Parsons' Theorie ist auch eine Systemtheorie (s. S. 132), sodass Handeln, Gesellschaft oder konkrete gesellschaftliche Einheiten als Systeme konzeptualisiert werden. Dementsprechend wird in der normativfunktionalistischen Schultheorie die Schule als System aufgefasst.[2] Mit *die* Schule ist, wie allgemein bei Parsons (s. S. 41), nicht eine einzelne konkrete Schule gemeint, sondern der abstrakte Typus der Schule, der sich in konkreten einzelnen Schulen in ggf. unterschiedlicher Weise wiederfindet. Die Annahme ist demnach, dass alle einzelnen Schulen und die ihnen zugeordneten Räume, Zeiten, Akteur*innen, Prozesse, Materialitäten usw. eine solche Interdependenz aufweisen, dass sie als ein System aufgefasst werden können (s. die Definition des System-Begriffs auf S. 115).[3] Diese Annahme und damit die Sinnhaftigkeit der Konzeptualisierung der Schule als System wird im Folgenden plausibilisiert.

Parsons gibt für die Schule bzw. die Schulklasse keine solch explizite Begründung. Stattdessen findet sich eine knappe Erläuterung, warum sich die Universität als System auffassen lässt:

> „Yet we are justified in calling the American higher educational system a system and not just a statistical classification of institutions. It is a system in the sense that its constituent units are linked together in a variety of ways despite the far-reaching pluralism of the structure of authority and of sources of financial support." (Parsons & Platt 1968a: 498; vgl. auch ebd.: 516; Platt, Parsons & Kirshstein 1978: 3, 12–13, 20)

Diese Einschätzung lässt sich auf die Schule übertragen. Dabei ist zu fragen, worin bei Schule das Verbindende besteht, um von einem System sprechen zu

---
[2] Bei Parsons selbst ist es die Schul*klasse*, die als (Sozial-)System betrachtet wird, s. S. 189.
[3] Mit Fend (2006a: 199) ist ferner zu betonen, dass sich diese Interdependenz auf alle Schulen im Sinn von Kap. 4.3 bezieht und keine Trennung zwischen verschiedenen Arten von Schulen angenommen wird, wie es zum Beispiel historisch gesehen zwischen höherem und niederem Schulwesen der Fall war.

6.1 Vorschlag einer normativfunktionalistischen Schultheorie

können, das sich von der Umwelt abgrenzt. Das Verbindende findet sich in den Definitionen von Schule (s. S. 285). Demnach lässt sich Schule von Nicht-Schule durch folgende gemeinsame Charakteristika abgrenzen: Ziel der Bildung und Sozialisation Heranwachsender; dies gesteuert von Erwachsenen, die diese Aufgabe beruflich wahrnehmen; staatliche Aufsicht im Sinn eines öffentlichen Schulwesens und damit institutionalisierte, zweckgerichtete Form der Bildung und Sozialisation.

Die Eigenlogik des Systems Schule und damit die Abgrenzung von Nicht-Schule lässt sich auch anschaulich greifbar machen: Schule vollzieht sich in definierten Zeiten (Schuljahr, Schultag, Stundenplan) und Räumen (Schulgebäude) und in besonderen sozialen Settings (Schulklasse und pädagogisches Personal). Besonders deutlich unterscheidet sich die schulische Interaktion von nichtschulischer durch die Omnipräsenz der Bewertung. Denn was Schüler*innen in der Schule tun, wird implizit oder explizit systematisch (d. h. mit einer gewissen Intensität und Verbindlichkeit) bewertet, worauf das IRE-Schema aufmerksam macht (s. S. 214) – daher erscheint Leistung im Folgenden als konstitutiver Wert von Schule (s. Kap. 6.1.6.2). Die genannten Charakteristika von Schule stellen somit, um den Gedankengang noch einmal zusammenzufassen, gemeinsame Merkmale von Schule gegenüber Nicht-Schule dar und das Vorhandensein dieser Charakteristika lässt es zu, Schule als System anzusehen.

Jedes System ist in eine Umwelt eingebettet, die alles umfasst, was nicht zum System gehört (s. S. 115). Die Umwelt der Schule lässt sich mit Parsons' auf dem AGIL-Schema basierenden Ausführungen in diverse funktional differenzierte Systeme auf verschiedenen Ebenen aufschlüsseln (s. S. 91 und Kap. 2.6.1). Die für die Schule maßgebliche[4] Umwelt besteht dabei aus der Gesellschaft als Sozialsystem und dem Kultursystem, wie auch in Abb. 6.1 auf S. 392 deutlich wird.[5] Schule selbst wird dabei ebenfalls als Teil der Gesellschaft betrachtet, als Teil eines Subsystems der Gesellschaft, des Treuhandsystems (s. Kap. 6.1.3), sodass andere Einheiten, die diesem Subsystem zugeordnet werden, und andere Subsysteme der Gesellschaft ebenfalls als maßgebliche Umwelt von Schule anzusehen sind.

Es geht im Folgenden nicht darum, Parsons' eigene Konzeptionen dieser beiden Systeme und ihrer Subsysteme in Gänze zu entfalten, sondern nur darum, die Vielschichtigkeit beider Umwelten zu demonstrieren und potenziell für die Schule und Schultheorie relevante konkrete Einheiten zu identifizieren.

---

[4] Eine im Sinn von Parsons' Theorie umfassendere Verortung der Schule müsste also weitere Systeme und Systemebenen hinzunehmen. Siehe dazu die Bemerkungen auf S. 430.

[5] Die Abbildung umfasst nicht alle Aspekte der normativfunktionalistischen Schultheorie oder der ihr zugrunde liegenden normativfunktionalistischen Handlungssystemtheorie, sondern ist bewusst selektiv (d. h., es gibt weitere Einheiten, weitere Handlungssubsysteme und weitere AGIL-Funktionen).

6 Normativfunktionalistische Schultheorie

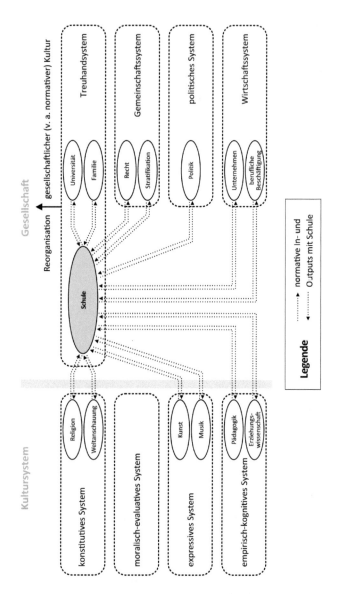

Abbildung 6.1: *Makroperspektive auf Schule in der normativfunktionalistischen Schultheorie* (eigene Darstellung)

6.1 Vorschlag einer normativfunktionalistischen Schultheorie

Für das *Kultursystem*[6] unterscheidet Parsons (s. S. 53) insgesamt vier Subsysteme, wobei die ersten drei das konstitutive, expressive und empirisch-kognitive Subsystem sind, denen sich Religion und andere (z. B. philosophische) Weltanschauungen, Kunst, Musik und Literatur sowie Wissenschaft und Ideologien zuordnen lassen.[7] Im Bereich des empirisch-kognitiven Subsystems sind in Bezug auf Schule Erziehungswissenschaft sowie Pädagogik (als Ideologie im Sinn von Parsons, s. S. 54) von besonderer Bedeutung. Das vierte Subsystem ist das moralisch-evaluative, womit Werte bzw. normative Kultur gemeint sind. Die einzelnen kulturellen Elemente der anderen Subsysteme (z. B. Demokratie als Ideologie) können auch als Werte (z. B. demokratische Werte) aufgefasst werden, sofern sie als Selektionsstandards zu verstehen sind (s. S. 55), oder korrespondieren mit Werten (z. B. Wissenschaft und der Wert kognitiver Rationalität). Das Kultursystem interpenetriert mit den anderen Handlungssubsystemen. Die Gesellschaft Deutschlands beispielsweise hat bestimmte weltanschaulich-ideologische Werte, die Teil des Kultursystems sind, institutionalisiert, die sich als freiheitlich-demokratische Grundordnung zusammenfassen lassen.

Die *Gesellschaft* stellt ein vielschichtiges Gebilde dar, das aus diversen Subsystemen, Kollektiven und anderen differenzierten und segmentierten Einheiten besteht (s. S. 107). Analytisch lässt sie sich in die vier funktionalen Subsysteme Treuhandsystem, Gemeinschaftssystem, politisches und Wirtschaftssystem unterteilen (s. Kap. 2.6.1). Den Subsystemen können konkrete gesellschaftliche Einheiten oder Einrichtungen zugeordnet werden. So umfasst das Gemeinschaftssystem zum Beispiel das Rechtssystem und das Stratifikationssystem.

Die Subsysteme und alle Einheiten der Gesellschaft sind von verschiedener oder individueller und zugleich gemeinsam geteilter normativer Kultur gekennzeichnet. Es finden sich also sowohl Werte bzw. normative Kultur, die die Gesellschaft insgesamt kennzeichnen (z. B. individualistische Gesellschaft, aktivistische, leistungsorientierte Gesellschaft, sozialstaatliche Gesellschaft, an Gleichheit und Freiheit orientierte Gesellschaft, säkulare Wissensgesellschaft) als auch solche, die eher in einzelnen Teilen der Subsysteme verankert sind (s. S. 107). Der Wert der Demokratie ist beispielsweise vor allem für das politische System kennzeichnend, der Wert der Meritokratie für das Stratifikationssystem, Wissen bzw. der Wert der kognitiven Rationalität für Teile des Treuhandsystems oder in etwas

---

[6] Die Zuordnung der Subsysteme zum AGIL-Schema wird nicht weiter diskutiert, sondern nur aus Gründen der Ordnung genannt, da damit in Bezug auf Schultheorie kein Erkenntnisgewinn verbunden ist. Siehe dazu die Bemerkungen auf S. 430.

[7] Zum Kultursystem zählen sowohl konkrete Gegenstände, zum Beispiel ein bestimmtes Gemälde, als auch die mit diesen konkreten gegenständlichen Aspekten verbundenen Orientierungsmuster, Zeichen oder Bedeutungen, beispielsweise der künstlerische Stil des Gemäldes (vgl. Parsons 1964c: 387, 389, 398, 1961b: 968–969).

anderer Spezifizierung für Unternehmen und berufliche Tätigkeiten als Teil des Wirtschaftssystems. Das Beispiel Familie zeigt, dass in bestimmten Einheiten oder bestimmten Teilen von Subsystemen der Gesellschaft Werte eine Rolle spielen, die sich zu den Werten konträr verhalten, die die Gesellschaft insgesamt oder andere Einheiten, Subsysteme oder Teile von Subsystemen kennzeichnen: Meritokratie spielt in der Familie kaum eine Rolle.

6.1.3 Schule als Teil des Treuhandsystems und ihre *Latent-Pattern-Maintenance*-Funktion der Sozialisation und Bildung

In Kap. 6.1.2 wurde deutlich, dass Parsons die Gesellschaft als Sozialsystem mithilfe des AGIL-Schemas analysiert und vier funktional differenzierte Subsysteme der Gesellschaft annimmt. Schule wird hierbei im Treuhandsystem verortet. Das Treuhandsystem (s. S. 97) ist das Subsystem, das die Funktion der *latent pattern-maintenance*, also der Musterreorganisation, erfüllt (L-Funktion, s. S. 88). Diese Funktion ist, um die Unterscheidung von Funktion, Eigenfunktion und Leistung aufzugreifen (s. S. 120; z. T. auch bei T. Schulze 1980: 81), *die* Funktion von Schule.

Allgemeiner werden das Bildungswesen sowie die Prozesse der Bildung, der Sozialisation und des Lernens diesem Subsystem zugeordnet, ebenso wie die Familie (s. S. 99). Alle diese gesellschaftlichen Einheiten bzw. Prozesse[8] sind damit befasst, normative Kultur und andere kulturelle Elemente (wie Wissen), die für die Gesellschaft relevant sind, zu reorganisieren, d. h. zu erhalten, sie an neue Gesellschaftsmitglieder weiterzugeben oder Veränderungen der kulturellen Elemente der Gesellschaft zu organisieren.

Wenn Parsons' dem AGIL-Schema folgende, also funktionale Unterteilung des Treuhandsystems zugrunde liegt, dann ist das Bildungswesen mit den Prozessen der Bildung und des Lernens Teil des Rationalitätssystems (vgl. Parsons & Platt 1973: 19–20, 149; s. S. 162), während Sozialisation sich nicht allein diesem Subsystem des Treuhandsystems zuordnen lässt. Die Verortung im Rationalitätssystem korrespondiert mit dem großen Stellenwert, den Parsons – vor allem

---

[8] Im Folgenden und an anderen Stellen dieser Arbeit ist von Sozialisation und Bildung als Teilfunktionen der L-Funktion die Rede. Das ist insofern vereinfachend oder unpräzise, als Funktion und Prozess vermischt werden. Gemeint ist, dass die L-Funktion vor allem durch die beiden Prozesse der Sozialisation und der Bildung erfüllt wird. Wenn im Sinn des Bestands- oder Erfordernisfunktionalismus (s. S. 381) sodann nach der Struktur gefragt wird, die im Zusammenspiel mit diesen Prozessen zur Erfüllung dieser Funktion beiträgt, umfasst diese vor allem die normative Kultur der Schule. Insgesamt wird die Funktion der Musterreorganisation, d. h. der Reorganisation gesellschaftlicher (v. a. normativer) Kultur, somit durch die Prozesse der Sozialisation und Bildung sowie durch die normative Kultur als Struktur erfüllt.

6.1 Vorschlag einer normativfunktionalistischen Schultheorie

mit Blick auf die Universität, aber das Bildungswesen allgemein – dem Wert der kognitiven Rationalität zuschreibt.

Die schulische Funktion der Musterreorganisation lässt sich parallel zur Universität wie folgt konkretisieren: Diese Funktion umfasst sowohl Sozialisation (s. S. 145) im Sinn der interaktiven Auseinandersetzung mit normativer Kultur (Werten, Normen und Rollen) als auch Bildung (s. S. 153) im Sinn der Auseinandersetzung[9] mit anderen kulturellen Inhalten, Wissensbeständen und Fähigkeiten[10,11] (s. S. 180 und 191), wobei in der Gesamtanlage von Parsons' Theorie mit ihrem Fokus auf normative Kultur Sozialisation zentraler als Bildung ist.[12]

Bei Parsons sind die Funktion der Schule und damit die beiden Teilfunktionen der Sozialisation und der Bildung vor allem um kognitive Rationalität zentriert. Kognitive Rationalität ist als Wert Gegenstand der Sozialisation; die kognitiv-rationale Auseinandersetzung mit kognitiv-rational fundierten Inhalten sowie das Erlernen entsprechender Fähigkeiten (z. B. einen auf Argumenten basierenden Diskurs führen zu können) bedeutet Bildung (s. S. 179). Kognitive Rationalität kennzeichnet Schule nicht im gleichen Maß wie die Universität, weshalb in Kap. 6.1.6 weitere konstitutive Werte für die Schule formuliert sind. Solche anderen Werte sind bei Parsons angedeutet (z. B. nationale Identität) bzw. für die Universität formuliert (Pluralismus), aber nicht so systematisch ausgearbeitet, wie es bei kognitiver Rationalität der Fall ist.

Schule kann die Funktion der Musterreorganisation nur dadurch erfüllen, dass sie selbst an ähnlicher (v. a. normativer) Kultur orientiert ist wie die Gesellschaft bzw. andere Subsysteme der Gesellschaften und Einheiten der Subsysteme, für die sie diese Funktion erfüllt. Die normative Kultur der Schule, so das Postulat der Theorie, korrespondiert daher bis zu einem gewissen Grad mit der normativen Kultur der Gesellschaft oder wird durch sie mitbestimmt (vgl. Roeder et al. 1977: 91).[13] Wenn kognitive Rationalität also ein Wert unter anderen ist, der die Ge-

---

[9] Der Begriffsbildung dieser Arbeit folgend (s. S. 145), ist das Ergebnis dieser beiden Prozesse offen. Sozialisation mag zwar darauf abzielen, dass Schüler*innen (bzw. deren Persönlichkeitssysteme) eine bestimmte normative Kultur übernehmen, ob dies aber tatsächlich eintritt, bleibt offen. Sozialisation ist demnach nicht mit Internalisierung gleichzusetzen.

[10] Obgleich Bildung hier so bestimmt wird, dass sie die Auseinandersetzung mit nicht-normativen Aspekten meint, ist sie selbst normativ geprägt, wenn die Auswahl der Gegenstände von Bildung berücksichtigt wird.

[11] Diese beiden Teilfunktionen weisen eine Parallele zur Figur der Wissens- und Normenvermittlung auf, mit der im strukturtheoretischen Professionsansatz der Kern des Lehrer*innenhandelns gefasst wird (vgl. Bender & Dietrich 2019: 31; Helsper 2016a: 108).

[12] Dementsprechend stellen weniger Bildung, sondern vor allem Sozialisation und entsprechende Interaktionen den Schwerpunkt der folgenden Ausführungen dar.

[13] Rademacher und Wernet (2015: 109–110) stellen solch eine Annahme einer Homologie zwischen Schule und Gesellschaft, die sie in Helspers Professionalisierungstheorie ausmachen, der funktionalistischen Schultheorie gegenüber: „In Helspers Theoriesprache vollzieht sich die Kopplung

sellschaft insgesamt kennzeichnet, dann muss Schule, sofern sie die L-Funktion erfüllt, kognitive Rationalität zum Gegenstand ihrer Sozialisation (und Bildung) machen und daher selbst unter anderem an kognitiver Rationalität orientiert sein – das Kap. 6.1.6.1 wird diese Annahme plausibilisieren.

Wie in der Universität hat die L-Funktion der Schule, die sich auf die Gesellschaft bezieht, ebenso eine Bedeutung oder Wirkung für das einzelne Individuum. Parsons nimmt an, dass Bildung Selbstverwirklichung und Autonomie sowie (mit den Stichworten *general education* und *educated citizenship*) gesellschaftliche Teilhabe ermöglicht (vgl. Parsons & Platt 1973: 99–100). Speziell auf kognitive Rationalität bezogen lässt sich sagen, dass ein entsprechendes Handeln und entsprechende Fähigkeiten die Möglichkeiten der Individuen steigern, die Umwelt aktiv zu gestalten und sie für die eigene Selbstverwirklichung zu nutzen.

6.1.4 Normative In- und Outputs der Schule

Die soeben erläuterte grundlegende L-Funktion der Schule, gesellschaftliche (und dabei v. a. normative) Kultur zu reorganisieren, und die Nähe der normativen Kultur von Schule und der gesellschaftlichen Umwelt lässt sich weiter ausdifferenzieren, indem nicht nur die Gesellschaft insgesamt betrachtet wird, sondern auch deren Subsysteme und die dort zu verortenden konkreten Einheiten. Damit wird die in Kap. 6.1.1 formulierte Aufgabe b) der normativfunktionalistischen Schultheorie in den Blick gerückt, nach dem Verhältnis der normativen Kulturen verschiedener Einheiten zu fragen.

Hierfür sollen folgende Begrifflichkeiten genutzt werden: Ein Zusammenhang der normativen Kulturen zweier Einheiten kann einerseits als *normative Erwartung* und andererseits als *normativer Beitrag* auftreten, und dabei wiederum als *normative Leistung* oder *Funktion*. Je nach Perspektive erscheinen Erwartungen und Beiträge als *In-* oder *Outputs*. Mit *normativen Erwartungen* ist gemeint, dass eine Einheit (v. a. aufgrund ihrer eigenen normativen Kultur) Erwartungen an eine andere Einheit formuliert, dass diese ihre normative Kultur in einer bestimmten Weise reorganisiert (d. h. je nach Fall: erhält, verändert o. Ä.). Mit *normativen Beiträgen* ist gemeint, dass eine Einheit dazu beiträgt, die normative Kultur einer anderen Einheit zu reorganisieren (beibehält, verändert usw.).[14] Der

---

zwischen Schule und Gesellschaft nicht mehr in der Figur einer Leistung, die das Teilsystem fürs Ganze erbringt, sondern in dem Modell einer *Strukturhomologie*. An die Stelle des Begriffs der Funktion tritt die Idee einer strukturellen Ähnlichkeit" (H. i. O.). Demgegenüber lässt sich bei Parsons die Verbindung beider Figuren erkennen: Schule erfüllt die L-Funktion, *indem* sie in gewissem Maß homolog zur Gesellschaft verfasst ist.

[14] Im Fokus stehen im Folgenden jedoch solche – aus Sicht des Zielsystems: positiven – Beiträge, die die normative Kultur des Zielsystems erhalten. Der Fokus ließe sich jedoch weiten (für Ähnliches

6.1 Vorschlag einer normativfunktionalistischen Schultheorie

Unterschied zwischen Leistungen und Funktionen folgt der Unterscheidung von S. 120: Die *Funktion* ist auf das direkt übergeordnete System gerichtet, im Fall der Schule die Gesellschaft, gemeint ist also die bereits in Kap. 6.1.3 thematisierte L-Funktion. *Leistungen* beziehen sich demgegenüber auf andere (bei-, über- oder untergeordnete) Systeme.[15]

Um die Begrifflichkeiten an einigen Beispielen zu illustrieren: Eine normative Erwartung von Schule bzw. bestimmten Teilen oder Akteur*innen innerhalb der Schule an Erziehungswissenschaft bzw. bestimmte Teile oder Akteur*innen innerhalb der Erziehungswissenschaft könnte darin gesehen werden, möglichst praxisrelevantes, direkt handhabbares Wissen für pädagogisches Handeln bereitzustellen, was eine Erwartung darstellt, kognitive Rationalität nicht in Reinform zu implementieren, sondern anwendungsbezogen.[16] Für die Schule stellt dies einen normativen Output, für die Erziehungswissenschaft einen normativen Input dar. Aus Sicht des demokratisch verfassten politischen Systems soll Schule autonome, mündige Bürger*innen hervorbringen, was sich als normativer Input mit Bezug auf den Wert Demokratie auffassen lässt, der ebenso von anderen Einheiten (z. B. Demokratiepädagogik) formuliert werden könnte.

Verschiedene gesellschaftliche Einheiten und Einrichtungen stellen also Anforderungen an die Schule und formulieren entsprechende Erwartungen, die auf die normative Kultur der Schule abzielen. Ausgehend von der Einsicht, dass die normative Kultur zu einem gewissen Teil durch die normative Kultur ihrer Umwelt mitbestimmt ist, dürften einige solcher normativen Erwartungen darauf zielen, diese Korrespondenz zwischen Schule und Umwelt aufrechtzuerhalten. Somit ist anzunehmen, dass die Umwelt normative Erwartungen an die Schule formuliert, die die normative Kultur der Schule tatsächlich mitbestimmen bzw. von Schule realisiert werden. Demgegenüber können normative Erwartungen auch auf Spannungen verweisen, insofern die Erwartungen seitens einer bestimmten Einheit nicht erfüllt werden.

Es können einige weitere Beispiele betrachtet werden. Eine normative Leistung im Sinn eines Inputs für Schule sollte die universitäre Lehrer*innenbildung, allgemeiner die Universität erbringen, insofern Lehrpersonen durch die univer-

---

in Bezug auf Funktionen allgemein s. S. 125, in Bezug auf den Zusammenhang zwischen Struktur und Funktion s. S. 376).

[15] Zusammenfassend geht es im Folgenden demnach um den Zusammenhang von Schule erstens zu anderen Teilen des Treuhandsystems, zweitens zu anderen Subsystemen der Gesellschaft und ihren Einheiten sowie drittens zum Kultursystem, das der Gesellschaft beigeordnet ist.

[16] Im Text wie in Abb. 6.1 und 6.3 wird vereinfacht formuliert bzw. visualisiert, dass Einheiten des Kultursystems mit In- und Outputs operieren. Da das Kultursystem jedoch kein handelndes System ist (s. S. 71), ist das unpräzise; gemeint ist jeweils, dass kulturelle Einheiten dies vermittelt über entsprechende Akteur*innen, Kollektive etc. tun.

sitäre Lehrer*innenbildung an kognitive Rationalität gebunden werden. Das Verhältnis zwischen Schule und Familie kann ebenfalls mit den hier bemühten Begrifflichkeiten analysiert werden. Es könnte zunächst gefragt werden, welche normative Kultur Schule und Familie überhaupt teilen. Dass solch eine geteilte normative Kultur vorhanden ist, würde wohl für bestimmte Familien eher zutreffen als für andere. Damit würden bestimmte normative Leistungen und Outputs gegenüber der Schule – zum Beispiel mit Blick auf Autonomie und Heteronomie – in unterschiedlichem Maß erbracht werden. Familien dürften ferner bestimmte Erwartungen an Schule formulieren, sehr allgemein zum Beispiel die Erwartungen, dass Schule ihren Kindern etwas beibringt oder zum guten Leben ihrer Kinder beiträgt, was sich jeweils auf verschiedene konkrete Werte beziehen kann. Mit Blick auf den Wert der kognitiven Rationalität könnten Erwartungen dahingehend formuliert werden, in welchem Maß entsprechend kognitive Inhalte in der Schule eine Rolle spielen sollten. An diesem Beispiel wird deutlich, dass die Bezeichnung ‚normative In- bzw. Outputs' nicht missverstanden werden darf: Die In- oder Outputs selbst müssen nicht normativ sein, sie richten sich aber auf die normative Kultur von Einheiten. Wenn etwa empirische Befunde zu Unterrichtsqualität oder Lehr-Lern-Prozessen als Inputs der Erziehungswissenschaft an die Schule aufgefasst werden, so sind diese Inputs nicht an sich normativ, zielen aber auf die normative Kultur der Schule, zum Beispiel auf eine Relativierung des Werts der Leistung.

Das begriffliche Schema der In- und Outputs und der Erwartungen und Leistungen ist ein Versuch, Zusammenhänge, Korrespondenzen und Widersprüche zwischen normativen Kulturen verschiedener Einheiten zu beschreiben. Sie sind hier als Vermutung eines Zusammenhangs zu verstehen, d. h., es soll nicht der Eindruck erweckt werden, als ob hier empirisch belegte Schule-Umwelt-Zusammenhänge formuliert würden.[17] Auch als Annahme erscheint die Unterscheidung von Erwartungen und Beiträgen jedoch instruktiv, um rein erwünschte Zusammenhänge der normativen Kulturen (‚Erziehungswissenschaft soll praxisrelevantes Wissen für Unterrichtshandeln liefern.') von als real vermuteten Zusammenhängen (‚Erziehungswissenschaft bietet, vermittelt über die Universität, wissenschaftliches Wissen für Unterrichtshandeln.') zu unterscheiden.

Im letztgenannten Beispiel zeigt sich weiterhin, weshalb In- und Output sowie Erwartung und Leistung bei der Analyse von Schule unterschieden werden sollten: Diese müssen nicht übereinstimmen. In anderen Fällen korrespondieren

---

[17] Insofern setzen sich die begrifflich etwas unscharfen Verständnisse fort, mit Funktionen oder Leistungen eigentlich Aussagen auf einer deskriptiven Ebene zu bezeichnen, im Gegensatz zu Erwartungen oder auch Aufgaben, die ein Sollen bezeichnen (s. S. 367), Funktionen und Leistungen aber hier nicht empirisch vollumfänglich fundiert als tatsächliche Deskription belegen zu können (s. ausführlich S. 432).

6.1 Vorschlag einer normativfunktionalistischen Schultheorie

Erwartung und Leistung, wenn beispielsweise für berufliche Tätigkeiten autonomes Handeln in den Grenzen der Regelungen des Unternehmens notwendig ist und erwartet wird und die Schule dies als normativen Input und Leistung zu erbringen scheint, weil ihre Interaktion und Sozialisation ähnlich angelegt sind. Hieran zeigt sich ferner, dass Erwartungen nicht allein explizite Erwartungen meinen, sondern ebenfalls Erwartungen, die implizit aus Sicht einer Einheit bestehen dürften.

Wie bereits angedeutet, wird bei den formulierten In- und Outputs nicht von einem reibungslosen Einfügen der Schule (oder anderer Einheiten) in die verschiedenen Austauschprozesse ausgegangen. Es wird also nicht suggeriert, Schule entspreche allen normativen Erwartungen und erbringe reibungslos die erwünschten normativen Leistungen. Es geht vielmehr darum, skizzenhaft Überlegungen zu konkreten Zusammenhängen zwischen Schule und ihrer Umwelt anzustellen – damit wird deutlich, dass die Schultheorie hier in ihren Grundaussagen und ihrem Programm dargestellt, aber nicht in allen Details ausformuliert ist (s. S. 435).

Das Folgende konzentriert sich auf Leistungen der Schule als Outputs für die drei anderen gesellschaftlichen Subsysteme. Einiges davon wird bei Betrachtung der einzelnen Werte der Schule in Kap. 6.1.6 noch einmal aufgegriffen werden, wo jeweils die Relevanz der einzelnen Werte in der Schule sowie in ihrer gesellschaftlich-kulturellen Umwelt erläutert sowie Schule-Umwelt-Zusammenhänge im Sinn von In- und Outputs, Erwartungen und Leistungen ebenfalls betrachtet werden. Die Skizzierung der Leistungen als Outputs der Schule in Bezug auf die drei Subsysteme der Gesellschaft jenseits des Treuhandsystems folgt in Anlehnung an Parsons dem Dualismus von Bildung und Sozialisation als den beiden Teilfunktionen der L-Funktion (s. Kap. 6.1.3). Leistungen in Parallele zur Teilfunktion der Bildung beziehen sich auf inhaltliche Kultur (Wissen, Fähigkeiten), Leistungen in Parallele zur Teilfunktion der Sozialisation auf normative Kultur (Werte, Normen, Rollen); letztere sind dementsprechend *normative* Outputs, erstere nicht, aber hier trotzdem benannt, um Parsons' Relevanzsetzung von Bildung aufzugreifen (s. zu dieser Unschärfe S. 447).[18]

– Leistungen in Bezug auf das *politische System*
  Inhaltlich erbringt Schule insofern Leistungen für das politische System, als sie Allgemeinbildung und konkretes Wissen über Politik, politische Prozesse, Mitbestimmungsmöglichkeiten usw. vermittelt. Dazu treten bestimmte Fähigkeiten, die Schule anbahnt und auf die das politische System zurückgreift,

---

[18] Damit wird die formale Ebene der Theorie verlassen, weil (schlagwortartig und beispielhaft) nach konkreten Leistungen innerhalb der Gesellschaft Deutschlands gefragt wird (s. S. 432 für die Diskussion der Anforderungen an die Begründung der Theorie in Abhängigkeit dieser Ebenen).

zum Beispiel die Fähigkeit, eine eigene Position zu entwickeln, zu begründen und in einen Diskurs einzubringen, andere Positionen nachzuvollziehen oder Probleme und Konflikte zu analysieren. Sozialisatorisch oder normativ beziehen sich die Leistungen der Schule für das politische System darauf, dass bestimmte Werte, die für eine Demokratie relevant sind (z. B. Gleichheit oder Freiheit), Gegenstand der Interaktion und Sozialisation in der Schule sind (vgl. zum Zusammenhang zwischen Bildung und Demokratie im Funktionalismus auch Goyette 2017: 31).[19] Auch der Wert der kognitiven Rationalität spielt insofern eine Rolle, als er grundlegend für das Führen rationaler Diskurse ist.

- Leistungen in Bezug auf das *Wirtschaftssystem*
  Die inhaltlichen Leistungen der Schule für das Wirtschaftssystem dürften sich mit dem Begriff der Qualifikation zusammenfassen lassen. Es geht um Fähigkeiten und Wissensbestände, die für die Ausübung beruflicher Tätigkeiten notwendig sind (z. B. Lesen und Schreiben). In sozialisatorischer Perspektive ist dafür wiederum der Wert der kognitiven Rationalität relevant, der ein entsprechendes Handeln ermöglicht. Dazu tritt als sozialisatorische Leistung ein Wert wie Leistung, der für die im Wirtschaftssystem notwendige Bereitschaft relevant ist, aktiv etwas zu tun oder Aufgaben zu erledigen.

- Leistungen in Bezug auf das *Gemeinschaftssystem*
  Inhaltlich dürfte eine entscheidende Leistung der Schule für dieses Subsystem darin bestehen, eine gemeinsame Wissens- und Kommunikationsbasis, eine gemeinsame Sprache, zu vermitteln. Sozialisatorisch erscheinen je nach konkretem Teil des Gemeinschaftssystems verschiedene Leistungen als relevant. Für die gesellschaftliche Stratifikation ist die Legitimation dieser Stratifikation bedeutsam, sodass für die Interaktion und Sozialisation in der Schule die universalistische Bewertung von Leistung der entscheidende Wert ist. Für das Rechtssystem ist der Wert des Universalismus zentral; Schule erbringt demnach eine Leistung für das Rechtssystem, insofern sie ebenfalls mit universalistischen Normen (bspw. Hausordnung oder Klassenregeln) operiert (vgl. für den entsprechenden Zusammenhang zwischen Universität und Rechtssystem Parsons & Platt 1973: 205). Ein dritter, wieder etwas weniger konkreter Teil des Gemeinschaftssystems ist in den verschiedenen Gemeinschaften, Gruppen, Loyalitäten und Solidaritätsbeziehungen zu sehen, in die einzelne Gesellschaftsmitglieder eingebunden sind. Schule bereitet dies vor, weil sie selbst sozial verfasst ist, sodass Schüler*innen Kollektivismus, Solidarität und Pluralismus erfahren können.

---

[19] Die hier formulierten Leistungen in Bezug auf die drei Subsysteme finden sich zum Teil bereits bei Dreeben (s. ab S. 309), bei Fend (s. S. 336 und ab S. 344), sowie, in eher kritischer Sicht, im Ansatz des heimlichen Lehrplans (s. S. 325).

6.1.5 Schule als Sozialsystem

Schule ist nicht nur, wie in Kap. 6.1.2 erläutert, ein System, sondern auch ein *Sozial*system. Hierauf weist Parsons im Titel des Schulklasse-Aufsatzes hin, obgleich auf die Schulklasse, nicht die Schule bezogen (s. S. 189). Für die Universität konstatiert er das gleichermaßen (vgl. Parsons 1978d: 99–100). Der entscheidende Grund, warum Schule als Sozialsystem aufgefasst werden kann, liegt darin, dass in ihr Interaktionen stattfinden, die von überzufälligen Regeln geleitet sind. Damit sind im System institutionalisierte Rollenerwartungen, also Rollen, gemeint, die wiederum auf bestimmte Normen und Werte verweisen. Als Rollen lassen sich für die Schule vor allem die Rolle von Lehrpersonen und die Rolle von Schüler*innen annehmen (vgl. Münch 2007: 33). Dass es sich um Rollen handelt, wird dadurch deutlich, dass generalisierte, also vom konkreten Individuum unabhängige Erwartungen bestehen (vgl. auch Apel 2002: 42; K. Ulich 2001: 40; Feldhoff 1970: 293; ähnlich Kramer 2019: 38–41), also an Lehrpersonen im Allgemeinen (Unterricht anbieten, Leistung bewerten, Schüler*innen gleichbehandeln usw.) und an Schüler*innen im Allgemeinen (am Unterricht mitwirken, Aufgaben erledigen o. Ä.). Die konkret beteiligten Akteur*innen nehmen dabei nicht nur am Sozialsystem Schule mit entsprechenden Rollen teil, sondern sind auch in andere Sozialsysteme mit anderen Rollen involviert (vgl. Wiater 2016: 215, 2013: 27); dies führt zum Problem der Vereinbarung dieser unterschiedlichen und ggf. widersprüchlichen Rollen, ungeachtet der Tatsache, dass die Rollen bereits für sich widersprüchliche Erwartungen beinhalten können, worauf die Antinomien des Lehrer*innenberufs aufmerksam machen (vgl. Helsper 2016a, 2004; auch Kramp 1973: 194–197).

Anders als in Parsons' Urmodell des Sozialsystems, das erst durch die Interaktion von Ego und Alter hervorgebracht wird (s. ab S. 44), treten die Schüler*innen in ein schon bestehendes Sozialsystem mit feststehenden, bereits institutionalisierten Rollen ein, die sie als Einzelne im Wesentlichen nicht verändern können (vgl. Feldhoff 1970: 292).[20,21] Die Schüler*innen stehen dann vor der Herausforde-

---

[20] Die Schulklasse und nicht die Schule als Sozialsystem und damit als analytischen Bezugspunkt zu wählen, würde diesen Umstand übrigens ausblenden, weil die institutionalisierten Rollen in der Schule insgesamt gründen und nicht in einzelnen Schulklassen.

[21] Diese Tatsache lässt sich auch mit dem Begriff der Institution fassen (s. allgemein S. 286, speziell bei Fend S. 332 und 333), der dadurch gekennzeichnet ist, dass Erwartungen an die Akteur*innen dauerhaft feststehen (vgl. Blömeke & Herzig 2009: 67–68; Brumlik & Holtappels 1993: 92) bzw. im Sinn von Institutionalisierung auf Dauer gestellt werden. Dass diese Erwartungen tatsächlich feststehen, spiegelt sich in gesetzlichen Regelungen, zum Beispiel in Schulgesetzen oder Verordnungen zur Leistungsbewertung oder auch in Haus- oder Schulordnungen (vgl. Apel 2002: 43), wider und wird später mit dem Schlagwort der Heteronomie gefasst (s. Kap. 6.1.6.3). Das geringe Einflusspotenzial der Schüler*innen rührt des Weiteren daher, dass sie den Lehrpersonen als

6 Normativfunktionalistische Schultheorie

rung, mit den institutionalisierten Erwartungen an sie umgehen zu müssen. Rollenkonformes Handeln der Schüler*innen wird dabei verstärkt, nicht rollenkonformes Handeln sanktioniert. In solch einem idealtypisch auf ein Gleichgewicht zielenden Sozialsystem (s. S. 45 und 147) ist daher von der Durchsetzung rollenkonformen Handelns auszugehen. Die Auseinandersetzung der Schüler*innen mit den institutionalisierten Erwartungen in Form von Rollen bzw. allgemeiner mit normativer Kultur lässt sich als Sozialisation auffassen. Im Fall ‚gelingender' Sozialisation kommt es zu einer Internalisierung (s. S. 63 und 145), sodass vormals äußerliche Erwartungen Teil des Persönlichkeitssystems werden – dies ist bei Parsons wiederum idealtypisch gedacht und meint nicht, dass real alle Schüler*innen alle Erwartungen in vollem Umfang internalisieren und entsprechend handeln; denn Persönlichkeitssystem und Bedürfnisdispositionen einerseits und Sozialsystem und Rollen andererseits sind nicht identisch (s. S. 151).[22]

Die Annahme der Schule als Sozialsystem führt zu einer weiteren Einsicht, die sich schon bei Parsons' Professionstheorie zeigte (s. S. 243). In Sozialsystemen hängt gemäß der Annahme einer doppelten Kontingenz (s. S. 44) Gelingen oder Gratifikation nicht nur von Ego (z. B. einem*r Schüler*in), sondern auch von den Alters (z. B. Mitschüler*innen und Lehrpersonen) ab (vgl. Münch 2007: 33). Im heutigen Diskurs wird dies so reformuliert, dass Schule bzw. Unterricht eine soziale Ko-Konstruktion zwischen Lehrpersonen und Schüler*innen sowie ggf. anderen Akteur*innen darstellen (vgl. Kiper 2013: 70). Doppelte Kontingenz lässt sich dabei auch umkehren, wenn Lehrpersonen als Ego zum Ausgangspunkt genommen werden. Ihr Erfolg, die Verwirklichung ihrer Ziele hängen ebenfalls nicht nur von ihnen allein ab, sondern auch von den Schüler*innen, der Schulleitung usw. Doppelte Kontingenz meint darüber hinaus, dass die Akteur*innen die Erwartungen der jeweils anderen Akteur*innen schon im Vorhinein mitbedenken, dass sie also Erwartungen an sich reflektieren und (idealtypisch) bereit sind, gemäß diesen Erwartungen zu handeln. Lehrpersonen dürften beispielsweise bei der Unterrichtsvorbereitung Interessen, Lerntypen oder Vorwissen der Schüler*innen mitbedenken, Schüler*innen wiederum sehen zum Teil voraus, ‚was Lehrpersonen hören wollen' und geben entsprechende Antworten.

Erwachsenen hierarchisch nicht gleichgestellt sind, weil Lehrpersonen über eine „Anordnungs-, Zuweisungs- und Sanktionsmacht" (Helsper 2016a: 112) verfügen (vgl. auch Duncker 2018: 111; K. Ulich 1982: 475–477; s. S. 180 für eine ähnliche Asymmetrie in der Universität). All dies soll nicht suggerieren, dass die schulische Ordnung völlig unveränderbar oder vollkommen hierarchisch ist. Letzteres unterstreicht die Symmetrieantinomie im strukturtheoretischen Professionsansatz (vgl. Helsper 2016a: 112, 2004: 74–75).

[22] An dieser Stelle, an der Stabilität und Reproduktion von Rollen und Werten akzentuiert werden, zeigt sich einmal mehr Parsons' Fokus auf die Erklärung gesellschaftlicher Ordnung, nicht gesellschaftlichen Wandels (s. S. 64 und 150).

6.1 Vorschlag einer normativfunktionalistischen Schultheorie

Das Konzept eines Sozialsystems mit der Annahme der doppelten Kontingenz zeigt also nicht nur gewisse harmonisierende oder, kritisch aufgefasst, unterdrückende Tendenzen, sondern macht auch auf Dynamik, Unsicherheit und Abhängigkeit aufmerksam, wenn sich Erwartungen gegenseitig beeinflussen und Handlungen voneinander abhängen. Mit einer Dualität doppelter Kontingenz einerseits und institutionalisierten Erwartungen andererseits zeigt sich für ein Sozialsystem wie Schule also, dass die Akteur*innen nicht automatisch zur Erreichung der Ziele des Sozialsystems beitragen. Es bedarf immer einer kooperativen Aktivität der beteiligten Akteur*innen, wobei diese Aktivität wiederum als institutionalisierte Erwartung verstanden werden kann. Von Schüler*innen wird beispielsweise erwartet, an der Erreichung des Ziels der Schule (z. B. fachliche Kenntnisse zu erwerben) mitzuwirken.

Mit der Konzeptualisierung der Schule als Sozialsystem lässt sich außerdem fragen, wie sich Schule als System erhält, wie es die AGIL-Funktionen für sich – als Eigenfunktionen – erfüllt, und ob es entsprechende (funktionale) Differenzierungen gibt (s. Kap. 3.4.3.2).

Auf Basis der begründeten Annahmen, dass Schule ein System und ein Sozialsystem ist, lässt sich, wie schon in Kap. 6.1.1 angeklungen ist, festhalten, dass Schule von ihrer Umwelt abgrenzbar ist und eigenen Logiken folgt. Schule ist ein System, das nicht vollständig durch die Umwelt determiniert wird, denn sonst wäre es kein System (vgl. als Kritik an Parsons bzw. an der funktionalistischen Perspektive allgemein Dietrich 2021: 18–19; Brüsemeister & T. Kemper 2019: 66–67; Rademacher & Wernet 2015: 104; Breidenstein 2010: 872; Duncker 2007: 40; Gruschka 2002: 214; Leschinsky & Roeder 1981: 133; zur Annahme der Autonomie der Schule auch Duncker 2018: 107–108; Tenorth 2016: 147–148; Terhart 2013: 41; Wiater 2013: 15; Kussau 2007: 174–175; Leschinsky 1996: 16; Adick 1992: 131–134; Sauer 1981: 20–27). Fends Konzept der Rekontextualisierung (vgl. Fend 2008a: 174–176) betont dies besonders (s. S. 340). Als System in einer Umwelt und vor allem als Teil eines Subsystems der Gesellschaft ist Schule zugleich nicht autark und isoliert, sondern unterhält Beziehungen mit anderen (Sub-)Systemen (vgl. Wiater 2016: 64, 2013: 15–16).

Die Dualität von Selbstständigkeit und Abhängigkeit, von Eigen- und Fremdlogik spiegelt sich in der normativen Kultur von Schule wider. Grundsätzlich liegt Schule als Sozialsystem eine bestimmte, ihr eigene normative Kultur zugrunde. Diese normative Kultur bildet das individuelle Muster, die Identität des Sozialsystems Schule. Welche Werte konkret identitätsbegründend für Schule sind, wird in Kap. 6.1.6 ausformuliert. In ihrer normativ-kulturellen Verfasstheit ist Schule demnach nicht vollständig durch die Umwelt determiniert, sondern sie spezifiziert, wie jede Einheit oder jedes Subsystem (s. S. 108), die normative

6 Normativfunktionalistische Schultheorie

Kultur ihrer Umwelt und wendet sie eigenlogisch an (unabhängig von Parsons Tenorth 2016: 148; Terhart 2013: 41). Dies folgt auch daraus, dass die normative Kultur der Umwelt in sich bereits differenziert und nicht-monolithisch ist.

Mit Bezug auf die normativen Inputs aus Kap. 6.1.5 lässt sich der Gedankengang so zusammenfassen, dass Schule als (Sozial-)System diese Inputs eigenlogisch verarbeitet. Besonders virulent dürfte hierbei sein, wie Schule die teils widersprüchlichen normativen Inputs der verschiedenen Teile der gesellschaftlich-kulturellen Umwelt verarbeitet. Dieses Problem formuliert auch Smelser (1973: 399) für die Universität:

> „[T]he educational system stands continuously in a state of precarious balance and potential conflict over different priorities: to what extent should it be permitted to maximize its own values of cognitive rationality (generating knowledge, searching for truths, teaching and learning in the broadest sense), and to what extent should it be required to ‚service' the values and needs of other sectors of the society? This question is a subject of continuous uncertainty and conflict."

Trotz der autonomen oder eigenlogischen normativen Kultur von Schule ist diese nicht losgelöst von der gesellschaftlichen Umwelt zu betrachten. Die normative Kultur der Schule und ihrer gesellschaftlichen Umwelt korrespondieren in gewissem Grad miteinander, worüber Schule die Funktion der Reorganisation der gesellschaftlichen (v. a. normativen) Kultur erfüllt. Wie bereits in Kap. 6.1.3 angedeutet und bei aller Vorsicht vor solchen Kausalitäten (s. S. 376) kann dies auch umgekehrt formuliert werden: Wenn Schule die Funktion der Reorganisation der gesellschaftlichen (v. a. normativen) Kultur erfüllen und als Teil des Treuhandsystems aufgefasst werden soll, muss die normative Kultur der Schule in gewissem Maß mit der normativen Kultur der gesellschaftlichen Umwelt korrespondieren.

Vor dem Hintergrund von Sozialisation als der entscheidenden Teilfunktion von Schule konfrontiert diese die Schüler*innen mit bestimmter normativer Kultur und zielt auf deren Internalisierung. Damit hängt Sozialisation bzw. die L-Funktion der Schule mit den Interaktionen der Schule zusammen. Die Schule erfüllt die Teilfunktion der Sozialisation (wie die Universität, s. S. 175) dadurch, dass die normative Kultur, die Gegenstand der Sozialisation ist, die Interaktionen der Schule mitprägt (so auch Diederich & Tenorth 1997: 71).[23],[24] Dies ist in Abb. 6.2

---

[23] In Rückbezug auf die Ausführungen zum Schulklasse-Aufsatz auf S. 190 lässt sich dies so reformulieren, dass Parsons' mikrosoziologische (Interaktion im Sozialsystem) und seine makrosoziologische (L-Funktion und Übergangsinstanz) Perspektive auf Schule miteinander verwoben sind. Etwas anders nuanciert kann im Sinn der Begriffsbestimmung von S. 379 von einer Korrespondenz zwischen Struktur (das ist die die Interaktion kennzeichnende normative Kultur) und Funktion (Sozialisation) gesprochen werden.

[24] Das heißt dezidiert nicht, dass jede Interaktion völlig durch die sozialisatorisch relevante normative Kultur bestimmt ist bzw. sich jede Interaktion mit der Funktion der Sozialisation erklären

6.1 Vorschlag einer normativfunktionalistischen Schultheorie

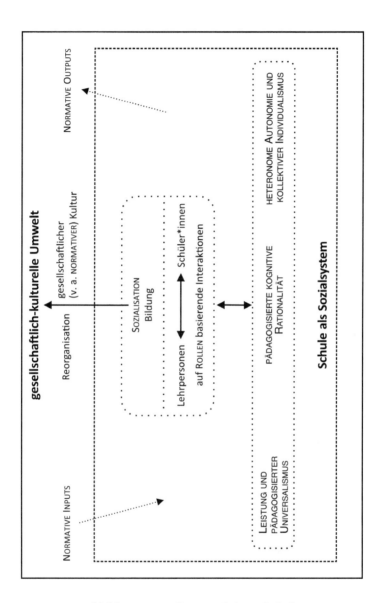

Abbildung 6.2: *Mikroperspektive auf Schule in der normativfunktionalistischen Schultheorie* (eigene Darstellung)

6 Normativfunktionalistische Schultheorie

visualisiert. Schulische Sozialisation mit Blick auf kognitive Rationalität findet beispielsweise dadurch statt, dass schulische Interaktionen durch diesen Wert geprägt sind, ähnlich wie der Wert der universalistischen Bewertung von Leistung dadurch zum Sozialisationsgegenstand wird, dass Leistung in der Schule universalistisch bewertet wird (s. S. 228).

Die schulische Funktion der Musterreorganisation fußt demnach insgesamt auf zwei Korrespondenzen: Zum einen korrespondieren Interaktion und Sozialisation in der Schule in gewissem Maß, zum anderen korrespondieren die normativen Kulturen der Schule und der gesellschaftlichen Umwelt zu einem bestimmten Grad. Wie genau sich diese Korrespondenzen darstellen, wird im folgenden Kap. 6.1.6 deutlich.

6.1.6 Die Werte der Schule

Die Prägung von Handeln und Handlungssystemen durch normative Kultur ist zentraler Fokus des normativen Funktionalismus. Normative Kultur unterscheidet sich nach verschiedenen Allgemeinheitsgraden, wobei Werte die allgemeinste Form normativer Kultur sind (s. S. 103).[25] Wird allerdings von einem Wert gesprochen, ist damit implizit auch normative Kultur mit einem niedrigeren Allgemeinheitsgrad aufgerufen, also bestimmte Normen und Rollen, ebenso umgekehrt (s. S. 46, 104 und 144).

Im Folgenden werden drei zentrale Werte bzw. Wertkomplexe der Schule formuliert. Dabei wird der Wert jeweils zunächst inhaltlich bestimmt, sodann wird seine Relevanz für Schule und schließlich die Relevanz für die gesellschaftlich-kulturelle Umwelt der Schule erläutert.

Die drei Werte der Schule werden nicht nur theoretisch entfaltet, wie sie sich also in Parsons' Schultheorie bzw. Bildungssoziologie darstellen, sondern sie werden mit Verweis auf weitere Literatur, empirische Studien und Lehrpläne illustriert, konkretisiert und somit exemplarisch plausibilisiert. Dies soll eine

---

lässt. Wie bei der Korrespondenz zwischen normativer Kultur der Schule und der Gesellschaft im letzten Absatz zeigen sich Korrespondenzen, die eine Funktionserfüllung nahelegen, und andersherum ist die Funktionserfüllung auf solch eine gewisse Korrespondenz angewiesen.

[25] Diese Differenzierung von Parsons bezieht sich auf die normative Kultur der Gesellschaft. Wird das Sozialsystem Schule zum Ausgangspunkt genommen, lässt sich die gleiche Differenzierung anwenden, sodass die Werte der Schule die im Sozialsystem Schule allgemeinste, abstrakteste Form normativer Kultur sind. Fungiert die Gesellschaft als Referenzpunkt, dann wäre das, was hier als Werte der Schule bezeichnet wird, eher als Normen der Schule zu betiteln. Diese Frage des Referenzpunkts und der Bezeichnung ist jedoch nicht überzuwerten, weil Schule und Gesellschaft sowie ihre jeweilige normative Kultur stark verwoben sind und weil es für die folgenden inhaltlichen Aussagen nicht relevant ist. Zentral ist lediglich, dass Schule von bestimmter normativer Kultur geprägt ist, wie auch immer diese zu bezeichnen ist.

6.1 Vorschlag einer normativfunktionalistischen Schultheorie

umfassende empirische Sichtung, wie sie in dieser Arbeit nicht geleistet werden kann, keinesfalls ersetzen. Der vorläufige, teilweise skizzenhafte und idealtypische Charakter der Ausführungen wird in Kap. 6.2.1 genauer reflektiert.

Neben Verweisen auf die vor allem schultheoretische Literatur aus Kap. 4 und auf die in Kap. 5 untersuchten Autor*innen werden als empirische Studien vor allem die von A. Hess (2020), Wenzl (2014) und Rademacher (2009) herangezogen. Diese drei qualitativ-rekonstruktiven Studien sind exemplarisch ausgewählt, weil ihre Befunde an die hier folgenden schultheoretischen Überlegungen mit ihrem Fokus auf die drei Werte anschlussfähig sind. Außerdem sollen einzelne Lehrpläne, Verordnungen und Schulgesetze dazu dienen, exemplarisch zu zeigen, dass die genannten Werte mindestens als Ideale und Sollensvorstellungen für Schule relevant sind. Hierbei wurden die Lehrpläne nicht methodisch kontrolliert und systematisch ausgewertet, sondern es wurde mit Blick auf verschiedene Schulformen, Jahrgangsstufen, Fächer und Bundesländer exemplarisch nach Hinweisen auf die Werte gesucht.

6.1.6.1 Pädagogisierte kognitive Rationalität

Kognitive Rationalität ist zentral für Parsons' Bildungssoziologie (s. Kap. 3.8.1). Sie gründet im Kultursystem und verweist auf eine Orientierung an Standards der Wahrheit und Objektivität (s. S. 157). Solch ein Wert führt dann unmittelbar zu wissenschaftlichem Wissen (und Methoden, Fähigkeiten usw.), das ebenfalls zum Kultursystem gehört. Kognitive Rationalität äußert sich demnach in verschiedenen Dimensionen, in denen sie nicht nur als Wert als solcher greifbar wird, sondern in denen sie konkrete Handlungen und Objekte prägt.

Hierzu wird vorgeschlagen, diese Dimensionen wie folgt zu systematisieren:

- *materiale kognitive Rationalität*: An Objektivität orientiertes Wissen als Produkt von an kognitiver Rationalität orientierten Erkenntnisprozessen.
- *prozedurale kognitive Rationalität*: Handlungen, die in sich, ohne auf andere Personen zu zielen, an kognitiver Rationalität orientiert sind. Dazu zählen beispielsweise alle Arten von Forschung oder Erkenntnisprozessen, die auf Generierung oder Überprüfung von Wissen zielen (konkret z. B. experimentieren, beweisen, Hypothesen überprüfen, eine Studie durchführen), aber auch Handlungen, die Wissen oder Theorien anwenden (z. B. Probleme lösen, etwas berechnen, das Verhalten einer Person erklären).
- *kommunikative kognitive Rationalität*: Sprech-, Schreib- oder sonstige kommunikative Akte, die an andere Personen gerichtet und an kognitiver Rationalität orientiert sind. Dazu zählt beispielsweise, Argumente zu formulieren, Gründe oder Belege für Aussagen anzugeben, sich logisch konsistent zu äußern

6 Normativfunktionalistische Schultheorie

oder etwas zu erklären (s. S. 176). Die Übergänge zwischen prozeduraler und kommunikativer kognitiver Rationalität dürften allerdings fließend sein, weil zum Beispiel eine Erklärung oder das Verfassen eines Forschungsberichts je nach Kontext beiden Dimensionen zugeordnet werden kann.

In der Schule ist der Wert der kognitiven Rationalität dadurch relevant (s. für den Vergleich zwischen Schule und Universität mit Blick auf diesen Wert S. 201), dass die Auseinandersetzung mit bzw. die Aneignung von bestimmten Gegenständen, Wissensbeständen und Fähigkeiten zentral für Schule ist – und dementsprechend für Lehrpläne (vgl. Zeitler 2013: 42). Diese Auseinandersetzung (prozedurale und kommunikative kognitive Rationalität) sowie die Gegenstände selbst (materiale kognitive Rationalität) sind an kognitive Rationalität gebunden.

Die Bedeutung kognitiver Rationalität für die Schule wird nicht allein bei Parsons deutlich. Leschinsky (2003: 867) beispielsweise sieht Schule als „eine kognitiv dominierte Einrichtung". Nach Baumert (2002: 105) steht Schule analog „unter dem Primat des Kognitiven", insofern „im Laufe der Schulzeit die reflexive Auseinandersetzung mit Symbolsystemen globale Bedeutung" gewinnt; dies gelte auch für jene Fächer, die nicht primär kognitiv orientiert sind, wie Musik oder Kunst. Im kritischen Bild einer verkopften Buchschule, in der kognitive Aktivitäten im Fokus stehen, zeigt sich die Bedeutung kognitiver Rationalität ebenso (vgl. Apel 1995: 29; s. S. 267). Pointiert kommt die Bindung der Schule an kognitive Rationalität weiterhin in der Schultheorie Theodor Wilhelms mit seinem Modell der Wissenschaftsschule zum Ausdruck (vgl. zur Zusammenfassung und kritischen Sichtung dieser Schultheorie Winkel 1997: 27–29; R. M. Kühn 1995: 55–63; Adl-Amini 1976: 34–49):

> „Wir meinen, daß ‚wissenschaftliche Haltung' nicht nur dem Studenten, sondern auch dem Schüler gut anstehe. Aber damit ist etwas sehr Nüchternes gemeint: Vertiefung in den Gegenstand, besonnenes Abwägen der verschiedenen Möglichkeiten, ihn zu betrachten, Gewissenhaftigkeit in der Tatsachensammlung und Tatsachenverarbeitung, Sachlichkeit, Selbstkritik […]." (Wilhelm 1969: 225)

Die Schlagworte der Wissenschaftsorientierung oder Wissenschaftspropädeutik verweisen ebenfalls auf die kognitiv-rationale Prägung von Schule (vgl. Musolff 2011; Klafki 2007; Roeder et al. 1977: 31; kritisch Struck 1996: 13–18). Schule selbst soll demnach sowohl an Wissenschaft orientiert sein, vor allem mit Blick auf die fachlichen Inhalte, als auch auf Wissenschaft bzw. die Universität vorbereiten, in wissenschaftliches Arbeiten und wissenschaftliche Methoden einführen.

Besonders deutlich wird dies für die gymnasiale Oberstufe. Als deren Ziel wird von der Kultusministerkonferenz formuliert:

6.1 Vorschlag einer normativfunktionalistischen Schultheorie

„Der Unterricht in der gymnasialen Oberstufe vermittelt eine vertiefte Allgemeinbildung, allgemeine Studierfähigkeit sowie wissenschaftspropädeutische Bildung. [...] Er führt exemplarisch in wissenschaftliche Fragestellungen, Kategorien und Methoden ein [...]. Im Unterricht in der gymnasialen Oberstufe geht es darüber hinaus um die Beherrschung eines fachlichen Grundlagenwissens als Voraussetzung für das Erschließen von Zusammenhängen zwischen Wissensbereichen, von Arbeitsweisen zur systematischen Beschaffung, Strukturierung und Nutzung von Informationen und Materialien, um Lernstrategien, die Selbständigkeit und Eigenverantwortlichkeit sowie Team- und Kommunikationsfähigkeit unterstützen." (Kultusministerkonferenz 2021: 5)

Dieser Grundgedanke findet sich in den Lehrplänen einzelner Fächer wieder (vgl. Ministerium für Bildung, Wissenschaft und Kultur des Landes Schleswig-Holstein 2019: 6; Sächsisches Staatsministerium für Kultus 2019: VII), sehr deutlich beispielsweise im Lernbereich „Methodisches und selbständiges Arbeiten" (Staatsinstitut für Schulqualität und Bildungsforschung Bayern 2004: Abschn. 4) im Fach Latein in Bayern oder im „Kompetenzbereich Erkenntnisgewinnung" (Ministerium für Bildung, Wissenschaft und Kultur des Landes Schleswig-Holstein 2019: 17, 42) im Fach Biologie in Schleswig-Holstein.

Kognitive Rationalität zeigt sich nicht nur in Lehrplänen der gymnasialen Oberstufe, sondern auch für andere Jahrgänge (vgl. z. B. ebd.: 17) und für grundsätzlich weniger kognitiv ausgerichtete Fächer. Beides illustriert der Lehrplan für das Fach Sport an der Sekundarschule in Sachsen-Anhalt (vgl. Ministerium für Bildung des Landes Sachsen-Anhalt 2019). Dort wird auf bestimmte Wissensbestände, zum Beispiel „Grundlagen von Anatomie, Physiologie und Trainingslehre" (ebd.: 12), rekurriert. Sportliche Aktivitäten sollen außerdem analysiert und reflektiert werden. Beispielsweise sollen Schüler*innen „wesentliche Strukturmerkmale der erlernten sportlichen Fertigkeiten kennen, um die eigene Leistungsfähigkeit durch angewandtes Wissen zu steigern" (ebd.: 9), „Auswirkungen sportlicher Belastungen auf das Herz-Kreislauf-System begründet einschätzen" (ebd.: 16) oder „die Anlaufgestaltung optimieren" (ebd.: 19) können. Ferner wird Sport im gesellschaftlich-kulturellen Kontext betrachtet, beispielsweise sollen Schüler*innen die „Auswirkungen der Kommerzialisierung im Sport werten" (ebd.: 18).

Kognitive Rationalität lässt sich weiterhin in Lehrplänen der Grundschule finden, so im Kompetenzbereich „Erkenntnisgewinnung" (Hessisches Kultusministerium 2011: 12, 17) im Kerncurriculum der Primarstufe in Hessen. Daran anschließend heißt es in einem anderen Kompetenzbereich: „Kinder leiten das eigene Handeln zunehmend von geprüften und bewerteten Erkenntnissen ab" (ebd.: 13).

6 Normativfunktionalistische Schultheorie

Schließlich finden sich ähnliche Spuren kognitiver Rationalität in der Förderschule, wie das Beispiel des Kerncurriculums für den Förderschwerpunkt geistige Entwicklung im Primarbereich des Landes Niedersachsen zeigt (vgl. Niedersächsisches Kultusministerium 2019). Dort wird für das Fach Sachunterricht formuliert: „Durch die Überprüfung der Fragestellungen und Vermutungen wird der Erwerb von sachunterrichtlich relevanten Konzepten, Methoden und Theorien angebahnt" (S. 65). „Erkenntnisgewinnung" (S. 66) stellt dementsprechend eine der drei prozessbezogenen Kompetenzen dar und „Durchführungen von Experimenten und Versuchen" (S. 75) werden als Beispiel für den Kompetenzerwerb im inhaltsbezogenen Kompetenzbereich Natur genannt. Im Berliner Schulgesetz, als abschließendes und übergreifendes Beispiel, ist in § 3 Abs. 2 Nr. 5 „logisches Denken" als Lernziel genannt.

Neben der bisher betonten materialen und prozeduralen kognitiven Rationalität stellen die Lehrpläne auch kommunikative kognitive Rationalität heraus. Diese wird zum Beispiel im „Kompetenzbereich Kommunikation" (Ministerium für Bildung, Wissenschaft und Kultur des Landes Schleswig-Holstein 2019: 18, 43) im Fach Biologie in Schleswig-Holstein, im Ziel „Entwicklung der Fähigkeit zum Diskurs, zur Verifikation und zum Transfer" (Sächsisches Staatsministerium für Kultus 2019: z. B. 2, 10, 12–13) im Fach Latein in Sachsen, im Kompetenzbereich „Kommunikation" (Hessisches Kultusministerium 2011: 12, 18) im Kerncurriculum der Primarstufe in Hessen oder in den Kompetenzbereichen „Methodenkompetenz" und „Urteilskompetenz" (Ministerium für Schule und Bildung des Landes Nordrhein-Westfalen 2020: 16–17, 24–25, 35–37) im Kernlehrplan für Gesellschaftslehre in der Gesamt- und Sekundarschule in Nordrhein-Westfalen deutlich (vgl. auch Ministerium für Schule und Bildung des Landes Nordrhein-Westfalen 2020: 7; SchulG Berlin 2021: § 3 Abs. 2 Nr. 2). Schüler*innen sollen demnach mit Quellen kritisch umgehen, Informationen beschaffen und deren Qualität beurteilen, sachbezogen kommunizieren, argumentieren oder urteilen, fremde Argumente prüfen, Erkenntnisse widerspruchsfrei darstellen, kriterienorientiert erörtern, Aussagen mit Quellen belegen, Sach- und Werturteile unterscheiden usw. Ziel ist „ein selbstständiges, begründetes, auf fachliche Kriterien und Kategorien gestütztes, reflektierendes Beurteilen" und „ein verständigungsorientiertes Abwägen im Diskurs mit Anderen" (Ministerium für Schule und Bildung des Landes Nordrhein-Westfalen 2020: 16).

Die Bedeutung kognitiver Rationalität zeigt sich des Weiteren in der schulischen Interaktion, in der es um ‚wahr' und ‚nicht wahr' oder zumindest um ‚richtig' und ‚falsch' in Bezug auf bestimmte objektiv feststehende Tatsachen und Wissensbestände geht. Dies plausibilisiert einmal mehr das IRE-Schema, dessen letztes Element, *evaluation*, über die Gültigkeit einer Antwort bzw. der in

6.1 Vorschlag einer normativfunktionalistischen Schultheorie

der Antwort enthaltenen Tatsache (vgl. Meister & Hollstein 2018: 125–126) und damit über „die *sachliche* Richtigkeit einer Äußerung" (ebd.: 127, H. i. O.) entscheidet – hier zeigt sich die Verschränkung kognitiver Rationalität und Leistung bzw. Leistungsbewertung. Unterricht ist somit auf das „Fabrizieren ‚richtiger' Antworten" (Kalthoff 1995: 925) ausgelegt, indem in der Kommunikation zwischen Lehrpersonen und Schüler*innen die „Adäquatheit des Wissens" (ebd.: 936) sichergestellt wird, sodass „das in der richtigen Antwort geäußerte Wissen [...] in den Wissenskörper der Klasse als offiziell sanktioniertes Wissen eingeführt" (ebd.) wird.[26]

Die verschiedenen Handlungen und Sprechakte, die durch bestimmte Operatoren initiiert werden, verweisen ebenfalls auf kognitive Rationalität. So stellen Operatoren wie Analysieren, Untersuchen, Begründen, Erläutern, Erklären, Prüfen und Überprüfen (vgl. Kultusministerkonferenz 2012) Ausprägungen prozeduraler oder kommunikativer kognitiver Rationalität dar. Ganz besonders deutlich tritt dies beim Beweisen und Argumentieren im Mathematikunterricht bzw. in der Kompetenz „Mathematisch argumentieren" (Kultusministerkonferenz 2003: 8; vgl. auch Fetzer 2011: 28) hervor. Als wesentliche Funktionen des Beweisens werden die Verifikation von Hypothesen und die Kommunikation gegenüber anderen, das Überzeugen anderer gesehen (vgl. Kuntze 2005: 50–51, 53–54), womit Bezüge zu allen drei Dimensionen kognitiver Rationalität erkennbar sind. Fetzer (2011: 33–35) weist in diesem Zusammenhang darauf hin, dass Argumentationen von Schüler*innen zwar vielfach wenig elaboriert sind, weil sie häufig keine Begründung für ihre Schlüsse angeben, dass aber Lehrpersonen oder Lehrbuchaufgaben genau darauf abzielen (vgl. ebd.: 47). Die Angabe logischer, rationaler und für andere nachvollziehbarer Begründungen stellt demnach ein wesentliches Ziel des Mathematikunterrichts dar.

Lehrpläne, IRE-Schema und Operatoren plausibilisieren die Annahme, dass kognitive Rationalität ein die Schule kennzeichnender Wert ist. Allerdings tritt kognitive Rationalität in der Schule nicht in Reinform auf. Das zeigt sich zunächst darin, dass die in der Schule relevanten Wissensbestände, anders als in der Universität, nicht durch sie selbst systematisch hervorgebracht und mit Blick auf eine objektive Wahrheit geprüft, sondern vor allem vermittelt werden. Es findet also keine ständige Infragestellung des Wissens statt und es besteht im Allgemeinen keine entsprechende Haltung bei den beteiligten Akteur*innen, alles kritisch zu hinterfragen. Pointiert ausgedrückt: „Unterricht ist kein Ort der *Erkenntniskritik*, sondern der *Erkenntnisaffirmation*" (Wernet 2014: 89, H. i. O.; vgl. auch Bender & Dietrich 2019: 35).

---

[26] Eine weiterführende, gleich relevanter werdende Frage liegt darin, wie sich das im Schulunterricht als adäquat hervorgebrachte Wissen zum wissenschaftlichen Wissen verhält.

6 Normativfunktionalistische Schultheorie

Diese Relativierung kognitiver Rationalität lässt sich weiter untermauern, wenn die oben genannte Bedeutung berücksichtigt wird, die der Wert in der Umwelt der Schule hat, und damit die normativen Erwartungen der Umwelt an die Schule hinsichtlich dieses Werts einbezogen werden. Dabei erscheint es plausibel, dass sich eine wesentliche Relativierung kognitiver Rationalität dadurch ergibt, dass Schule Erwartungen der Pädagogik und Erziehungswissenschaft (als Teile des Kultursystems) aufgenommen hat. Infolge lern- und entwicklungspsychologischer Befunde sowie entsprechender didaktischer Prinzipien wie Lebensweltbezug, Schüler*innen- und Alltagsorientierung ist Wissen in der Schule nicht in Reinform Gegenstand von Unterricht und die Art des Umgangs mit Wissen ist nicht von einer absoluten kognitiven Rationalität geprägt. Schüler*innen erfahren im Unterricht, vor allem je jünger sie sind, didaktisch transformierte Wissensbestände; Sachverhalte werden vereinfacht oder verkürzt erklärt und es werden Begründungen akzeptiert, die wissenschaftlich nicht völlig korrekt sind (vgl. Tenorth 2016: 148; als Aspekt der restriktiven Funktion bei Ballauff 1984: 286).[27] In diese Richtung weist auch Helspers Sachantinomie, die Spannung zwischen Sache, den „fachlich-sachlichen ‚objektiven' Wissensbestände[n]" (Helper 2016a: 119), einerseits und Person, also Interessen, Fähigkeiten, Lernvoraussetzungen und Lebenswelten der Schüler*innen, andererseits (vgl. auch Helper 2004: 78).

Bezüglich dieses Werts ist Schule also eine Instanz des Übergangs zwischen Alltagswelt oder Alltagswissen und Wissenschaft oder wissenschaftlichem Wissen, ähnlich wie es hinsichtlich der Orientierungsalternativen der Fall ist (s. S. 193). Dies stellt Schüler*innen vor Herausforderungen, insofern sie erkennen müssen, in welchem Maß sie sich zu welchem Zeitpunkt im Unterricht eher lebensweltlich oder eher fachlich und wissensbezogen äußern sollen (vgl. Akbaba, Bräu & Fuhrmann 2018: 256). Aufgrund dieser Relativierungen kognitiver Rationalität in der Schule wird im Folgenden von *pädagogisierter* kognitiver Rationalität als Wert der Schule gesprochen.

Wenn weitere Bezüge pädagogisierter kognitiver Rationalität zu aktuellen schulpädagogischen Diskursen gesucht werden, lässt sich zunächst ein Zusammenhang zum Diskurs um Fachlichkeit herstellen. Wiewohl der Begriff nicht klar konturiert ist, scheint ein Bezug zu kognitiver Rationalität als Produkt wie als Prozess ebenso auf wie zu Fragen des Verhältnisses des Wissens wissenschaftlicher Disziplinen zum im Schulunterricht relevanten Wissen bzw. zu Fragen einer entsprechenden Transformation.

---

[27] Vor diesem Hintergrund wird der Einwand von Harant (2020: 170), „der Strukturfunktionalismus [sei] einseitig, weil in ihm gesellschaftliche Determinationen keine pädagogische Transformation erfahren", hinfällig.

6.1 Vorschlag einer normativfunktionalistischen Schultheorie

Die „Fachlichkeit der Schulfächer" zeichnet sich nach Reh und Caruso (2020: 617) insgesamt dadurch aus, dass sie „sich auf Prinzipien von Wissenschaftlichkeit in der Wissensproduktion und gleichzeitig auf Lehrbarkeit in den Praktiken der Unterweisung und Prüfung" bezieht. Susteck (2018: 70) beschreibt als eine Begriffsfassung von Fachlichkeit, die er allerdings kritisch diskutiert, ein „Verständnis einer akademischen Disziplin und ihrer Wissensbestände [...], wobei diese Disziplin durch die Perspektive schulischer Curricula und Unterrichtspraxis betrachtet wird". In ähnlicher Weise formuliert Bruder (2018: 212) aus Sicht der Mathematikdidaktik, Fachlichkeit umfasse

> „sowohl Ansprüche an die fachliche Korrektheit und Widerspruchsfreiheit fachspezifischer Lerngegenstände [...] als auch die Gegenstandsadäquatheit der Organisation der Lernprozesse sowie die Orientierung und Begründung der Lerngegenstände anhand der zentralen/fundamentalen Ideen der Fachwissenschaft Mathematik."

Fachlichkeit äußert sich weiterhin sowohl in Wissensbeständen als auch im Können, wobei die Relevanz beider in den einzelnen Schulfächern umstritten ist, wie außerdem offen ist, „ob dieses Können als wissenschaftliches oder wenigstens wissenschaftspropädeutisches Können erscheint oder primär lebensweltlich orientiert ist" (Susteck 2018: 72). Dennoch stehe fest, „dass alle schulischen Fächer einen Anteil von Fachlichkeit enthalten, der prozeduralen Charakters ist" (ebd.). Insofern schließlich Fachlichkeit auch oder vor allem als für Lehrpersonen relevantes Konstrukt gesehen wird, da sie es sind, die über eine „Einsicht in wissenschaftliche Fachinhalte und -strukturen" (ebd.: 78) verfügen müssen, ist eine Parallele zur Annahme zu erkennen, dass kognitive Rationalität als Wert der Lehrer*innenprofession relevant ist und darüber mittelbar für Schule (s. S. 244).

Erwähnenswert ist ferner der Zusammenhang zur Debatte um die Kompetenzorientierung. Hier wird grundsätzlich betont, dass es weniger auf Wissen an sich als auf den Umgang mit Wissen und die Nutzung des Wissens zur Problemlösung ankommt, was sich je nach Standpunkt auch als Entfachlichung deuten lässt (vgl. Reh & Caruso 2020: 611–612; Tenorth 2016: 146). Parsons selbst verweist ebenfalls auf die hohe Bedeutung von an kognitiver Rationalität orientierten Fähigkeiten gegenüber dem bloßen Wissen (s. S. 179). Insofern scheint kognitive Rationalität beide Perspektiven zu verbinden: Im Sinn der materialen kognitiven Rationalität werden Inhalte und Wissensbestände in den Fokus gerückt, im Sinn der kommunikativen und prozeduralen kognitiven Rationalität die darauf bezogenen Fähigkeiten oder Kompetenzen.

Die Brüchigkeit oder Begrenztheit kognitiver Rationalität in der Schule lässt sich mit der Studie von Wenzl (2014) illustrieren. So legt das IRE-Schema nahe, dass es in der Schule in der Regel um bereits feststehende, den Lehrpersonen

6 Normativfunktionalistische Schultheorie

bekannte Antworten auf Fragen geht (vgl. Wenzl 2014: 24–25). Die Möglichkeiten der an kognitiver Rationalität orientierten Handlungen und Kommunikationsformen sind demnach begrenzt, es geht nicht um einen offenen Austausch und nicht um die Hervorbringung oder kritische Prüfung von Wissen; darauf macht die Art und Weise des Vollzugs der Melderegel in der Schule aufmerksam (vgl. ebd.: 34). Weitere Fallstudien des Autors legen nahe, „dass Lehrern eine Praxis des argumentativen Austauschs mit Schülern im Unterricht berufshabituell fremd ist" (ebd.: 211). Damit deutet sich eine Spannung zwischen dem Wert der kognitiven Rationalität und dem Wert der Fremdbestimmung an. Kognitive Rationalität sowie ein an diesem Wert orientierter Diskurs und Prozess der Prüfung und Hervorbringung von Wissen verweisen grundsätzlich auf eine Symmetrie der beteiligten Personen, sodass es gerade keine Einzelperson oder -gruppe gibt, die über die Gültigkeit von Wissen und Wahrheit entscheidet, sondern diese argumentativ im Diskurs hergestellt wird.[28]

Als Nächstes ist der Frage nachzugehen, wie relevant der Wert der kognitiven Rationalität in der gesellschaftlich-kulturellen Umwelt ist und vor allem welche entsprechenden normativen Outputs im Sinn von Leistungen Schule erfüllen dürfte (s. zusammenfassend Abb. 6.3).[29],[30] Zunächst ist hierbei auf Parsons zurückzukommen. Bei ihm wird klar, dass kognitive Rationalität in verschiedenen Teilen der gesellschaftlich-kulturellen Umwelt der Schule eine Rolle spielt. Mit dem Stichwort der Wissensgesellschaft im Kontext der Modernisierung und der Bildungsrevolution ist beispielsweise unterstellt, dass der Wert die moderne Gesellschaft insgesamt kennzeichnet, weil Wissen und der Umgang mit Wissen in allen Lebensbereichen eine bedeutende Rolle spielt.

Konkret findet sich der Wert im Sinn angewandter kognitiver Rationalität im Wirtschaftssystem in beruflichen und professionellen Rollen (s. S. 235), weil auf Basis von Wissen beruflich gehandelt wird. Schule erbringt in diesem Fall also eine normative Leistung, insofern sie zu kognitiv-rational basiertem beruflichen Handeln beiträgt. Neben qualifiziertem Personal geht es auch um Wissen und

---

[28] In eine ähnliche Richtung weist Parsons' Bemerkung zum Zusammenhang von kognitiver Rationalität und Universalismus (s. S. 155). Dies aufgreifend wäre in der Schule von einer Spannung nicht nur zwischen den Werten der kognitiven Rationalität und der Fremdbestimmung, sondern auch zwischen den Werten der kognitiven Rationalität und des nicht realisierten Universalismus zu sprechen, weil der schulische Universalismus keine Gleichheit zwischen Schüler*innen und Lehrpersonen beinhaltet, wie es im Sinn kognitiver Rationalität der Fall sein sollte, sondern sie sich auf eine Gleichheit unter Schüler*innen beschränkt (s. S. 417).
[29] Die Abbildung gibt nur beispielhaft wieder, wie kognitive Rationalität in der Schule und ihrer gesellschaftlich-kulturellen Umwelt relevant ist. Es sind also nicht alle denkbaren Einheiten, alle In- und Outputs usw. aufgenommen.
[30] Hier wie bei den beiden anderen Werten werden die allgemeinen Ausführungen aus Kap. 6.1.4 aufgegriffen und ausdifferenziert.

6.1 Vorschlag einer normativfunktionalistischen Schultheorie

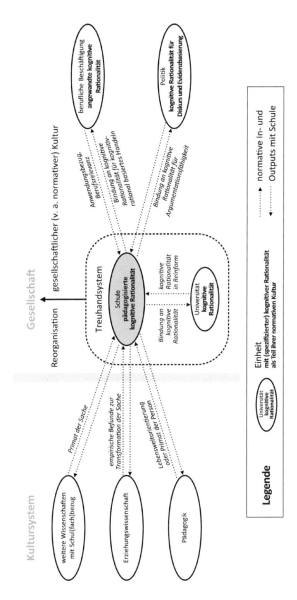

Abbildung 6.3: *Pädagogisierte kognitive Rationalität in Schule und ihrer gesellschaftlich-kulturellen Umwelt* (eigene Darstellung)

um die Optimierung wirtschaftlicher Prozesse (Technologie). Eine Bindung an kognitive Rationalität und eine Befähigung, entsprechend zu handeln, stellt ferner eine Leistung mit Blick auf die Universität dar. Für das Gemeinschaftssystem sei an den Zusammenhang zwischen Meritokratie und kognitiver Rationalität erinnert (s. S. 260).

Aus all dem ergibt sich: Schule selbst ist an pädagogisierter kognitiver Rationalität orientiert, sodass Schüler*innen diesen Wert kennenlernen, zugleich sind andere gesellschaftliche Bereiche ebenfalls durch kognitive Rationalität geprägt, sodass Schule normative Outputs im Sinn von Leistungen für diese erbringt und insgesamt die L-Funktion für die Gesellschaft erfüllt.

Es soll hier exemplarisch etwas ausführlicher auf den Zusammenhang zum demokratischen politischen System eingegangen werden. Allgemein, unabhängig von kognitiver Rationalität, lässt sich zunächst feststellen, dass die Demokratie verschiedene Voraussetzungen und Anforderungen an die Bürger*innen mit sich bringt, zu deren Erfüllung unter anderem die Schule einen Beitrag leisten soll (vgl. Schmid & Watermann 2018: 1134). Dazu zählen Wissen zum Beispiel über politische Abläufe, Werte wie Gleichheit und Demokratie, Fähigkeiten, beispielsweise die Artikulation eigener Interessen oder Perspektivenübernahme, und Aktivitäten wie die Beteiligung an politischen Prozessen bzw. die Motivation zu diesen Aktivitäten (vgl. ebd.: 1135–1136). In Vorgriff auf den dritten Wert der Schule stellen ferner Werte wie Gemeinsinn sowie – was in Spannung zueinander gesehen werden kann – Autonomie und Freiheit wichtige Werte für Demokratie dar (vgl. M. G. Schmidt 2019: 380, 385; Reichenbach 2017a: 201).

Grundsätzlich deutet sich an, dass Bildung und Schule diese Ziele tatsächlich erreichen, dass also empirisch gesehen zum Beispiel die politische Beteiligung, politisches Interesse, reflektierte Wahlentscheidungen, die Wahlbeteiligung oder die Befürwortung von Demokratie mit dem Bildungs- und Qualifikationsniveau zusammenhängen, wiewohl keine eindeutigen Kausalitäten formuliert werden können (vgl. M. G. Schmidt 2019: 236, 383; Autorengruppe Bildungsberichterstattung 2018: 218–220; Hadjar & R. Becker 2017: 225; R. Geißler 2014: 343–344); in diese Richtung deuten auch Schulformunterschiede zugunsten von Gymnasien (vgl. Schmid & Watermann 2018: 1135–1136).

Kognitive Rationalität stellt einen Aspekt dar, der mehrere der genannten Dimensionen demokratischer Anforderungen berührt (vgl. hierzu auch Lischka-Schmidt 2023: 12). Kognitive Rationalität ist hinsichtlich eines fundierten Sachwissens über das politische System und über Tagespolitik relevant, weiterhin für bestimmte Fähigkeiten wie die Beschaffung verlässlicher Informationen zur Meinungsbildung oder den Austausch sachlicher Argumente in einem rationalen Diskurs (s. S. 176), wobei Letzteres vor allem in Ansätzen deliberativer Demokra-

6.1 Vorschlag einer normativfunktionalistischen Schultheorie

tietheorie herausgestellt wird (vgl. M. G. Schmidt 2019: 229, 233–234; Schmid & Watermann 2018: 1136) – all diese Aspekte lassen sich als normative Outputs bzw. Leistungen der Schule verstehen. Der Wert der kognitiven Rationalität ist demnach insgesamt für Demokratie relevant, sodass die an pädagogisierte kognitive Rationalität gebundene Schule eine Leistung für das demokratisch verfasste politische System erbringt (vgl. Klafki 2007: 163).

Der Zusammenhang zwischen Demokratie und kognitiver Rationalität wird besonders deutlich in Zeiten alternativer Fakten und postfaktischer Demokratie, die insofern eine Gefahr für Demokratie darstellen, als „[n]otwendige Bedingung demokratischer Legitimität [...] ein Minimum an Faktizität" (Hendricks & Vestergaard 2017: 9) ist. In anderer, weniger auf die Bürger*innen zielender Hinsicht ist kognitive Rationalität ebenfalls relevant. Ähnlich wie im Wirtschaftssystem besteht im politischen Handeln ein gewisser Anspruch, wissens- oder evidenzbasiert zu handeln. Politische Entscheidungen und Entscheidungsprozesse sollen also durch kognitive Rationalität mitgeprägt sein, obgleich diese mit anderen Werten und Interessen ausbalanciert werden muss – zu denken wäre hier an Entscheidungsprozesse in der COVID-19-Pandemie.

Während bisher normative Outputs im Sinn von Leistungen thematisiert wurden, ist kognitive Rationalität auch Gegenstand normativer Inputs. Das heißt, andere Bereiche der Umwelt formulieren Erwartungen hinsichtlich dieses Werts an die Schule. Aus Perspektive des Wirtschaftssystems sollte kognitive Rationalität beispielsweise anwendungs-, praxis- und berufsorientiert sein, sodass bestimmte Fächer als relevanter als andere erachtet werden oder die Einführung bestimmter neuer Fächer gefordert wird. Aus Sicht der Universität sollte Schule kognitive Rationalität möglichst in Reinform zur Grundlage ihres Handelns machen. Schon erwähnt wurde, dass Erziehungswissenschaft und Pädagogik bzw. bestimmte Bereiche oder Akteur*innen wissenschaftliche Befunde oder programmatische Forderungen als normative Erwartungen an die Schule formulieren, die auf eine Relativierung kognitiver Rationalität in der Schule zielen (z. B. didaktische Transformation von Gegenständen, Lebenswelt- und Alltagsorientierung). Während dabei zum Teil ein Primat der Person gegenüber der Sache formuliert wird, gilt das Gegenteil mutmaßlich für die Wissenschaften, die einen Schul(fach)bezug haben. Diese dürften auf einen Primat der Sache dringen.

6.1.6.2 Leistung und pädagogisierter Universalismus

Im Sinn von Parsons' Orientierungsalternativen meint Universalismus eine Orientierung an der Gleichbehandlung von Personen (hier: der Schüler*innen) innerhalb einer Referenzgruppe; es gelten also für alle Personen dieser Gruppe

6 Normativfunktionalistische Schultheorie

dieselben Regeln, es bestehen an alle die gleichen Erwartungen (s. S. 76). Leistung bezeichnet eine Orientierung an den Handlungen von Personen, nicht an feststehenden Eigenschaften oder Merkmalen. Die beiden Werte der Leistung und des Universalismus lassen sich als universalistische Bewertung von Leistung zusammenfassen (vgl. auch Apel 2002: 43; Fingerle 1973: 135–151): Zentral ist, was Personen tun, und dies wird nach für alle gleichen Regeln bewertet.

Inwiefern dieser Wert bzw. dieses Wertpaar für Schule und vor allem schulische Sozialisation relevant ist, hat bereits Parsons (s. ab S. 195) erläutert. Ein Beispiel für Universalismus ist das für alle gleiche Recht auf den Schulbesuch (vgl. SchulG Berlin 2021: § 2). Etwas konkreter wird die Relevanz von Universalismus in der schulischen Melderegel deutlich, die auf eine Gleichbehandlung der Schüler*innen als potenzielle Sprecher*innen zielt (vgl. Wenzl 2014: 30–35; für Beispiele aus der US-amerikanischen Schule wie *dress code*, *lunch number*, standardisierte Bestrafungen, nationale Symbole, Gleichheit durch Begrüßungen oder die gleichen Pflichten für alle Schüler*innen vgl. Rademacher 2009: 76–78, 83–85, 97, 190, 210, 247; dagegen Relativierung von Gleichheit in der deutschen Schule ebd.: 242–244).

Die Bedeutung von Leistung in der Schule lässt sich durch Schulgesetze, Lehrpläne und ähnliche Dokumente nachvollziehen. Im Schulgesetz für das Land Berlin (2021) finden sich beispielsweise die Bestimmungen, dass Schüler*innen lernen sollen, „Leistungen zu erbringen" (§ 3 Abs. 2 Nr. 1), und Schule die Schüler*innen befähigen soll, „Leistungsbereitschaft zu entwickeln" (§ 3 Abs. 3 Nr. 8). Außerdem soll „die Bereitschaft zur Anstrengung, zur Leistung und zum Weiterlernen" (§ 4 Abs. 4 S. 2) gefördert werden. Ähnliche Formulierungen zu Leistungsbereitschaft, Leistungsstreben, Leistungsoptimum, Leistungssteigerung oder Anstrengung(sbereitschaft) finden sich in Lehrplänen (vgl. Ministerium für Bildung des Landes Sachsen-Anhalt 2019: 2, 4, 6; Niedersächsisches Kultusministerium 2019: 113, 117; Hessisches Kultusministerium 2011: 9). Unter den Schlagworten Fleiß sowie Lern- und Anstrengungsbereitschaft werden solche Aspekte in Mecklenburg-Vorpommern als Teil des Arbeitsverhaltens bewertet (vgl. Ministerium für Bildung, Wissenschaft und Kultur des Landes Mecklenburg-Vorpommern 2013: § 3 Abs. 2).

Neben den Lehrplänen artikuliert sich der Wert der Leistung auch in konkreten Unterrichtsinteraktionen (vgl. für die USA Rademacher 2009: 88–89, 97). In der Studie von A. Hess (2020: 92–93) beispielsweise appelliert eine Lehrperson an ihre Schüler*innen sich anzustrengen, um dadurch gute Noten zu erhalten. Sowohl Leistung als auch Universalismus zeigen sich in ihrer Studie darin, dass bestimmte Normen als Bewertungsgrundlage für alle Schüler*innen gleichermaßen gelten, in diesem Fall die Norm der Selbstständigkeit, und alle Schüler*innen

6.1 Vorschlag einer normativfunktionalistischen Schultheorie

gleichermaßen als zu Selbstständigkeit grundsätzlich fähige Schüler*innen angesprochen werden (vgl. ebd.: 106–107). An anderen Stellen macht eine Lehrperson ihre Schüler*innen darauf aufmerksam, dass in einer Klassenarbeit für alle dieselben Anforderungen gelten (vgl. ebd.: 110–112, 181–182, 184) und setzt Test, Diktat bzw. Klassenarbeit dementsprechend mit gleichen Aufgaben und gleichen Zeitrahmen für alle um – mit Ausnahme der Schüler*innen mit Förderbedarf (vgl. ebd.: 138, 191–194, 214, 216–217).

Die Relevanz von Leistung wird im Feld der Schultheorie nicht allein von Parsons herausgestellt. Dreeben benennt Leistung als Norm, die Schüler*innen in der Schule erlernen sollen (s. S. 311), bei Fend spielt Leistung ebenfalls eine Rolle (s. S. 345). Auch der heimliche Lehrplan macht Leistung zu seinem Gegenstand, beispielsweise bei Jackson unter dem Schlagwort ‚*praise*' (s. S. 320) oder in kritischer Wendung, wenn die Omnipräsenz von Leistungsbewertung oder ihre negativen Folgen wie Konkurrenzorientierung herausgestellt werden (s. S. 326). Beide Perspektiven finden sich in der zusammenfassenden Charakterisierung der Ziele von Schule bei K. Ulich (2001: 37) wieder: „*Die Schule als Institution erzieht zu Leistung, Konkurrenz und Disziplin*" (H. i. O.). Der Wert der Leistung in der Schule zeigt sich ferner im IRE-Schema (s. S. 214). Leistungsbewertung gilt daher insgesamt als „Angelpunkt von Schultheorie, pädagogischer Praxis und Schulerfahrungen gleichermaßen" (Hemetsberger 2019: 81), ebenso wie „Leistung als Kern pädagogischer Ordnungen" (Rabenstein et al. 2013: 674)[31] oder als „Konstitutionsbedingung von Unterricht" (Diederich & Tenorth 1997: 101) aufgefasst wird. Analog dazu gelten für Baumert (2002: 103) „[l]eistungsthematische Situationen und universalistische Maßstäbe" als ein Strukturmerkmal von Schule.

Ähnliche Querverweise finden sich für Universalismus, der wiederum von Dreeben als Norm formuliert wird (s. S. 311). Im Zuge der Ausführungen zu Parsons' Universalismus als Orientierungsalternative im Schulklasse-Aufsatz (s. S. 195) wurde bereits auf Helspers Differenzierungsantinomie verwiesen, die darauf aufmerksam macht, dass Schüler*innen sowohl gleich als auch individuell behandelt werden müssen.

---

[31] Hier stellt sich weiterführend die Frage nach der Anschlussfähigkeit oder dem Verhältnis der dargelegten Schultheorie und der (praktikentheoretischen) Konzeptualisierung von Unterricht als soziale bzw. pädagogische Ordnung (vgl. Reh, Rabenstein & Idel 2011). Normen spielen dort ebenfalls eine Rolle (vgl. Moldenhauer & Kuhlmann 2021: 252, 254; Reh, Rabenstein & Idel 2011: 218–219), sodass ein Bezug darin bestehen könnte, dass ein Wert wie pädagogisierte kognitive Rationalität als Teil der pädagogischen Ordnung aufgefasst wird. So wie ‚Zeigen' als eine spezifisch *pädagogische* Praktik herausgestellt und damit als konstitutiv für Unterricht angesehen wird (vgl. Reh, Rabenstein & Idel 2011: 214–215), würden die hier angesprochenen Elemente der normativen Kultur die Normen kennzeichnen, die für Schule bzw. Unterricht *spezifisch* sind (s. S. 403). In jedem Fall wird jeweils eine Antwort auf die zentrale schul- bzw. unterrichtstheoretische Frage gegeben, was Schule bzw. Unterricht ist oder wie sie zu konzeptualisieren sind (s. S. 288).

6 Normativfunktionalistische Schultheorie

Schule ist demnach nicht vollständig oder ausschließlich an Universalismus orientiert. Das zeigt sich ebenso an diversen Formulierungen in Lehrplänen und ähnlichen Dokumenten, in denen die Individualität der Schüler*innen, die Berücksichtigung individueller Voraussetzungen oder Individualisierung als Unterrichtsprinzip betont werden (vgl. Ministerium für Bildung, Wissenschaft und Kultur des Landes Schleswig-Holstein 2019: 9; Niedersächsisches Kultusministerium 2019: 6, 8–10; Sächsisches Staatsministerium für Kultus 2019: IX). In eine ähnliche Richtung weisen Regelungen zum Nachteilsausgleich (vgl. Ministerium für Bildung, Wissenschaft und Kultur des Landes Mecklenburg-Vorpommern 2021: § 2 Abs. 4 und 5; SchulG Berlin 2021: § 58 Abs. 8–10; Ministerium für Bildung, Wissenschaft und Kultur des Landes Schleswig-Holstein 2019: 10; empirisch A. Hess 2020: 192, 227–228). Aufgrund dieser pädagogisch bedingten Relativierung von Universalismus lässt sich analog zum Wert der pädagogisierten kognitiven Rationalität vom Wert des pädagogisierten Universalismus sprechen.[32] Bei A. Hess (2020: 146–148) findet sich hingegen ein Beispiel, in dem eine Lehrperson ein Lernen im Gleichschritt prozessiert und über individuelle Unterschiede in den Lernständen hinweggeht.

In der gesellschaftlich-kulturellen Umwelt hat das Wertpaar eine zentrale Bedeutung für das Gemeinschaftssystem, einerseits für das Rechtssystem (s. S. 310 und 313 für entsprechende Ausführungen Dreebens), andererseits im Sinn von Meritokratie für das Stratifikationssystem (s. Kap. 3.5.2 und S. 257, auch für kritische Einlassungen zu diesem Ideal). Für das politische System, das vom Wert der Demokratie gekennzeichnet ist, ist Universalismus als Gleichheit zentral. Das politische System lässt sich im Fall Deutschlands nicht nur als Demokratie, sondern auch als Sozialstaat auffassen. Dieser relativiert die Absolutheit des Werts der Leistung in der Gesellschaft, weil er dort eingreift, wo Gesellschaftsmitglieder keine Leistung erbringen können (z. B. Sozialversicherung). Für das Wirtschaftssystem ist Leistung relevant, weil es auf aktive Berufstätige angewiesen ist.

Diese Schule-Umwelt-Korrespondenzen des Wertpaars implizieren einige normative Erwartungen an Schule. Bestimmte pädagogische Positionen plädieren zum Beispiel für eine deutlichere Relativierung des Universalismus, um einzelnen Schüler*innen stärker individuelle Gegenstände, Geschwindigkeiten, Schwierigkeiten, Zugänge usw. des Lernens zu ermöglichen – wobei solche An-

---

[32] Für den Wert der Leistung dürften die gleichfalls anzutreffenden und bereits bei Parsons erwähnten Relativierungen (s. S. 198) nicht in gleichem Maß prägend sein. Darauf machen die Ausführungen zur Frage aufmerksam, inwiefern Schule Leistung als Orientierungsalternative überspitzt zur Geltung bringt (s. S. 213). Diese Einschätzung wird auch nicht dadurch konterkariert, dass der Wert der Leistung in der Schule empirisch gesehen Brechungen erfährt (s. S. 209), weil diese Brechungen gerade nicht „a conception […] of the desirable" (Kluckhohn 1962: 395, H. i. O.) darstellen, wie für Werte kennzeichnend (s. S. 56), sondern eher unerwünschte Abweichungen.

sprüche auf individuelles Lernen wiederum universalistisch gerahmt sind, insofern der Anspruch für alle gilt. An einigen Stellen zeigte sich bereits, dass Schule Erwartungen dieser Art im Sinn des *pädagogisierten* Universalismus in gewissem Maß aufgenommen hat. In eine ähnliche Richtung gehen pädagogische Positionen, die die Bedeutung der individuellen gegenüber der kriterialen Bezugsnorm herausstellen. Die Erziehungswissenschaft wiederum liefert empirische Befunde, die auf die Schwierigkeiten und Probleme von Leistungsbewertung aufmerksam machen. Aus Sicht des Stratifikationssystems sollten Gleichheit und Leistung in Reinform implementiert werden. Demgegenüber dürfte das politische System, wie im vorherigen Absatz erwähnt, auf eine gewisse Relativierung universalistischer Leistungsbewertung drängen, weil es sich in seiner Absolutheit nicht mit dem Sozialprinzip verträgt. Diese Spannung zwischen universalistischer Leistungsbewertung und Sozialprinzip verweist demnach auf eine Spannung zwischen normativen Kulturen gesellschaftlicher Einrichtungen oder Subsysteme und damit auf eine Spannung *innerhalb* der gesellschaftlichen Umwelt von Schule bzw. *außerhalb* der Schule.

Beim Wert der Leistung zeigt sich ferner, dass Schule zum Teil auch ohne Bezug auf die Umweltanforderungen operiert, wenn etwa Leistungsbewertung nur zur Aufrechterhaltung von Motivation vollzogen wird und keinen Bezug zum Inhalt der Leistung hat (s. S. 212).[33] Schließlich gibt es normative Erwartungen an die Schule in Bezug auf den Wert der Leistung, die von ihr aktuell nicht aufgegriffen werden. So lässt sich aus umweltpolitischer oder -aktivistischer Sicht die Forderung formulieren, das Leistungsprinzip in der Schule zu relativieren, weil es eine Ökonomisierungs-, Optimierungs-, Konkurrenz- und Wachstumslogik impliziert und Schule dadurch, insofern diese Logiken klimaschädliches Handeln verstärken, letztlich mit zur Entstehung oder Verschärfung der Klimakrise beiträgt (vgl. Budde 2020: 224).

Leistungen als normative Outputs der Schule sind bereits in mehreren Zusammenhängen angesprochen worden: Bindung an Leistung und Leistungsmotivation mit Blick auf das Wirtschaftssystem und berufliche Tätigkeiten, Meritokratie als Legitimationsbasis für das Stratifikationssystem, d. h. die Akzeptanz von Leistung und Universalismus als Stratifikationsgrundlage, sowie Bindung an Gleichheit für das Rechts- und das politische System.

---

[33] Fend (1979: 198–202) formuliert mit Bezug auf Bourdieu und Passeron allgemeiner, dass Schule neben externen Funktionen Eigenfunktionen kennt, die der eigenen Reproduktion dienen (dem entspricht die Abgrenzung von Funktion und Eigenfunktion in dieser Arbeit, s. S. 120). Hierbei können externe Funktionen in Eigenfunktionen transformiert sowie durch Eigenfunktionen erfüllt und legitimiert werden.

6 Normativfunktionalistische Schultheorie

6.1.6.3 Heteronome Autonomie und kollektiver Individualismus

Heteronome Autonomie und kollektiver Individualismus sind zunächst zwei je antinomisch[34] verfasste Wertpaare, die hier aber zusammengefasst sind, weil Heteronomie stark mit Kollektivismus und Autonomie stark mit Individualismus[35] zusammenhängt. Es geht jeweils um die Frage nach dem Ursprung und dem Freiheitsgrad der Werte und Ziele, die für das Handeln relevant sind.

Im Einzelnen ist damit Folgendes gemeint: Im Sinn von Parsons' Orientierungsalternativen (s. S. 76) bezeichnet Kollektivismus eine Orientierung an kollektiven Werten und Zielen (oder auch einen Vorrang dieser), während Individualismus eine Orientierung an individuellen Werten und Zielen (oder einen Vorrang dieser) bezeichnet.[36] Heteronomie stellt eine Orientierung an der äußeren Vorgabe von Werten und Zielen dar – und wenn diese in einer Gruppe, Gemeinschaft oder in einem Kollektiv gründen, ergibt sich der Zusammenhang zu Kollektivismus –, während Autonomie eine Orientierung an der freien Wahl von Werten und Zielen meint. Heteronomie verweist also auf ‚fremde' Herrschaft und Abhängigkeitsverhältnisse, Autonomie auf deren Fehlen (vgl. Böhm & Seichter 2018: 51; Rieger-Ladich 2012: Abs. 2). Der Begriff der Heteronomie lässt sich auch in die Nähe des Begriffs der Disziplin rücken. Gemeint ist, dass es eine bestimmte, für die Schüler*innen fremde, nicht selbst gewählte Ordnung gibt, bestimmte Normen, Regeln oder Verhaltenserwartungen, deren Einhaltung die Schule wünscht (vgl. A. Hess 2020: 8–13).

Heteronomie in der Schule zeigt sich also zum Beispiel darin, dass in der Schule vielfältige Regeln und Erwartungen gelten (vgl. S. Richter 2019: 94–100; für die USA Rademacher 2009: 19, 71–85, 246–247). Beispielsweise sollen Schüler*innen ihre Aufmerksamkeit beständig auf den Unterricht ausrichten, unabhängig von eigenen Interessen oder Bedürfnissen (vgl. Wenzl 2014: 26–28), sie müssen sich demnach eine „berufsförmige[] geistige[] Haltung" (ebd.: 37) aneignen. Ähnlich wird der sog. Kurzzeitmesser bei A. Hess (2020: 111) gerahmt, der „eine Art Einübung in eine Pflichterfüllung" darstellt und der den Schüler*innen

---

[34] Erinnert sei hier an Parsons' institutionalisierten Individualismus (s. S. 106), der die hier postulierte Verschränkung von Kollektivismus und Individualismus ebenfalls herausstellt.
[35] Bei Rieger-Ladich (2012: Abs. 1) wird Autonomie dementsprechend mit dem „Recht auf individuelle Selbstbestimmung" in Zusammenhang gebracht, bei Böhm und Seichter (2018: 51) erscheint sie unter anderem als „Kampfbegriff für eine radikale Individualisierung".
[36] In eine ähnliche Richtung weist die Unterscheidung zwischen Individualismus und Kollektivismus in der kulturvergleichenden Psychologie: „Individualistische Länder sind diejenigen, in denen die Menschen sich so beschreiben, dass ihre Autonomie gegenüber anderen hervorgehoben wird. Kollektivistische Länder sind diejenigen, in denen sich die Menschen selbst so beschreiben, dass ihre Verbindungen zu anderen betont werden" (Smith 2014: 571). Auch hier wird ein Zusammenhang zwischen Individualismus und Autonomie hergestellt.

6.1 Vorschlag einer normativfunktionalistischen Schultheorie

für bestimmte Zeiten ein konzentriertes Arbeiten auferlegt (vgl. ebd.: 116–118). Ein Rest Autonomie zeigt sich bei diesem Instrument, wie ihn die Lehrperson bei Hess verwendet, darin, dass die Reihenfolge der Arbeits- und Pausenphasen frei gewählt werden kann. Dennoch liegt „eine Zwangsbindung der Individuen an Stoff und Zeitrahmen" (ebd.: 118) vor. In einem anderen Beispiel wird deutlich, wie eine Schülerin nicht das tun darf, was sie gerne tun würde, nämlich spielen (vgl. ebd.: 187).

Die Tatsache, dass Schüler*innen in der Schule bestimmte Regeln einhalten sollen, zeigt sich weiterhin darin, dass verschiedene Instrumente verwendet werden, um einen Verstoß gegen Regeln zu markieren und darüber auf eine Regeleinhaltung zu zielen – so beispielsweise eine Ruheampel (vgl. ebd.: 97–100). Die Schulpflicht verkörpert die Heteronomie sehr deutlich (vgl. Helsper 2004: 83). Überdies gelten Regeln in Bezug auf das Kollektiv der Schulklasse – zum Beispiel Melde- und Sprechregeln (vgl. Wenzl 2014: 30–37), Lautstärkeregeln (vgl. A. Hess 2020: 97–98, 151–154) oder Regeln des Umgangs miteinander –, was die Nähe von Heteronomie und Kollektivismus verdeutlicht. Die Lehrpersonen verkörpern Heteronomie, weil vor allem sie die Anforderungen an und Aufgaben für die Schüler*innen formulieren, Festlegungen treffen und deren Erreichen oder Einhaltung einschätzen, kontrollieren und ggf. sanktionieren (vgl. ebd.: 107, 132–133, 144, 173–176, 191, 229, 348, 350, 360). Mitunter basiert eine Anforderung lediglich auf dem ästhetischen Geschmack der Lehrperson, was den hohen Grad der Heteronomie unterstreicht (vgl. ebd.: 132).

Bei alldem zeigt sich ein Zusammenhang zwischen Heteronomie und Leistung, weil Regelkonformität und die Entsprechung von Erwartungen zur Grundlage von Leistungsbewertung gemacht werden (vgl. ebd.: 94, 114, 139, 198). In Mecklenburg-Vorpommern wird demgemäß die „Einhaltung der Schulordnung und der Klassenregeln" (vgl. Ministerium für Bildung, Wissenschaft und Kultur des Landes Mecklenburg-Vorpommern 2013: § 3 Abs. 3) als Teil des Sozialverhaltens bewertet.

Auch in Lehrplänen wird Heteronomie als Lernziel von Schule formuliert. Demnach sollen Schüler*innen Regeln entwickeln, erproben, akzeptieren lernen und die Notwendigkeit von Regeln erkennen (vgl. Ministerium für Bildung des Landes Sachsen-Anhalt 2019: 7; Niedersächsisches Kultusministerium 2019: 78, 112, 116–117).

Das Zusammenspiel von Kollektivismus und Individualismus zeigt sich in der Schule grundsätzlich im Arrangement der aus einzelnen Schüler*innen (Individualismus) bestehenden Schulklasse (Kollektivismus). Besonders deutlich wird dies an Fragen der Lehrpersonen, die oftmals sowohl an die Klasse als Kollektiv gerichtet sind als auch an einzelne Schüler*innen (vgl. Kalthoff 1995: 928).

6 Normativfunktionalistische Schultheorie

Andersherum gilt das, was Schüler*innen sagen, fragen oder antworten, meist stellvertretend für die übrigen Schüler*innen (vgl. Wernet 2000: 278–279; Kalthoff 1995: 928–929), zumindest sind die Mitschüler*innen immer Mitadressat*innen eines einzelnen Sprechbeitrags (vgl. Wenzl 2014: 92).

Die Kopplung von Kollektivismus und Individualismus wird weiterhin dadurch deutlich, dass die einzelnen Schüler*innen vor allem individuell Leistungen erbringen und Aufgaben bearbeiten müssen (vgl. als empirische Beispiele A. Hess 2020: 4–5, 134–139, 180–181, 191–192, 211–212; für die USA Rademacher 2009: 69–70; als Bestimmung im Lehrplan Ministerium für Bildung, Wissenschaft und Kultur des Landes Schleswig-Holstein 2019: 8), zum Teil aber auch kooperativ oder mit Hilfe anderer Schüler*innen (vgl. A. Hess 2020: 116, 150–153). Dem Stellenwert des Individualismus entsprechend betont beispielsweise eine Lehrperson in der Studie von Hess, dass die Schüler*innen für ihre Noten und Leistungen selbst verantwortlich sind (vgl. ebd.: 92–96), womit die Schüler*innen „als Schmiede ihres Notenglückes angesprochen" (ebd.: 93; vgl. auch ebd.: 113) werden. Zugleich zeigt sich hier die Fremdbestimmung der Schüler*innen (und z. T. der Lehrpersonen), weil die Bewertung von Leistung durch Noten feststeht (vgl. ebd.: 92, 110, 112–113, 171–172, 198).

Der eigene Lernfortschritt ist dennoch immer an das Individuum gebunden und erfordert im Sinn von Unterricht als ko-konstruktivem Geschehen ein autonomes Mitwirken der Schüler*innen. Dementsprechend akzentuieren die Lehrpläne die Mitarbeit der Schüler*innen und die zunehmende Eigenverantwortung für das Lernen (vgl. SchulG Berlin 2021: § 4 Abs. 1 S. 3; Ministerium für Bildung, Wissenschaft und Kultur des Landes Schleswig-Holstein 2019: 8; Niedersächsisches Kultusministerium 2019: 6, 8; Sächsisches Staatsministerium für Kultus 2019: IX) oder für die Gestaltung der Schule, was jedoch, weil es in einem grundsätzlich fremdbestimmten Rahmen verbleibt, als „heteronom gerahmte Autonomie" (Helsper & Lingkost 2004: 204) charakterisiert werden kann.

Die Schule strebt demnach die Entwicklung individueller Autonomie an,[37] was sich in Lehrplänen und ähnlichen Dokumenten niederschlägt, in denen Selbstständigkeit, Selbstbestimmung, Autonomie, Mündigkeit, selbstständiges Urteilen, eigenständiges Denken, eigenverantwortliches, eigenständiges und selbstbestimmtes Leben und Handeln, individuelle Lebensführung oder Verantwortungsübernahme als Ziel formuliert wird (vgl. SchulG Berlin 2021: § 4 Abs. 1 S. 3; Ministerium für Schule und Bildung des Landes Nordrhein-Westfalen 2020: 7, 11; Ministerium für Bildung des Landes Sachsen-Anhalt 2019: 3; Ministerium

---

[37] Hier zeigt sich einmal mehr das Zusammenspiel von Interaktion und Sozialisation oder von Struktur und Funktion (s. S. 404): Individualismus als Wert berührt die Interaktion oder die Struktur von Schule wie auch die Sozialisation oder Funktion von Schule.

6.1 Vorschlag einer normativfunktionalistischen Schultheorie

für Bildung, Wissenschaft und Kultur des Landes Schleswig-Holstein 2019: 8; Niedersächsisches Kultusministerium 2019: 5, 8; Sächsisches Staatsministerium für Kultus 2019: VII; Autorengruppe Bildungsberichterstattung 2018: 191; Hessisches Kultusministerium 2011: 8). In Mecklenburg-Vorpommern wird eigenverantwortliches Arbeiten auch als Teil des Arbeitsverhaltens bewertet (vgl. Ministerium für Bildung, Wissenschaft und Kultur des Landes Mecklenburg-Vorpommern 2013: § 3 Abs. 2).

Dementsprechend markiert eine Lehrperson bei A. Hess (2020: 102–103, 106–107, 122) Selbstständigkeit als wünschenswerte Norm und weist den Schüler*innen je nach Grad ihrer Selbstständigkeit verschiedene Plätze im Klassenzimmer zu. In Verbindung mit der Heteronomie gilt dann wiederum: „Sie sind die Schmiede ihres Lernraumglückes, dass [sic!] sie durch Normenkonformität erreichen können" (ebd.: 108). Das Changieren zwischen Kollektivismus und Individualismus zeigt sich in dieser Studie des Weiteren darin, dass der bereits erwähnte Kurzzeitmesser auf verschiedene soziale Einheiten bezogen wird: Kurzzeitmesser werden Gruppen, der gesamten Klasse oder allen Schüler*innen einzeln zugewiesen (vgl. ebd.: 116–117, 128, 134, 140).

So wie individuelle Autonomie als Ziel von Schule genannt wird, gilt dies ebenso für Kollektivismus, da Lehrpläne in verschiedener Weise bestimmte Fähigkeiten und Haltungen in Bezug auf soziale Gruppen als Lernziel formulieren (vgl. Reichenbach 2017a: 196). Beispielsweise sollen Schüler*innen Perspektivenübernahme, Empathie, Rücksichtnahme, Kooperation(sbereitschaft), Zusammenarbeit, Teamfähigkeit, Teamgeist, Respekt, Solidarität, Konfliktlösefähigkeiten, Toleranz, soziale oder gesellschaftliche Verantwortung erlernen, Gemeinschaft und soziale Beziehungen mitgestalten, sich gegenseitig helfen, Verantwortung für das Gemeinwesen oder die Gesellschaft übernehmen oder ein Gemeinschaftsgefühl entwickeln (vgl. SchulG Berlin 2021: § 3 Abs. 1 Nr. 1 und Nr. 8; Ministerium für Schule und Bildung des Landes Nordrhein-Westfalen 2020: 8, 11; Ministerium für Bildung des Landes Sachsen-Anhalt 2019: 2–3, 8–9; Ministerium für Bildung, Wissenschaft und Kultur des Landes Schleswig-Holstein 2019: 8; Niedersächsisches Kultusministerium 2019: 5; Sächsisches Staatsministerium für Kultus 2019: VII–VIII; Hessisches Kultusministerium 2011: 8, 9–10). Sie sollen „zur aktiven Mitwirkung und Mitgestaltung unseres demokratischen Gemeinwesens" (Ministerium für Schule und Bildung des Landes Nordrhein-Westfalen 2020: 10) befähigt werden, sie „sollen lernen, als Mannschaftsmitglied zum Gelingen eines Spiels beizutragen" (Ministerium für Bildung des Landes Sachsen-Anhalt 2019: 8) und „sich der Verantwortung gegenüber der Allgemeinheit bewusst sein" (SchulG Berlin 2021: § 1 S. 3). In Mecklenburg-Vorpommern werden Konfliktverhalten, Teamfähigkeit, Hilfsbereitschaft, Respekt und Toleranz daher als Teil des Sozialverhaltens bewertet (vgl. Ministerium für Bildung, Wissenschaft und Kultur des Landes Mecklenburg-Vorpommern 2013: § 3 Abs. 2).

Dieser positive Bezug auf Gemeinsinn u. Ä. findet sich auch in der empirischen Studie von Rademacher (2009: 157, 185, 175–177, 270), wiewohl sich dort der Wunsch nach und der Herstellungsversuch einer Gemeinschaft in der Realisierung brechen oder als unauthentisch erscheinen und das Verhältnis zur individuellen Leistungserbringung unklar bleibt (anders dagegen in den USA, vgl. ebd.: 249–250).

Das Ziel von Gemeinsinn u. Ä. lässt sich mit dem Wert der kognitiven Rationalität in Verbindung bringen, insofern Gemeinsinn auch „intellektuelle Tugenden" (Reichenbach 2017a: 196) beinhaltet, wie „Wahrhaftigkeit" (ebd.: 197), die Fähigkeit, „selbst zu denken" (ebd.: 200), „Argumentationsintegrität" (ebd.: 201) sowie die „Bereitschaft, sich rationalen Argumenten zu beugen und ebensolche zu verwenden" (ebd.: 204).

In den Lehrplänen sind Ziele hinsichtlich eines Kollektivismus und eines Individualismus nicht nur jeweils separat formuliert, sondern auch als Zusammenspiel, sodass das Changieren zwischen Individuum bzw. Autonomie und Kollektiv deutlich wird. So heißt es etwa:

> „Der Bildungs- und Erziehungsprozess ist individuell und gesellschaftsbezogen zugleich. Die Schule als sozialer Erfahrungsraum muss den Schülern Gelegenheit geben, den Anspruch auf Selbstständigkeit, Selbstverantwortung und Selbstbestimmung einzulösen und Mitverantwortung bei der gemeinsamen Gestaltung schulischer Prozesse zu tragen." (Sächsisches Staatsministerium für Kultus 2019: IX)

In eine ähnliche Richtung weist die Bemerkung von einem „Nebeneinander von konkurrierenden und kooperierenden Momenten" (Ministerium für Bildung des Landes Sachsen-Anhalt 2019: 4) oder das Ziel, sich „individuell und sozial verantwortlich zu verhalten" (ebd.: 5). Im § 3 Abs. 1 des Berliner Schulgesetzes (2021) heißt es:

> „Die Schule soll Kenntnisse, Fähigkeiten, Fertigkeiten und Werthaltungen vermitteln, die die Schülerinnen und Schüler in die Lage versetzen, ihre Entscheidungen selbständig zu treffen und selbständig weiterzulernen, um berufliche und persönliche Entwicklungsaufgaben zu bewältigen, das eigene Leben aktiv zu gestalten, verantwortlich am sozialen, gesellschaftlichen, kulturellen und wirtschaftlichen Leben teilzunehmen und die Zukunft der Gesellschaft mitzuformen."

Weiter wird in Abs. 2 Nr. 1 formuliert, Schüler*innen sollten lernen, „für sich und gemeinsam mit anderen zu lernen und Leistungen zu erbringen sowie ein aktives soziales Handeln zu entwickeln". Konkret auf die Sozialformen bezogen formuliert ein Lehrplan: „Auch wenn der Kompetenzerwerb individuell zu gestalten ist,

6.1 Vorschlag einer normativfunktionalistischen Schultheorie

sind gemeinsame Unterrichtsinhalte und -themen sowie soziale und kooperative Lernprozesse in Gruppen gezielt zu stärken" (Niedersächsisches Kultusministerium 2019: 9). Das Ziel von Schule, so suggerieren die Dokumente, liegt also in selbstständigen und zugleich sozial orientierten Personen.

Nun ist auf Bezüge zur schultheoretischen und schulpädagogischen Literatur einzugehen. Heteronomie als Wert von Schule wird auch im Ansatz des heimlichen Lehrplans gesehen (z. B. Lernen und Einhalten von Regeln, Befolgen von Anweisungen, die Einordnung in eine Hierarchie, *power* bei Jackson, s. S. 320), wiederum zum Teil in kritischer Wendung (z. B. Konformität, Anpassung, Unterordnung sowie Schule als totale Institution, s. S. 326). Bezüge zur Heteronomie finden sich ferner bei Fends Analysen der schulischen Erfahrungsfelder (s. S. 335). Bei Dreeben und Parsons wird der Wert indirekt thematisiert, insofern Schüler*innen in der Schule aus ihrer Perspektive bestimmte Normen, Werte und Rollen lernen, die gewissermaßen feststehen (s. S. 306 und 401). Die Perspektive des heimlichen Lehrplans aufgreifend, gilt Disziplin Diederich und Tenorth (1997: 99) als „Konstitutionsbedingung von Unterricht"; analog stellt K. Ulich (2001: 36) Disziplin oder die „Normierung und Kontrolle des Schülerverhaltens" als zentrales Kennzeichen von Schule heraus (vgl. auch K. Ulich 1982: 475–477).

Dass Schüler*innen in und durch die Schule Heteronomie ausgesetzt sind, sie zum Teil aber auf Heteronomie im Sinn von Hilfe und Unterstützung angewiesen sind und sie zugleich zu Autonomie herausgefordert werden, kommt überdies in Helspers Autonomieantinomie zum Ausdruck (vgl. Helper 2016a: 115–116, 2004: 82–83). Eine ähnliche Parallele lässt sich zum Konzept der Gouvernementalität nach Foucault und entsprechenden schulpädagogischen Wendungen wie dem „Leitbild des selbstständigen Schülers" (Rabenstein 2007) erkennen, die jene Verbindung zwischen Selbst- und Fremdbestimmung in den Blick nehmen. Ausgangspunkt ist die Annahme „einer *Steuerung von als sich selbst steuernd angenommenen Entitäten*, eine „Regierung der Selbstregierung"" (Reckwitz 2021: 45, H. i. O.), woraufhin sich fragen lässt, „in welcher Weise Schüler hier [in Formen der Leistungsbewertung, R. L.-S.] dahingehend regiert werden, sich selbst zu regieren" (Rabenstein 2007: 43). Heteronomie wird schließlich in der Organisationsantinomie angesprochen, insofern hierbei Regeln, zum Beispiel das Stundenklingeln, eingeschlossen sind, die die Handlungsfreiheit von Schüler*innen und Lehrpersonen einschränken (vgl. Helper 2016a: 115, 2004: 79–80).

Kollektivismus im Sinn einer Sozialförmigkeit oder Sozialität von Schule und Unterricht wird von diversen Autor*innen herausgestellt, konkreter auch der als klassenöffentlich gekennzeichnete Unterricht; Bezüge hierauf finden sich bei Jackson (s. S. 320), in der Bestimmung von Schule allgemein (s. S. 287), mit Fokus auf die Schulklasse bei Dreeben (s. S. 308) oder als soziale Erfahrung bei

Fend (s. S. 335; vgl. ferner Wenzl 2014: 15; K. Ulich 2001: 7, 42; Fauser & Schweitzer 1985: 341; einen Mangel an Beachtung dieses Aspekts für eine pädagogische Theorie der Schule reklamiert Reichenbach 2017a: 203). In Dreebens Norm der Unabhängigkeit sind Autonomie und Individualismus angesprochen.

Das Wertbündel ist in recht ähnlicher, d. h. antinomischer Weise in der Umwelt relevant. Die Gesellschaft insgesamt ist ein diverse Individuen umfassendes Sozialsystem. Es gibt über das Rechtssystem verbindliche Regeln für alle (Heteronomie), die den Einzelnen jedoch Spielraum (Autonomie) einräumen und zugleich Verantwortung für das individuelle Handeln auferlegen. Das Individuum mit seinen individuellen Freiheitsrechten genießt daher insgesamt gegenüber dem Kollektiv Vorrang. Auch die Demokratie verkörpert die Dualität individueller Autonomie und heteronomen Kollektivismus. Individuen treten einerseits als autonom handelnde, mündige Bürger*innen auf, die bestimmte Rechte haben; zugleich ist die Demokratie in Deutschland zum Beispiel mit Blick auf Parteien auf Gruppenbildungen angewiesen und alle sind gleichermaßen den demokratischen Grundregeln unterworfen. Ähnlich verhält es sich in der beruflichen Tätigkeit. In den Grenzen der Regeln des Arbeitsplatzes ist mehr oder weniger autonomes Handeln erforderlich oder erwünscht. Gemeinsame Arbeit mit anderen und damit zum Beispiel Teamfähigkeit sind ebenso bedeutsam.

Die Zusammenhänge zu den drei genannten Einheiten der Umwelt – Gesellschaft, politisches und Rechtssystem – lassen sich allesamt als normative Erwartungen an Schule und korrespondierend damit als normative Outputs der Schule an diese Einheiten verstehen. Im Detail lässt sich jedoch nach Spannungen fragen: Betont beispielsweise das politische System Autonomie und Mündigkeit stärker, als es in der Schule realisiert ist oder realisiert werden kann? Eine normative Erwartung in dieser Hinsicht dürften Vertreter*innen gewisser Teile der Pädagogik formulieren, die Autonomie als Ziel von Schule gegenüber Heteronomie stark machen. Von Seiten der Erziehungswissenschaft wären wiederum wissenschaftliche Befunde zum Beispiel zu Lernprozessen unter Bedingung von Heteronomie oder zur Rolle der Öffentlichkeit in Schulklassen als ggf. implizite normative Inputs zu sehen, die auf die entsprechenden Werte der Schule zielen.

Erwähnenswert ist bezüglich dieses Wertkomplexes schließlich das Verhältnis von Schule und Familie. Hier wird allgemein ebenfalls davon ausgegangen werden können, dass dieser Wertkomplex in der Familie ähnlich relevant ist wie in der Schule, je nach Alter mit unterschiedlicher Gewichtung. Mit Bezug auf Dreeben liegt es nahe (s. S. 310), dass Autonomie in der Familie weniger bedeutsam ist als zum gleichen Zeitpunkt in der Schule. Die bereits in der Familie angelegte Bindung an den Wertkomplex kann jedoch als normative Leistung der Familie für die Schule angesehen werden.

6.2 Potenziale und Grenzen der normativfunktionalistischen Schultheorie

Mit insgesamt sechs Kernaussagen ist eine auf Talcott Parsons gründende normativfunktionalistische Schultheorie entfaltet worden. Deren zentrale Frage lautet: Wie verhält sich die normative Kultur schulischer Interaktion und Sozialisation zur normativen Kultur der Umwelt und inwiefern trägt Schule zur Reorganisation der vor allem normativen Kultur der Gesellschaft bei?

Zunächst gilt es, noch einmal zusammenzufassen, inwiefern die hier entwickelte Schultheorie direkt an Parsons anschließt und an welchen Stellen sie über ihn hinausgeht, aus seiner Theorie selektiert oder Überlegungen zuspitzt. Die Grundbegriffe ‚System' und ‚Funktion' und ihre Anwendung auf Schule, die vor allem über Sozialisation die L-Funktion der Musterreorganisation erfüllt und daher dem Treuhandsystem zugeordnet ist, finden sich explizit bei Parsons. Gleiches gilt für den Wert der kognitiven Rationalität, nicht jedoch für seine Ausdifferenzierung in die drei Dimensionen und seine systematische Relevanzsetzung für Schule. Die Konzeptualisierung der Schule, nicht der Schulklasse, als Sozialsystem stellt einen weiteren Unterschied zu Parsons dar. Auch die Überlegungen, wie sich die normative Kultur der Schule um andere Werte neben kognitiver Rationalität ergänzen lässt, überschreitet Parsons zum Teil. Dieser sieht die universalistische Bewertung von Leistung für Schule als zentral an und sein Wert des institutionalisierten Individualismus führt zum dritten hier diskutierten Wert. Ein Ergebnis dieser Arbeit und der Überschreitung von Parsons liegt somit darin, die in verschiedenen Teilen seines Werks und auf verschiedenen Ebenen angesiedelten Elemente der normativen Kultur der Schule (Orientierungsalternativen, institutionalisierter Individualismus, kognitive Rationalität) konsistent und systematisch als drei gleichartige Werte der Schule zu entfalten.[38]

Deutlicher als bei Parsons werden in dieser Arbeit Bildung und Sozialisation als die beiden miteinander verbundenen Teilfunktionen der L-Funktion von

---

[38] Das heißt konkret: Während sich in Parsons' Schulklasse-Aufsatz Ausführungen zu den Orientierungsalternativen finden und in seiner Bildungssoziologie zur kognitiven Rationalität, Parsons aber keinen direkten Zusammenhang zwischen ihnen aufmacht, werden diese beiden verschiedenen Aspekte in der vorliegenden Arbeit zusammengeführt.
Selektiert wurde dabei insofern, als die beiden Orientierungsalternativen der Spezifität und der affektiven Neutralität für die Werte der Schule keine Rolle mehr spielen. Beide sind von den Orientierungsalternativen der Leistung und des Universalismus theoriearchitektonisch zu unterscheiden (vgl. Parsons, Bales & Shils 1953: 66). Bei aller Diskussionswürdigkeit dieser theoretischen Abgrenzung scheinen Spezifität und affektive Neutralität auch weniger fundamentale normative Kultur für die Gesellschaft zu verkörpern als die beiden anderen Orientierungsalternativen.

6 Normativfunktionalistische Schultheorie

Schule herausgestellt. Zugleich wird eine Schwerpunktsetzung auf normative Kultur im Vergleich zu Parsons bei der Betrachtung der Austauschbeziehungen deutlich (anders z. B. Kussau 2007: 166–167), die zur Schärfung der normativfunktionalistischen Schultheorie auf die normativen Gehalte beschränkt werden. Wie hier mit normativen In- und Outputs formuliert jedoch auch Parsons Austauschbeziehungen im Medium der Wertbindung (s. S. 98 und 171). Diese sind allerdings, um einen weiteren Unterschied zu Parsons zu markieren, für die funktionalen Subsysteme, nicht für konkretere Teile dieser Subsysteme sowie zusätzlich in Gestalt anderer Medien formuliert. Für die Schule selbst untersucht Parsons demnach nicht systematisch, wie sich ihre normative Kultur zur normativen Kultur anderer Einheiten verhält und welche In- und Outputs sich diesbezüglich vollziehen. Für kognitive Rationalität, Leistung und Universalismus ist dies bei ihm zwar implizit mitgedacht, in der vorliegenden Arbeit wird es aber explizit. Eine Unterscheidung zwischen Erwartungen und Leistungen bzw. Funktionen trifft Parsons nicht, ebenso wenig wie eine Unterscheidung von Funktion, Eigenfunktionen und Leistungen.

Eine Abweichung zu Parsons – dies wiederum mit dem Ziel einer Konzentration auf das für eine Schultheorie Relevante – ist weiterhin darin zu sehen, dass bei der Konzeptualisierung von Gesellschaft und Kultursystem nicht mehr durchgehend von den AGIL-Funktionen und den entsprechenden Subsystemen ausgegangen wird; daher werden diese ebenso wie die beiden anderen Handlungssubsysteme in Abb. 6.3 nicht weiter beachtet. Die L-Funktion und das Konstrukt des Treuhandsystems sind zwar für das Verständnis der Schule zentral, ansonsten sind die Funktionen und Subsysteme hier nur erwähnt und bei der Diskussion der einzelnen Werte ausgelassen, weil es für die hier formulierte Schultheorie mit ihrem spezifischen Fokus kaum relevant ist.[39]

Im Folgenden wird die dargestellte Schultheorie in ihrem Aussagegehalt reflektiert. Dies umfasst zwei Teilaspekte. Zunächst (Kap. 6.2.1) wird sie vor dem Hintergrund zentraler Gesichtspunkte aus dem Kap. 4 diskutiert. Es geht um die

---

[39] Um dies an einigen Beispielen zu illustrieren: Für eine Schultheorie ist eine permanente Berücksichtigung der Subsysteme des Kultursystems und ihrer Funktionen nicht von Relevanz, da nicht die Frage im Vordergrund steht, wie das Kultursystem seine (Weiter-)Existenz als System organisiert. Persönlichkeits- und Verhaltenssystem sind in der Arbeit wiederum weitgehend vernachlässigt, weil deren Analyse mit Blick auf den allgemeinen schultheoretischen Diskurs, der vor allem das Verhältnis zwischen Schule und Gesellschaft akzentuiert, eher einen Randbereich von Schultheorie darstellt, auch wenn eine Auseinandersetzung mit ihnen schultheoretisch relevante Einsichten liefern könnte (s. ähnlich S. 146). Dem entspricht der Fokus, der bei Parsons' eigenen Analysen der Schule erkennbar ist. Aufgrund der Zentralstellung, die diese Arbeit der normativen Kultur einräumt, ist es schließlich von nachgeordneter Bedeutung, die anderen Funktionen jenseits der L-Funktion zu betrachten, die die Gesellschaft erfüllen muss.

Frage, inwiefern es sich tatsächlich um eine Schultheorie handelt.[40] Nach dieser abstrakteren Einordnung steht (in Kap. 6.2.2) die konkrete, inhaltliche Diskussion der vorgeschlagenen Schultheorie in Bezug auf die bisherige schultheoretische Debatte im Fokus und es wird nach Anschlüssen und neuen Einsichten gefragt. Entsprechendes wurde bereits im vorangegangenen Kap. 6.1 formuliert, nun werden allgemeinere Bezüge zur Literatur hergestellt. In beiden Unterkapiteln werden Potenziale und Grenzen der vorliegenden Schultheorie diskutiert sowie Anschlussfragen entwickelt.

6.2.1 Diskussion mit Blick auf die Anforderungen an Schultheorie

Grundlegend für die Reflexion der dargestellten Schultheorie sind die bereits angesprochenen beiden[41] Ebenen, auf denen die Theorie Aussagen tätigt (s. S. 262). Die Kernaussagen 1 bis 5 (Kap. 6.1.1 bis 6.1.5) stellen vor allem Begriffe und Konzeptionen auf einer formalen Ebene bereit.[42] Diese ermöglichen als Heuristik eine bestimmte Perspektivierung von Schule und liefern ein inhaltlich offenes Instrumentarium an Begriffen und Konzepten (z. B. Sozialsystem, Rolle oder Wert) für die spätere Analyse verschiedener konkreter Gesellschaften, das grundsätzlich jedoch keine konkreten inhaltlichen Aussagen umfasst.

Die Kernaussage 6 (Kap. 6.1.6) sowie die inhaltlich konkreten Ausführungen zu den anderen Kernaussagen, vor allem zu den In- und Outputs, sind hingegen auf der inhaltlichen Ebene angesiedelt, da Werte oder In- und Outputs für eine bestimmte Schulrealität im Rahmen einer konkreten Gesellschaft formuliert werden. Hier wird also die ‚leere Hülle' der formalen Ebene inhaltlich gefüllt.[43] Das Konzept ‚Wert' etwa führt bei der Analyse einer bestimmten Gesellschaft in einer

---

[40] Dies stellt eine Selbst-Reflexion der eigenen Arbeit dar, die naturgemäß den Begrenzungen des eigenen Denkens unterliegt. Wenn resümiert wird, dass in dieser Arbeit tatsächlich eine Schultheorie vorgelegt wird, müssen sich dieses Urteil wie die Schultheorie selbst dennoch im weiteren Diskurs bewähren. Es werden demnach keine abschließenden Aussagen über diese Schultheorie getroffen, die Kritik von vornherein überflüssig machen sollen, sondern die Reflexion der eigenen Arbeit soll transparent dokumentiert werden.
[41] Die dritte Ebene der Wertung ist im Folgenden zunächst nicht relevant.
[42] Die dabei getroffenen Aussagen gehen jedoch zum Teil in die inhaltliche Ebene über. Doch einerseits können diese auf ihren formalen Gehalt heruntergebrochen werden, sodass sich etwa die Relation von Sozialisation und Interaktion oder die Relation von Schule und Gesellschaft offen untersuchen lässt. Andererseits sind sie damit in jedem Fall überprüfbar und über die Kernaussage 6 empirisch plausibel. So zeigt die Arbeit, dass es hinreichend Grund zur Annahme gibt, dass eine Korrespondenz zwischen schulischer Sozialisation und Interaktion oder zwischen den normativen Kulturen der Schule und der gesellschaftlichen Umwelt besteht und dass Schule damit die Funktion der Reorganisation gesellschaftlicher Kultur erfüllt.
[43] Parsons und White (2016: 259) sprechen in Bezug auf das Wertsystem von Gesellschaften treffend von „a filling of the ‚empty boxes' of the theoretical scheme".

bestimmten Epoche zu verschiedenen konkreten Werten; ebenso kann für verschiedene Gesellschaften danach gefragt werden, welche konkreten Erwartungen die schulischen Rollen konstituieren.

In Kap. 4 wurde erläutert, was unter Schultheorie zu verstehen ist, insbesondere, welcher Theorie-Begriff ihr zugrunde zu legen ist und welche Teile von Schule Gegenstand von Schultheorie sind. Bei der Betrachtung der vorgeschlagenen Schultheorie vor dem Hintergrund des umrissenen Theorie-Begriffs ist vor allem die Frage der empirischen Fundierung der Theorie zu diskutieren (s. S. 275). Es war begründet worden, dass Schultheorie kein vollumfänglich geprüftes Aussagesystem sein muss oder kann, sondern (empirisch) überprüfbar sein und auf Deskription zielen muss, sodass es keine normative Theorie bleibt.

Eingedenk der verschiedenen Aussageebenen der dargestellten Schultheorie ist zunächst festzustellen, dass jene Aussagen auf der inhaltlichen Ebene diesem Maß entsprechen, weil sie einer (empirischen) Prüfung zugänglich sind. Es ließe sich empirisch eruieren, inwiefern die genannten Aspekte der schulischen normativen Kultur in schulischen Interaktionen, bei einzelnen schulischen Akteur*innen, in normierenden Dokumenten oder bei Akteur*innen der schulischen Umwelt eine Relevanz haben, ebenso inwiefern normative In- und Outputs bestehen, beispielsweise, welche Erwartungen gesellschaftliche Akteur*innen an Schule formulieren (ähnlich Fingerle 1973: 136). Es ist hierbei außerdem möglich zu prüfen, inwiefern die normative Kultur eher ein Ideal darstellt, das zwar Schule beeinflusst, aber die schulische Realität nicht vollumfänglich prägt, inwiefern es also zu Abweichungen vom Ideal kommt. Möglicherweise zeigt sich bei alldem auch, dass es weitere, hier noch nicht berücksichtigte, Aspekte normativer Kultur gibt, die ebenso für Schule relevant sind.

Einige dieser Fragen wurden im voranstehenden Kap. 6.1.6 näher untersucht. So wurde exemplarisch gezeigt, dass bestimmte Werte in einigen normierenden schulischen Dokumenten und in schulischen Interaktionen, gefasst über empirische Studien, relevant sind. Einige andere inhaltliche Aussagen, zum Beispiel die zu den schulischen In- und Outputs, wurden lediglich skizziert, aber nicht im Detail empirisch plausibilisiert.

Das verweist auf eine wichtige Grenze der formulierten Theorie. Zwar können die drei entworfenen Werte aufgrund der Verweise auf (empirische) Literatur und normierende schulische Dokumente durchaus eine gewisse empirische Triftigkeit beanspruchen, in welchem Maß genau diese aber nun tatsächlich das Handeln schulischer Akteur*innen prägen oder inwiefern es sich um eine abschließende Liste[44] der normativen Kultur der Schule handelt, ist weiter zu unter-

---

[44] Diese Frage nach der Vollständigkeit stellt sich nicht nur für die Werte der Schule, sondern auch für andere Aspekte der Theorie: Fehlen gesellschaftliche oder kulturelle Einheiten in der

6.2 Potenziale und Grenzen

suchen.[45] Vor allem handelt es sich bei der hier vorgenommenen Plausibilisierung um eine eher illustrative Bezugnahme auf Empirie, was die Notwendigkeit einer offeneren, allgemeiner auf die normative Kultur der Schule ausgerichteten empirischen Forschung unterstreicht. Die empirisch nachvollziehbare, im Sinn der zweiten Theorie-Position vor allem aber prüfbare Aussage bzw. These ist also, dass die drei Wertkomplexe eine Relevanz für Schule haben – wie auch immer sie im Detail aussieht. Nichts gesagt ist damit darüber, inwiefern Schüler*innen die entsprechenden Werte tatsächlich internalisieren.

Selbst falls die analysierten Werte, wie sie in Lehrplänen u. Ä. formuliert sind, nur Ideale sind und die Schulwirklichkeit nicht prägen, hätte eine Schultheorie, die diese Werte zum Gegenstand hat, einen gewissen Erkenntnisgehalt. Die Schulwirklichkeit lässt sich an solch einem Ideal messen, weil erst ein Ideal Abweichungen vom Ideal, explizite, konflikthafte Reibungen oder implizite Spannungen deutlich macht (s. S. 264). Insofern hätte eine entsprechende Schultheorie einen heuristischen Wert für die Analyse und ggf. Kritik von Schule. Sie würde außerdem Anschlussfragen implizieren wie beispielsweise: Wie ist die Diskrepanz zwischen Ideal und Wirklichkeit zu erklären? Welche Relevanz haben die Werte als Ideal, warum sind sie also als Werte für wen oder was wünschenswert oder notwendig? Die Frage nach dem Verhältnis der schulischen Werte als Ideale zu deren Relevanz in anderen Teilen der Gesellschaft bleibt ebenso bestehen. Nur in dem Fall also, dass die dargestellten Werte nicht einmal als Ideal einen Bezug zur Schulwirklichkeit haben, worauf wenig hindeutet, würde die Aussagekraft der Schultheorie sehr fragwürdig sein. Es würde sich dann nicht mehr um eine deskriptive, sondern um eine rein normative (Nicht-)Theorie handeln.

Neben den theoretischen Aussagen auf der inhaltlichen Ebene sind auch jene auf der formalen Ebene zu reflektierten. Empirische Überprüfbarkeit stellt hierbei kein Ziel dar (s. S. 281). Es geht vielmehr darum, die Stringenz und das inhaltliche Potenzial des gewählten Zugangs, der gewählten Konzeptualisierung und der gewählten Begrifflichkeiten zu begründen, wobei sich dies natürlich auf empirische Belege stützen kann. Diese Begründung ist in dieser Arbeit *en passant* vorgenommen worden, insofern im Theorie-Vorschlag die theoretischen Aussagen auf der formalen Ebene mit Beispielen, weiterführenden Überlegungen und Literaturverweisen verbunden wurden. Hier sei an die Begriffe des Systems (in Kap. 6.1.2) und der Rolle (in Kap. 6.1.5) oder an die Konzeptualisierung der

---

Konzeptualisierung der gesellschaftlich-kulturellen Umwelt der Schule? Sind weitere normative In- und Outputs zwischen Schule, Gesellschaft und Kultursystem zu ergänzen?

[45] Die Aussagekraft der hier entfalteten normativen Kultur von Schule und damit dieser Schultheorie dürfte insgesamt ähnlich einzuschätzen sein wie die der Funktionen der Schule. Dort stellt sich ebenfalls die Frage nach einer abschließenden Liste an Funktionen, außerdem schwanken die Funktionen zwischen tatsächlichem Sein und idealem Sollen (s. Kap. 5.4).

6 Normativfunktionalistische Schultheorie

schulischen Umwelt mit verschiedenen Subsystemen (in Kap. 6.1.2) erinnert. Damit erscheint der hier gewählte Zugang zu Schule als *ein* sinnvoller.

Entsprechend den Ausführungen in Kap. 4 sind normative, kritische und wertende Aussagen bzw. die bei Parsons implizit aufscheinende wertende Ebene nicht Teil der Schultheorie. Wie dort bereits festgehalten wurde, lässt sich dies kritisch sehen, weil ein Nutzen für die Praxis dadurch weniger greifbar wird. Dies lässt sich dadurch relativieren, dass normative Aussagen zwar als nicht zur Theorie gehörig gekennzeichnet werden, diese aber im Anschluss an eine deskriptive Theorie getroffen werden können. Aus dieser Perspektive stellen sich beispielsweise folgende Anschlussfragen: Wie wünschenswert sind die analysierten Werte für die Gesellschaft? Wenn diese Werte maßgeblich für die Gesellschaft sind, wie wünschenswert ist eine Übereinstimmung hinsichtlich dieser Werte zwischen Schule und Gesellschaft? Wie sehr sollten sich schulische Akteur*innen also an den genannten Werten orientieren?[46]

Der besondere Vorzug einer normativfunktionalistischen Schultheorie ist nun darin zu sehen, dass das Normative, das zum Teil als konstitutiv für Erziehungswissenschaft und notwendig für Schultheorie angesehen wird (s. S. 279), in einer zunächst nicht-normativen Weise zum Gegenstand von Schultheorie gemacht wird. Die normativfunktionalistische Schultheorie rückt das Normative also in den Fokus, jedoch in einer wissenschaftlich angemessenen, deskriptiv-analytischen Weise und fragt damit im Sinn von Idel (2018: 35) nach dem Verhältnis von Sein und Sollen. Sie ist also selbst keine *normative* Schultheorie, sondern bezieht sich auf *das Normative* im Handeln und in Schule.[47] Statt programmatisch-normativ zu fordern oder zu begründen, dass Schule stärker zu Autonomie anregen sollte, wäre das deskriptive Anliegen der normativfunktionalistischen Schultheorie, diesen Wert in der Schule und ihrer gesellschaftlich-kulturellen Umwelt sowie in deren jeweiligen Eigenlogiken und Zusammenhängen in normativen In- und Outputs analytisch zu ergründen. Den programmatischen Forderungen gingen deskriptive Analysen zum Normativen voraus.

Mit der Frage nach der empirischen Fundierung der Theorie ist der Begründungszusammenhang einer Theorie angesprochen. Der Entdeckungszusammenhang (s. zu beiden Begriffen S. 276) ist demgegenüber für die Gültigkeit einer Theorie weniger entscheidend; im Fall von Parsons trägt der Entdeckungszusammenhang aber dennoch dazu bei, seine Schultheorie plausibel zu machen. Als Entdeckungszusammenhang für Parsons' Schultheorie kann seine allgemeine

---

[46] Die drei Werte könnten dann in einem explizit normativen Sinn als dezidiert wünschenswerte Werte herausgestellt werden – etwa parallel zur wünschenswerten Fachlichkeit des Unterrichts (vgl. Bruder 2018: 207–208; Susteck 2018: 70).

[47] An dieser Stelle kann nochmals an die beiden Verständnisse des Begriffs ‚normativ' erinnert werden (s. S. 278), die diesen Unterschied widerspiegeln.

soziologische Theorie gelten. Das heißt, dass Parsons Schule als Sozialsystem konzeptualisiert, dass Schule vor allem als Instanz der Sozialisation gilt oder dass Werte wie Leistung und Universalismus konstitutiv für Schule sind, folgt unmittelbar aus seiner normativfunktionalistischen Handlungssystemtheorie. Das macht Parsons' Schultheorie nicht triftiger, weil diese allgemeine Theorie wiederum hinsichtlich ihres Status als Theorie hinterfragt werden kann, sie macht aber den Gedankengang, wie es zu Parsons' Schultheorie kommt, nachvollziehbarer. Insofern verweist das Problem, mit dem diese Arbeit und wohl auch die Rezeption (s. S. 13) zu tun haben, nämlich die Eingebundenheit von Parsons' Schultheorie in seine allgemeine Theorie und damit die Notwendigkeit, sich diese allgemeine Theorie zu erschließen, auf eine Stärke von Parsons' Schultheorie: Sie fällt nicht vom Himmel oder „hängt nicht in der Luft", wie Winkel (1997: 27) in Bezug auf Wilhelms Schultheorie schreibt, sondern kann aus allgemeineren Annahmen hergeleitet werden.

Ein Fazit zur vorgeschlagenen Schultheorie vor dem Hintergrund der Ansprüche an (Schul-)Theorie ergibt, dass die hier vorgelegte Schultheorie tatsächlich als Schul*theorie* bezeichnet werden kann. Das grundsätzliche Anliegen und Programm auf Basis Parsons' normativen Funktionalismus, die Aussagen auf der formalen Ebene, sind sinnhaft und erkenntnisbringend. Die Aussagen auf der inhaltlichen Ebene sind überprüfbar. Im Rahmen der tentativen Ausführungen zu ihrer Fundierung können sie außerdem eine gewisse empirische Plausibilität beanspruchen. Da es sich jedoch nicht um eine überprüfte Schultheorie handelt, ist die weitere empirische Fundierung und Detaillierung der normativfunktionalistischen Schultheorie eine wesentliche Anschlussfrage. Die vorliegende Arbeit formuliert demnach Kern und Gerüst dieser Schultheorie im Sinn eines schlüssigen Systems an Aussagen, Konzepten und Begriffen, das als Programm und Heuristik zur Analyse von Schule genutzt werden kann; es handelt sich jedoch nicht um ihre vollständige Ausarbeitung oder Anwendung.

Eine andere Anforderung an Theorie ist in begrifflicher Präzision zu sehen. Nicht wenige Ausführungen in dieser Arbeit haben Unschärfen schultheoretischer oder Parsons'scher Begriffe zum Gegenstand, deren Aufarbeitung in eine begründete und präzise Begriffsbestimmung mündet. Insofern dürfte die hier in ihren Grundaussagen dargestellte Schultheorie diesem Anspruch genügen.

Mit Blick auf den Allgemeinheitsanspruch von Theorie ist zu resümieren, dass die vorliegende Schultheorie keine Theorie für alle Schulen zu jeder Zeit und an jedem Ort ist. Gegenstand der Schultheorie ist die moderne bzw. gegenwärtige staatliche Pflichtschule in Deutschland. Unter dieser Voraussetzung beanspruchen die Aussagen der inhaltlichen Ebene für alle einzelnen Schulen oder ‚Fälle'

6 Normativfunktionalistische Schultheorie

dieses Gegenstandsbereichs Gültigkeit, während sich die Aussagen der formalen Ebene auf andere Länder und Gesellschaften übertragen lassen dürften.

Dass sich der Ausschnitt für die Aussagen der inhaltlichen Ebene nicht ohne Weiteres vergrößern lässt, zum Beispiel auf alle Schulen westlicher Demokratien, ergibt sich daraus, dass sich die politische Gestaltung von Schule nationalstaatlich vollzieht[48] (vgl. Hinrichsen & Hummrich 2021: 40) und sich die Erforschung der Schule im Rahmen der deutschen Erziehungswissenschaft überwiegend auf die Erforschung der deutschen Schulwirklichkeit beschränkt. Dennoch ist es naheliegend, dass die im Fokus stehenden Wertkomplexe nicht allein für die Schule in Deutschland relevant sind (vgl. die Hinweise auf die USA mit Rademacher (2009)). In jedem Fall aber stellt der gewählte Ausschnitt eine Grenze der Arbeit dar, weil für weitere Länder und unter Einbezug aktueller Empirie der nichtdeutschsprachigen Erziehungswissenschaft näher geprüft werden könnte, ob die Aussagen der inhaltlichen Ebene eine größere Allgemeingültigkeit beanspruchen können. Die zeitliche Beschränkung auf die Schule der Gegenwart ergibt sich aus dem Grundinteresse der Arbeit. Es könnte ebenfalls näher geprüft werden, welche normative Kultur der Schule zu welcher Zeit Bestand hatte und welche Kontinuitäten sichtbar werden.

Wie schon bei der Aufarbeitung des Schulklasse-Aufsatzes deutlich wurde, umfasst eine an Parsons anschließende Schultheorie sowohl eine mikroskopische als auch eine makroskopische Perspektive (s. S. 190). Erstere ist darin zu sehen, dass Schule als autonomes (Sozial-)System aufgefasst wird, das durch bestimmte Rollen konstituiert wird. Es lässt sich dann untersuchen, wie sich die Rollen zueinander verhalten, wie integriert das Sozialsystem ist, wie sich das konkrete Handeln der Akteur*innen vor dem Hintergrund von Rollen bzw. institutionalisierter normativer Kultur darstellt usw. Die makroskopische Perspektive zeigt sich in der Berücksichtigung der gesellschaftlich-kulturellen Umwelt der Schule, die sie prägt, und in den Funktionen und Leistungen, die die Schule für sie erfüllt. Diese Perspektive befasst sich also mit dem Verhältnis der Schule insgesamt zu ihrer differenzierten Umwelt.

Beide Perspektiven entsprechen der in Kap. 4 begründeten Position, wonach bestimmte Aussagen über Schule als Ganzes auf einer abstrahierten Ebene der maßgebliche Gegenstand von Schultheorie sind (s. S. 290). Die Ausführungen zu Interaktion und Rollen *im* Sozialsystem Schule, also Parsons' mikroskopische Perspektive, lassen sich als Schultheorie auffassen, weil sie genau in diesem Sinn

---

[48] Dies dürfte trotz des Bildungsföderalismus in Deutschland gelten, weil die grundlegenden schultheoretischen Aspekte davon unberührt bleiben und eine hinreichende Gleichförmigkeit über die Bundesländer hinweg besteht (vgl. Sliwka & Klopsch 2020: 218; ähnlich für die USA und mit Bezug auf den System-Begriff Fossum 2020: 2).

etwas über die grundsätzliche Verfasstheit von Schule als Abstraktum aussagen, über alle Fälle von Schule und Unterricht hinweg. Darauf verweist gerade die Verknüpfung der Aussagen zu schulischer Sozialisation und Interaktion. Ferner galten in Kap. 4 solche Aussagen als Schultheorie, die Schule als Bedingung des Handelns der Akteur*innen in den Blick nehmen, nicht das unmittelbare Handeln. Das schulische Handeln in Rollen, das die Schule insgesamt, nicht nur den Unterricht in einer konkreten Schulklasse durchdringt, lässt sich als solch eine für das Verständnis von Schule konstitutive Bedingung verstehen, ebenso wie die normative Kultur von Schule allgemein. Diesem Maß, dass Schule als Bedingung für konkretes pädagogisches Handeln und als abstraktes Ganzes der Gegenstand der Schultheorie ist, entspricht die entworfene Schultheorie also.

In Kap. 4 wurde weiterhin festgestellt, dass es nicht *die* Schultheorie gibt und geben kann, sondern verschiedene schultheoretische Perspektiven auf Schule vorliegen. Dementsprechend stellt die hier vorgeschlagene Theorie *eine* Schultheorie mit einem bestimmten inhaltlichen Fokus oder eine Schul*teil*theorie dar, die nicht beansprucht, alle relevanten schultheoretischen Aspekte von Schule einzufangen. Vor allem beinhaltet sie, wenn die Kernaufgabe einer Schultheorie darin besteht, das Verhältnis von Schule und Gesellschaft zu untersuchen (vgl. Tillmann 1993c: 8), *eine* Möglichkeit, dieses Verhältnis zu konzeptualisieren.

Eine zentrale Grenze liegt wie bei jeder Theorie darin, dass sie auf bestimmte Aspekte konzentriert ist und dabei andere vernachlässigt werden. Der Kern der hiesigen Schultheorie besteht darin, die normative Verfasstheit von Schule und die normativen Zusammenhänge zwischen Schule und ihrer Umwelt zu untersuchen. Das bedeutet jedoch nicht, dass die vorliegende Theorie annimmt, für Schultheorie komme es allein auf normative Kultur an und andere mögliche Aspekte von Schultheorie – Fragen der Macht, der Interessen, der Ressourcen, des Personals usw. – seien irrelevant. Es bedeutet lediglich, dass die Theorie annimmt, es sei für Schultheorie sinnvoll, sich auch dezidiert mit normativer Kultur zu befassen.

Der Fokus auf Schule in ihrer Abstraktheit in der gesellschaftlich-kulturellen Umwelt bringt es mit sich, dass die konkreten Akteur*innen, vor allem Schüler*innen und deren Umgang mit Interaktion und Sozialisation in der Schule oder auch ihre Entwicklung, nur randständig Berücksichtigung finden, obgleich sie als Teilnehmende an schulischer Interaktion, als Rollenträger*innen und als Mitglieder des Sozialsystems Schule mitgedacht sind. Offen bleibt außerdem die Frage, wie genau Schule als System mit normativen Inputs umgeht und wie sie diese verarbeitet. Weitere blinde Flecken ergeben sich daraus, dass die vorliegende Schultheorie vieles auf ihren normativen Gehalt konzentriert. Die reine Vermittlung oder Aneignung von Wissen, die reine Allokation und Selektion sind damit abgeblendet. Analog dazu hat die Theorie die konkrete Praxis jenseits der ‚typischen' Interaktion nicht im Blick, ebenso wenig wie die individuellen Prozesse des Schüler*innen- oder Lehrer*innen-Seins und weitere Akteur*innen neben diesen beiden. Auch Perspektiven auf Veränderung und Entwicklung sind nicht ausbuchstabiert, wobei jedoch normativ-kulturelle Veränderungen und Entwicklungen durchaus mit der vorliegenden Theorie untersucht werden können.

6.2.2 Alte und neue Perspektiven: Einordnung in den schultheoretischen Diskussionsstand

Die Aussage der vorliegenden Schultheorie, dass Schule ein Sozialsystem ist, das in Austausch mit seiner Umwelt steht, und dass sich die individuelle und distinkte normative Kultur der Schule in der Auseinandersetzung mit der normativen Kultur der gesellschaftlich-kulturellen Umwelt konstituiert,[49] reformuliert die in der Schultheorie grundlegende Erkenntnis, dass Schule gesellschaftlich, historisch und kulturell bedingt oder kontingent ist (s. S. 280) und nicht als gegenüber ihrer Umwelt völlig autonome „pädagogische Provinz" (Gerstner & Wetz 2008: 28) betrachtet werden kann (vgl. Rademacher & Wernet 2015: 95; Tenorth 2004: 442; Giroux & Penna 1979: 23; Oblinger 1975: 24). Die Auseinandersetzung mit der normativen Kultur der gesellschaftlich-kulturellen Umwelt erfolgt dabei, in Zusammenfassung der Ausführungen aus Kap. 6.1.5, eigenlogisch, sodass an die schultheoretischen Einsichten zu Autonomie, Eigendynamik und Rekontextualisierung (vgl. Terhart 2013: 41) angeknüpft wird. Insofern verbindet diese Schultheorie beide Aspekte: sowohl Autonomie der Schule gegenüber als auch Abhängigkeit der Schule von der gesellschaftlich-kulturellen Umwelt (so auch Rademacher & Wernet 2015: 104; als Vorzug der Schulkulturtheorie gesehen bei Dietrich 2021: 23).

Ein besonderes Erkenntnispotenzial der vorliegenden Schultheorie liegt bei alldem darin, dass Gesellschaft und Kultursystem dezidiert als analytisch verschieden aufgefasst werden (s. Kap. 6.1.2 sowie allgemeiner Kap. 2.3.2, 2.3.3 und 2.6). Das heißt, dass Schule nicht nur durch die Gesellschaft bedingt ist, sondern auch von solchen Aspekten der Umwelt, die nicht vorrangig als gesellschaftlich bzw. sozial verfasst anzusehen sind. Damit lässt sich die Kritik von Lang-Wojtasik (2009: 34–35) an der Gleichsetzung von Kultur und Gesellschaft sowie die Kritik von Duncker (1992: 17, 27) aufgreifen, der eine Überbetonung gesellschaftlicher

---

[49] Im Anschluss daran wäre zu fragen, ob es der Schule inhärente Werte gibt, die in keinem Zusammenhang mit der Gesellschaft oder dem Kultursystem stehen, die also die übergeordneten Werte nicht nur variieren oder spezifizieren, sondern ganz für sich stehen. Bei den hier diskutierten Werten ist dies, wie gezeigt, nicht der Fall.

und eine Vernachlässigung kultureller Aspekte in der Schultheorie beklagt. Dies macht er vor allem an funktionalistischen Schultheorien fest. So wie Parsons' Schultheorie allerdings hier herausgearbeitet wird, greift die Adressierung der Kritik an funktionalistische Schultheorien in dieser Allgemeinheit nicht und macht ein weiteres Mal darauf aufmerksam, genauer zwischen unterschiedlichen Vertreter*innen (struktur-)funktionalistischer Schultheorie unterscheiden zu müssen.

Mit der normativfunktionalistischen Schultheorie zeigt sich also, dass der in der Schultheorie häufig bemühte Widerspruch zwischen pädagogischen und gesellschaftlichen Funktionen auszudifferenzieren ist: Zur Gesellschaft tritt das Kultursystem hinzu und beide Umwelten sind intern differenziert, weswegen der konstruierte Widerspruch zwischen *der* Schule und *der* Gesellschaft als unterkomplex anzusehen ist (als Vorzug der Educational Governance gesehen bei Dietrich 2021: 19). Insgesamt differenziert die vorgelegte Schultheorie demnach die Konzeptualisierung des Verhältnisses von Schule und Umwelt aus, sodass der in dieser Hinsicht bisher als „unbefriedigend" eingeschätzte „schultheoretische Diskussionsstand" (Dietrich 2021: 18; vgl. auch Moldenhauer & Kuhlmann 2021: 246) neue Impulse erhält.

Für die Schule zeigt sich dies vor allem in ihrem Bezug auf Wissenschaft im Allgemeinen sowie die damit in Beziehung stehenden Unterrichtsfächer, außerdem in Bezug auf Erziehungswissenschaft bzw. Pädagogik (ähnlich Dietrich 2021: 33). Diese kulturellen Einheiten und die mit ihnen verbundenen Werte sind nicht mit Gesellschaft gleichzusetzen. Vielmehr wird deutlich, wie sich Schule eigenlogisch im Spannungsfeld von Kultur und Gesellschaft und entsprechender normativer Kultur konstituiert: beispielsweise im Spannungsfeld der für die Wissenschaft konstitutiven kognitiven Rationalität und spezifischen Auslegungen kognitiver Rationalität im Wirtschaftssystem oder im politischen System; ebenso im Spannungsfeld pädagogischer Ideale wie individueller Förderung oder Mündigkeit, wobei Letzteres wiederum mit politisch-demokratischen Werten verwoben ist, und der Notwendigkeit von Fremdbestimmung und Unterordnung mit Blick auf berufliche Beschäftigung und das Rechtssystem.[50]

---

[50] Aus dieser normativfunktionalistischen Perspektive verliert die Kritik von Breidenstein (2010: 874) gegenüber dem Strukturfunktionalismus an Substanz, weil nicht davon ausgegangen wird, dass sich schulisches Geschehen allein mit Funktionen der Schule für die Gesellschaft erklären lässt – ganz abgesehen von der bereits erwähnten problematischen Kausalität (s. S. 376). Gerade das Spannungsfeld der normativen Erwartungen, in das Schule eingebunden ist, dürfte zusammen mit der Eigenlogik von Schule und der Notwendigkeit, sich als System zu erhalten, für eine Erklärung eines Phänomens wie dem „Eigenleben der Zensuren" (Breidenstein 2006: 225), auf das Breidenstein in seiner Kritik verweist, bedenkenswert sein; dies sind allerdings Aspekte, die Breidenstein, ähnlich wie Fend (s. S. 355), nicht mit Parsons in Verbindung bringt.

6 Normativfunktionalistische Schultheorie

Die normativfunktionalistische Schultheorie entzieht sich daher einer eindeutigen Zuordnung als pädagogische oder gesellschaftliche Schultheorie (s. S. 301), wiewohl Parsons' Schultheorie typischerweise letzterer zugeordnet wird (vgl. Tenorth 2016: 138–140). Denn der pädagogische Sinn von Schule, Bildungsideale zum Beispiel, sind analytisch als Teil des Kultursystems aufgefasst und prägen damit wie andere normative Kulturen der Umwelt die Schule. Damit wird nicht, wie es bei den pädagogischen Schultheorien zum Teil der Fall zu sein scheint, einfach vorausgesetzt, dass das Pädagogische Schule gleichsam automatisch erklärt oder konstituiert (s. S. 302), ebenso wenig wie gesellschaftliche Erwartungen dies tun (vgl. Baumgart & Lange 2006: 17; Tenorth 2004: 437–438).

Mit der normativfunktionalistischen Schultheorie kommen demnach auch Spannungen zwischen den normativen Kulturen von Schule und ihrer Umwelt sowie zwischen normativen Kulturen innerhalb von Schule und innerhalb der Umwelt in den Blick (so auch Rademacher & Wernet 2015: 104). In Kap. 6.1.6 erwähnt wurden beispielsweise Spannungen zwischen Universalismus und Leistung sowie dem Sozialprinzip, zwischen absoluter kognitiver Rationalität und darauf bezogenen notwendigen didaktischen Transformationen, zwischen kognitiver Rationalität und der Asymmetrie zwischen Lehrpersonen und Schüler*innen bzw. dem nicht realisierten Universalismus oder zwischen dem in Schule wie auch anderen Teilen der Gesellschaft relevanten Wert der Leistung und der Klimabewegung, also einem Wert wie Umwelt oder Natur.

Allgemeiner verweist das Konzept der normativen Erwartungen auf Spannungen, insofern normative Erwartungen auf Veränderung und Anpassung der normativen Kultur einer bestimmten Einheit zielen können, wenn sie nicht bereits von dieser Einheit aufgenommen und realisiert sind. Außerdem geraten Spannungen und Brüche mit dem Konzept der Werte in den Blick (s. S. 433).

Insgesamt wird damit deutlich, dass die vorliegende Schultheorie nicht von einem reibungslosen, spannungsfreien und widerspruchsfreien Geschehen in Schule bzw. von einer ungebrochenen Realisierung von Funktionen oder der übergeordneten normativen Kultur ausgeht, wie an Parsons' Schultheorie zuweilen kritisiert wird (vgl. Hansen 2016: 41, 51, 79; Rademacher & Wernet 2015: 97; Leschinsky & Roeder 1983: 449–450). Die Theorie ist eine Heuristik für die Analyse von Schule; sie ist mit den entsprechenden Begriffen und Konzepten nicht *a priori* auf Spannungsfreiheit ausgerichtet, sondern kann diese feststellen wie auch Spannungen aufdecken. Darin kann ein Mehrwert gegenüber Fend gesehen werden, bei dem Spannungen zwischen Schule und Gesellschaft oder zwischen den verschiedenen Ebenen des Schulsystems nicht im Fokus stehen (s. S. 340), obgleich dies im Konzept der Rekontextualisierung anklingt. Insofern bearbeitet die vorliegende Schultheorie „das schultheoretische Desiderat einer auf Eigenlogiken und Spannungen gründenden Theorieentwicklung" (Rademacher & Wernet 2015: 101).

Jenseits der Feststellung solcher Spannungen ist eine weiterführende Frage, was mit ihnen erklärt werden kann. Näher untersucht werden könnte beispielsweise, über die Andeutungen in Kap. 6.1.6 hinausgehend, inwiefern bestimmte normative Erwartungen von Schule aufgenommen worden sind und damit bestimmte Phänomene erklärt werden können – ähnlich wie analysiert werden kann, ob bestimmte Funktionen in der Entwicklung von Schule bestimmte Strukturen von Schule begründen (s. S. 376). Dies dürfte in einigen Fällen zu dem Befund führen, dass Schule verschiedene Erwartungen miteinander zu vereinbaren sucht, und damit zu der keineswegs neuen Einsicht, dass Schule und Lehrer*innenhandeln komplex und widersprüchlich sind.

Damit trifft sich die vorgelegte Schultheorie mit dem strukturtheoretischen Ansatz der Professionstheorie und den dort ausgearbeiteten Antinomien des Lehrer*innenhandelns, die als „für das professionelle pädagogische Handeln widerstreitende Orientierungen" (Helsper 2016a: 111) bestimmt werden. Diese fanden an mehreren Stellen der Arbeit Erwähnung, sowohl bei Parsons selbst (s. S. 195 und 196) als auch im vorstehenden Theorie-Vorschlag (s. S. 412, 427 und 427). Weiterführend stellt sich Frage, ob die Antinomien des *Lehrer*innenhandelns* nicht als ein Spezialfall bzw. eine Ableitung der normativfunktionalistischen Betrachtung von Schule verstanden werden können und ob nicht von Antinomien der *Schule* gesprochen werden müsste. Denn die einzelnen Antinomien kommen nicht nur im Lehrer*innenhandeln zum Tragen, sondern kennzeichnen Schule insgesamt.[51] Die Antinomien, mit denen Lehrpersonen umgehen müssen, sind die Konkretisierung der Tatsache, dass Schule insgesamt mit ihnen bzw. mit verschiedenen normativen Erwartungen konfrontiert ist, d. h., dass die Schule Adressat der in den Antinomien liegenden Erwartungen ist.

Um es an einem konkreten Beispiel zu verdeutlichen: Nicht nur die einzelne Lehrperson muss sich fragen, wie sie mit der Spannung von Nähe und Distanz umgeht, sondern auch Schule als System insgesamt, weil die Spannung zum Beispiel die Frage berührt, welches Personal neben Lehrpersonen an Schulen sinnvollerweise beschäftigt werden sollte und was in welchem Maß neben Inhalten Gegenstand von Schule sein sollte. Antinomien des Lehrer*innenhandelns wären in dieser Logik die Konkretisierung allgemeiner Antinomien der Schule und beides wiederum kann aus der normativfunktionalistischen Schultheorie abgeleitet werden. Im Anschluss daran lässt sich nach weiteren Antinomien der Schule fragen, beispielsweise einer Antinomie zwischen allgemeiner oder

---

[51] Das klingt bei Helsper (2016a: 115) an, wenn es an einer Stelle heißt: „Die *Schule* homogenisiert […]. Das *Lehrerhandeln* ist dabei auf Gleichbehandlung verpflichtet" (H. R. L.-S.).

6 Normativfunktionalistische Schultheorie

selbstzweckhafter (absolute kognitive Rationalität, Wissenschaft) und beruflicher (anwendungsorientierter) Bildung (Wirtschaftssystem), die in der vorliegenden Theorie bereits mehrfach anklang (vgl. auch Fend 2008b: 28; H. Kemper 1997: 81, 96–97; Gruschka 1993: 460–462).

Die vorstehenden Hinweise zum Wert der normativfunktionalistischen Schultheorie für die Analyse von Schule und vor allem von Spannungen und Widersprüchen lassen sich mit dem Beispiel der Inklusion weiter untermauern.[52] Wenn dabei der Begriff der Heterogenität zum Ausgangspunkt genommen wird, der die Tatsache beschreibt, dass „Lernende entlang unterschiedlicher sozialer Differenzkategorien und ihrer Leistung unterschiedlich sind" (Budde 2015: 119), kann Inklusion als eine „Strategie im Umgang mit Heterogenität" (Wittek 2016: 323) bezeichnet werden. Inklusion bedeutet dann in einem weiten Begriffsverständnis, dass „alle Kinder und Jugendlichen in der inklusiven Schule Anspruch auf ein individuell für sie zugeschnittenes Bildungsangebot" (Heimlich 2013: 266) haben.

Eine inklusive, heterogenitätssensible und -bejahende Schule und ein entsprechender Unterricht werfen allerdings aus schultheoretischer Sicht Schwierigkeiten auf, weil sie Widersprüche oder Passungsprobleme zwischen den entsprechenden pädagogischen Programmen und den gesellschaftlichen Funktionen von Schule, vor allem Selektion und Allokation, bzw. entsprechenden Merkmalen von Schulen, wie bestimmten Formen von Leistungsbewertung, aufwerfen, verstärken oder deutlicher zum Vorschein bringen (vgl. Akbaba & Bräu 2019: 168; Dietrich 2017: 191; Wittek 2016: 321; Sturm 2015: 29). Auf der einen Seite finden sich die Ansprüche von Inklusion, Schüler*innen mit ihren Unterschieden als gleichwertig anzuerkennen und wertzuschätzen, Unterschiede zu bejahen, alle Schüler*innen an einem gemeinsamen Unterricht teilhaben zu lassen und ihnen individuelle Förderung zukommen zu lassen. Auf der anderen Seite steht eine an Leistung, Meritokratie, Selektion und Allokation orientierte Schule, die Unterschiede auf Basis von Standards, die für alle gleichermaßen gelten, in einem Sinn von ‚gut' und ‚schlecht' bewertet und darüber auf den Ausschluss bestimmter Schüler*innen von Unterricht und Bildungswegen zielt. Zwischen diesen beiden Seiten scheint ein Widerspruch zu bestehen (vgl. Akbaba & Bräu 2019: 165, 168; Bender & Dietrich 2019: 28; Dietrich 2017: 193; Sturm 2016: 162; Nerowski 2015a: 239; Wischer & Trautmann 2013: 28; Trautmann & Wischer 2011: 93; mit Bezug auf Parsons Hummrich & Kramer 2017: 38).

Dieser schultheoretische Problemzusammenhang der Inklusion lässt sich normativfunktionalistisch reformulieren. Inklusion erscheint als normative Erwartung an Schule mit Blick auf den Wert der Leistung und des pädagogisierten

---

[52] Die nachfolgende Argumentation ist bereits an anderer Stelle (vgl. Lischka-Schmidt 2022: 442–443) entfaltet worden, dort aus der Perspektive von Parsons' Organisationstheorie.

Universalismus, die sowohl von Pädagogik als auch vom politischen- bzw. Rechtssystem an Schule herangetragen wird, insofern Inklusion rechtlich verankert ist. Diese normative Erwartung macht darauf aufmerksam, dass Schule etwas noch nicht realisiert bzw. in der normativen Kultur institutionalisiert hat, was sie realisieren und in ihrer normativen Kultur institutionalisieren soll oder muss.

Dabei sind sowohl Leistung als auch Universalismus von Inklusion berührt, allerdings in verschiedener Hinsicht und unterschiedlichem Maß. Mit Blick auf die Legitimation von Stratifikation ist der Universalismus entscheidend und durch Inklusion herausgefordert, wobei Inklusion jedoch selbst einen universalistischen Kern besitzt, weil *alle* Schüler*innen das Recht auf ein für sie passendes Lernangebot haben. Pädagogische Momente, die den Universalismus relativieren, waren in dieser Arbeit bereits erwähnt worden, sodass sich sagen lässt, dass Inklusion diese Momente eines *pädagogisierten* Universalismus weiter akzentuiert. Unberührt von Inklusion dürfte hingegen Leistung sein, wenn dieser Wert basal als aktives Tun verstanden wird. Ein so aufgefasster Wert ist von Inklusion nicht herausgefordert, wenn alle in ihren Unterschieden etwas tun, lernen, Aufgaben erledigen usw.

Aus normativfunktionalistischer Perspektive ist für den Problemzusammenhang besonders instruktiv, nicht allein die Schule und die Forderung nach Inklusion zu betrachten. Relevant ist ebenso die Frage, wie sich Inklusion zu den normativen Kulturen anderer gesellschaftlicher Einheiten oder Subsysteme verhält. Dann wird zunächst ganz unabhängig von Schule deutlich, dass die politisch-rechtlich begründete Forderung nach Inklusion in Spannung zum bestehenden gesellschaftlichen Stratifikationsprinzip der Meritokratie steht, wobei dieses, wie erwähnt, in der Gesellschaft keine ungebrochene Realisierung erfährt bzw. entsprechende Relativierungen über das Sozialprinzip erkennbar sind. So verweist in Stellenausschreibungen der Satz „Schwerbehinderte Bewerberinnen und Bewerber werden bei gleicher Eignung und Befähigung bevorzugt berücksichtigt" (Martin-Luther-Universität Halle-Wittenberg 2013: 12) darauf, dass das Prinzip des Universalismus relativiert wird.

Auf die Schule bezogen führt das zur These, dass Inklusion für Schule nicht ein Problem im Sinn widersprüchlicher Handlungserwartungen ist, das allein in der Schule gründet, sondern das darin wurzelt, dass Schule eine bestimmte normative Kultur der gesellschaftlichen Umwelt institutionalisiert hat. Konkreter formuliert: Wird davon ausgegangen, dass Schule den Wert der universalistischen Leistung weniger aus schulinternen Gründen institutionalisiert hat, sondern eher mit Blick auf die Umwelt, das Stratifikationssystem, ist Inklusion nur solange ein Problem von Schule, wie es ein Problem des Stratifikationssystems ist, und erledigt sich als Problem von Schule, sobald sich das Stratifikationssystem verändert und Schule dieser Veränderung folgt.

Die Debatte um Widersprüche zwischen Schule, Selektion, Allokation, Leistungsbewertung und universalistischer Leistung einerseits sowie Inklusion andererseits ist also insofern müßig, als dieser Widerspruch auch oder vor allem als Widerspruch *innerhalb* der gesellschaftlichen Umwelt von Schule und damit *außerhalb* der Schule gesehen werden muss, demnach zunächst dort bearbeitet werden muss. Solange Schule mit dem gesellschaftlichen Stratifikationssystem zusammenhängt und auf eine Sozialisation zielt, die auf einer mit diesem Stratifikationssystem geteilten normativen Kultur beruht, kann mit Blick auf eine Vermeidung von Desintegration weder Schule Stratifikation auf anderer Basis vollziehen als die Umwelt noch umgekehrt.

Diese These müsste weiter elaboriert werden, da für den Kontext nicht zu vernachlässigen ist, dass Schule in ihrer Eigenlogik ein Interesse an Leistungsbewertung hat, dass also nicht alles mit einem Allokationserfordernis erklärt werden kann (vgl. Dietrich 2017: 195; s. S. 212).[53] Stärker einzubeziehen sind außerdem die schulinternen Prozesse der Selektion, die unabhängig von Allokation und gesellschaftlicher Stratifikation betrachtet werden können. In jedem Fall wird aber erstens noch einmal deutlich, dass die normativfunktionalistische Schultheorie geeignet ist, Spannungen und Widersprüche bei der Analyse von Schule in den Blick zu nehmen. Zweitens zeigt sich, wie die normativfunktionalistische Betrachtung von Schule in ihrer Umwelt zu neuen Perspektiven auf die in der Logik der These zum Teil vermeintlichen Widersprüche im Zusammenhang mit Inklusion führt. Diese Perspektive besteht darin, bei der Reflexion der Widersprüchlichkeit von Inklusion und Selektion, Allokation, Meritokratie usw. die gesellschaftliche Umwelt in ihrer Ausdifferenzierung konsequenter zu berücksichtigen, was als Zuspitzung der Forderung gesehen werden kann, institutionelle und gesellschaftliche Rahmungen in der Auseinandersetzung mit Inklusion und Heterogenität zu beachten (vgl. Wischer & Trautmann 2013: 26–30).

Nach der ausführlichen Diskussion der Eignung der vorliegenden Schultheorie für die Analyse von Spannungen sind weitere Bezüge zum schultheoretischen Diskurs zu betrachten. Eine Klärung bringt die Schultheorie für das in der Literatur formulierte Defizit des Fehlens einer exklusiven Funktion von Schule (vgl. Tenorth 2016: 140, 145; Rademacher & Wernet 2015: 98). Aus Sicht der auf Parsons basierenden Schultheorie besteht ein solches Defizit nicht, weil seine Theorie so angelegt ist, dass eine Funktion durch mehrere gesellschaftliche Ein-

---

[53] Wenn die Leistungsbewertung in der Praxis allerdings nichts mit Meritokratie, Selektion und Allokation zu tun hat, besteht auch kein Problem der Passung zu Inklusion. Dieses Problem bestünde dann nur in der Programmatik.

6.2 Potenziale und Grenzen

heiten erfüllt wird. Dementsprechend sind mehrere gesellschaftliche Einheiten in einem funktionalen Subsystem zusammengefasst, die insofern nicht jeweils eine exklusive Funktion erfüllen, sondern in unterschiedlicher Weise auf eine gemeinsame Funktion des Subsystems bezogen sind.

Andersherum kann eine konkrete gesellschaftliche Einheit auf mehrere Funktionen zielen (s. S. 102). Zwar spezialisieren sich also einzelne Subsysteme auf das Erfüllen *einer* Funktion für das übergeordnete System. Deswegen kann durchaus von einem „‚Alleinstellungsmerkmal'" (Rademacher & Wernet 2015: 96) eines Subsystems gesprochen werden. Da solch ein Subsystem aber verschiedene Einheiten umfasst, lässt sich in Bezug auf diese Einheiten wie etwa Schule nicht sinnvoll von Alleinstellungsmerkmalen sprechen. Das reklamierte Defizit erledigt sich demnach aus der Theoriearchitektonik von Parsons: Die Reorganisation von vor allem normativer gesellschaftlicher Kultur ist *die* Funktion von Schule, wiewohl die Funktion nicht allein von Schule erfüllt wird.

Mit der Zuordnung des Bildungswesens zum Rationalitätssystem (s. S. 394) deutet sich jedoch eine Spezifizierung dieser Funktion der Musterreorganisation an, die allein vom Bildungswesen, von Schulen und Universitäten und im Gegensatz etwa zu Familien, erfüllt wird. Das Bildungswesen ist exklusiv mit der Reorganisation kognitiv-rational geprägter Kultur und des Werts der kognitiven Rationalität befasst. In diese Richtung weist Tenorth (2016: 146) selbst, wenn er feststellt: „Die Kultivierung systematischen Lernens stellt insofern ihre [die der Schule, R. L.-S.] genuine Leistung dar [...], schon weil sie lebensweltlich und alltäglich nicht erwartet werden kann".[54] Dies würde sich erhärten, wenn sich die Vermutung bestätigen ließe, dass sich Einrichtungen außerhalb der Schule, die Kinder und Jugendliche besuchen, und Bildungs- und Sozialisationsprozesse außerhalb der Schule eher mit jenen unter anderem körperlichen, ästhetischen und expressiven Aspekten befassen, die in der Schule nicht zentral sind. Zugespitzt formuliert: Die Wahrscheinlichkeit, dass Kinder und Jugendliche in ihrer Freizeit freiwillig Sport treiben, dürfte größer sein, als dass sie sich mit Gedichten oder linearen Funktion auseinandersetzen. Eine Auseinandersetzung mit kognitiv geprägten Inhalten und Fähigkeiten sowie entsprechender normativer Kultur in einer gewissen Breite, Tiefe und Dauer würde sich dann vornehmlich in der Schule vollziehen.

---

[54] Etwas allgemeiner auf Inhalte bezogen formuliert dies auch Ballauff (1968: 70), obgleich in normativer Weise: „Daher sollte die Schule all das eröffnen, was später nicht mehr vom Herangewachsenen zu durchwandern ist. Dichtung, Geschichte, Musik, Kunst, Biologie, Geographie, Philosophie, gerade nicht zuerst und zumeist Technik und Wirtschaft, Mathematik und Verkehrswesen. Damit wird der Mensch später sowieso sein Leben lang beschäftigt sein. [...] In der Schule gilt es zu lernen, nicht was man schon sowieso tut, sondern was um der Bildung willen mitgemacht und durchgehalten werden muß".

6 Normativfunktionalistische Schultheorie

Weitere Anschlüsse, Parallelen sowie zum Teil Weiterentwicklungen und Potenziale zeigen sich im Kontrast zu Fends Schultheorie:

- Bei Fend war die Abgrenzbarkeit seiner Funktionen und Systembezüge ebenso kritisch diskutiert worden wie die Frage nach der Verortung der Werte, Normen und Rollen in den Funktionen (s. S. 361). Fazit war hierbei, dass die Integrations- und Legitimationsfunktion faktisch eine gewisse Vorrangstellung genießt, die jedoch durch das Modell vier gleichwertiger Funktionen verdeckt wird. Die normativfunktionalistische Schultheorie bringt gerade diese Vorrangstellung zum Ausdruck und nimmt die Omnipräsenz der Werte, Normen und Rollen zum Ausgangspunkt für die Funktionen von Schule. Sie macht daher das zu ihrem Kern, was bei Fend als Kern angelegt, aber zugleich abgeblendet ist. Dieser Gewinn geht allerdings mit dem Nachteil einher, dass nicht-normative Aspekte von Schule kein zentraler Gegenstand der Schultheorie sind und damit unterbelichtet bleiben (s. S. 447).
- Dies lässt sich mit Blick auf pädagogisierte kognitive Rationalität weiter zuspitzen. Letztlich berührt kognitive Rationalität alle vier von Fend explizierten Funktionen. Sie ist ein zentraler gesellschaftlicher Wert, sie ist für berufliche Qualifikation notwendig, das Maß kognitiv-rationaler Kompetenz ist Basis für schulische Leistungsbewertung und ein wesentlicher Teil der kulturellen Inhalte wird durch kognitive Rationalität konstituiert. Hier liegt also das Potenzial der vorliegenden Schultheorie ebenfalls darin, die Zentralität dieses Werts für die Schule und die Funktionen der Schule deutlicher zu akzentuieren, als es bei Fend der Fall ist.[55]
- Der Fokus auf die normative Kultur eröffnet gegenüber Fend eine weitere Chance. Bei Fend waren die Funktionen je einem gesellschaftlichen Subsystem zugeordnet worden (s. S. 343). Demgegenüber macht die normativfunktionalistische Schultheorie darauf aufmerksam, dass die einzelnen Werte vielfältige Bezüge zu verschiedenen Subsystemen der Gesellschaft sowie dem Kultursystem aufweisen.
- Eine zum erstgenannten Aspekt ähnliche Chance ergibt sich bezüglich Fends Trennung fachspezifischer und fächerübergreifender Wirkungen oder Erfahrungen (s. S. 335, 336 und 338; vgl. Fend 2006b: 47). Obwohl Fend darauf

---

[55] Unter Rückgriff auf die Ausführungen zum Zusammenhang zwischen Sozialisation und Bildung/Qualifikation sowie Sozialisation und Selektion/Allokation (s. S. 200) könnte gesagt werden, dass die Perspektive im Vergleich zu Fend umgekehrt wird. Während bei Fend vier Funktionen unterschieden werden, die im Hintergrund einen gemeinsamen normativ-kulturellen Kern beinhalten, steht dieser und damit Sozialisation in der vorliegenden Schultheorie im Vordergrund, während die darauf Bezug nehmenden Funktionen der Bildung/Qualifikation oder Selektion/Allokation nachgeordnet sind.

6.2 Potenziale und Grenzen

verweist, dass sich die fächerübergreifenden Erfahrungen durch die fachspezifischen Erfahrungen vollziehen, ist dieser Zusammenhang vor allem mit dem Wert der pädagogisierten kognitiven Rationalität in der vorliegenden Schultheorie deutlicher herausgestellt. Dieser Wert ist auf Sozialisation bezogen (in Fends Terminus eine fächerübergreifende Erfahrung), die sich aber in der Auseinandersetzung mit durch kognitive Rationalität geprägten Inhalten vollzieht (bei Parsons ist Bildung, bei Fend sind fachspezifische Erfahrungen gemeint; s. S. 179 und 395). Die Stärke der normativfunktionalistischen Schultheorie, alles unter dem Aspekt der normativen Kultur zu betrachten und damit von bestimmten Differenzierungen (Funktionen oder Wirkungsbereichen) abzusehen, die aufgrund der vielfältigen Überschneidungen hinsichtlich Werten, Funktionen und Subsystemen dem Gegenstand möglicherweise grundsätzlich weniger angemessen sind, liegt also darin, die normative Ge- und Verbundenheit von Schule und Teilaspekten von Schule zu betonen.

Im vorangegangenen Kap. 6.1.6 hat sich gezeigt, dass die Werte der Schule nicht allein bei Parsons' Schultheorie in den Blick geraten. Direkte schultheoretische Bezüge sind für Leistung und Universalismus sowie heteronome Autonomie und kollektiven Individualismus deutlich geworden. Etwas anders verhält es sich für den Wert der kognitiven Rationalität. Dieser findet sich zwar, wie gezeigt, im allgemeinen schulpädagogischen Diskurs und auch bei einzelnen schultheoretischen Analysen wieder, ist jedoch im schultheoretischen Diskurs insgesamt bisher nicht zentral. Der Wert der kognitiven Rationalität ist damit eine relativ (s. S. 267) exklusive Erkenntnis der normativfunktionalistischen Schultheorie.

Mit Blick auf diesen Wert ist bereits herausgestellt worden, dass dieser zwar primär Gegenstand von Sozialisation ist, eine solche Sozialisation sich aber dadurch vollzieht, dass es zu einer Auseinandersetzung mit Inhalten kommt (s. S. 179). Dementsprechend war von den beiden Teilfunktionen der Sozialisation (interaktive Auseinandersetzung mit normativer Kultur) und der Bildung (Auseinandersetzung mit nicht-normativer, d. h. inhaltlicher Kultur) die Rede, bezüglich derer Sozialisation jedoch einen Primat innehat (s. S. 395). Einerseits formuliert die Schultheorie also einen Vorrang der Sozialisation und damit normativer Kultur für die Analyse von Schule, so wie normative Kultur für die normativfunktionalistische Handlungssystemtheorie das durchgehende Fundament bildet. Andererseits zeigen der Einbezug von Bildung oder die Formulierung der Allokationsfunktion, dass Parsons bzw. die hier vorgelegte Schultheorie auch nicht-normative Aspekte in den Blick nimmt, insofern sie mit normativer Kultur zusammenhängen. Dies ist grundlegend bereits bei der L-Funktion sichtbar, die zwar vor allem normative Kultur, aber auch nicht-normative Kultur zum

6 Normativfunktionalistische Schultheorie

Gegenstand hat (s. S. 89 und, im Kontext von Bildungsorganisationen, S. 51).[56] Dem Gegenstand dürfte diese Dualität gerecht werden. Andernfalls, würden alle nicht-normativen Aspekte aus Parsons' Schultheorie getilgt werden, würde es sich um eine künstliche Verengung handeln, die die für Schule relevanten nicht-normativen Aspekte von Kultur ignoriert. Trotzdem lässt sich hier eine gewisse Unschärfe der Theorie sehen, weil sie sich auch mit nicht-normativer Kultur befasst, obwohl sie von der Grundanlage her nicht darauf ausgerichtet ist.

Schultheorie bzw. Schultheorien sind für ihre „Sekundarschullastigkeit" (Hänsel 2009: 97) kritisiert worden. Für die hier vorgelegte Schultheorie dürfte dies jedoch nicht zutreffen. In der auf Plausibilität zielenden Vorläufigkeit, mit der diese Arbeit sich begnügen muss, scheinen alle genannten Werte in gewissem Maß und bei unterschiedlicher Akzentuierung für alle Schulstufen und -formen relevant zu sein – darauf verweisen die bemühten Lehrpläne aus verschiedenen Fächern, Schulformen und Jahrgangsstufen –, obwohl dies empirisch weiter geprüft werden müsste.

Näher zu untersuchen wäre im Rahmen solch einer empirischen Fundierung auch die Frage nach der Folge interner Differenzierung der Schule für die sie kennzeichnenden Werte – was allgemeiner darauf verweist, dass Schule als System kein monolithischer Block mit einem in allen Bereichen des Systems durchgreifenden identischen Komplex normativer Kultur ist.[57] Das heißt, so wie sich die Frage nach dem Verhältnis von Schule und ihren Werten, Leistungen und (Teil-)Funktionen im Verhältnis zur gesellschaftlich-kulturellen Umwelt stellt, so stellen sich ähnliche Fragen innerhalb des Systems Schule. Pädagogisierte kognitive Rationalität wird in den verschiedenen Teilen des Systems Schule unterschiedlich akzentuiert: weniger in ästhetisch-körperlich-expressiven als in anderen Fächern, stärker in der Sekundarstufe II als in der Primarstufe (vgl. Baumert 2002: 105) sowie stärker in der allgemein- als in der berufsbildenden Schule. Je nach konkretem Angebot könnte kognitive Rationalität in der Ganztagsschule relativiert werden; für diese ist darüber hinaus, wie für Internatsschulen, eine Relativierung des beruflich-gesellschaftlichen Interaktionsmusters zu vermuten, zu dem die Schule einen Übergang darstellt (s. S. 193). Denn es findet im nicht-unterrichtlichen Teil des Ganztags keine Leistungsbewertung statt, die Beziehung zu den Erwachsenen ist weniger formalisiert (vgl. Kolbe et al. 2009: 155–156) und es besteht größerer Raum für Ungleichbehandlung im Sinn von Individualisierung.

---

[56] Daher im Text und in den Abb. 6.1 bis 6.3 die Formulierung „Reorganisation gesellschaftlicher (v. a. normativer) Kultur", die den Fokus auf normative Kultur bei gleichzeitiger Offenheit für nicht-normative Kultur zum Ausdruck bringen soll.

[57] Hierauf verweist auch die Schulkulturtheorie, s. S. 292.

6.2 Potenziale und Grenzen

Ganztags- oder Internatsschulen verweisen in diesem Zusammenhang auf einen allgemeineren Aspekt für die weitere Fundierung der normativfunktionalistischen Schultheorie. Wenn bestimmte Werte als konstitutiv für Schule vermutet werden, so müsste sich dies von den Rand- oder Grenzbereichen der Schule her prüfen lassen.[58] Denn sofern in Grenzfällen wie der Ganztags-[59] oder der Internatsschule oder dem Schulanfang gegenüber der gymnasialen Oberstufe die infrage stehenden Werte Bestand haben, dürften diese für den Normalfall von Schule Geltung beanspruchen. Somit können die Werte von Schule dazu dienen, Grenzen bzw. Transformationen von Schule zu markieren – ggf. auch in wertend-kritischer Perspektive, wenn beispielsweise kognitive Rationalität in diesen Grenzfällen weniger relevant ist.

---

[58] Dies parallel zur unterrichtstheoretischen Überlegung von Breidenstein (2010: 882): „Sinnvoll erscheinen einige spezifische empirische Untersuchungen, die es erlauben würden den ‚Normalfall' schulischen Unterrichts gewissermaßen von seinen Rändern her genauer zu fokussieren". Er nennt differenzierten und individualisierten Unterricht oder Unterricht am Beginn der Grundschulzeit als Beispiel.

[59] Angesichts der Verbreitung der Ganztagsschule in Deutschland stellt die Ganztagsschule allerdings keinen empirischen Ausnahme- oder Grenzfall von Schule mehr dar. Dennoch dürfte sie sich wie die anderen genannten Beispiele als Entwicklung oder Bereich von Schule verstehen lassen, der an der Grenze von Schule oder des Schulunterrichts mit seinen klassischen Merkmalen wie der Ausdifferenzierung von Schule und Leben liegt (s. S. 285). Es bleibt jedoch eine relative Grenzziehung in Abhängigkeit der Definition von Schule.

7 Fazit

Im Folgenden werden die zentralen Erkenntnisse der Arbeit mit Bezug auf die eingangs formulierten Untersuchungsfragen zusammengefasst, zunächst kapitelweise, dann kapitelübergreifend. Im zweiten Teil des Kapitels wird ein Ausblick für die weitere schultheoretische Forschung formuliert.

7.1 Zentrale Erkenntnisse

Ergebnis des *Kap.* 2 ist ein systematischer Überblick über Parsons' allgemeine Theorie, der jene Begriffe, Konzepte und Zusammenhänge umfasst, die für das Verständnis von Parsons' Bildungssoziologie und seiner Schultheorie notwendig sind. Diese Auseinandersetzung mit Parsons' Begriffen und Konzepten zeigt, dass es diesbezüglich bei ihm selbst sowie in der Sekundärliteratur diverse Unklarheiten gibt. Daher liegen im Ergebnis jeweils begründete, werkgesättigte Begriffsfassungen vor, zum Beispiel zu den Begriffen der Struktur und der Funktion, zum Funktionalismus, Strukturfunktionalismus oder zur *Latent-Pattern-Maintenance*-Funktion.

Normative Kultur lässt sich als roter Faden ansehen, der sich durch Parsons' allgemeine Theorie zieht. Deswegen kann seine Theorie mit dem Begriff des normativen Funktionalismus charakterisiert werden. Wird Parsons' Handlungstheorie als Rahmen seines Schaffens berücksichtigt, erscheint ferner die Bezeichnung der normativfunktionalistischen Handlungssystemtheorie als treffend. Normative Kultur und Handlungstheorie stellen demnach den Schwerpunkt der Perspektivierung von Parsons' allgemeiner Theorie dar, der in dieser Arbeit, auch in gewissem Kontrast zur Sekundärliteratur, begründet herausgearbeitet wird.

Das *Kap.* 3 fußt wie das Kapitel zuvor auf einer intensiven Auseinandersetzung mit Primärliteratur von Parsons. Während Parsons' bildungssoziologische Schriften weder bei ihm selbst noch in der Sekundärliteratur systematisch aufeinander bezogen werden, wird in der vorliegenden Arbeit mit dem Wert der kognitiven Rationalität ein konsistenter Zusammenhang zwischen diesen Schriften entfaltet. Dies stellt eine Fortsetzung der in Kap. 2 begründeten Fokussierung auf normative Kultur dar, die einen tragfähigen und aufschlussreichen Zugang zu Parsons' Theorie wie zu seiner Bildungssoziologie bietet.

7 Fazit

Aufbauend auf dieser breiten Auseinandersetzung mit Parsons wird mit dieser Arbeit erstmals eine auf Parsons gründende Schultheorie entwickelt, die nicht allein auf seinen Schriften bzw. seinen expliziten Ausführungen zu Schule aufbaut, sondern sich systematisch in Parsons' gesamte Bildungssoziologie einfügt und daher seine schultheoretischen Leerstellen bildungssoziologisch füllt. Weiterentwicklungen, die sich aus solchen Leerstellen ergeben, liegen im Wert der kognitiven Rationalität als zentralem Aspekt schulischer Sozialisation und damit verbunden im Zusammenhang von Schule und Universität sowie von Schule, Profession und Universität. Eine andere Einsicht des Kapitels betrifft die Abwägung der beiden Funktionen der Sozialisation und der Allokation; hier lässt sich auf Basis der Rolle normativer Kultur ein deutlicher Primat der Sozialisation vor Allokation formulieren, ebenso wie vor Bildung bzw. Qualifikation.

In *Kap.* 4 wird Schultheorie als ein Teilgebiet der Schulpädagogik bestimmt, das darauf abzielt, ein begründetes, empirisch plausibles System von Aussagen über Schule als abstraktes Ganzes, d. h. als Bedingung für konkretes schulisches Handeln und Geschehen, zu formulieren. Damit lässt sich Schultheorie von anderen Bereichen und Gegenstandsfeldern der Schulpädagogik, zum Beispiel der Unterrichtstheorie, sinnvoll abgrenzen. Grundlage für diese Schärfung des Begriffs der Schultheorie war die Aufarbeitung des bisherigen Diskussionsstands zur Frage, was Schultheorie ist, d. h. von Meta-Aussagen über Schultheorie. Für Parsons' in dieser Arbeit reformulierte wie für andere Schultheorien kann die vorgelegte Bestimmung des Begriffs der Schultheorie als Bezugsrahmen dienen, um zu prüfen, ob diese den schultheoretischen Ansprüchen genügen. In diesem Sinn ist das Kapitel als resümierender Zwischenstand zur Schultheorie insgesamt zu lesen, der Begriff und Anspruch der Schultheorie klärt und als Grundlage für die weitere Forschung in diesem Feld genutzt werden kann.

Das *Kap.* 5 zeigt, dass die Schultheorien von Parsons, Fend, Dreeben und des heimlichen Lehrplans in einem Zusammenhang stehen. Demnach lassen sich alle vier Schultheorien als funktionalistisch bezeichnen und in unterschiedlichem Maß jeweils auch als struktur-, bestands- oder erfordernis- sowie normativfunktionalistisch. Funktionalismus erweist sich dementsprechend als Oberbegriff für die drei anderen Begriffe. Eine Schlussfolgerung ist, dass es ist nicht unerheblich ist, welcher Begriff zur Kennzeichnung der einzelnen schultheoretischen Ansätze verwendet wird, weil jeweils andere Aspekte betont werden.

Dieses Kapitel zeigt außerdem, dass die Rezeption von Parsons' Theorie durch Fend selektiv sowie stellenweise problematisch, da verzerrend, ist. Hinsichtlich Fends Schultheorie bezieht sich eine weitere Erkenntnis darauf, dass die *Neue Theorie der Schule* kaum als *neue* Theorie der Schule angesehen werden kann, weil viele inhaltliche Aspekte fortgeführt werden. Ferner lässt sich als Defizit seiner

Schultheorie ausmachen, dass weder eine explizite noch eine implizite Ab- oder Eingrenzung des Gegenstands der Schultheorie erkennbar ist. Mit der Relationierung der vier Schultheorien verbunden ist in diesem Kapitel die Schärfung einiger diffus verwendeter Begrifflichkeiten. Sowohl für den Begriff der Funktion als auch den des Strukturfunktionalismus liegen im Ergebnis Systematisierungen der verschiedenen Begriffsverständnisse vor. Der Begriff des Strukturfunktionalismus erweist sich dabei für die Kennzeichnung von Parsons' Schultheorie als eher ungeeignet. Ferner lässt sich festhalten, dass formulierte Zusammenhänge zwischen Struktur und Funktion im Sinn eines Strukturfunktionalismus wissenschaftlich begründet sein müssen. Mit Blick auf die diffus gebrauchten Begrifflichkeiten zeigt sich weiterhin, dass es unumgänglich ist, das je eigene Begriffsverständnis zu explizieren. Schließlich liegt eine Einsicht zu den Funktionen der Schule darin, dass diese nicht nur von (struktur-)funktionalistischen Ansätzen formuliert werden: Schultheorie insgesamt beinhaltet einen funktionalistischen Grundzug.

Das *Kap.* 6 umreißt in sechs Kernaussagen eine normativfunktionalistische Schultheorie, wie sie sich durch die Rekonstruktion und Reformulierung, d. h. durch die Ergänzung, Weiterentwicklung, Zuspitzung und kritische Aktualisierung, aller Konzepte, Begriffe, Aussagen und Zusammenhänge ergab, die sich bei Parsons explizit und implizit zu Schule und zur Bildungssoziologie finden. Neben Parsons' gesamter Bildungssoziologie und seiner normativfunktionalistischen Handlungssystemtheorie ist die Schultheorie auch in Auseinandersetzung mit aktuellen empirischen Studien und dem allgemeinen schulpädagogischen und schultheoretischen Diskurs entwickelt worden. Normative Kultur, die für Parsons' allgemeine Theorie und seine Bildungssoziologie den roten Faden bildet, ist auch für die auf Parsons basierende Schultheorie der Ankerpunkt, vor allem der Wert der kognitiven Rationalität. Die an Parsons anschließende Schultheorie lässt sich dementsprechend als normativfunktionalistische Schultheorie bezeichnen, was den neuen Fokus auf Parsons' Werk und und auf seine Schultheorie deutlich macht.

Das Programm dieser normativfunktionalistischen Schultheorie besteht darin, die normative Kultur der Schule im Verhältnis zur normativen Kultur ihrer Umwelt zu untersuchen und danach zu fragen, welche Rolle Schule für die Reorganisation der normativen Kultur dieser Umwelt, vor allem der Gesellschaft, spielt. Damit wird eine Perspektivverschiebung gegenüber dem bisherigen funktionalistischen Denken in der Schultheorie vorgeschlagen. Funktionen und das Denken in funktionalen Zusammenhängen sind zwar weiterhin relevant, als relevanter und vorgängig wird aber normative Kultur angesehen. Diese Perspektive ist gegenüber der bisherigen (struktur-)funktionalistischen Schultheorie sowohl

7 Fazit

offener, da zunächst unabhängig von funktionalen Zusammenhängen nach der normativen Kultur von Schule und anderen Einheiten gefragt wird, als auch enger, weil konsequent auf normative Kultur abgezielt wird.

Im Ergebnis stellt sich Schule in dieser Schultheorie als ein in eine gesellschaftlich-kulturelle Umwelt eingebettetes, mit dieser Umwelt in Austauschverhältnissen stehendes, von der Umwelt zum Teil mitbestimmtes und zugleich eigenlogisches, auf einer bestimmten normativen Kultur – deren Kern sich in den Werten pädagogisierte kognitive Rationalität, Leistung und pädagogisierter Universalismus sowie heteronome Autonomie und kollektiver Individualismus zusammenfassen lässt – gründendes Sozialsystem dar, das als Teil des Treuhandsystems der Gesellschaft die Funktion der Reorganisation der (v. a. normativen) gesellschaftlichen Kultur erfüllt, die sich in Sozialisation und Bildung ausdifferenzieren lässt, wozu eine gewisse Korrespondenz der normativen Kultur der Schule und der gesellschaftlichen Umwelt erforderlich ist und wozu die schulischen Interaktionen von eben jener normativen Kultur mitgeprägt sein müssen.

Mit Blick auf die Anforderungen an eine Schultheorie zeigt sich, dass die entwickelte Schultheorie in der Tat als Schultheorie bezeichnet werden kann. Inhaltlich gesehen erweist sich die Schultheorie insofern als tragfähig und erkenntnisbringend, als sie bestehende schultheoretische Einsichten aufgreift, sich auf aktuelle empirische Studien beziehen lässt und neue Impulse für die Schultheorie liefert. Letzteres gilt vor allem für den bisher in der Schultheorie nicht im Fokus stehenden Wert der kognitiven Rationalität, der zentraler Gegenstand schulischer Sozialisation ist, zugleich aber schulische Inhalte und damit Bildung kennzeichnet, der daher soziologische und pädagogische Perspektiven auf Schule bzw. entsprechende Schultheorien verbindet und der den Zusammenhang von Schule, Universität bzw. Wissenschaft, Lehrer*innenprofession, Modernisierung und Demokratie unterstreicht.

Der Mehrwert der vorliegenden Schultheorie, sich auf normative Kultur zu konzentrieren, wird vor allem im Vergleich zu Fend und seinen formulierten Funktionen der Schule deutlich, bei denen normative Kultur künstlich auf eine Funktion konzentriert wird. Der Blick auf die normative Kultur von Schule und auf die normative Kultur der diversen Einheiten der gesellschaftlich-kulturellen Umwelt schärft außerdem den Blick dafür, dass Schule in ein Geflecht verschiedener, zum Teil spannungsvoller Erwartungen aus Gesellschaft und Kultur, die jeweils in sich ausdifferenziert und damit ebenfalls durch Spannungen ihrer normativen Kultur gekennzeichnet sind, eingebunden ist – dies wurde etwa am Beispiel Inklusion deutlich – und dass Schule daher weder mit der Gesellschaft noch mit dem Pädagogischen gleichzusetzen ist, sondern normative Inputs eigenlogisch verarbeitet.

Insgesamt stellt die normativfunktionalistische Schultheorie somit *eine* sinnvolle Perspektivierung von Schule und *eine* sinnvolle Heuristik für deren Analyse dar. Sie liefert *eine* Antwort auf die grundlegenden schultheoretischen Fragen, was Schule ist bzw. wie sie zu konzeptualisieren ist, wie sich das Verhältnis zwischen Schule und Gesellschaft gestaltet und wozu die Schule da ist.

Kapitelübergreifend unterstreicht die vorliegende Arbeit die eingangs (s. S. 13) aufgestellte Behauptung, dass eine detaillierte, auf Primärliteratur basierende Auseinandersetzung mit Parsons gewinnbringend und notwendig ist. Diese breite Auseinandersetzung mit Parsons' Werk ermöglicht es, Kritik an Parsons differenziert zu sondieren sowie ggf. zu relativieren und auf selektive oder problematische Rezeptionen von Parsons hinzuweisen. Dies gilt zum Beispiel für die Vorwürfe der Über-Sozialisation bzw. für Kritik an Parsons' Sozialisationsbegriff, der Determination von Individuen und ihres Handelns, der Determination der einer Eigenlogik entbehrenden Schule durch Gesellschaft, der Ahistorizität, der Idealtypik, der Vernachlässigung von Spannungen und Widersprüchen, der Reibungslosigkeit und der Überbetonung von Erhalt und Statik. Diese Kritikpunkte können auch durch die Berücksichtigung der grundsätzlichen Aussageabsichten von Parsons' Theorie – Erklärung sozialer Ordnung und Bereitstellung von Konzepten und Schemata zur (idealtypischen) Beschreibung menschlichen Handelns – und des Gesamtrahmens seiner Theorie – voluntaristische Handlungstheorie und Handlungssystemtheorie – differenzierter eingeordnet werden.

Zusammengefasst bietet die vorliegende Arbeit einen neuen Blick auf Parsons' Bildungssoziologie und Schultheorie, demonstriert dabei den Gewinn einer breiten Auseinandersetzung mit Parsons bzw. theoretischer Primärliteratur und damit allgemeiner den Gewinn theoretischer Forschung. Sie zeigt außerdem, dass die Schultheorie ein Teilgebiet der Schulpädagogik darstellt, das wichtige Einsichten zur grundsätzlichen Verfasstheit von Schule liefert, empirische Befunde ordnet, zu neuen Fragestellungen inspiriert und daher wieder verstärkte Aufmerksamkeit erfahren sollte.

7.2 Ausblick

In diesem Sinn wird nun abschließend ein knapper Ausblick für die weitere schultheoretische Forschung gegeben, die sich in zwei Dimensionen unterscheiden lässt. Die Forschung kann sich in einer ersten Dimension einerseits eher auf reine Theoriearbeit und andererseits auf eine schultheoretische Auseinandersetzung mit Empirie beziehen (zusammengefasst für die folgenden Ausführungen: Theorie vs. Empirie). In einer zweiten Dimension geht es zum einen um die Arbeit an einzelnen Schultheorien, zum anderen um eine Relationierung mehrerer Schul-

7 Fazit

theorien und schließlich um Schultheorie als Teilbereich der Schulpädagogik insgesamt (einzelne Schultheorien vs. verschiedene Schultheorien vs. Schultheorie insgesamt).

Die vorliegende Arbeit bezieht sich vor allem auf eine Schultheorie bzw. eine Gruppe von Schultheorien. Hierbei zeigt sich, dass solch eine detaillierte Auseinandersetzung, die den Ursprung dieser schultheoretischen Linie bei Parsons intensiv aufarbeitet, insofern einen Gewinn darstellt, als sich neue Perspektiven eröffnen, die bisher in der Diskussion um Parsons' Schultheorie keine Rolle spielen. Hieraus lässt sich als Forschungsperspektive ableiten, dies analog für andere Schultheorien zu tun, sofern dort ebenfalls ein Defizit in der Aufarbeitung des schultheoretischen Ursprungs zu vermuten steht (d. h. im Sinn der obigen Differenzierung: Theorie und einzelne Schultheorien).

Auch die vorgelegte Schultheorie selbst wäre weiter auszubauen. *Zum einen* könnten über die bisher fokussierte Interaktion von Schüler*innen und Lehrpersonen hinausgehend weitere Akteur*innen und Interaktionen aus der gleichen normativfunktionalistischen Perspektive untersucht werden. Wie lässt sich etwa die Interaktion zwischen Lehrpersonen oder zwischen Lehrpersonen und Schulleitung bzw. -verwaltung (s. S. 217) oder zwischen Schule bzw. Schulleitung und Schulaufsicht beschreiben und welche normative Kultur kennzeichnet diese Interaktionen? Und wie verhalten sich diese verschiedenen schulischen Interaktionssettings zueinander? *Zum anderen* könnte die Schultheorie in Richtung eines integrativen Schultheoriekomplexes fortentwickelt werden, indem weitere konstitutive Dimensionen des Sozialen bzw. der Verfasstheit von Schule neben dem Normativen theoretisch fruchtbar gemacht und zueinander relationiert werden. Denn während die skizzierte Schultheorie gewissermaßen alles auf ihren normativen Gehalt reduziert, sodass Aspekte des Sprachlichen, des Räumlichen, des Körperlichen, des Dinglichen usw. in ihrem normativen Kern betrachtet werden, könnte es ebenso sinnvoll sein, solche Dimensionen in einer Schultheorie systematisch und relationiert zueinander zur Darstellung zu bringen.

Die damit anklingende vergleichende Betrachtung von Schultheorien stellt eine weitere Anschlussfrage für die schultheoretische Forschung dar (im Sinn der obigen Differenzierung: Theorie und mehrere Schultheorien). Wie hier in dieser Arbeit die Schultheorien von Parsons, Dreeben, Fend und des heimlichen Lehrplans verglichen und auf verbindende Elemente hin untersucht werden, erscheint dies für weitere Schultheorien sinnvoll. Dies ist vor allem dann notwendig, wenn, wie in dieser Arbeit an mehreren Stellen deutlich wird, Gegensätze, Unterschiede und Widersprüche zwischen Schultheorien weniger triftig sind als bisher angenommen. Es stellt sich also die Frage, welche gemeinsamen Annahmen über alle Schultheorien hinweg bestehen und wodurch sich einzelne Schultheorien oder Gruppen von Schultheorien tatsächlich unterscheiden. Etwas spezieller im Anschluss an diese Arbeit ließe sich fragen, welche weiteren Schultheorien funktionalistische Grundannahmen enthalten und inwiefern die Bezeichnung ‚funktionalistisch' eine sinnvolle Abgrenzung einzelner Schultheorien darstellt.

Für Schultheorie allgemein bzw. alle Schultheorien (Theorie und Schultheorie insgesamt) stellt sich weiterhin die Frage nach einem gemeinsamen Verständnis von Schultheorie, mit dem auch die Ansprüche formuliert werden, die eine Schultheorie zu erfüllen hat. Solch eine Verständigung, für die in Kap. 4 ein Vorschlag gemacht wird, scheint notwendig, um die Diffusität im Feld der Schultheorie zu überwinden und sie als Forschungsfeld klarer zu konturieren.

Die Verknüpfung von Empirie und Theorie ist für die Schultheorie eine zentrale Forschungsperspektive und ein zentrales Forschungsdesiderat (vgl. Idel & Stelmaszyk 2015: 52). Im Kontext einer stark auf Empirie ausgerichteten Erziehungswissenschaft und Schulpädagogik dürfte es für den Stellenwert von Schultheorie entscheidend sein, ihren Mehrwert auch in Bezug auf Empirie herauszustellen. Dabei gilt wie für jede Theorie, dass Schultheorie eine spezielle Perspektive bereitstellt, mit der ein Gegenstand wie Schule betrachtet wird, mit der empirische Befunde eingeordnet und in einen Gesamtzusammenhang gebracht werden können. Um den Mehrwert dieser Perspektive deutlich zu machen und damit eine Belebung schultheoretischer Forschung anzuregen, sollten in der empirischen Forschung intensiver schultheoretische Theoretisierungen vorgenommen werden und schultheoretische Forschung sollte intensiver auf bestehende Empirie Bezug nehmen (Empirie und Schultheorie insgesamt oder einzelne Schultheorien). Nur so dürfte es außerdem gelingen, die Aussagekraft einzelner Schultheorien weiter zu fundieren. In der Konfrontation mit Empirie lassen sich demnach Schultheorien schärfen, weiterentwickeln, revidieren und auch gegeneinander in ihrer Aussagekraft abgrenzen (Empirie und einzelne Schultheorien oder verschiedene Schultheorien).

Ein Wert von (Schul-)Theorien für Empirie besteht nicht nur retrospektiv in der Einordnung empirischer Befunde, sondern auch prospektiv in der Generierung empirisch zu untersuchender Fragen. Dazu zählt in direktem Anschluss an die vorliegende Arbeit eine genaue Analyse der normativen Kultur von Schule in ihrer Umwelt (Empirie und einzelne Schultheorien):

– Inwiefern kennzeichnen die drei Werte im Sinn einer Seinsbeschreibung schulisches Handeln tatsächlich und inwiefern fungieren sie im Sinn einer Sollenszuschreibung als Ideale?
– Bestätigen sich die drei Werte als Kern der normativen Kultur von Schule oder sind weitere Werte relevant?

7 Fazit

- Wie stellt sich die Relevanz der drei Werte im Vergleich verschiedener Schulformen und -stufen, im Einzelschulvergleich, im Ländervergleich sowie mit Blick auf Ganztags- oder Internatsschulen dar?
- Welche Unterschiede gibt es bezüglich dieser Werte zwischen Lehrpersonen?
- Wie genau werden Schüler*innen mit diesen Werten konfrontiert und wie gehen sie mit ihnen um?
- Welche normativen Erwartungen werden gegenüber Schule formuliert und wie verhalten sie sich zueinander?
- Wie gehen schulische Akteur*innen und Schule als System insgesamt mit diesen normativen Erwartungen um?

Denkbar zur Untersuchung dieser Fragen sind neben der Analyse des tatsächlichen Unterrichts Befragungen von oder Gruppendiskussionen mit Lehrpersonen und anderen schulischen Akteur*innen, Dokumentenanalysen sowie mit Blick auf die vorletzte Frage zum Verhältnis der normativen Kultur der Schule zur normativen Kultur der Umwelt Diskursanalysen.

Talcott Parsons, Schultheorie und Talcott Parsons' normativfunktionalistische Schultheorie stehen im Zentrum der vorliegenden Arbeit. Gegenüber dem in der Einleitung umrissenen eher geringen Interesse der Schulpädagogik an diesen Gegenständen stellt die Arbeit ein Plädoyer dar, sich intensiver mit ihnen zu befassen. Sie stellt erstens ein Plädoyer für Schultheorie dar, die zentrale Fragen zu den Grundlagen und Konstitutionsbedingungen des Phänomens Schule aufwirft. Sie stellt zweitens ein Plädoyer für eine sorgfältige Auseinandersetzung mit Theorien dar. Nicht die Rezeption aus dritter Hand, die eine Theorie undifferenziert und verkürzt zur Darstellung bringt, sondern die intensive Auseinandersetzung mit Primärliteratur werden dem Anspruch von Wissenschaftlichkeit gerecht, Theorien und Texte fundiert, im Werkzusammenhang, differenziert, ungefiltert und möglichst objektiv zu erfassen. Drittens stellt die Arbeit ein inhaltliches Plädoyer dar, dass es sich lohnt, Parsons (wieder) zu lesen und auf Basis seiner Theorie über Schule nachzudenken. Oder um es mit der eingangs erwähnten Sammelrezension auszudrücken: „[J]ust as Parsons [...] found it profitable to return to Spencer, so may we return to Parsons and find things of value. [...] [W]e may still read Parsons with profit provided we do so on terms appropriate to our endeavours" (Bryant 1983: 347).

Parsons' Zugang kann dabei nicht allein auf analytischer Ebene von Gewinn für die Betrachtung von Schule sein. In Zeiten alternativer Fakten und einer postfaktischen Gesellschaft kann Parsons mit dem Wert der kognitiven Rationalität als Verteidiger einer demokratischen Gesellschaft verstanden werden, die an Wissenschaft, Erkenntnis und objektivem Wissen orientiert ist – und er spricht Schule die Chance zu, wesentlich zu solch einer Gesellschaft beizutragen.

Literaturverzeichnis

Abbott, Andrew (2000): *The System of Professions. An Essay on the Division of Expert Labor.* Chicago, IL, und London: The University of Chicago Press. Erstveröffentlichung 1988.

Abels, Heinz & Alexandra König (2016): *Sozialisation. Über die Vermittlung von Gesellschaft und Individuum und die Bedingungen von Identität.* 2., überarb. u. erw. Aufl. Wiesbaden: Springer VS.

Ackeren, Isabell van, Klaus Klemm & Svenja Mareike Kühn (2015): *Entstehung, Struktur und Steuerung des deutschen Schulsystems. Eine Einführung.* 3., überarb. u. akt. Aufl. Wiesbaden: Springer VS.

Ackerman, Charles & Talcott Parsons (1976): Der Begriff „Sozialsystem" als theoretisches Instrument. In: *Zur Theorie sozialer Systeme. Von Talcott Parsons.* Herausgegeben und eingeleitet von Stefan Jensen. Opladen: Westdeutscher Verlag, S. 69–84. Engl. Erstveröffentlichung 1966.

Ackroyd, Stephen (2016): Sociological and Organisational Theories of Professions and Professionalism. In: *The Routledge Companion to the Professions and Professionalism.* Hrsg. von Mike Dent, Ivy Lynn Bourgeault, Jean-Louis Denis & Ellen Kuhlmann. London und New York: Routledge, S. 15–30.

Adick, Christel (1992): *Die Universalisierung der modernen Schule. Eine theoretische Problemskizze zur Erklärung der weltweiten Verbreitung der modernen Schule in den letzten 200 Jahren mit Fallstudien aus Westafrika.* Paderborn u. a.: Ferdinand Schöningh.

Adl-Amini, Bijan (1976): *Schultheorie. Geschichte, Gegenstand und Grenzen.* Weinheim und Basel: Beltz.

— (1985): Grundriß einer pädagogischen Schultheorie. In: *Handbuch Schule und Unterricht. Bd. 7.1: Dokumentation: Schule und Unterricht als Feld gegenwärtiger pädagogisch-personeller und institutionell-organisatorischer Forschung.* Hrsg. von Walter Twellmann. Düsseldorf: Pädagogischer Verlag Schwann, S. 63–94.

Adl-Amini, Bijan, Klaus Hurrelmann, Horst Dichanz, Theodor Schulze & Klaus-Jürgen Tillmann (1993): Theorie der Schule – eine abschließende Diskussion. In: *Schultheorien.* Hrsg. von Klaus-Jürgen Tillmann. 2. Aufl. Hamburg: Bergmann + Helbig, S. 117–127.

Literaturverzeichnis

Akbaba, Yalız & Karin Bräu (2019): Lehrer*innen zwischen Inklusionsanspruch und Leistungsprinzip. In: *Rekonstruktionen sonderpädagogischer Praxis. Eine Fallsammlung für die Lehrerbildung*. Hrsg. von Stephan Ellinger & Hannah Schott-Leser. Opladen, Berlin und Toronto: Barbara Budrich, S. 165–184.

Akbaba, Yalız, Karin Bräu & Laura Fuhrmann (2018): Schulische Aufgaben mit Lebensweltbezug. Nebenwirkungen jenseits didaktischer Absichten. In: *Konstruktionen von Fachlichkeit. Ansätze, Erträge und Diskussionen in der empirischen Unterrichtsforschung*. Hrsg. von Matthias Martens, Kerstin Rabenstein, Karin Bräu, Marei Fetzer, Helge Gresch, Ilonca Hardy & Carla Schelle. Bad Heilbrunn: Julius Klinkhardt, S. 247–259.

Alexander, Jeffrey C. (1983): *Theoretical Logic in Sociology. Vol. 4: The Modern Reconstruction of Classical Thought: Talcott Parsons*. Berkeley und Los Angeles: University of California Press.

— (1986): The University and Morality. A Revised Approach to University Autonomy and Its Limits. In: *The Journal of Higher Education* 57 (5), S. 463–476.

— (1987): *Twenty Lectures. Sociological Theory since World War II*. New York: Columbia University Press.

— (2016): Foreword. In: *American Society. A Theory of the Societal Community*. Von Talcott Parsons. Herausgegeben und eingeleitet von Giuseppe Sciortino. London und New York: Routledge, S. xiii–xvi. Erstveröffentlichung 2007.

American Council on Education (2019): *U.S. Higher Education. A Brief Guide*. Washington, DC: American Council on Education. URL: https://www.acenet.edu/Documents/brief-guide-to-US-higher-ed.pdf (Abrufdatum: 06.07.2020).

Antikainen, Ari, A. Gary Dworkin, Lawrence J. Saha, Jeanne Ballantine, Shaheeda Essack, António Teodoro & David Konstantinovskiy (2011): Contemporary Themes in the Sociology of Education. In: *International Journal of Contemporary Sociology* 48 (1), S. 117–147.

Apel, Hans Jürgen (1995): *Theorie der Schule. Historische und systematische Grundlinien*. Donauwörth: Ludwig Auer.

— (2002): *Herausforderung Schulklasse. Klassen führen – Schüler aktivieren*. Bad Heilbrunn: Julius Klinkhardt.

Arnold, Karl-Heinz & Andreas Bach (2011): Theorie des Unterrichts. In: *Enzyklopädie Erziehungswissenschaft Online*, o. S. URL: http://www.content-select.com/10.3262/EEO09110164 (Abrufdatum: 10.08.2018).

Arnold, Rolf (1995): Luhmann und die Folgen. Vom Nutzen der neueren Systemtheorie für die Erwachsenenpädagogik. In: *Zeitschrift für Pädagogik* 41 (4), S. 599–614.

Arnstine, Barbara (1969): Review Article– On What Is Learned In School. In: *Educational Theory* 19 (2), S. 214–220.

Asbrand, Barbara, Merle Hummrich, Till-Sebastian Idel & Anna Moldenhauer (2021): Bezugsprobleme von Schulentwicklung als Theorieprojekt. Zur Einleitung in diesen Band. In: *Schulentwicklung als Theorieprojekt. Forschungsperspektiven auf Veränderungsprozesse von Schule*. Hrsg. von Anna Moldenhauer, Barbara Asbrand, Merle Hummrich & Till-Sebastian Idel. Wiesbaden: Springer VS, S. 1–13.
Astleitner, Hermann (2011): *Theorieentwicklung für SozialwissenschaftlerInnen*. Wien, Köln und Weimar: Böhlau.
Auernheimer, Georg (1993): Bis auf MARX zurück – historisch-materialistische Schultheorien. In: *Schultheorien*. Hrsg. von Klaus-Jürgen Tillmann. 2. Aufl. Hamburg: Bergmann + Helbig, S. 61–70.
Autorengruppe Bildungsberichterstattung (2018): *Bildung in Deutschland 2018. Ein indikatorengestützter Bericht mit einer Analyse zu Wirkungen und Erträgen von Bildung*. Bielefeld: wbv.
Bachmann, Ulrich (2017): *Medien und die Koordination des Handelns. Der Begriff des Kommunikationsmediums zwischen Handlungs- und Systemtheorie*. Wiesbaden: Springer VS.
Baecker, Dirk (2014): Funktion. In: *Wörterbuch der Soziologie*. Hrsg. von Günter Endruweit, Gisela Trommsdorff & Nicole Burzan. 3., völlig überarb. Aufl. Konstanz: UVK, S. 137–139.
Ballantine, Jeanne H., Floyd M. Hammack & Jenny Stuber (2017): *The Sociology of Education. A Systematic Analysis*. 8. Aufl. New York und London: Routledge.
Ballantine, Jeanne H. & Joan Z. Spade (2015a): Getting Started: Understanding Education Through Sociological Theory. In: *Schools and Society. A Sociological Approach to Education*. Hrsg. von Jeanne H. Ballantine & Joan Z. Spade. 5. Aufl. Los Angeles u. a.: Sage, S. 18–34.
— Hrsg. (2015b): *Schools and Society. A Sociological Approach to Education*. 5. Aufl. Los Angeles u. a.: Sage.
Ballauff, Theodor (1968): Zum Problem der Schulbildung. In: *Theorie der Schule. Versuch einer Grundlegung*. Hrsg. von Hermann Röhrs. Frankfurt am Main: Akademische Verlagsgesellschaft, S. 60–74.
— (1984): *Funktionen der Schule. Historisch-systematische Analysen zur Scolarisation*. 2., durchges. Aufl. Köln und Wien: Böhlau.
Barber, Bernard (1949): Biographical Sketch. In: *Essays in Sociological Theory. Pure and Applied*. Von Talcott Parsons. Glencoe, IL: Free Press, S. 349–352.
— (1985): Beyond Parsons's Theory of the Professions. In: *Neofunctionalism*. Hrsg. von Jeffrey C. Alexander. Beverly Hills, CA, London und New Delhi: Sage, S. 211–224.

Literaturverzeichnis

Barber, Bernard (1989): Talcott Parsons and the Sociology of Science: An Essay in Appreciation and Remembrance. In: *Theory, Culture & Society* 6 (4), S. 623–635.

Bauer, Ullrich, Uwe H. Bittlingmayer & Albert Scherr (2012a): Einleitung der Herausgeber. In: *Handbuch Bildungs- und Erziehungssoziologie*. Hrsg. von Ullrich Bauer, Uwe H. Bittlingmayer & Albert Scherr. Wiesbaden: Springer VS, S. 13–25.

— Hrsg. (2012b): *Handbuch Bildungs- und Erziehungssoziologie*. Wiesbaden: Springer VS.

Baumert, Jürgen (2002): Deutschland im internationalen Bildungsvergleich. In: *Die Zukunft der Bildung*. Hrsg. von Nelson Killius, Jürgen Kluge & Linda Reisch. Frankfurt am Main: Suhrkamp, S. 100–150.

Baumert, Jürgen & Mareike Kunter (2006): Stichwort: Professionelle Kompetenz von Lehrkräften. In: *Zeitschrift für Erziehungswissenschaft* 9 (4), S. 469–520.

Baumert, Jürgen & Gundel Schümer (2002): Familiäre Lebensverhältnisse, Bildungsbeteiligung und Kompetenzerwerb im nationalen Vergleich. In: *PISA 2000 – Die Länder der Bundesrepublik Deutschland im Vergleich*. Hrsg. von Deutsches PISA-Konsortium. Opladen: Leske + Budrich, S. 159–202.

Baumgart, Franzjörg, Hrsg. (2008): *Theorien der Sozialisation. Erläuterungen, Texte, Arbeitsaufgaben*. 4., durchges. Aufl. Bad Heilbrunn: Julius Klinkhardt.

Baumgart, Franzjörg & Ute Lange (2006): Vorbemerkungen. In: *Theorien der Schule. Erläuterungen, Texte, Arbeitsaufgaben*. Hrsg. von Franzjörg Baumgart & Ute Lange. 2., durchges. Aufl. Bad Heilbrunn: Julius Klinkhardt, S. 13–24.

Baumgart, Franzjörg, Ute Lange & Lothar Wigger (2005): Einführung – Ziele, Aufbau und Inhalt des Studienbuches. In: *Theorien des Unterrichts. Erläuterungen, Texte, Arbeitsaufgaben*. Hrsg. von Franzjörg Baumgart, Ute Lange & Lothar Wigger. Bad Heilbrunn: Julius Klinkhardt, S. 9–23.

Beck, Johannes (1974): *Lernen in der Klassenschule. Untersuchungen für die Praxis*. Reinbek bei Hamburg: Rowohlt.

Becker, Egon (1995): Hochschule und Gesellschaft. Funktion der Hochschule und Reproduktionsprobleme der Gesellschaft. In: *Enzyklopädie Erziehungswissenschaft. Bd. 10: Ausbildung und Sozialisation in der Hochschule*. Hrsg. von Ludwig Huber. Stuttgart und Dresden: Ernst Klett, S. 29–58.

Becker, Howard S. (1975): Lehrer in der Klassenschule. In: *Der heimliche Lehrplan. Untersuchungen zum Schulunterricht*. Hrsg. von Jürgen Zinnecker. Weinheim und Basel: Beltz, S. 123–138.

Becker, Rolf (2017): Entstehung und Reproduktion dauerhafter Bildungsungleichheiten. In: *Lehrbuch der Bildungssoziologie*. Hrsg. von Rolf Becker. 3., akt. u. überarb. Aufl. Wiesbaden: Springer VS, S. 89–150.

Becker, Rolf & Andreas Hadjar (2013): Gesellschaftliche Kontexte, Bildungsverläufe und Bildungschancen. In: *Bildungskontexte. Strukturelle Voraussetzungen und Ursachen ungleicher Bildungschancen*. Hrsg. von Rolf Becker & Alexander Schulze. Wiesbaden: Springer VS, S. 511–553.
— (2017): Meritokratie – Zur gesellschaftlichen Legitimation ungleicher Bildungs-, Erwerbs- und Einkommenschancen in modernen Gesellschaften. In: *Lehrbuch der Bildungssoziologie*. Hrsg. von Rolf Becker. 3., akt. u. überarb. Aufl. Wiesbaden: Springer VS, S. 33–62.
Becker, Rolf & Wolfgang Lauterbach (2016): Bildung als Privileg – Ursachen, Mechanismen, Prozesse und Wirkungen. In: *Bildung als Privileg. Erklärungen und Befunde zu den Ursachen der Bildungsungleichheit*. Hrsg. von Rolf Becker & Wolfgang Lauterbach. 5., akt. Aufl. Wiesbaden: Springer VS, S. 3–53.
Bélanger, Pierre W. & Guy Rocher (1975): Éléments d'une sociologie de l'éducation. In: *École et société au Québec. Éléments d'une sociologie de l'éducation. Tome 1*. Hrsg. von Pierre W. Bélanger & Guy Rocher. 2. Aufl. Montréal: Hurtubise HMH, S. 19–32.
Bell, Daniel (1973): *The Coming of Post-Industrial Society. A Venture in Social Forecasting*. New York: Basic Books.
Bellmann, Johannes (2020): Theoretische Forschung – Unterscheidung und Bezeichnung eines spezifischen Modus der Wissensproduktion. In: *Zeitschrift für Pädagogik* 66 (6), S. 788–806.
Bellmann, Johannes & Norbert Ricken (2020): Theoretische Forschung in der Erziehungswissenschaft – Beiträge zur Konturierung eines Forschungsfelds. Einleitung in den Thementeil. In: *Zeitschrift für Pädagogik* 66 (6), S. 783–787.
Bender, Saskia & Fabian Dietrich (2019): Unterricht und inklusiver Anspruch. Empirische und theoretische Erkundungen zu einer strukturtheoretischen Perspektivierung. In: *Pädagogische Korrespondenz* 32 (60), S. 28–50.
Benner, Dietrich (1995): Was ist Schulpädagogik? In: *Studien zur Didaktik und Schultheorie. Pädagogik als Wissenschaft, Handlungstheorie und Reformpraxis. Bd. 3*. Von Dietrich Benner. Weinheim und München: Juventa, S. 47–82. Erstveröffentlichung 1977.
Bertram, Hans (2010): Talcott Parsons. „Familien sind Fabriken, die menschliche Persönlichkeiten produzieren". In: *Die Geschichte der Familiensoziologie in Portraits*. Hrsg. von Rosemarie Nave-Herz. Würzburg: Ergon, S. 239–262.
Beyer, Janice M. (1974): Review. The American University, by Talcott Parsons and Gerald M. Platt. In: *The Journal of Higher Education* 45 (7), S. 553–557.
Birkel, Peter & Christian Tarnai (2018): Zensuren und verbale Schulleistungsbeurteilung. In: *Handwörterbuch Pädagogische Psychologie*. Hrsg. von Detlef H. Rost,

Literaturverzeichnis

Jörn R. Sparfeldt & Susanne R. Buch. 5., überarb. u. erw. Aufl. Weinheim und Basel: Beltz, S. 904–916.

Bittlingmayer, Uwe H. (2001): „Spätkapitalismus" oder „Wissensgesellschaft"? In: *Aus Politik und Zeitgeschichte* (36), S. 15–23.

Blackledge, David & Barry Hunt (1985): *Sociological Interpretations of Education*. London, Sydney und Dower, NH: Croom Helm.

Blättner, Fritz (1968): Die vier Aufgaben der Schule. In: *Theorie der Schule. Versuch einer Grundlegung*. Hrsg. von Hermann Röhrs. Frankfurt am Main: Akademische Verlagsgesellschaft, S. 159–167.

Blömeke, Sigrid & Bardo Herzig (2009): Schule als gestaltete und zu gestaltende Institution – ein systematischer Überblick über aktuelle und historische Schultheorien. In: *Handbuch Schule. Theorie – Organisation – Entwicklung*. Hrsg. von Sigrid Blömeke, Thorsten Bohl, Ludwig Haag, Gregor Lang-Wojtasik & Werner Sacher. Bad Heilbrunn: Julius Klinkhardt, S. 15–28.

Blömeke, Sigrid, Bardo Herzig & Gerhard Tulodziecki (2007): *Gestaltung von Schule. Eine Einführung in Schultheorie und Schulentwicklung*. Bad Heilbrunn: Julius Klinkhardt.

Boer, Heike de (2009): Peersein und Schülersein – ein Prozess des Ausbalancierens. In: *Kinder in der Schule. Zwischen Gleichaltrigenkultur und schulischer Ordnung*. Hrsg. von Heike de Boer & Heike Deckert-Peaceman. Wiesbaden: VS Verlag für Sozialwissenschaften, S. 105–117.

Bogner, Alexander (2018): *Gesellschaftsdiagnosen. Ein Überblick*. 3., überarb. Aufl. Weinheim und Basel: Beltz Juventa.

Bohl, Thorsten (2019): Leistungsbewertung, Notengebung und Alternativen zur Notengebung. In: *Handbuch Unterrichten an allgemeinbildenden Schulen*. Hrsg. von Ewald Kiel, Bardo Herzig, Uwe Maier & Uwe Sandfuchs. Bad Heilbrunn: Julius Klinkhardt, S. 414–425.

Bohl, Thorsten, Martin Harant & Albrecht Wacker (2015): *Schulpädagogik und Schultheorie*. Bad Heilbrunn: Julius Klinkhardt.

Böhm, Winfried & Sabine Seichter (2018): *Wörterbuch der Pädagogik*. 17., akt. u. vollst. überarb. Aufl. Paderborn: Ferdinand Schöningh.

Böhnisch, Lothar & Hans Lösch (1973): Das Handlungsverständnis des Sozialarbeiters und seine institutionelle Determination. In: *Gesellschaftliche Perspektiven der Sozialarbeit. Zweiter Halbband*. Hrsg. von Hans-Uwe Otto & Siegfried Schneider. Neuwied und Berlin: Luchterhand, S. 21–40.

Bohnsack, Fritz (1964): John Deweys Theorie der Schule. In: *Pädagogische Rundschau* 18 (4), S. 249–271.

Bohnsack, Ralf (2020): *Professionalisierung in praxeologischer Perspektive. Zur Eigenlogik der Praxis in Lehramt, Sozialer Arbeit und Frühpädagogik.* Opladen und Toronto: Barbara Budrich.

Bonnet, Andreas (2011): Erfahrung, Interaktion, Bildung. In: *Unterrichtstheorien in Forschung und Lehre.* Hrsg. von Wolfgang Meseth, Matthias Proske & Frank-Olaf Radtke. Bad Heilbrunn: Julius Klinkhardt, S. 189–208.

Bönsch, Manfred (1994): Defizite einer Theorie der Schule oder der Schultheoretiker? Zum Beitrag von Klaus-Jürgen Tillmann in Heft 4/93. In: *Die Deutsche Schule* 86 (4), S. 515–516.

Boudon, Raymond (1967): Remarques sur la notion de fonction. In: *Revue française de sociologie* 8 (2), S. 198–206.

Boudon, Raymond & François Bourricaud (1992): *Soziologische Stichworte. Ein Handbuch.* Opladen: Westdeutscher Verlag.

Bourricaud, François (1981): *The Sociology of Talcott Parsons.* Chicago, IL, und London: The University of Chicago Press.

Bowles, Samuel & Herbert Gintis (1976): *Schooling in Capitalist America. Educational Reform and the Contradictions of Economic Life.* New York: Basic Books.

Brante, Thomas (2011): Professions as Science-Based Occupations. In: *Professions and Professionalism* 1 (1), S. 4–20.

Bräu, Karin & Laura Fuhrmann (2015): Die soziale Konstruktion von Leistung und Leistungsbewertung. In: *Soziale Konstruktionen in Schule und Unterricht. Zu den Kategorien Leistung, Migration, Geschlecht, Behinderung, Soziale Herkunft und deren Interdependenzen.* Hrsg. von Karin Bräu & Christine Schlickum. Opladen, Berlin und Toronto: Barbara Budrich, S. 49–64.

Breidenstein, Georg (2006): *Teilnahme am Unterricht. Ethnographische Studien zum Schülerjob.* Wiesbaden: VS Verlag für Sozialwissenschaften.

— (2010): Überlegungen zu einer Theorie des Unterrichts. In: *Zeitschrift für Pädagogik* 56 (6), S. 869–887.

— (2014): Die Verschiebung von Sinnproblemen des Unterrichts auf die Noten. Studien zur alltäglichen Praxis der Zensurengebung. In: *Schulverwaltung NRW* 25 (4), S. 104–106.

— (2018): Das Theorem der ‚Selektionsfunktion der Schule' und die Praxis der Leistungsbewertung. In: *Leistung als Paradigma. Zur Entstehung und Transformation eines pädagogischen Konzepts.* Hrsg. von Sabine Reh & Norbert Ricken. Wiesbaden: Springer VS, S. 307–327.

Breuer, Stefan (1990): Panik auf Ebene vier. Talcott Parsons und Gerald M. Platt über die amerikanische Universität. In: *Frankfurter Allgemeine Zeitung* vom 05.07.1990, S. 11.

Brezinka, Wolfgang (1978): *Metatheorie der Erziehung. Eine Einführung in die Grundlagen der Erziehungswissenschaft, der Philosophie der Erziehung und der Praktischen Pädagogik.* 4., vollst. neu bearb. Aufl. München, Basel: Ernst Reinhardt.

Brinkmann, Malte (2017): Aufgaben der Schule – systematischer Versuch einer Phänomenologie. In: *Fragmente zu einer pädagogischen Theorie der Schule. Erziehungswissenschaftliche Perspektiven auf eine Leerstelle.* Hrsg. von Roland Reichenbach & Patrick Bühler. Weinheim und Basel: Beltz Juventa, S. 88–110.

Brint, Steven (2017): *Schools and Societies.* 3. Aufl. Stanford, CA: Stanford Social Sciences.

Brint, Steven, Mary F. Contreras & Michael T. Matthews (2001): Socialization Messages in Primary Schools: An Organizational Analysis. In: *Sociology of Education* 74 (3), S. 157–180.

Brock, Ditmar & Dietmar Mälzer (2012): Bildung und Sozialisation als zentrale Grundlagen moderner Gesellschaften: Talcott Parsons. In: *Enzyklopädie Erziehungswissenschaft Online,* o. S. URL: https://content-select.com/media/moz_viewer/52824878-3b04-47c8-950f-11372efc1343 (Abrufdatum: 20. 12. 2017).

Brodie, Kristen (2013): Hidden Curriculum. In: *Sociology of Education. An A-to-Z Guide.* Hrsg. von James Ainsworth. Los Angeles u. a.: Sage, S. 351–353.

Bruder, Regina (2018): Fachliche Unterrichtsqualität im Kontext der Basisdimensionen guten Unterrichts aus mathematikdidaktischer Perspektive. In: *Konstruktionen von Fachlichkeit. Ansätze, Erträge und Diskussionen in der empirischen Unterrichtsforschung.* Hrsg. von Matthias Martens, Kerstin Rabenstein, Karin Bräu, Marei Fetzer, Helge Gresch, Ilonca Hardy & Carla Schelle. Bad Heilbrunn: Julius Klinkhardt, S. 203–218.

Brügelmann, Hans, Axel Backhaus, Erika Brinkmann, Hendrik Coelen, Thomas Franzkowiak, Simone Knorre, Barbara Müller-Naendrup, Elisabeth Oser & Sara Roth (2014): *Sind Noten nützlich und nötig? Ziffernzensuren und ihre Alternativen im empirischen Vergleich.* Eine wissenschaftliche Expertise des Grundschulverbandes. 3., akt. Aufl. Frankfurt am Main: Grundschulverband e. V.

Brumlik, Micha & Heinz Günter Holtappels (1993): MEAD und die Handlungsperspektive schulischer Akteure – interaktionistische Beiträge zur Schultheorie. In: *Schultheorien.* Hrsg. von Klaus-Jürgen Tillmann. 2. Aufl. Hamburg: Bergmann + Helbig, S. 89–103.

Brüsemeister, Thomas (2008): *Bildungssoziologie. Einführung in Perspektiven und Probleme.* Wiesbaden: VS Verlag für Sozialwissenschaften.

Brüsemeister, Thomas & Thomas Kemper (2019): Schule aus soziologischer Perspektive. In: *Handbuch Schulpädagogik.* Hrsg. von Marius Harring, Carsten Rohlfs & Michaela Gläser-Zikuda. Münster und New York: Waxmann, S. 64–74.

Bryant, Christopher G. A. (1983): Review Article. Who Now Reads Parsons? In: *The Sociological Review* 31 (2), S. 337–349.
Bryson, Bill (2020): *Eine kurze Geschichte des menschlichen Körpers.* München: Goldmann.
Budde, Jürgen (2015): Zum Verhältnis der Begriffe Inklusion und Heterogenität. In: *Inklusion als Entwicklung. Konsequenzen für Schule und Lehrerbildung.* Hrsg. von Thomas Häcker & Maik Walm. Bad Heilbrunn: Julius Klinkhardt, S. 117–132.
— (2020): Die Fridays-for-Future-Bewegung als Herausforderung für die Schule – Ein schulkritischer Essay. In: *Die Deutsche Schule* 112 (2), S. 216–228.
Bühl, Walter L. (1975): Einleitung: Funktionalismus und Strukturalismus. In: *Funktion und Struktur. Soziologie vor der Geschichte.* Hrsg. von Walter L. Bühl. München: Nymphenburger Verlagshandlung, S. 9–97.
Bulle, Nathalie (2008): *Sociology and Education. Issues in Sociology of Education.* Bern u. a.: Peter Lang.
Burkart, Günter (1982): Strukturtheoretische Vorüberlegungen zur Analyse universitärer Sozialisationsprozesse. Eine Auseinandersetzung mit Parsons' Theorie der amerikanischen Universität. In: *Kölner Zeitschrift für Soziologie und Sozialpsychologie* 34 (3), S. 444–468.
Burkitt, Ian (1991): Society and the Individual. In: *Current Sociology* 39 (3), S. 1–27.
Burzan, Nicole (2011): *Soziale Ungleichheit. Eine Einführung in die zentralen Theorien.* 4. Aufl. Wiesbaden: VS Verlag für Sozialwissenschaften.
Campbell, Ernest Q. (1970): On What Is Learned in School. By Robert Dreeben. Review Symposium. In: *Sociology of Education* 43 (2), S. 205–210.
Cancian, Francesca M. (1968): Functional Analysis. II. Varieties of Functional Analysis. In: *International Encyclopedia of the Social Sciences.* Vol. 6. Hrsg. von David L. Sills. New York: Macmillan und Free Press, S. 29–43.
Chang, Shu-Mei (2006): Wozu ist Schule da? Ein Vermittlungsversuch zum pädagogischen „Schisma". In: *Pädagogische Rundschau* 60 (3), S. 235–247.
Chriss, James J. (2016): The Expressive Revolution and the University: Parsons vs. Gouldner. In: *The Anthem Companion to Talcott Parsons.* Hrsg. von A. Javier Treviño. London und New York: Anthem Press, S. 55–71.
Clune, Michael W. (2015): Degrees of Ignorance. In: *The Chronicle of Higher Education* 62 (15), S. B6–B8.
Coleman, James S. (1963): Comment on „On the Concept of Influence". In: *The Public Opinion Quarterly* 27 (1), S. 63–82.
Collins, Randall (1971): Functional and Conflict Theories of Educational Stratification. In: *American Sociological Review* 36 (6), S. 1002–1019.

Combe, Arno & Werner Helsper (2016): Einleitung: Pädagogische Professionalität. Historische Hypotheken und aktuelle Entwicklungstendenzen. In: *Pädagogische Professionalität. Untersuchungen zum Typus pädagogischen Handelns*. Hrsg. von Arno Combe & Werner Helsper. 8. Aufl. Frankfurt am Main: Suhrkamp, S. 9–48.

Compes, Paul (1990): Zur Analyse von Sozialisationsprozessen in der Handlungstheorie Talcott Parsons'. Dargestellt am Beispiel der Sozialisation an Hochschulen. Dissertation. Düsseldorf: Heinrich-Heine-Universität.

Cookson jr., Peter W. & Alan R. Sadovnik (2002): Functionalist Theories of Education. In: *Education and Sociology. An Encyclopedia*. Hrsg. von David L. Levinson, Peter W. Cookson jr. & Alan R. Sadovnik. New York und London: RoutledgeFalmer, S. 267–271.

Cornbleth, Catherine (1984): Beyond Hidden Curriculum? In: *Journal of Curriculum Studies* 16 (1), S. 29–36.

Cramer, Colin (2019): Beruf, Rolle und Professionalität von Lehrpersonen. In: *Handbuch Unterrichten an allgemeinbildenden Schulen*. Hrsg. von Ewald Kiel, Bardo Herzig, Uwe Maier & Uwe Sandfuchs. Bad Heilbrunn: Julius Klinkhardt, S. 133–141.

Criblez, Lucien (2017): Individuum oder Institution. Anmerkungen zur Neubegründung einer Institutionentheorie der Schule gegen die Tradition der Schulkritik. In: *Fragmente zu einer pädagogischen Theorie der Schule. Erziehungswissenschaftliche Perspektiven auf eine Leerstelle*. Hrsg. von Roland Reichenbach & Patrick Bühler. Weinheim und Basel: Beltz Juventa, S. 75–86.

Czerwick, Edwin (2015): *Funktionalismus. Konturen eines Erklärungsprogramms*. Tübingen: Mohr Siebeck.

Daheim, Hansjürgen (1993): Die strukturell-funktionale Theorie. In: *Moderne Theorien der Soziologie. Strukturell-funktionale Theorie, Konflikttheorie, Verhaltenstheorie. Ein Lehrbuch*. Hrsg. von Günter Endruweit. Unter Mitarbeit von Hansjürgen Daheim, Bernhard Giesen und Karlheinz Messelken. Stuttgart: Ferdinand Enke, S. 23–85.

Dahrendorf, Ralf (1955): Struktur und Funktion. Talcott Parsons und die Entwicklung der soziologischen Theorie. In: *Kölner Zeitschrift für Soziologie und Sozialpsychologie* 7 (4), S. 491–519.

Daubner, Heinrich (1993): Radikale Schulkritik als Schultheorie? Kulturrevolutionäre Perspektiven bei Freire und Illich. In: *Schultheorien*. Hrsg. von Klaus-Jürgen Tillmann. 2. Aufl. Hamburg: Bergmann + Helbig, S. 105–115.

Delanty, Gerard (2009): The Foundations of Social Theory. In: *The New Blackwell Companion to Social Theory*. Hrsg. von Bryan S. Turner. Chichester, West Sussex, und Malden, MA: Wiley-Blackwell, S. 19–37.

Deppe, Ulrike (2016): Die Bedeutung der Familie für die Gleichaltrigenbeziehungen. In: *Handbuch Peerforschung*. Hrsg. von Sina-Mareen Köhler, Heinz-Hermann Krüger & Nicolle Pfaff. Opladen, Berlin und Toronto: Barbara Budrich, S. 275–288.

Derbolav, Josef (1981): Auf der Suche nach einer mehrdimensionalen Schultheorie. In: *Handbuch Schule und Unterricht. Bd. 1: Pädagogisch-personelle Aspekte der Schule und des Unterrichts*. Hrsg. von Walter Twellmann. Düsseldorf: Pädagogischer Verlag Schwann, S. 27–44.

Dichanz, Horst (1991): *Schulen in den USA. Einheit und Vielfalt in einem flexiblen Schulsystem*. Weinheim und München: Juventa.

Diederich, Jürgen & Heinz-Elmar Tenorth (1997): *Theorie der Schule. Ein Studienbuch zu Geschichte, Funktionen und Gestaltung*. Berlin: Cornelsen Scriptor.

Dietrich, Fabian (2017): Schulische Inklusion diesseits und jenseits des Leistungsprinzips – Schul- und unterrichtstheoretische Perspektivierungen des Verhältnisses von Inklusion und schulischer Leistungsbewertung. In: *Leistung inklusive? Inklusion in der Leistungsgesellschaft. Bd. II: Unterricht, Leistungsbewertung und Schulentwicklung*. Hrsg. von Annette Textor, Sandra Grüter, Ines Schiermeyer-Reichl & Bettina Streese. Bad Heilbrunn: Julius Klinkhardt, S. 191–198.

— (2021): Die symbolische Ordnung des „Realen". Zu einer Ausdifferenzierung eines schulkulturtheoretischen Mehrebenenmodells. In: *Schulentwicklung als Theorieprojekt. Forschungsperspektiven auf Veränderungsprozesse von Schule*. Hrsg. von Anna Moldenhauer, Barbara Asbrand, Merle Hummrich & Till-Sebastian Idel. Wiesbaden: Springer VS, S. 17–36.

Dingwall, Robert (1983): Introduction. In: *The Sociology of the Professions. Lawyers, Doctors and Others*. Hrsg. von Robert Dingwall & Philip Lewis. London und Basingstoke: Macmillan, S. 1–13.

Dippelhofer-Stiem, Barbara & Sebastian Dippelhofer (2014): Erziehungs- und Bildungssoziologie – Entwicklungslinien und Standortbestimmung. In: *Enzyklopädie Erziehungswissenschaft Online*, o. S. URL: https://content-select.com/de/portal/media/view/53bcf17b-f684-442e-9638-1bd22efc1343 (Abrufdatum: 01. 04. 2019).

Ditton, Hartmut (2016): Der Beitrag von Schule und Lehrern zur Reproduktion von Bildungsungleichheit. In: *Bildung als Privileg. Erklärungen und Befunde zu den Ursachen der Bildungsungleichheit*. Hrsg. von Rolf Becker & Wolfgang Lauterbach. 5., akt. Aufl. Wiesbaden: Springer VS, S. 281–312.

Dobischat, Rolf & Karl Düsseldorff (2015): Sozialisation in Berufsbildung und Hochschule. In: *Handbuch Sozialisationsforschung*. Hrsg. von Klaus Hurrel-

mann, Ullrich Bauer, Matthias Grundmann & Sabine Walper. 8., vollst. überarb. Aufl. Weinheim und Basel: Beltz, S. 469–491.
Dreeben, Robert (1968): *On What Is Learned in School.* Reading, MA, u. a.: Addison-Wesley.
— (1970a): Schooling and Authority: Comments on the Unstudied Curriculum. In: *The Unstudied Curriculum: Its Impact on Children.* Hrsg. von Norman V. Overly. Washington, DC: Association for Supervision and Curriculum Development Elementary Education Council, S. 85–103.
— (1970b): *The Nature of Teaching. Schools and the Work of Teachers.* Glenview, IL: Scott, Foresman and Company.
— (1973): The School as a Workplace. In: *Second Handbook of Research on Teaching. A Project of the American Educational Research Association.* Hrsg. von Robert M. W. Travers. Chicago, IL: McNally, S. 450–473.
— (1976): The Unwritten Curriculum and Its Relation to Values. In: *Journal of Curriculum Studies* 8 (2), S. 111–124.
Dubet, François & Danilo Martuccelli (1996): Théories de la socialisation et définitions sociologiques de l'école. In: *Revue française de sociologie* 37 (4), S. 511–535.
Duncker, Ludwig (1992): Kulturfragen der Schulpädagogik. Anstöße zur Überwindung des schultheoretischen Funktionalismus. In: *Neue Sammlung* 32 (1), S. 17–33.
— (2007): *Die Grundschule. Schultheoretische Zugänge und didaktische Horizonte.* Weinheim und München: Juventa.
— (2018): Politische Bildung aus schultheoretischer Sicht. Sondierungen – Analysen – Perspektiven. In: *Politische Bildung mit klarem Blick. Festschrift für Wolfgang Sander.* Hrsg. von Anja Besand & Susann Gessner. Frankfurt am Main: Wochenschau Verlag, S. 105–121.
Dworkin, A. Gary, Jeanne Ballantine, Ari Antikainen, Maria Ligia Barbosa, David Konstantinovskiy, Lawrence J. Saha, Shaheeda Essack, Jason Chang, Marios Vryonides & António Teodoro (2013): The Sociology of Education. In: *Sociopedia.isa*, o. S. URL: http://www.sagepub.net/isa/resources/pdf/Education2013.pdf (Abrufdatum: 26. 08. 2019).
Ebert, Michael (2003): *Talcott Parsons – Seine Theoretischen Instrumente in der Medizinsoziologischen Analyse der Arzt-Patienten-Beziehung.* Aachen: Shaker.
Eckel, Peter D. & Jacqueline E. King (2006): United States. In: *International Handbook of Higher Education. Part Two: Regions and Countries.* Hrsg. von James J. F. Forest & Philip G. Altbach. Dordrecht: Springer, S. 1035–1053.
Endreß, Martin (2018): *Soziologische Theorien kompakt.* 3., vollst. überarb. u. erw. Aufl. Berlin und Boston: de Gruyter Oldenbourg.

Esslinger-Hinz, Ilona & Anne Sliwka (2011): *Schulpädagogik*. Weinheim und Basel: Beltz.
Etzioni, Amitai (1970): On What Is Learned in School. By Robert Dreeben. Review Symposium. In: *Sociology of Education* 43 (2), S. 216–218.
Evetts, Julia (2003): The Sociological Analysis of Professionalism. Occupational Change in the Modern World. In: *International Sociology* 18 (2), S. 395–415.
— (2011): Sociological Analysis of Professionalism: Past, Present and Future. In: *Comparative Sociology* 10 (1), S. 1–37.
Fabel-Lamla, Melanie (2018): Der (berufs-)biographische Professionsansatz zum Lehrerberuf. Zur Relevanz einer biographischen Perspektive in der Lehrerbildung. In: *Erziehungswissenschaft und Lehrerbildung im Widerstreit!? Verhältnisbestimmungen, Herausforderungen und Perspektiven*. Hrsg. von Jeanette Böhme, Colin Cramer & Christoph Bressler. Bad Heilbrunn: Julius Klinkhardt, S. 82–100.
Fauser, Peter, Hrsg. (1996): *Wozu die Schule da ist. Eine Streitschrift der Zeitschrift Neue Sammlung*. Seelze: Friedrich.
Fauser, Peter & Friedrich Schweitzer (1985): Schule, gesellschaftliche Modernisierung und soziales Lernen – Schultheoretische Überlegungen. In: *Zeitschrift für Pädagogik* 31 (3), S. 339–363.
Fees, Konrad (2001): Konstituenten einer Theorie der Schule. In: *Pädagogische Rundschau* 55 (6), S. 665–677.
Feinberg, Walter & Jonas F. Soltis (2009): *School and Society*. 5. Aufl. New York und London: Teachers College Press.
Feldhoff, Jürgen (1965): *Schule als Ordnungssystem. Vortrag in der Studienkommission „Erziehungswissenschaftlicher Arbeitskreis I"*. Münster: Comenius-Institut.
— (1970): Probleme einer organisationssoziologischen Analyse der Schule. In: *Recht der Jugend und des Bildungswesens* 18 (10), S. 289–296.
Fend, Helmut (1979): *Gesellschaftliche Bedingungen schulischer Sozialisation. Soziologie der Schule I*. 5. Aufl. Weinheim und Basel: Beltz.
— (1981): *Theorie der Schule*. 2., durchges. Aufl. München, Wien und Baltimore, MD: Urban und Schwarzenberg.
— (1991): Schule und Persönlichkeit: Eine Bilanz der Konstanzer Forschungen zur „Sozialisation in Bildungsinstitutionen". In: *Schule und Persönlichkeitsentwicklung. Ein Resümee der Längsschnittforschung*. Hrsg. von Reinhard Pekrun & Helmut Fend. Stuttgart: Ferdinand Enke, S. 9–32.
— (2006a): *Geschichte des Bildungswesens. Der Sonderweg im europäischen Kulturraum*. Wiesbaden: VS Verlag für Sozialwissenschaften.
— (2006b): Zum Verhältnis von Erziehungswissenschaft und Bildungssoziologie am Beispiel der Schultheorien. In: *Erziehungswissenschaft und Bildungsforschung*.

Hrsg. von Hans Merkens. Wiesbaden: VS Verlag für Sozialwissenschaften, S. 41–53.
Fend, Helmut (2007): Die Grammatik des Bildungswesens und die „Logik" des Lehrerhandelns. In: *Bildung und Öffentlichkeit. Jürgen Oelkers zum 60. Geburtstag.* Hrsg. von Rita Casale & Rebekka Horlacher. Weinheim und Basel: Beltz, S. 247–261.
— (2008a): *Neue Theorie der Schule. Einführung in das Verstehen von Bildungssystemen.* 2., durchges. Aufl. Wiesbaden: VS Verlag für Sozialwissenschaften.
— (2008b): *Schule gestalten. Systemsteuerung, Schulentwicklung und Unterrichtsqualität.* Wiesbaden: VS Verlag für Sozialwissenschaften.
— (2011): Die sozialen und individuellen Funktionen von Bildungssystemen: Enkulturation, Qualifikation, Allokation und Integration. In: *Handbuch der Erziehungswissenschaft. Studienausgabe. Bd. 3: Schule.* Hrsg. von Stephanie Hellekamps, Wilfried Plöger & Wilhelm Wittenbruch. Paderborn: Ferdinand Schöningh, S. 41–53.
— (2015): Einleitung. In: *Was wir in der Schule lernen.* Von Robert Dreeben. 2. Aufl. Frankfurt am Main: Suhrkamp, S. VII–XIV. Dt. Erstveröffentlichung 1980.
Fend, Helmut, Fred Berger & Urs Grob, Hrsg. (2009): *Lebensverläufe, Lebensbewältigung, Lebensglück. Ergebnisse der LifE-Studie.* Wiesbaden: VS Verlag für Sozialwissenschaften.
Fend, Helmut, Wolfgang Knörzer, Willibald Nagl, Werner Specht & Roswith Väth-Szusdziara (1976): *Sozialisationseffekte der Schule. Soziologie der Schule II.* Weinheim und Basel: Beltz.
Fetzer, Marei (2011): Wie argumentieren Grundschulkinder im Mathemathematikunterricht? [sic!] Eine argumentationstheoretische Perspektive. In: *Journal für Mathematik-Didaktik* 32 (1), S. 27–51.
Fiegert, Monika (2003): Das Allgemeine und das Besondere: Vernachlässigte Aspekte einer „Theorie der Schule". In: *Pädagogische Rundschau* 57 (1), S. 51–65.
Fingerle, Karlheinz (1973): *Funktionen und Probleme der Schule. Didaktische und systemtheoretische Beiträge zu einer Theorie der Schule.* München: Kösel.
— (1993): Von PARSONS bis FEND – strukturell-funktionale Schultheorien. In: *Schultheorien.* Hrsg. von Klaus-Jürgen Tillmann. 2. Aufl. Hamburg: Bergmann + Helbig, S. 47–59.
Fischer, Natalie, Heinz Günter Holtappels, Eckhard Klieme, Thomas Rauschenbach, Ludwig Stecher & Ivo Züchner, Hrsg. (2011): *Ganztagsschule: Entwicklung, Qualität, Wirkungen. Längsschnittliche Befunde der Studie zur Entwicklung von Ganztagsschulen (StEG).* Weinheim und Basel: Beltz Juventa.
Fossum, Paul R. (2020): The Education System of the United States of America. Overview and Foundations. In: *The Education Systems of the Americas.* Hrsg. von

Sieglinde Jornitz & Marcelo Parreira do Amaral. Cham: Springer, o. S. URL: https://doi.org/10.1007/978-3-319-93443-3_14-1 (Abrufdatum: 14. 09. 2021).

Fox, Renée C. (1997): Talcott Parsons, My Teacher. In: *The American Scholar* 66 (3), S. 395–410.

Friedenberg, Edgar Z. (1975): Die Wiege der Freiheit. Zwei US-amerikanische Gesamtschulen. In: *Der heimliche Lehrplan. Untersuchungen zum Schulunterricht.* Hrsg. von Jürgen Zinnecker. Weinheim und Basel: Beltz, S. 110–122.

Fromm, Martin (1995): Lehrplan, heimlicher. In: *Enzyklopädie Erziehungswissenschaft. Bd. 3: Ziele und Inhalte der Erziehung und des Unterrichts.* Hrsg. von Hans-Dieter Haller & Hilbert Meyer. Unter Mitarbeit von Thomas Hanisch. Stuttgart und Dresden: Ernst Klett, S. 524–528.

Fuchs, Hans-Werner (2006): Rezension von: Helmut Fend: Neue Theorie der Schule. Einführung in das Verstehen von Bildungssystemen. In: *Erziehungswissenschaftliche Revue* 5 (2), o. S. URL: http://www.klinkhardt.de/ewr/53114717.html (Abrufdatum: 09. 06. 2021).

Fuchs, Stephan (2016): Handlung ist System. In: *Schlüsselwerke der Systemtheorie.* Hrsg. von Dirk Baecker. 2., erw. u. neu gestaltete Aufl. Wiesbaden: Springer VS, S. 403–405.

Fürstenau, Peter (1969): Zur Psychoanalyse der Schule als Institution. In: *Zur Theorie der Schule.* Hrsg. von Carl-Ludwig Furck. Unter Mitarbeit von Gerhard Dallmann. Weinheim, Berlin und Basel: Julius Beltz, S. 9–25.

Füssel, Hans-Peter & Achim Leschinsky (2008): Der institutionelle Rahmen des Bildungswesens. In: *Das Bildungswesen in der Bundesrepublik Deutschland. Strukturen und Entwicklungen im Überblick.* Hrsg. von Kai S. Cortina, Jürgen Baumert, Achim Leschinsky, Karl Ulrich Mayer & Luitgard Trommer. Reinbek bei Hamburg: Rowohlt, S. 131–203.

Gamoran, Adam (2002): Curriculum. In: *Education and Sociology. An Encyclopedia.* Hrsg. von David L. Levinson, Peter W. Cookson jr. & Alan R. Sadovnik. New York und London: RoutledgeFalmer, S. 125–131.

Gebhard, Julius (1923): *Der Sinn der Schule.* Göttingen: Vandenhoeck & Ruprecht.

Gehrmann, Sebastian (2019): *Aspirationen, kulturelles Kapital und soziale Herkunft. Eine quantitativ-empirische Untersuchung von Grundschulkindern in Deutschland.* Wiesbaden: Springer VS.

Geißler, Erich E. (1984): *Die Schule. Theorien, Modelle, Kritik.* Stuttgart: Ernst Klett.

Geißler, Rainer (1979): Die Sozialisationstheorie von Talcott Parsons. Anmerkungen zur Parsons-Rezeption in der deutschen Soziologie. In: *Kölner Zeitschrift für Soziologie und Sozialpsychologie* 31 (2), S. 267–281.

— (2014): *Die Sozialstruktur Deutschlands.* Mit einem Beitrag von Thomas Meyer. 7., grundl. überarb. Aufl. Wiesbaden: Springer VS.

Geissler, Georg (1968): Die Situation der Schule in der Gegenwart. In: *Theorie der Schule. Versuch einer Grundlegung.* Hrsg. von Hermann Röhrs. Frankfurt am Main: Akademische Verlagsgesellschaft, S. 168–182.

Gerhardt, Uta (1991): Rollentheorie und gesundheitsbezogene Interaktion in der Medizinsoziologie Talcott Parsons'. In: *Gesellschaft und Gesundheit. Begründung der Medizinsoziologie.* Von Uta Gerhardt. Frankfurt am Main: Suhrkamp, S. 162–202. Erstveröffentlichung 1987.

— (1998): Normative Integration moderner Gesellschaften als Problem der soziologischen Theorie Talcott Parsons'. In: *Soziale Systeme* 4 (2), S. 281–313.

— (2016): Talcott Parsons: The Structure of Social Action. A Study in Social Theory with Special Reference to a Group of Recent European Writers, New York: McGraw Hill 1937. In: *Klassiker der Sozialwissenschaften. 100 Schlüsselwerke im Portrait.* Hrsg. von Samuel Salzborn. 2. Aufl. Wiesbaden: Springer VS, S. 133–137.

Gerstner, Hans-Peter & Martin Wetz (2008): *Einführung in die Theorie der Schule.* Darmstadt: Wissenschaftliche Buchgesellschaft.

Geulen, Dieter (1989): *Das vergesellschaftete Subjekt. Zur Grundlegung der Sozialisationstheorie.* Frankfurt am Main: Suhrkamp.

— (2010): Sozialisationstheoretische Ansätze. In: *Handbuch Kindheits- und Jugendforschung.* Hrsg. von Heinz-Hermann Krüger & Cathleen Grunert. 2., akt. u. erw. Aufl. Wiesbaden: VS Verlag für Sozialwissenschaften, S. 85–102.

Giesecke, Hermann (1995): Wozu ist die Schule da? In: *Neue Sammlung* 35 (3), S. 93–104.

Giesen, Bernard (1991): Systemtheorie und Funktionalismus. In: *Basale Soziologie: Theoretische Modelle.* Von Horst Reimann, Bernard Giesen, Dieter Goetze und Michael Schmid. 4., neubearb. u. erw. Aufl. Opladen: Westdeutscher Verlag, S. 173–207.

Giroux, Henry A. & Anthony N. Penna (1979): Social Education in the Classroom: The Dynamics of the Hidden Curriculum. In: *Theory and Research in Social Education* 7 (1), S. 21–42.

Goldthorpe, John (2003): The Myth of Education-Based Meritocracy. Why the Theory Isn't Working. In: *New Economy* 10 (4), S. 234–239.

Gordon, David (1997): Hidden Curriculum. In: *International Encyclopedia of the Sociology of Education.* Hrsg. von Lawrence J. Saha. Kidlington, Oxford, New York und Tokyo: Pergamon, S. 484–487.

Goyette, Kimberly A. (2017): *Education in America.* Oakland, CA: University of California Press.

Grubb, W. Norton & Marvin Lazerson (2005): Vocationalism in Higher Education: The Triumph of the Education Gospel. In: *The Journal of Higher Education* 76 (1), S. 1–25.

Grunder, Hans-Ulrich & Friedrich Schweitzer (1999): Einführung der Herausgeber. In: *Texte zur Theorie der Schule. Historische und aktuelle Ansätze zur Planung und Gestaltung von Schule.* Hrsg. von Hans-Ulrich Grunder & Friedrich Schweitzer. Weinheim und München: Juventa, S. 7–26.

Gruschka, Andreas (1993): Das erneute Interesse an der Theorie der Schule und deren möglicher Nutzen in der Lehrerausbildung. In: *Die Deutsche Schule* 85 (4), S. 454–466.

— (2002): *Didaktik. Das Kreuz mit der Vermittlung. Elf Einsprüche gegen den didaktischen Betrieb.* Wetzlar: Büchse der Pandora.

Habermas, Jürgen (1973): Stichworte zu einer Theorie der Sozialisation. In: *Kultur und Kritik. Verstreute Aufsätze.* Von Jürgen Habermas. Frankfurt am Main: Suhrkamp, S. 118–194. Erstveröffentlichung 1968.

Hadjar, Andreas & Rolf Becker (2006): Bildungsexpansion – erwartete und unerwartete Folgen. In: *Die Bildungsexpansion. Erwartete und unerwartete Folgen.* Hrsg. von Rolf Becker & Andreas Hadjar. Wiesbaden: VS Verlag für Sozialwissenschaften, S. 11–24.

— (2016): Education Systems and Meritocracy: Social Origin, Educational and Status Attainment. In: *Education Systems and Inequalities. International Comparisons.* Hrsg. von Andreas Hadjar & Christiane Gross. Bristol und Chicago, IL: Policy Press, S. 231–258.

— (2017): Erwartete und unerwartete Folgen der Bildungsexpansion in Deutschland. In: *Lehrbuch der Bildungssoziologie.* Hrsg. von Rolf Becker. 3., akt. u. überarb. Aufl. Wiesbaden: Springer VS, S. 211–232.

Haller, Max (2000): Zum Verhältnis von funktionaler, kausaler und historischer Erklärung bei Parsons. Eine kritische Betrachtung. In: *Talcott Parsons. Zur Aktualität eines Theorieprogramms.* Österreichische Zeitschrift für Soziologie, Sonderband 6. Hrsg. von Helmut Staubmann & Harald Wenzel. Wiesbaden: Westdeutscher Verlag, S. 221–238.

Hänsel, Dagmar (2009): Die Sonderschule und ihre Pädagogik als Gegenstand der Schultheorie. In: *Gegen den Mainstream. Kritische Perspektiven auf Bildung und Gesellschaft. Festschrift für Georg Hansen.* Hrsg. von Martin Spetsmann-Kunkel. Münster u. a.: Waxmann, S. 94–105.

Hansen, Georg (2016): *Funktionen schulischer Erziehung in der Gesellschaft.* Überarbeitet von Katharina Walgenbach, Susanne Winnerling und Martina ter Jung. Hagen: FernUniversität Hagen.

Literaturverzeichnis

Harant, Martin (2020): Schultheorien: Schule im Spannungsfeld von Funktion und Praxis. In: *Theorien! Horizonte für die Lehrerinnen- und Lehrerbildung*. Hrsg. von Martin Harant, Philipp Thomas & Uwe Küchler. Tübingen: Tübingen University Press, S. 159–174.

Hascher, Tina, Rolf-Torsten Kramer & Hilke Pallesen (2021): Schulklima und Schulkultur. In: *Handbuch Schulforschung*. Hrsg. von Tina Hascher, Till-Sebastian Idel & Werner Helsper. Wiesbaden: Springer VS, o. S. URL: https://doi.org/10.1007/978-3-658-24734-8_24-1 (Abrufdatum: 06. 08. 2021).

Heckscher, Charles (2009): Parsons as an Organization Theorist. In: *The Oxford Handbook of Sociology and Organization Studies. Classical Foundations*. Hrsg. von Paul S. Adler. Oxford und New York: Oxford University Press, S. 607–632.

Hegel, Georg Wilhelm Friedrich (1986): Rede zum Schuljahrabschluß am 2. September 1811. In: *Werke. Bd. 4: Nürnberger und Heidelberger Schriften 1808–1817*. Von Georg Wilhelm Friedrich Hegel. Frankfurt am Main: Suhrkamp, S. 344–359.

Heiland, Helmut (1972): Zur Theorie der Schule. In: *Die Deutsche Schule* 64 (7–8), S. 431–451.

— (1976): Zur Begründung schultheoretischer Metatheorien. In: *Pädagogische Rundschau* 30 (10), S. 728–749.

Heimlich, Ulrich (2013): Inklusion in Schule und Unterricht. In: *Studienbuch Schulpädagogik*. Hrsg. von Ludwig Haag, Sibylle Rahm, Hans Jürgen Apel & Werner Sacher. 5., vollst. überarb. Aufl. Bad Heilbrunn: Julius Klinkhardt, S. 263–281.

Hein, Stephan (2009): *Konturen des Rationalen. Zu einem Grundmotiv im Theoriewerk von Talcott Parsons*. Konstanz: UVK.

Hellmann, Kai-Uwe (2015): Parsons, Talcott (1959): The School Class as a Social System. In: *Schlüsselwerke der Organisationsforschung*. Hrsg. von Stefan Kühl. Wiesbaden: Springer VS, S. 527–531.

Helmke, Andreas & Christian Brühwiler (2018): Unterrichtsqualität. In: *Handwörterbuch Pädagogische Psychologie*. Hrsg. von Detlef H. Rost, Jörn R. Sparfeldt & Susanne R. Buch. 5., überarb. u. erw. Aufl. Weinheim und Basel: Beltz, S. 860–869.

Helsper, Werner (2001): Praxis und Reflexion. Die Notwendigkeit einer „doppelten Professionalisierung" des Lehrers. In: *journal für lehrerinnen- und lehrerbildung* 1 (3), S. 7–15.

— (2004): Antinomien, Widersprüche, Paradoxien: Lehrerarbeit – ein unmögliches Geschäft? Eine strukturtheoretisch-rekonstruktive Perspektive auf das Lehrerhandeln. In: *Grundlagenforschung und mikrodidaktische Reformansätze zur Lehrerbildung*. Hrsg. von Barbara Koch-Priewe, Fritz-Ulrich Kolbe & Johannes Wildt. Bad Heilbrunn: Julius Klinkhardt, S. 49–98.

— (2007): Eine Antwort auf Jürgen Baumerts und Mareike Kunters Kritik am strukturtheoretischen Professionsansatz. In: *Zeitschrift für Erziehungswissenschaft* 10 (4), S. 567–579.

— (2008): Schulkulturen – die Schule als symbolische Sinnordnung. In: *Zeitschrift für Pädagogik* 54 (1), S. 63–80.

— (2016a): Lehrerprofessionalität – der strukturtheoretische Ansatz. In: *Beruf Lehrer/Lehrerin. Ein Studienbuch.* Hrsg. von Martin Rothland. Münster und New York: Waxmann, S. 103–125.

— (2016b): Pädagogische Lehrerprofessionalität in der Transformation der Schulstruktur – ein Strukturwandel der Lehrerprofessionalität? In: *Professionsentwicklung und Schulstrukturreform. Zwischen Gymnasium und neuen Schulformen in der Sekundarstufe.* Hrsg. von Till-Sebastian Idel, Fabian Dietrich, Katharina Kunze, Kerstin Rabenstein & Anna Schütz. Bad Heilbrunn: Julius Klinkhardt, S. 217–245.

— (2018): Lehrerhabitus. Lehrer zwischen Herkunft, Milieu und Profession. In: *Ungewissheit als Herausforderung für pädagogisches Handeln.* Hrsg. von Angelika Paseka, Manuela Keller-Schneider & Arno Combe. Wiesbaden: Springer VS, S. 105–140.

— (2019): *Professionalität und Professionalisierung pädagogischen Handelns. Kurseinheit 1: Profession – Professionalität – Professionalisierung: Theoretische Perspektiven.* Hagen: FernUniversität Hagen.

Helsper, Werner & Jeanette Böhme (2008): Einleitung in das Handbuch der Schulforschung. In: *Handbuch der Schulforschung.* Hrsg. von Werner Helsper & Jeanette Böhme. 2., durchges. u. erw. Aufl. Wiesbaden: VS Verlag für Sozialwissenschaften, S. 11–32.

Helsper, Werner, Heinz-Hermann Krüger & Sabine Sandring (2015): Wandel der Theorie- und Forschungsdiskurse in der Jugendforschung. Einleitung. In: *Jugend. Theoriediskurse und Forschungsfelder.* Hrsg. von Sabine Sandring, Werner Helsper & Heinz-Hermann Krüger. Wiesbaden: Springer VS, S. 9–32.

Helsper, Werner & Angelika Lingkost (2004): Schülerpartizipation in den Antinomien modernisierter Schulkultur. In: *Schule und Jugendforschung zum 20. Jahrhundert. Festschrift für Wilfried Breyvogel.* Hrsg. von Werner Helsper, Martin Kamp & Bernhard Stelmaszyk. Wiesbaden: VS Verlag für Sozialwissenschaften, S. 198–229.

Hemetsberger, Bernhard (2019): Peripetien der Ziffernnoten. In: *journal für lehrerInnenbildung* 19 (1), S. 80–87.

Hendricks, Vincent F. & Mads Vestergaard (2017): Verlorene Wirklichkeit? An der Schwelle zur postfaktischen Demokratie. In: *Aus Politik und Zeitgeschichte* (13), S. 4–10.

Henry, Jules (1975): Lernziel Entfremdung. Analyse von Unterrichtsszenen in Grundschulen. In: *Der heimliche Lehrplan. Untersuchungen zum Schulunterricht.* Hrsg. von Jürgen Zinnecker. Weinheim und Basel: Beltz, S. 35–51.

Herrlitz, Hans-Georg (1989): Schule – Schultheorie. In: *Wörterbuch der Erziehung.* Hrsg. von Christoph Wulf. 7. Aufl. München und Zürich: Piper, S. 506–509.

Herrlitz, Hans-Georg, Wulf Hopf & Hartmut Titze (1997): Institutionalisierung des öffentlichen Schulsystems. In: *Enzyklopädie Erziehungswissenschaft. Bd. 5: Organisation, Recht und Ökonomie des Bildungswesens.* Hrsg. von Martin Baethge & Knut Nevermann. 2. Aufl. Stuttgart: Klett-Cotta, S. 55–71.

Herrlitz, Hans-Georg, Wulf Hopf, Hartmut Titze & Ernst Cloer (2009): *Deutsche Schulgeschichte von 1800 bis zur Gegenwart. Eine Einführung.* 5., akt. Aufl. Weinheim und München: Juventa.

Herzmann, Petra & Johannes König (2016): *Lehrerberuf und Lehrerbildung.* Bad Heilbrunn: Julius Klinkhardt.

Herzog, Walter (2011): Schule und Schulklasse als soziale Systeme. In: *Lehrbuch der Bildungssoziologie.* Hrsg. von Rolf Becker. 2., überarb. u. erw. Aufl. Wiesbaden: VS Verlag für Sozialwissenschaften, S. 163–202.

Hess, Annette (2020): *Disziplin und Leistung im Alltag einer zweiten Grundschulklasse. Eine ethnographische Studie.* Wiesbaden: Springer VS.

Hess, Miriam & Frank Lipowsky (2016): Unterrichtsqualität und das Lernen der Schüler. In: *Beruf Lehrer/Lehrerin. Ein Studienbuch.* Hrsg. von Martin Rothland. Münster und New York: Waxmann, S. 149–169.

Hessisches Kultusministerium (2011): *Bildungsstandards und Inhaltsfelder. Das neue Kerncurriculum für Hessen. Primarstufe. Sachunterricht.* Wiesbaden. URL: https://kultusministerium.hessen.de/sites/kultusministerium.hessen.de/files/2021-06/kc_sachunterricht_prst_2011.pdf (Abrufdatum: 06. 09. 2021).

Hill, Paul B. & Johannes Kopp (2015): Theoretische Ansätze der Familiensoziologie. In: *Handbuch Familiensoziologie.* Hrsg. von Paul B. Hill & Johannes Kopp. Wiesbaden: Springer VS, S. 209–238.

Hinrichsen, Merle & Merle Hummrich (2021): Schulentwicklung (trans)national. Schulkulturtheoretische Perspektiven. In: *Schulentwicklung als Theorieprojekt. Forschungsperspektiven auf Veränderungsprozesse von Schule.* Hrsg. von Anna Moldenhauer, Barbara Asbrand, Merle Hummrich & Till-Sebastian Idel. Wiesbaden: Springer VS, S. 37–63.

Hofmann, Günther (1981): *Auf dem Weg zur Freiheit. Sozialisation in systemtheoretischer Perspektive.* Dissertation. Heidelberg: Universität Heidelberg.

Hollingshead, August B. (1975): Szenen aus einer Klassenschule. In: *Der heimliche Lehrplan. Untersuchungen zum Schulunterricht.* Hrsg. von Jürgen Zinnecker. Weinheim und Basel: Beltz, S. 139–164.

Holmwood, John (2005): Functionalism and Its Critics. In: *Modern Social Theory. An Introduction*. Hrsg. von Austin Harrington. Oxford und New York: Oxford University Press, S. 87–109.

Holstein, Hermann (1975): *Schultheorie – Wozu? Überlegungen und Aspekte einer „Theorie" der Schultheorie*. Ravensburg: Otto Maier.

Honneth, Axel & Kristina Lepold (2014): Strukturfunktionalismus: Talcott Parsons. In: *Handbuch der Soziologie*. Hrsg. von Jörn Lamla, Henning Laux, Hartmut Rosa & David Strecker. Konstanz und München: UVK, S. 149–161.

Huber, Ludwig (1991): Sozialisation in der Hochschule. In: *Neues Handbuch der Sozialisationsforschung*. Hrsg. von Klaus Hurrelmann & Dieter Ulich. 4., völlig neubearb. Aufl. Weinheim und Basel: Beltz, S. 417–441.

Hummrich, Merle & Rolf-Torsten Kramer (2017): *Schulische Sozialisation*. Wiesbaden: Springer VS.

Hurn, Christopher J. (1993): *The Limits and Possibilities of Schooling. An Introduction to the Sociology of Education*. 3. Aufl. Boston, MA, u. a.: Allyn and Bacon.

Hurrelmann, Klaus & Ullrich Bauer (2015): Das Modell des produktiv realitätsverarbeitenden Subjekts. In: *Handbuch Sozialisationsforschung*. Hrsg. von Klaus Hurrelmann, Ullrich Bauer, Matthias Grundmann & Sabine Walper. 8., vollst. überarb. Aufl. Weinheim und Basel: Beltz, S. 144–161.

— (2018): *Einführung in die Sozialisationstheorie. Das Modell der produktiven Realitätsverarbeitung*. 12. Aufl. Weinheim und Basel: Beltz.

Hußmann, Anke, Tobias C. Stubbe & Daniel Kasper (2017): Soziale Herkunft und Lesekompetenzen von Schülerinnen und Schülern. In: *IGLU 2016. Lesekompetenzen von Grundschulkindern in Deutschland im internationalen Vergleich*. Hrsg. von Anke Hußmann, Heike Wendt, Wilfried Bos, Albert Bremerich-Vos, Daniel Kasper, Eva-Maria Lankes, Nele McElvany, Tobias C. Stubbe & Renate Valtin. Münster und New York: Waxmann, S. 195–217.

Idel, Till-Sebastian (2018): Wozu ist Schule da? Schultheoretische Perspektiven auf Persönlichkeitsbildung und schulische Grenzverschiebungen. In: *Erziehung in Schule. Persönlichkeitsbildung als Dispositiv*. Hrsg. von Jürgen Budde & Nora Weuster. Wiesbaden: Springer VS, S. 33–51.

Idel, Till-Sebastian & Sabine Reh (2015): Praxistheoretische Lesarten zur Transformation von Schule im Ganztag. In: *Bildung über den ganzen Tag. Forschungs- und Theorieperspektiven der Erziehungswissenschaft*. Hrsg. von Tina Hascher, Till-Sebastian Idel, Sabine Reh, Werner Thole & Klaus-Jürgen Tillmann. Opladen, Berlin und Toronto: Barbara Budrich, S. 115–130.

Idel, Till-Sebastian & Bernhard Stelmaszyk (2015): „Cultural turn" in der Schultheorie? Zum schultheoretischen Beitrag des Schulkulturansatzes. In: *Schul-*

kultur. Theoriebildung im Diskurs. Hrsg. von Jeanette Böhme, Merle Hummrich & Rolf-Torsten Kramer. Wiesbaden: Springer VS, S. 51–69.

Inkeles, Alex (1966): Social Structure and the Socialization of Competence. In: *Harvard Educational Review* 36 (3), S. 265–283.

Jachmann, Michael (2003): *Noten oder Berichte? Die schulische Beurteilungspraxis aus der Sicht von Schülern, Lehrern und Eltern*. Opladen: Leske + Budrich.

Jackson, Philip W. (1966): The Student's World. In: *The Elementary School Journal* 66 (7), S. 345–357.

— (1975): Einübung in eine bürokratische Gesellschaft: Zur Funktion der sozialen Verkehrsformen im Klassenzimmer. In: *Der heimliche Lehrplan. Untersuchungen zum Schulunterricht*. Hrsg. von Jürgen Zinnecker. Weinheim und Basel: Beltz, S. 19–34.

— (1990): *Life in Classrooms*. Reissued with a New Introduction. New York und London: Teachers College Press. Erstveröffentlichung 1968.

Jacobs, Benjamin M. (2014): Social Studies as a Means for the Preparation of Teachers: A Look Back at the Foundations of Social Foundations Courses. In: *Curriculum Inquiry* 44 (2), S. 249–275.

Jensen, Stefan (1976): Einleitung. In: *Zur Theorie sozialer Systeme*. Von Talcott Parsons. Herausgegeben und eingeleitet von Stefan Jensen. Opladen: Westdeutscher Verlag, S. 9–67.

— (1978): Interpenetration – Zum Verhältnis personaler und sozialer Systeme? In: *Zeitschrift für Soziologie* 7 (2), S. 116–129.

— (1980a): Einleitung. In: *Zur Theorie der sozialen Interaktionsmedien*. Von Talcott Parsons. Herausgegeben und eingeleitet von Stefan Jensen. Opladen: Westdeutscher Verlag, S. 7–55.

— (1980b): *Talcott Parsons. Eine Einführung*. Stuttgart: Teubner.

— (2003): Funktionalismus und Systemtheorie – von Parsons zu Luhmann. In: *Soziologischer Funktionalismus. Zur Methodologie einer Theorietradition*. Hrsg. von Jens Jetzkowitz & Carsten Stark. Opladen: Leske + Budrich, S. 177–203.

Joas, Hans (1980): Universität und Rationalität. Über Talcott Parsons' Beitrag zur Soziologie der Universität. In: *Kulturelle Identität im Wandel. Beiträge zum Verhältnis von Bildung, Entwicklung und Religion. Dietrich Goldschmidt zum 65. Geburtstag*. Hrsg. von Gerhard Grohs, Johannes Schwerdtfeger & Theodor Strohm. Stuttgart: Klett-Cotta, S. 236–250.

Joas, Hans & Wolfgang Knöbl (2011): *Sozialtheorie. Zwanzig einführende Vorlesungen*. 3. Aufl. Frankfurt am Main: Suhrkamp.

Johnson, James A., Diann Musial, Gene E. Hall & Donna M. Gollnick (2018): *Foundations of American Education. Becoming Effective Teachers in Challenging Times*. 17. Aufl. New York: Pearson.

Junge, Matthias (2010): Die Persönlichkeitstheorie von Talcott Parsons. In: *Schlüsselwerke der Identitätsforschung*. Hrsg. von Benjamin Jörissen & Jörg Zirfas. Wiesbaden: VS Verlag für Sozialwissenschaften, S. 109–121.

Kalthoff, Herbert (1995): Die Erzeugung von Wissen. Zur Fabrikation von Antworten im Schulunterricht. In: *Zeitschrift für Pädagogik* 41 (6), S. 925–939.

Kammerl, Rudolf (1999): Lehrinhalte; Lehrplan; Lehrplan, offizieller und heimlicher. In: *Pädagogik-Lexikon*. Hrsg. von Gerd Reinhold, Guido Pollak & Helmut Heim. München und Wien: Oldenbourg, S. 344–347.

Kandzora, Gabriele (1996): Schule als vergesellschaftete Einrichtung: Heimlicher Lehrplan und politisches Lernen. In: *Die Politisierung des Menschen. Instanzen der politischen Sozialisation. Ein Handbuch*. Hrsg. von Bernhard Claußen & Rainer Geißler. Opladen: Leske + Budrich, S. 71–89.

Kantzara, Vasiliki (2016): Education, Social Functions of. In: *The Blackwell Encyclopedia of Sociology*. Hrsg. von George Ritzer. O. O.: John Wiley & Sons, o. S. URL: https://doi.org/10.1002/9781405165518.wbeose097.pub3 (Abrufdatum: 23. 09. 2019).

Kaube, Jürgen (2006): Bildung nach Dreeben. In: *Zeitschrift für Pädagogik* 52 (1), S. 11–18.

Keck, Rudolf W. (2004): Schultheorie. In: *Wörterbuch Schulpädagogik. Ein Nachschlagewerk für Studium und Schulpraxis*. Hrsg. von Rudolf W. Keck, Uwe Sandfuchs & Bernd Feige. 2., völlig überarb. Aufl. Bad Heilbrunn: Julius Klinkhardt, S. 438–443.

Kelle, Udo (2012): Theorien in der qualitativen Forschung. In: *Klinkhardt Lexikon Erziehungswissenschaft. Bd. 3: Phänomenologische Pädagogik – Zypern*. Hrsg. von Klaus-Peter Horn, Heidemarie Kemnitz, Winfried Marotzki & Uwe Sandfuchs. Unter Mitarbeit von Stefan Iske. Bad Heilbrunn: Julius Klinkhardt, S. 310–311.

Kemper, Herwart (1997): Schule und Schultheorie. In: *Forschungs- und Handlungsfelder der Pädagogik*. Zeitschrift für Pädagogik, 36. Beiheft. Hrsg. von Reinhard Fatke. Weinheim und Basel: Beltz, S. 77–106.

Kerbo, Harold R. (2012): *Social Stratification and Inequality. Class Conflict in Historical, Comparative, and Global Perspective*. 8. Aufl. New York: McGraw-Hill.

Kiper, Hanna (2009): Betreuung, Kompensation, Förderung, Integration, Beratung als weitere schulische Aufgaben. In: *Handbuch Schule. Theorie – Organisation – Entwicklung*. Hrsg. von Sigrid Blömeke, Thorsten Bohl, Ludwig Haag, Gregor Lang-Wojtasik & Werner Sacher. Bad Heilbrunn: Julius Klinkhardt, S. 80–87.

— (2011): Schultheorien. In: *Einführung in die Schulpädagogik*. Von Hanna Kiper, Hilbert Meyer und Wilhelm Topsch. Mit zwei Beiträgen von Renate Hinz. 6. Aufl. Berlin: Cornelsen, S. 24–35.

Literaturverzeichnis

Kiper, Hanna (2013): *Theorie der Schule. Institutionelle Grundlagen pädagogischen Handelns*. Stuttgart: Kohlhammer.

Klafki, Wolfgang (1993): Von DILTHEY bis WENIGER: Ansätze zur Schultheorie in der Geisteswissenschaftlichen Pädagogik. In: *Schultheorien*. Hrsg. von Klaus-Jürgen Tillmann. 2. Aufl. Hamburg: Bergmann + Helbig, S. 21–45.

— (2002): Gesellschaftliche Funktionen und pädagogischer Auftrag der Schule in einer demokratischen Gesellschaft. In: *Schultheorie, Schulforschung und Schulentwicklung im politisch-gesellschaftlichen Kontext. Ausgewählte Studien*. Von Wolfgang Klafki. Herausgegeben von Barbara Koch-Priewe, Heinz Stübig und Wilfried Hendricks. Weinheim und Basel: Beltz, S. 41–62. Erstveröffentlichung 1989.

— (2007): Thesen zur „Wissenschaftsorientierung" des Unterrichts. In: *Neue Studien zur Bildungstheorie und Didaktik. Zeitgemäße Allgemeinbildung und kritisch-konstruktive Didaktik*. Von Wolfgang Klafki. 6., neu ausgestattete Aufl. Weinheim und Basel: Beltz, S. 162–172. Erstveröffentlichung 1984.

Kluchert, Gerhard (2004): Schultheorie und Schulgeschichte. Möglichkeiten, Probleme und Perspektiven einer notwendigen Beziehung. In: *Was Schule macht. Schule, Unterricht und Werteerziehung: theoretisch, historisch, empirisch*. Achim Leschinsky zum 60. Geburtstag. Hrsg. von Sabine Gruehn, Gerhard Kluchert & Thomas Koinzer. Weinheim und Basel: Beltz, S. 31–46.

Kluckhohn, Clyde et al. (1962): Values and Value-Orientations in the Theory of Action. An Exploration in Definition and Classification. In: *Toward a General Theory of Action*. Hrsg. von Talcott Parsons & Edward A. Shils. 5th Pr. Cambridge, MA: Harvard University Press, S. 388–433. Erstveröffentlichung 1951.

Köhler, Sina-Mareen, Heinz-Hermann Krüger & Nicolle Pfaff (2016): Peergroups als Forschungsgegenstand – Einleitung. In: *Handbuch Peerforschung*. Hrsg. von Sina-Mareen Köhler, Heinz-Hermann Krüger & Nicolle Pfaff. Opladen, Berlin und Toronto: Barbara Budrich, S. 11–33.

Kolbe, Fritz-Ulrich, Sabine Reh, Till-Sebastian Idel, Bettina Fritzsche & Kerstin Rabenstein (2009): Grenzverschiebungen des Schulischen im Ganztag – Einleitung zur schultheoretischen Diskussion. In: *Ganztagsschule als symbolische Konstruktion. Fallanalysen zu Legitimationsdiskursen in schultheoretischer Perspektive*. Hrsg. von Fritz-Ulrich Kolbe, Sabine Reh, Bettina Fritzsche, Till-Sebastian Idel & Kerstin Rabenstein. Wiesbaden: VS Verlag für Sozialwissenschaften, S. 151–157.

König, Johannes (2016): Lehrerexpertise und Lehrerkompetenz. In: *Beruf Lehrer/Lehrerin. Ein Studienbuch*. Hrsg. von Martin Rothland. Münster und New York: Waxmann, S. 127–148.

Korte, Hermann (2017): *Einführung in die Geschichte der Soziologie*. 10., erg. u. akt. Aufl. Wiesbaden: Springer VS.
Kozdon, Baldur (2000): Hauptaufgaben der Schule. Ist eine Erosion und Ablösung ihrer herkömmlichen Funktionen unausweichlich? In: *Problemfelder der Schulpädagogik*. Hrsg. von Norbert Seibert, Helmut J. Serve & Terlinden Roswitha. Bad Heilbrunn: Julius Klinkhardt, S. 105–113.
Kramer, Rolf-Torsten (2019): Auf die richtige Haltung kommt es an? Zum Konzept des Lehrerhabitus und zu Implikationen für seine absichtsvolle Gestaltung. In: *Lehrerhandeln – eine Frage der Haltung?* Hrsg. von Carolin Rotter, Carsten Schülke & Christoph Bressler. Weinheim und Basel: Beltz Juventa, S. 30–52.
— (2021): Strukturbildung zwischen „Kampf" und „Pfadabhängigkeit"? Eine Skizze zu einer praxeologisch-strukturalistischen Perspektive auf Stabilität und Veränderung von Schule. In: *Schulentwicklung als Theorieprojekt. Forschungsperspektiven auf Veränderungsprozesse von Schule*. Hrsg. von Anna Moldenhauer, Barbara Asbrand, Merle Hummrich & Till-Sebastian Idel. Wiesbaden: Springer VS, S. 269–289.
Kramp, Wolfgang (1970): Theorie der Schule. In: *Handbuch pädagogischer Grundbegriffe*. Bd. 2. Hrsg. von Josef Speck & Gerhard Wehle. München: Kösel, S. 529–589.
— (1973): *Studien zur Theorie der Schule*. München: Kösel.
Krappmann, Lothar (2016): *Soziologische Dimensionen der Identität. Strukturelle Bedingungen für die Teilnahme an Interaktionsprozessen*. 12. Aufl. Stuttgart: Klett-Cotta.
Kroeber, Alfred L. & Talcott Parsons (1958): The Concepts of Culture and of Social System. In: *American Sociological Review* 23 (5), S. 582–583.
Kron, Friedrich W. (1999): *Wissenschaftstheorie für Pädagogen*. München und Basel: Ernst Reinhardt.
Krüger, Heinz-Hermann (2019): *Erziehungs- und Bildungswissenschaft als Wissenschaftsdisziplin*. Opladen und Toronto: Barbara Budrich.
Krüger, Heinz-Hermann & Cathleen Grunert (2010): Geschichte und Perspektiven der Kindheits- und Jugendforschung. In: *Handbuch Kindheits- und Jugendforschung*. Hrsg. von Heinz-Hermann Krüger & Cathleen Grunert. 2., akt. u. erw. Aufl. Wiesbaden: VS Verlag für Sozialwissenschaften, S. 11–40.
Kuhn, Hans Peter & Natalie Fischer (2011): Entwicklung der Schulnoten in der Ganztagsschule. Einflüsse der Ganztagsteilnahme und der Angebotsqualität. In: *Ganztagsschule: Entwicklung, Qualität, Wirkungen. Längsschnittliche Befunde der Studie zur Entwicklung von Ganztagsschulen (StEG)*. Hrsg. von Natalie Fischer, Heinz Günter Holtappels, Eckhard Klieme, Thomas Rauschenbach, Ludwig Stecher & Ivo Züchner. Weinheim und Basel: Beltz Juventa, S. 207–226.

Literaturverzeichnis

Kühn, Rudolf M. (1995): *Schultheorien nach dem Zweiten Weltkrieg. Pädagogische Untersuchungen zu bildungs- und schultheoretischen Strukturproblemen in den Konzeptionen von Wilhelm, Kramp, Fend und Ballauff*. Frankfurt am Main u. a.: Peter Lang.

Kultusministerkonferenz (2003): *Bildungsstandards im Fach Mathematik für den Mittleren Schulabschluss. Beschluss der Kultusministerkonferenz vom 4.12.2003*. URL: https://www.kmk.org/fileadmin/veroeffentlichungen_beschluesse/2003/2003_12_04-Bildungsstandards-Mathe-Mittleren-SA.pdf (Abrufdatum: 25. 01. 2022).

— (2012): *Operatoren für das Fach Deutsch an den Deutschen Schulen im Ausland*. URL: https://www.kmk.org/fileadmin/Dateien/pdf/Bildung/Auslandsschulwesen/Kerncurriculum/Auslandsschulwesen-Operatoren-Deutsch-10-2012.pdf (Abrufdatum: 25. 01. 2022).

— (2021): *Vereinbarung zur Gestaltung der gymnasialen Oberstufe und der Abiturprüfung. Beschluss der Kultusministerkonferenz vom 07.07.1972 i. d. F. vom 18.02.2021*. URL: https://www.kmk.org/fileadmin/Dateien/veroeffentlichungen_beschluesse/1972/1972_07_07-VB-gymnasiale-Oberstufe-Abiturpruefung.pdf (Abrufdatum: 06. 09. 2021).

Kuntze, Sebastian (2005): „Wozu muss man denn das beweisen?" Vorstellungen zu Funktionen des Beweisens in Texten von Schülerinnen und Schülern der 8. Jahrgangsstufe. In: *mathematica didactica* 28 (2), S. 48–70.

Kunze, Ingrid (2012): Lehrplan. In: *Klinkhardt Lexikon Erziehungswissenschaft. Bd. 2: Gruppenpuzzle – Pflegewissenschaft*. Hrsg. von Klaus-Peter Horn, Heidemarie Kemnitz, Winfried Marotzki & Uwe Sandfuchs. Unter Mitarbeit von Stefan Iske. Bad Heilbrunn: Julius Klinkhardt, S. 294–295.

Künzli, Rudolf, Anna-Verena Fries, Werner Hürlimann & Moritz Rosenmund (2013): *Der Lehrplan – Programm der Schule*. Weinheim und Basel: Beltz Juventa.

Kupfer, Antonia (2011): *Bildungssoziologie. Theorien – Institutionen – Debatten*. Wiesbaden: VS Verlag für Sozialwissenschaften.

Kurtz, Thomas (2009): Professionalität aus soziologischer Perspektive. In: *Lehrprofessionalität. Bedingungen, Genese, Wirkungen und ihre Messung*. Hrsg. von Olga Zlatkin-Troitschanskaia, Klaus Beck, Detlef Sembill, Reinhold Nickolaus & Regina Mulder. Weinheim und Basel: Beltz, S. 45–54.

Kussau, Jürgen (2007): Dimensionen der Koordination: Hierarchische Beobachtung in einer antagonistischen Kooperationsbeziehung. In: *Governance, Schule und Politik. Zwischen Antagonismus und Kooperation*. Hrsg. von Jürgen Kussau & Thomas Brüsemeister. Wiesbaden: VS Verlag für Sozialwissenschaften, S. 155–220.

Lahusen, Christian (2015): Funktionalismus. In: *Lexikon Soziologie und Sozialtheorie. Hundert Grundbegriffe.* Hrsg. von Sina Farzin & Stefan Jordan. Stuttgart: Reclam, S. 73–76.

Lambrecht, Maike (2021): Schultheoretische Performativität. Wissenschaftstheoretische Überlegungen zur „Handlungseinheit Schule". In: *Schulentwicklung als Theorieprojekt. Forschungsperspektiven auf Veränderungsprozesse von Schule.* Hrsg. von Anna Moldenhauer, Barbara Asbrand, Merle Hummrich & Till-Sebastian Idel. Wiesbaden: Springer VS, S. 89–111.

Lang-Wojtasik, Gregor (2008): *Schule in der Weltgesellschaft. Herausforderungen und Perspektiven einer Schultheorie jenseits der Moderne.* Weinheim und München: Juventa.

— (2009): Schultheorie in der globalisierten Welt. In: *Handbuch Schule. Theorie – Organisation – Entwicklung.* Hrsg. von Sigrid Blömeke, Thorsten Bohl, Ludwig Haag, Gregor Lang-Wojtasik & Werner Sacher. Bad Heilbrunn: Julius Klinkhardt, S. 33–41.

Langer, Josef (2000): Talcott Parsons' Kulturkonzept. Ein Zugang zum besseren Verständnis der Transformationsprozesse in Europa? In: *Talcott Parsons. Zur Aktualität eines Theorieprogramms.* Österreichische Zeitschrift für Soziologie, Sonderband 6. Hrsg. von Helmut Staubmann & Harald Wenzel. Wiesbaden: Westdeutscher Verlag, S. 257–283.

Lautmann, Rüdiger (1994): Funktion. In: *Lexikon zur Soziologie.* Hrsg. von Werner Fuchs-Heinritz, Rüdiger Lautmann, Otthein Rammstedt & Hanns Wienold. 3., völlig neu bearb. u. erw. Aufl. Opladen: Westdeutscher Verlag, S. 219.

Lavine, Thelma Z. (1981): Internalization, Socialization, and Dialectic. In: *Philosophy and Phenomenological Research* 42 (1), S. 91–110.

Lersch, Rainer (2004): Schule als Sozialsystem. Theoretische Modellierungsvarianten und ihr Potenzial für Analyse und Entwicklung dieses pädagogischen Feldes. In: *Organisationstheorie in pädagogischen Feldern. Analyse und Gestaltung.* Hrsg. von Wolfgang Böttcher & Ewald Terhart. Wiesbaden: VS Verlag für Sozialwissenschaften, S. 71–84.

Leschinsky, Achim (1996): Einleitung. In: *Die Institutionalisierung von Lehren und Lernen. Beiträge zu einer Theorie der Schule.* Zeitschrift für Pädagogik, 34. Beiheft. Hrsg. von Achim Leschinsky. Weinheim und Basel: Beltz, S. 9–20.

— (2003): Das pädagogische „Schisma" – Wege zu einer Klärung. In: *Zeitschrift für Pädagogik* 49 (6), S. 855–869.

Leschinsky, Achim & Kai S. Cortina (2008): Zur sozialen Einbettung bildungspolitischer Trends in der Bundesrepublik. In: *Das Bildungswesen in der Bundesrepublik Deutschland. Strukturen und Entwicklungen im Überblick.* Hrsg. von Kai S.

Cortina, Jürgen Baumert, Achim Leschinsky, Karl Ulrich Mayer & Luitgard Trommer. Reinbek bei Hamburg: Rowohlt, S. 21–51.

Leschinsky, Achim & Gerhard Kluchert (1999): Die erzieherische Funktion der Schule. Schultheoretische und schulhistorische Überlegungen. In: *Die Schule als moralische Anstalt. Erziehung in der Schule: Allgemeines und der „Fall DDR".* Hrsg. von Achim Leschinsky, Petra Gruner & Gerhard Kluchert. Weinheim: Deutscher Studien Verlag, S. 15–42.

Leschinsky, Achim & Peter M. Roeder (1981): Gesellschaftliche Funktionen der Schule. In: *Handbuch Schule und Unterricht. Bd. 3: Historische, gesellschaftliche, juristische und wissenschaftliche Einflußfaktoren auf Schule und Unterricht.* Hrsg. von Walter Twellmann. Düsseldorf: Pädagogischer Verlag Schwann, S. 107–154.

— (1983): *Schule im historischen Prozeß. Zum Wechselverhältnis von institutioneller Erziehung und gesellschaftlicher Entwicklung.* Frankfurt am Main, Berlin und Wien: Ullstein.

Levy jr., Marion J. (1968): Functional Analysis. I. Structural-Functional Analysis. In: *International Encyclopedia of the Social Sciences. Vol. 6.* Hrsg. von David L. Sills. New York: Macmillan und Free Press, S. 21–29.

Lidz, Victor (1981): Einleitung. In: *Allgemeine Handlungstheorie.* Hrsg. von Jan J. Loubser. Frankfurt am Main: Suhrkamp, S. 7–79.

— (1989): The American Value System: A Commentary on Talcott Parsons's Perspective and Understanding. In: *Theory, Culture & Society* 6 (4), S. 559–576.

— (2011): Talcott Parsons. In: *The Wiley-Blackwell Companion to Major Social Theorists. Vol. 1: Classical Social Theorists.* Hrsg. von George Ritzer & Jeffrey Stepnisky. Chichester, West Sussex, Malden, MA, und Oxford: Wiley-Blackwell, S. 511–558.

Lidz, Victor & Helmut Staubmann (2016): Editorial Introduction. In: *Values of American Society. Manuscripts from the American Society Project I.* Von Talcott Parsons und Winston White. Herausgegeben und eingeleitet von Victor Lidz und Helmut Staubmann. Wien und Zürich: Lit, S. 7–50.

Liebeskind, Uta (2019): Institutionen der Hochschulbildung. In: *Das Bildungswesen in Deutschland. Bestand und Potenziale.* Hrsg. von Olaf Köller, Marcus Hasselhorn, Friedrich W. Hesse, Kai Maaz, Josef Schrader, Heike Solga, C. Katharina Spieß & Karin Zimmer. Bad Heilbrunn: Julius Klinkhardt, S. 599–628.

Lintorf, Katrin (2012): *Wie vorhersagbar sind Grundschulnoten? Prädiktionskraft individueller und kontextspezifischer Merkmale.* Wiesbaden: VS Verlag für Sozialwissenschaften.

Lischka-Schmidt, Richard (2022): Talcott Parsons' normativfunktionalistische Theorie der (Bildungs-)Organisation. Eine kritische Diskussion ihres Erkennt-

nisgehalts am Beispiel von Inklusion in Schulen. In: *Gruppe. Interaktion. Organisation. Zeitschrift für Angewandte Organisationspsychologie* 53 (4), S. 437–447.
— (2023): Talcott Parsons's sociology of education: cognitive rationality and normative functionalism. In: *British Journal of Sociology of Education* 44 (6), S. 1108–1124.
Lockwood, David (1956): Some Remarks on „The Social System". In: *The British Journal of Sociology* 7 (2), S. 134–146.
— (1964): Social Integration and System Integration. In: *Explorations in Social Change*. Hrsg. von George K. Zollschan & Walter Hirsch. Boston, MA: Houghton Mifflin, S. 244–257.
Long, Theodore E. & Jeffrey K. Hadden (1985): A Reconception of Socialization. In: *Sociological Theory* 3 (1), S. 39–49.
Loubser, Jan J. (1970): On What Is Learned in School. By Robert Dreeben. Review Symposium. In: *Sociology of Education* 43 (2), S. 210–215.
Löw, Martina & Thomas Geier (2014): *Einführung in die Soziologie der Bildung und Erziehung*. 3., überarb. u. erw. Aufl. Opladen und Toronto: Barbara Budrich.
Lüders, Manfred (2014): Erziehungswissenschaftliche Unterrichtstheorien. In: *Zeitschrift für Pädagogik* 60 (6), S. 832–849.
Luhmann, Niklas (1962): Funktion und Kausalität. In: *Kölner Zeitschrift für Soziologie und Sozialpsychologie* 14 (4), S. 617–644.
— (1977): Interpenetration – Zum Verhältnis personaler und sozialer Systeme. In: *Zeitschrift für Soziologie* 6 (1), S. 62–76.
— (1978a): Diskussion. Interpenetration bei Parsons. In: *Zeitschrift für Soziologie* 7 (3), S. 299–302.
— (1978b): Handlungstheorie und Systemtheorie. In: *Kölner Zeitschrift für Soziologie und Sozialpsychologie* 30 (2), S. 211–227.
— (1980): Talcott Parsons – Zur Zukunft eines Theorieprogramms. In: *Zeitschrift für Soziologie* 9 (1), S. 5–17.
— (1988): Warum AGIL? In: *Kölner Zeitschrift für Soziologie und Sozialpsychologie* 40 (1), S. 127–139.
— (2002): *Einführung in die Systemtheorie*. Herausgegeben von Dirk Baecker. Heidelberg: Carl-Auer-Systeme Verlag.
— (2005): Systemtheorie, Evolutionstheorie und Kommunikationstheorie. In: *Soziologische Aufklärung 2. Aufsätze zur Theorie der Gesellschaft*. Von Niklas Luhmann. 5. Aufl. Wiesbaden: VS Verlag für Sozialwissenschaften, S. 241–254. Erstveröffentlichung 1975.
Lundgreen, Peter (1970): Analyse preussischer Schulbücher als Zugang zum Thema „Schulbildung und Industrialisierung". In: *International Review of Social History* 15 (1), S. 85–121.

Lundgreen, Peter (2000): Schule im 20. Jahrhundert. Institutionelle Differenzierung und expansive Bildungsbeteiligung. In: *Bildungsprozesse und Erziehungsverhältnisse im 20. Jahrhundert. Praktische Entwicklungen und Formen der Reflexion im historischen Kontext.* Zeitschrift für Pädagogik, 42. Beiheft. Hrsg. von Dietrich Benner & Heinz-Elmar Tenorth. Weinheim und Basel: Beltz, S. 140–165.

Maag Merki, Katharina (2015): Ein theoretischer Blick auf Ganztagsschulen. In: *Bildung über den ganzen Tag. Forschungs- und Theorieperspektiven der Erziehungswissenschaft.* Hrsg. von Tina Hascher, Till-Sebastian Idel, Sabine Reh, Werner Thole & Klaus-Jürgen Tillmann. Opladen, Berlin und Toronto: Barbara Budrich, S. 79–95.

— (2021): Schulentwicklungsforschung. In: *Handbuch Schulforschung.* Hrsg. von Tina Hascher, Till-Sebastian Idel & Werner Helsper. Wiesbaden: Springer VS, o. S. URL: https://doi.org/10.1007/978-3-658-24734-8_71-1 (Abrufdatum: 06.08.2021).

Maaz, Kai, Franz Baeriswyl & Ulrich Trautwein (2011): *Herkunft zensiert? Leistungsdiagnostik und soziale Ungleichheiten in der Schule.* Düsseldorf: Vodafone-Stiftung.

Macdonald, Keith M. (1995): *The Sociology of the Professions.* London, Thousand Oaks, CA, und New Delhi: Sage.

Maehler, Débora B., Natascha Massing, Susanne Helmschrott, Beatrice Rammstedt, Ursula M. Staudinger & Christof Wolf (2013): Grundlegende Kompetenzen in verschiedenen Bevölkerungsgruppen. In: *Grundlegende Kompetenzen Erwachsener im internationalen Vergleich. Ergebnisse von PIAAC 2012.* Hrsg. von Beatrice Rammstedt. Unter Mitwirkung von Daniela Ackermann, Susanne Helmschrott, Anja Klaukien, Débora B. Maehler, Silke Martin, Natascha Massing, Anouk Zabal. Münster u. a.: Waxmann, S. 77–126.

Marschelke, Ekkehard (1973): Auf dem Weg zu einer Metatheorie der Schule. In: *Bildung und Erziehung* 26 (3), S. 201–212.

Martin-Luther-Universität Halle-Wittenberg (2013): *Verfahrensrichtlinie zur Stellenausschreibung und -besetzung vom 25.03.2013.* URL: https://www.verwaltung.uni-halle.de/KANZLER/ZGST/ABL/2013/13_03_08.pdf (Abrufdatum: 18.11.2021).

Matiaske, Wenzel (2015): Parsons, Talcott (1956): Suggestions for a Sociological Approach to the Theory of Organizations. In: *Schlüsselwerke der Organisationsforschung.* Hrsg. von Stefan Kühl. Wiesbaden: Springer VS, S. 524–526.

McElvany, Nele, Andreas Sander, Wahiba El-Khechen & Franziska Schwabe (2019): Soziale Ungleichheiten. In: *Handbuch Schulpädagogik.* Hrsg. von Marius Harring, Carsten Rohlfs & Michaela Gläser-Zikuda. Münster und New York: Waxmann, S. 538–548.

Mehnert, Ute (2016): *USA. Ein Länderporträt.* 2., akt. u. erw. Aufl. Berlin: Christoph Links.

Meighan, Roland & Clive Harber (2007): *A Sociology of Educating.* With Contributions by Len Barton, Iram Siraj-Blatchford and Stephen Walker. 5. Aufl. London und New York: Continuum.

Meister, Nina & Oliver Hollstein (2018): Leistung bewerten. In: *Kompendium Qualitative Unterrichtsforschung. Unterricht beobachten – beschreiben – rekonstruieren.* Hrsg. von Matthias Proske & Kerstin Rabenstein. Bad Heilbrunn: Julius Klinkhardt, S. 123–136.

Meyer, Hilbert (1997): *Schulpädagogik. Bd. I: Für Anfänger.* In Zusammenarbeit mit Carola Junghans und Dorothea Vogt. Berlin: Cornelsen Scriptor.

— (2017): *Unterrichts-Methoden. I: Theorieband.* 17. Aufl. Berlin: Cornelsen.

Mieg, Harald A. (2016): Profession: Begriff, Merkmale, gesellschaftliche Bedeutung. In: *Handbuch Professionsentwicklung.* Hrsg. von Michael Dick, Winfried Marotzki & Harald A. Mieg. Bad Heilbrunn: Julius Klinkhardt, S. 27–40.

Mikl-Horke, Gertraude (2011): *Soziologie. Historischer Kontext und soziologische Theorie-Entwürfe.* 6., überarb. u. erw. Aufl. München: Oldenbourg.

Miller, Jerry L. L. (1969): On What Is Learned in School. By Robert Dreeben. Book Review. In: *Social Forces* 47 (4), S. 501–502.

Ministerium für Bildung des Landes Sachsen-Anhalt (2019): *Fachlehrplan Sekundarschule Sport.* Magdeburg. URL: https://lisa.sachsen-anhalt.de/fileadmin/Bibliothek/Politik_und_Verwaltung/MK/LISA/Unterricht/Lehrplaene/Sek/Anpassung/lp_sks_sport_01_08_2019.pdf (Abrufdatum: 26. 01. 2022).

Ministerium für Bildung, Wissenschaft und Kultur des Landes Mecklenburg-Vorpommern (2013): *Verordnung zur Bewertung des Arbeits- und des Sozialverhaltens an allgemein bildenden Schulen in Mecklenburg-Vorpommern vom 8. Mai 2013.* URL: http://www.landesrecht-mv.de/jportal/portal/page/bsmvprod.psml?showdoccase=1&st=lr&doc.id=jlr-SchulBeurtVMV2013rahmen&doc.part=X&doc.origin=bs (Abrufdatum: 26. 01. 2022).

— (2021): *Verordnung zur einheitlichen Leistungsbewertung an den Schulen des Landes Mecklenburg-Vorpommern vom 30. April 2014, zuletzt geändert am 29. Juli 2021.* URL: http://www.landesrecht-mv.de/jportal/portal/page/bsmvprod.psml?showdoccase=1&st=lr&doc.id=jlr-SchulLeistBewVMVrahmen&doc.part=X&doc.origin=bs (Abrufdatum: 26. 01. 2022).

Ministerium für Bildung, Wissenschaft und Kultur des Landes Schleswig-Holstein (2019): *Fachanforderungen Biologie. Allgemein bildende Schulen. Sekundarstufe I. Sekundarstufe II.* Kiel. URL: https://fachportal.lernnetz.de/files/Fachanfor

derungen%20und%20Leitf%C3%A4den/Sek.%20I_II/Fachanforderungen/ Fachanforderungen_Biologie_f%C3%BCr_die_Sekundarstufe_I_II.pdf (Abrufdatum: 26. 01. 2022).

Ministerium für Schule und Bildung des Landes Nordrhein-Westfalen (2020): *Kernlehrplan für die Sekundarstufe I Gesamtschule/Sekundarschule in Nordrhein-Westfalen. Gesellschaftslehre.* Düsseldorf. URL: https://www.schulentwicklung. nrw.de/lehrplaene/lehrplan/237/gesk_gl_klp_3120_2020_07_01.pdf (Abrufdatum: 26. 01. 2022).

Mitchell, William (1967): *Sociological Analysis and Politics. The Theories of Talcott Parsons.* Englewood Cliffs, NJ: Prentice-Hall.

Moldenhauer, Anna & Nele Kuhlmann (2021): Praktikentheoretische Perspektiven auf Transformationen von Schule. In: *Schulentwicklung als Theorieprojekt. Forschungsperspektiven auf Veränderungsprozesse von Schule.* Hrsg. von Anna Moldenhauer, Barbara Asbrand, Merle Hummrich & Till-Sebastian Idel. Wiesbaden: Springer VS, S. 245–266.

Moore, Wilbert E. (1978): Functionalism. In: *A History of Sociological Analysis.* Hrsg. von Tom Bottomore & Robert Nisbet. New York: Basic Books, S. 321–361.

Müller, Katharina, Martin Gartmeier & Manfred Prenzel (2013): Kompetenzorientierter Unterricht im Kontext nationaler Bildungsstandards. In: *Bildung und Erziehung* 66 (2), S. 127–144.

Müller, Walter & Dietmar Haun (1994): Bildungsungleichheit im sozialen Wandel. In: *Kölner Zeitschrift für Soziologie und Sozialpsychologie* 46 (1), S. 1–42.

Müller, Walter, Susanne Steinmann & Reinhart Schneider (1997): Bildung in Europa. In: *Die westeuropäischen Gesellschaften im Vergleich.* Hrsg. von Stefan Hradil & Stefan Immerfall. Opladen: Leske + Budrich, S. 177–245.

Multrus, Frank (2004): Fachkulturen. Begriffsbestimmung, Herleitung und Analysen. Eine empirische Untersuchung über Studierende deutscher Hochschulen. Dissertation. Konstanz: Universität Konstanz. URL: https://d-nb.info/ 972191909/34 (Abrufdatum: 09. 07. 2020).

Münch, Richard (1988): *Theorie des Handelns. Zur Rekonstruktion der Beiträge von Talcott Parsons, Emile Durkheim und Max Weber.* Frankfurt am Main: Suhrkamp.

— (2003): Funktionalismus – Geschichte und Zukunftsperspektiven einer Theorietradition. In: *Soziologischer Funktionalismus. Zur Methodologie einer Theorietradition.* Hrsg. von Jens Jetzkowitz & Carsten Stark. Opladen: Leske + Budrich, S. 17–56.

— (2004): *Soziologische Theorie. Bd. 3: Gesellschaftstheorie.* Frankfurt am Main und New York: Campus.

— (2007): Talcott Parsons (1902–1979). In: *Klassiker der Soziologie. Bd. 2: Von Talcott Parsons bis Anthony Giddons.* Hrsg. von Dirk Kaesler. 5., überarb., akt. u. erw. Aufl. München: Beck, S. 24–50.

Musgrave, Peter William (1971): Functionalism and Socialisation: A Developing Tradition? In: *The Australian and New Zealand Journal of Sociology* 7 (1), S. 35–45.

— (1972): *The Sociology of Education.* 2. Aufl. London: Methuen.

Musolff, Hans-Ulrich (2011): Wissenschaftspropädeutik – Folgerungen für Lehrplan und Fachunterricht. In: *Handbuch der Erziehungswissenschaft. Studienausgabe. Bd. 3: Schule.* Hrsg. von Stephanie Hellekamps, Wilfried Plöger & Wilhelm Wittenbruch. Paderborn: Ferdinand Schöningh, S. 327–336.

Nawrotzki, Kristen (2019): School in the USA. In: *Handbuch Schulpädagogik.* Hrsg. von Marius Harring, Carsten Rohlfs & Michaela Gläser-Zikuda. Münster und New York: Waxmann, S. 244–252.

Neidhardt, Friedhelm (1975): *Die Familie in Deutschland. Gesellschaftliche Stellung, Struktur und Funktion.* 4., überarb. u. erw. Aufl. Opladen: Leske + Budrich.

Nerowski, Christian (2015a): Das Verhältnis von Inklusion zu Meritokratie und Chancengleichheit. In: *Erwägen Wissen Ethik* 26 (2), S. 237–240.

— (2015b): *Die Grenze der Schule. Eine handlungstheoretische Präzisierung.* Weinheim und Basel: Beltz Juventa.

— (2018a): Leistung als „bewertete Handlung". In: *Zeitschrift für Bildungsforschung* 8 (3), S. 229–248.

— (2018b): Leistung als Kriterium von Bildungsgerechtigkeit. In: *Zeitschrift für Erziehungswissenschaft* 21 (3), S. 441–464.

Neuweg, Georg Hans (2014): Das Wissen der Wissensvermittler. Problemstellungen, Befunde und Perspektiven der Forschung zum Lehrerwissen. In: *Handbuch der Forschung zum Lehrerberuf.* Hrsg. von Ewald Terhart, Hedda Bennewitz & Martin Rothland. 2., überarb. u. erw. Aufl. Münster und New York: Waxmann, S. 583–614.

Niederbacher, Arne & Peter Zimmermann (2011): *Grundwissen Sozialisation. Einführung zur Sozialisation im Kindes- und Jugendalter.* 4., überarb. u. akt. Aufl. Wiesbaden: VS Verlag für Sozialwissenschaften.

Niedersächsisches Kultusministerium (2019): *Kerncurriculum für den Förderschwerpunkt geistige Entwicklung. Primarbereich. Schuljahrgänge 1 - 4.* Hannover. URL: https://cuvo.nibis.de/cuvo.php?p=download&upload=158 (Abrufdatum: 26. 01. 2022).

Nolte, Paul (1987): Optimist der liberalen Gesellschaft: Talcott Parsons. In: *Merkur* 41 (461), S. 579–589.

Obermaier, Michael (2017): *Arbeitstechniken Erziehungswissenschaft. Studieren mit Erfolg.* Paderborn: Ferdinand Schöningh.

Literaturverzeichnis

Oblinger, Hermann (1975): *Schulpädagogik. Eine Einführung. Bd. 2: Theorie der Schule.* Donauwörth: Ludwig Auer.

OECD (2019): *Bildung auf einen Blick 2019. OECD-Indikatoren.* Bielefeld: wbv.

Oevermann, Ulrich (2016): Theoretische Skizze einer revidierten Theorie professionalisierten Handelns. In: *Pädagogische Professionalität. Untersuchungen zum Typus pädagogischen Handelns.* Hrsg. von Arno Combe & Werner Helsper. 8. Aufl. Frankfurt am Main: Suhrkamp, S. 70–182.

Onnen, Corinna & Stephan Sandkötter (2012): Die Geschlechtstypik von Bildung, Erziehung und Sozialisation. In: *Enzyklopädie Erziehungswissenschaft Online*, o. S. URL: http://www.content-select.com/10.3262/EEO20120256 (Abrufdatum: 26. 01. 2022).

Opielka, Michael (2006): *Gemeinschaft in Gesellschaft. Soziologie nach Hegel und Parsons.* 2., überarb. Aufl. Wiesbaden: VS Verlag für Sozialwissenschaften.

Ornstein, Allan C., Daniel U. Levine, Gerald L. Gutek & David E. Vocke (2020): *Foundations of Education.* 13. Aufl. Boston, MA: Cengage Learning.

Oswald, Paul (1968): Grundzüge einer Theorie der Schule. Versuch einer personalen Begründung. In: *Theorie der Schule. Versuch einer Grundlegung.* Hrsg. von Hermann Röhrs. Frankfurt am Main: Akademische Verlagsgesellschaft, S. 9–25.

Parsons, Talcott (1937): Remarks on Education and the Professions. In: *International Journal of Ethics* 47 (3), S. 365–369.

— (1939): The Professions and Social Structure. In: *Social Forces* 17 (4), S. 457–467.

— (1940): An Analytical Approach to the Theory of Social Stratification. In: *American Journal of Sociology* 45 (6), S. 841–862.

— (1942): Age and Sex in the Social Structure of the United States. In: *American Sociological Review* 7 (5), S. 604–616.

— (1943): The Kinship System of the Contemporary United States. In: *American Anthropologist* 45 (1), S. 22–38.

— (1949a): *Essays in Sociological Theory. Pure and Applied.* Glencoe, IL: Free Press.

— (1949b): *The Structure of Social Action. A Study in Social Theory with Special Reference to a Group of Recent European Writers.* 2. Aufl. Glencoe, IL: Free Press. Erstveröffentlichung 1937.

— (1951): Graduate Training in Social Relations at Harvard. In: *The Journal of General Education* 5 (2), S. 149–157.

— (1953): Some Comments on the State of the General Theory of Action. In: *American Sociological Review* 18 (6), S. 618–631.

— (1954a): A Revised Analytical Approach to the Theory of Social Stratification. In: *Essays in Sociological Theory.* Von Talcott Parsons. Revised Ed. Glencoe, IL: Free Press, S. 386–439. Erstveröffentlichung 1953.

— (1954b): A Sociologist Looks at the Legal Profession. In: *Essays in Sociological Theory*. Von Talcott Parsons. Revised Ed. Glencoe, IL: Free Press, S. 370–385. Erstveröffentlichung 1952.
— (1954c): The Present Position and Prospects of Systematic Theory in Sociology. In: *Essays in Sociological Theory*. Von Talcott Parsons. Revised Ed. Glencoe, IL: Free Press, S. 212–237. Erstveröffentlichung 1945.
— (1956a): Suggestions for a Sociological Approach to the Theory of Organizations –I. In: *Administrative Science Quarterly* 1 (1), S. 63–85.
— (1956b): Suggestions for a Sociological Approach to the Theory of Organizations –II. In: *Administrative Science Quarterly* 1 (2), S. 225–239.
— (1958a): Some Highlights of the General Theory of Action. In: *Approaches to the Study of Politics. Twenty-two Contemporary Essays Exploring the Nature of Politics and Methods by Which It Can Be Studied*. Hrsg. von Roland Young. London: Stevens, S. 282–301.
— (1958b): Some Ingredients of a General Theory of Formal Organization. In: *Administrative Theory in Education*. Hrsg. von Andrew W. Halpin. Chicago, IL: Midwest Administration Center, University of Chicago, S. 40–72.
— (1959a): An Approach to Psychological Theory in Terms of the Theory of Action. In: *Psychology: A Study of a Science. Study 1: Conceptual and Systematic. Vol. 3: Formulations of the Person and the Social Context*. Hrsg. von Sigmund Koch. New York, Toronto und London: McGraw-Hill, S. 612–711.
— (1959b): General Theory in Sociology. In: *Sociology Today. Problems and Prospects*. Hrsg. von Robert K. Merton, Leonard Broom & Leonard S. Cottrell jr. 6th Pr. New York: Basic Books, S. 3–38.
— (1959c): The School Class as a Social System: Some of Its Functions in American Society. In: *Harvard Educational Review* 29 (4), S. 297–318.
— (1960): Pattern Variables Revisited: A Response to Robert Dubin. In: *American Sociological Review* 25 (4), S. 467–483.
— (1961a): A Sociologist's View. In: *Values and Ideals of American Youth*. Hrsg. von Eli Ginzberg. New York und London: Columbia University Press, S. 271–287.
— (1961b): Introduction to Part Four: Culture and the Social System. In: *Theories of Society. Foundations of Modern Sociological Theory. Vol. 2*. Hrsg. von Talcott Parsons, Edward A. Shils, Kaspar D. Naegele & Jesse R. Pitts. Glencoe, IL: Free Press, S. 963–993.
— (1961c): The Point of View of the Author. In: *The Social Theories of Talcott Parsons. A Critical Examination*. Hrsg. von Max Black. Englewood Cliffs, NJ: Prentice-Hall, S. 311–363.
— (1962): Individual Autonomy and Social Pressure: An Answer to Dennis H. Wrong. In: *Psychoanalysis and the Psychoanalytic Review* 49 (2), S. 70–80.

Parsons, Talcott (1964a): Die jüngsten Entwicklungen in der strukturell-funktionalen Theorie. In: *Kölner Zeitschrift für Soziologie und Sozialpsychologie* 16 (1), S. 30–49.

— (1964b): Evolutionary Universals in Society. In: *American Sociological Review* 29 (3), S. 339–357.

— (1964c): *The Social System. The Major Exposition of the Author's Conceptual Scheme for the Analysis of the Dynamics of the Social System.* Glencoe, IL: Free Press. Erstveröffentlichung 1951.

— (1965): Unity and Diversity in the Modern Intellectual Disciplines: The Role of the Social Sciences. In: *Daedalus* 94 (1), S. 39–65.

— (1966a): *Societies. Evolutionary and Comparative Perspectives.* Englewood Cliffs, NJ: Prentice-Hall.

— (1966b): Youth Behavior and Values. In: *Guidance in American Education. Vol. 3: Needs and Influencing Forces.* Hrsg. von Edward Landy & Arthur M. Kroll. Cambridge, MA: Harvard University Press, S. 38–48.

— (1967): Durkheim's Contribution to the Theory of Integration of Social Systems. In: *Sociological Theory and Modern Society.* Von Talcott Parsons. New York: Free Press, S. 3–34. Erstveröffentlichung 1960.

— (1968a): Components and Types of Formal Organization. In: *Comparative Administrative Theory.* Hrsg. von Preston P. Le Breton. Seattle, WA, und London: University of Washington Press, S. 3–19.

— (1968b): On the Concept of Value–Commitments. In: *Sociological Inquiry* 38 (2), S. 135–159.

— (1968c): Professions. In: *International Encyclopedia of the Social Sciences. Vol. 12.* Hrsg. von David L. Sills. New York: Macmillan und Free Press, S. 536–547.

— (1968d): The Academic System: A Sociologist's View. In: *The Public Interest* (13), S. 173–197.

— (1968e): The Position of Identity in the General Theory of Action. In: *The Self in Social Interaction. Vol. 1: Classic and Contemporary Perspectives.* Hrsg. von Chad Gordon & Kenneth J. Gergen. New York: John Wiley & Sons, S. 11–23.

— (1970a): Equality and Inequality in Modern Society, or Social Stratification Revisited. In: *Sociological Inquiry* 40 (2), S. 13–72.

— (1970b): Introduction. In: *Social Structure and Personality.* Von Talcott Parsons. New York: Free Press, S. 1–14.

— (1970c): Mental Illness and „Spiritual Malaise": The Role of the Psychiatrist and of the Minister of Religion. In: *Social Structure and Personality.* Von Talcott Parsons. New York: Free Press, S. 292–324. Erstveröffentlichung 1960.

— (1970d): On Building Social System Theory: A Personal History. In: *Daedalus* 99 (4), S. 826–881.

— (1970e): Social Structure and the Development of Personality: Freud's Contribution to the Integration of Psychology and Sociology. In: *Social Structure and Personality*. Von Talcott Parsons. New York: Free Press, S. 78–111. Erstveröffentlichung 1958.

— (1970f): Some Considerations on the Comparative Sociology. In: *The Social Sciences and the Comparative Study of Educational Systems*. Hrsg. von Joseph Fischer. Scranton, PA: International Textbook, S. 201–220.

— (1970g): Some Theoretical Considerations Bearing on the Field of Medical Sociology. In: *Social Structure and Personality*. Von Talcott Parsons. New York: Free Press, S. 325–358.

— (1970h): The Superego and the Theory of Social Systems. In: *Social Structure and Personality*. Von Talcott Parsons. New York: Free Press, S. 17–33. Erstveröffentlichung 1952.

— (1970i): Youth in the Context of American Society. In: *Social Structure and Personality*. Von Talcott Parsons. New York: Free Press, S. 155–182. Erstveröffentlichung 1962.

— (1971a): Higher Education as a Theoretical Focus. In: *Institutions and Social Exchange. The Sociologies of Talcott Parsons and George C. Homans*. Hrsg. von Herman Turk & Richard L. Simpson. Indianapolis, IN, und New York: Bobbs-Merrill, S. 233–252.

— (1971b): Kinship and the Associational Aspect of Social Structure. In: *Kinship and Culture*. Hrsg. von Francis L. K. Hsu. Chicago, IL: Aldine, S. 409–438.

— (1971c): The Strange Case of Academic Organization. In: *The Journal of Higher Education* 42 (6), S. 486–495.

— (1971d): *The System of Modern Societies*. Englewood Cliffs, NJ: Prentice-Hall.

— (1972): Culture and Social System Revisited. In: *Social Science Quarterly* 53 (2), S. 253–266.

— (1975): The Sick Role and the Role of the Physician Reconsidered. In: *The Milbank Memorial Fund Quarterly. Health and Society* 53 (3), S. 257–278.

— (1976a): A Few Considerations on the Place of Rationality in Modern Culture and Society. In: *Revue européenne des sciences sociales. Cahiers Vilfredo Pareto* 14 (38–39), S. 443–450.

— (1976b): Der Begriff der Gesellschaft: Seine Elemente und ihre Verknüpfungen. In: *Zur Theorie sozialer Systeme*. Von Talcott Parsons. Herausgegeben und eingeleitet von Stefan Jensen. Opladen: Westdeutscher Verlag, S. 121–160. Engl. Erstveröffentlichung 1966.

— (1976c): Grundzüge des Sozialsystems. In: *Zur Theorie sozialer Systeme*. Von Talcott Parsons. Herausgegeben und eingeleitet von Stefan Jensen. Opladen: Westdeutscher Verlag, S. 161–274. Engl. Erstveröffentlichung 1961.

Parsons, Talcott (1976d): Sozialsysteme. In: *Zur Theorie sozialer Systeme*. Von Talcott Parsons. Herausgegeben und eingeleitet von Stefan Jensen. Opladen: Westdeutscher Verlag, S. 275–318. Engl. Erstveröffentlichung 1968.
— (1976e): *Zur Theorie sozialer Systeme*. Herausgegeben und eingeleitet von Stefan Jensen. Opladen: Westdeutscher Verlag.
— (1977a): Social Interaction. In: *Social Systems and the Evolution of Action Theory*. Von Talcott Parsons. New York: Free Press, S. 154–176. Erstveröffentlichung 1968.
— (1977b): Some Problems of General Theory in Sociology. In: *Social Systems and the Evolution of Action Theory*. Von Talcott Parsons. New York: Free Press, S. 229–269. Erstveröffentlichung 1970.
— (1977c): The Present Status of „Structural-Functional" Theory in Sociology. In: *Social Systems and the Evolution of Action Theory*. Von Talcott Parsons. New York: Free Press, S. 100–117. Erstveröffentlichung 1975.
— (1978a): Research with Human Subjects and the Professional Complex. In: *Action Theory and the Human Condition*. Von Talcott Parsons. New York: Free Press, S. 35–65. Erstveröffentlichung 1969.
— (1978b): Some Considerations on the Growth of the American System of Higher Education and Research. In: *Action Theory and the Human Condition*. Von Talcott Parsons. New York: Free Press, S. 115–132. Erstveröffentlichung 1976.
— (1978c): Stability and Change in the American University. In: *Action Theory and the Human Condition*. Von Talcott Parsons. New York: Free Press, S. 154–164. Erstveröffentlichung 1974.
— (1978d): The Future of the University. In: *Action Theory and the Human Condition*. Von Talcott Parsons. New York: Free Press, S. 96–114.
— (1978e): The University Bundle: A Study of the Balance Between Differentiation and Integration. In: *Action Theory and the Human Condition*. Von Talcott Parsons. New York: Free Press, S. 133–153. Erstveröffentlichung 1974.
— (1986): *Aktor, Situation und normative Muster. Ein Essay zur Theorie sozialen Handelns*. Herausgegeben und übersetzt von Harald Wenzel. Frankfurt am Main: Suhrkamp.
— (1989): A Tentative Outline of American Values. In: *Theory, Culture & Society* 6 (4), S. 577–612.
— (2009): *Das System moderner Gesellschaften. Mit einem Vorwort von Dieter Claessens*. 7. Aufl. Weinheim und München: Juventa. Engl. Erstveröffentlichung 1971, dt. Erstveröffentlichung 1972.
— (2016): *American Society. A Theory of the Societal Community*. Herausgegeben und eingeleitet von Giuseppe Sciortino. London und New York: Routledge. Erstveröffentlichung 2007.

— (2018): An Approach to the Analysis of the Role of Rationality in Social Action. In: *Rationality in the Social Sciences. The Schumpeter-Parsons Seminar 1939-40 and Current Perspectives.* Hrsg. von Helmut Staubmann & Victor Lidz. Cham: Springer, S. 53–57.

Parsons, Talcott & Robert F. Bales (1955): *Family, Socialization and Interaction Process. In Collaboration with James Olds, Morris Zelditch jr., and Philip E. Slater.* Glencoe, IL: Free Press.

Parsons, Talcott, Robert F. Bales & Edward A. Shils (1953): *Working Papers in the Theory of Action.* Glencoe, IL: Free Press.

Parsons, Talcott & Gerald M. Platt (1968a): Considerations on the American Academic System. In: *Minerva* 6 (4), S. 497–523.

— (1968b): *The American Academic Profession. A Pilot Study.* Cambridge, MA: o. V.

— (1970): Age, Social Structure, and Socialization in Higher Education. In: *Sociology of Education* 43 (1), S. 1–37.

— (1973): *The American University.* In Zusammenarbeit mit Neil J. Smelser. Unter Mitarbeit von Jackson Toby. Cambridge, MA: Harvard University Press.

— (1990): *Die amerikanische Universität. Ein Beitrag zur Soziologie der Erkenntnis.* Frankfurt am Main: Suhrkamp.

Parsons, Talcott & Edward A. Shils, Hrsg. (1962a): *Toward a General Theory of Action.* 5th Pr. Cambridge, MA: Harvard University Press. Erstveröffentlichung 1951.

— (1962b): Values, Motives, and Systems of Action. With the Assistance of James Olds. In: *Toward a General Theory of Action.* Hrsg. von Talcott Parsons & Edward A. Shils. 5th Pr. Cambridge, MA: Harvard University Press, S. 45–275. Erstveröffentlichung 1951.

Parsons, Talcott, Edward A. Shils, Gordon W. Allport, Clyde Kluckhohn, Henry A. Murray, Robert R. Sears, Richard C. Sheldon, Samuel A. Stouffer & Edward C. Tolman (1962): Some Fundamental Categories of the Theory of Action: A General Statement. In: *Toward a General Theory of Action.* Hrsg. von Talcott Parsons & Edward A. Shils. 5th Pr. Cambridge, MA: Harvard University Press, S. 3–29. Erstveröffentlichung 1951.

Parsons, Talcott & Neil J. Smelser (1956): *Economy and Society. A Study in the Integration of Economic and Social Theory.* Glencoe, IL: Free Press.

Parsons, Talcott & Winston White (1970): The Link Between Character and Society. In: *Social Structure and Personality.* Von Talcott Parsons. New York: Free Press, S. 183–235. Erstveröffentlichung 1961.

— (2016): *Values of American Society. Manuscripts from the American Society Project I.* Herausgegeben und eingeleitet von Victor Lidz und Helmut Staubmann. Wien und Zürich: Lit.

Pfadenhauer, Michaela (2016): Gemeinwohlorientierung als Maxime professionellen Handelns. In: *Handbuch Professionsentwicklung*. Hrsg. von Michael Dick, Winfried Marotzki & Harald A. Mieg. Bad Heilbrunn: Julius Klinkhardt, S. 40–50.

Pfadenhauer, Michaela & Tobias Sander (2010): Professionssoziologie. In: *Handbuch Spezielle Soziologien*. Hrsg. von Georg Kneer & Markus Schroer. Wiesbaden: VS Verlag für Sozialwissenschaften, S. 361–378.

Plake, Klaus (1977): Sozialer Identitätsanspruch und die Legitimation der Betreuung: Zur Kustodialfunktion der Sozialisationsorganisationen. In: *Zeitschrift für Soziologie* 6 (3), S. 264–278.

— Hrsg. (1987): *Klassiker der Erziehungssoziologie*. Düsseldorf: Schwann.

Platt, Gerald M. (1981): „The American University": Collaboration with Talcott Parsons. In: *Sociological Inquiry* 51 (3–4), S. 155–165.

Platt, Gerald M. & Talcott Parsons (1970): Decision-Making in the Academic System. Influence and Power Exchange. In: *The State of the University. Authority and Change*. Hrsg. von Carlos E. Kruytbosch & Sheldon L. Messinger. Beverly Hills, CA: Sage, S. 133–180.

Platt, Gerald M., Talcott Parsons & Rita Kirshstein (1976): Faculty Teaching Goals, 1968-1973. In: *Social Problems* 24 (2), S. 298–308.

— (1978): Undergraduate Teaching Environments: Normative Orientations to Teaching Among Faculty in the Higher Educational System. In: *Sociological Inquiry* 48 (1), S. 3–21.

Plückhahn, Stephanie (2012): Heimlicher Lehrplan. In: *Klinkhardt Lexikon Erziehungswissenschaft. Bd. 2: Gruppenpuzzle – Pflegewissenschaft*. Hrsg. von Klaus-Peter Horn, Heidemarie Kemnitz, Winfried Marotzki & Uwe Sandfuchs. Unter Mitarbeit von Stefan Iske. Bad Heilbrunn: Julius Klinkhardt, S. 29–30.

Popp, Ulrike (1998): Die sozialen Funktionen schulischer Bildung. In: *Handbuch der deutschen Bildungsgeschichte. Bd. 6: 1945 bis zur Gegenwart. Teilbd. 1: Bundesrepublik Deutschland*. Hrsg. von Christoph Führ & Carl-Ludwig Furck. München: C. H. Beck, S. 265–276.

Portele, Gerhard & Ludwig Huber (1995): Hochschule und Persönlichkeitsentwicklung. In: *Enzyklopädie Erziehungswissenschaft. Bd. 10: Ausbildung und Sozialisation in der Hochschule*. Hrsg. von Ludwig Huber. Stuttgart und Dresden: Ernst Klett, S. 92–113.

Portelli, John P. (1993): Exposing the Hidden Curriculum. In: *Journal of Curriculum Studies* 25 (4), S. 343–358.

Proske, Matthias (2011): Wozu Unterrichtstheorie? In: *Unterrichtstheorien in Forschung und Lehre*. Hrsg. von Wolfgang Meseth, Matthias Proske & Frank-Olaf Radtke. Bad Heilbrunn: Julius Klinkhardt, S. 9–22.

— (2018): Wie Unterricht bestimmen? Zum Unterrichtsbegriff in der qualitativen Unterrichtsforschung. In: *Kompendium Qualitative Unterrichtsforschung. Unterricht beobachten – beschreiben – rekonstruieren.* Hrsg. von Matthias Proske & Kerstin Rabenstein. Bad Heilbrunn: Julius Klinkhardt, S. 27–62.

Rabenstein, Kerstin (2007): Das Leitbild des selbstständigen Schülers. Machtpraktiken und Subjektivierungsweisen in der pädagogischen Reformsemantik. In: *Kooperatives und selbstständiges Arbeiten von Schülern. Zur Qualitätsentwicklung von Unterricht.* Hrsg. von Kerstin Rabenstein & Sabine Reh. Wiesbaden: VS Verlag für Sozialwissenschaften, S. 39–60.

Rabenstein, Kerstin, Sabine Reh, Norbert Ricken & Till-Sebastian Idel (2013): Ethnographie pädagogischer Differenzordnungen. Methodologische Probleme einer ethnographischen Erforschung der sozial selektiven Herstellung von Schulerfolg im Unterricht. In: *Zeitschrift für Pädagogik* 59 (5), S. 668–690.

Rademacher, Sandra (2006): Der Schulanfang im deutsch-amerikanischen Vergleich – Differenzen im beruflichen Habitus von Lehrern. In: *Pädagogische Korrespondenz* 19 (35), S. 39–51.

— (2009): *Der erste Schultag. Pädagogische Berufskulturen im deutsch-amerikanischen Vergleich.* Wiesbaden: VS Verlag für Sozialwissenschaften.

Rademacher, Sandra & Andreas Wernet (2015): Struktur, Funktion und Eigenlogik. Schultheoretische Anmerkungen zum Verhältnis von Schule und Gesellschaft. In: *Schulkultur. Theoriebildung im Diskurs.* Hrsg. von Jeanette Böhme, Merle Hummrich & Rolf-Torsten Kramer. Wiesbaden: Springer VS, S. 95–115.

Rahm, Sibylle (2010): Theorien der Schule und ihrer Entwicklung. In: *Enzyklopädie Erziehungswissenschaft Online*, o. S. URL: http://www.content-select.com/10.3262/EEO09100144 (Abrufdatum: 31. 01. 2022).

Reckwitz, Andreas (2021): *Subjekt.* 4., akt. u. erg. Aufl. Bielefeld: transcript.

Reh, Sabine & Marcelo Caruso (2020): Entfachlichung? Transformationen der Fachlichkeit schulischen Wissens. In: *Zeitschrift für Pädagogik* 66 (5), S. 611–625.

Reh, Sabine & Tilman Drope (2012a): Schule. In: *Klinkhardt Lexikon Erziehungswissenschaft. Bd. 3: Phänomenologische Pädagogik – Zypern.* Hrsg. von Klaus-Peter Horn, Heidemarie Kemnitz, Winfried Marotzki & Uwe Sandfuchs. Unter Mitarbeit von Stefan Iske. Bad Heilbrunn: Julius Klinkhardt, S. 132–133.

— (2012b): Schultheorie. In: *Klinkhardt Lexikon Erziehungswissenschaft. Bd. 3: Phänomenologische Pädagogik – Zypern.* Hrsg. von Klaus-Peter Horn, Heidemarie Kemnitz, Winfried Marotzki & Uwe Sandfuchs. Unter Mitarbeit von Stefan Iske. Bad Heilbrunn: Julius Klinkhardt, S. 164–165.

Reh, Sabine, Kerstin Rabenstein & Till-Sebastian Idel (2011): Unterricht als pädagogische Ordnung. Eine praxistheoretische Perspektive. In: *Unterrichtstheo-*

rien in Forschung und Lehre. Hrsg. von Wolfgang Meseth, Matthias Proske & Frank-Olaf Radtke. Bad Heilbrunn: Julius Klinkhardt, S. 209–222.

Reichenbach, Roland (2017a): Lernen im Kollektiv – Schule und Demokratie. In: *Fragmente zu einer pädagogischen Theorie der Schule. Erziehungswissenschaftliche Perspektiven auf eine Leerstelle*. Hrsg. von Roland Reichenbach & Patrick Bühler. Weinheim und Basel: Beltz Juventa, S. 196–207.

— (2017b): Warum pädagogische Theorie der Schule? Eine Einleitung. In: *Fragmente zu einer pädagogischen Theorie der Schule. Erziehungswissenschaftliche Perspektiven auf eine Leerstelle*. Hrsg. von Roland Reichenbach & Patrick Bühler. Weinheim und Basel: Beltz Juventa, S. 10–31.

Reichenbach, Roland & Patrick Bühler, Hrsg. (2017): *Fragmente zu einer pädagogischen Theorie der Schule. Erziehungswissenschaftliche Perspektiven auf eine Leerstelle*. Weinheim und Basel: Beltz Juventa.

Reichwein, Georg (1925): Grundlinien einer Theorie der Schule. In: *Pädagogisches Zentralblatt* 5 (7/8), S. 313–327.

Reichwein, Roland (1970/1971): Sozialisation und Individuation in der Theorie von Talcott Parsons. In: *Soziale Welt* 21/22 (2), S. 161–184.

Reimers, Edgar (1964): Schule. In: *Pädagogik. Das Fischer-Lexikon*. Hrsg. von Hans-Hermann Groothoff. Unter Mitwirkung von Edgar Reimers. Frankfurt am Main: Fischer, S. 254–268.

— (1974): Schule, Theorie der Schule. In: *Pädagogik. Das Fischer-Lexikon*. Hrsg. von Hans-Hermann Groothoff. Unter Mitwirkung von Edgar Reimers. Frankfurt am Main: Fischer, S. 248–261.

Reinders, Heinz (2015): Sozialisation in der Gleichaltrigengruppe. In: *Handbuch Sozialisationsforschung*. Hrsg. von Klaus Hurrelmann, Ullrich Bauer, Matthias Grundmann & Sabine Walper. 8., vollst. überarb. Aufl. Weinheim und Basel: Beltz, S. 393–413.

Richter, Rudolf (2016): *Soziologische Paradigmen. Eine Einführung in klassische und moderne Konzepte*. Mit Beiträgen von Karl-Michael Brunner und Teresa Kucera. 2., vollst. überarb. u. erg. Aufl. Wien: facultas.

Richter, Sophia (2019): *Pädagogische Strafen in der Schule. Eine Ethnographische Collage*. Weinheim und Basel: Beltz Juventa.

Ricken, Norbert (2020): Methoden theoretischer Forschung in der Erziehungswissenschaft. Ein Systematisierungsvorschlag. In: *Zeitschrift für Pädagogik* 66 (6), S. 839–852.

Rieger-Ladich, Markus (2012): Autonomie. In: *Klinkhardt Lexikon Erziehungswissenschaft. Bd. 1: Aa, Karl von der – Gruppenprozesse*. Hrsg. von Klaus-Peter Horn, Heidemarie Kemnitz, Winfried Marotzki & Uwe Sandfuchs. Unter Mitarbeit von Stefan Iske. Bad Heilbrunn: Julius Klinkhardt, S. 89.

Röbe, Edeltraud (2008): Die gesellschaftliche Funktion der Schule: Selegieren oder integrieren? In: *Spannungsfelder der Erziehung und Bildung. Ein Studienbuch zu grundlegenden Themenfeldern der Pädagogik.* Hrsg. von Ilona Esslinger-Hinz & Hans-Joachim Fischer. Baltmannsweiler: Schneider Verlag Hohengehren, S. 132–147.

Roeder, Peter M. (1984): Gedanken zur Schultheorie. In: *Deutsche Pädagogen der Gegenwart. Ihre Erziehungs-, Schul- und Bildungskonzeptionen. Bd. 1.* Hrsg. von Rainer Winkel. Düsseldorf: Schwann, S. 275–299.

Roeder, Peter M., Achim Leschinsky, Gundel Schümer & Klaus Treumann (1977): Überlegungen zur Schulforschung. Teil I. In: *Überlegungen zur Schulforschung.* Hrsg. von Peter M. Roeder, Achim Leschinsky, Gundel Schümer, Klaus Treumann, Helga Zeiher & Hartmut J. Zeiher. Stuttgart: Klett-Cotta, S. 11–126.

Roessler, Wilhelm (1968): Zur Theorie der deutschen Schule. Ein historisch-systematischer Versuch. In: *Theorie der Schule. Versuch einer Grundlegung.* Hrsg. von Hermann Röhrs. Frankfurt am Main: Akademische Verlagsgesellschaft, S. 26–39.

Röhrs, Hermann (1968): Zur Einleitung. In: *Theorie der Schule. Versuch einer Grundlegung.* Hrsg. von Hermann Röhrs. Frankfurt am Main: Akademische Verlagsgesellschaft, S. XI–XVI.

Rothland, Martin (2019): Was ist Schulpädagogik? Oder: Neue Antworten auf eine alte Frage? In: *Erziehungswissenschaft* 30 (58), S. 81–94.

Rüschemeyer, Dietrich (1964): Einleitung. In: *Beiträge zur soziologischen Theorie.* Von Talcott Parsons. Herausgegeben und eingeleitet von Dietrich Rüschemeyer. Neuwied: Luchterhand, S. 9–29.

— (1973): Professions. Historisch und kulturell vergleichende Überlegungen. In: *Soziologie. Sprache, Bezug zur Praxis, Verhältnis zu anderen Wissenschaften.* René König zum 65. Geburtstag. Hrsg. von Günter Albrecht, Hansjürgen Daheim & Fritz Sack. Opladen: Westdeutscher Verlag, S. 250–260.

Russell, Cambria Dodd (2013): Functionalist Theory of Education. In: *Sociology of Education. An A-to-Z Guide.* Hrsg. von James Ainsworth. Los Angeles u. a.: Sage, S. 292–294.

Sächsisches Staatsministerium für Kultus (2019): *Lehrplan Gymnasium Latein.* Dresden. URL: http://lpdb.schule-sachsen.de/lpdb/web/downloads/2407_lp_gy_latein_2019.pdf (Abrufdatum: 31. 01. 2022).

Sadovnik, Alan R. & Susan F. Semel (2010): Education and Inequality: Historical and Sociological Approaches to Schooling and Social Stratification. In: *Paedagogica Historica* 46 (1–2), S. 1–13.

Saha, Lawrence J. (2008): Sociology of Education. In: *21st Century Education. A Reference Handbook. Vol. 1.* Hrsg. von Thomas L. Good. Los Angeles u. a.: Sage, S. 299–307.
Sandfuchs, Uwe (2000): Funktionen und Aufgaben der Schule. Historische und aktuelle Betrachtungen zur Schule zwischen Kritik und Programmatik. In: *Schule und Geschichte. Funktionen der Schule in Vergangenheit und Gegenwart. Festschrift für Rudolf W. Keck zum 65. Geburtstag.* Hrsg. von Sabine Kirk, Johannes Köhler, Hubert Lohrenz & Uwe Sandfuchs. Bad Heilbrunn: Julius Klinkhardt, S. 9–42.
— (2001): Was Schule leistet. Reflexionen und Anmerkungen zu Funktionen und Aufgaben der Schule. In: *Was Schule leistet. Funktionen und Aufgaben von Schule.* Hrsg. von Wolfgang Melzer & Uwe Sandfuchs. Weinheim und München: Juventa, S. 11–36.
— (2004): Geschichte der Lehrerbildung in Deutschland. In: *Handbuch Lehrerbildung.* Hrsg. von Sigrid Blömeke, Peter Reinhold, Gerhard Tulodziecki & Johannes Wildt. Bad Heilbrunn und Braunschweig: Julius Klinkhardt und Westermann, S. 14–37.
Sauer, Karl (1981): *Einführung in die Theorie der Schule.* Darmstadt: Wissenschaftliche Buchgesellschaft.
Schäfers, Bernhard (2016): *Sozialgeschichte der Soziologie. Die Entwicklung der soziologischen Theorie seit der Doppelrevolution.* Wiesbaden: Springer VS.
Scherr, Albert (2018): System, soziales. In: *Grundbegriffe der Soziologie.* Hrsg. von Johannes Kopp & Anja Steinbach. 12. Aufl. Wiesbaden: Springer VS, S. 441–444.
Schlicht, Raphaela (2011): *Determinanten der Bildungsungleichheit. Die Leistungsfähigkeit von Bildungssystemen im Vergleich der deutschen Bundesländer.* Wiesbaden: VS Verlag für Sozialwissenschaften.
Schluchter, Wolfgang (2015): *Grundlegungen der Soziologie. Eine Theoriegeschichte in systematischer Absicht.* 2. Aufl. Tübingen: Mohr Siebeck.
Schmeiser, Martin (2006): Soziologische Ansätze der Analyse von Professionen, der Professionalisierung und des professionellen Handelns. In: *Soziale Welt* 57 (3), S. 295–318.
Schmid, Christine & Rainer Watermann (2018): Demokratische Bildung. In: *Handbuch Bildungsforschung.* Hrsg. von Rudolf Tippelt & Bernhard Schmidt-Hertha. 4., überarb. u. akt. Aufl. Wiesbaden: Springer VS, S. 1133–1153.
Schmidt, Manfred G. (2019): *Demokratietheorien. Eine Einführung.* 6., erw. u. akt. Aufl. Wiesbaden: Springer VS.

Schmidt, Robert (2015): Hidden Curriculum Revisited. In: *Bildungspraxis. Körper – Räume – Objekte*. Hrsg. von Thomas Alkemeyer, Herbert Kalthoff & Markus Rieger-Ladich. Weilerswist: Velbrück Wissenschaft, S. 111–128.

Schneider, Wolfgang Ludwig (2008): *Grundlagen der soziologischen Theorie. Bd. 1: Weber – Parsons – Mead – Schütz*. 3. Aufl. Wiesbaden: VS Verlag für Sozialwissenschaften.

Schreiterer, Ulrich (2008a): *Eine Frage des Geldes? Das Bildungssystem der USA*. Bonn. URL: https://www.bpb.de/internationales/amerika/usa/10716/bildungssystem?p=all (Abrufdatum: 03. 07. 2020).

— (2008b): *Traumfabrik Harvard. Warum amerikanische Hochschulen so anders sind*. Frankfurt und New York: Campus.

Schroer, Markus (2017): *Soziologische Theorien. Von den Klassikern bis zur Gegenwart*. Paderborn: Wilhelm Fink.

Schulenberg, Wolfgang (1970): Schule als Institution der Gesellschaft. In: *Handbuch pädagogischer Grundbegriffe. Bd. 2*. Hrsg. von Josef Speck & Gerhard Wehle. München: Kösel, S. 391–422.

SchulG Berlin (2021): *Schulgesetz für das Land Berlin vom 26. Januar 2004, zuletzt geändert am 5. Juli 2021*. URL: https://gesetze.berlin.de/perma?a=SchulG_BE (Abrufdatum: 06. 09. 2021).

SchulG Sachsen-Anhalt (2020): *Schulgesetz des Landes Sachsen-Anhalt vom 9. August 2018, zuletzt geändert am 24. März 2020*. URL: https://www.landesrecht.sachsen-anhalt.de/perma?a=SchulG_ST (Abrufdatum: 06. 09. 2021).

Schulz, Wolfgang (1969): Umriß einer didaktischen Theorie der Schule. In: *Die Deutsche Schule* 61 (2), S. 61–72.

Schulze, Hans-Joachim & Jan Künzler (1991): Funktionalistische und systemtheoretische Ansätze in der Sozialisationsforschung. In: *Neues Handbuch der Sozialisationsforschung*. Hrsg. von Klaus Hurrelmann & Dieter Ulich. 4., völlig neubearb. Aufl. Weinheim und Basel: Beltz, S. 121–136.

Schulze, Hans-Joachim, Hartmann Tyrell & Jan Künzler (1989): Vom Strukturfunktionalismus zur Systemtheorie der Familie. In: *Handbuch der Familien- und Jugendforschung. Bd. 1: Familienforschung*. Hrsg. von Rosemarie Nave-Herz & Manfred Markefka. Neuwied: Luchterhand, S. 31–43.

Schulze, Theodor (1980): *Schule im Widerspruch. Erfahrungen, Theorien, Perspektiven*. München: Kösel.

Schützeichel, Rainer (2018): Professionswissen. In: *Handbuch Professionssoziologie*. Hrsg. von Christiane Schnell & Michaela Pfadenhauer. Wiesbaden: Springer VS, o. S. URL: https://doi.org/10.1007/978-3-658-13154-8_15-1 (Abrufdatum: 02. 07. 2020).

Sciortino, Giuseppe (2009): Functionalism and Social Systems Theory. In: *The New Blackwell Companion to Social Theory*. Hrsg. von Bryan S. Turner. Chichester, West Sussex, und Malden, MA: Wiley-Blackwell, S. 106–123.

— (2016a): American Society and the Societal Community: Talcott Parsons, Citizenship and Diversity. In: *The Anthem Companion to Talcott Parsons*. Hrsg. von A. Javier Treviño. London und New York: Anthem Press, S. 191–206.

— (2016b): Introduction: The Action of Social Structure. In: *American Society. A Theory of the Societal Community*. Von Talcott Parsons. Herausgegeben und eingeleitet von Giuseppe Sciortino. London und New York: Routledge, S. 1–21. Erstveröffentlichung 2007.

Seibert, Norbert (2009): Bildung, Erziehung und Unterricht als schulische Aufgaben. In: *Handbuch Schule. Theorie – Organisation – Entwicklung*. Hrsg. von Sigrid Blömeke, Thorsten Bohl, Ludwig Haag, Gregor Lang-Wojtasik & Werner Sacher. Bad Heilbrunn: Julius Klinkhardt, S. 72–80.

Seiffert, Helmut (1994): Theorie. In: *Handlexikon der Wissenschaftstheorie*. Hrsg. von Helmut Seiffert & Gerard Radnitzky. 2. Aufl. München: Deutscher Taschenbuch Verlag, S. 368–369.

Sexton, Patricia Cayo (1974): The American University, by Talcott Parsons and Gerald M. Platt. Review Symposium. In: *Contemporary Sociology* 3 (4), S. 296–300.

Shifrer, Dara (2013): Meritocracy. In: *Sociology of Education. An A-to-Z Guide*. Hrsg. von James Ainsworth. Los Angeles u. a.: Sage, S. 461–463.

Sliwka, Anne & Britta Klopsch (2020): Disruptive Innovation! Wie die Pandemie die „Grammatik der Schule" herausfordert und welche Chancen sich jetzt für eine „Schule ohne Wände" in der digitalen Wissensgesellschaft bieten. In: *„Langsam vermisse ich die Schule ..." Schule während und nach der Corona-Pandemie*. Die Deutsche Schule, 16. Beiheft. Hrsg. von Detlef Fickermann & Benjamin Edelstein. Münster und New York: Waxmann, S. 216–229.

Smelser, Neil J. (1973): Epilogue: Social-Structural Dimensions of Higher Education. In: *The American University*. Von Talcott Parsons und Gerald M. Platt. In Zusammenarbeit mit Neil J. Smelser. Unter Mitarbeit von Jackson Toby. Cambridge, MA: Harvard University Press, S. 389–422.

Smith, Peter B. (2014): Sozialpsychologie und kulturelle Unterschiede. In: *Sozialpsychologie*. Hrsg. von Klaus Jonas, Wolfgang Stroebe & Miles Hewstone. 6., vollst. überarb. Aufl. Berlin und Heidelberg: Springer, S. 565–605.

Snyder, Benson R. (1971): *The Hidden Curriculum*. New York: Alfred A. Knopf.

Snyder, Thomas D., Cristobal de Brey & Sally A. Dillow (2019): *Digest of Education Statistics 2018*. Washington, DC: National Center for Education Statistics,

Institute of Education Sciences, U.S. Department of Education. URL: https://nces.ed.gov/pubs2020/2020009.pdf (Abrufdatum: 03. 07. 2020).

Spates, James L. (1983): The Sociology of Values. In: *Annual Review of Sociology* 9, S. 27–49.

Staatsinstitut für Schulqualität und Bildungsforschung Bayern (2004): *Lehrplan Gymnasium Latein Jahrgangsstufen 11/12*. URL: https://www.gym8-lehrplan.bayern.de/contentserv/3.1.neu/g8.de/id_26534.html (Abrufdatum: 01. 02. 2022).

Stark, Carsten (2009): Funktionalismus. In: *Handbuch Soziologische Theorien*. Hrsg. von Georg Kneer & Markus Schroer. Wiesbaden: VS Verlag für Sozialwissenschaften, S. 161–177.

Staub-Bernasconi, Silvia (2018): *Soziale Arbeit als Handlungswissenschaft. Soziale Arbeit auf dem Weg zu kritischer Professionalität*. 2., vollst. überarb. u. akt. Aufl. Opladen und Toronto: Barbara Budrich.

Staubmann, Helmut (1995): Handlung und Ästhetik: Zum Stellenwert der „affektiv-kathektischen Handlungsdimension" in Parsons' Allgemeiner Theorie des Handelns. In: *Zeitschrift für Soziologie* 24 (2), S. 95–114.

— (2005): Culture as a Subsystem of Action: Autonomous and Heteronomous Functions. In: *After Parsons. A Theory of Social Action for the Twenty-First Century*. Hrsg. von Renée C. Fox, Victor Lidz & Harold J. Bershady. New York: Russell Sage Foundation, S. 169–178.

— (2015): Handlungstheoretische Systemtheorie: Talcott Parsons. In: *Soziologische Theorie. Abriss der Ansätze ihrer Hauptvertreter*. Von Julius Morel, Eva Bauer, Tamás Meleghy, Heinz-Jürgen Niedenzu, Max Preglau und Helmut Staubmann. 9. Aufl. Berlin und Boston: de Gruyter Oldenbourg, S. 197–221.

— (2016): Talcott Parsons und die Kultursoziologie. In: *Handbuch Kultursoziologie*. Hrsg. von Stephan Moebius, Frithjof Nungesser & Katharina Scherke. Wiesbaden: Springer VS, o. S. URL: https://doi.org/10.1007/978-3-658-08000-6_49-1 (Abrufdatum: 01. 02. 2022).

Stichweh, Rudolf (1980): Rationalität bei Parsons. In: *Zeitschrift für Soziologie* 9 (1), S. 54–78.

— (2005): Zum Gesellschaftsbegriff der Systemtheorie: Parsons und Luhmann und die Hypothese der Weltgesellschaft. In: *Weltgesellschaft. Theoretische Zugänge und empirische Problemlagen*. Sonderheft der Zeitschrift für Soziologie. Hrsg. von Bettina Heintz, Richard Münch & Hartmann Tyrell. Stuttgart: Lucius & Lucius, S. 174–185.

— (2013a): Akademische Freiheit, Professionalisierung der Hochschullehre und Politik. In: *Wissenschaft, Universität, Professionen. Soziologische Analysen*. Von Rudolf Stichweh. Bielefeld: transcript, S. 295–315. Erstveröffentlichung 1987.

Stichweh, Rudolf (2013b): Die Form der Universität. In: *Wissenschaft, Universität, Professionen. Soziologische Analysen.* Von Rudolf Stichweh. Bielefeld: transcript, S. 215–241. Erstveröffentlichung 1993.
— (2013c): Differenzierung von Schule und Universität im 18. und 19. Jahrhundert. In: *Wissenschaft, Universität, Professionen. Soziologische Analysen.* Von Rudolf Stichweh. Bielefeld: transcript, S. 169–180. Erstveröffentlichung 1991.
— (2013d): Professionen und Disziplinen. Formen der Differenzierung zweier Systeme beruflichen Handelns in modernen Gesellschaften. In: *Wissenschaft, Universität, Professionen. Soziologische Analysen.* Von Rudolf Stichweh. Bielefeld: transcript, S. 245–293. Erstveröffentlichung 1987.
— (2013e): System/Umwelt-Beziehungen europäischer Universitäten in historischer Perspektive. In: *Wissenschaft, Universität, Professionen. Soziologische Analysen.* Von Rudolf Stichweh. Bielefeld: transcript, S. 153–168. Erstveröffentlichung 1988.
— (2016): Professionen in einer funktional differenzierten Gesellschaft. In: *Pädagogische Professionalität. Untersuchungen zum Typus pädagogischen Handelns.* Hrsg. von Arno Combe & Werner Helsper. 8. Aufl. Frankfurt am Main: Suhrkamp, S. 49–69.
Stinchcombe, Arthur L. (1970): On What Is Learned in School. By Robert Dreeben. Review Symposium. In: *Sociology of Education* 43 (2), S. 218–222.
Stock, Manfred (2005a): *Arbeiter, Unternehmer, Professioneller. Zur sozialen Konstruktion von Beschäftigung in der Moderne.* Wiesbaden: VS Verlag für Sozialwissenschaften.
— (2005b): Hochschule, Professionen und Modernisierung. Zu den professionssoziologischen Analysen Talcott Parsons'. In: *die hochschule* 14 (1), S. 72–91.
— (2017): Hochschulexpansion und Akademisierung der Beschäftigung. In: *Soziale Welt* 68 (4), S. 347–364.
Streckeisen, Ursula, Denis Hänzi & Andrea Hungerbühler (2007): *Fördern und Auslesen. Deutungsmuster von Lehrpersonen zu einem beruflichen Dilemma.* Wiesbaden: VS Verlag für Sozialwissenschaften.
Struck, Peter (1996): *Die Schule der Zukunft. Von der Belehrungsanstalt zur Lernwerkstatt.* Darmstadt: Wissenschaftliche Buchgesellschaft.
Sturm, Tanja (2015): Inklusion: Kritik und Herausforderung des schulischen Leistungsprinzips. In: *Erziehungswissenschaft* 26 (51), S. 25–32.
— (2016): *Lehrbuch Heterogenität in der Schule.* 2., überarb. Aufl. München und Basel: Ernst Reinhardt.
Susteck, Sebastian (2018): Fachlichkeit im Plural? Fundierung und Bedeutung von Fachlichkeit mit besonderer Berücksichtigung des Unterrichtsfaches Deutsch. In: *Konstruktionen von Fachlichkeit. Ansätze, Erträge und Diskussionen in der empiri-*

schen Unterrichtsforschung. Hrsg. von Matthias Martens, Kerstin Rabenstein, Karin Bräu, Marei Fetzer, Helge Gresch, Ilonca Hardy & Carla Schelle. Bad Heilbrunn: Julius Klinkhardt, S. 69–81.

Swanson, Guy E. (1953): The Approach to a General Theory of Action by Parsons and Shils. In: *American Sociological Review* 18 (2), S. 125–134.

Teichler, Ulrich (2018): Hochschulbildung. In: *Handbuch Bildungsforschung*. Hrsg. von Rudolf Tippelt & Bernhard Schmidt-Hertha. 4., überarb. u. akt. Aufl. Wiesbaden: Springer VS, S. 505–548.

Tenorth, Heinz-Elmar (2001): Kann Schule leisten, was sie leisten soll? In: *Was Schule leistet. Funktionen und Aufgaben von Schule*. Hrsg. von Wolfgang Melzer & Uwe Sandfuchs. Weinheim und München: Juventa, S. 255–270.

— (2004): Schulische Einrichtungen. In: *Erziehungswissenschaft. Ein Grundkurs*. Hrsg. von Dieter Lenzen. Unter Mitarbeit von Friedrich Rost. 6. Aufl. Reinbek bei Hamburg: Rowohlt, S. 427–446.

— (2006): Besprechung: Helmut Fend: Neue Theorie der Schule. Einführung in das Verstehen von Bildungssystemen. In: *Zeitschrift für Pädagogik* 52 (3), S. 434–437.

— (2013): Arbeit an der Theorie: Kritik, Analyse, Konstruktion. In: *Handbuch Qualitative Forschungsmethoden in der Erziehungswissenschaft*. Hrsg. von Barbara Friebertshäuser, Antje Langer & Annedore Prengel. Unter Mitarbeit von Heike Boller und Sophia Richter. 4., durchges. Aufl. Weinheim und Basel: Beltz Juventa, S. 89–100.

— (2016): Theorie der Schule. In: *Basiswissen Lehrerbildung: Schule und Unterricht – Lehren und Lernen*. Hrsg. von Jens Möller, Michaela Köller & Thomas Riecke-Baulecke. Seelze: Klett Kallmeyer, S. 135–152.

— (2019): „Bildung" – Reflexionen, Systeme, Welten. Aspekte ihrer Struktur und Dynamik am deutschen Exempel. In: *Das Bildungswesen in Deutschland. Bestand und Potenziale*. Hrsg. von Olaf Köller, Marcus Hasselhorn, Friedrich W. Hesse, Kai Maaz, Josef Schrader, Heike Solga, C. Katharina Spieß & Karin Zimmer. Bad Heilbrunn: Julius Klinkhardt, S. 49–84.

Terhart, Ewald (2009): *Didaktik. Eine Einführung*. Stuttgart: Reclam.

— (2011): Lehrerberuf und Professionalität. Gewandeltes Begriffsverständnis – neue Herausforderungen. In: *Pädagogische Professionalität*. Zeitschrift für Pädagogik, 57. Beiheft. Hrsg. von Werner Helsper & Rudolf Tippelt. Weinheim und Basel: Beltz, S. 202–224.

— (2013): Theorie der Schule: Auf der Suche nach einem Phantom? In: *Erziehungswissenschaft und Lehrerbildung*. Von Ewald Terhart. Münster u. a.: Waxmann, S. 32–48. Erstveröffentlichung 2009.

Terhart, Ewald (2014a): Die Beurteilung von Schülern als Aufgabe des Lehrers: Forschungslinien und Forschungsergebnisse. In: *Handbuch der Forschung zum Lehrerberuf*. Hrsg. von Ewald Terhart, Hedda Bennewitz & Martin Rothland. 2., überarb. u. erw. Aufl. Münster und New York: Waxmann, S. 883–904.
— (2014b): Unterrichtstheorie. Einführung in den Thementeil. In: *Zeitschrift für Pädagogik* 60 (6), S. 813–816.
— (2015): Schulpädagogik. In: *Lexikon Pädagogik. Hundert Grundbegriffe*. Hrsg. von Stefan Jordan & Marnie Schlüter. Stuttgart: Reclam, S. 252–255.
— (2017): Theorie der Schule – eine unendliche Geschichte. In: *Fragmente zu einer pädagogischen Theorie der Schule. Erziehungswissenschaftliche Perspektiven auf eine Leerstelle*. Hrsg. von Roland Reichenbach & Patrick Bühler. Weinheim und Basel: Beltz Juventa, S. 34–53.
Tillmann, Klaus-Jürgen (1993a): Schultheorie zwischen pädagogischer Selbstkritik, sozialwissenschaftlichen Einwanderungen und metatheoretischen Fluchtbewegungen. In: *Die Deutsche Schule* 85 (4), S. 404–419.
— Hrsg. (1993b): *Schultheorien*. 2. Aufl. Hamburg: Bergmann + Helbig.
— (1993c): Theorie der Schule – eine Einführung. In: *Schultheorien*. Hrsg. von Klaus-Jürgen Tillmann. 2. Aufl. Hamburg: Bergmann + Helbig, S. 7–18.
— (2010): *Sozialisationstheorien. Eine Einführung in den Zusammenhang von Gesellschaft, Institution und Subjektwerdung*. Reinbek bei Hamburg: Rowohlt.
— (2011): Schultheorie, Schulentwicklung, Schulqualität. In: *Akteure & Instrumente der Schulentwicklung*. Hrsg. von Herbert Altrichter & Christoph Helm. Baltmannsweiler und Zürich: Schneider Verlag Hohengehren und Verlag Pestalozzianum, S. 37–57.
Tillmann, Klaus-Jürgen & Witlof Vollstädt (2009): Funktionen der Leistungsbewertung. Eine Bestandsaufnahme. In: *Leistung ermitteln und bewerten*. Hrsg. von Silvia-Iris Beutel & Witlof Vollstädt. 3. Aufl. Hamburg: Bergmann + Helbig, S. 27–37.
Tippelt, Rudolf (2008): Helmut Fend – Neue Theorie der Schule und sein Beitrag zur Bildungsgeschichte. In: *„Wie das Leben gelingt oder wie es so spielt" Helmut Fend. Verleihung der Ehrendoktorwürde an Prof. Dr. Dr. h.c. Helmut Fend*. Hrsg. von Rudolf Tippelt. München: Herbert Utz, S. 15–27.
Trautmann, Matthias & Beate Wischer (2011): *Heterogenität in der Schule. Eine kritische Einführung*. Wiesbaden: VS Verlag für Sozialwissenschaften.
Tschamler, Herbert (1996): *Wissenschaftstheorie. Eine Einführung für Pädagogen*. 3., erw. u. überarb. Aufl. Bad Heilbrunn: Julius Klinkhardt.
Turner, Bryan S. (1986): Parsons and His Critics: On the Ubiquity of Functionalism. In: *Talcott Parsons on Economy and Society*. Hrsg. von Robert J. Holton & Bryan S. Turner. London und New York: Routledge & Kegan Paul, S. 180–206.

— (1993): Talcott Parsons, Universalism and the Educational Revolution: Democracy versus Professionalism. In: *The British Journal of Sociology* 44 (1), S. 1–24.
— (1999a): Introduction: The Contribution of Talcott Parsons to the Study of Modernity. In: *The Talcott Parsons Reader*. Hrsg. von Bryan S. Turner. Malden, MA, und Oxford: Blackwell, S. 1–20.
— Hrsg. (1999b): *The Talcott Parsons Reader*. Malden, MA und Oxford: Blackwell.
Turner, Jonathan H. & Douglas E. Mitchell (1997): Contemporary Sociological Theories of Education. In: *International Encyclopedia of the Sociology of Education*. Hrsg. von Lawrence J. Saha. Kidlington, Oxford, New York und Tokyo: Pergamon, S. 21–31.
Twardella, Johannes (2004): Rollenförmig oder als „ganze Person"? Ein Beitrag zur Diskussion über die Professionalisierungstheorie und die Struktur pädagogischen Handelns. In: *Pädagogische Korrespondenz* 17 (33), S. 65–74.
Tyack, David & William Tobin (1994): The „Grammar" of Schooling: Why Has it Been so Hard to Change? In: *American Educational Research Journal* 31 (3), S. 453–479.
Ulich, Dieter (1974): Was leistet die Schule für die Gesellschaft? Probleme einer funktionalistischen Analyse schulischer Sozialisationsprozesse. In: *Zeitschrift für Pädagogik* 20 (4), S. 615–628.
Ulich, Klaus (1982): Schulische Sozialisation. In: *Handbuch der Sozialisationsforschung*. Hrsg. von Klaus Hurrelmann & Dieter Ulich. 2. Aufl. Weinheim und Basel: Beltz, S. 469–498.
— (2001): *Einführung in die Sozialpsychologie der Schule*. Weinheim und Basel: Beltz.
University of Virginia (2020): *Undergraduate Studies*. URL: https://www.virginia.edu/academics/undergraduate (Abrufdatum: 26. 07. 2020).
Valtin, Renate (1996): „Koedukation macht Mädchen brav!?" - Zum heimlichen Lehrplan der geschlechtsspezifischen Sozialisation in der Schule. In: *MädchenStärken. Probleme der Koedukation in der Grundschule*. Hrsg. von Gertrud Pfister & Renate Valtin. 2., unveränd. Aufl. Frankfurt am Main: Arbeitskreis Grundschule, Grundschulverband e. V., S. 8–37.
Vanderstraeten, Raf (2014): Social Systems Theory: Talcott Parsons and Niklas Luhmann. In: *Encyclopedia of Educational Theory and Philosophy. Vol. 2*. Hrsg. von Denis C. Phillips. Los Angeles u. a.: Sage, S. 770–772.
— (2015): The Making of Parsons's *The American University*. In: *Minerva* 53 (4), S. 307–325.
— (2018): Continuity and Change in Parsons' Understanding of Rationality. In: *Rationality in the Social Sciences. The Schumpeter-Parsons Seminar 1939-40 and Current Perspectives*. Hrsg. von Helmut Staubmann & Victor Lidz. Cham: Springer, S. 207–222.

Veith, Hermann (1996): *Theorien der Sozialisation. Zur Rekonstruktion des modernen sozialisationstheoretischen Denkens.* Frankfurt am Main und New York: Campus.
— (2004): Sozialisations- und jugendtheoretisches Denken im Wandel – Zur Rolle der funktionalistischen Systemtheorie. In: *Jahrbuch Jugendforschung.* Hrsg. von Hans Merkens & Jürgen Zinnecker. Wiesbaden: VS Verlag für Sozialwissenschaften, S. 129–151.
— (2012): Das strukturfunktionalistische Paradigma. In: *Handbuch Bildungs- und Erziehungssoziologie.* Hrsg. von Ullrich Bauer, Uwe H. Bittlingmayer & Albert Scherr. Wiesbaden: Springer VS, S. 303–317.
— (2018): Wozu ist die Schule da? Eine Antwort aus sozialisationstheoretischer Perspektive. In: *Erziehung in Schule. Persönlichkeitsbildung als Dispositiv.* Hrsg. von Jürgen Budde & Nora Weuster. Wiesbaden: Springer VS, S. 53–71.
Vester, Heinz-Günter (2009): *Kompendium der Soziologie II: Die Klassiker.* Wiesbaden: VS Verlag für Sozialwissenschaften.
Walper, Sabine, Alexandra Langmeyer & Eva-Verena Wendt (2015): Sozialisation in der Familie. In: *Handbuch Sozialisationsforschung.* Hrsg. von Klaus Hurrelmann, Ullrich Bauer, Matthias Grundmann & Sabine Walper. 8., vollst. überarb. Aufl. Weinheim und Basel: Beltz, S. 364–392.
Weiler, Hans N. (2004): Hochschulen in den USA – Modell für Deutschland? In: *Aus Politik und Zeitgeschichte* (25), S. 26–33.
Weis, Lois, Michelle Meyers Kupper, Yan Ciupak, Amy Stich, Heather Jenkins & Catherine Lalonde (2011): Sociology of Education in the United States, 1966–2008. In: *Handbook of Research in the Social Foundations of Education.* Hrsg. von Steven E. Tozer, Bernardo P. Gallegos & Annette M. Henry. New York und London: Routledge, S. 15–40.
Weis, Mirjam, Katharina Müller, Julia Mang, Jörg-Henrik Heine, Nicole Mahler & Kristina Reiss (2019): Soziale Herkunft, Zuwanderungshintergrund und Lesekompetenz. In: *PISA 2018. Grundbildung im internationalen Vergleich.* Hrsg. von Kristina Reiss, Mirjam Weis, Eckhard Klieme & Olaf Köller. Münster und New York: Waxmann, S. 129–162.
Weiss, Hilde (1993): *Soziologische Theorien der Gegenwart. Darstellung der großen Paradigmen.* Wien und New York: Springer.
Wenzel, Harald (1986): Einleitung des Herausgebers: Einige Bemerkungen zu Parsons' Programm einer Theorie des Handelns. In: *Aktor, Situation und normative Muster. Ein Essay zur Theorie sozialen Handelns.* Von Talcott Parsons. Herausgegeben und übersetzt von Harald Wenzel. Frankfurt am Main: Suhrkamp, S. 7–58.
— (1991): *Die Ordnung des Handelns. Talcott Parsons' Theorie des allgemeinen Handlungssystems.* Frankfurt am Main: Suhrkamp.

— (2005): Profession und Organisation. Dimensionen der Wissensgesellschaft bei Talcott Parsons. In: *Organisation und Profession*. Hrsg. von Thomas Klatetzki & Veronika Tacke. Wiesbaden: VS Verlag für Sozialwissenschaften, S. 45–71.

Wenzl, Thomas (2014): *Elementarstrukturen unterrichtlicher Interaktion. Zum Vermittlungszusammenhang von Sozialisation und Bildung im schulischen Unterricht.* Wiesbaden: Springer VS.

Wernet, Andreas (2000): „Wann geben Sie uns die Klassenarbeiten wieder?" Zur Bedeutung der Fallrekonstruktion für die Lehrerausbildung. In: *Die Fallrekonstruktion. Sinnverstehen in der sozialwissenschaftlichen Forschung*. Hrsg. von Klaus Kraimer. Frankfurt am Main: Suhrkamp, S. 275–300.

— (2003): *Pädagogische Permissivität. Schulische Sozialisation und pädagogisches Handeln jenseits der Professionalisierungsfrage.* Opladen: Leske + Budrich.

— (2014): Überall und nirgends. Ein Vorschlag zur professionalisierungstheoretischen Verortung des Lehrerberufs. In: *Zueignung. Pädagogik und Widerspruch*. Hrsg. von Christoph Leser, Torsten Pflugmacher, Marion Pollmanns, Jens Rosch & Johannes Twardella. Opladen, Berlin und Toronto: Barbara Budrich, S. 77–95.

Whitehead, Alfred N. (1925): *Science and the Modern World*. New York: Macmillan.

Wiater, Werner (2001): Überlegungen zu einer Theorie des Gymnasiums. In: *Was Schule leistet. Funktionen und Aufgaben von Schule*. Hrsg. von Wolfgang Melzer & Uwe Sandfuchs. Weinheim und München: Juventa, S. 149–173.

— (2009): Zur Definition und Abgrenzung von Aufgaben und Funktionen der Schule. In: *Handbuch Schule. Theorie – Organisation – Entwicklung*. Hrsg. von Sigrid Blömeke, Thorsten Bohl, Ludwig Haag, Gregor Lang-Wojtasik & Werner Sacher. Bad Heilbrunn: Julius Klinkhardt, S. 65–72.

— (2013): Theorie der Schule. In: *Studienbuch Schulpädagogik*. Hrsg. von Ludwig Haag, Sibylle Rahm, Hans Jürgen Apel & Werner Sacher. 5., vollst. überarb. Aufl. Bad Heilbrunn: Julius Klinkhardt, S. 11–34.

— (2016): *Theorie der Schule*. Prüfungswissen – Basiswissen Schulpädagogik. 6., überarb. Aufl. Augsburg: Auer.

Wild, Steffen (2013): Werteorientierungen und Hochschulsozialisation – eine Panelstudie. Dissertation. Ludwigsburg: Pädagogische Hochschule Ludwigsburg.

Wilhelm, Theodor (1969): *Theorie der Schule. Hauptschule und Gymnasium im Zeitalter der Wissenschaften*. 2., neubearb. u. erw. Aufl. Stuttgart: J. B. Metzler.

Winkel, Rainer (1997): *Theorie und Praxis der Schule. Oder: Schulreform konkret – im Haus des Lebens und Lernens*. Baltmannsweiler: Schneider Verlag Hohengehren.

Winter, Martin (2009): *Das neue Studieren. Chancen, Risiken, Nebenwirkungen der Studienstrukturreform: Zwischenbilanz zum Bologna-Prozess in Deutschland*. HoF-

Literaturverzeichnis

Arbeitsbericht 1/2009. Wittenberg: Institut für Hochschulforschung (HoF) an der Martin-Luther-Universität Halle-Wittenberg.

Wischer, Beate (2016): Der heimliche Lehrplan. Zu den Prämissen eines keineswegs überholten Konzepts. In: *Lehren. Friedrich Jahresheft 34*. Hrsg. von Andreas Feindt, Wilfried Herget, Matthias Trautmann, Beate Wischer & Klaus Zierer. Seelze: Friedrich, S. 43–45.

Wischer, Beate & Matthias Trautmann (2013): Schultheoretische Anfragen zum pädagogisch-normativen Heterogenitätsdiskurs. In: *Schweizerische Zeitschrift für Bildungswissenschaften* 35 (1), S. 21–36.

Wittek, Doris (2016): Heterogenität und Inklusion – Anforderungen für die Berufspraxis von Lehrpersonen. In: *Beruf Lehrer/Lehrerin. Ein Studienbuch*. Hrsg. von Martin Rothland. Münster und New York: Waxmann, S. 317–332.

Wrong, Dennis H. (1961): The Oversocialized Conception of Man in Modern Sociology. In: *American Sociological Review* 26 (2), S. 183–193.

Young, Michael (1963): *The Rise of the Meritocracy 1870–2033. An Essay on Education and Equality*. Harmondsworth, Middlesex: Penguin Books. Erstveröffentlichung 1958.

Zaborowski, Katrin Ulrike, Michael Meier & Georg Breidenstein (2011): *Leistungsbewertung und Unterricht. Ethnographische Studien zur Bewertungspraxis in Gymnasium und Sekundarschule*. Wiesbaden: VS Verlag für Sozialwissenschaften.

Zehrfeld, Klaus & Jürgen Zinnecker (1975): Acht Minuten heimlicher Lehrplan bei Herrn Tausch. Analyse einer gefilmten Unterrichtsstunde. In: *Der heimliche Lehrplan. Untersuchungen zum Schulunterricht*. Hrsg. von Jürgen Zinnecker. Weinheim und Basel: Beltz, S. 72–93.

Zeinz, Horst (2009): Funktionen der Schule. In: *Handbuch Schule. Theorie – Organisation – Entwicklung*. Hrsg. von Sigrid Blömeke, Thorsten Bohl, Ludwig Haag, Gregor Lang-Wojtasik & Werner Sacher. Bad Heilbrunn: Julius Klinkhardt, S. 87–94.

Zeitler, Sigrid (2013): Lehrpläne und Bildungsstandards. In: *Studienbuch Schulpädagogik*. Hrsg. von Ludwig Haag, Sibylle Rahm, Hans Jürgen Apel & Werner Sacher. 5., vollst. überarb. Aufl. Bad Heilbrunn: Julius Klinkhardt, S. 35–51.

Zimmermann, Peter (2006): *Grundwissen Sozialisation. Einführung zur Sozialisation im Kindes- und Jugendalter*. 3., überarb. u. erw. Aufl. Wiesbaden: VS Verlag für Sozialwissenschaften.

Zinnecker, Jürgen, Hrsg. (1975a): *Der heimliche Lehrplan. Untersuchungen zum Schulunterricht*. Weinheim und Basel: Beltz.

— (1975b): Einleitung. In: *Der heimliche Lehrplan. Untersuchungen zum Schulunterricht*. Hrsg. von Jürgen Zinnecker. Weinheim und Basel: Beltz, S. 7–16.

— (1975c): Kritischer Überblick über die Literatur und zugleich ein Nachwort. In: *Der heimliche Lehrplan. Untersuchungen zum Schulunterricht*. Hrsg. von Jürgen Zinnecker. Weinheim und Basel: Beltz, S. 167–205.

Zirfas, Jörg (2018): *Einführung in die Erziehungswissenschaft*. Paderborn: Ferdinand Schöningh.

Züchner, Ivo (2011): Ganztagsschulen und Familienleben. Auswirkungen des ganztägigen Schulbesuchs. In: *Ganztagsschule: Entwicklung, Qualität, Wirkungen. Längsschnittliche Befunde der Studie zur Entwicklung von Ganztagsschulen (StEG)*. Hrsg. von Natalie Fischer, Heinz Günter Holtappels, Eckhard Klieme, Thomas Rauschenbach, Ludwig Stecher & Ivo Züchner. Weinheim und Basel: Beltz Juventa, S. 291–311.

Zymek, Bernd (2015): Schule. In: *Lexikon Pädagogik. Hundert Grundbegriffe*. Hrsg. von Stefan Jordan & Marnie Schlüter. Stuttgart: Reclam, S. 245–250.

Tabellenverzeichnis

2.1	Modi der Orientierung und Kultursubsysteme	55
2.2	Persönlichkeits-, Sozial- und Kultursystem	68
2.3	Das Vier-Funktionen-Schema	86
2.4	Die Subsysteme des Handlungssystems	91
2.5	Die Subsysteme von Sozialsystemen bzw. der Gesellschaft	96
2.6	Die evolutionären Wandlungsprozesse	109
3.1	Komponenten des kognitiven Komplexes	165
3.2	Funktionen der Universität	168
3.3	Vergleich zwischen Schule und Universität	202
5.1	Die Spielarten funktionalistischer Schultheorie	385

Abbildungsverzeichnis

1.1	Fragestellungen und Aufbau der Arbeit	21
2.1	Handlungsakt, Handlungssysteme und Interpenetration	36
6.1	Makroperspektive der normativfunktionalistischen Schultheorie	392
6.2	Mikroperspektive der normativfunktionalistischen Schultheorie	405
6.3	Pädagogisierte kognitive Rationalität in Schule und ihrer Umwelt	415